志说江南

江南旧志图选·境域

苏州市地方志办公室 编

凤凰出版社

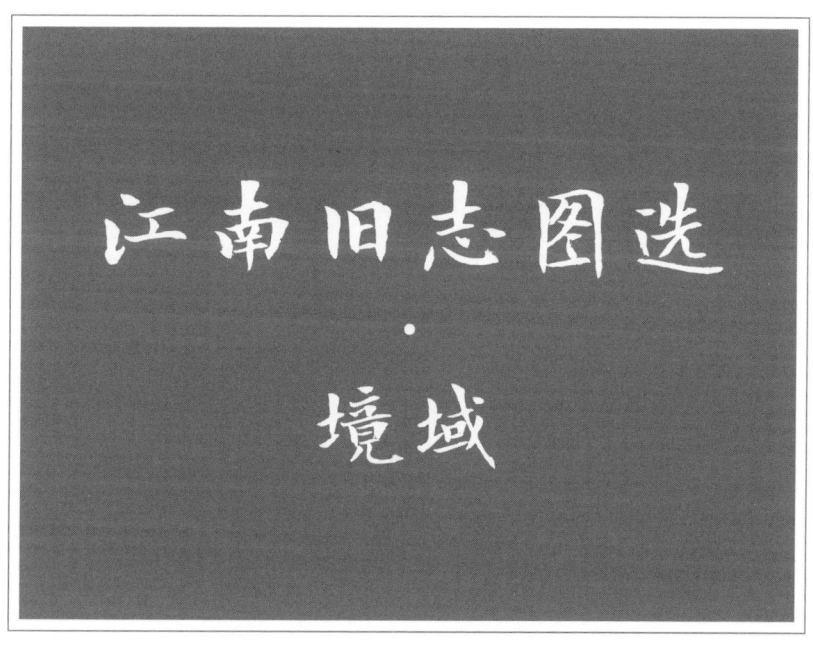

图书在版编目（CIP）数据

江南旧志图选. 境域 / 苏州市地方志办公室编. -- 南京 : 凤凰出版社, 2022.9
（“志说江南”系列丛书）
ISBN 978-7-5506-3714-6

Ⅰ. ①江… Ⅱ. ①苏… Ⅲ. ①华东地区－地方史－史料－图集 Ⅳ. ①K295-64

中国版本图书馆CIP数据核字(2022)第131509号

书　　名	江南旧志图选·境域
编　　者	苏州市地方志办公室
责任编辑	尤丹丹
装帧设计	姜　嵩
出版发行	凤凰出版社(原江苏古籍出版社) 发行部电话025-83223462
出版社地址	江苏省南京市中央路165号,邮编:210009
照　　排	南京凯建文化发展有限公司
印　　刷	苏州市越洋印刷有限公司 江苏省苏州市吴中区南官渡路20号,邮编:215104
开　　本	787毫米×1092毫米　1/16
印　　张	38
版　　次	2022年9月第1版
印　　次	2022年9月第1次印刷
标准书号	ISBN 978-7-5506-3714-6
定　　价	260.00元

(本书凡印装错误可向承印厂调换,电话:0512-68180638)

《江南旧志图选·城池》编纂人员

主　编

乐　江

副主编

邢　静　王　炜　傅　强

执行主编

陈其弟

统　稿

丁　瑾

编　辑

陈其弟　丁　瑾　刘凤伟　齐　慎

序

二〇二二年四月，中共中央办公厅、国务院办公厅印发的《关于推进新时代古籍工作的意见》如一缕春风吹暖了古籍界。《意见》要求，“加强古籍抢救保护、整理研究和出版利用，促进古籍事业发展，为实现中华民族伟大复兴提供精神力量”。

中华文明泱泱五千年，古籍承载着历史的厚重，留下了文化的墨香。近两年，央视综合频道热播的大型文化节目《典籍里的中国》，让古老的典籍走进电视观众的视野；九集专题纪录片《穿越时空的古籍》，用活化的方式聚焦中华古籍，让年轻的观众和读者惊叹古籍“出圈”了。

古籍是我国宝贵的文化遗产，旧志是古籍中的一大门类，约占古籍的十分之一。正如《意见》要求，“将古籍工作融入国家发展大局，注重国家重大战略实施中的古籍保护传承和转化利用”。旧志整理工作是新时代古籍工作的重要组成部分，作为需要“强化古籍工作部门职责”的方志部门来说，承担旧志整理工作，既是义不容辞的职责，更是一种使命和担当。

如何“让书写在古籍里的文字都活起来”，是当下古籍推广的“重中之重”。创新推进古籍工作，向社会提供更多的展示窗口，才能让更多的人注意到这件事，让普通民众接触和了解古籍。只有让年轻人爱上古书，古书才有未来。

史学家章学诚曾说：“夫家有谱，州有志，国有史，其义一也。”方志与国史、家谱均为重要的历史文献。志书编修的初衷无疑是“存史”——留存地方的记忆。

据《中国地方志联合目录》统计，我国现存历代编修的旧志有八千五百多种，这些旧志中保留了大量的历史信息，除了文字信息，也有舆图信息。旧志舆图包括境域图、城池图、府治县治图、学宫图、山水图、名胜图、寺观图、人物肖像图等，是跨越时空的“情景图”。通过古今对照，人们可以感知沧桑变化，了解家乡的前世今生。

图像的优点是直观、生动、形象。地方志的源头之一正是“图经”，是一种“图文并茂”的载体。时至今日，现代新方志仍然将地图作为“述、记、志、传、图、表、录”七种主要体裁的形式之一。

二〇一九年十二月，中共中央、国务院印发《长江三角洲区域一体化发展规划纲要》，为长三角地区的一体化发展提供了纲领性的指导。长三角一体化上升为国家战略之后，江南文化成为文化领域研究的热点，同时也对以江南文化为根基着力打造江南文化高地、发挥江南地区经济文化的引领作用提出了更高的要求。

长江三角洲区域一体化发展规划范围包括上海市、江苏省、浙江省、安徽省全域，完全涵盖旧时以“八府一州”为中心的江南地域。要研究江南文化，离不开植根江南地区的各级各类全方位反映地方历史与现状的地方志。

苏州位于江南腹地，是江南文化的主要发祥地。三千多年前，泰伯来到江南建“勾吴”国。随着吴国的强盛，“西破强楚，北威齐晋，南服越人”的历史纪录，在地方志上班班可考。

《意见》要求古籍工作要“坚持守正创新，古为今用、推陈出新，服务当代、面向未来”，“深入推进中华优秀传统文化创造性转化、创新性发展”。

在国家战略长三角一体化发展的大背景下，苏州市地方志办公室在苏州市委、市政府的支持下，在江苏省地方志办公室的指导下，服务中心，围绕大局，主动作为，立足苏州，放眼江南，为长三角一体化发展寻找历史基因，秉承“修志为用”的原则，配合国家方志馆江南分馆（苏州市方志馆）建设，依托丰厚的江南旧志资源，以志明史，整理出版“志说江南”系列丛书，正是地方志工作创造性转化、创新性发展的新时代的新作为。

“志说江南”系列丛书分为“图选”“文选”两大类，计划出版《江南旧志图选·城池》《江南旧志图选·境域》《江南旧志图选·名胜》《江南旧志图选·八景》《江南旧志文选》《志说江南文选》六种图书，逐年陆续出版，以满足新时期“存史”“资政”“育人”的需要。

旧志整理的真正目的是更好地利用，只有旧志不再诘屈聱牙，不再晦涩难懂，才能更好地普及传播，古为今用。因此，我们选编这套“志说江南”系列丛书，最终是让它“飞入寻常百姓家”，发挥赓续江南文脉、弘扬江南文化的现实作用，也希望它能为新时期江南地区的融合发展提供历史借鉴和文化认同。

二〇二二年六月

凡 例

一、本志为“志说江南”系列丛书之一“境域”，收录县级以上治所所在地的历史境域图。

二、本志所录江南旧志图涵盖今江苏、上海、浙江、安徽十六个现行设区市。

三、本志所选地图的编排顺序是江苏的南京市、镇江市、常州市、无锡市、苏州市、扬州市、泰州市、南通市；上海全域；浙江的杭州市、嘉兴市、湖州市、宁波市、绍兴市；安徽的安庆市、黄山市。

四、本志的选图，力争做到各地市县区域全覆盖，不同地区选图幅数略有差异，视各地文献齐备程度而定。

五、本志所选地图以全面、清晰为原则，同一地区，选最清晰者；两县有合志者，适当兼顾，以见相互之交错关系。

六、本志选编的舆图力求保持其原貌。原志书版式尺寸各异，本书在保持原图长宽比例的基础上统一版心尺寸，并新编连续页码。

七、每幅舆图均标注图名及资料来源。

目 录

江南府境图

江南全省形势总图 002
江南十六府八州分界图 004
江宁府统七县图 006
镇江府统四县图 008
常州府统八县图 010
苏州府统九县图 012
扬州府统二州五县图 014
太仓州统四县图 016
通州统三县图 018
松江府统八县图 020
浙江省图 022
绍兴府八县总图 024
安徽全省图 026
安庆府统六县图 028
徽州府统六县图 030

南 京

皇朝建康府境之图 034
江宁府图 036
江宁府境方括图 038
江宁府境全图 040
上元县图 042
上元江宁两县图 044
上元县境图 046
江宁县之图 048
江宁县境图 050
江浦县图 052
古江浦县全境图 054
今江浦县全境图 056
六合县境图 058
六合县境图 060
六合县境图 062
六合县境全纪 064
六合县境图 066
溧水县图 068
溧水县图 070
溧水县境图 072
溧水舆图 074
溧水县全境图 076
高淳县志图 078
高淳县图 080
高淳县四境图 082

镇　江

镇江府图 086
镇江郡属总图 088
镇江郡署四邑总图 090
丹阳县总图 092
丹阳县四境图 094
丹徒县方舆总图 096
丹徒县境全图 098
句容县之图 104
句容县境图 106
句容县治四境图 108
句容县图 110

常　州

常州府图 114
常州府五县总图 116
武进县境图 118
晋陵县境图 120
武进县境图 122
武进县境图 124
武进县总图 126
旧武进县全图 128
武进县全图 130
武阳全境图 132
武进县全境图 134
阳湖县全图 136
阳湖县全境图 138
金坛县境图 140
溧阳县图 142
溧阳舆图 144
溧阳县图 146

无　锡

无锡县地里图 150
无锡县境图 152
无锡县境图 154
无锡县境图 156
无锡金匮县境全图 162
宜兴县地里图 172
宜兴县境图 174
宜兴县境图 176
宜兴荆溪全境图 178
江阴县地里图 180
江阴县境图 182
江阴县境全图 184

苏　州

苏州府九邑全图 188
苏市附郭图 190
吴县疆域图 192
吴县图 194
吴县总图 196
长洲元和二县疆域图 198
长洲元和两县图 200
长洲县总图 202
元和县总图 204
昆山新阳二县疆域图 206
昆山新阳两县图 208
昆山新阳县疆域图 210
常熟昭文二县疆域图 212
常昭县境全图 214
常熟昭文两县图 216
吴江县境图 218

吴江震泽二县疆域图 220
吴江震泽两县图 222
太湖全图 224
太仓州全境总图 226
太仓直隶州全境图 228
一州六属全图 230
太仓州疆域图 232
太仓州境图 234
镇洋县疆域图 236
镇洋县境图 238
杨舍镇图 240

扬 州

古扬州图 244
隋唐扬州图 246
扬州府总图 248
扬州府总图 250
扬州府全图 252
宋扬子县图 254
宋江都县图 256
今江都县图 258
江都甘泉四境图 260
江都甘泉四境图 262
江甘四境分界图 264
江都县四境图 266
江都县四境图 268
江都县四乡图 270
甘泉县四境图 276
宋真州图 278
今仪真县图 280
仪真县四境图 282
仪征县四境图 284
仪征县四境图 286
仪征县四境图 288
隋安宜四境图 290
唐宝应四境图 292
宋元宝应四境图 294
今宝应县图 296
宝应县境图 298
宝应县四境图 300
宝应县四境总图 302
今高邮州图 312
高邮州四境图 314
高邮州四境图 316
高邮州境总图 318
高邮州四境图 320
高邮全境图 322

泰 州

泰州四境图 326
泰州四境图 328
泰州四境图 330
靖江县境图 332
靖江县境图 334
靖江县境图 336
泰兴县四境图 338
泰兴县四境图 340
泰兴县境全图 342
今兴化县图 344
兴化县四境图 346
兴化县四境图 348
兴化县境全图 350

南　通

通州海门四境图　354
通州海门四境图　356
海门新旧县总图　358
海门县新旧总图　360
通州四境旧图　362
通州四境新图　364
如皋县四境图　366
如皋县四境图　368
如皋县四境图　370
南通县境全图　372

上　海

松江府图　376
析华亭县境图　378
华亭全境图　380
青浦县总图　382
金山卫图　384
崇明疆域城图　386
崇明县舆地图　388
崇明县境图　390
奉贤全境图　392
奉贤全境图　394
宝山县治全境图　396
宝山县境图　398
嘉定县境图　400
嘉定县镇都总图　402
嘉定县境图　404

杭　州

杭州府图　408
钱塘县疆界图　410
余杭县图　412
余杭县境新图　414
全县山川疆域新总图　416
临安县界图　418
萧山县境图　420
萧山县境图　422
於潜舆图　424
富阳县境图　430

嘉　兴

嘉兴府图　434
嘉兴府境全图　436
嘉兴县境图　438
秀水县境图　440
嘉善县境图　442
嘉善县境总图　444
海盐县境图　446
海盐县旧境图　448
海盐县境总图　450
平湖县境图　452
石门县境图　454
桐乡县境图　456
桐庐县境总图　458
武原盐官未析旧境图　460
宋海宁州四境图　462
海宁州界图　464

湖　州

湖州府图　468
湖州府境全图　470

乌程县境全图 472
归安县境全图 474
归安县境图 476
长兴县境全图 478
德清县境全图 480
武康县境全图 482
安吉县境全图 484
孝丰县境全图 486
孝丰县境图 488
分水县境全图 500
分水县境界略图 502

宁　波

宁波府图 506
宁海县境总图 508
宁海县总图 510
鄞县境图 512
慈溪县境图 514
奉化县境图 516
余姚县境图 518
余姚县境图 520
镇海县境图 522
象山县境图 524

绍　兴

绍兴府图 528
绍兴府境全图 530
山阴县境图 532
山阴县境图 534
山阴县全境图 536
会稽县境图 538
会稽县境图 540
上虞县境图 542
上虞县境图 544
诸暨县境图 546
诸暨县境图 548
新昌县境图 550
新昌县境图 552
嵊县境图 554
嵊县境图 556

安　庆

安庆府图 560
怀宁县图 562
桐城县图 564
灊山县图 566
太湖县图 568
宿松县图 570
望江县图 572

黄　山

徽州府图 576
秦楚汉之际郡县图 578
汉丹阳郡县图 580
晋宋齐梁陈隋新安郡图 582
歙县图 584
休宁县图 586
祁门县图 588
黟县图 590
绩溪县图 592

江南府境圖

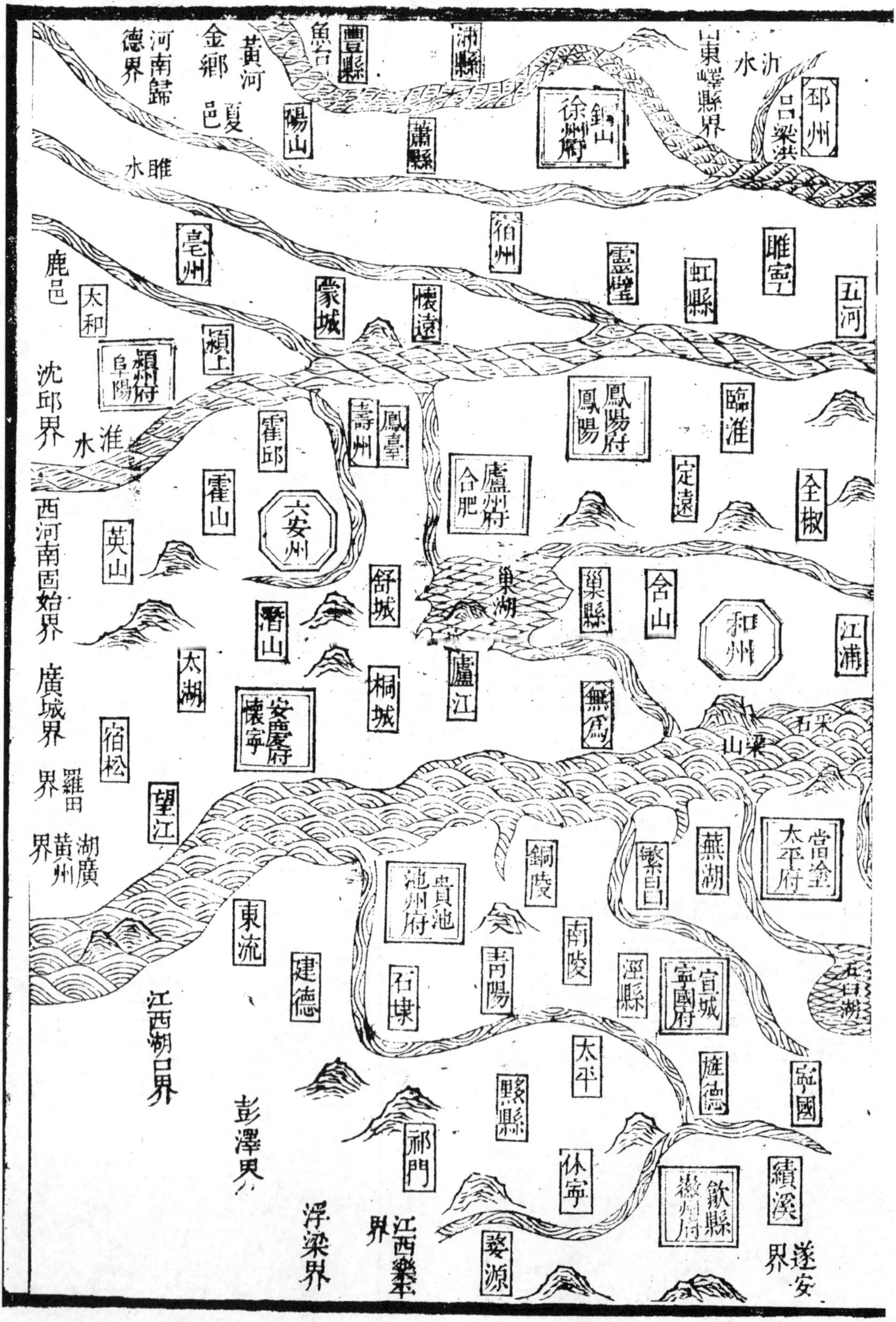

江南全省形势总图 / 选自乾隆《江南通志》

江南全省形勢總圖
東海
山東日照縣界
贛榆
沭陽
海州
宿遷
雲梯關
高家溝
安東
清河
黃河
桃源
泗州舊城
洪澤湖
射陽湖
阜寧
山陽
淮安府
鹽城
興化
泗州
盱眙
天長
寶應湖
寶應
高郵
泰州
如皐
滁州
來安
高郵湖
六合
儀徵
揚州府
江都
甘泉
瓜洲
泰興
靖江
通州
浦口
焦山
金山
江寧府
上元
江寧
句容
鎮江府
丹徒
常州府
武進
陽湖
江陰
常熟
昭文
大江口
福山
崑山
新陽
太倉州
鎮洋
崇明
溧水
溧陽
金壇
丹陽
無錫
金匱
宜興
荊溪
蘇州府
長洲
元和
吳縣
嘉定
吳淞江口
寶山
高淳
廣德州
建平
太湖
吳江
震澤
上海
海塘
南匯
奉賢
松江府
婁縣
華亭
青浦
福泉
三泖
叢山關
南浙江淳安界
浙江昌化界
於潛界
長興界
湖州界
嘉興界
海鹽界
金山
海塘

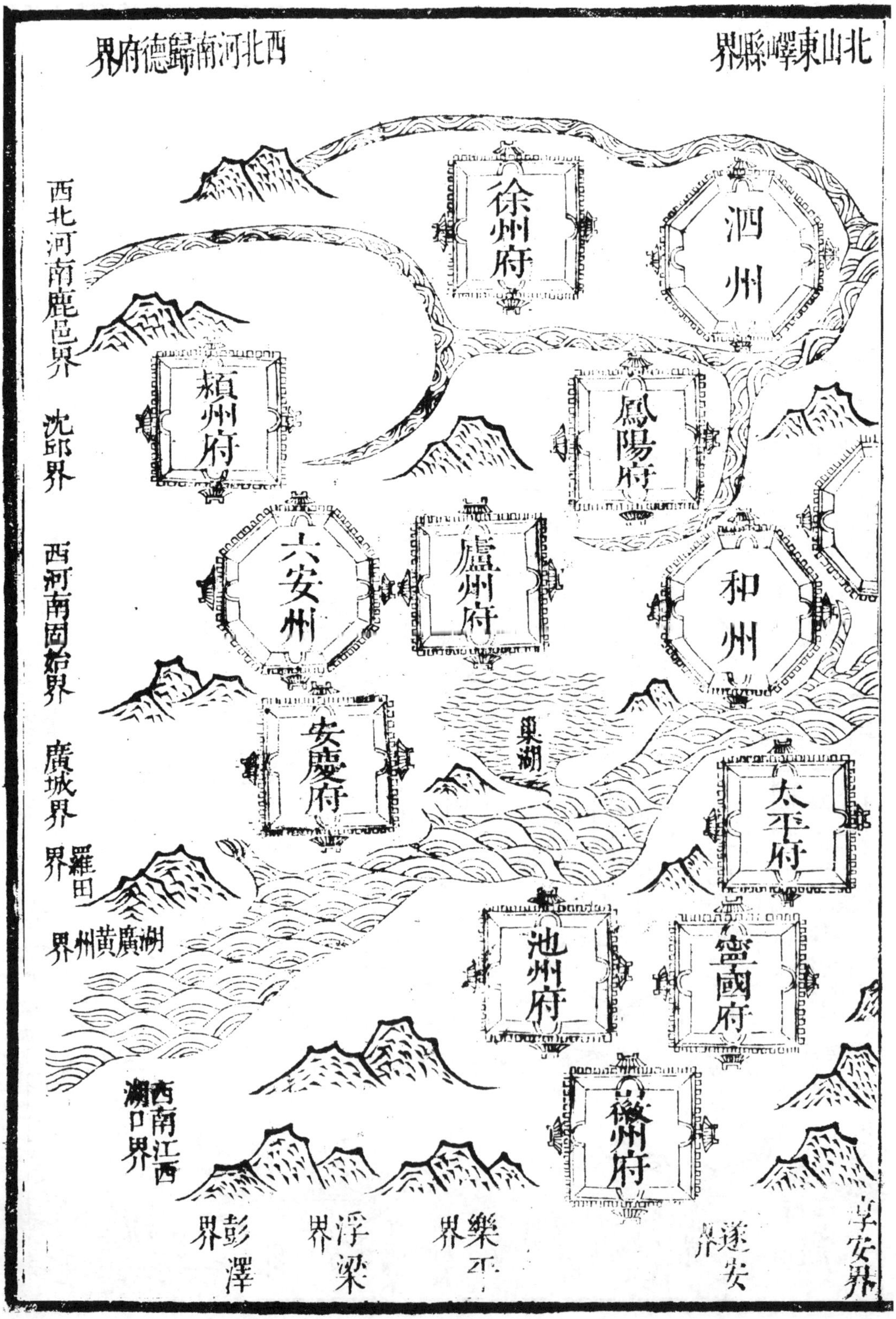

江南十六府八州分界图 / 选自乾隆《江南通志》

江南十六府八州分界圖 說見前

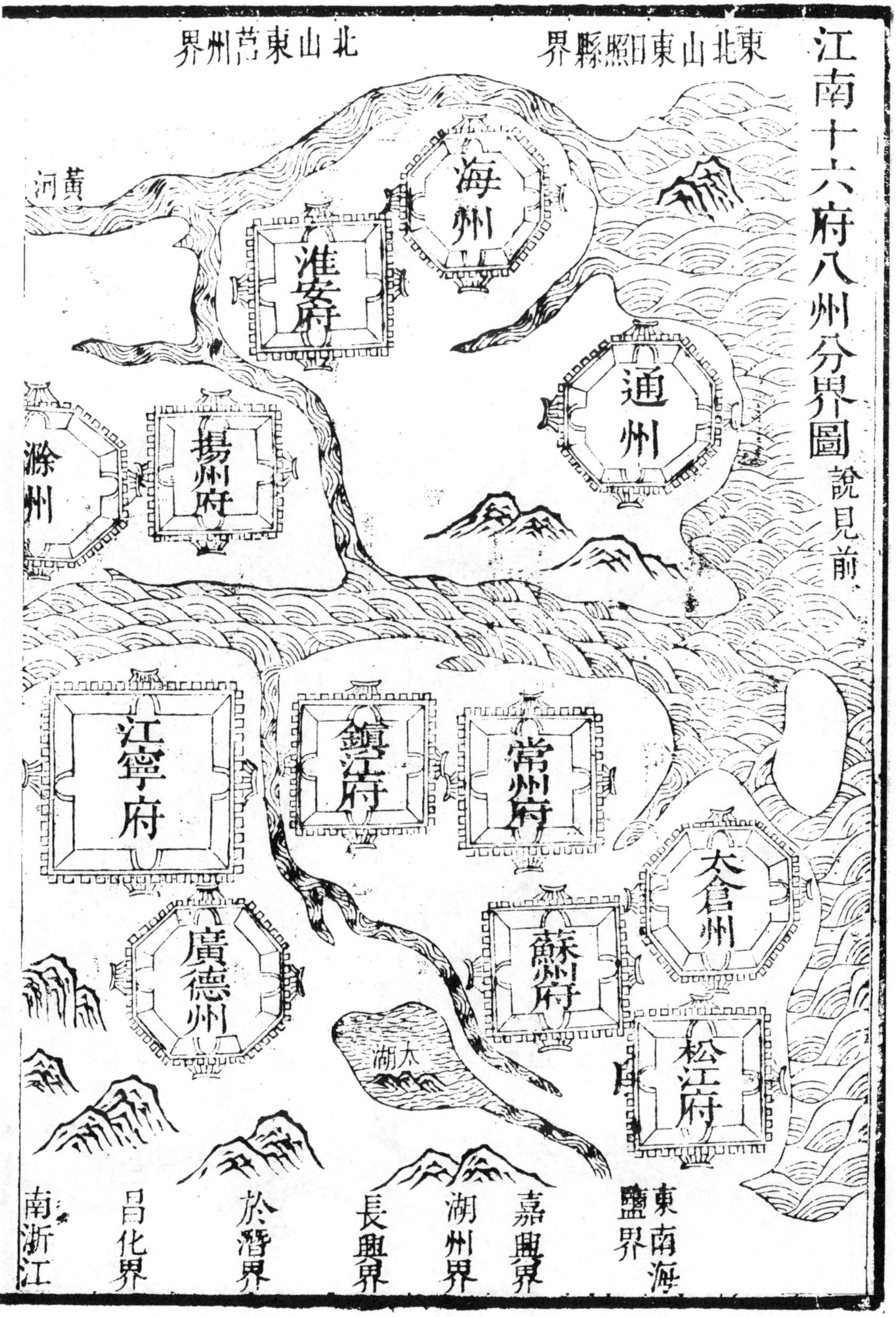

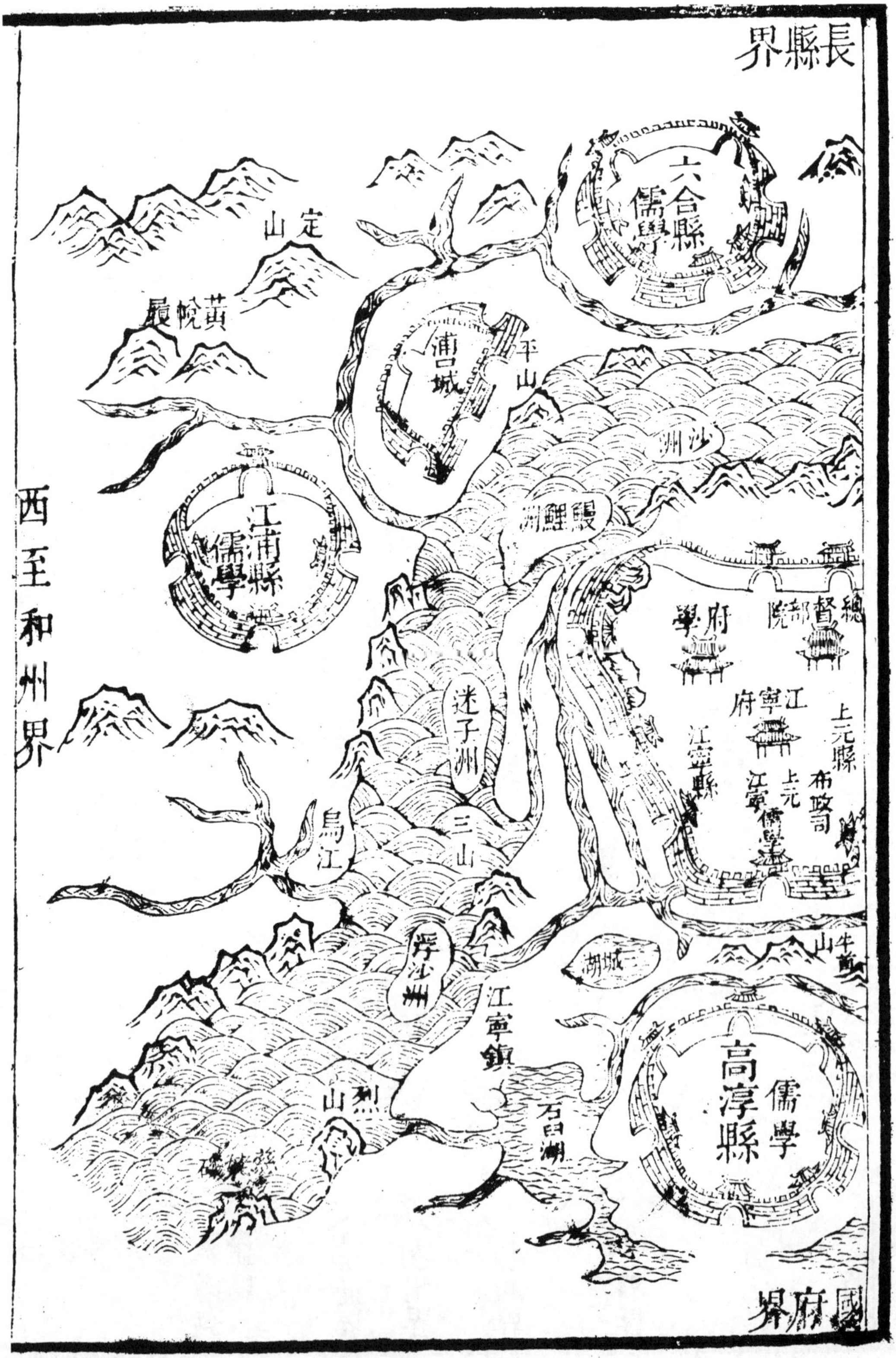

江宁府统七县图 / 选自乾隆《江南通志》

江寧府統七縣圖

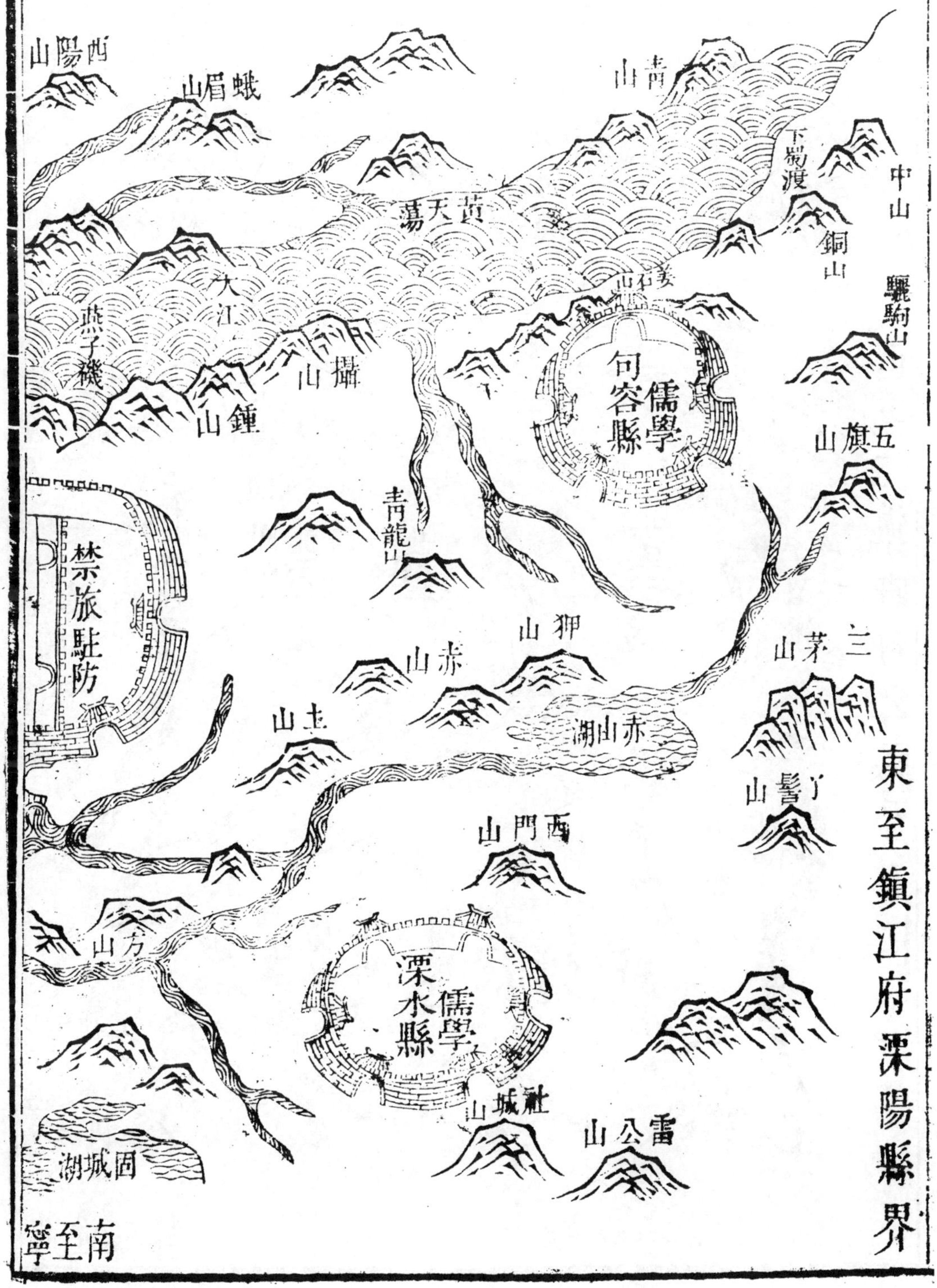
北至泗州天
西陽山
蛾眉山
青山
下蜀渡
中山
銅山
驪駒山
黃天蕩
大江
燕子磯
攝山
鍾山
句容縣儒學
五旗山
青龍山
禁旅駐防
獅山
赤山
三茅山
土山
赤山湖
丫髻山
西門山
方山
溧水縣儒學
社城山
雷公山
固城湖
南至寧
東至鎮江府溧陽縣界

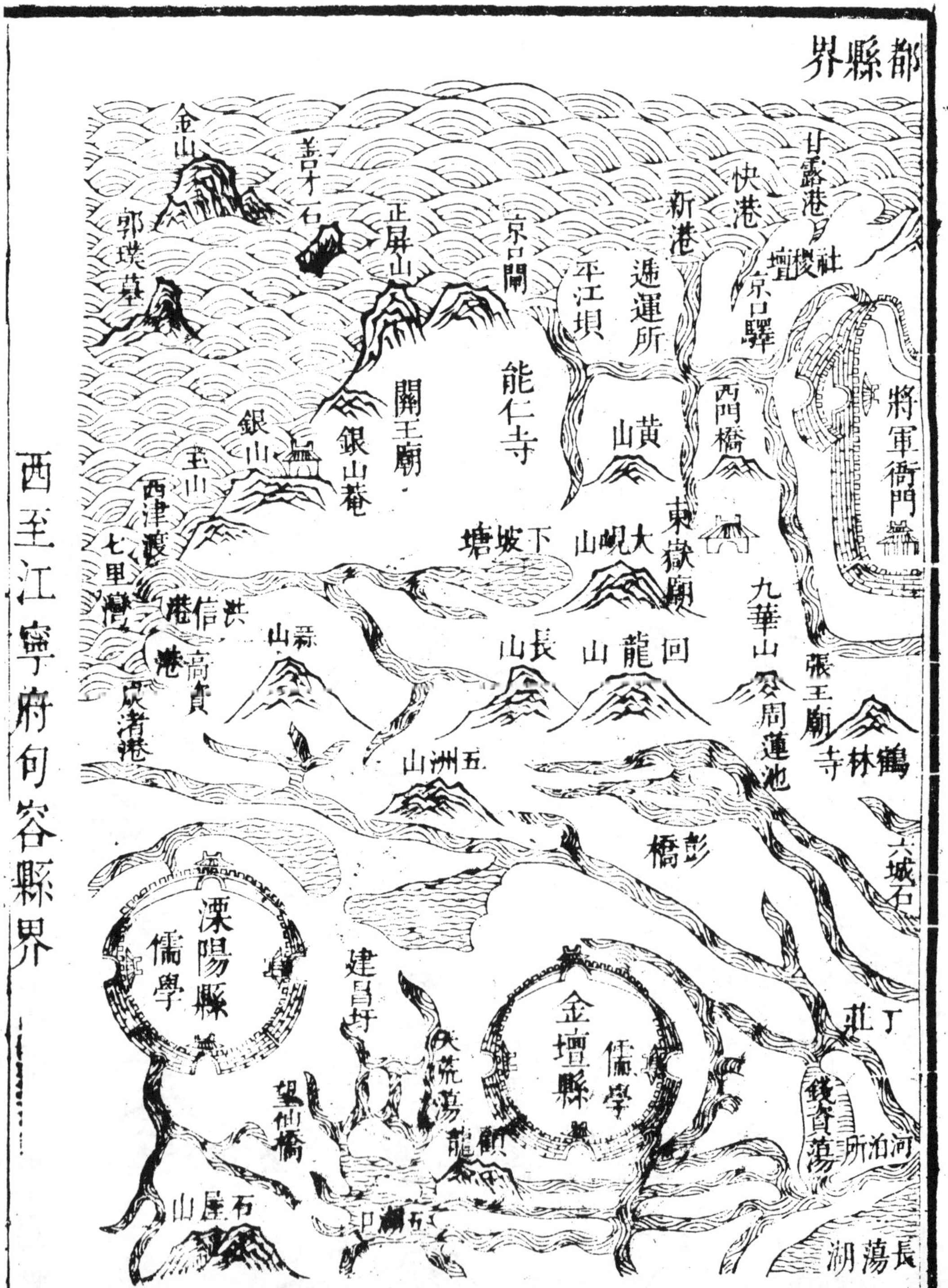

镇江府统四县图 / 选自乾隆《江南通志》

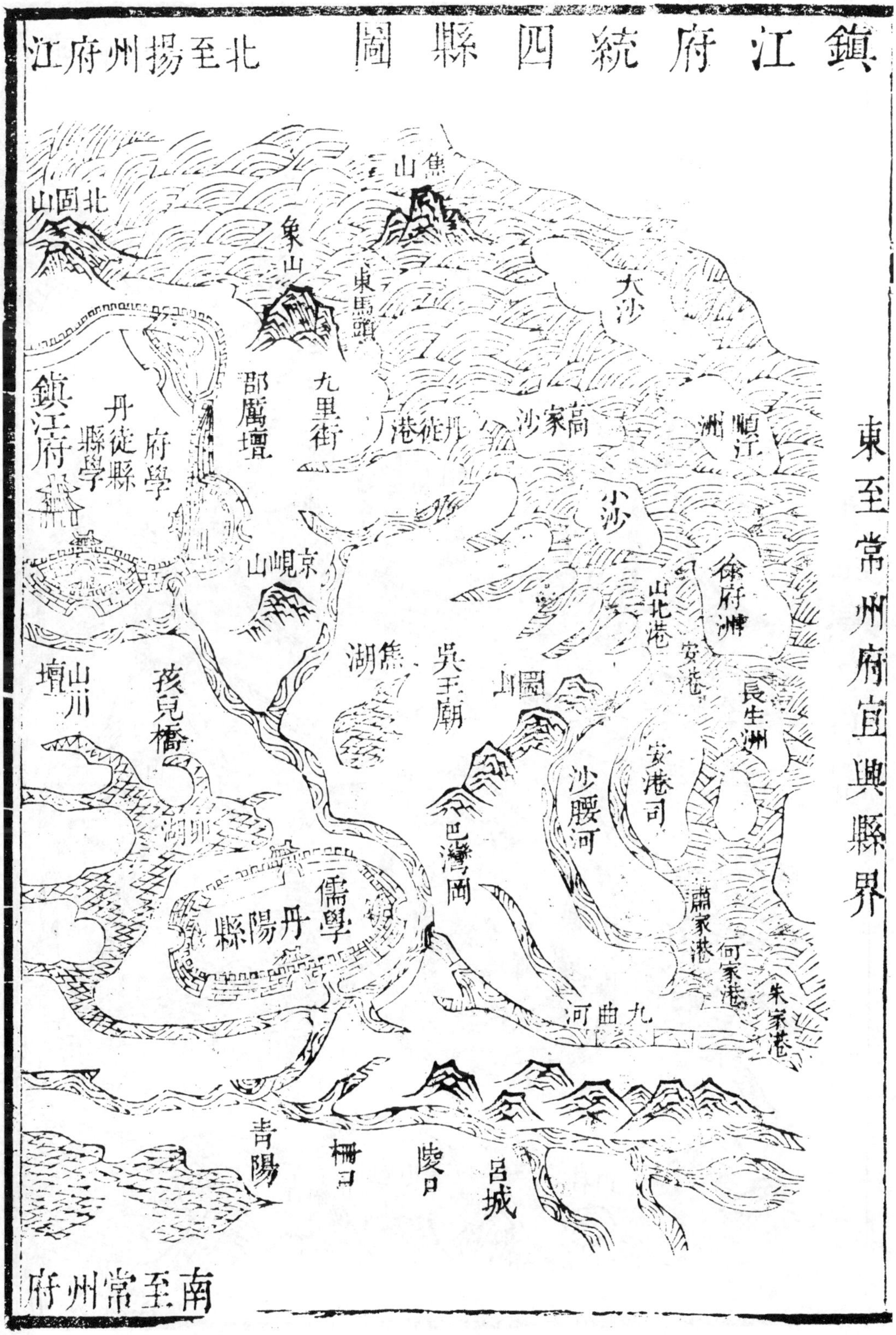
鎮江府統四縣圖
北至揚州府江
東至常州府宜興縣界
南至常州府
焦山
北固山
象山
東馬頭
大沙
九里街
鎮江府
府學
丹徒縣學
高家沙
順江洲
小沙
京峴山
徐府洲
山北港
焦湖
吳王廟
圌山
長生洲
孩兒橋
沙腰河
丹陽縣
儒學
九曲河
何家港
朱家港
青陽
呂城

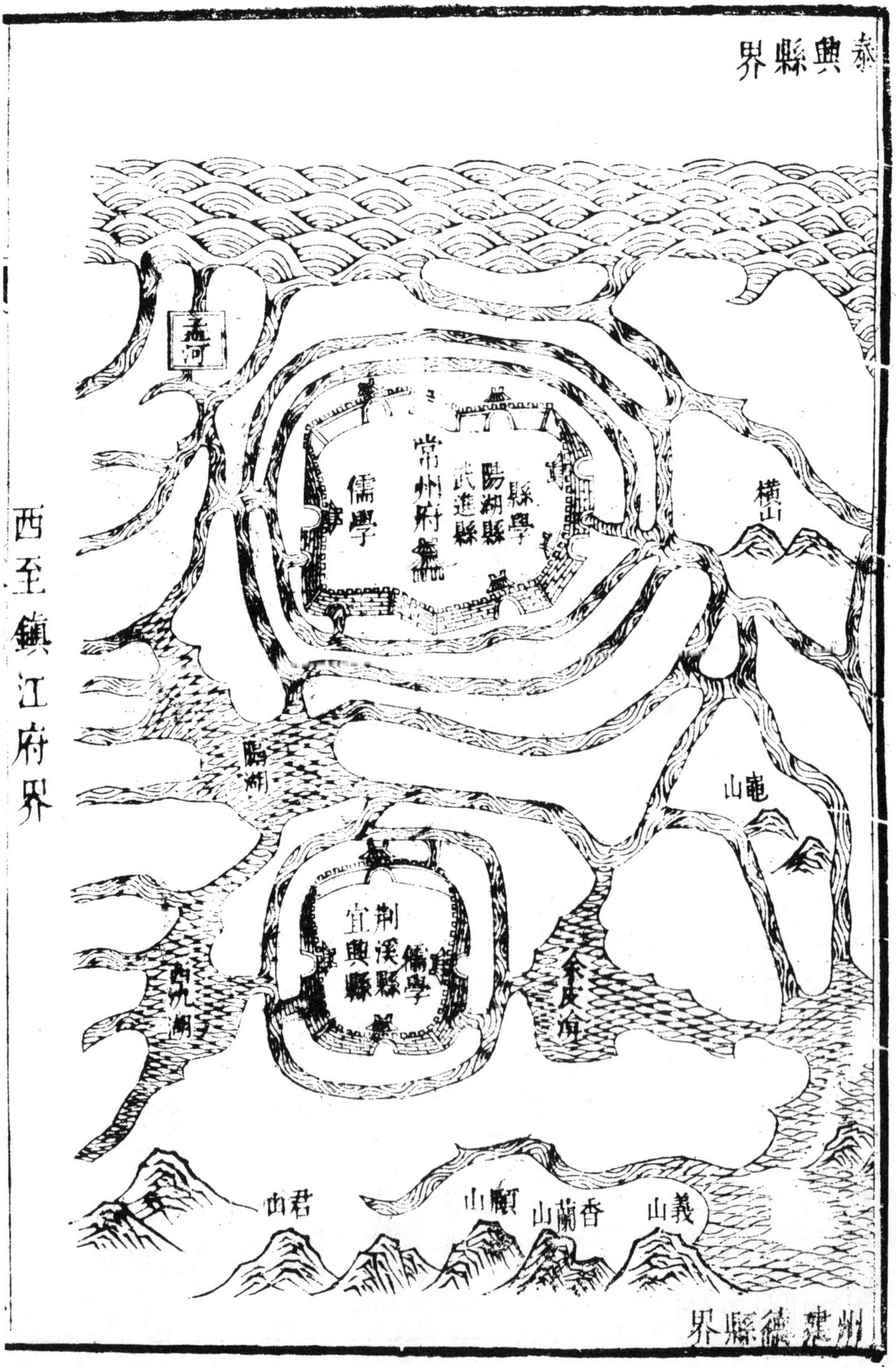

常州府统八县图 / 选自乾隆《江南通志》

常州府統八縣圖

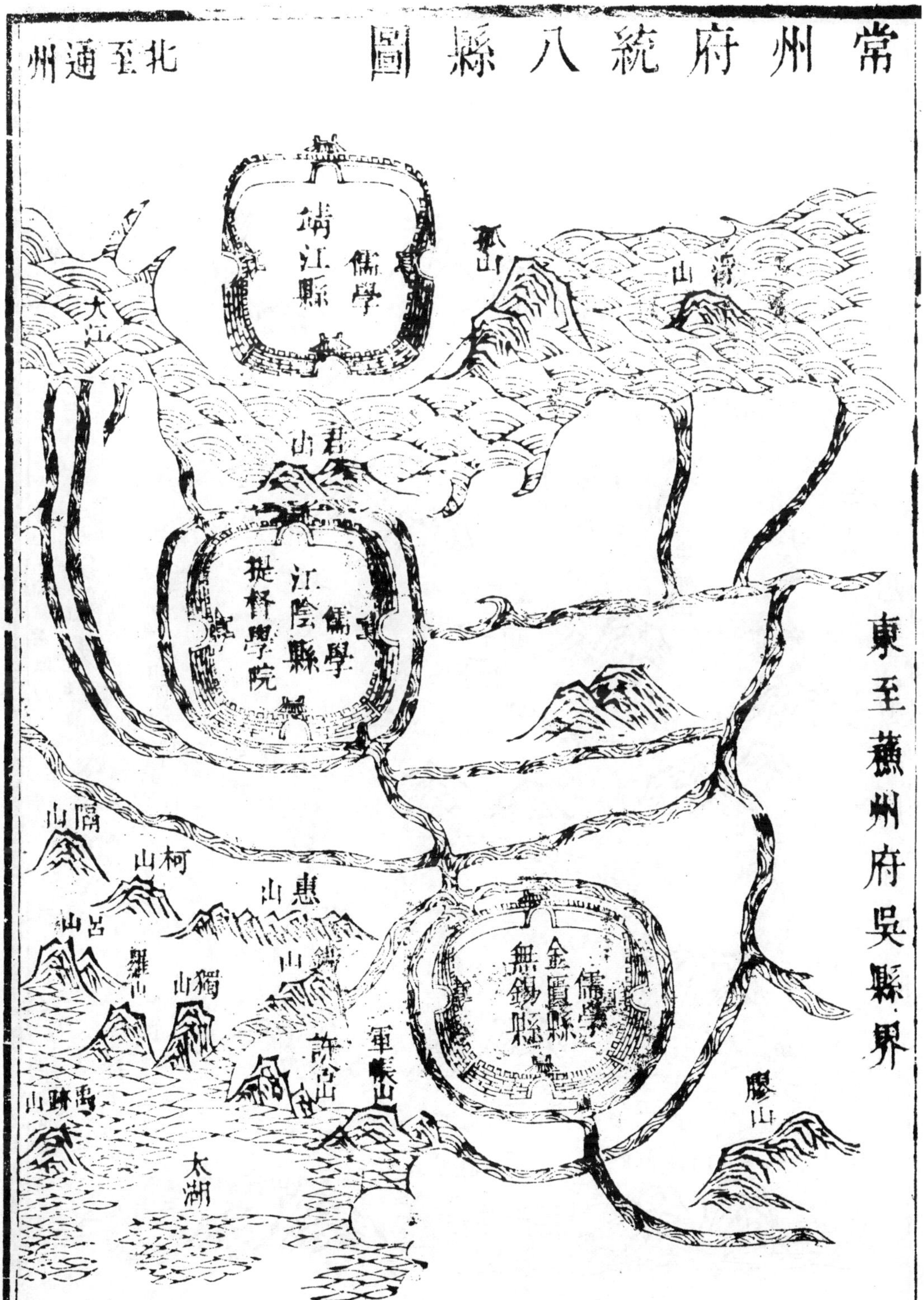
北至通州
靖江縣
儒學
孤山
大江
君山
江陰縣
儒學
提督學院
東至蘇州府吳縣界
隔山
柯山
惠山
呂山
錫山
獨山
金匱縣
無錫縣
儒學
許舍山
軍嶂山
膠山
馬跡山
太湖
南至廣德

苏州府统九县图 / 选自乾隆《江南通志》

蘇州府統九縣圖

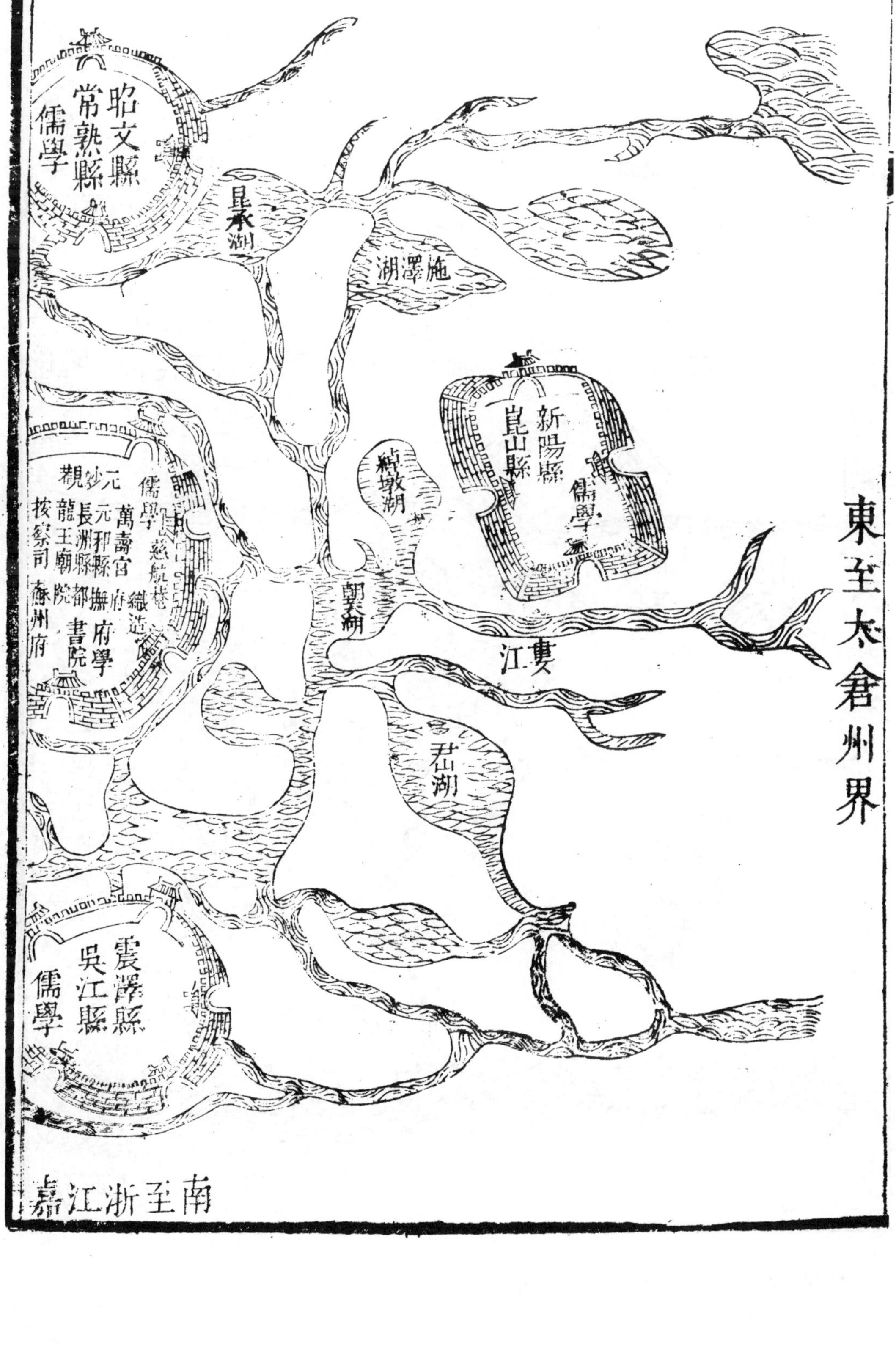
北至通
昭文縣
常熟縣
儒學
昆承湖
施澤湖
新陽縣
崑山縣
儒學
朝天湖
婁江
東至太倉州界
君山湖
元妙觀
儒學
萬壽宮
元和縣
長洲縣
龍王廟
按察司
慈航巷
織造府
撫都院
府學
書院
蘇州府
震澤縣
吳江縣
儒學
南至浙江嘉

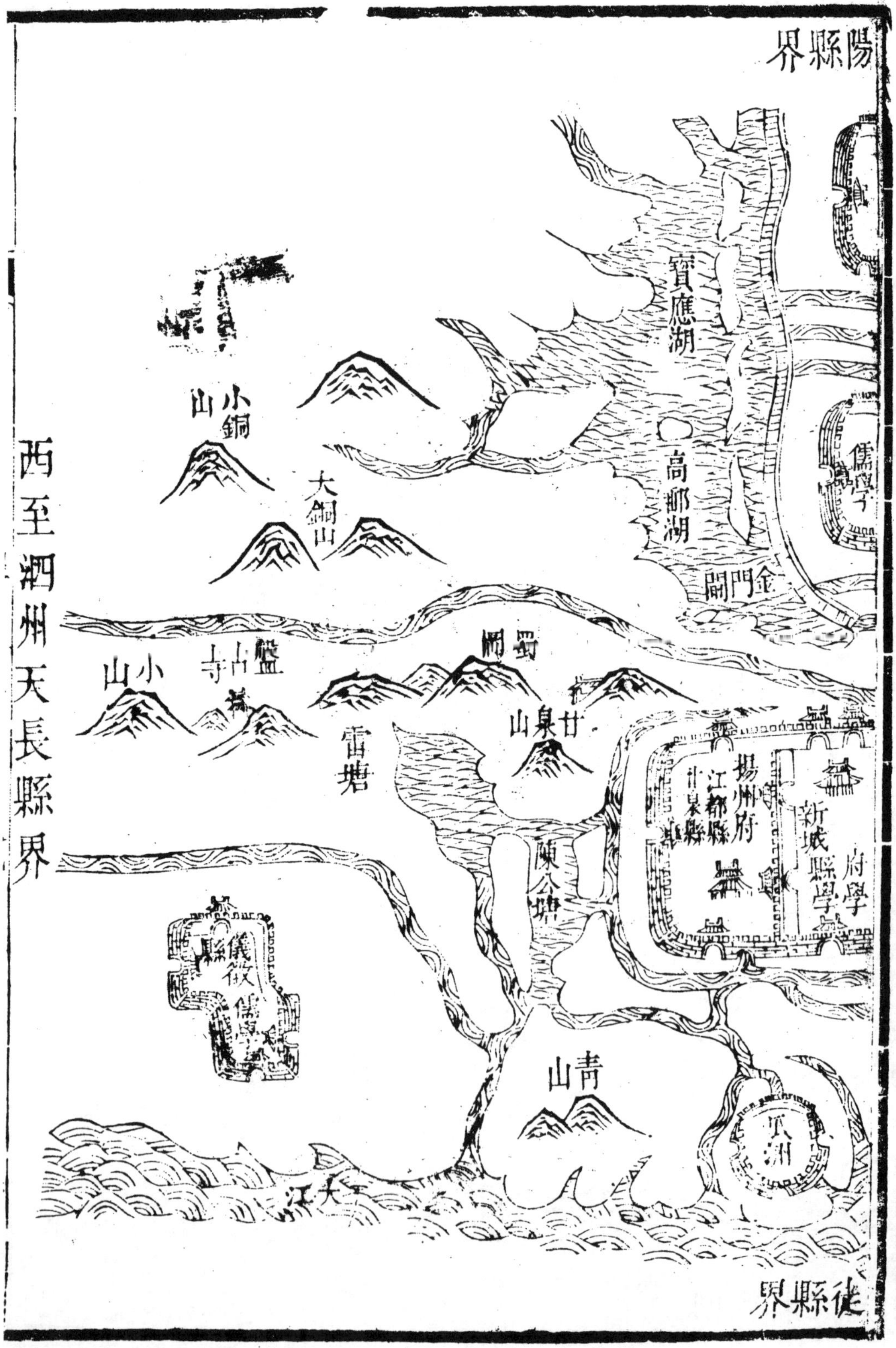

扬州府统二州五县图 / 选自乾隆《江南通志》

揚州府統二州五縣圖

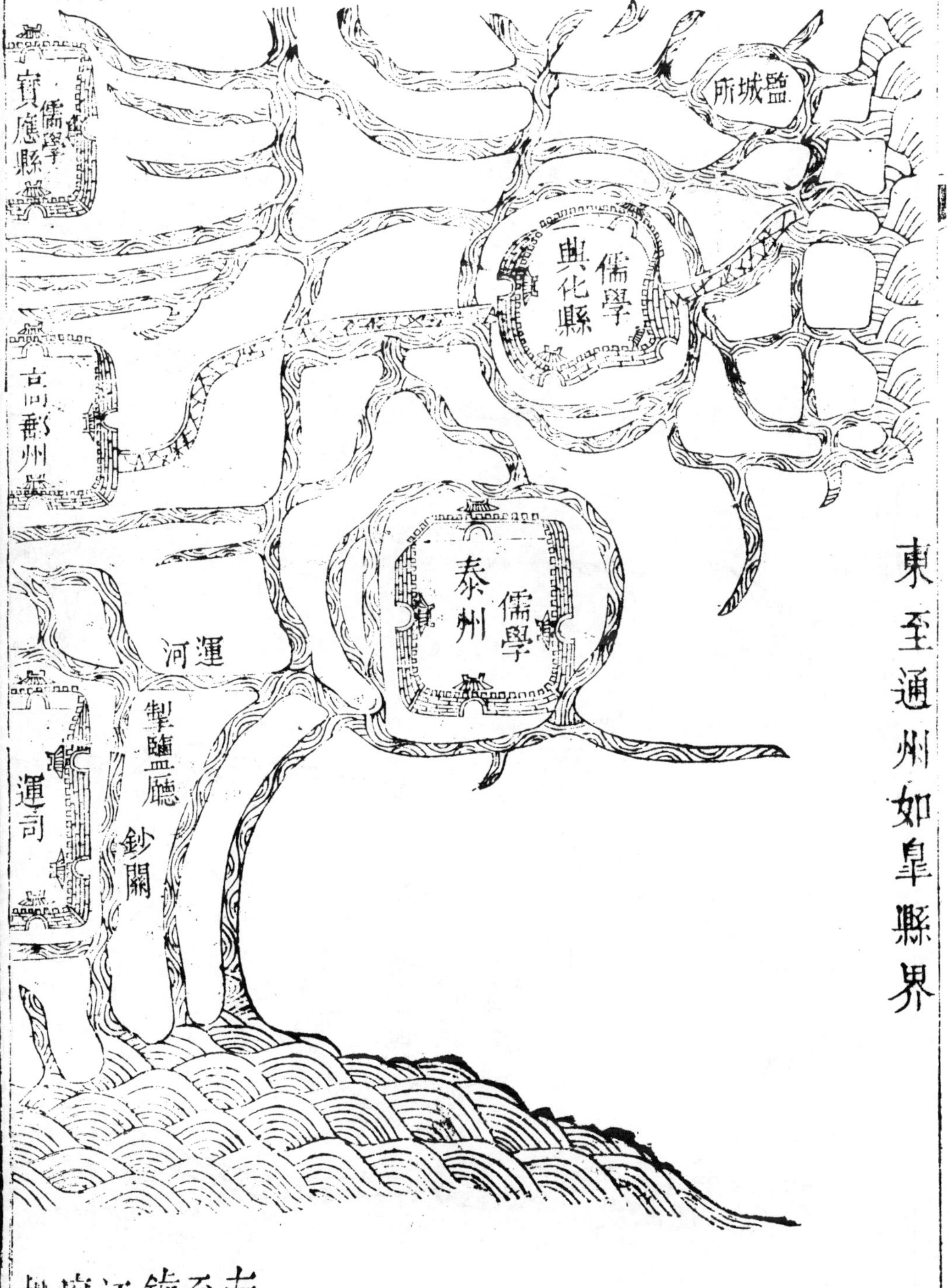

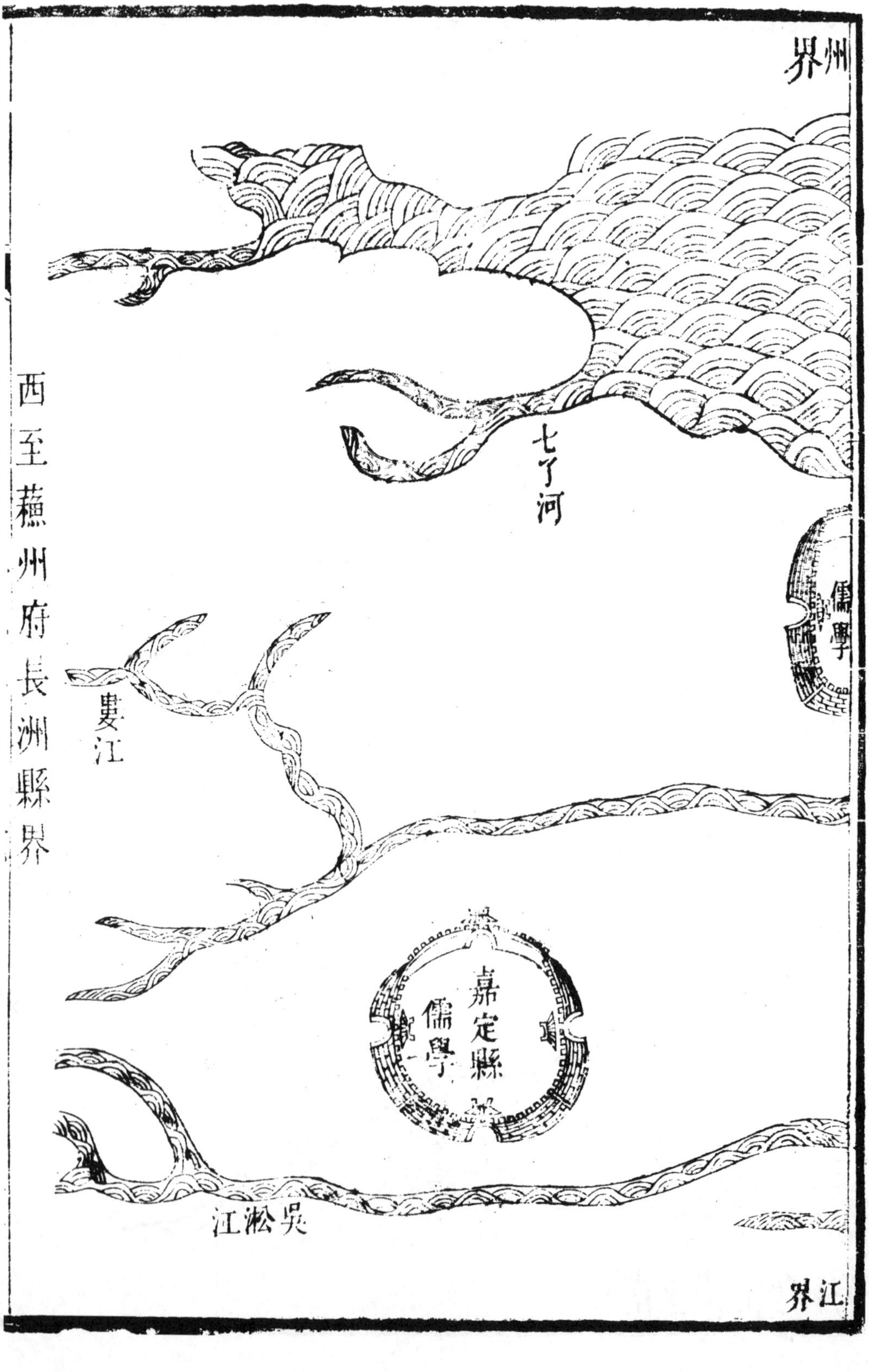

太仓州统四县图 / 选自乾隆《江南通志》

太倉州統四縣圖

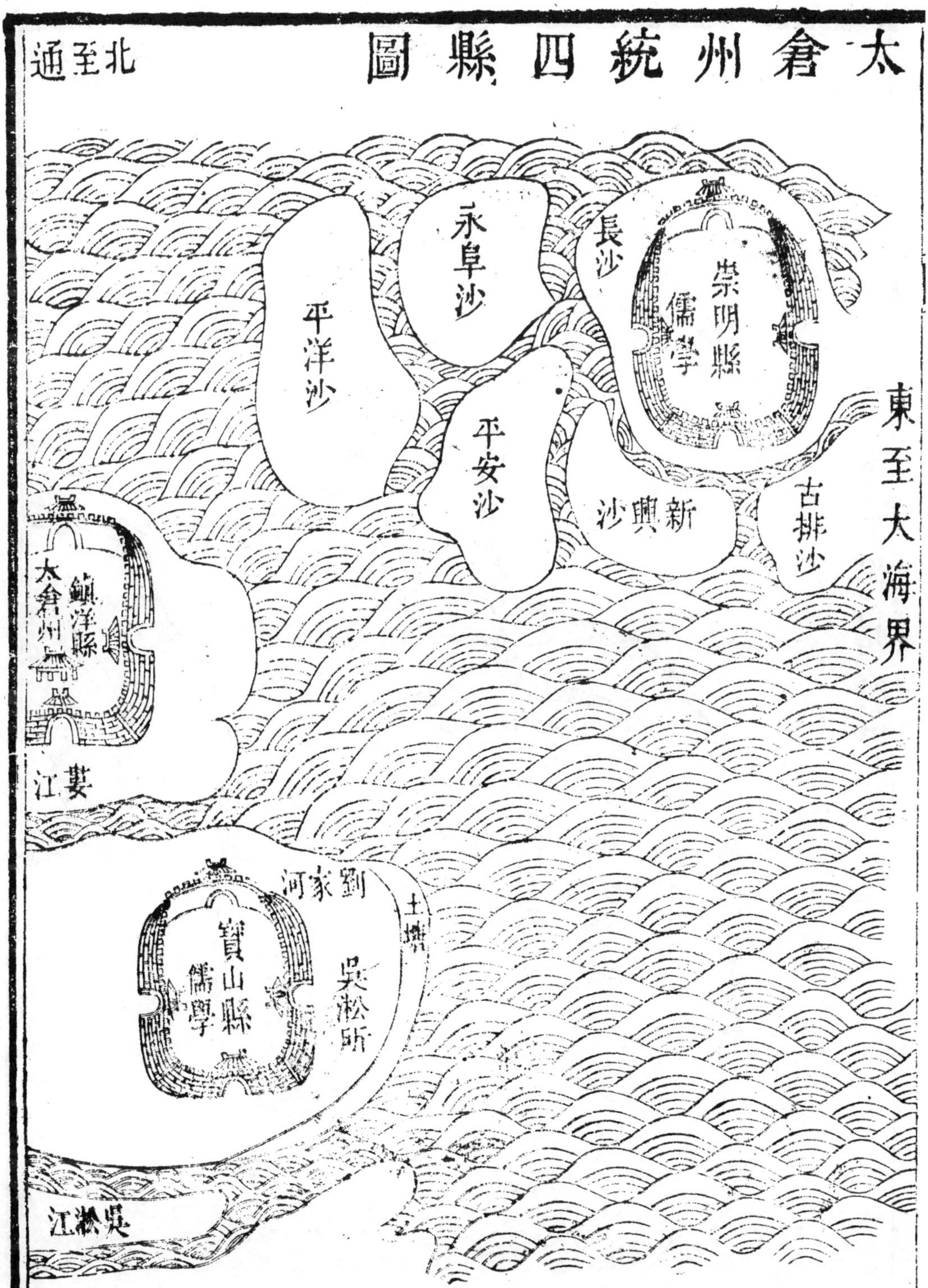
北至通
永阜沙
長沙
崇明縣
儒學
平洋沙
平安沙
新興沙
古排沙
東至大海界
太倉州
鎮洋縣
婁江
劉家河
寶山縣
儒學
吳淞所
吳淞江
南至浙

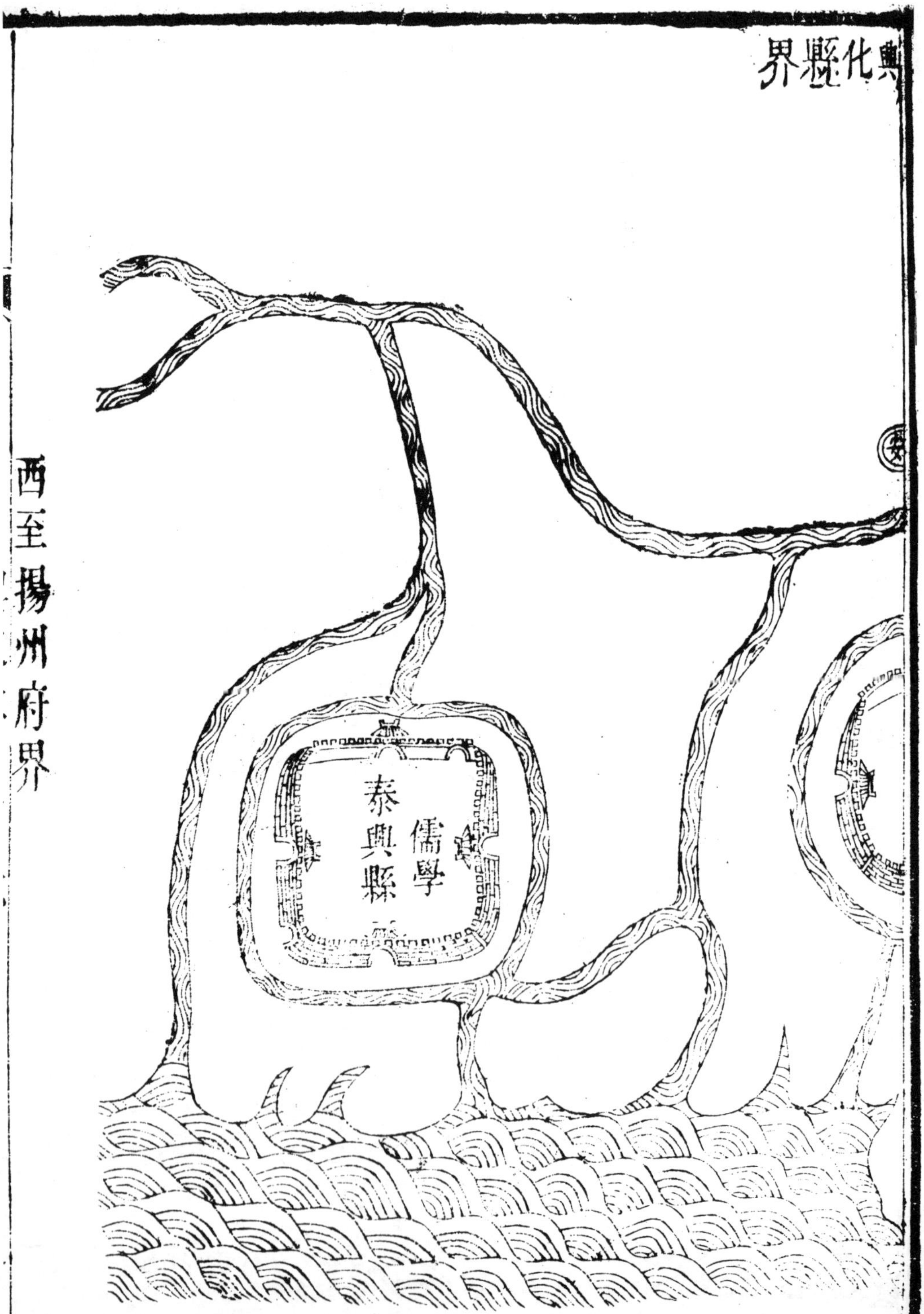

通州统三县图／选自乾隆《江南通志》

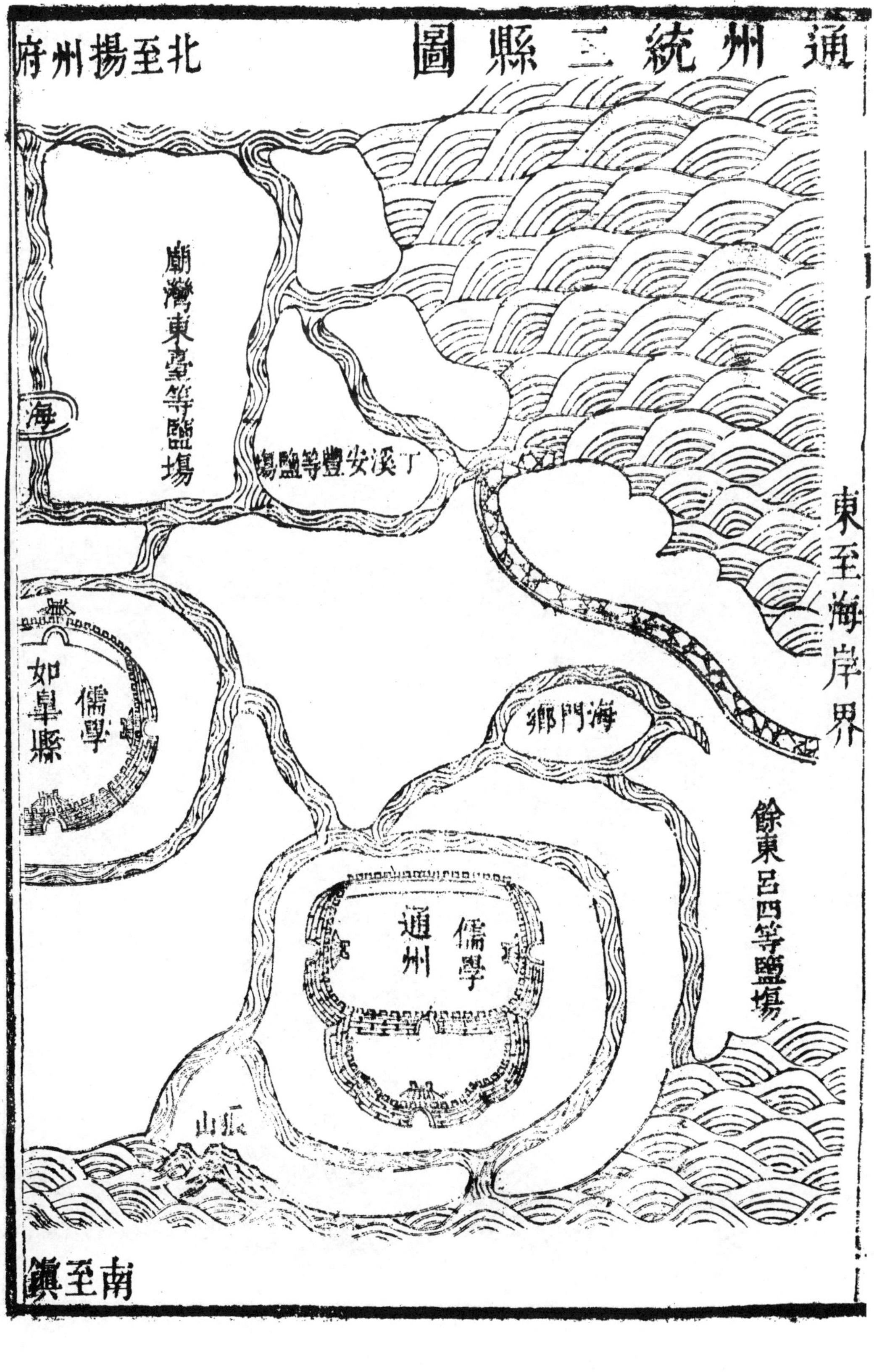
通州統三縣圖
北至揚州府
廟灣東臺等鹽場
海
丁溪安豐等鹽場
東至海岸界
海門鄉
如皋縣
儒學
通州
儒學
餘東呂四等鹽場
狼山
南至鎮

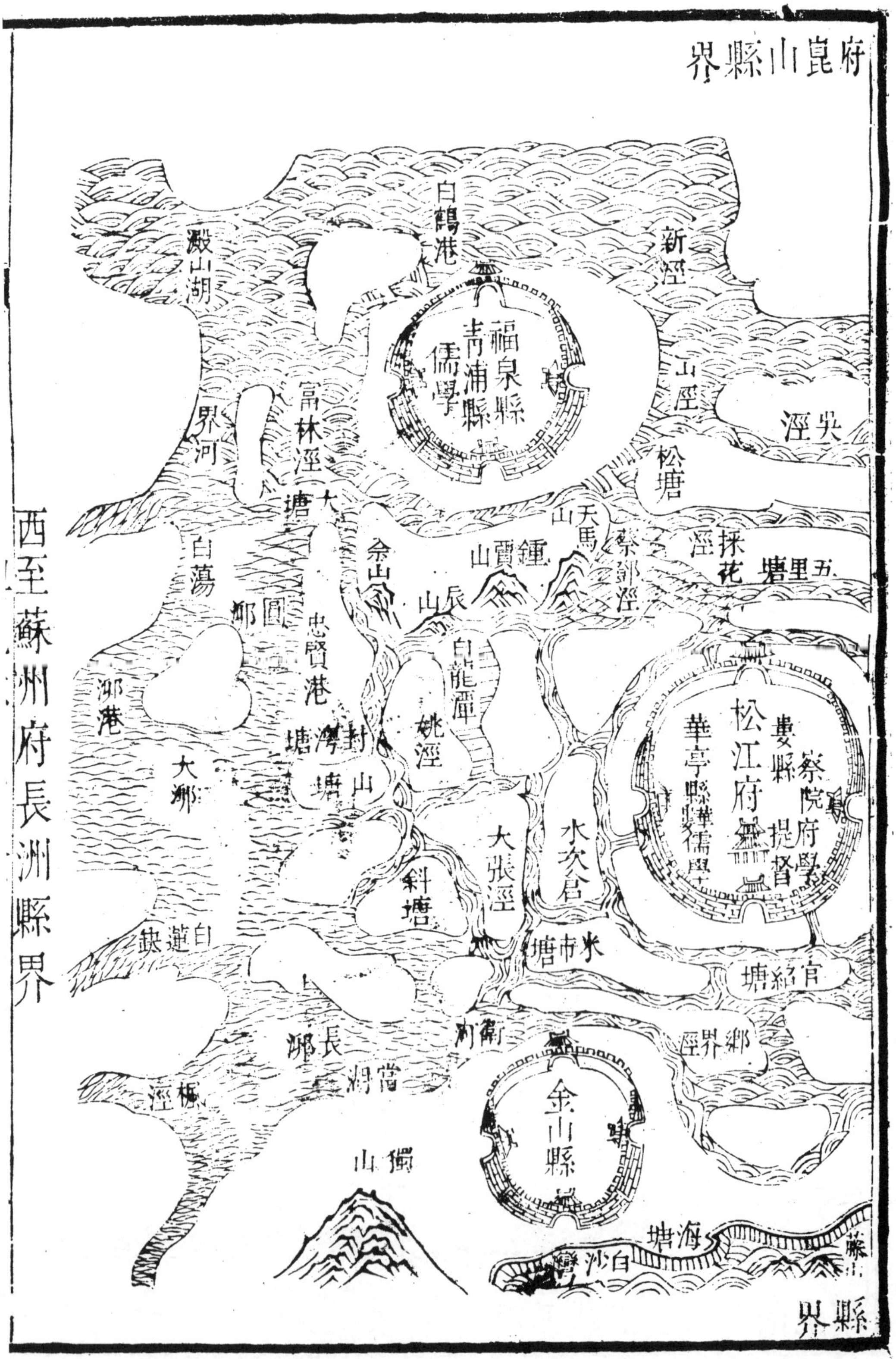

松江府统八县图 / 选自乾隆《江南通志》

松江府統八縣圖

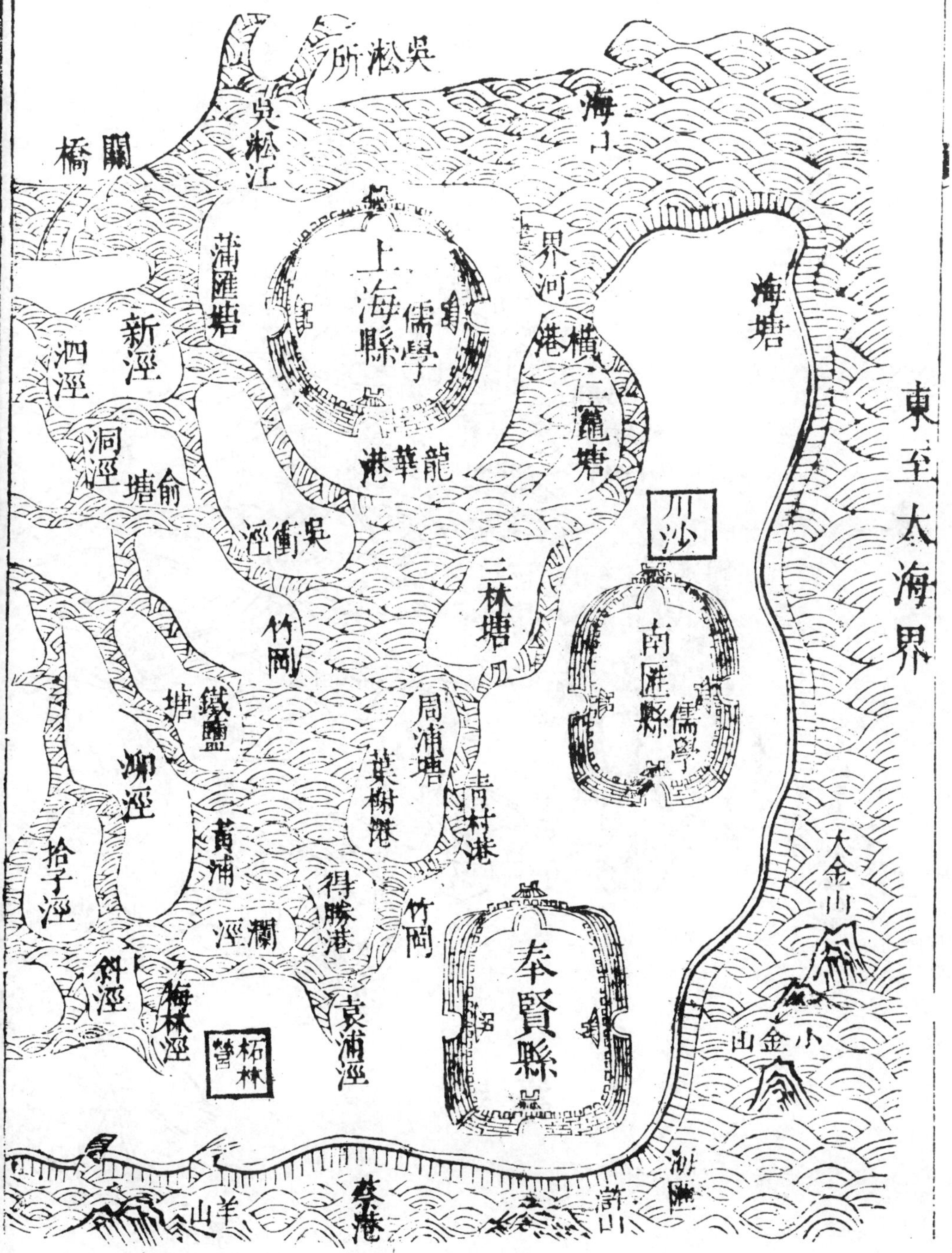
北至蘇州
吳淞所
吳淞江
關橋
海口
上海縣
儒學
蒲匯塘
界河
橫港
新涇
泗涇
洞涇
俞塘
龍華港
三竈塘
吳衝涇
川沙
海塘
東至太海界
三林塘
竹岡
南匯縣
儒學
鐵鹽塘
周浦塘
葉榭港
泖涇
青村港
黃浦
拾子涇
得勝港
竹岡
瀾涇
奉賢縣
大金山
小金山
斜涇
梅林涇
柘林營
袁浦涇
羊山
許山
海鹽
南至金山

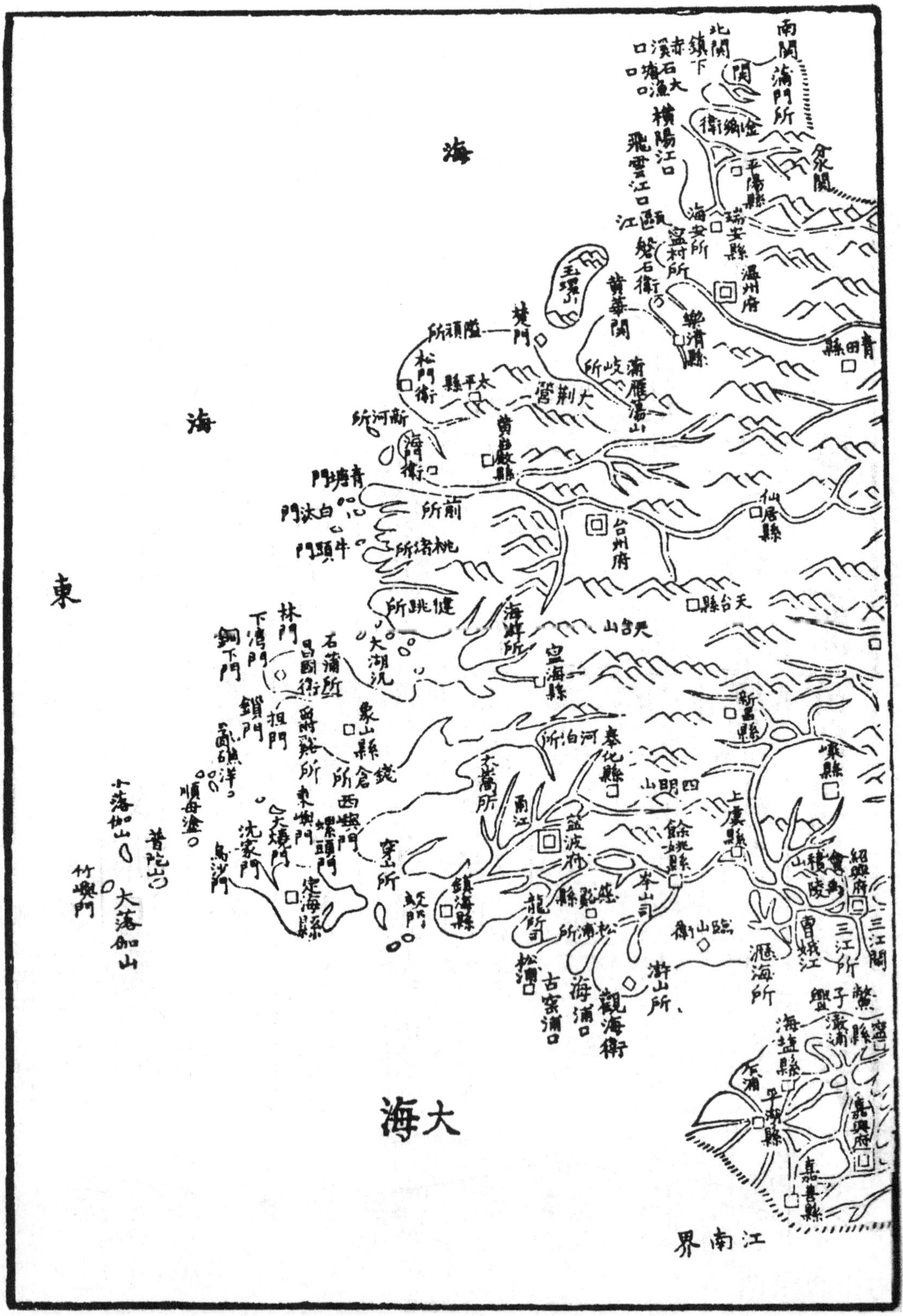

浙江省图 / 选自雍正《浙江通志》

浙江省圖
南
北
西
福建界
江西界
江南界
泰順縣
慶元縣
景寧縣
雲和縣
龍泉縣
松陽縣
仙霞嶺
處州府
縉雲縣
宣平縣
武義縣
永康縣
江山縣
常山縣
衢州府
開化縣
蘇章鎮
湯溪縣
龍游縣
東陽縣
金華府
義烏縣
蘭谿縣
浦江縣
壽昌縣
遂安縣
嚴州府
淳安縣
諸暨縣
桐廬縣
分水縣
蘭亭
富陽縣
新城縣
蕭山縣
杭州府
西湖
於潛縣
錢塘江
餘杭縣
臨安縣
天目山
昌化縣
昱嶺關
海
孝豐縣
武康縣
安吉州
湖州府
長興縣
小雷山
大雷山
太湖

绍兴府八县总图 / 选自康熙《绍兴府志》

江南府境图

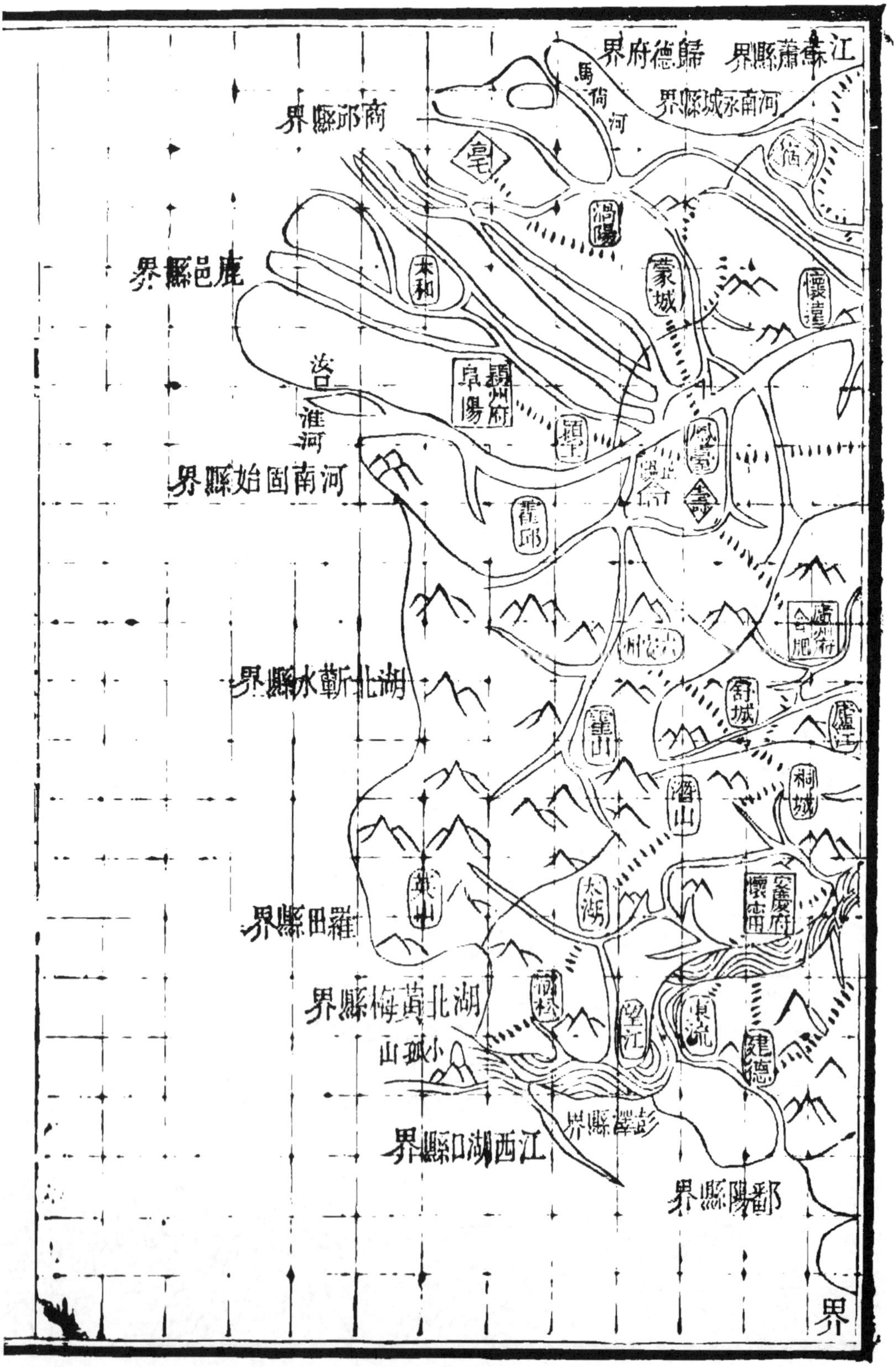

安徽全省图 / 选自光绪《重修安徽通志》

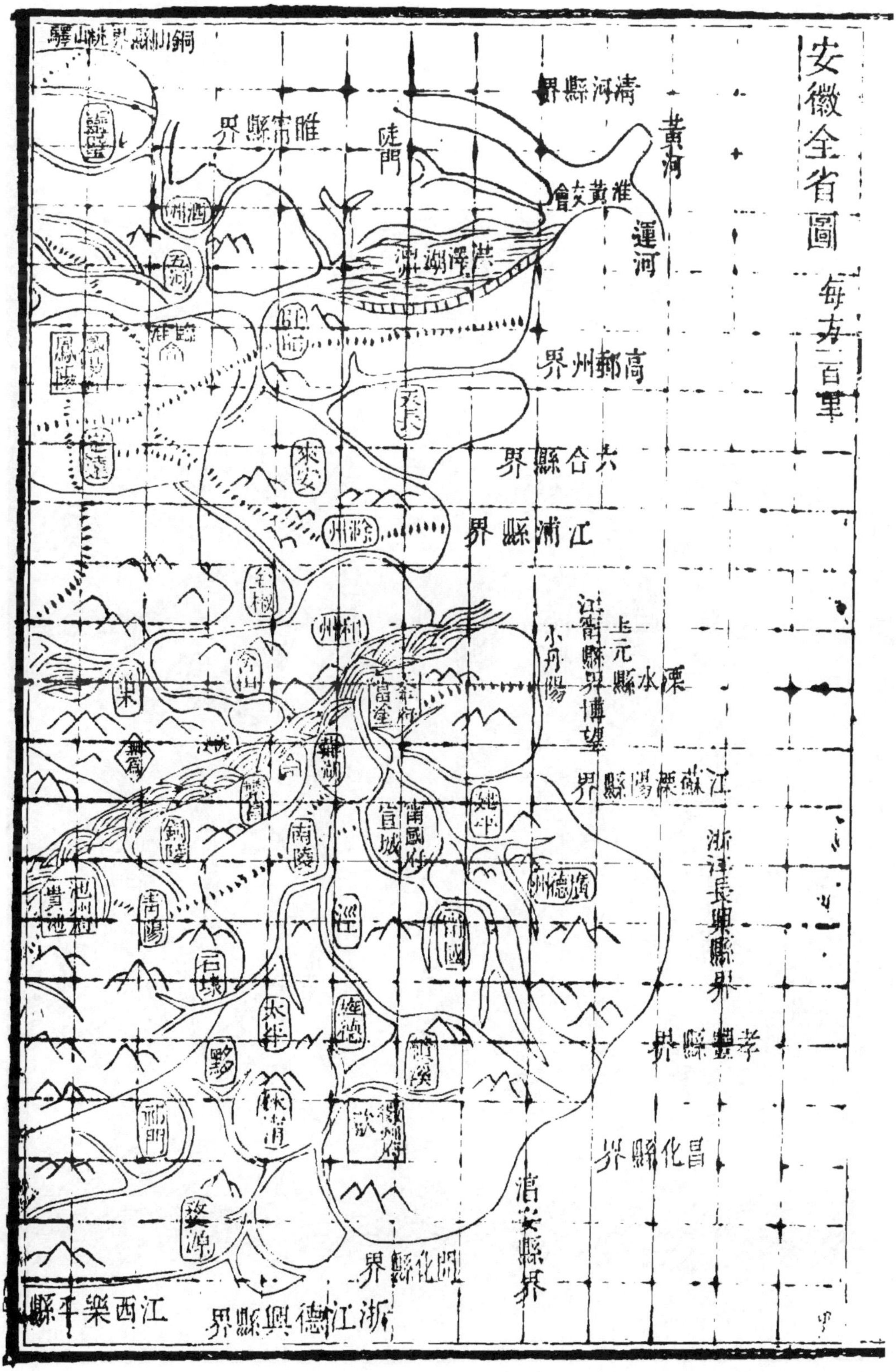
安徽全省圖
每方百里
清河縣界
黃河
淮黃交會
運河
洪澤湖
睢甯縣界
盱眙
高郵州界
六合縣界
江浦縣界
天長
來安
滁州
全椒
和州
含山
巢
無為
江甯縣界
上元縣
溧水
小丹陽
博望
江蘇溧陽縣界
寧國府
宣城
南陵
銅陵
池州府
貴池
青陽
石埭
太平
旌德
涇
寧國
廣德州
建平
浙江長興縣界
孝豐縣界
昌化縣界
開化縣界
淳安縣界
績溪
徽州府
歙
休寧
黟
祁門
婺源
浙江德興縣界
江西樂平縣

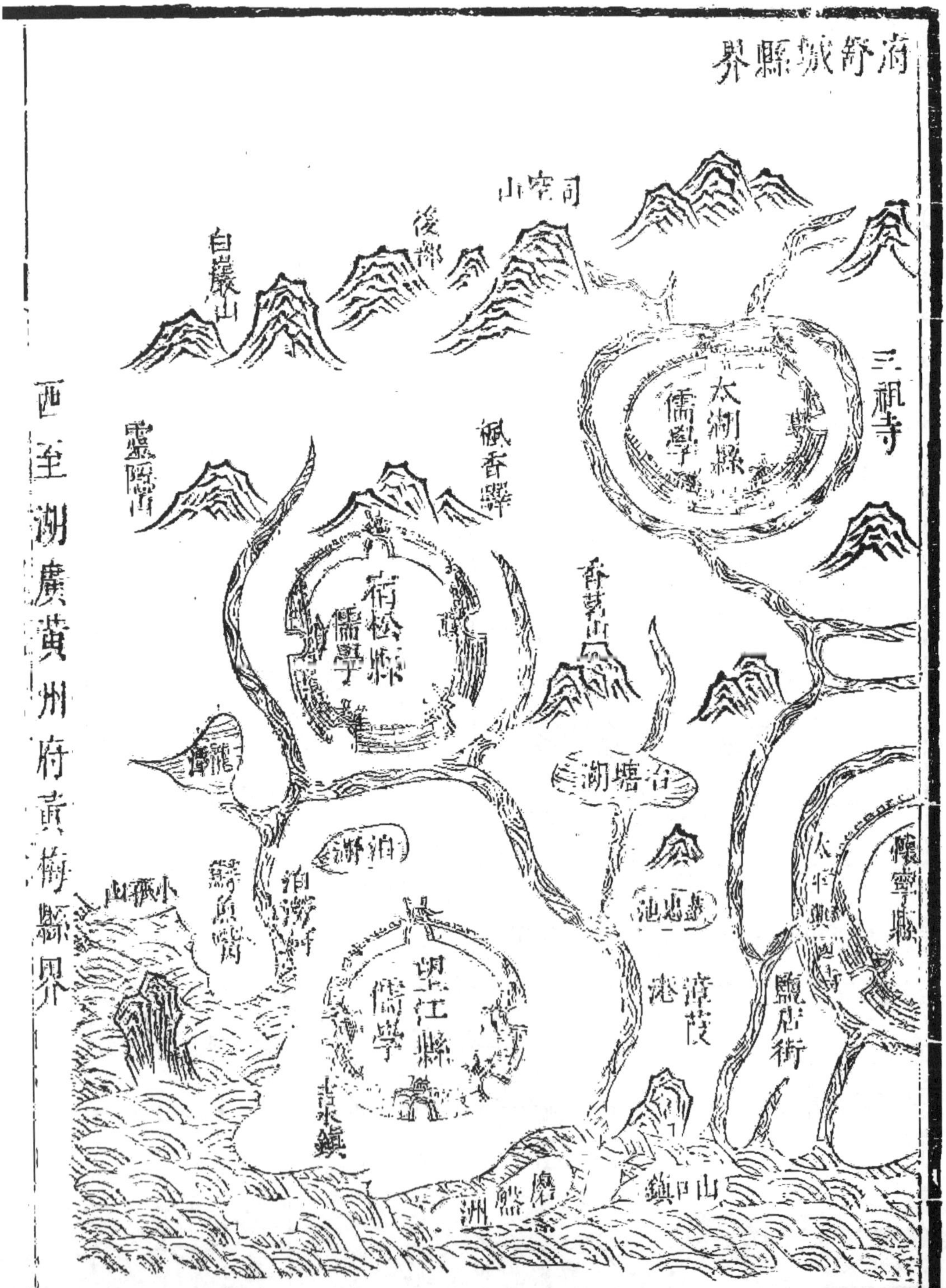

安庆府统六县图 / 选自乾隆《江南通志》

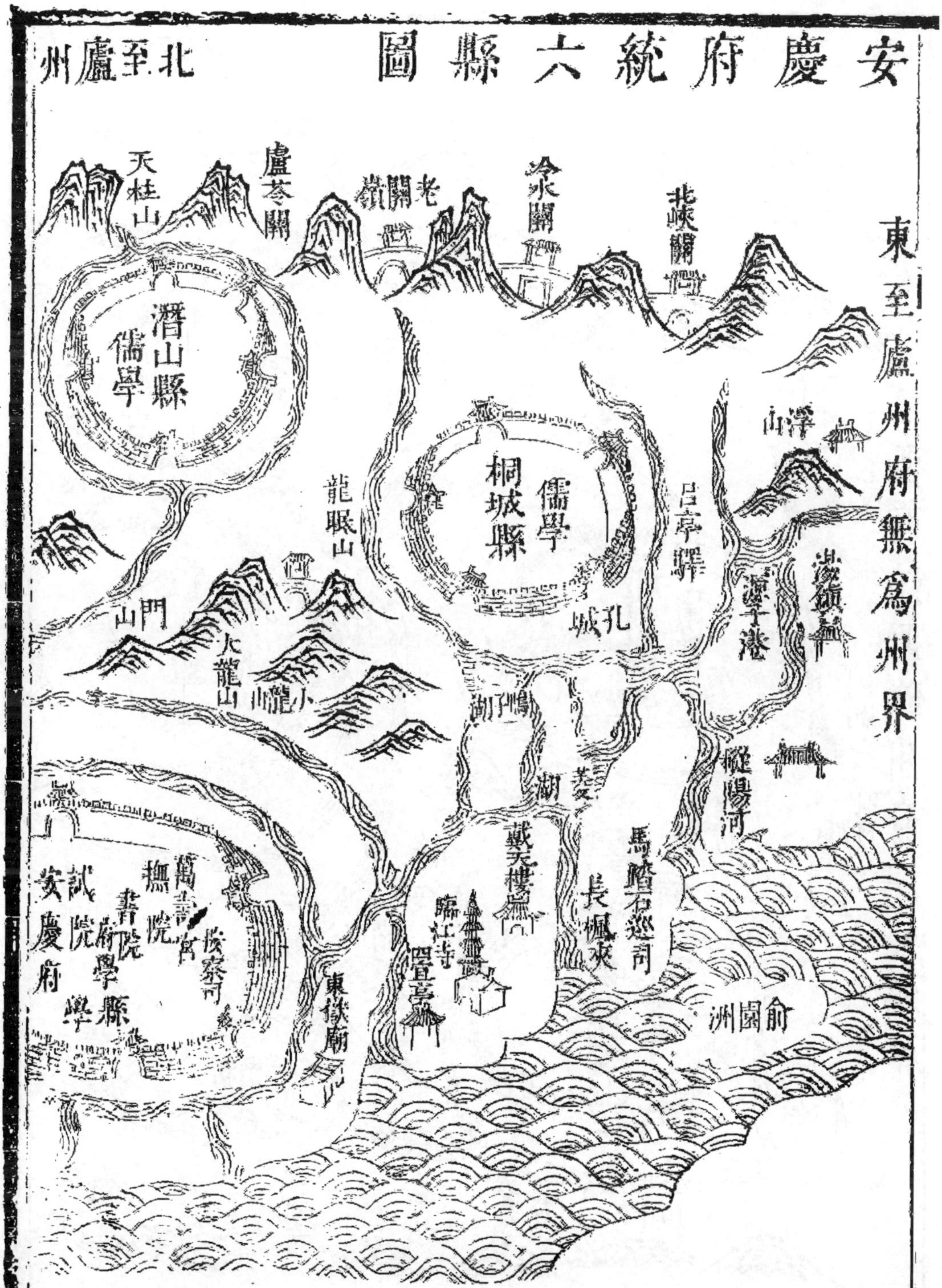
安慶府統六縣圖
北至廬州
東至廬州府無為州界
南至池州府東
天柱山
老關嶺
北峽關
潛山縣
儒學
桐城縣
儒學
龍眠山
浮山
呂亭驛
孔城
大龍山
小龍山
樅陽河
馬踏石巡司
長楓夾
戴天樓
臨江寺
安慶府
試院
撫院
萬壽宮
按察司
府學
縣學
書院
東嶽廟
俞園洲

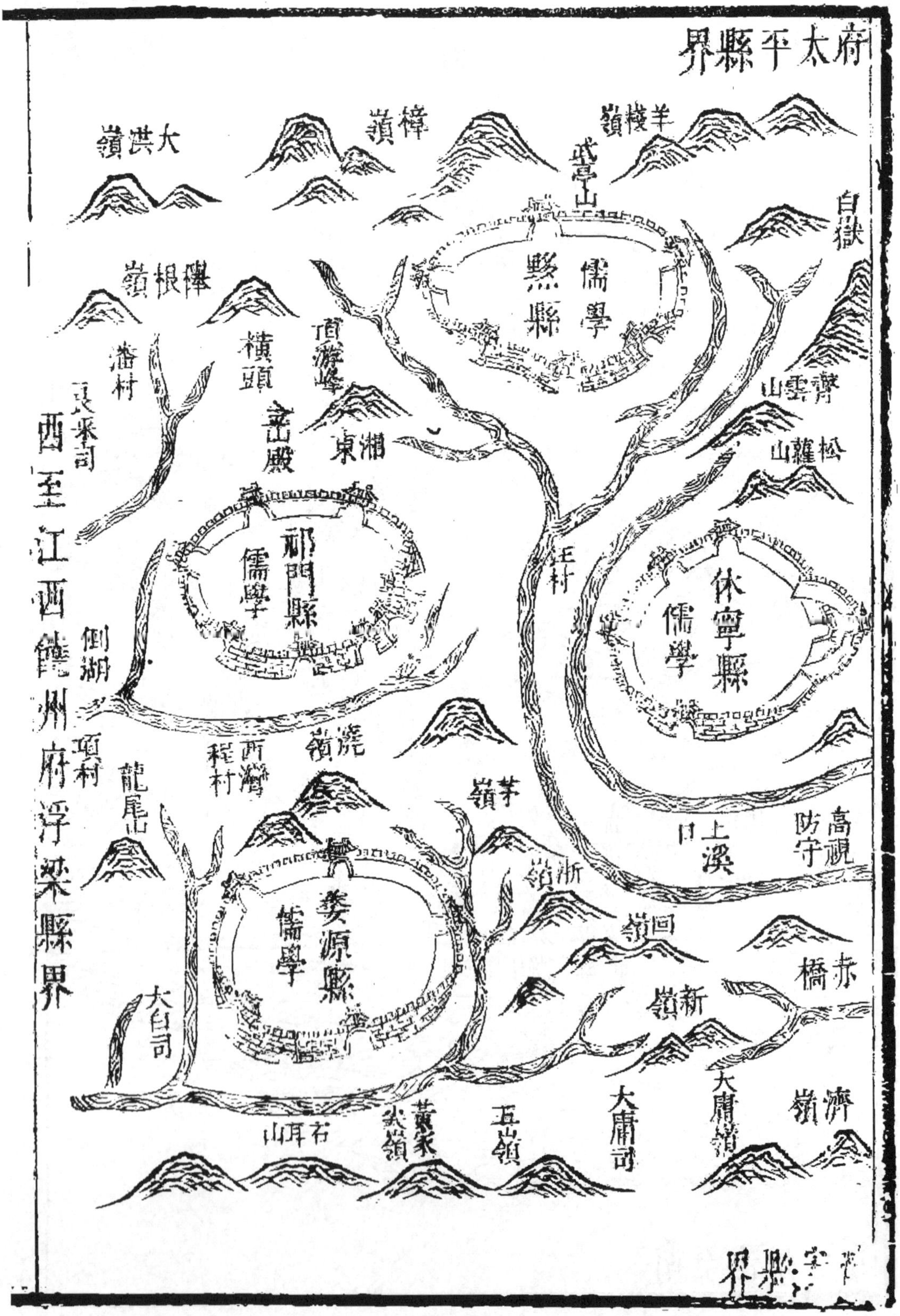

徽州府统六县图 / 选自乾隆《江南通志》

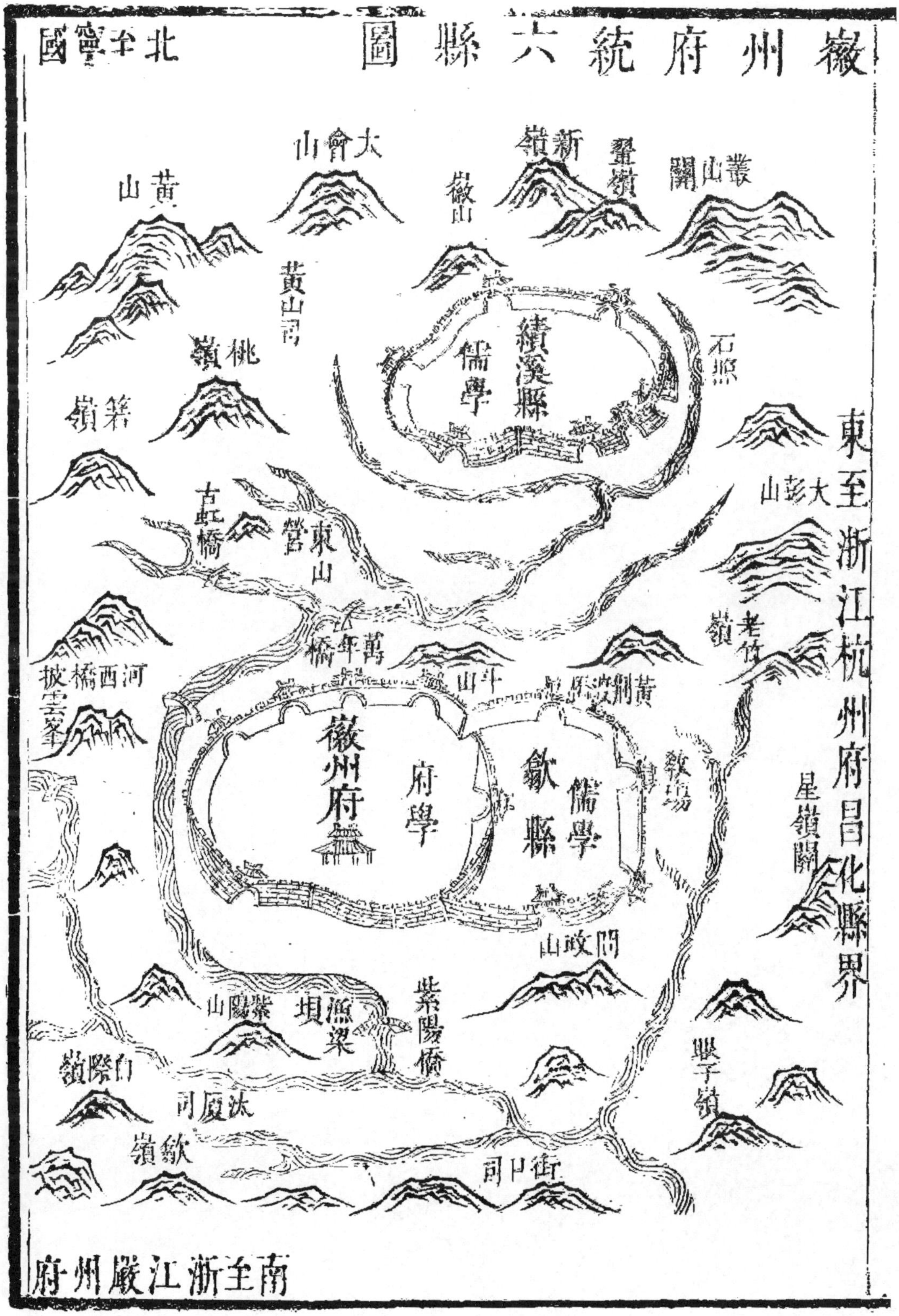
徽州府統六縣圖
北至寧國
黃山
大會山
新嶺
叢山關
黃山司
績溪縣
儒學
石照
桃嶺
箬嶺
東至浙江杭州府昌化縣界
大彭山
古虹橋
東山營
老竹嶺
萬年橋
河西橋
披雲峯
斗山
徽州府
府學
歙縣
儒學
教場
星嶺關
問政山
紫陽山
漁梁壩
紫陽橋
白際嶺
嬰子嶺
歙嶺
街口司
南至浙江嚴州府

南京

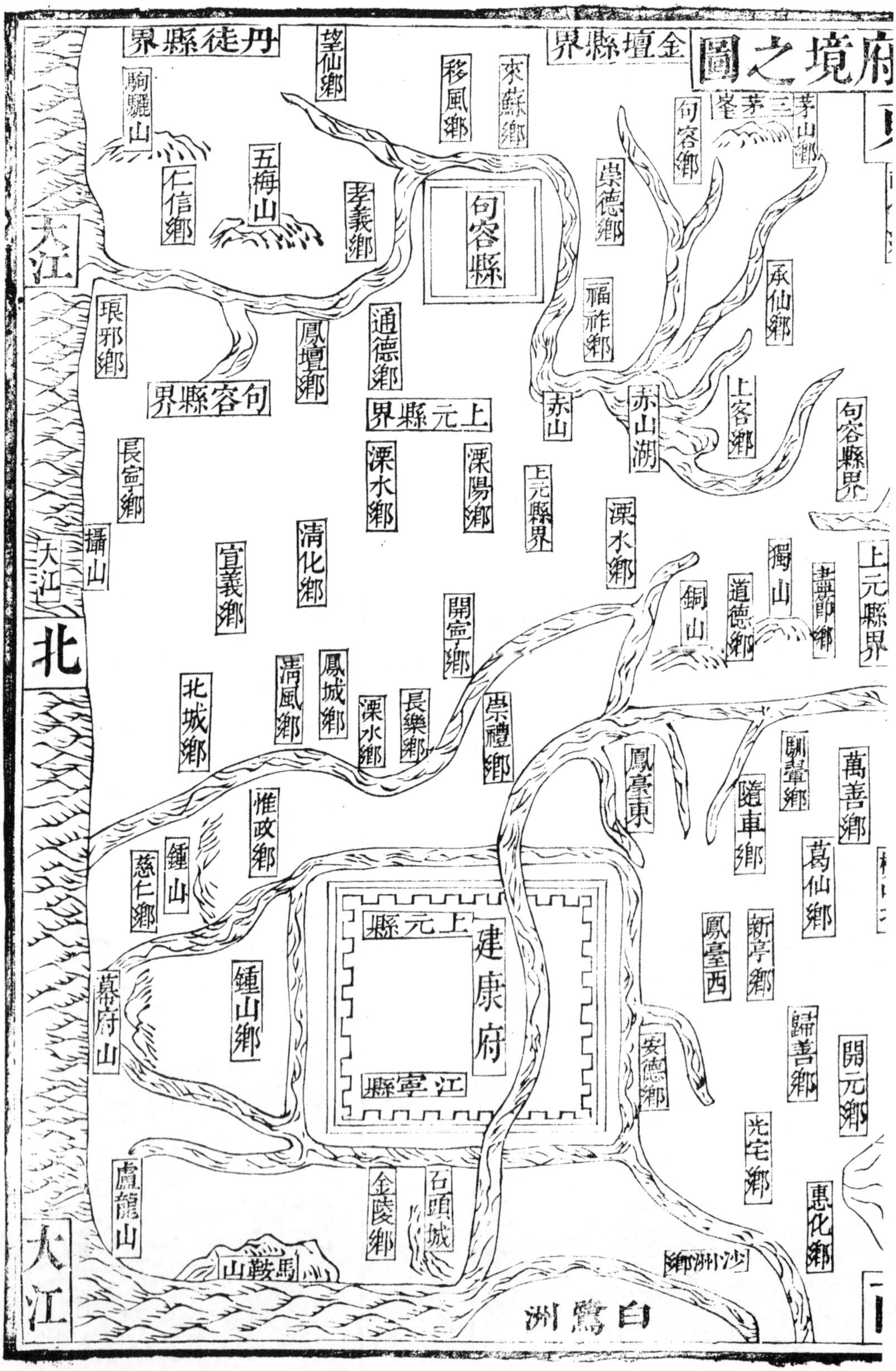

皇朝建康府境之图 / 选自景定《建康志》

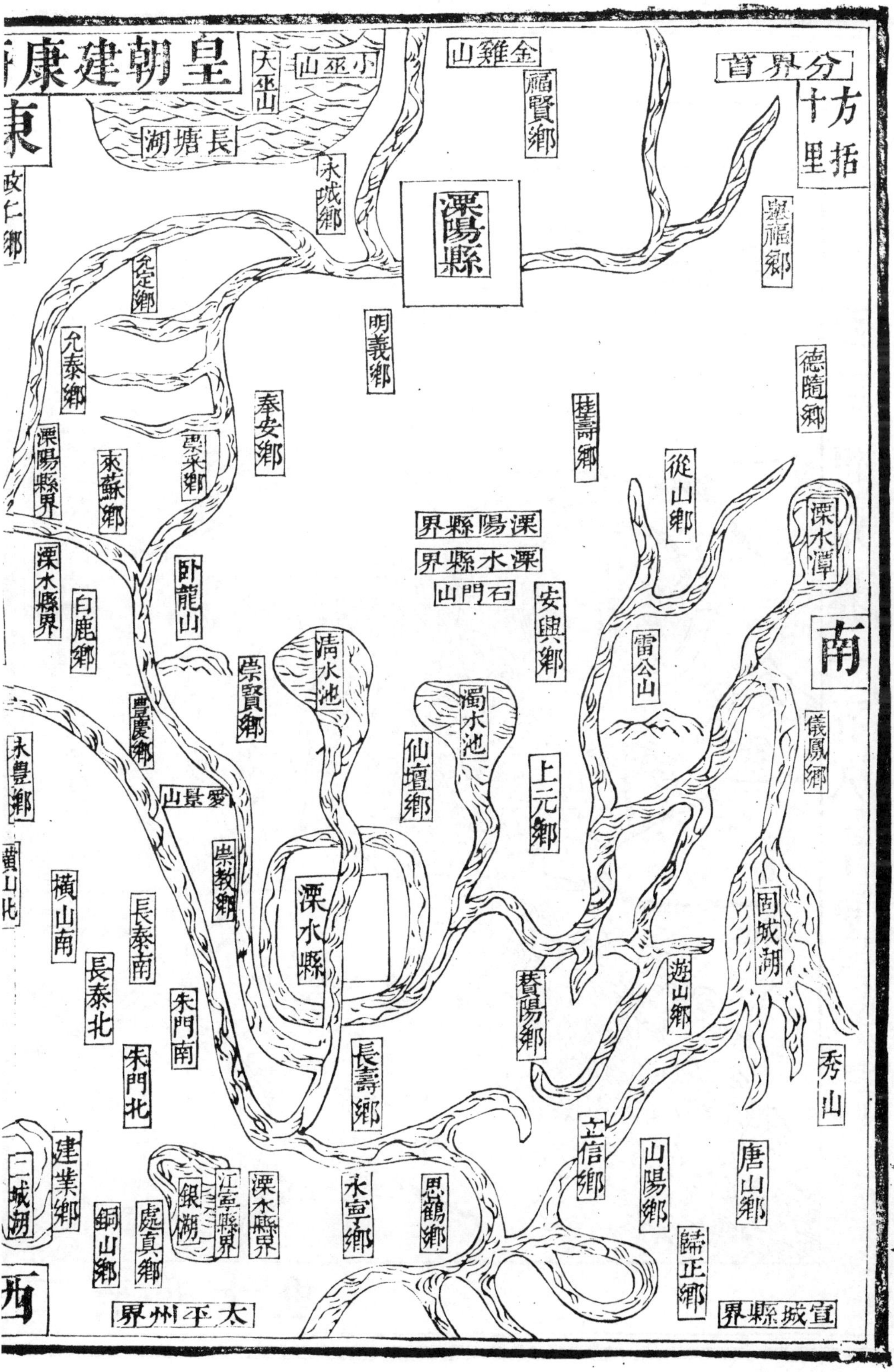
皇朝建康
東
大巫山
小巫山
長塘湖
金雞山
福賢鄉
分界首
方括
十里
永城鄉
溧陽縣
崇福鄉
政仁鄉
永定鄉
明義鄉
德隨鄉
永泰鄉
桂壽鄉
奉安鄉
崇來鄉
來蘇鄉
溧陽縣界
從山鄉
溧陽縣界
溧水縣界
石門山
溧水潭
臥龍山
溧水縣界
白鹿鄉
安興鄉
雷公山
南
清水池
濁水池
崇賢鄉
豐慶鄉
儀鳳鄉
仙壇鄉
上元鄉
永豐鄉
愛景山
崇教鄉
黃山北
橫山南
長泰南
溧水縣
固城湖
長泰北
朱門南
贊陽鄉
遊山鄉
秀山
長壽鄉
朱門北
建業鄉
三城湖
銀湖
江寧縣界
溧水縣界
永寧鄉
思鶴鄉
立信鄉
山陽鄉
唐山鄉
歸正鄉
銅山鄉
處真鄉
西
太平州界
宣城縣界

江宁府图／选自康熙《江南通志》

江寧

北至泗州天長縣

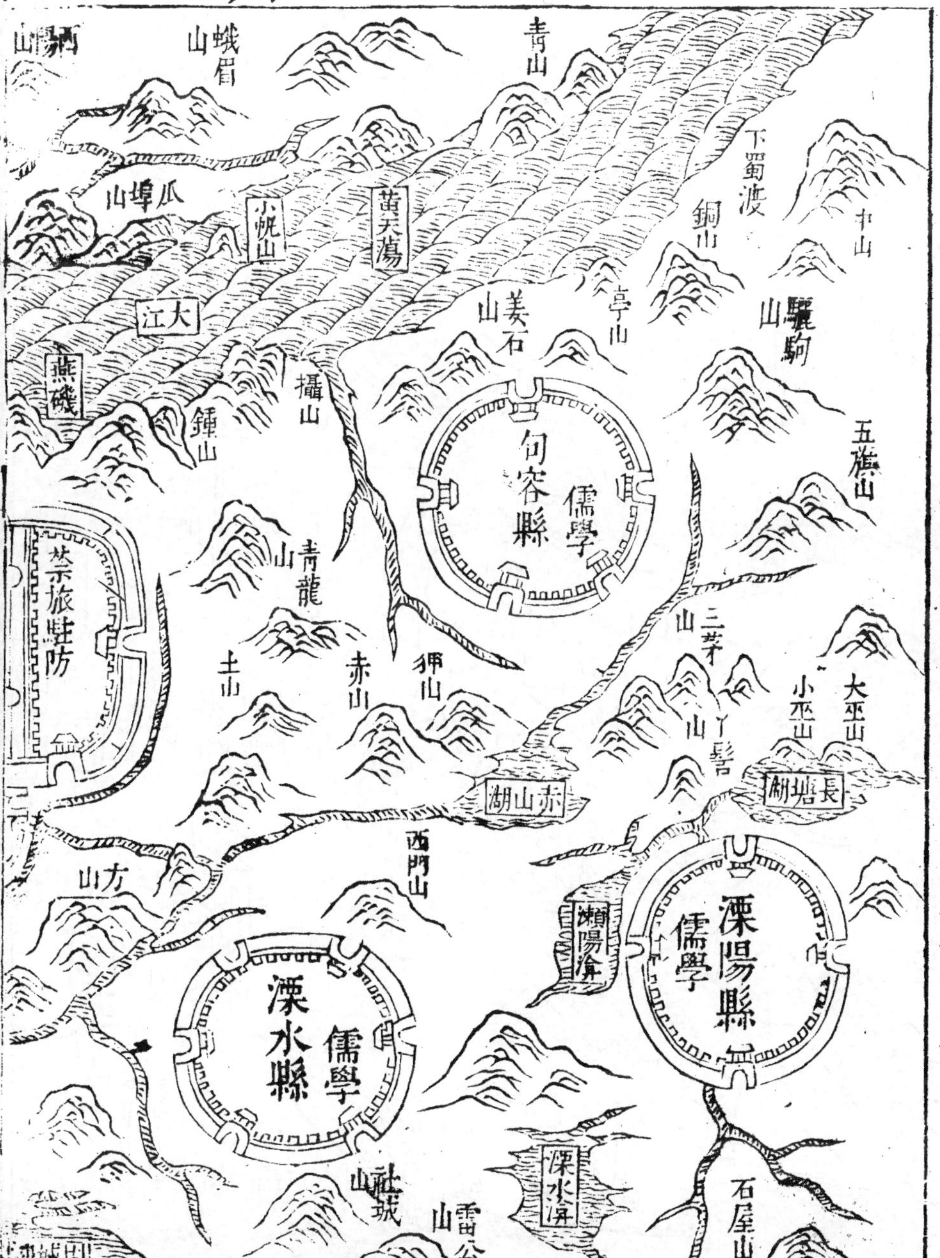

東至鎮江府丹陽界一百六十里

南至寧國府界

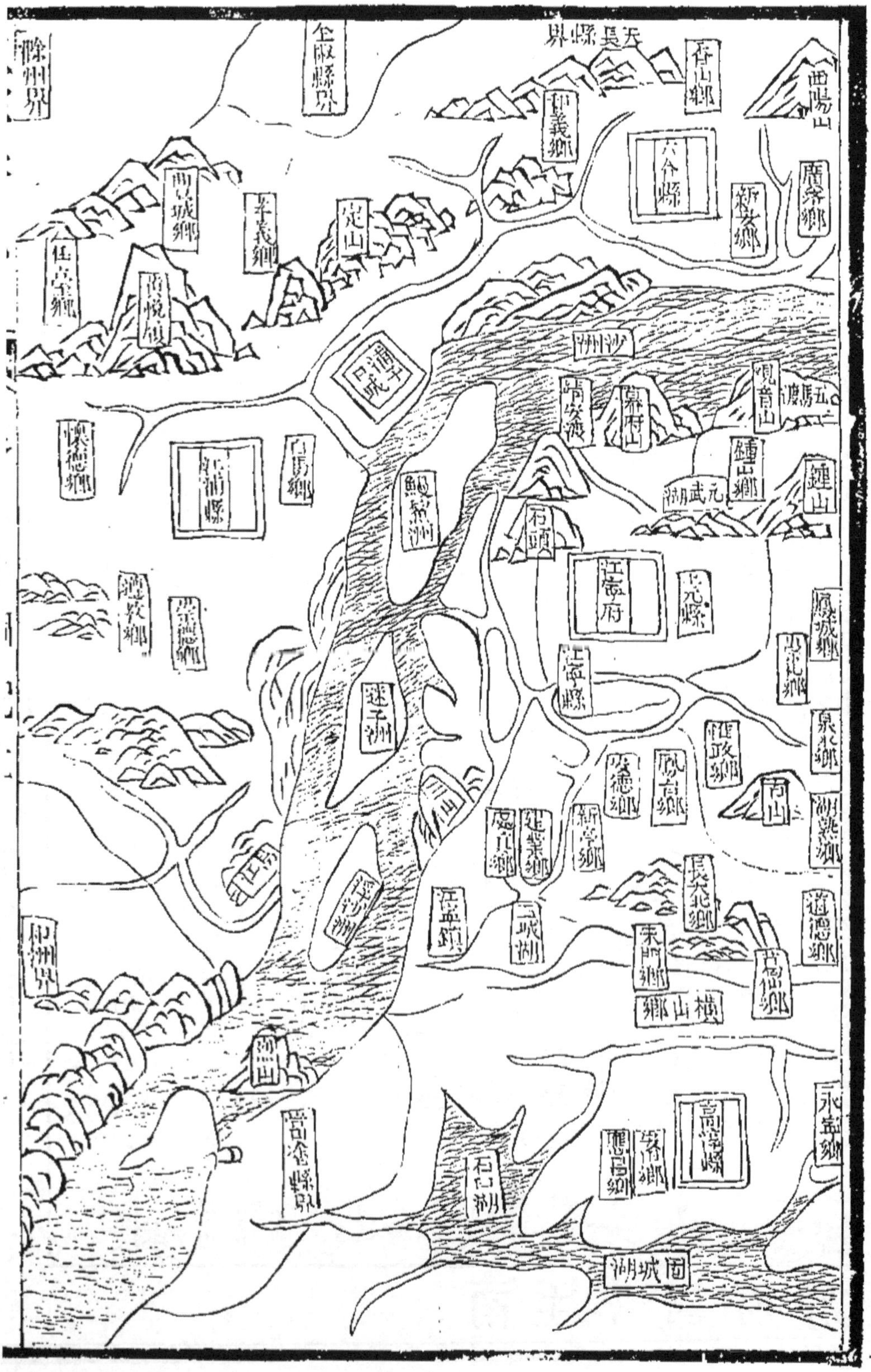

江宁府境方括图 / 选自康熙《江宁府志》

府境方括圖
儀真界
丹徒界
黃天蕩
下蜀渡
小帆山
銅山
鍾山
姜石山
句容縣
福祚鄉
丹陽界
來蘇鄉
丹陽鄉
丹陽市
赤山
赤山湖
西門山
本安鄉
溧水縣
溧陽縣
溧陽州
永成鄉
福賢鄉
杜城山
溧水州
宣城縣界
廣德州界
宜興界

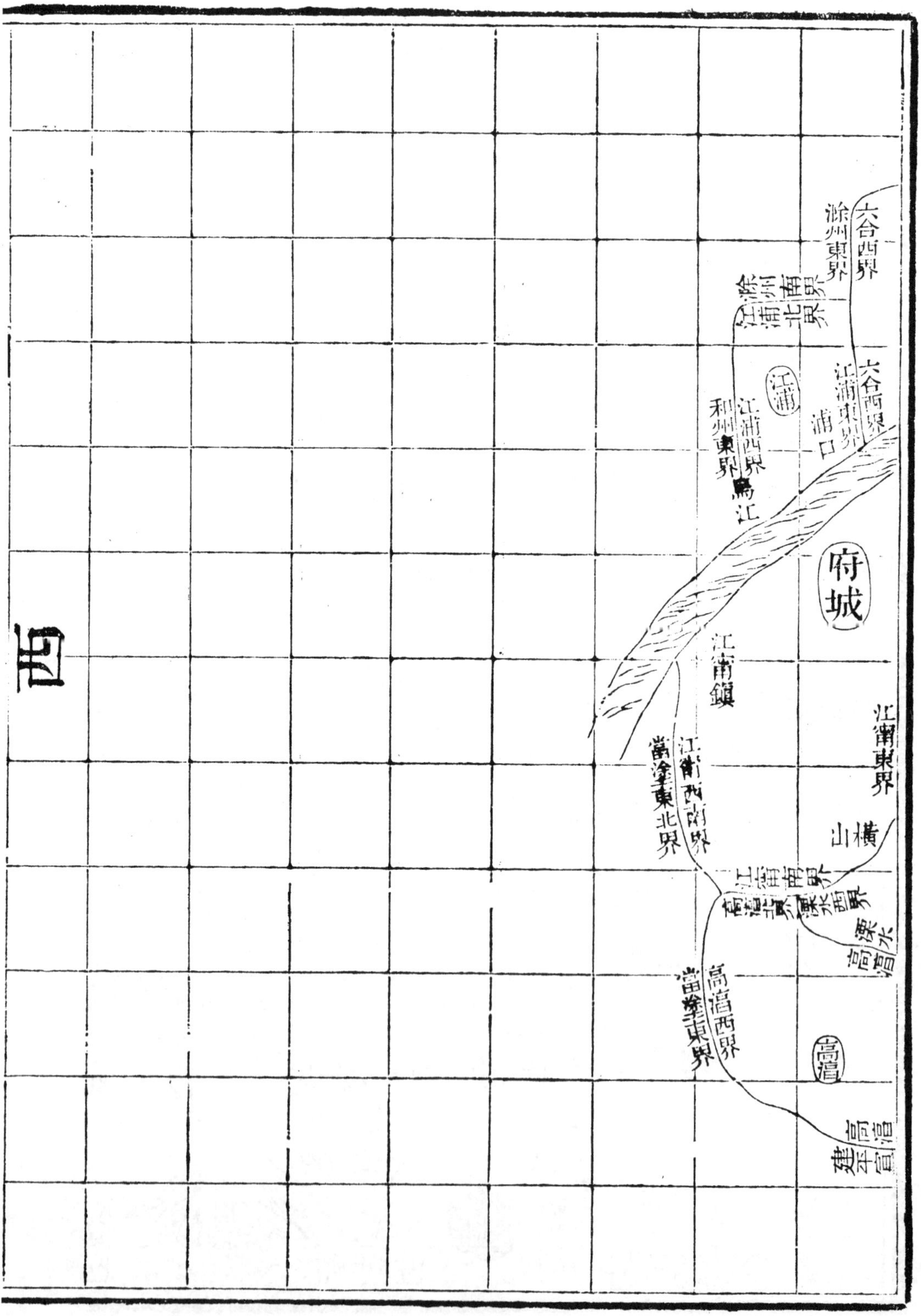

江宁府境全图 / 选自嘉庆《新修江宁府志》

江甯府境全圖

每方四十里　東西約二百里南北約三百餘里

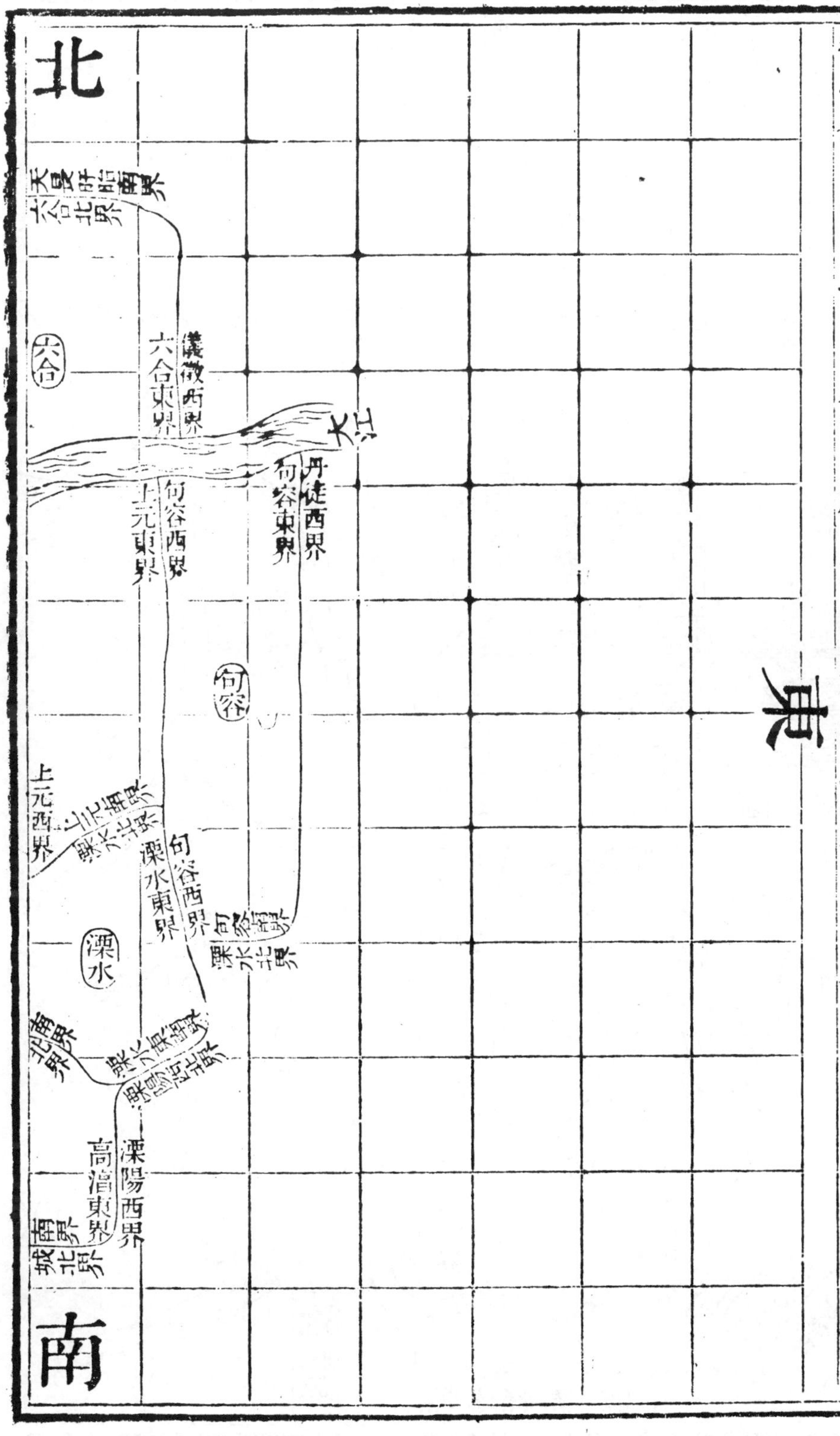

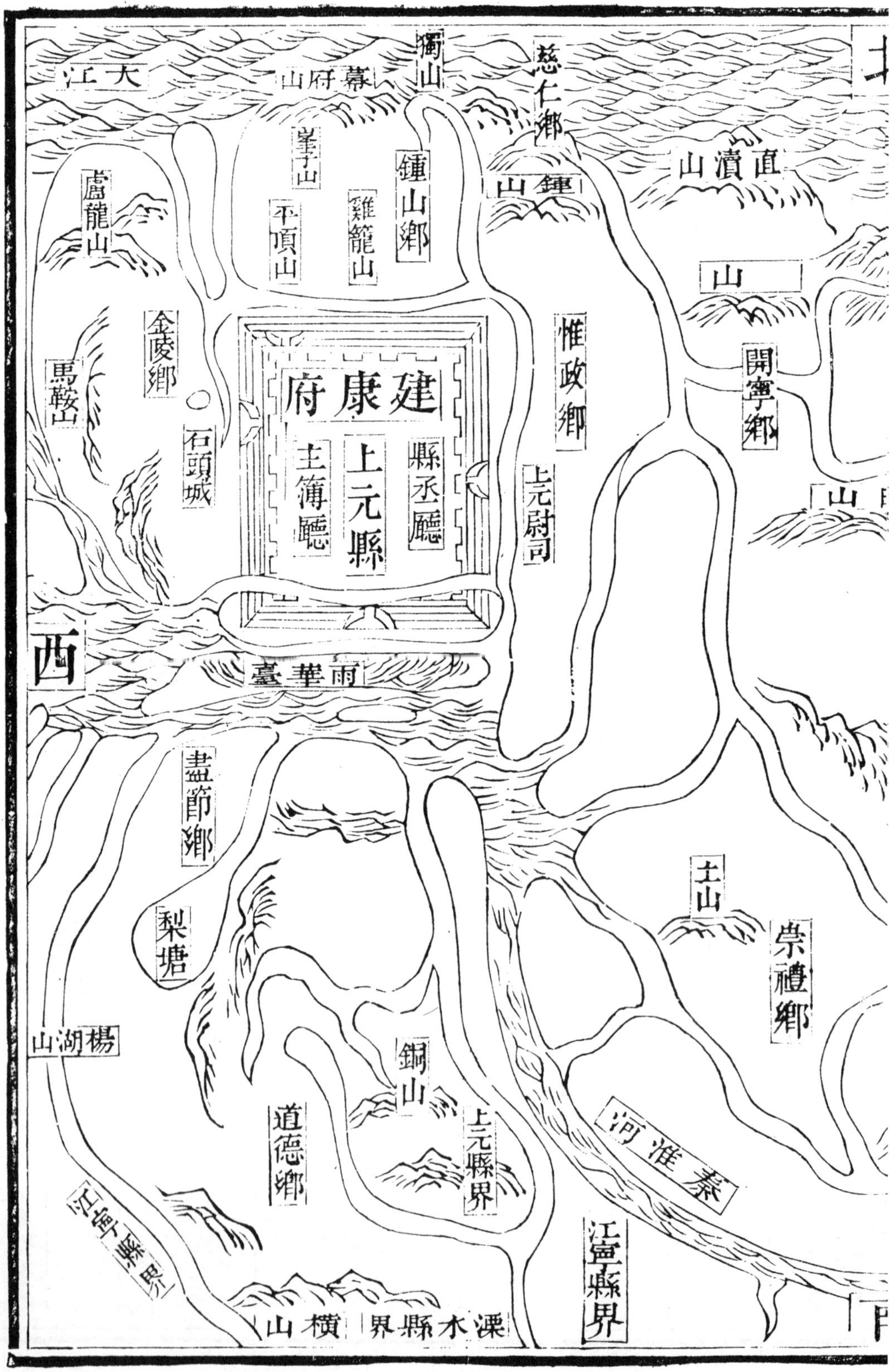

上元县图 / 选自景定《建康志》

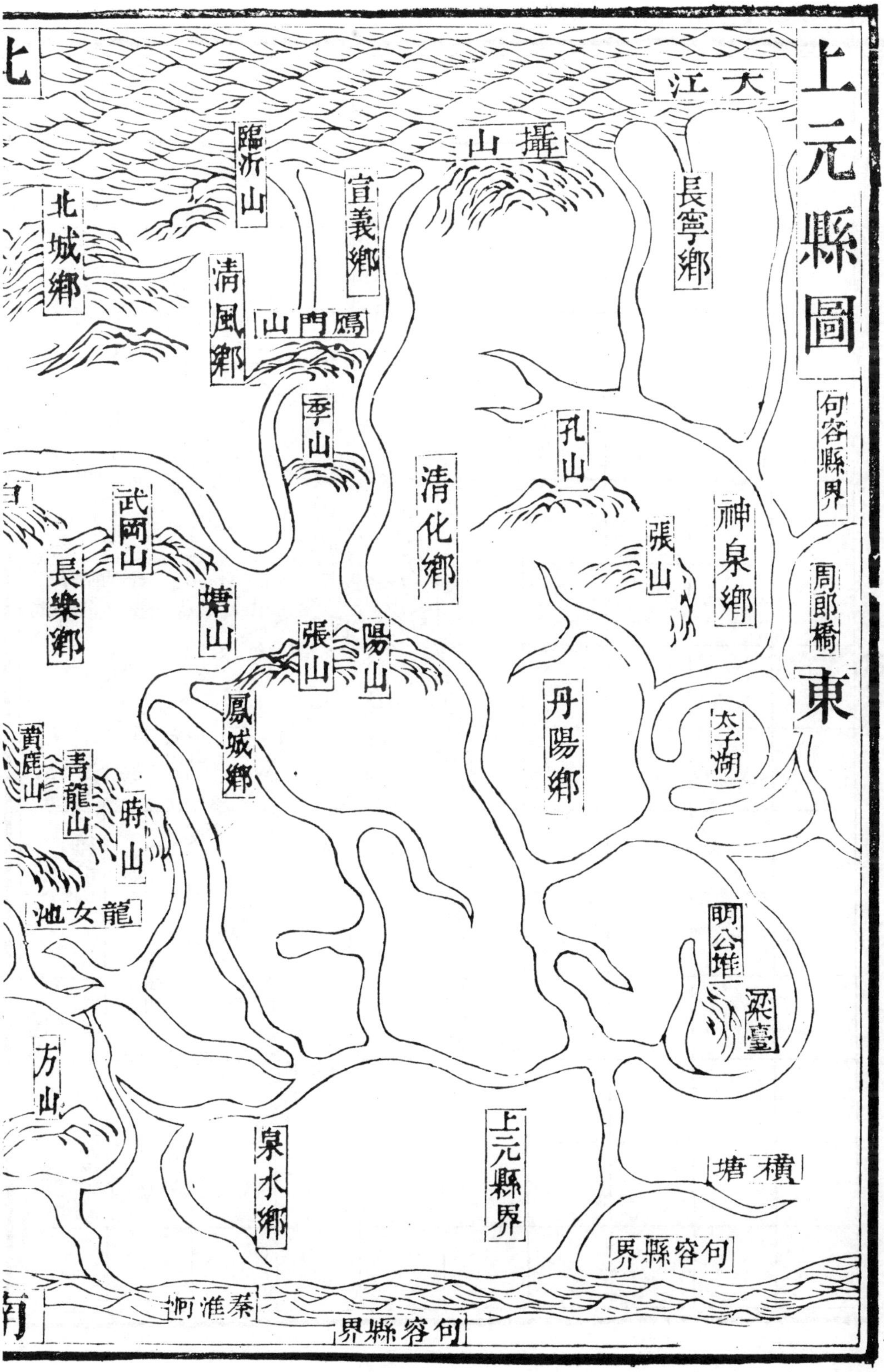
上元縣圖
北
東
南
大江
攝山
臨沂山
宣義鄉
長寧鄉
北城鄉
清風鄉
鴈門山
孛山
孔山
句容縣界
清化鄉
神泉鄉
武岡山
張山
長樂鄉
嶆山
張山
陽山
周郎橋
鳳城鄉
丹陽鄉
太子湖
黃鹿山
青龍山
時山
龍女池
明公堆
梁臺
方山
泉水鄉
上元縣界
橫塘
句容縣界
秦淮河
句容縣界

南京

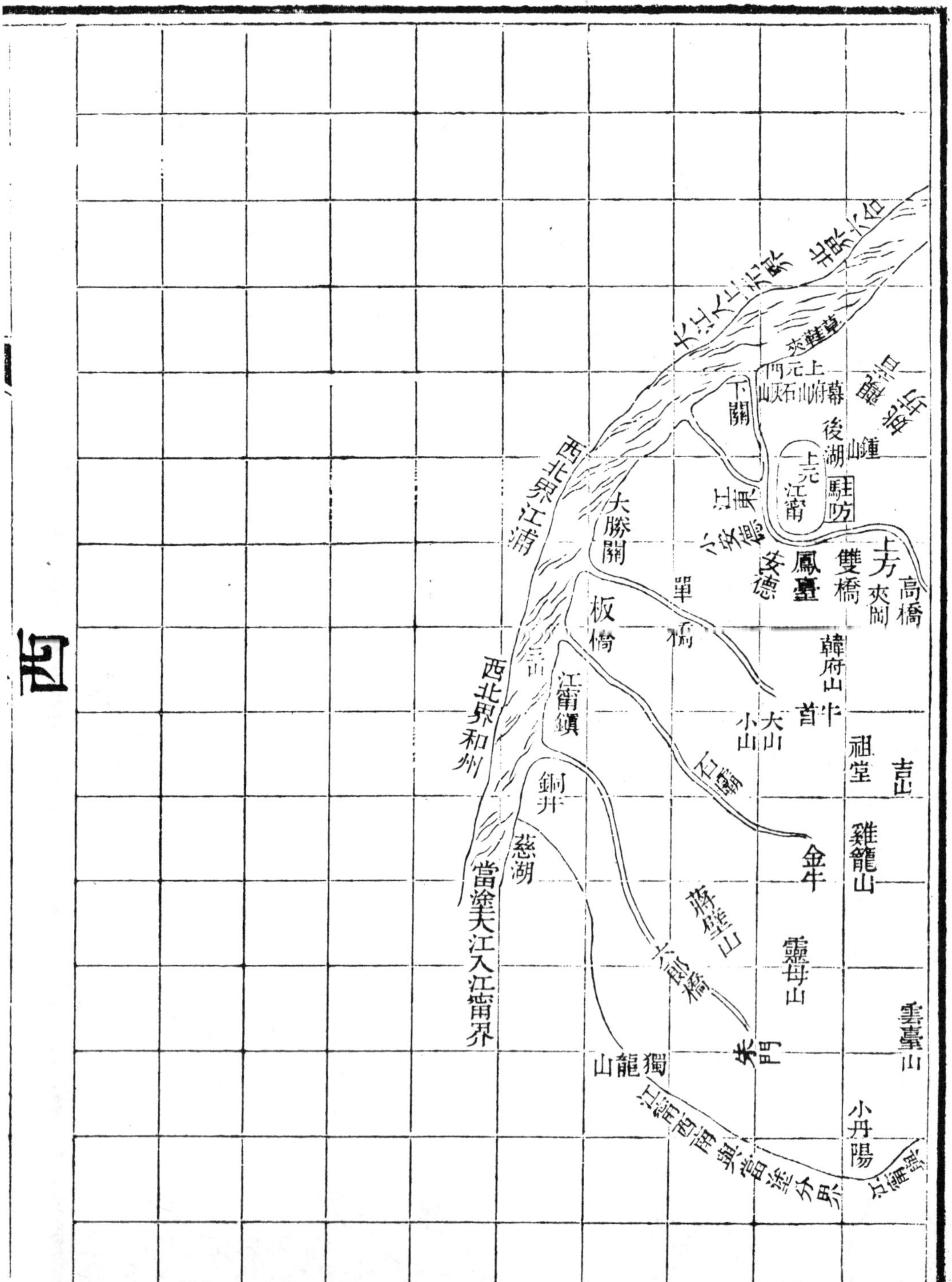

上元江宁两县图 / 选自嘉庆《新修江宁府志》

上元江甯兩縣圖

每方十五里

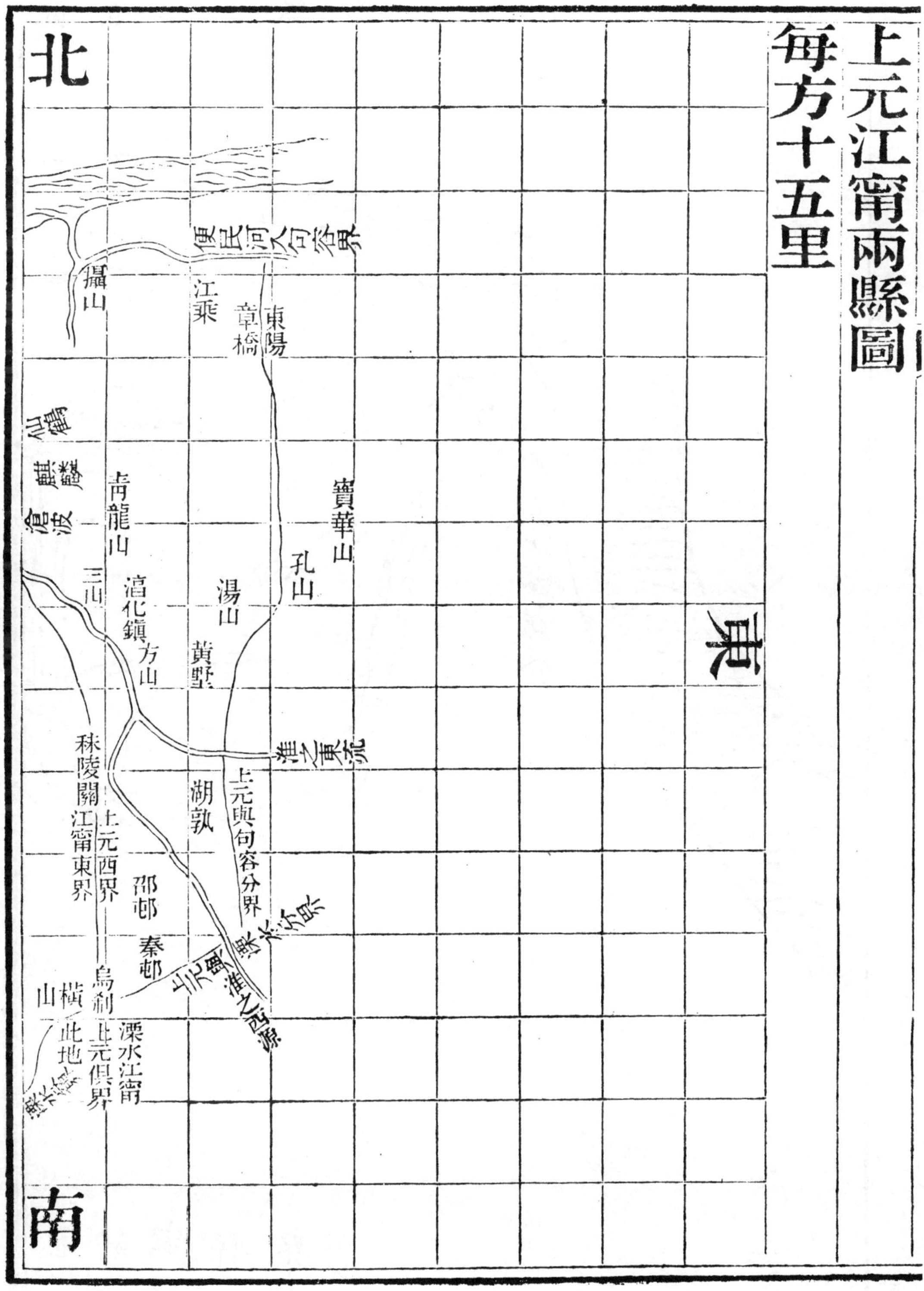

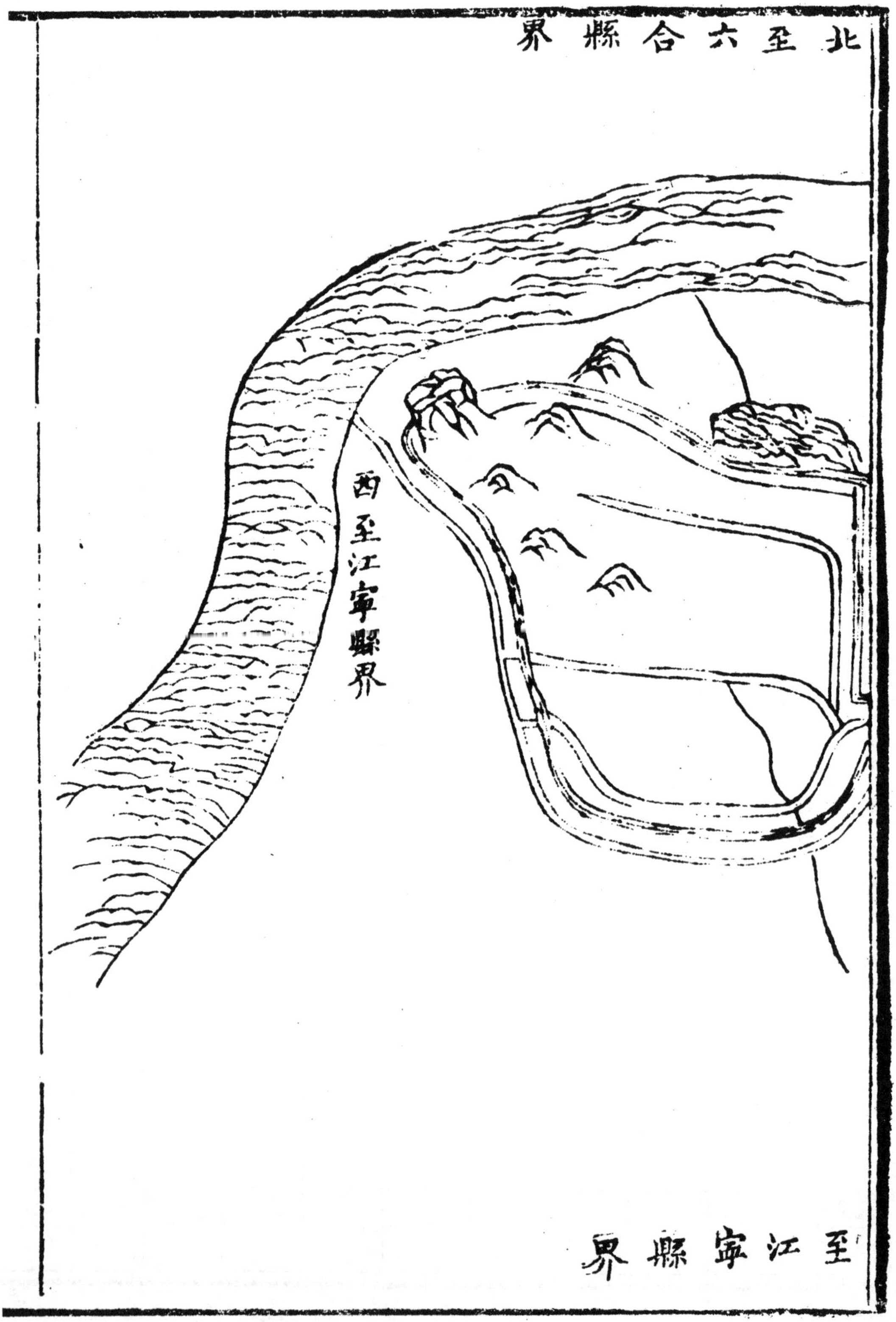

上元县境图 / 选自乾隆《上元县志》

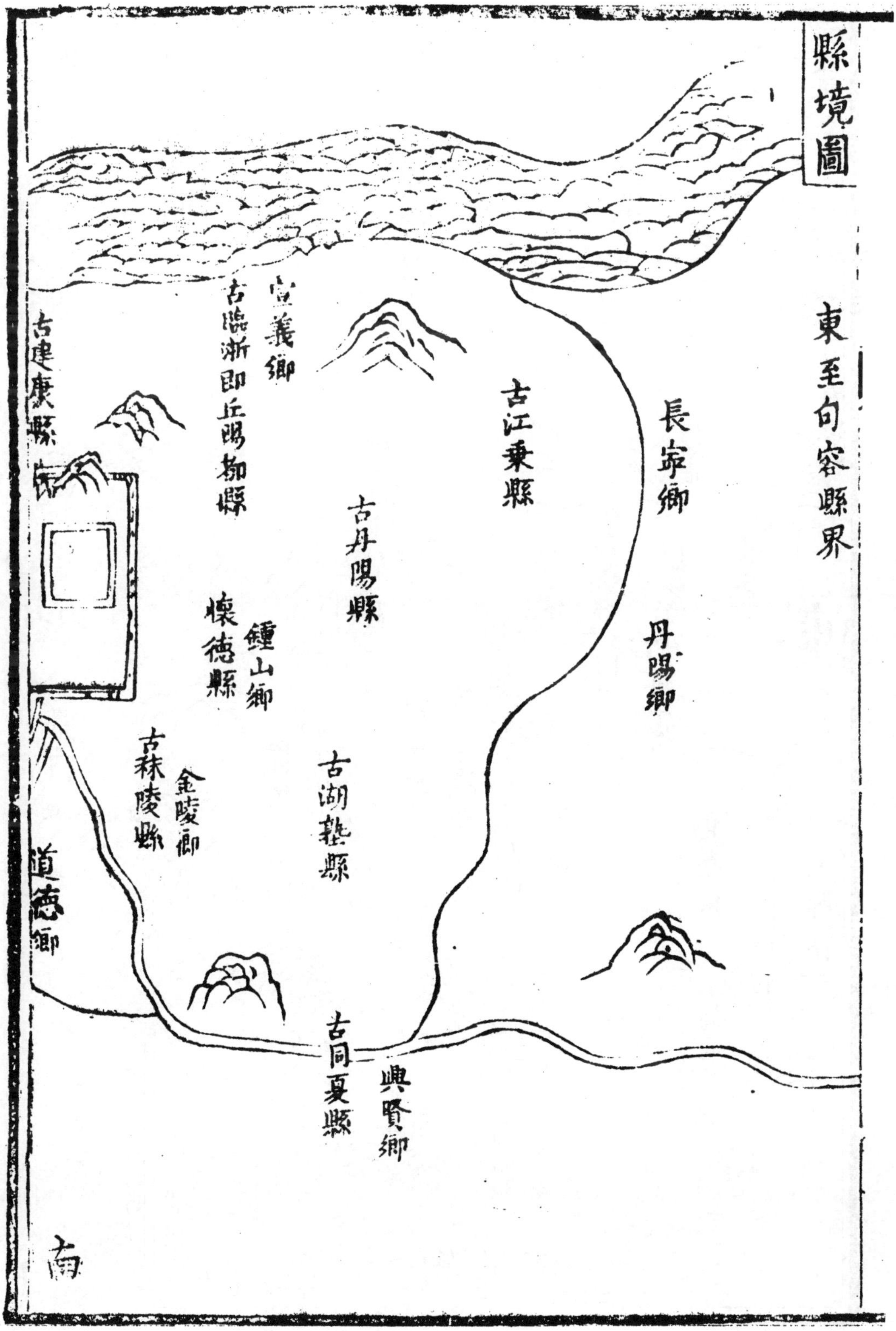
縣境圖
東至句容縣界
長寧鄉
丹陽鄉
古江乘縣
古丹陽縣
宣義鄉
古臨淅即丘陽都縣
古建康縣
懷德縣
鍾山鄉
古秣陵縣
金陵鄉
古湖熟縣
道德鄉
古同夏縣
興賢鄉
南

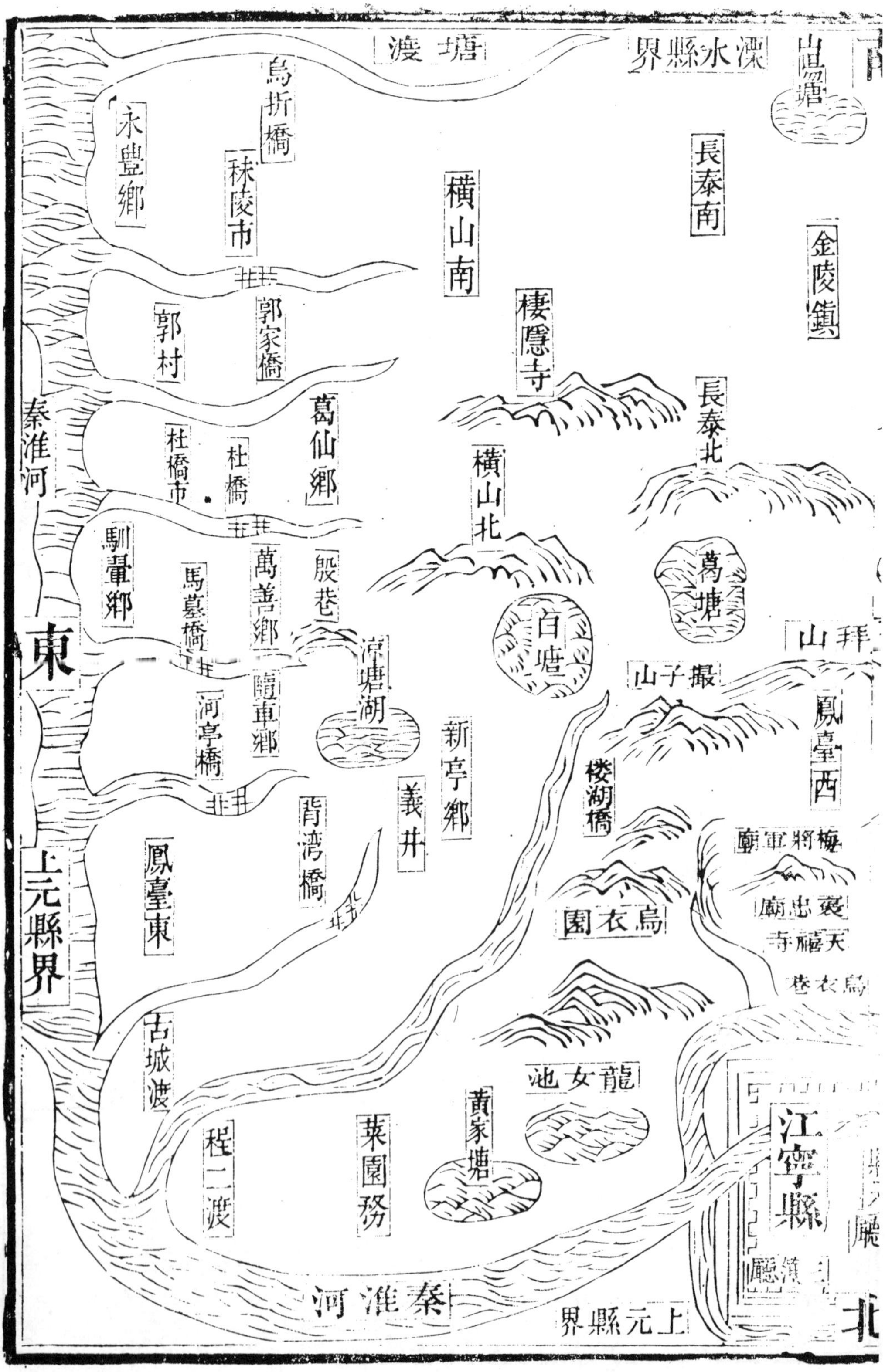

江宁县之图 / 选自景定《建康志》

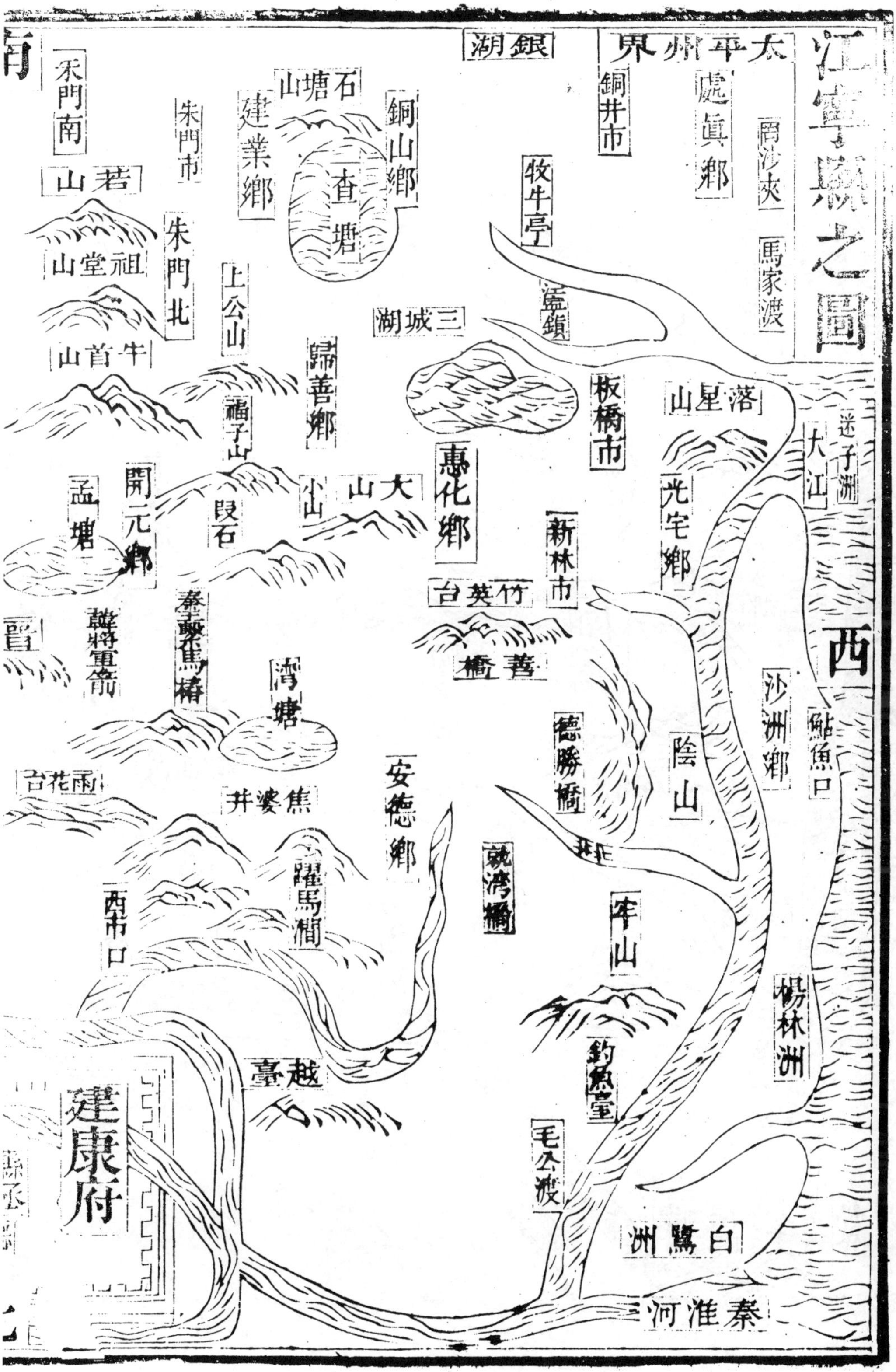
江寧縣之圖
太平州界
銀湖
處眞鄉
銅井市
馬家渡
牧牛亭
銅山鄉
石塘山
查塘
建業鄉
朱門市
若山
祖堂山
朱門北
牛首山
上公山
三城湖
歸善鄉
板橋市
落星山
大江
大山
小山
惠化鄉
光宅鄉
新林市
開元鄉
孟塘
善橋
西
沙洲鄉
德勝橋
陰山
雨花台
焦婆井
安德鄉
躍馬澗
西市口
釣魚臺
越臺
建康府
毛公渡
白鷺洲
秦淮河

南京

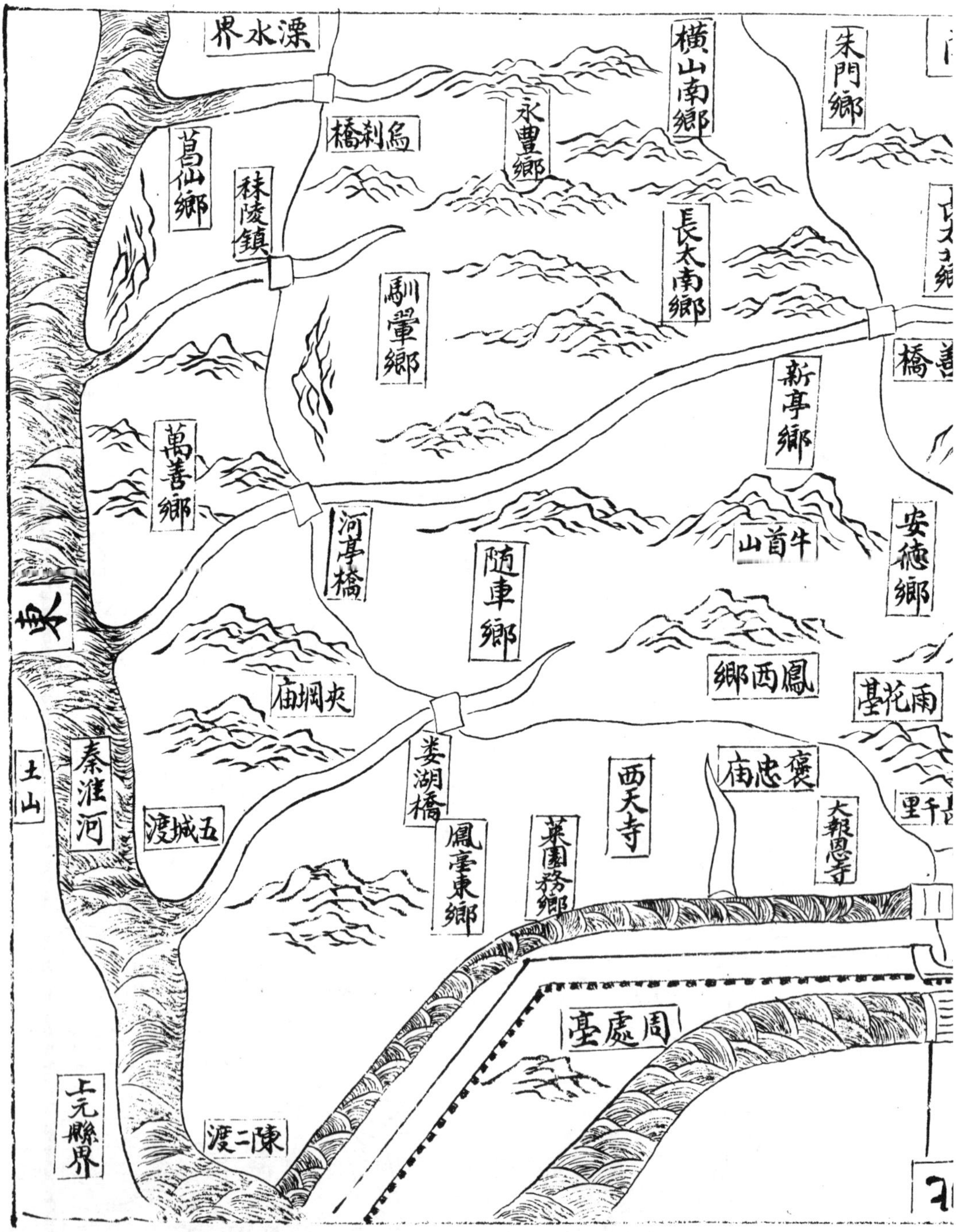

江宁县境图 / 选自正德《江宁县志》

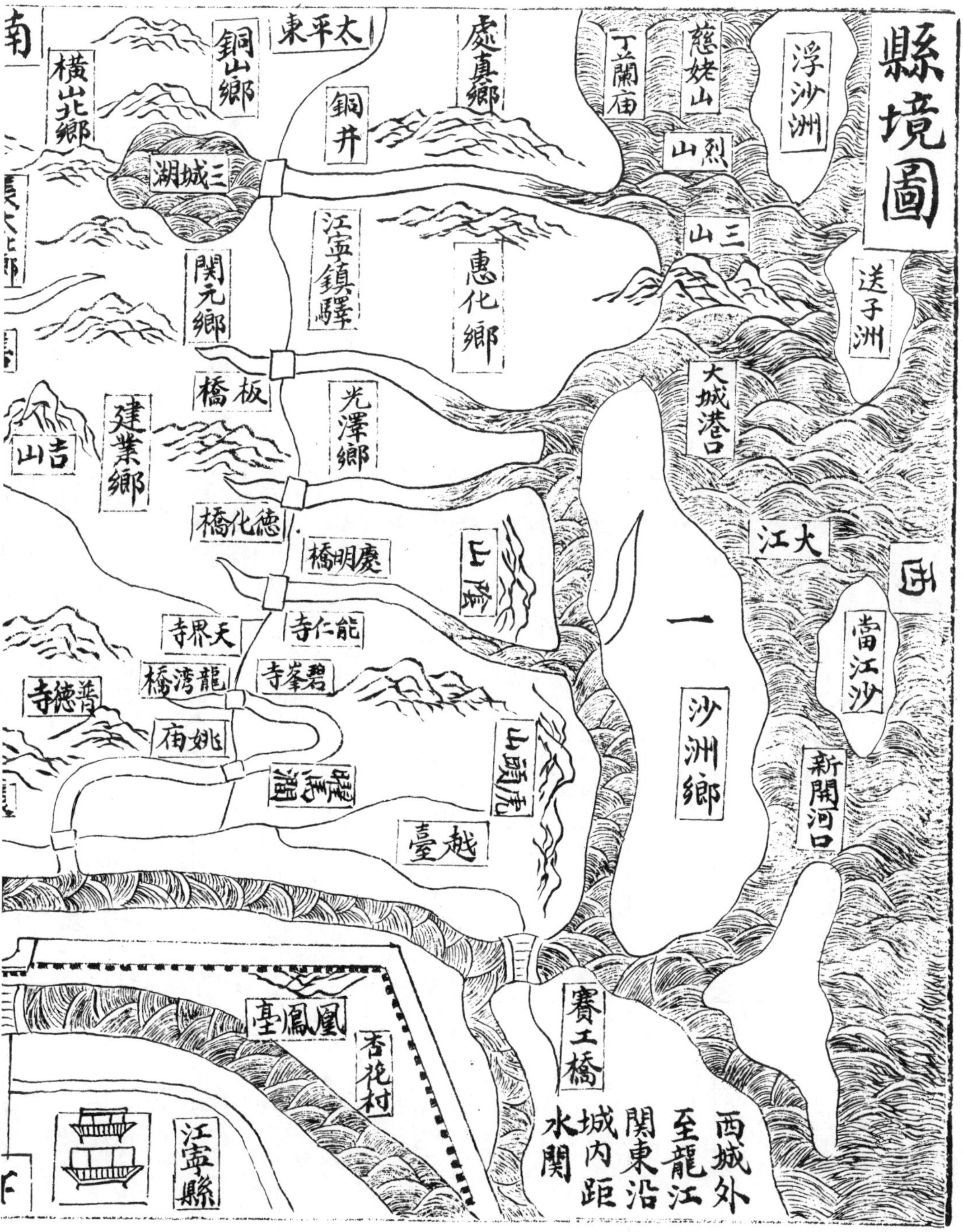
縣境圖
浮沙洲
慈姥山
丁蘭庙
烈山
三山
送子洲
處真鄉
太平東
銅山鄉
横山北鄉
銅井
三城湖
江寧鎮驛
惠化鄉
関元鄉
板橋
光澤鄉
大城港口
建業鄉
吉山
德化橋
慶明橋
大江
當江沙
能仁寺
天界寺
龍湾橋
碧峯寺
普德寺
姚庙
虎頭山
一
沙洲鄉
新開河口
越臺
鳳凰臺
杏花村
賽工橋
江寧縣
西城外至龍江関東沿城内距水関

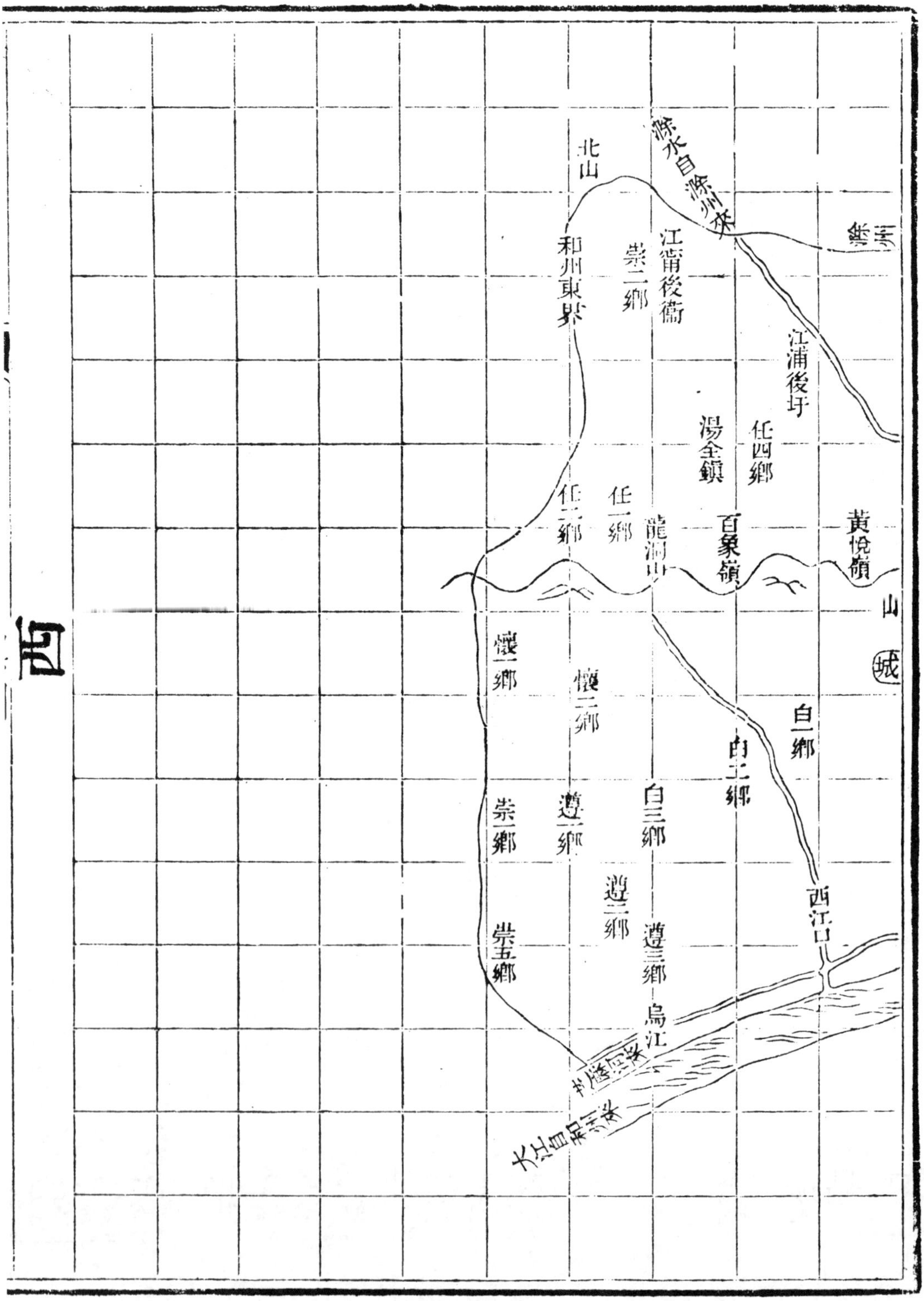

江浦县图 / 选自嘉庆《新修江宁府志》

江浦縣圖
每方十里

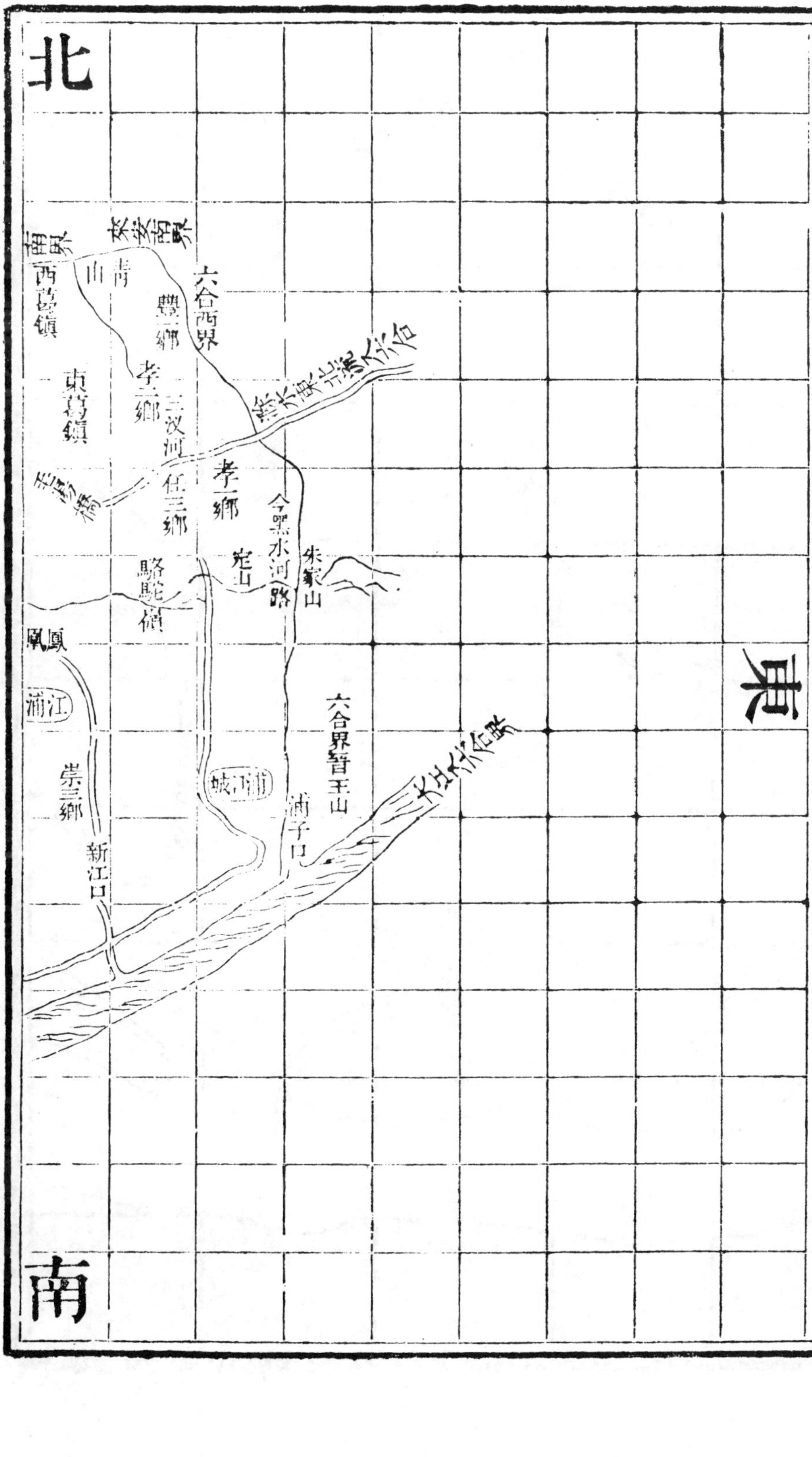

北
南
東
青山
六合西界
豐一鄉
西葛鎮
東葛鎮
孝二鄉
孝一鄉
任三鄉
定山
朱家山
黑水河路
駱駝鎮
浦江
浦江城
六合界晉王山
浦子口
崇三鄉
新江口

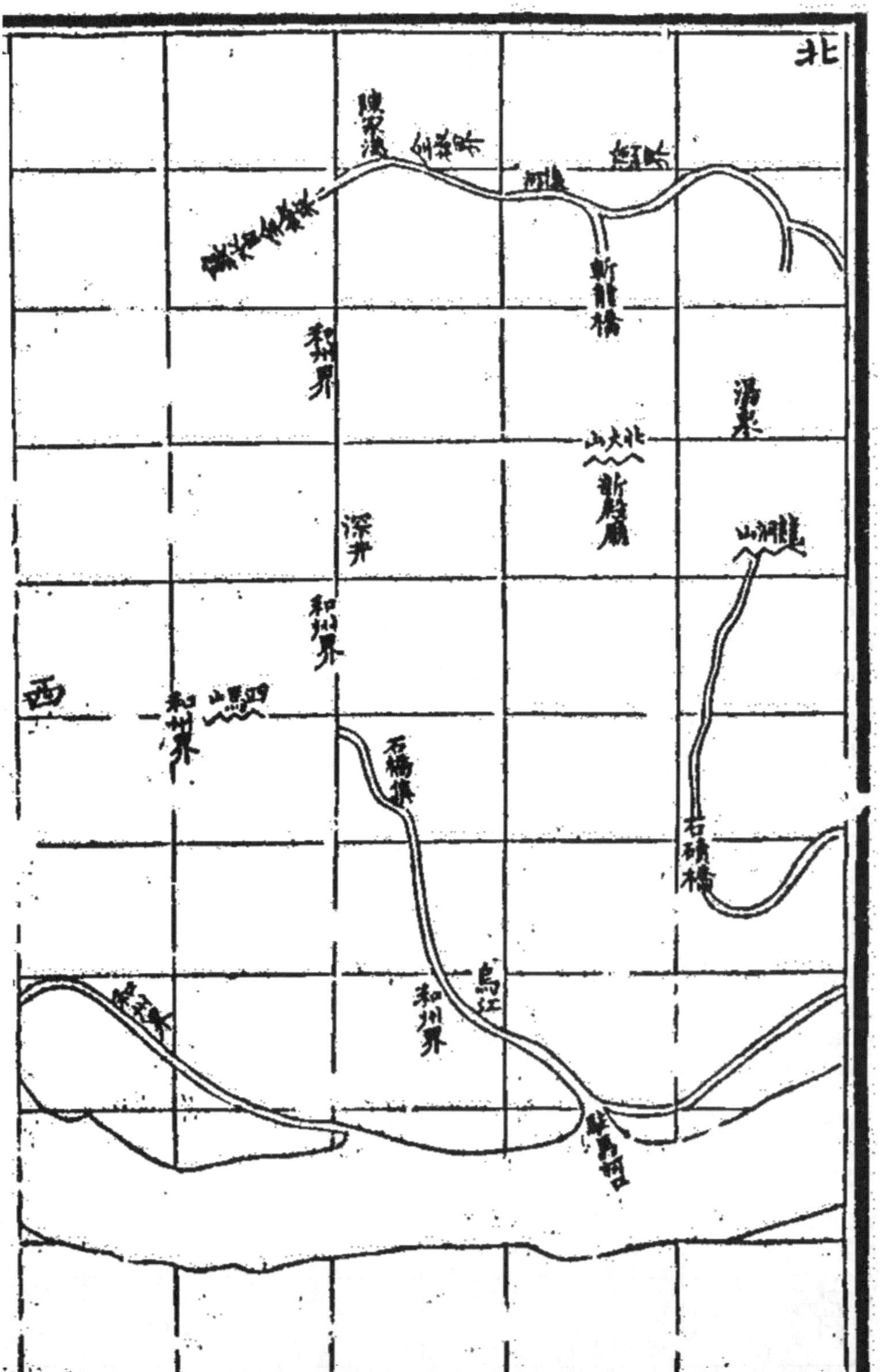

古江浦县全境图 / 选自光绪《江浦埤乘》

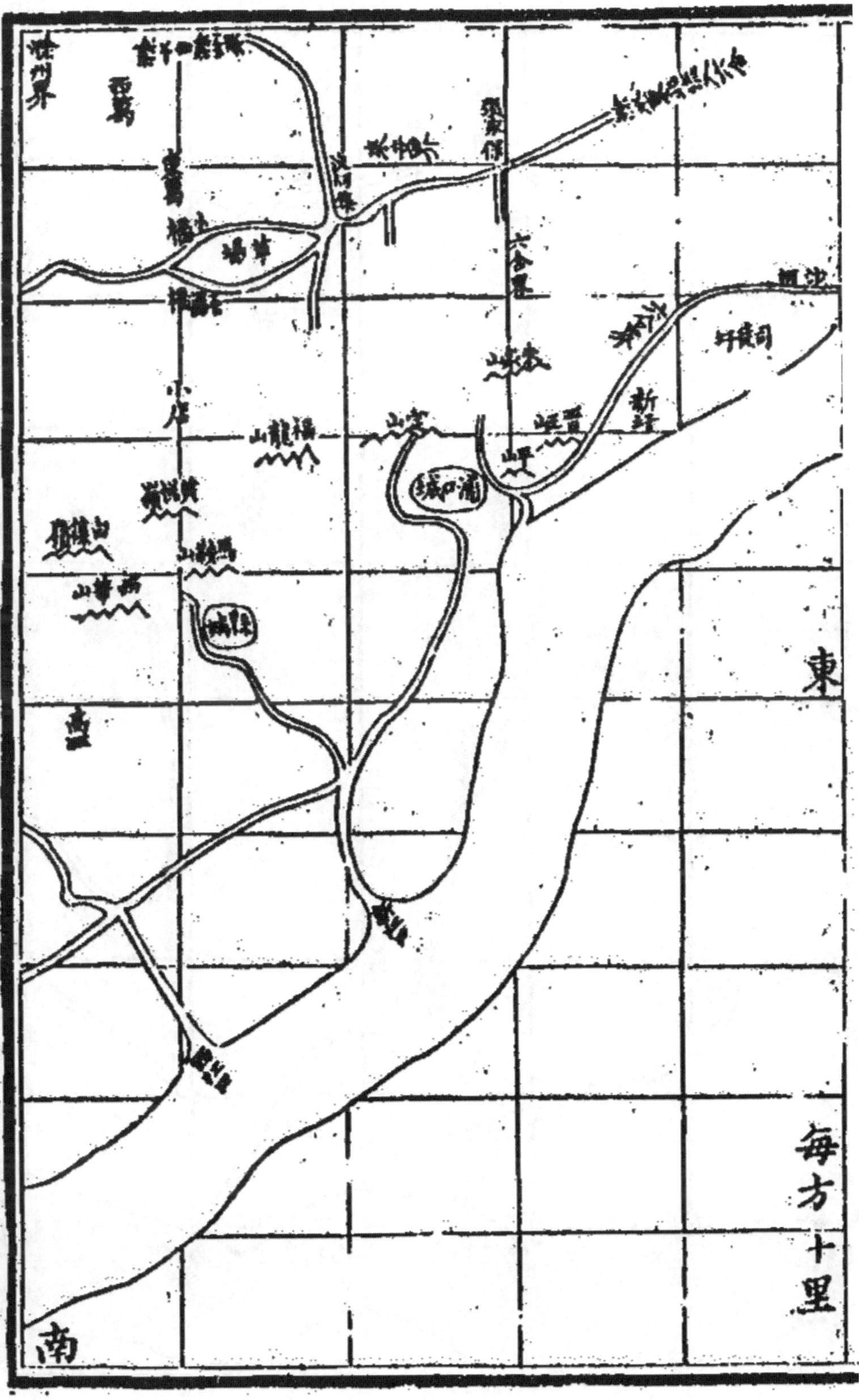
東
南
每方十里
六合縣
浦口城

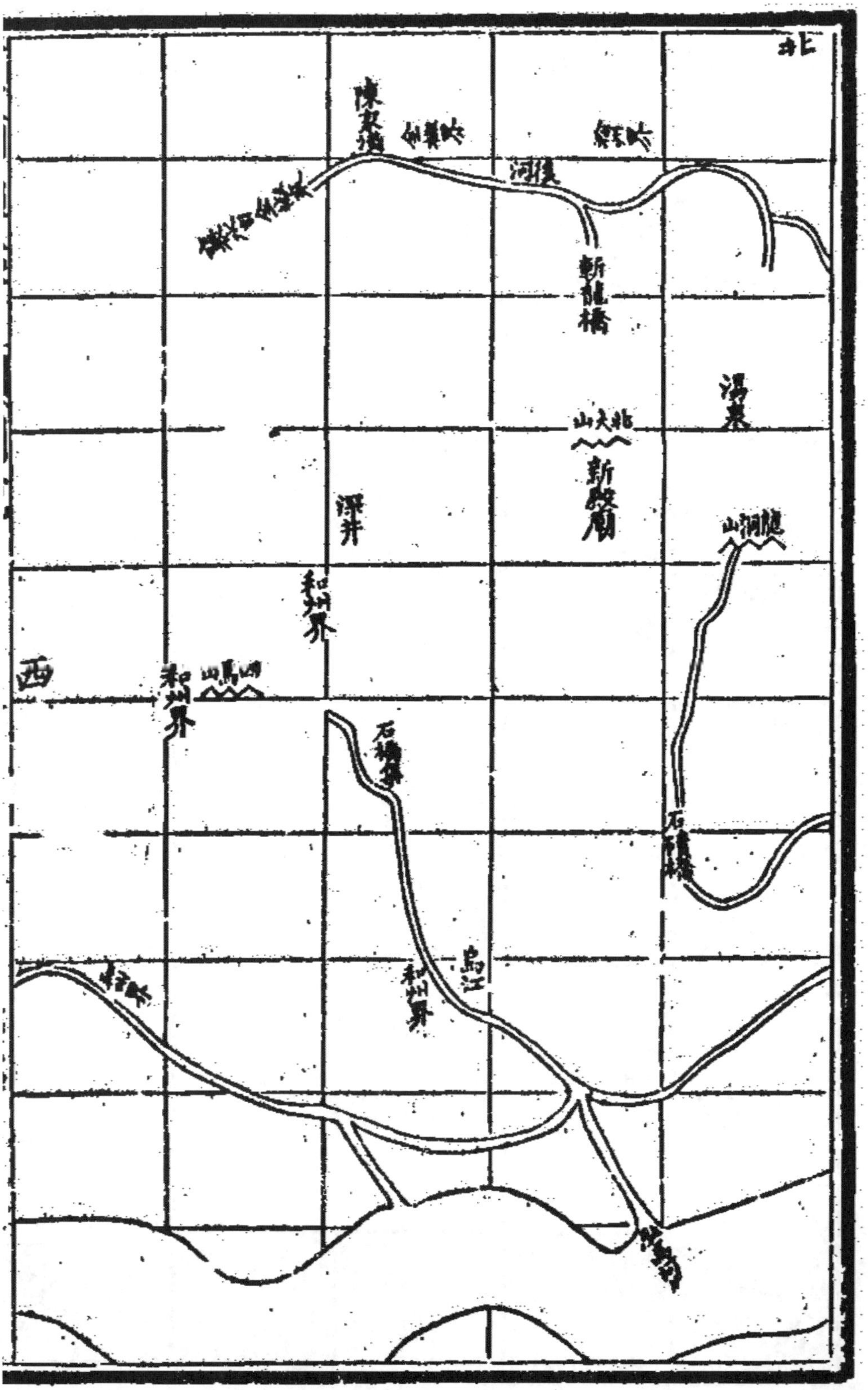

今江浦县全境图 / 选自光绪《江浦埤乘》

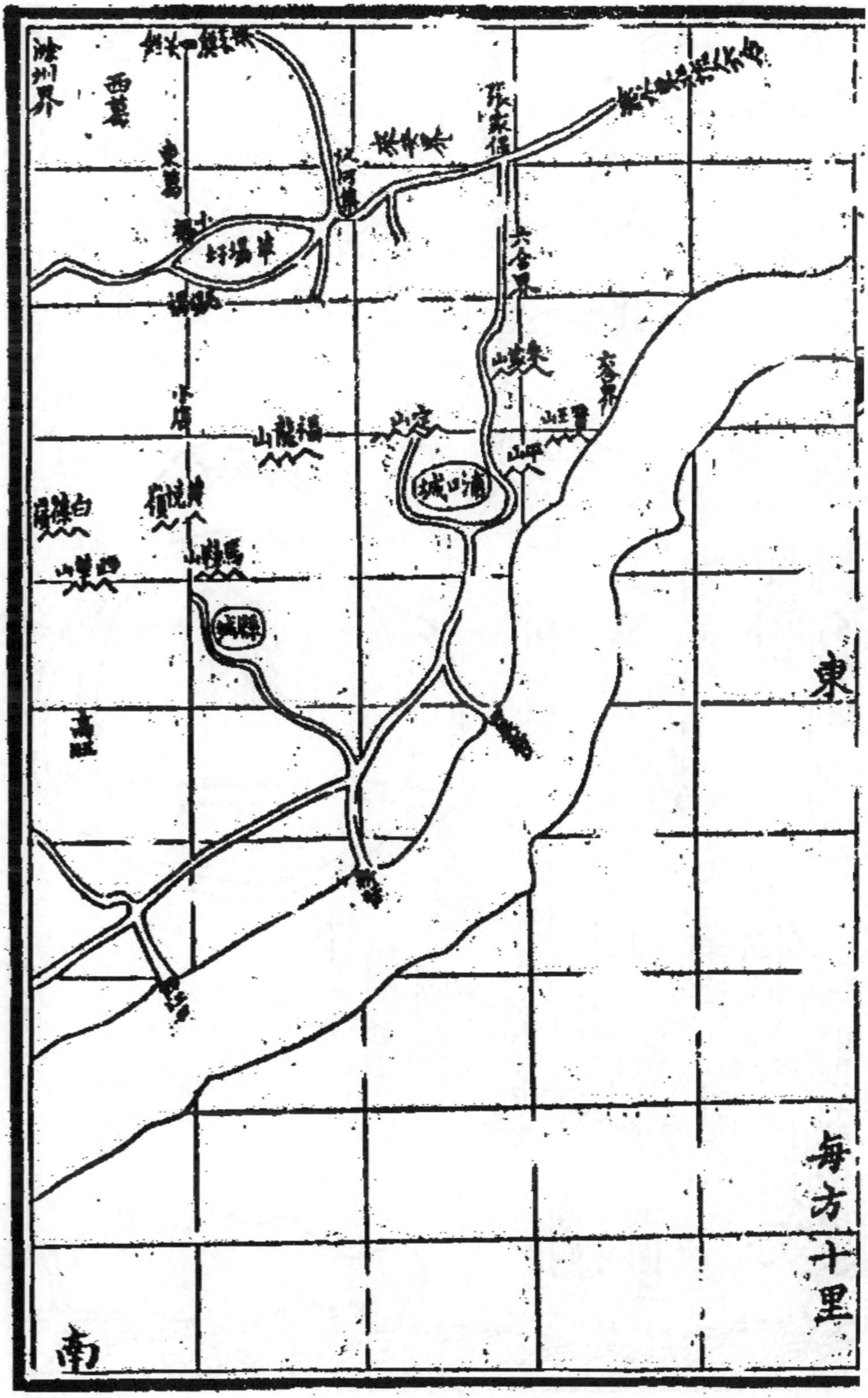
滁州界
西葛
東葛
六合界
浦口城
福龍山
東
每方十里
南

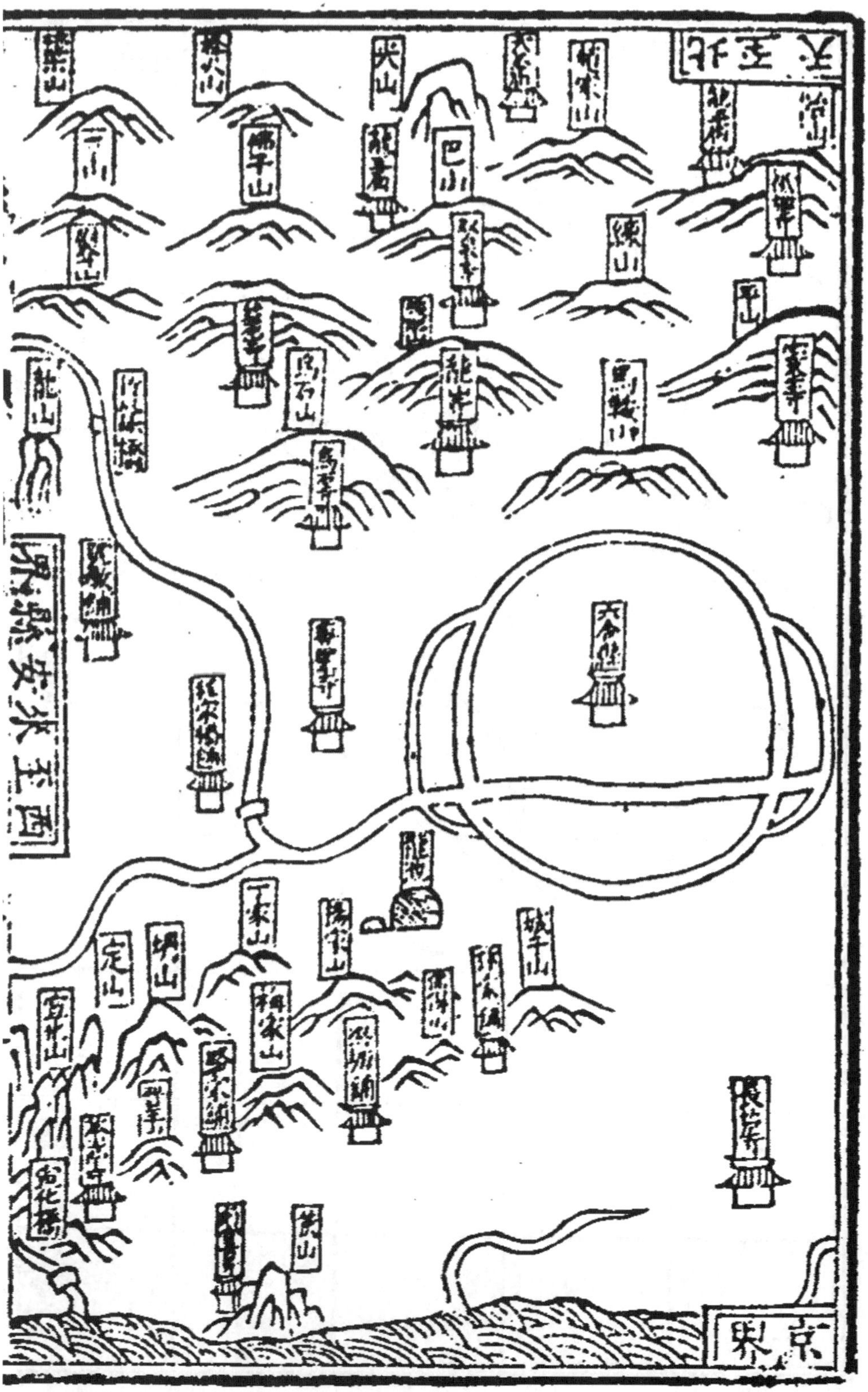

六合县境图 / 选自嘉靖《六合县志》

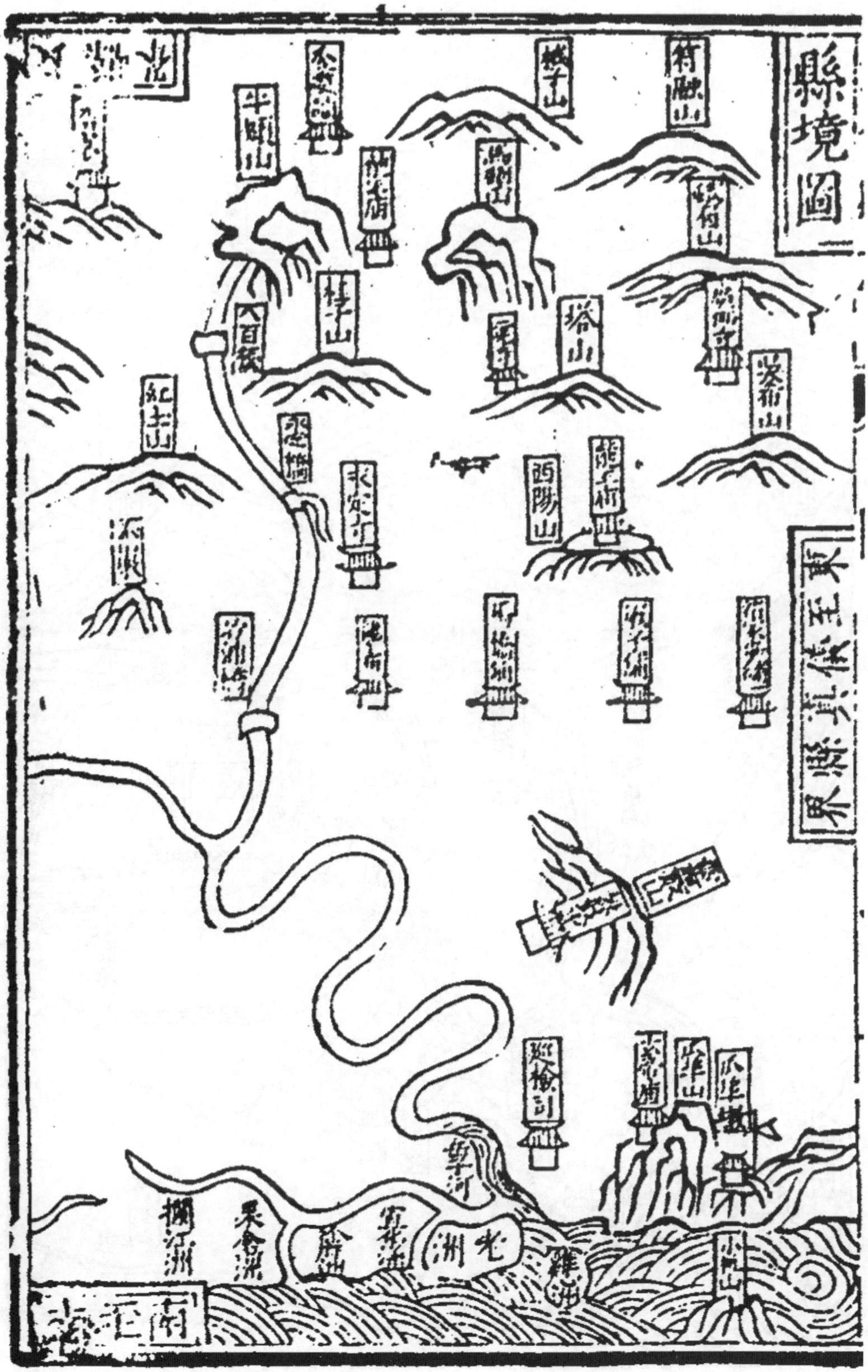
縣境圖
北
東至儀真縣界
桂子山
塔山
紅土山
西陽山
光洲
南

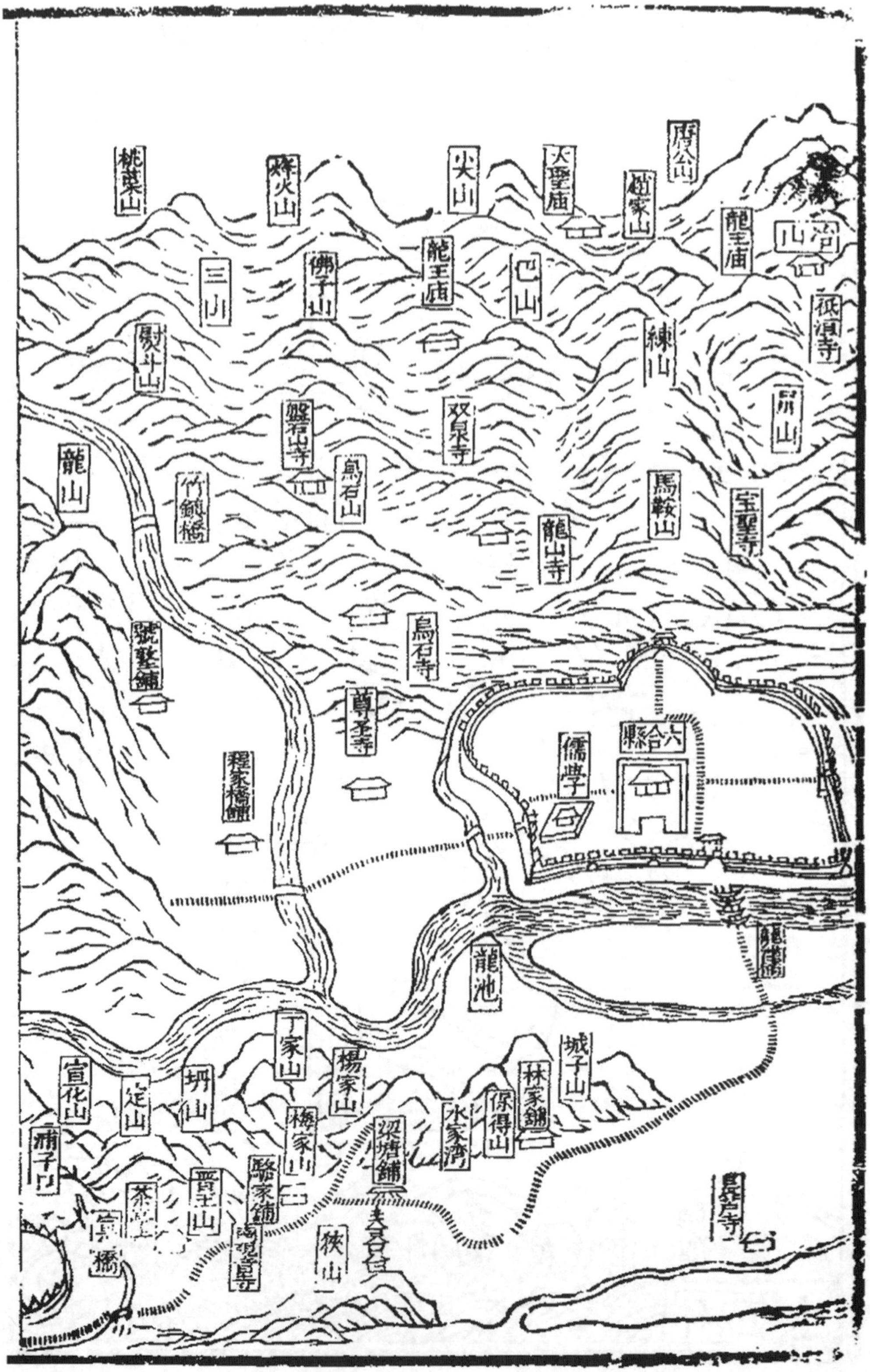

六合县境图 / 选自康熙《六合县志》

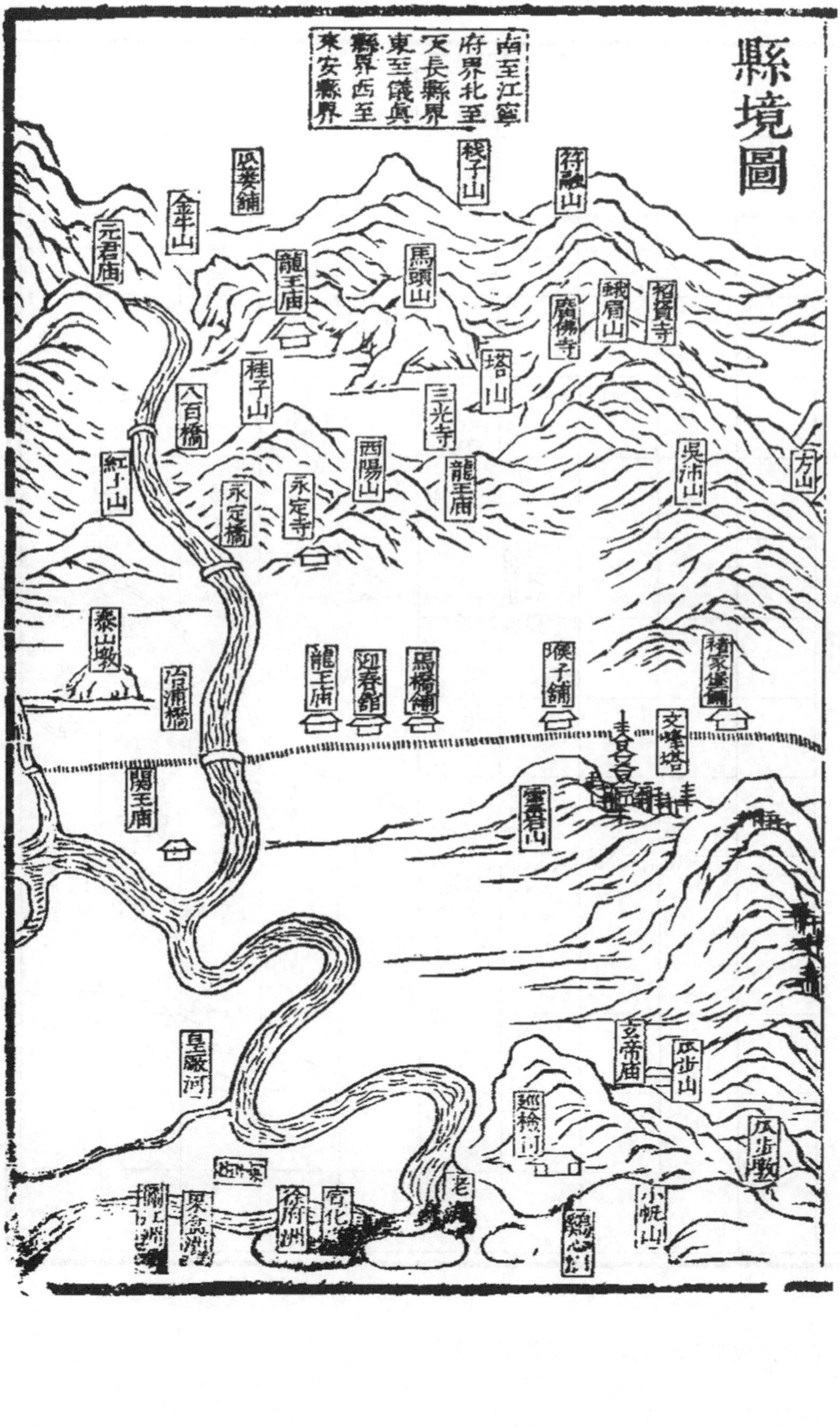
縣境圖
南至江寧府界北至天長縣界東至儀真縣界西至來安縣界
栈子山
符融山
金牛山
元君廟
龍王廟
馬頭山
招賢寺
峨眉山
臥佛寺
塔山
桂子山
八百橋
三光寺
西陽山
紅山
永定橋
永定寺
龍王廟
方山
泰山墩
龍王廟
迎春館
馬橋舖
堠子舖
文峯塔
關王廟
靈岩山
皇廠河
玄帝廟
瓜步山
巡檢司
瓜步墩
小帆山

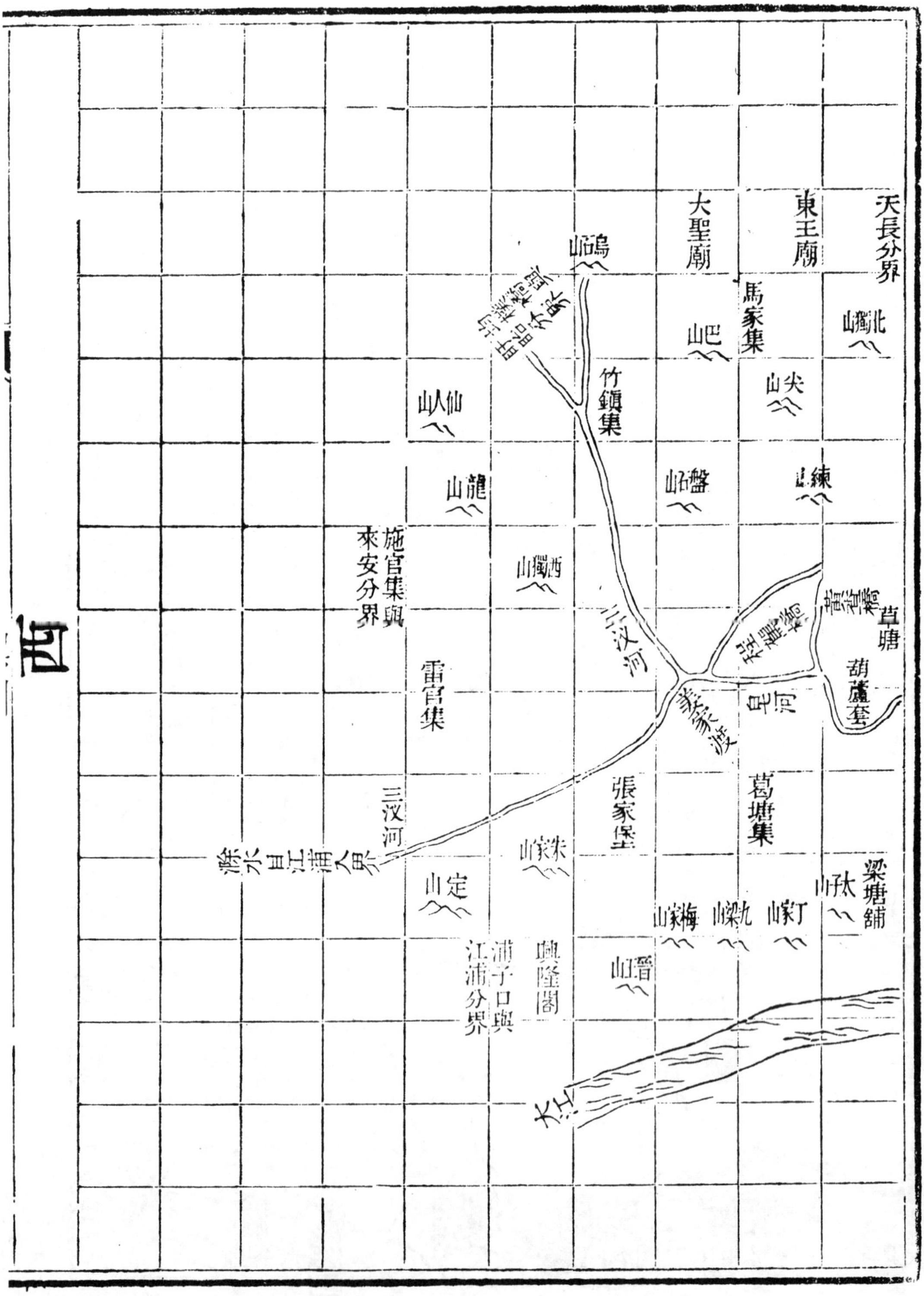

六合县境图 / 选自嘉庆《新修江宁府志》

六合縣境圖

每方十三里二分

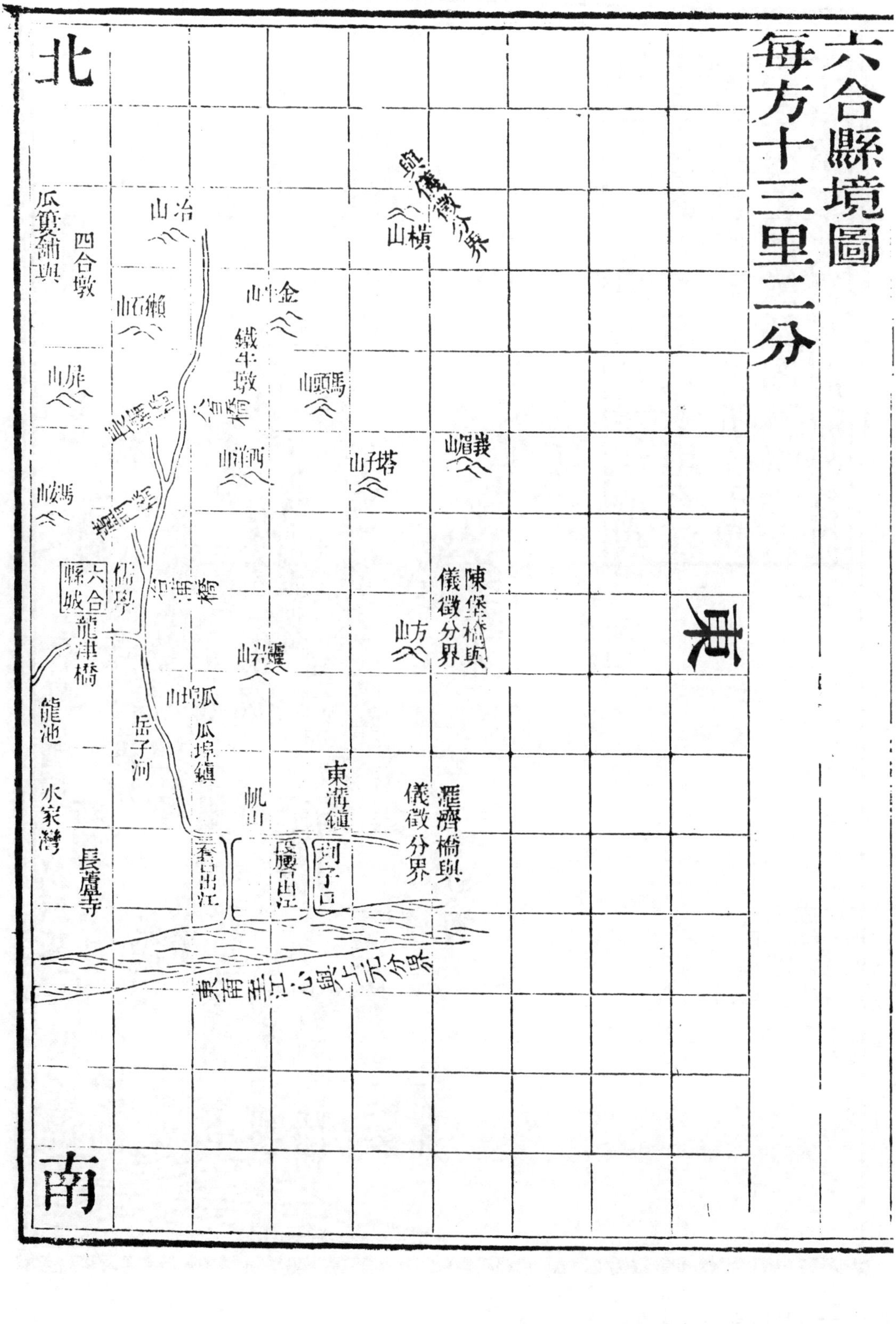

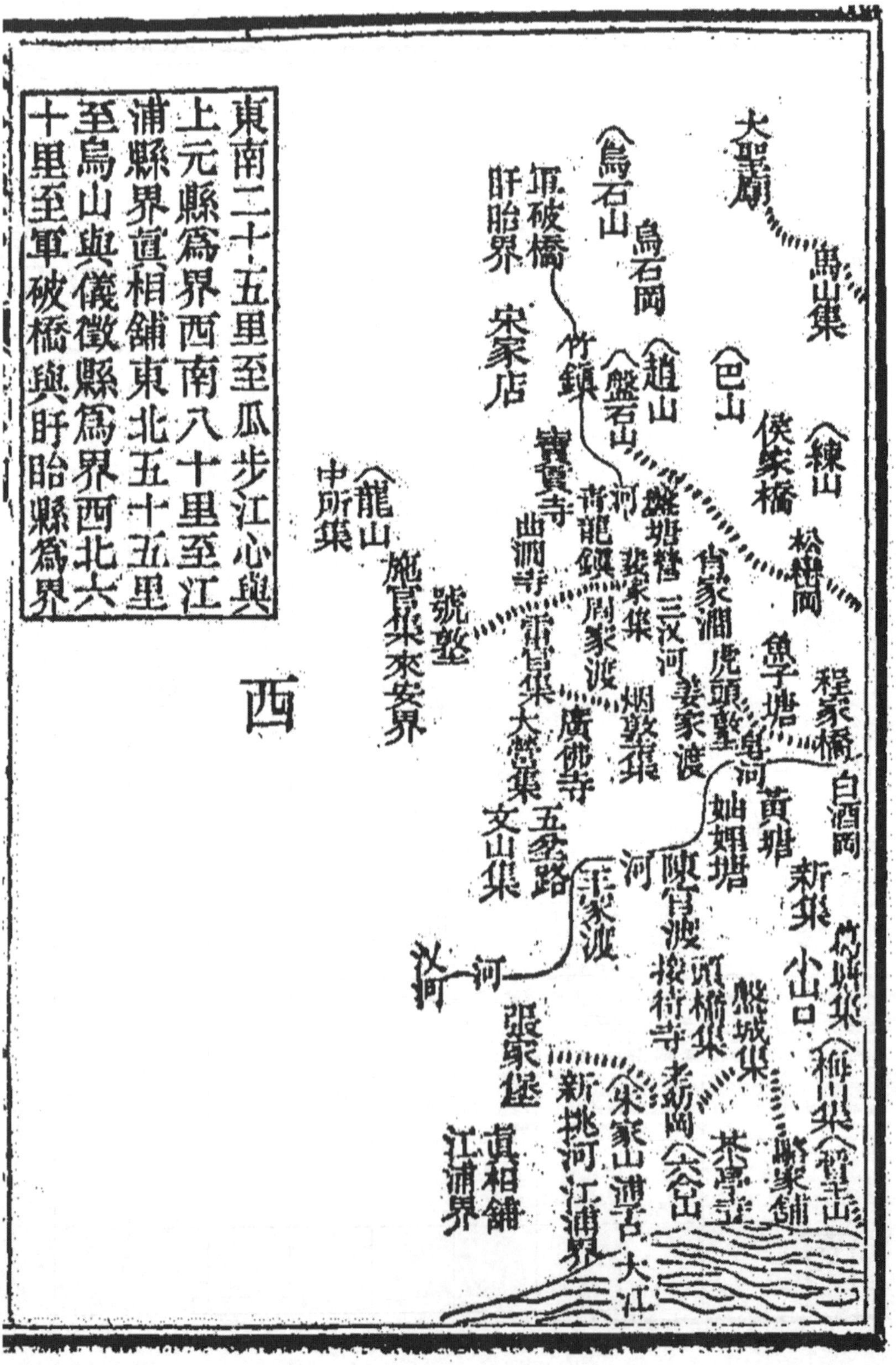

六合县境全纪 / 选自光绪《六合县志》

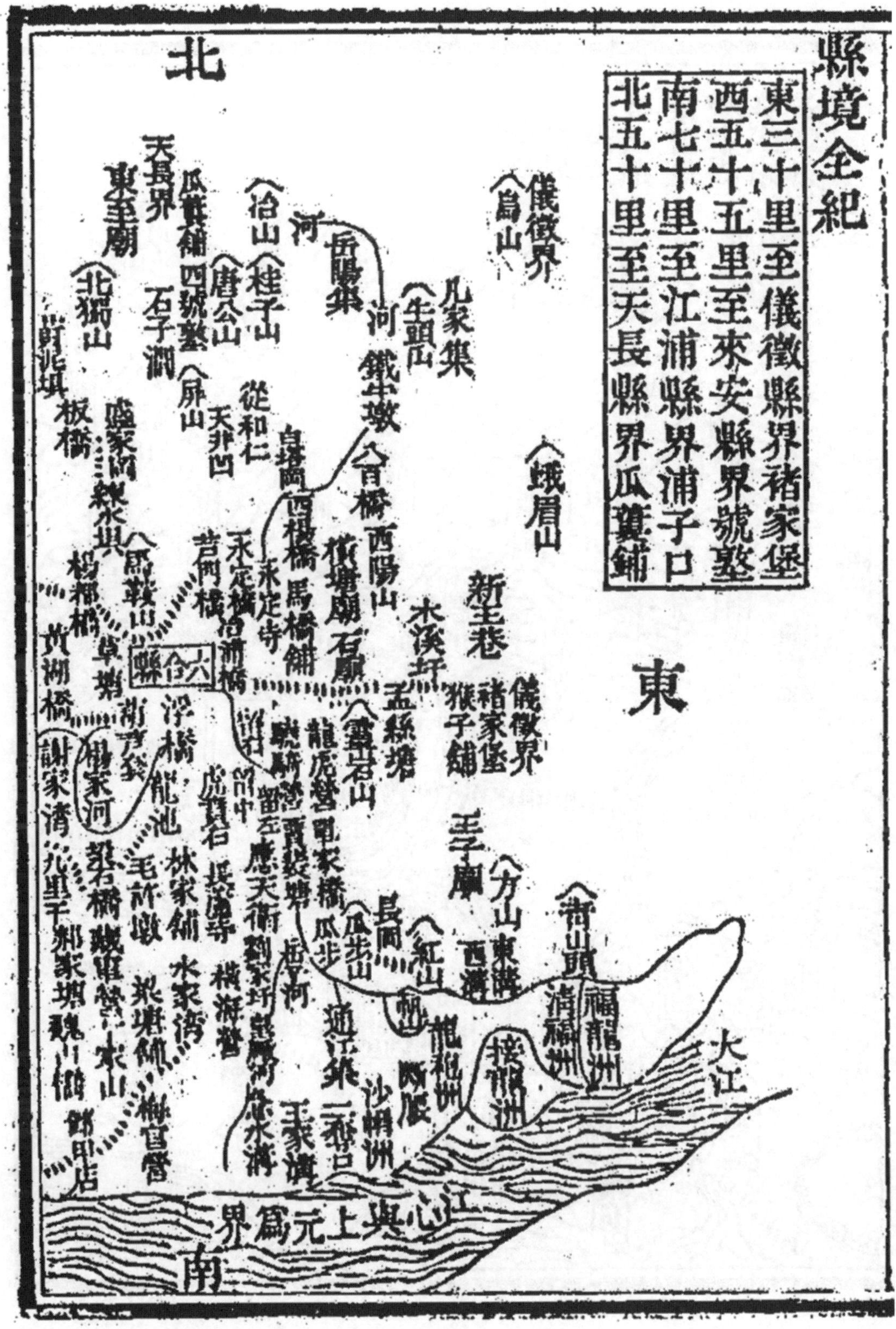
縣境全紀
東三十里至儀徵縣界褚家堡
西五十五里至來安縣界號墪
南七十里至江浦縣界浦子口
北五十里至天長縣界瓜蕒鋪
北
東
南
六合縣
大江
江心與上元爲界
儀徵界
烏山
峨眉山
褚家堡
猴子舖
瓜步
瓜步山
方山
紅山
靈岩山
天長界
東王廟
石子澗
鐵牛墩
合橋
西陽山
馬橋舖
龍池
浮橋
謝家澗
楊家河
板橋
長蘆寺
毛許墩
林家舖
水家灣
楊柳橋
黄湖橋
沙洲
王家灣
通江集
福龍洲
接龍洲

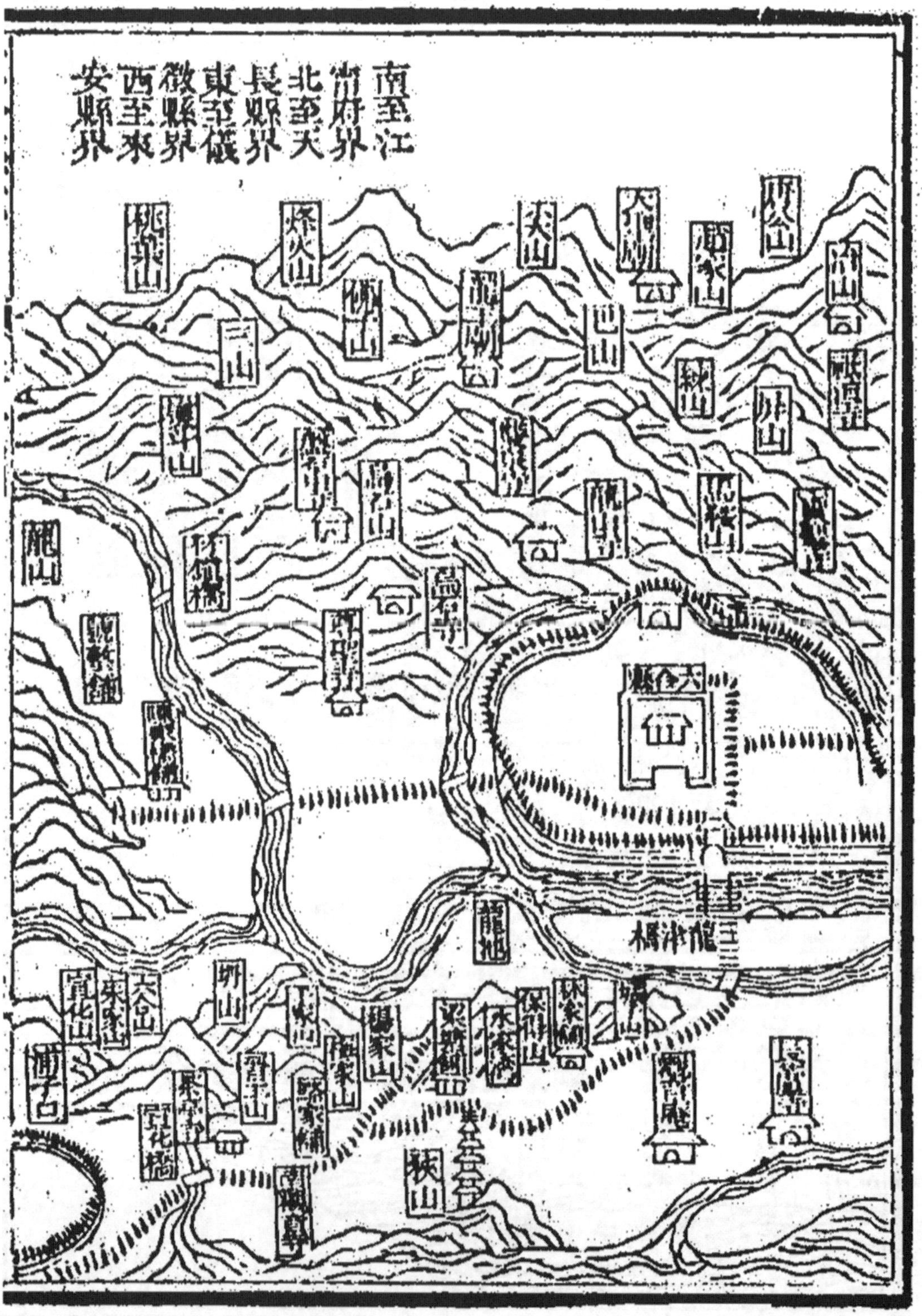

六合县境图 / 选自光绪《六合县志》

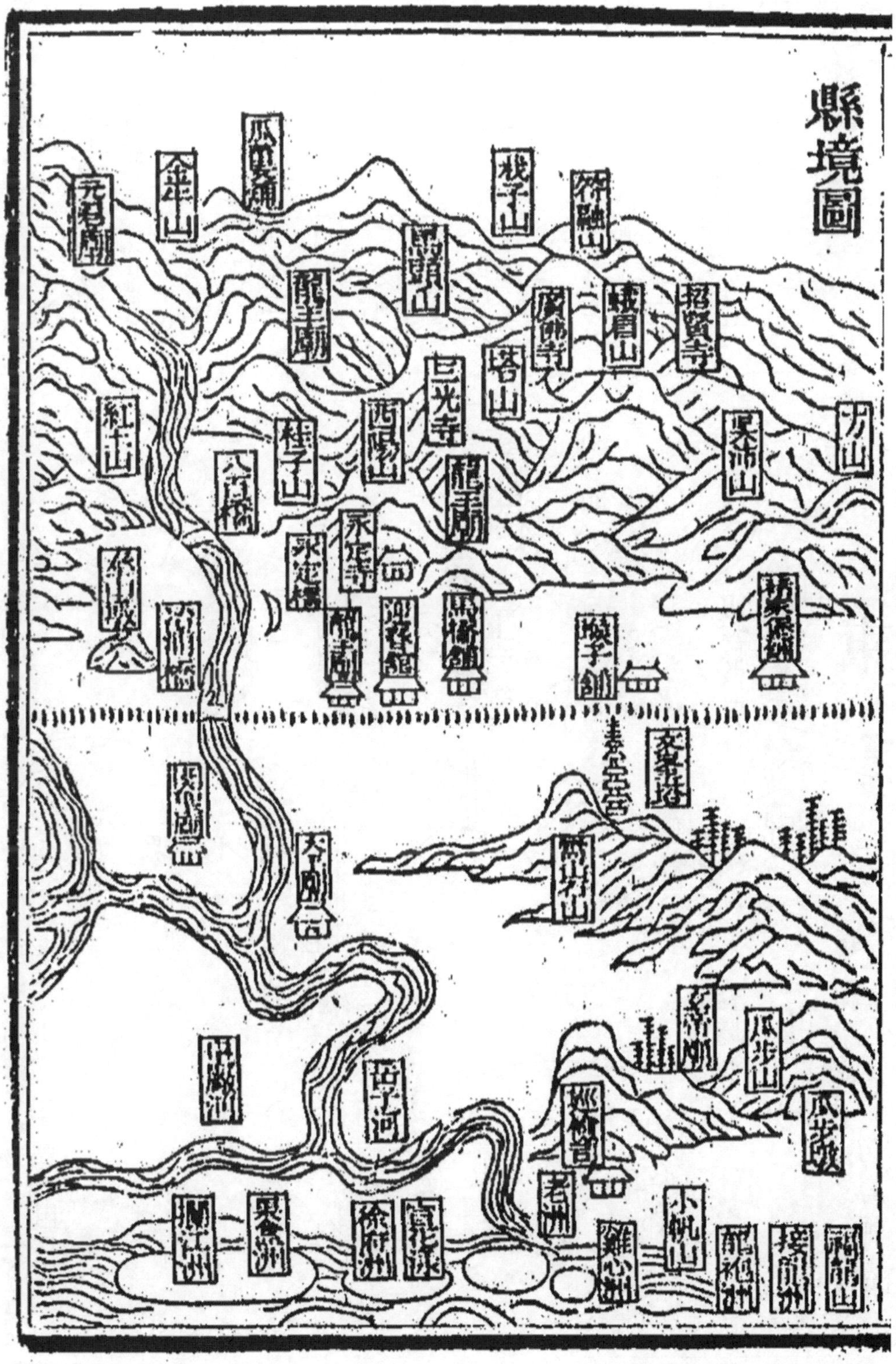
縣境圖
金牛山
棧子山
方山
招賢寺
塔山
紅土山
八卦橋
永定寺
永定橋
龍王廟
文筆塔
瓜步山
小帆山
老洲

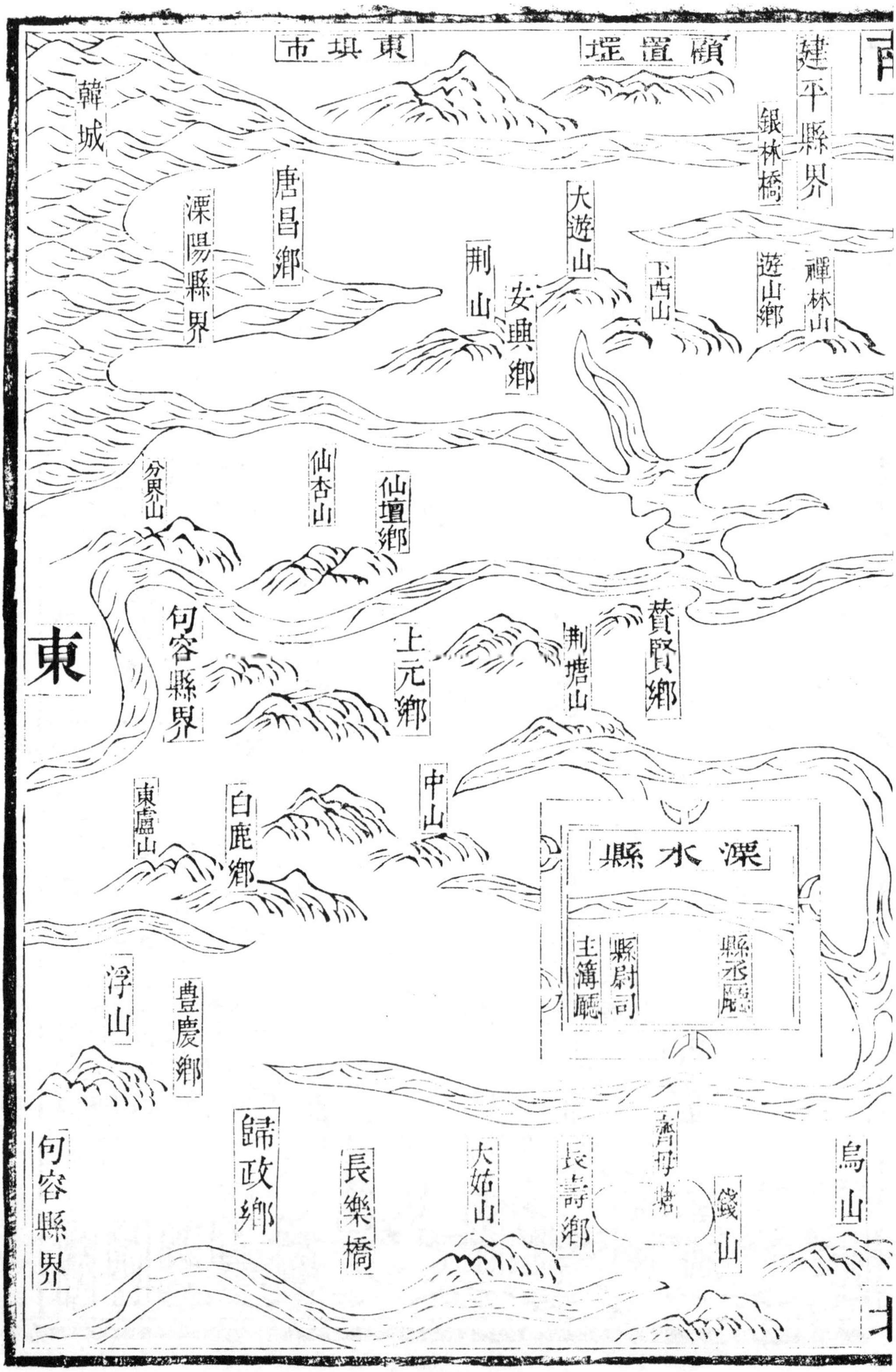

溧水县图 / 选自景定《建康志》

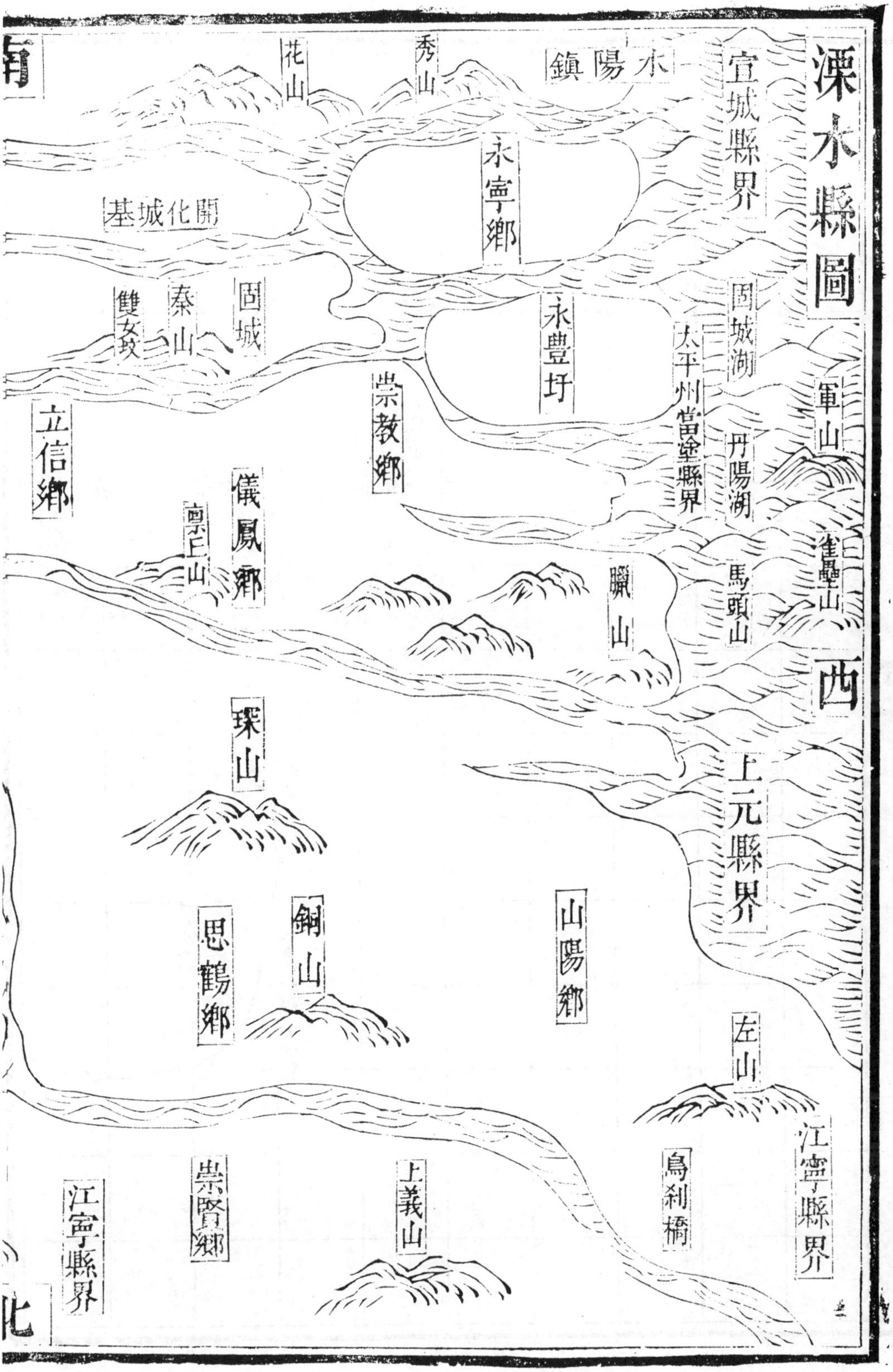
溧水縣圖
南
西
北
花山
秀山
水陽鎮
宜城縣界
永寧鄉
開化城基
固城
秦山
永豐圩
固城湖
太平州當塗縣界
崇教鄉
立信鄉
儀鳳鄉
軍山
丹陽湖
馬頭山
上元縣界
銅山
思鶴鄉
山陽鄉
左山
江寧縣界
烏刹橋
崇賢鄉
上義山
江寧縣界

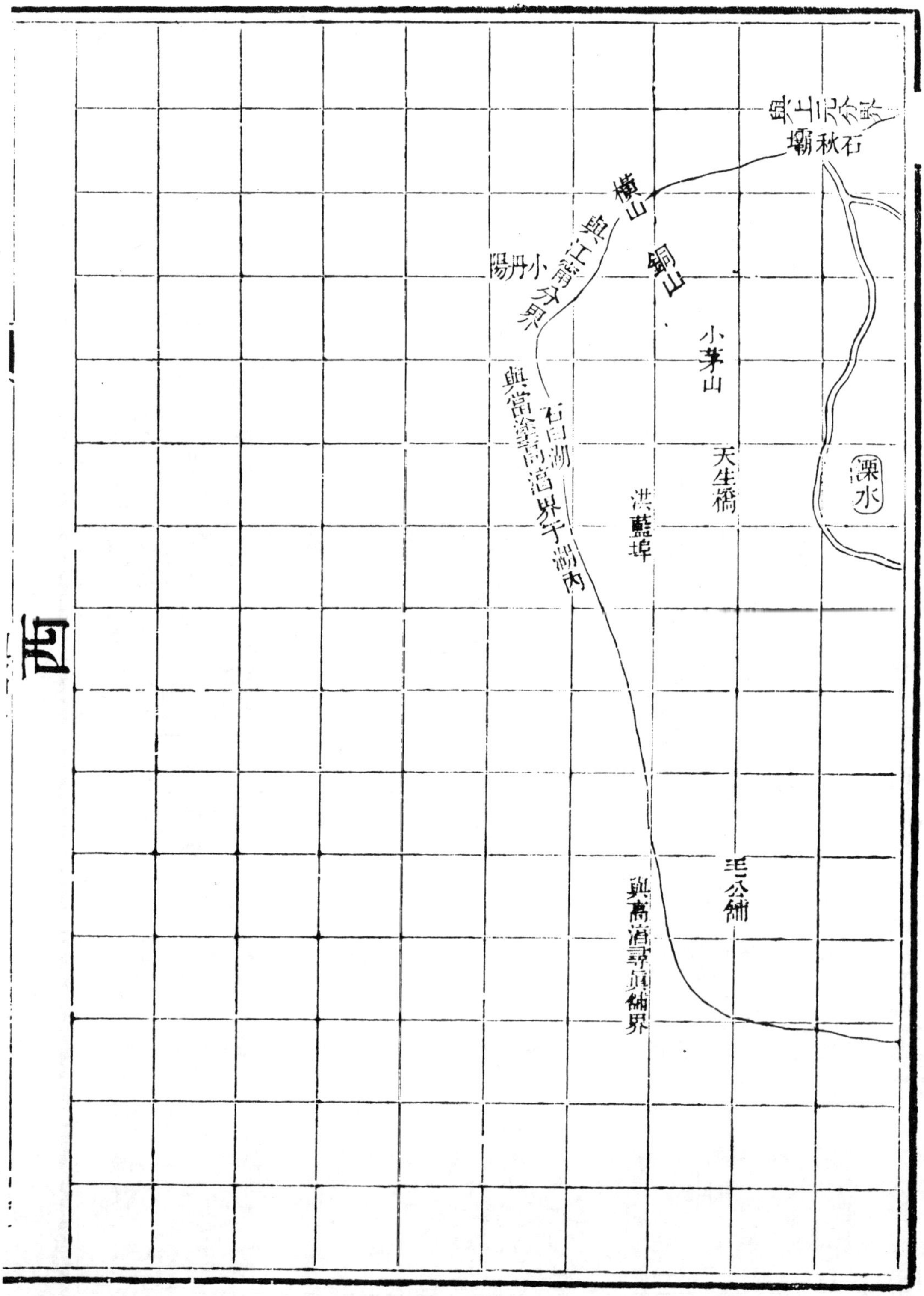

溧水县图 / 选自嘉庆《新修江宁府志》

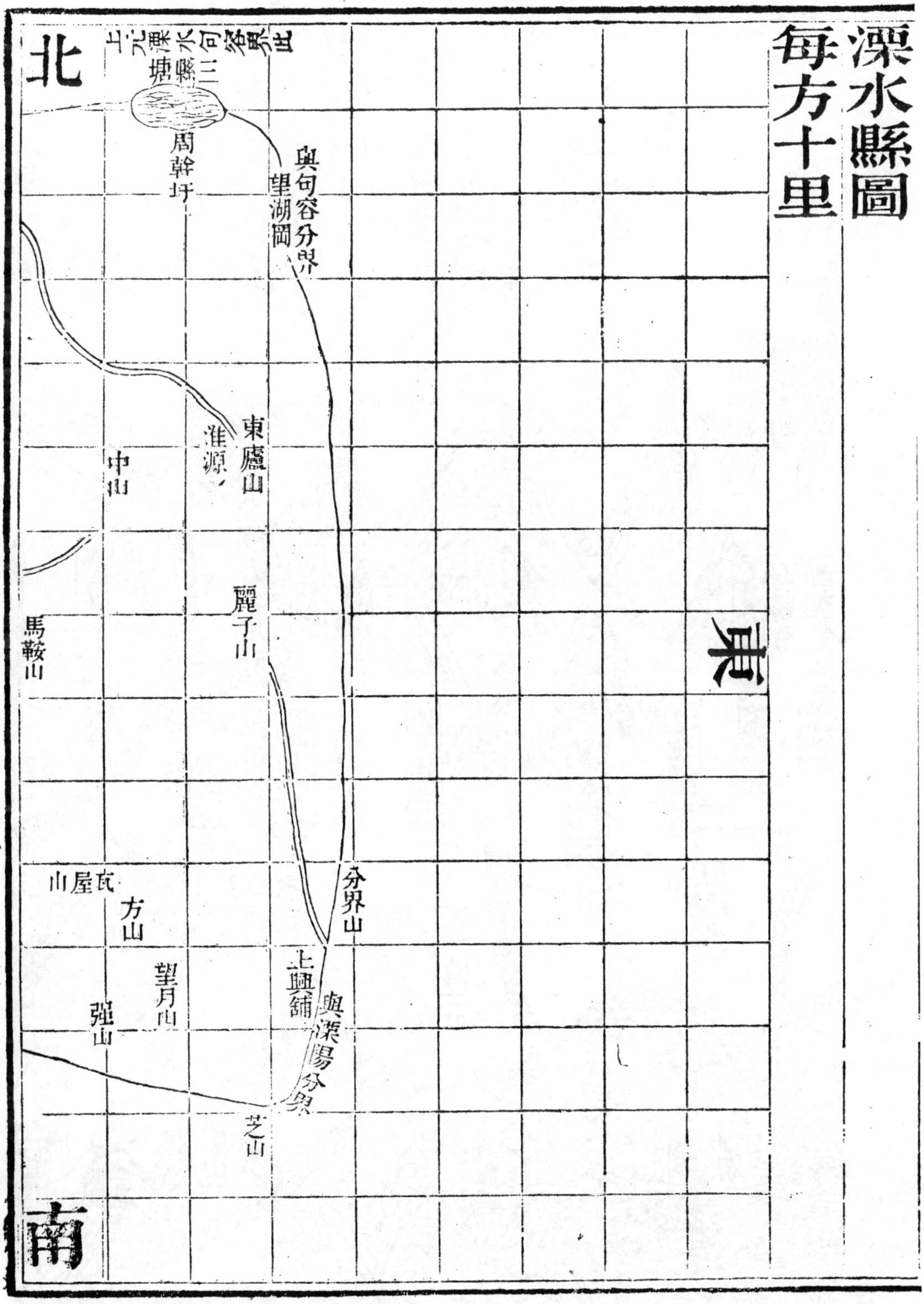
溧水縣圖
每方十里
北
上元溧水句容界此
塘縣三
周幹圩
與句容分界
望湖岡
東廬山
淮源
中山
麗子山
馬鞍山
東
分界山
瓦屋山
方山
望月山
强山
上興鋪
與溧陽分界
芝山
南

溧水县境图 / 选自顺治《溧水县志》

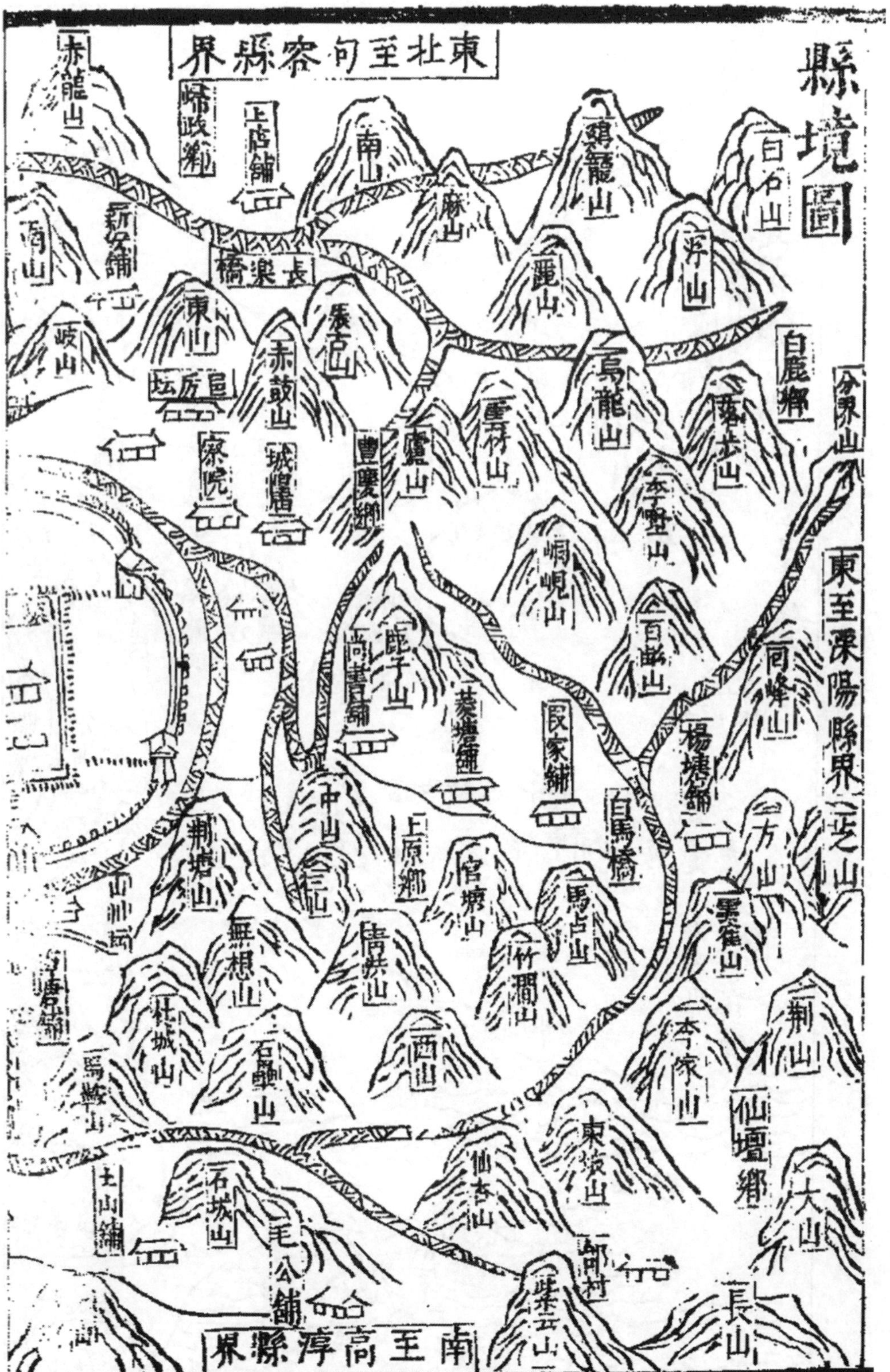
縣境圖
東北至句容縣界
東至溧陽縣界
南至高淳縣界
赤龍山
上店鋪
南山
鷄籠山
白石山
麻山
浮山
新安鋪
長樂橋
東山
岐山
烏龍山
白鹿鄉
分界山
豐慶鄉
城隍廟
峒峴山
白馬橋
方山
荆塘山
中山
上原鄉
官塘山
竹澗山
無想山
杜城山
西山
李家山
荆山
仙壇鄉
大山
石城山
毛公鋪
長山
土山鋪
馬鞍山

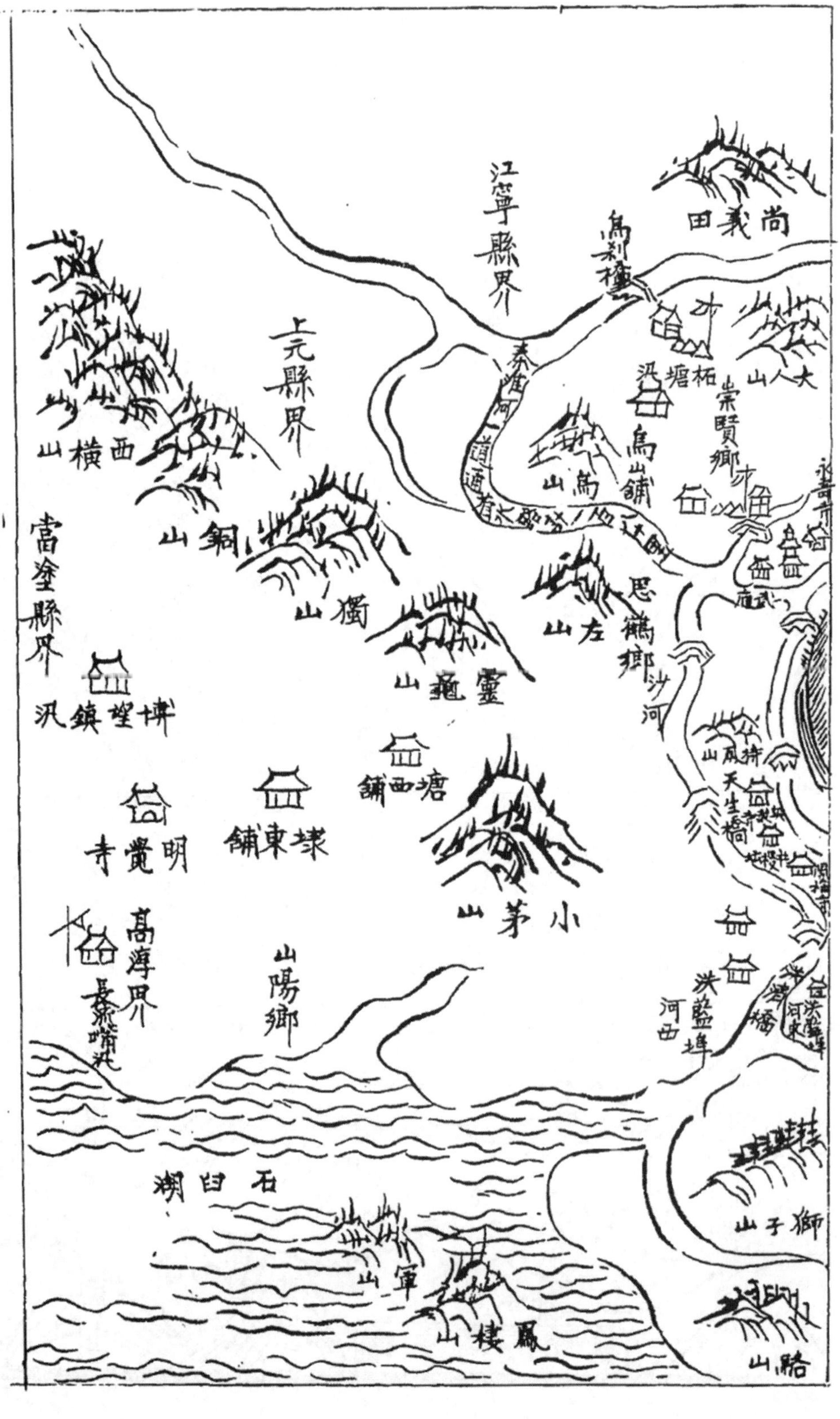

溧水舆图 / 选自乾隆《溧水县志》

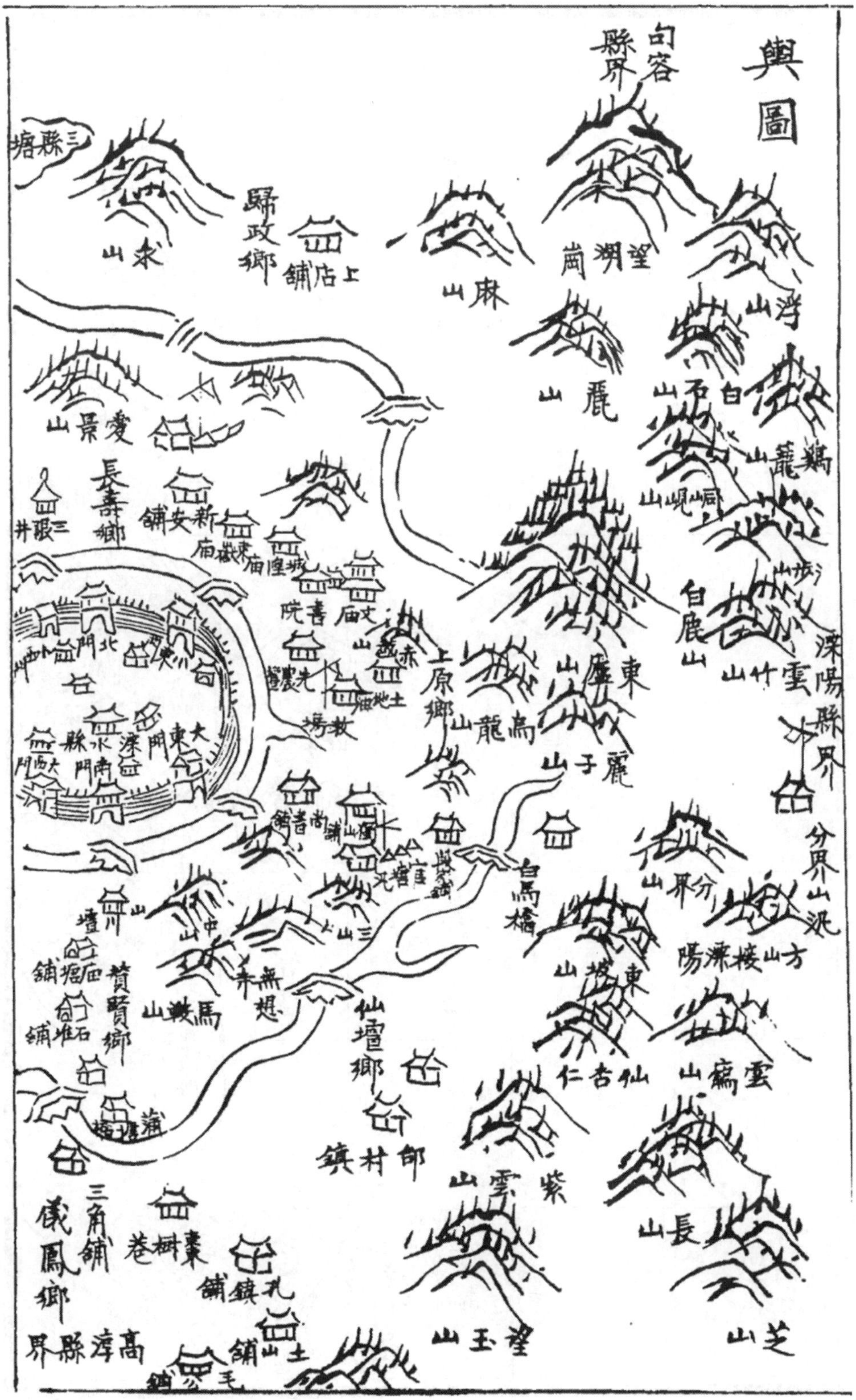
輿圖
句容縣界
三縣塘
求山
歸政鄉
上店鋪
麻山
望湖崗
浮山
麗山
白石山
鷄籠山
長壽鄉
新安鋪
愛景山
三眼井
東嶽廟
城隍廟
文廟
書院
北門
大東門
溧水縣
南門
先農壇
土地祠
教場
上原鄉
高龍山
東廬山
白鹿山
雲竹山
溧陽縣界
麗子山
白馬橋
分界山
方山接溧陽
仙壇鄉
無想寺
馬鞍山
三山
黃賢鄉
雲鶴山
郎村鎮
紫雲山
長山
芝山
儀鳳鄉
三角鋪
棗樹巷
孔鎮鋪
土山鋪
高淳縣界

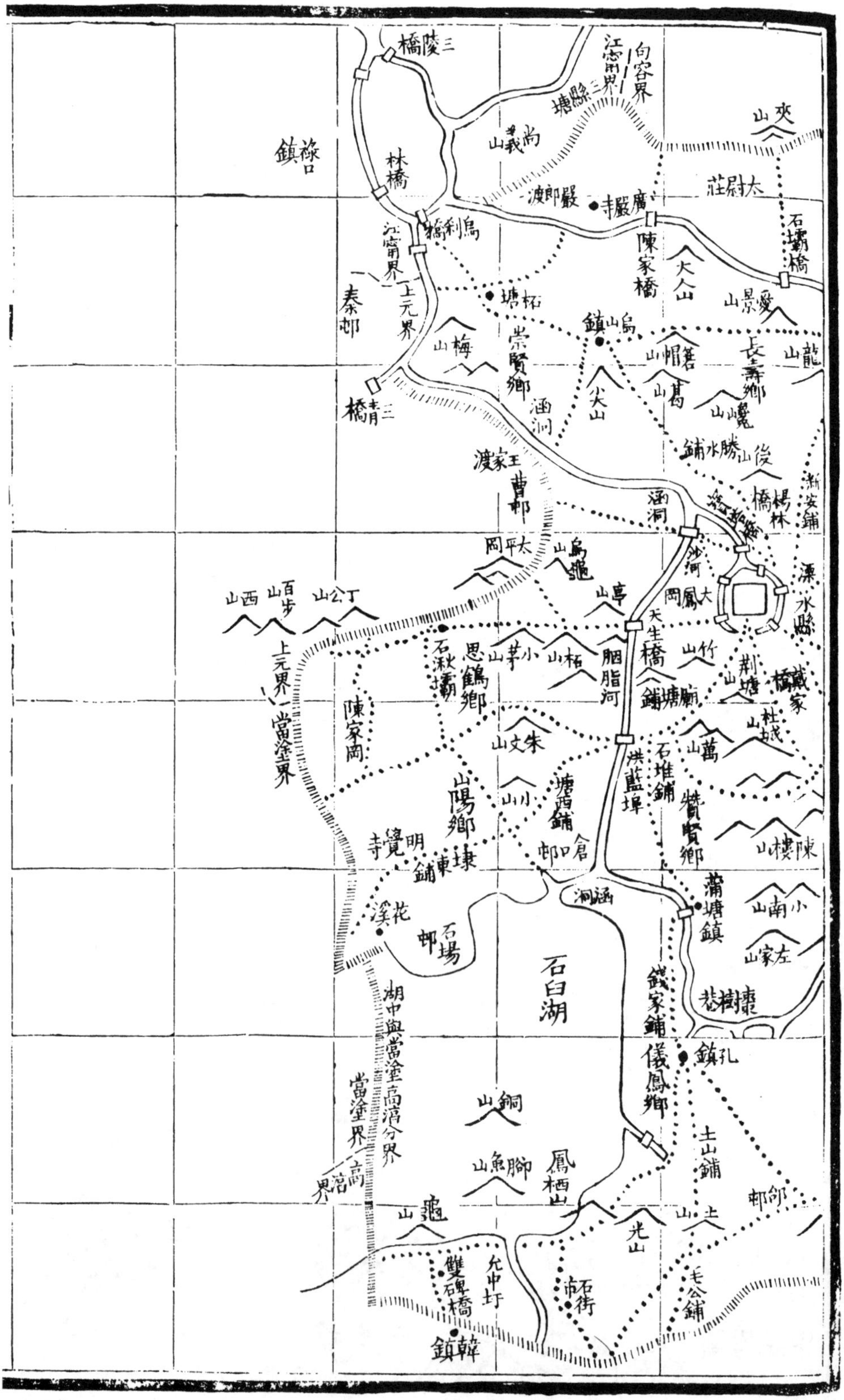

溧水县全境图 / 选自光绪《溧水县志》

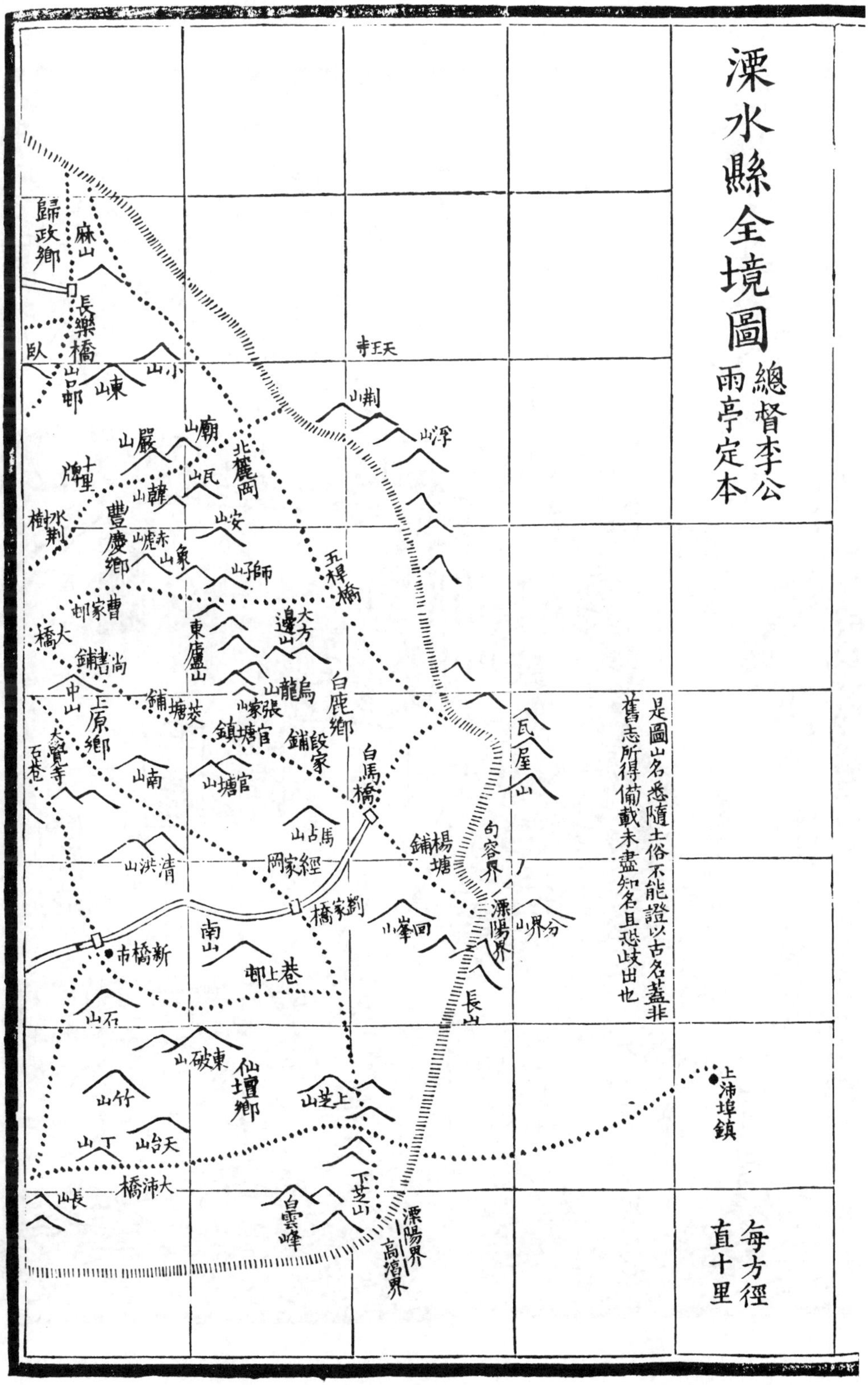
溧水縣全境圖
總督李公
雨亭定本
是圖山名悉隨土俗不能證以古名蓋非舊志所得備載未盡知名且恐歧出也
每方徑直十里
歸政鄉
麻山
長樂橋
天王寺
荊山
浮山
小山
東山
廟山
嚴山
北麓岡
韓山
安山
豐慶鄉
赤虎山
象山
獅子山
五牌橋
曹家郵
大橋
尚書鋪
東廬山
大方邊山
烏龍山
張家山
白鹿鄉
茨塘鋪
官塘鎮
段家鋪
中山
上原鄉
大覺寺
南山
官塘山
白馬橋
馬占山
楊塘鋪
瓦屋山
句容界
經家岡
清洪山
劉家橋
回峯山
溧陽界
分界山
新橋市
南山
巷上郵
石山
東破山
仙壇鄉
竹山
上芝山
丁山
天台山
大沛橋
長山
下芝山
白雲峰
溧陽界
高淳界
上沛埠鎮

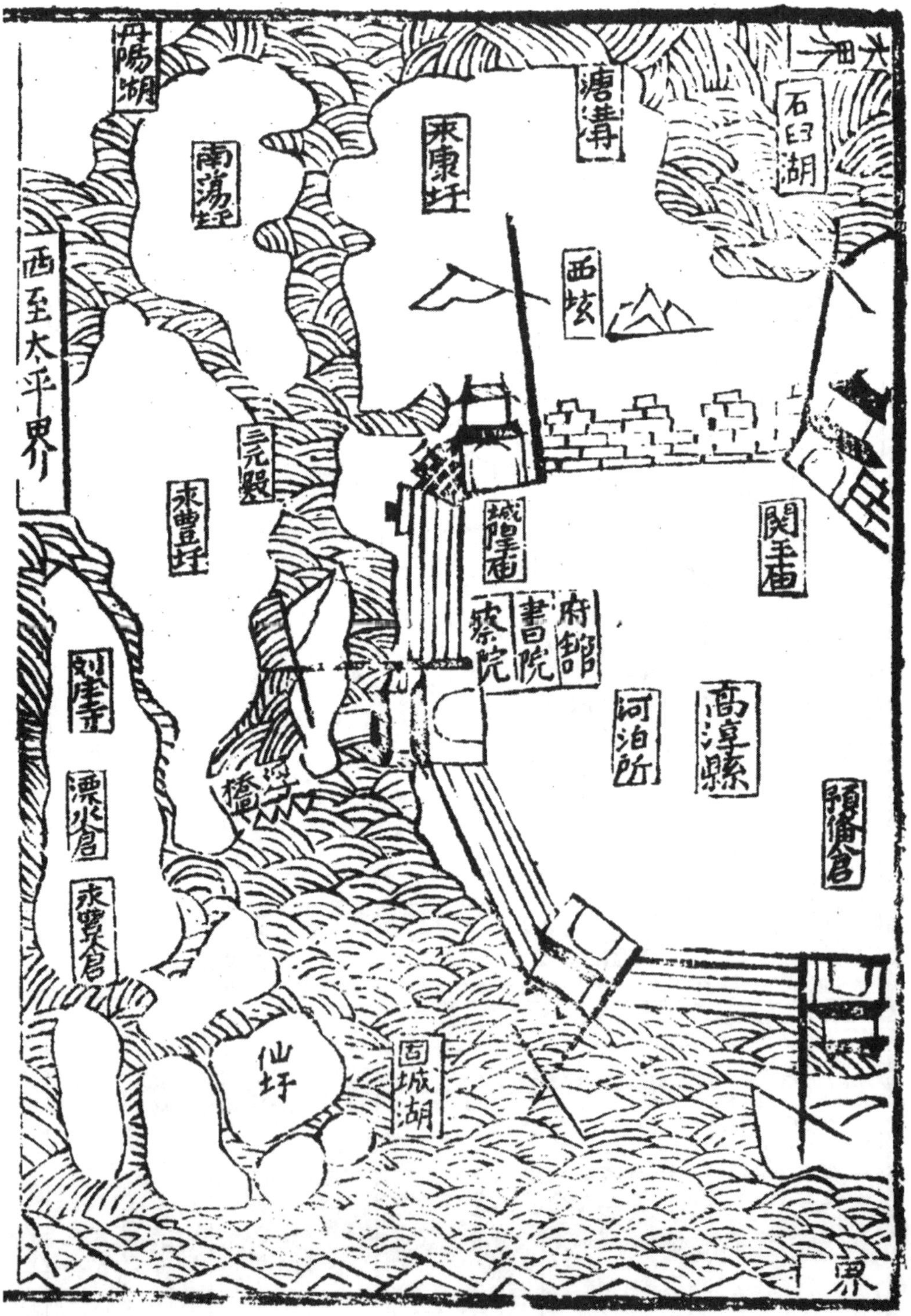

高淳县志图／选自嘉靖《高淳县志》

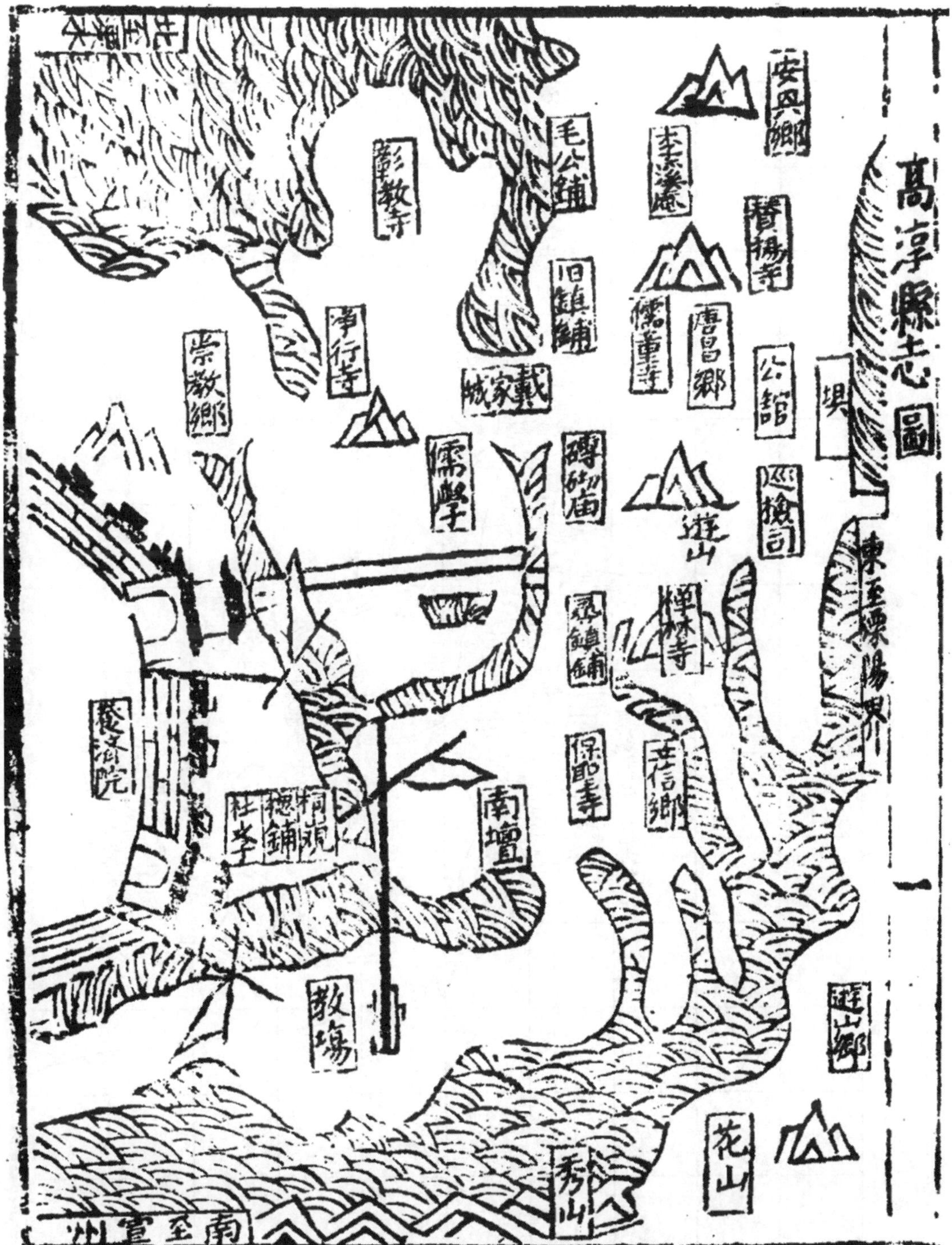
高淳縣志圖
一
北至溧水
東至溧陽界
南至宣州
安興鄉
毛公鋪
彰教寺
旧鎮鋪
儒童寺
唐昌鄉
公館
壩
巡檢司
遊山
淨林寺
戴家城
淨行寺
崇教鄉
儒學
立信鄉
南壇
桐觀
總鋪
社學
養濟院
教場
遊山鄉
花山
秀山

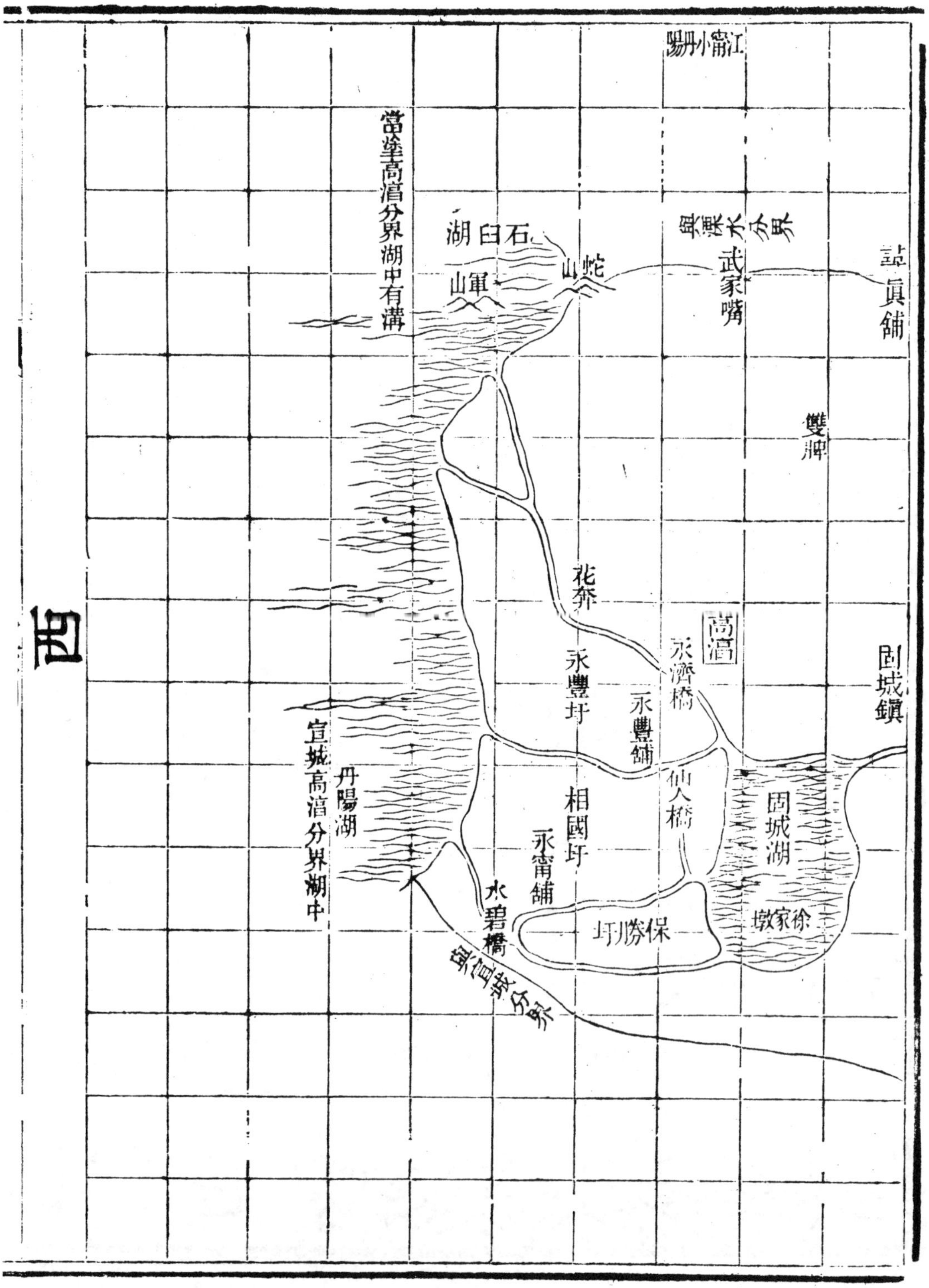

高淳县图 / 选自嘉庆《新修江宁府志》

高淳縣圖

每方十里

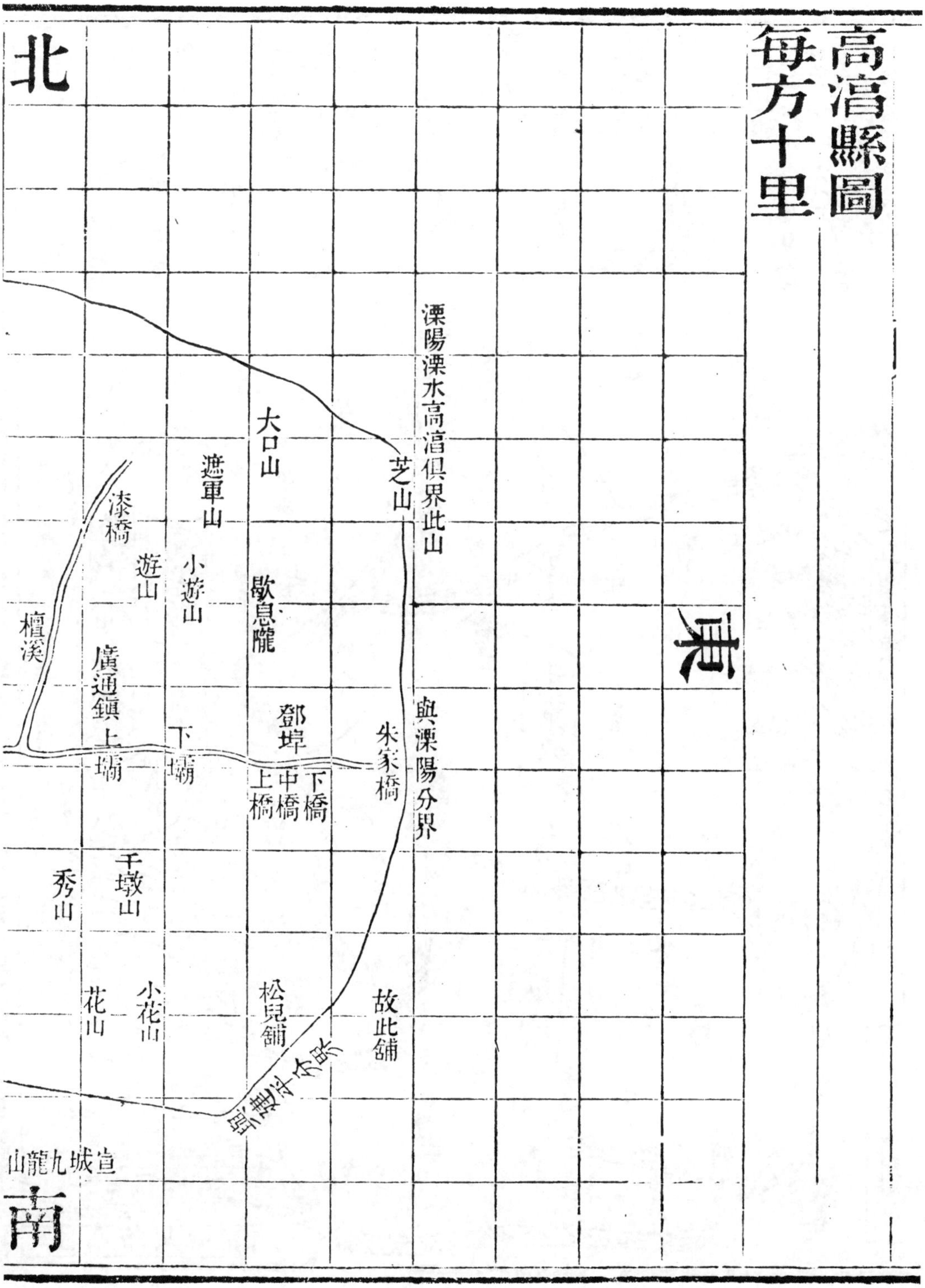
北
東
南
溧陽溧水高淳俱界此山
大口山
遮軍山
芝山
漆橋
遊山
小遊山
歇息隴
檀溪
廣通鎮
上壩
下壩
鄧埠
朱家橋
與溧陽分界
上橋
中橋
下橋
秀山
千墩山
花山
小花山
松兒舖
故此舖
與建平分界
宣城九龍山

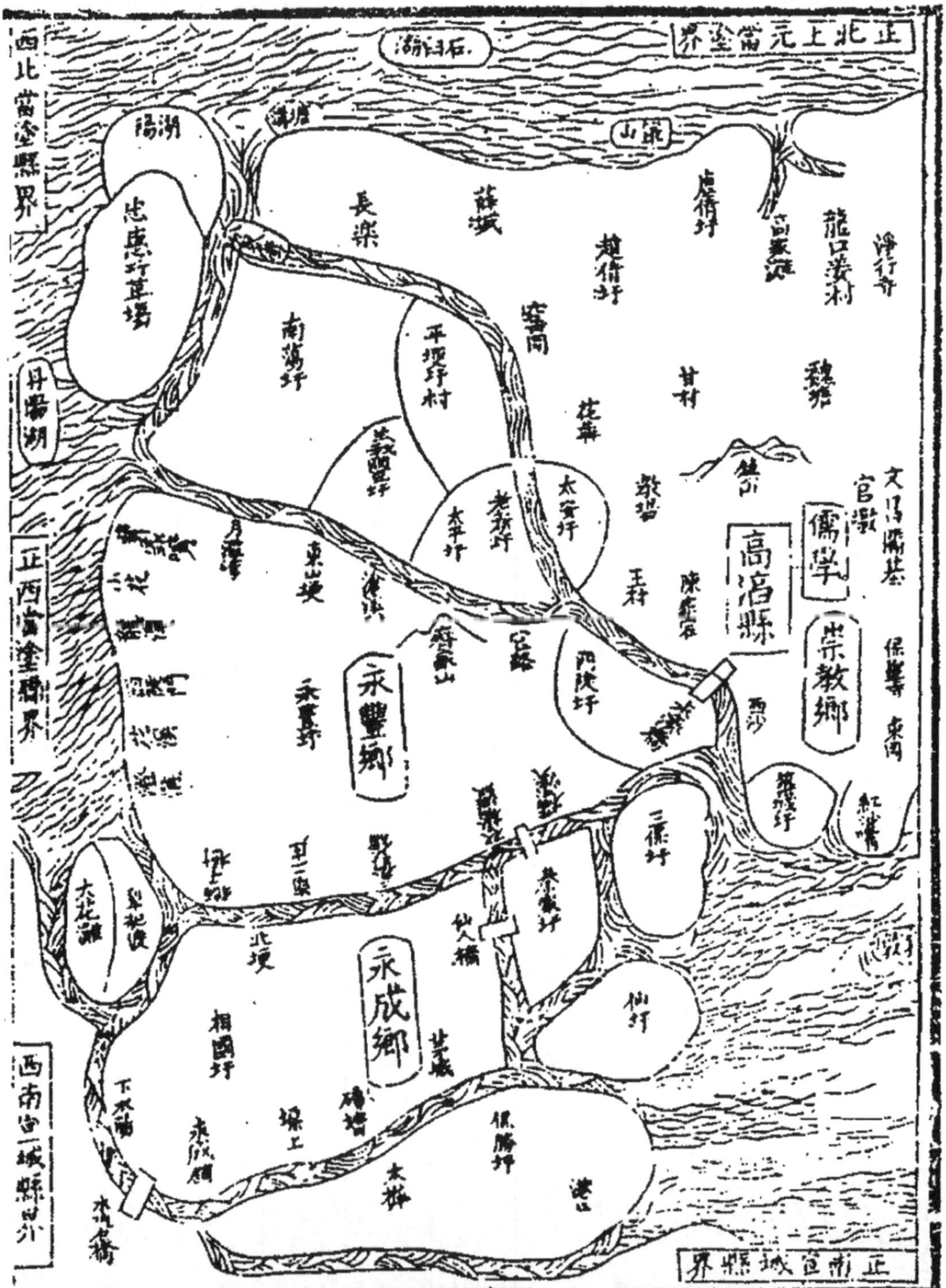

高淳县四境图 / 选自民国《高淳县志》

高淳縣四境圖
東北溧水縣界
正東溧陽縣界
東南建平縣界
西山王之屏摹寫
立信鄉
安興鄉
遊山鄉
唐昌鄉
大山
上壩
下壩
固城湖
馬鞍山
九龍山
小花山
花山

镇江

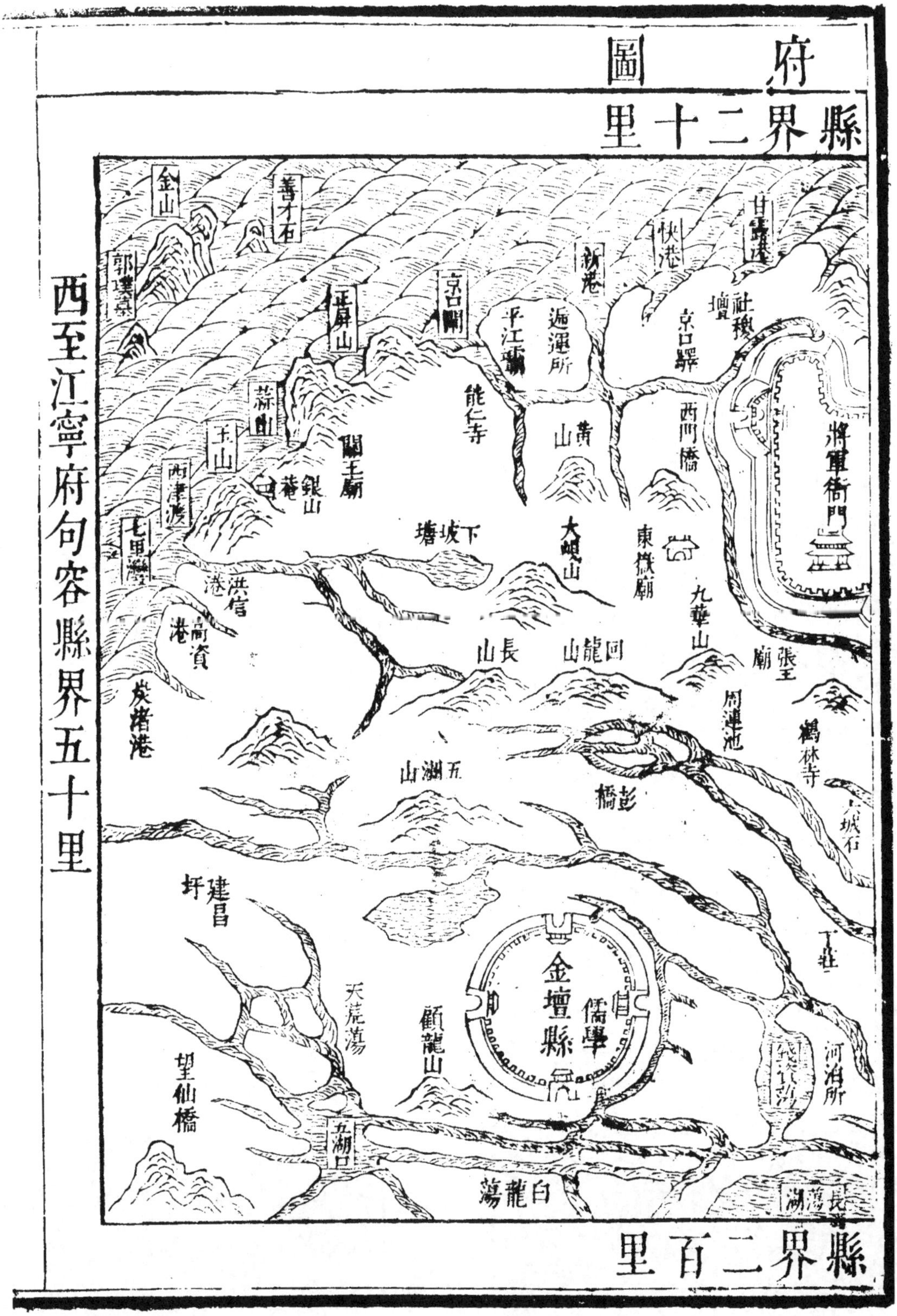

镇江府图 / 选自康熙《江南通志》

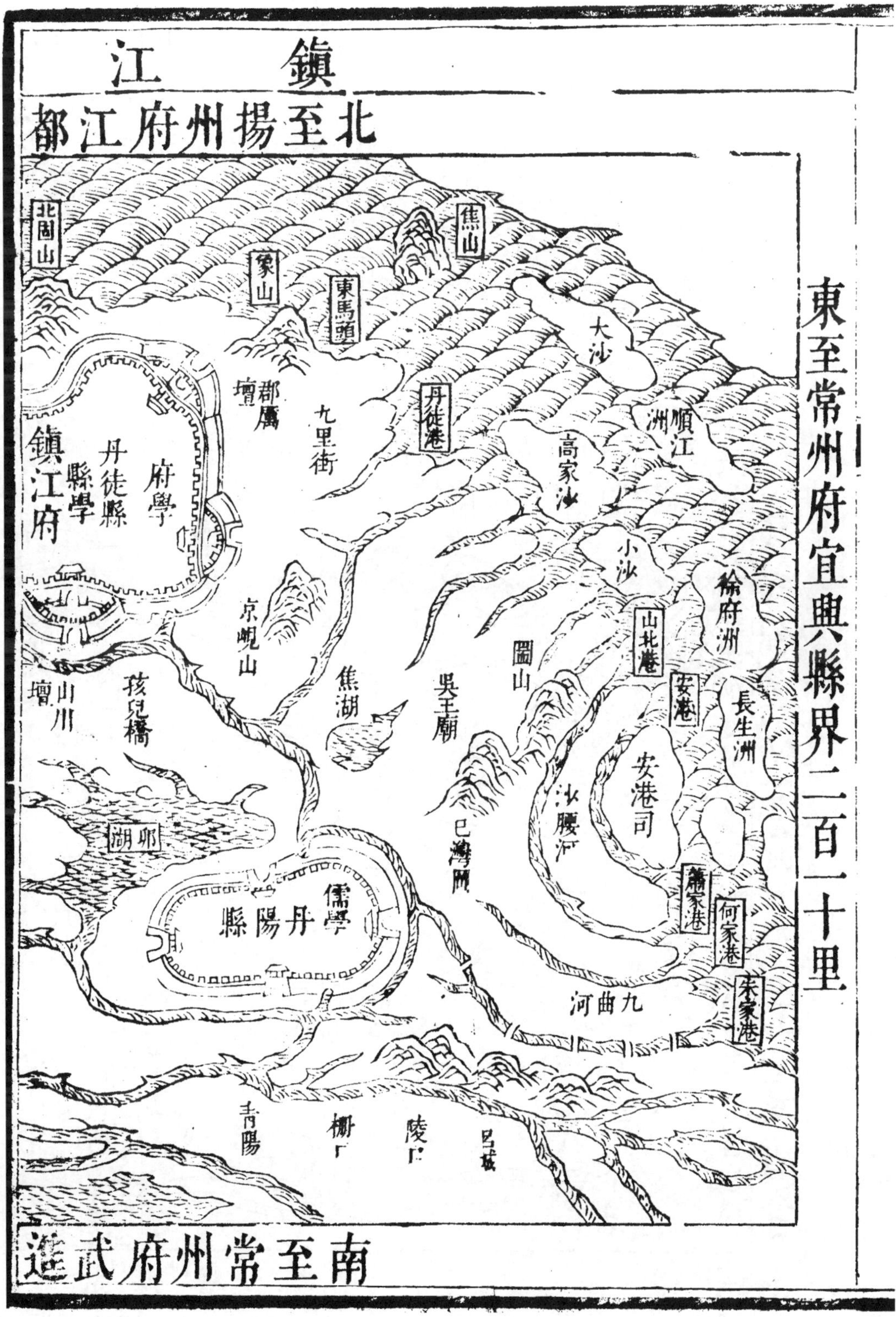
鎮江
北至揚州府江都
東至常州府宜興縣界二百一十里
南至常州府武進
北固山
象山
焦山
東馬頭
大沙
郡屬壇
九里街
丹徒港
順江洲
高家沙
鎮江府
府學
丹徒縣
縣學
小沙
徐府洲
京峴山
圌山
山北港
安港
長生洲
焦湖
吳王廟
山川壇
孩兒橋
安港司
練湖
何家港
朱家港
儒學
丹陽縣
九曲河
青陽
呂城

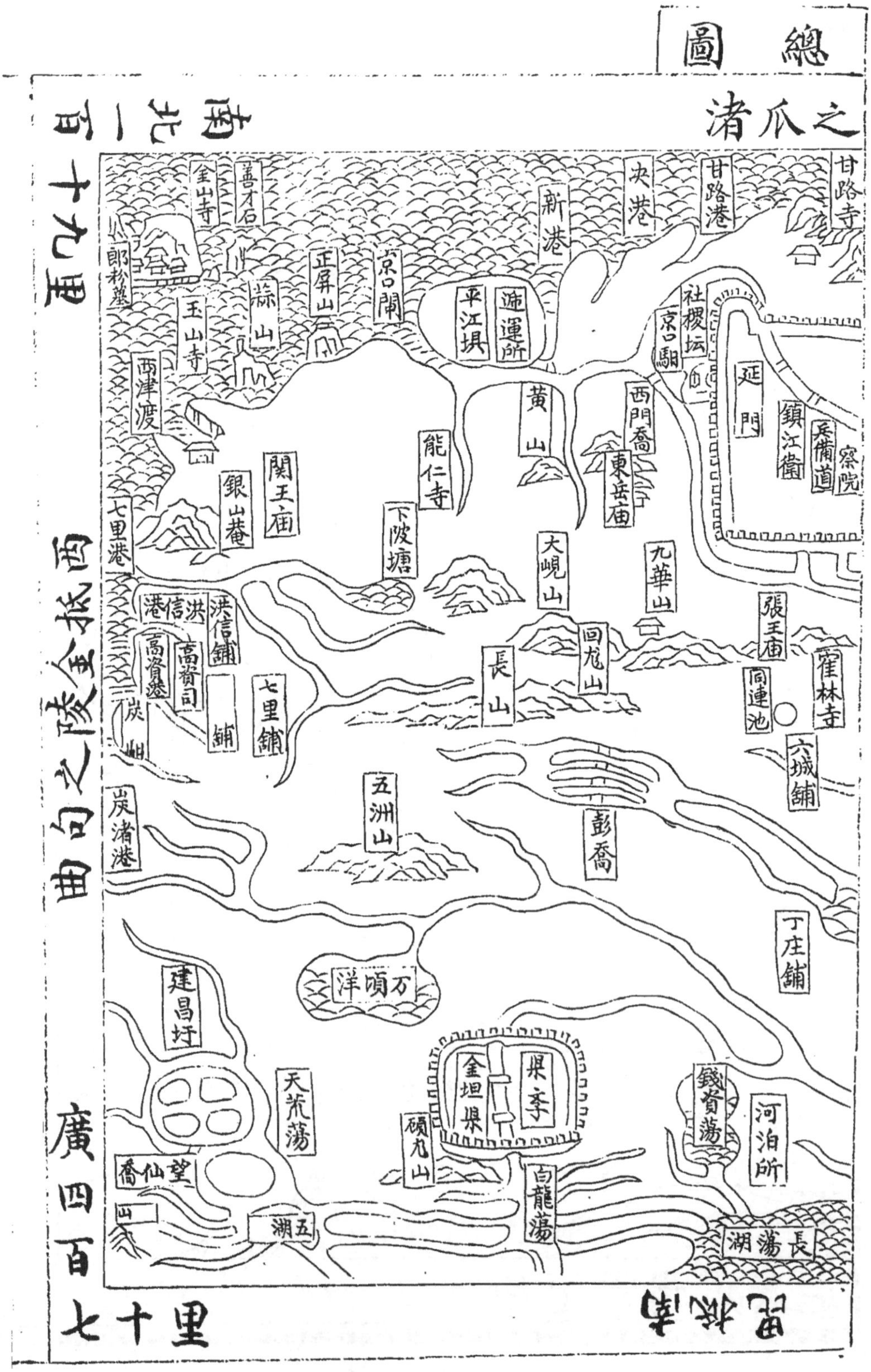

镇江郡属总图 / 选自万历《重修镇江府志》

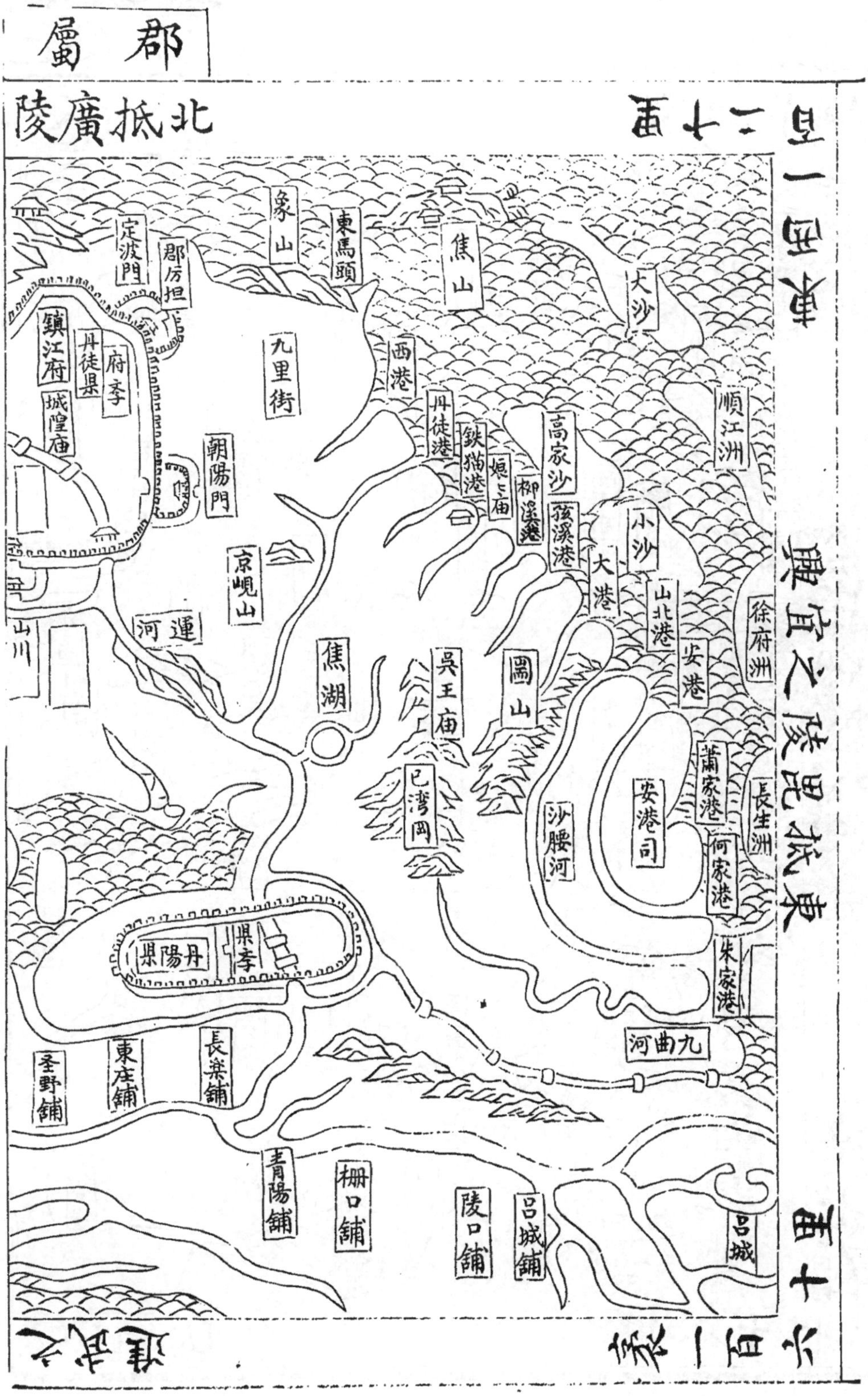
郡屬
北抵廣陵
東抵毘陵之宜興
象山
東馬頭
焦山
定波門
鎮江府
丹徒県
城隍庙
九里街
西港
丹徒港
鉄猫港
柳溪港
高家沙
孩溪港
大沙
順江洲
小沙
大港
山北港
安港
徐府洲
朝陽門
京峴山
運河
山川
焦湖
吳王庙
圌山
沙腰河
安港司
蒲家港
長生洲
何家港
朱家港
九曲河
丹陽県
聖野鋪
東庄鋪
長楽鋪
青陽鋪
柵口鋪
陵口鋪
呂城鋪
呂城

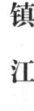

镇江郡署四邑总图 / 选自乾隆《镇江府志》

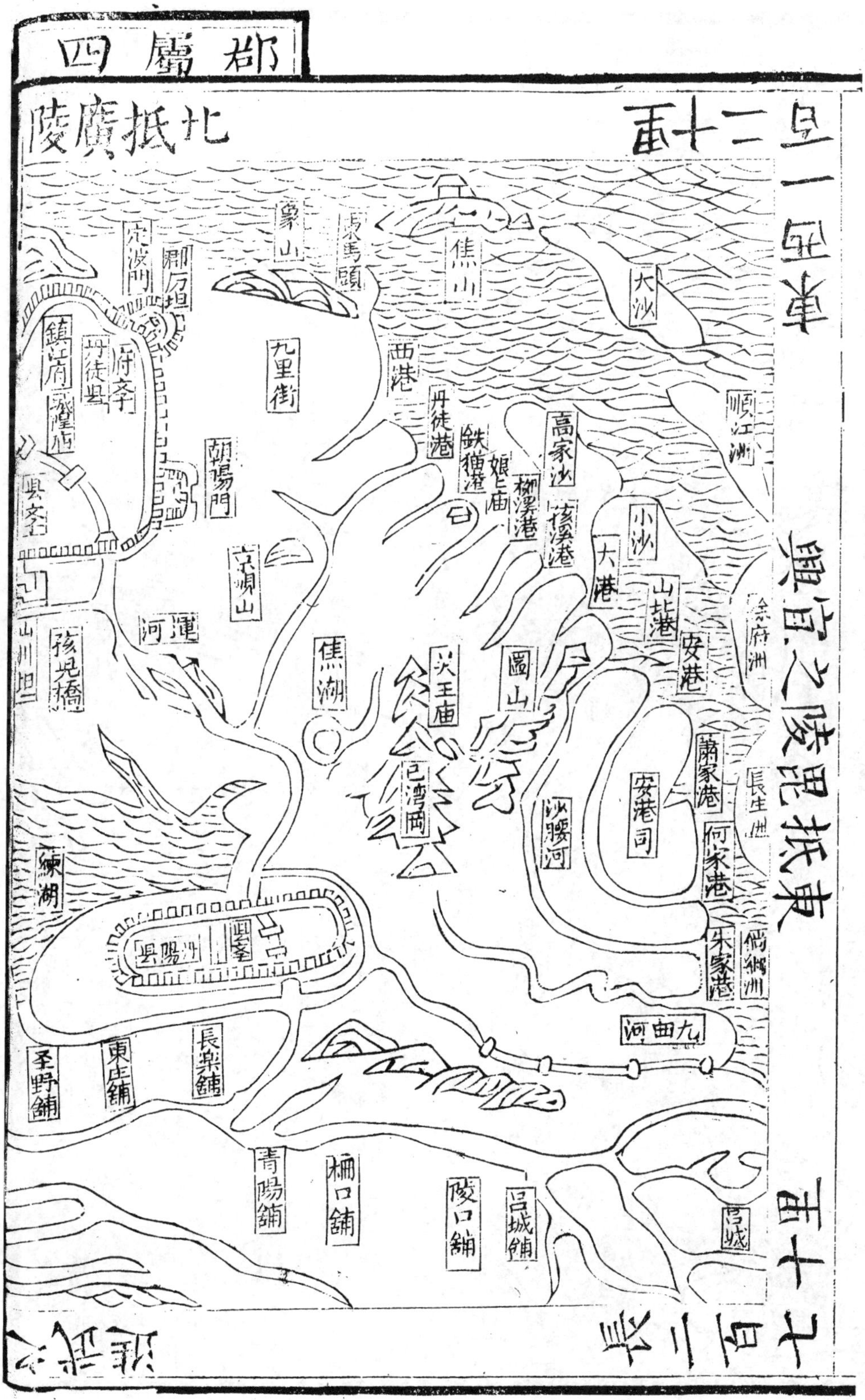

北抵廣陵
一百二十里
焦山
象山
大沙
九里街
西港
丹徒港
鐵甕港
順江洲
高家沙
柳溪港
孩溪港
小沙
大港
安港
朝陽門
京峴山
運河
焦湖
圌山
孩兒橋
安港司
蕭家港
何家港
長生洲
朱家港
練湖
九曲河
長樂鋪
東庄鋪
青陽鋪
陵口鋪
呂城鋪
呂城

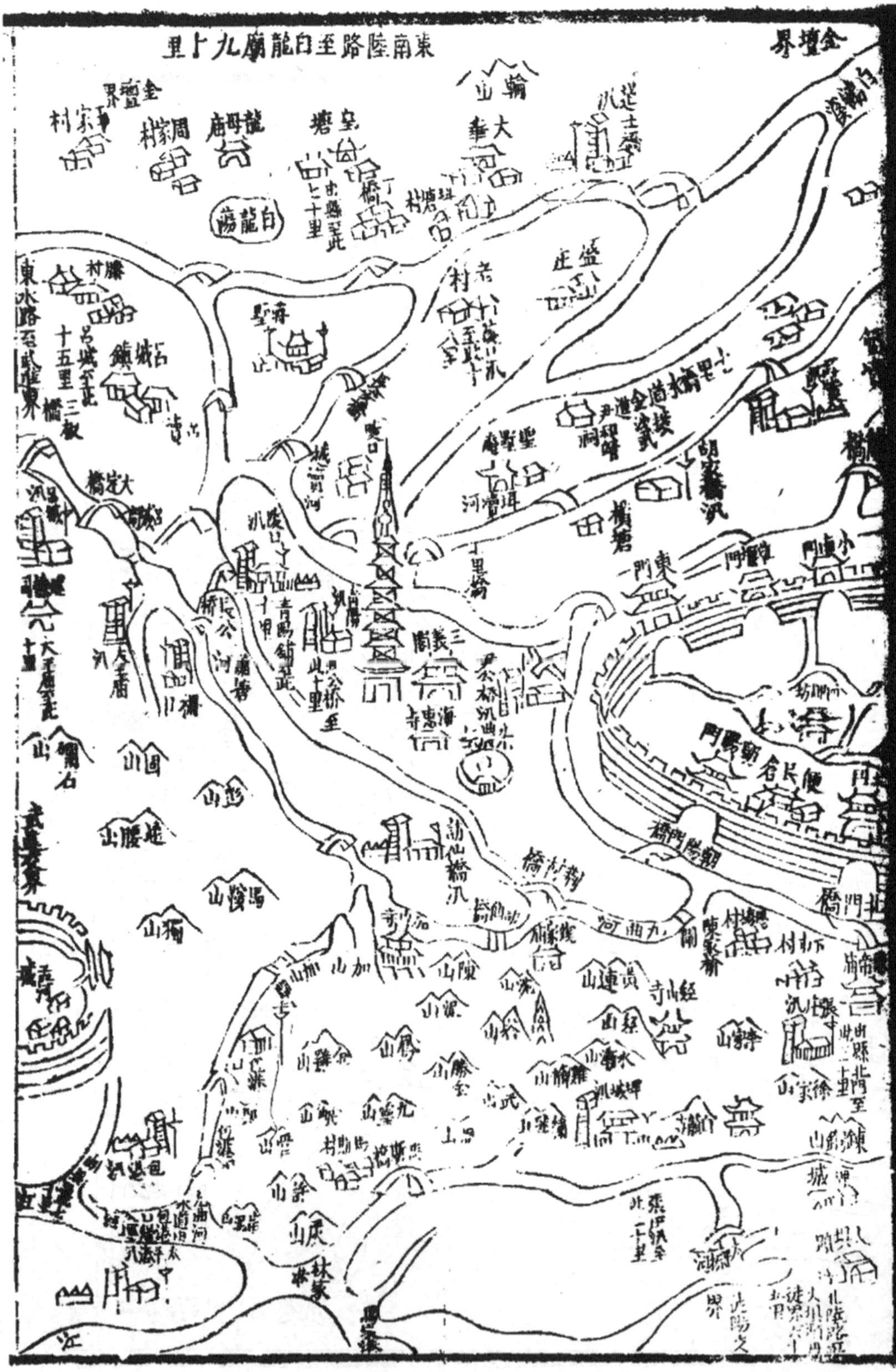

丹阳县总图 / 选自乾隆《丹阳县志》

西南陸路至石家山句容界三十里
新河鎮
鳳凰山
丹徒界
馬陵汛
上練湖
下練湖
仁壽橋
黄泥壩
運河水道由京口閘徒至呂城閘越河等處直達蘇杭至太湖洞庭湖

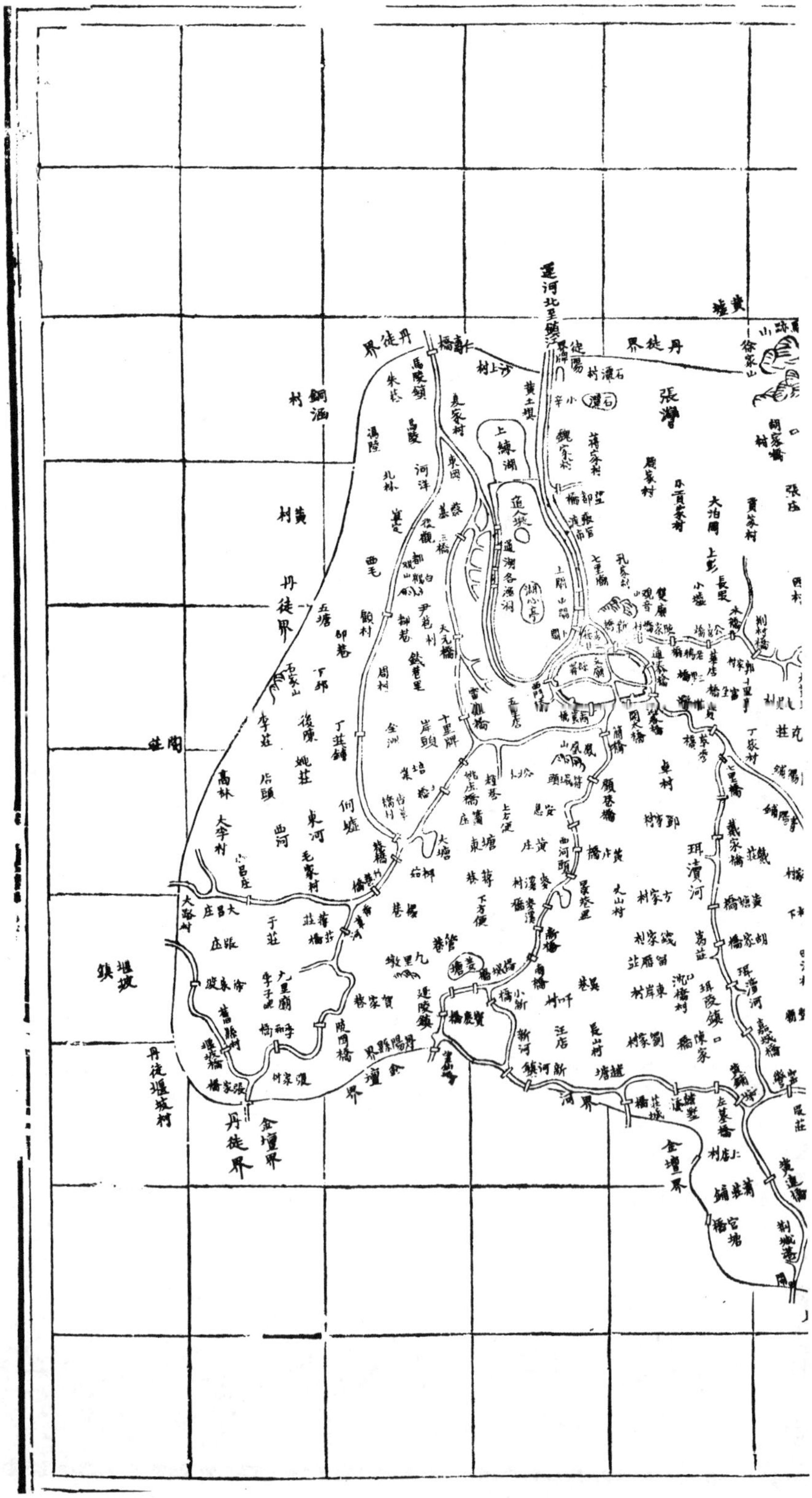

丹阳县四境图 / 选自光绪《重修丹阳县志》

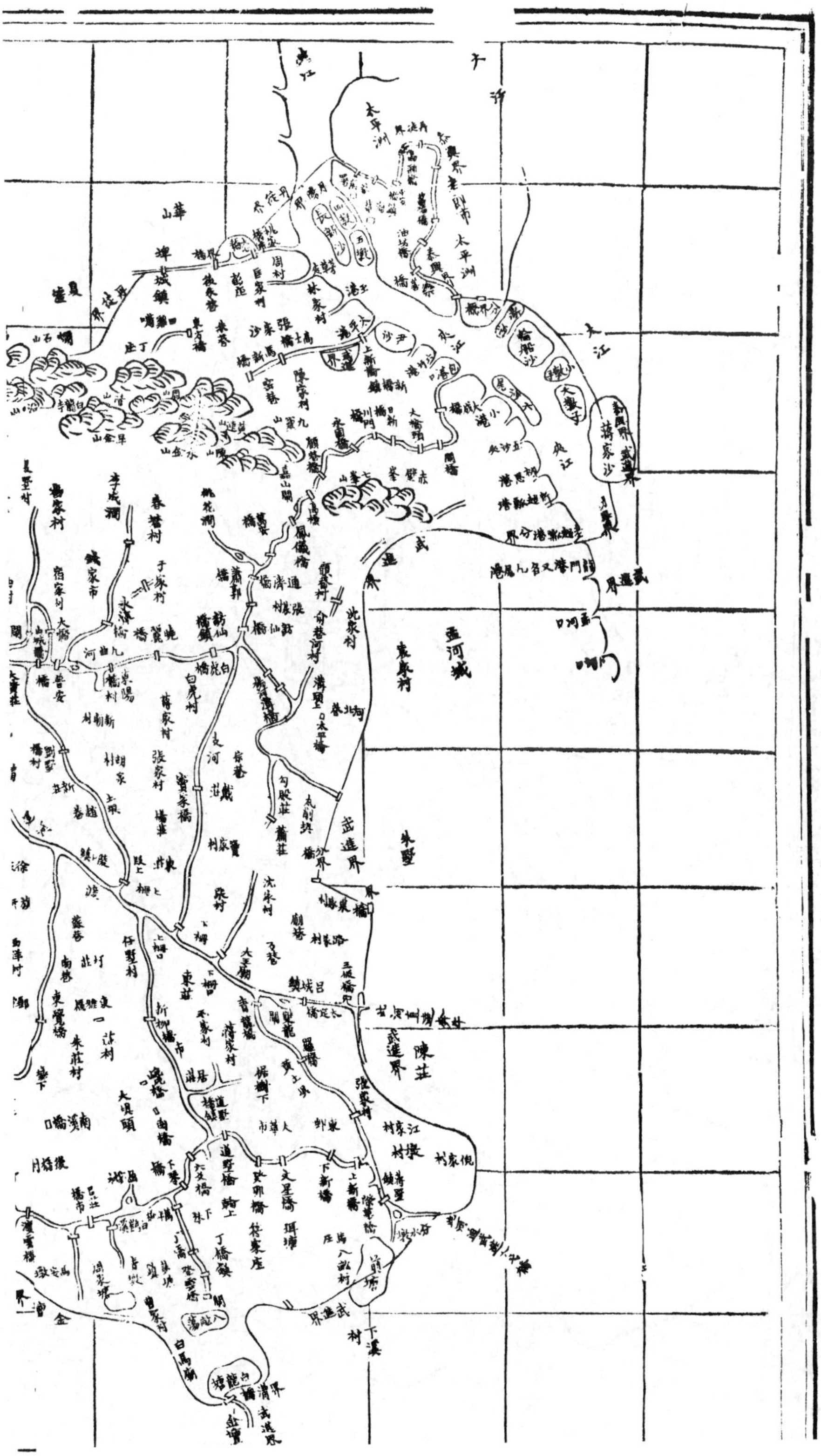

太平洲
孟河城
蔣家沙
陳莊

丹徒县方舆总图 / 选自康熙《丹徒县志》

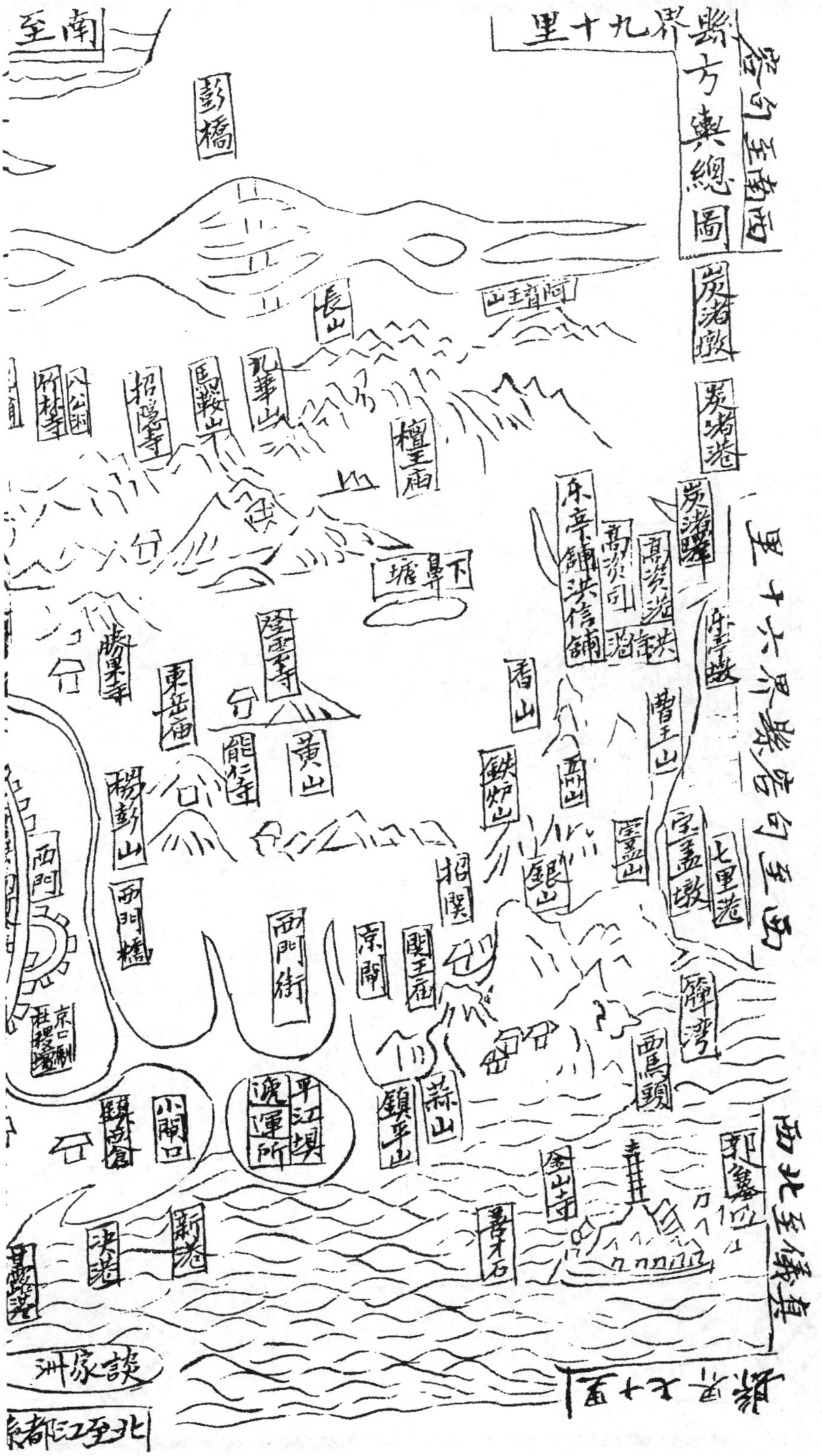
縣方輿總圖
西南至句容縣界九十里
西至句容縣界六十里
西北至儀真縣界七十里
北至江都縣
南至
彭橋
長山
九華山
檀王廟
東岳廟
能仁寺
黃山
香山
銀山
西門
西門橋
西門街
京口閘
小閘口
平江壩
新港
金山寺
鎮平山
七里港
談家洲

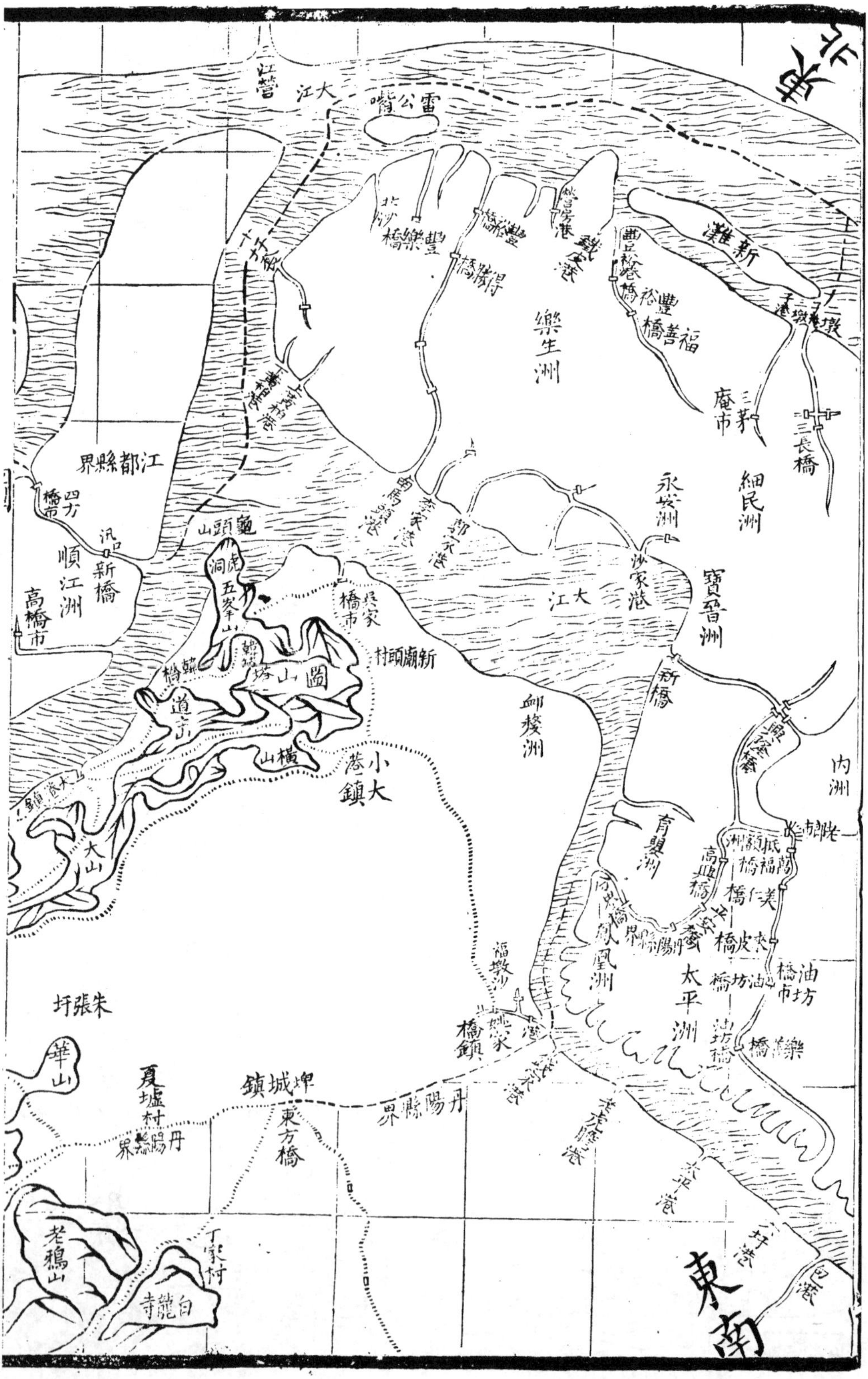

丹徒县境全图 / 选自光绪《丹徒县志》

縣境全圖

縣境縱橫各六七十里自東北至西南斜袤二百餘里非方幅所能繪今依蘇省所繪輿圖全册分繪六頁其第一頁至第四頁橫接之皆東及西也其第五頁六頁直接第三四頁之下由北及南與東北及西南也全境真形如此加以方格每格五里悉依成法至四至八方山川地道俱詳輿地志

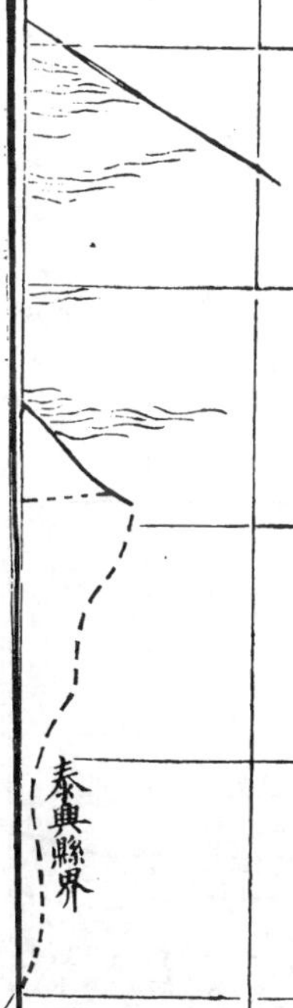

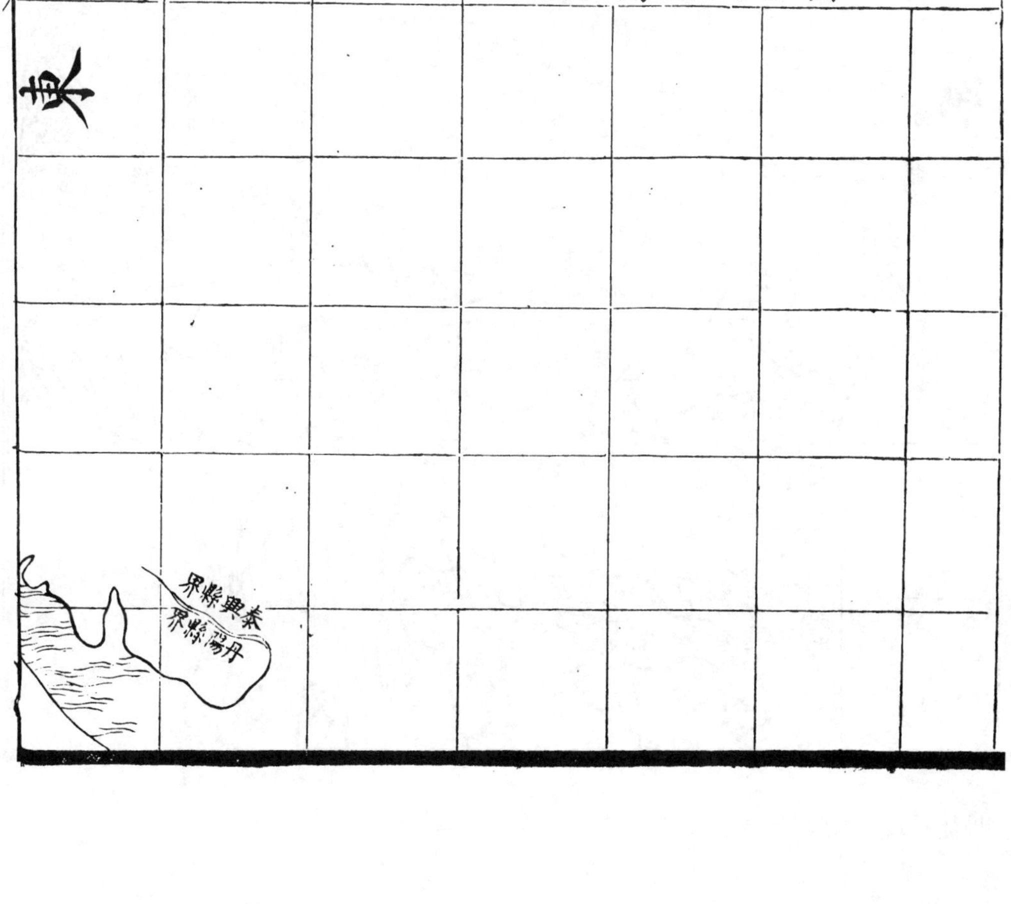

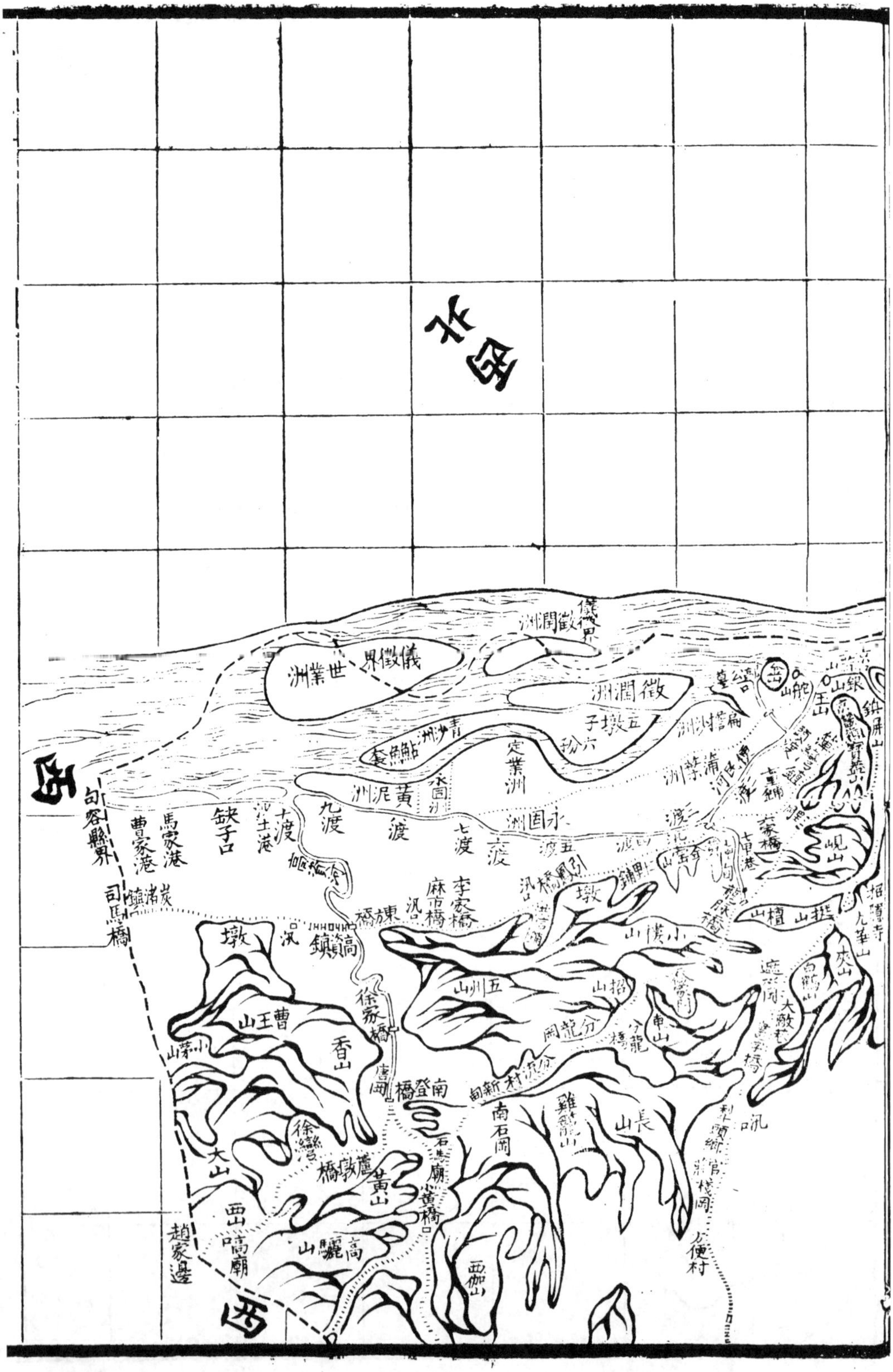

丹徒县境全图 / 选自光绪《丹徒县志》

北
東
鎮頭沙
天生洲
元號洲
焦山
鷹山
松寥山
炮台
象山
連山東洲
還沙洲
補沙洲
興隆橋
福感洲
天福洲
高橋補順洲
奇花池
還原洲
代糧洲
廣連洲
復原洲
太平江
小沙
丹徒口
丹徒鎮
新城
京峴山
姚岡
豬婆灘
老虎橋
洪山
白兔山
越河口
諫壁鎮
雩山
老鼠山
娘子山
黃樹村
李家村
柏家村
長山
黃墟
菊花山
鳳凰山
西南山
金雞墩
裴家莊
王家莊
北莊
馬步岡
馬家店
破塘
楊巷汛口
方便村
六村舖
運河
梅莊
辛豐鎮
永安橋
王莊汛

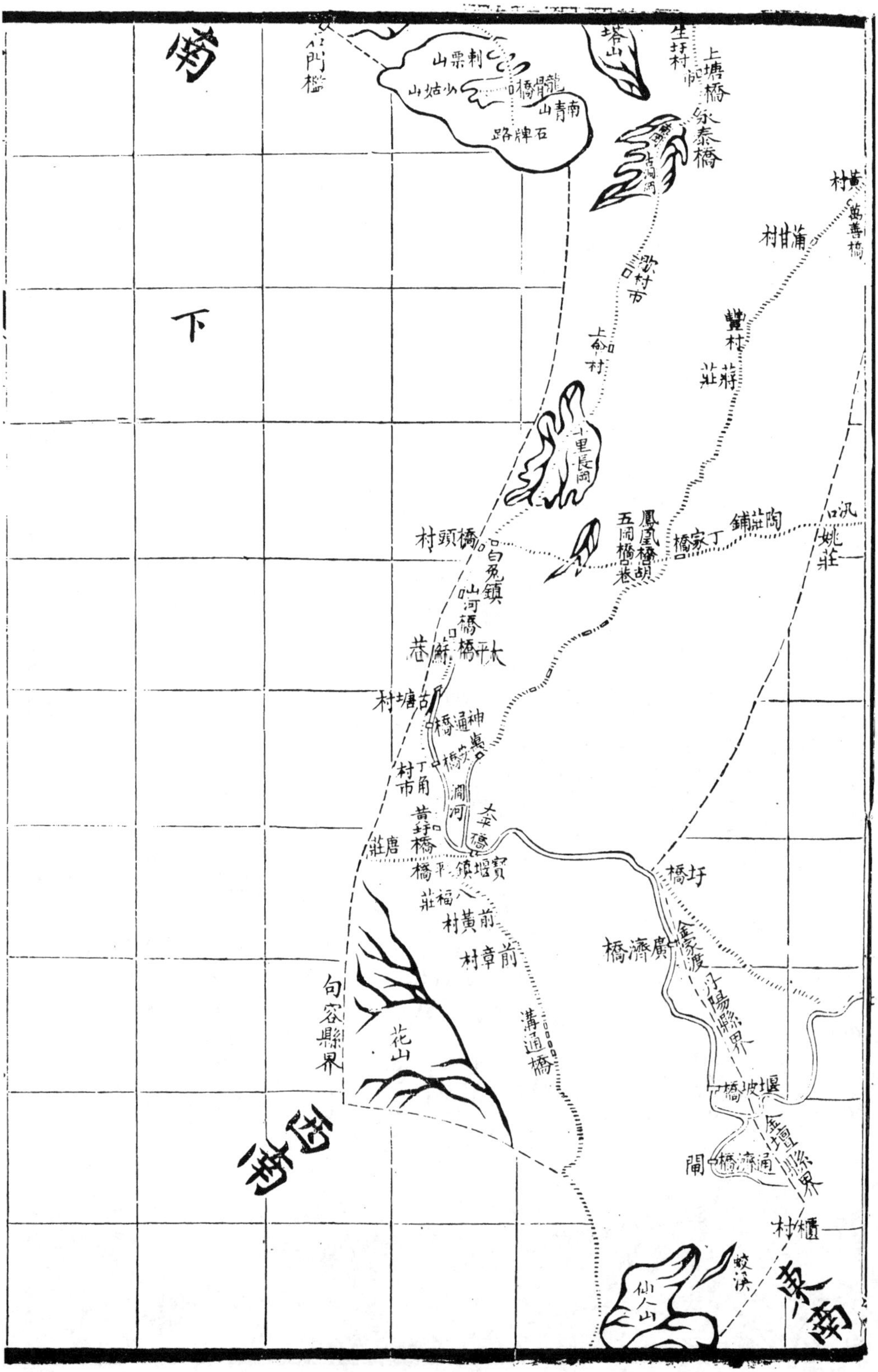

丹徒县境全图 / 选自光绪《丹徒县志》

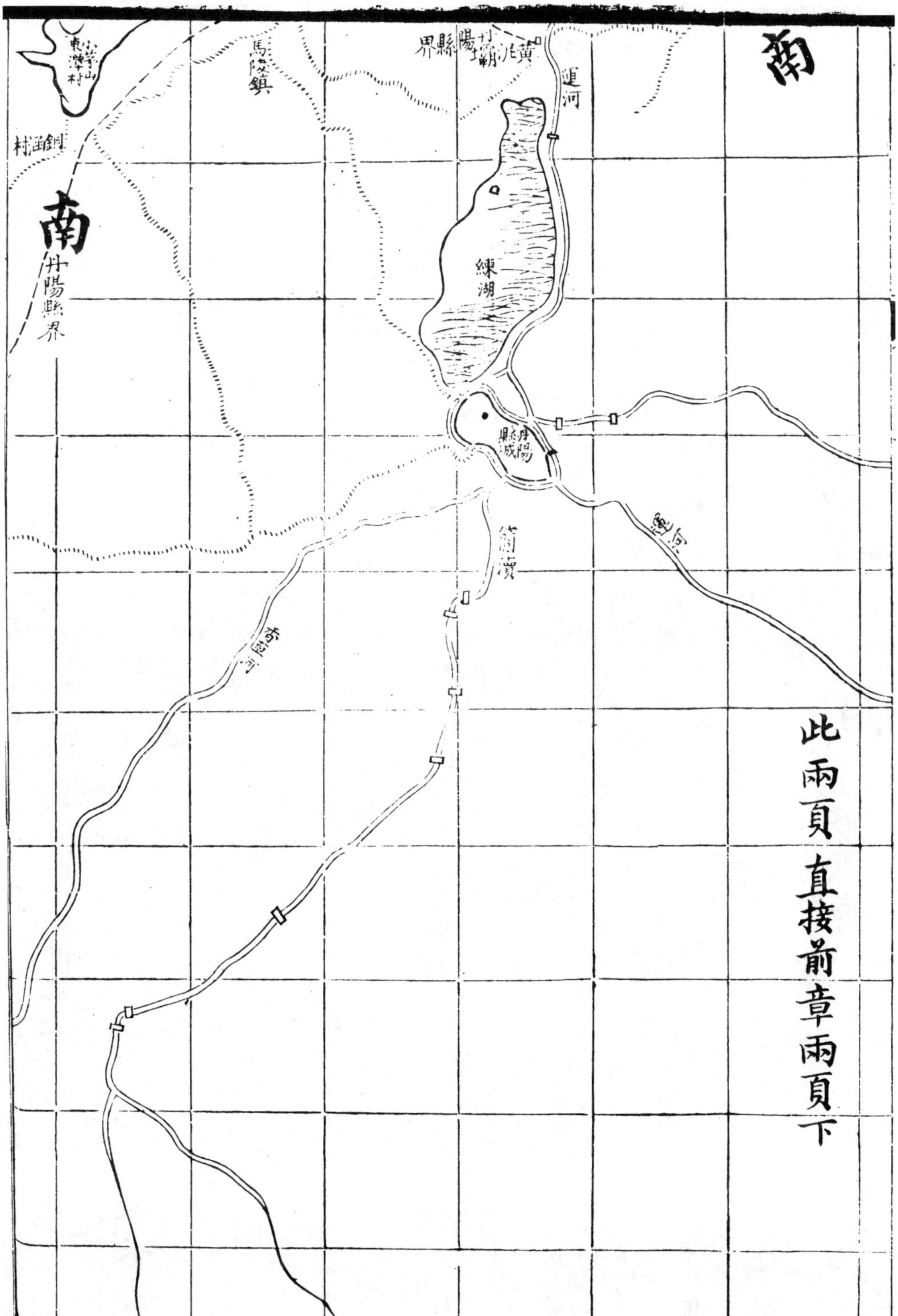
南
運河
黃泥壩丹陽縣界
馬陵鎮
練湖
丹陽縣城
南
丹陽縣界
此兩頁直接前章兩頁下

句容县之图/ 选自景定《建康志》

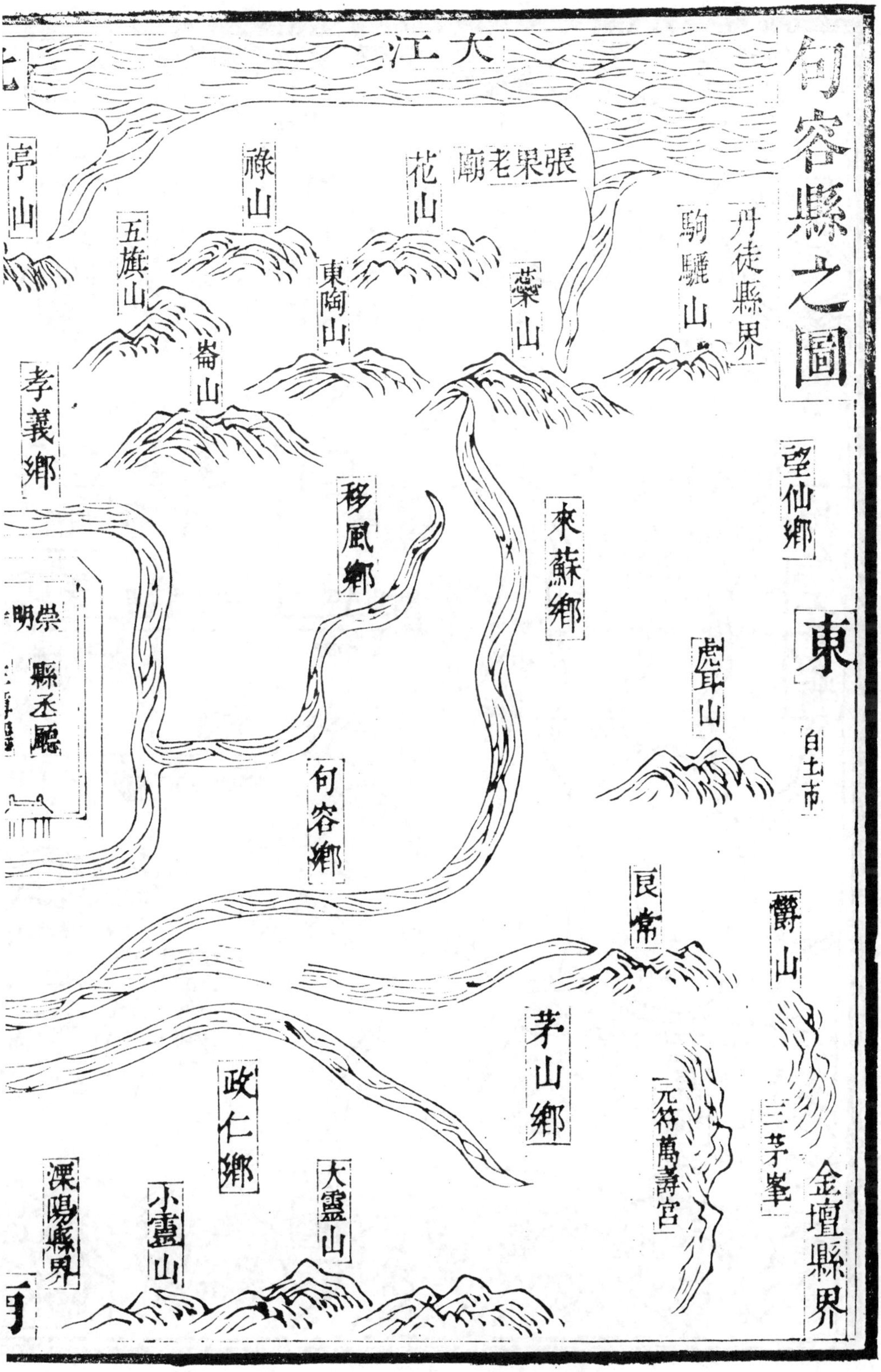
句容縣之圖
大江
張果老廟
亭山
祿山
花山
五旗山
東陶山
藥山
駒驪山
丹徒縣界
崙山
孝義鄉
望仙鄉
移風鄉
來蘇鄉
東
崇明
縣丞廳
虛耳山
白土市
句容鄉
良常
爵山
茅山鄉
元符萬壽宮
三茅峯
政仁鄉
大靈山
小靈山
溧陽縣界
金壇縣界

句容县境图 / 选自弘治《句容县志》

句容縣境圖
北至
仁信鄉
孝義鄉
移風鄉
來蘇鄉
東至丹陽縣
句容鄉
望仙鄉
崇德鄉
三茅山
茅山鄉
承仙鄉
政仁鄉
南至
東南溧陽縣

句容县治四境图 / 选自乾隆《句容县志》

縣治四
句容
茅山
方山
良常山
丹徒界

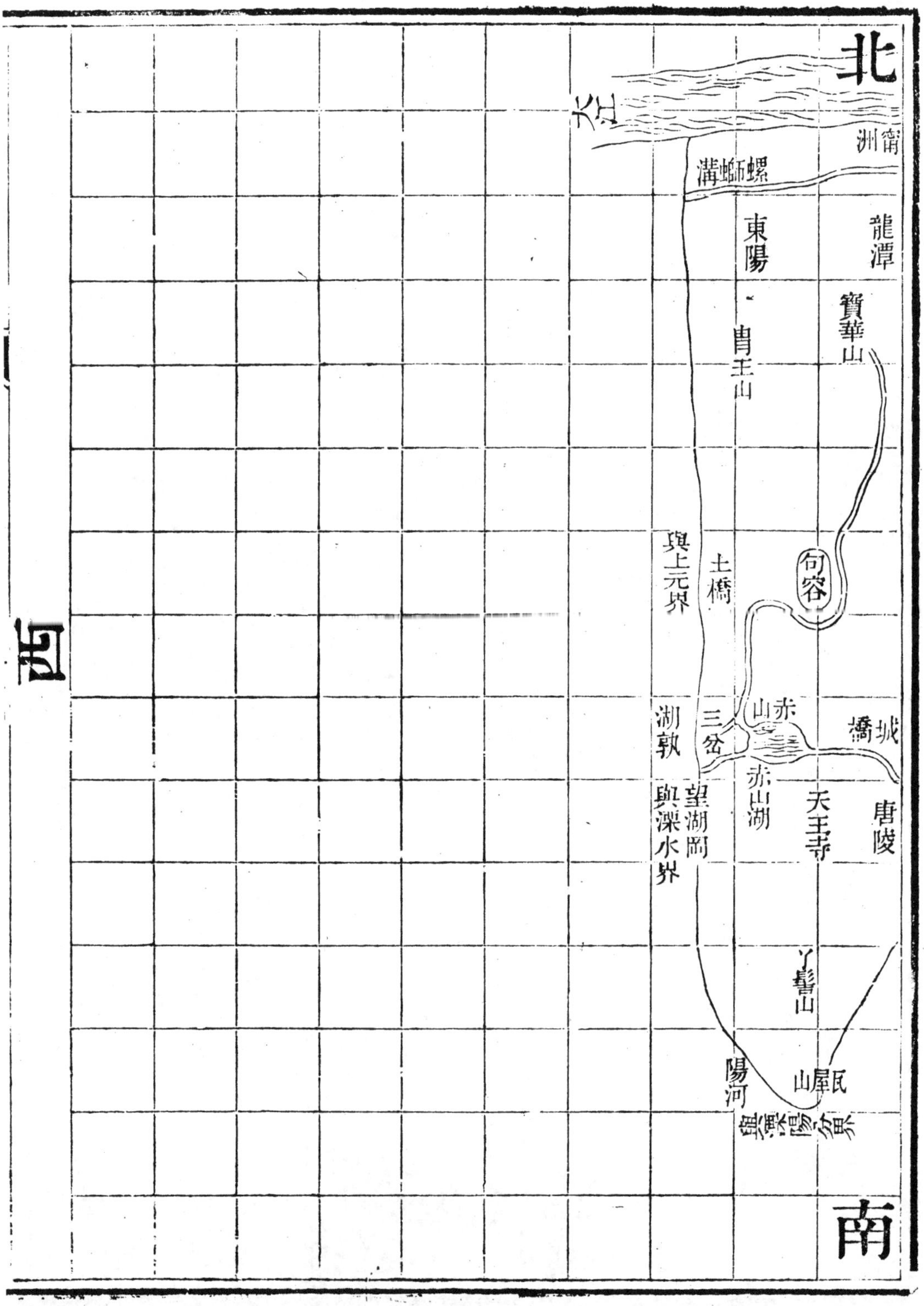

句容县图／选自嘉庆《新修江宁府志》

句容縣圖

每方十五里

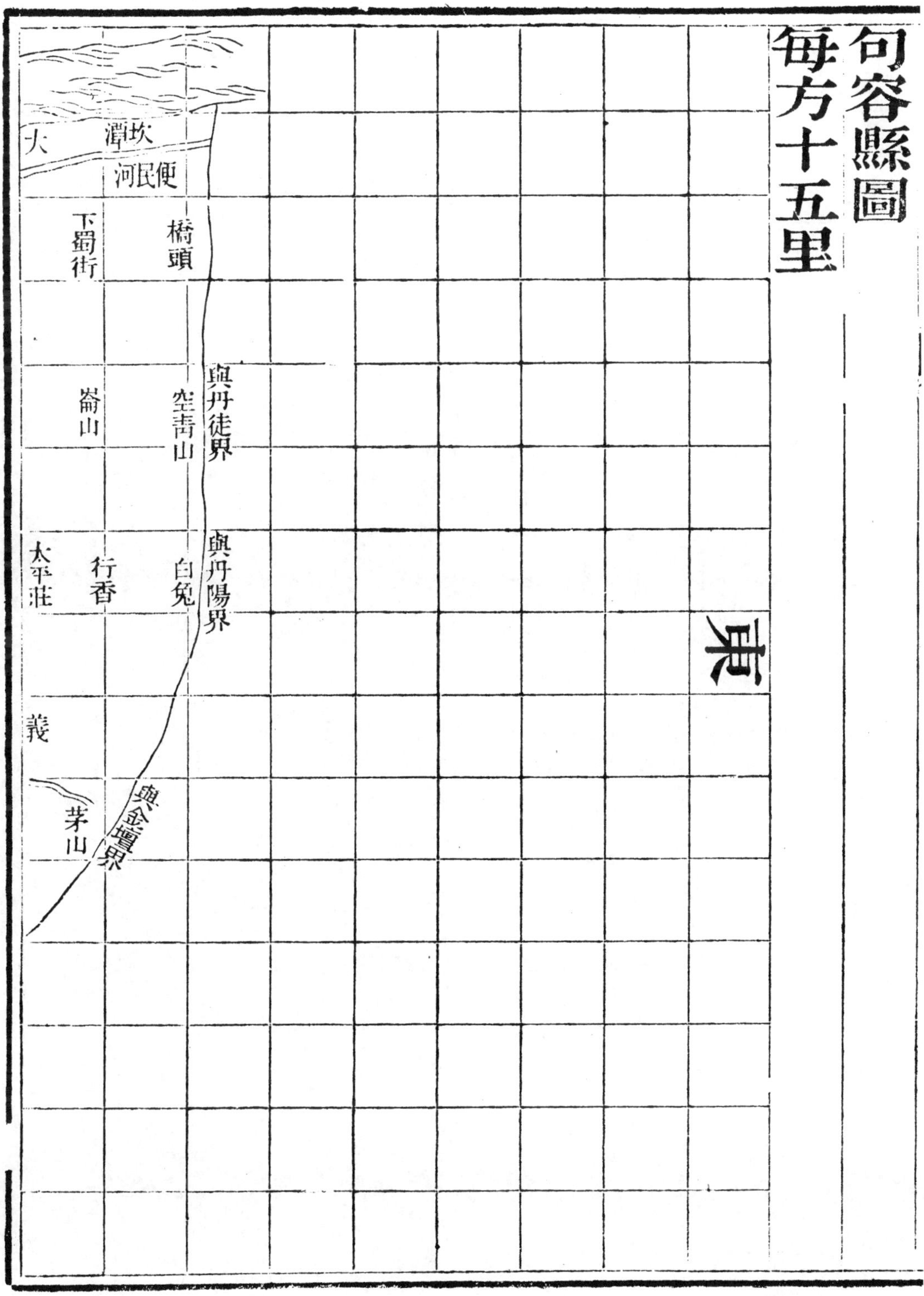

常州

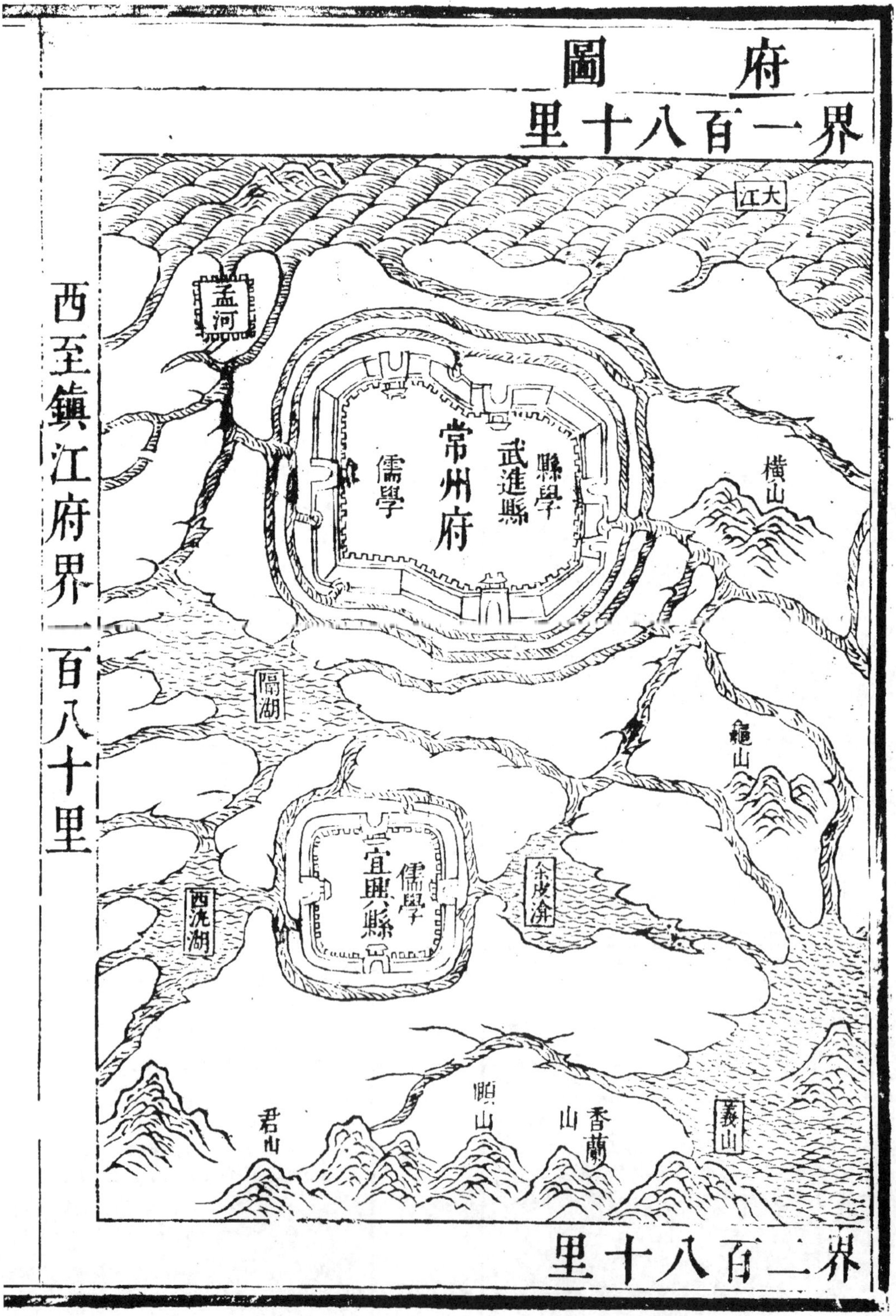

常州府图 / 选自康熙《江南通志》

常州

北至揚州府泰興縣

東至蘇州府吳縣界一百八十里

南至廣德州建平縣

常州府五县总图 / 选自康熙《常州府志》

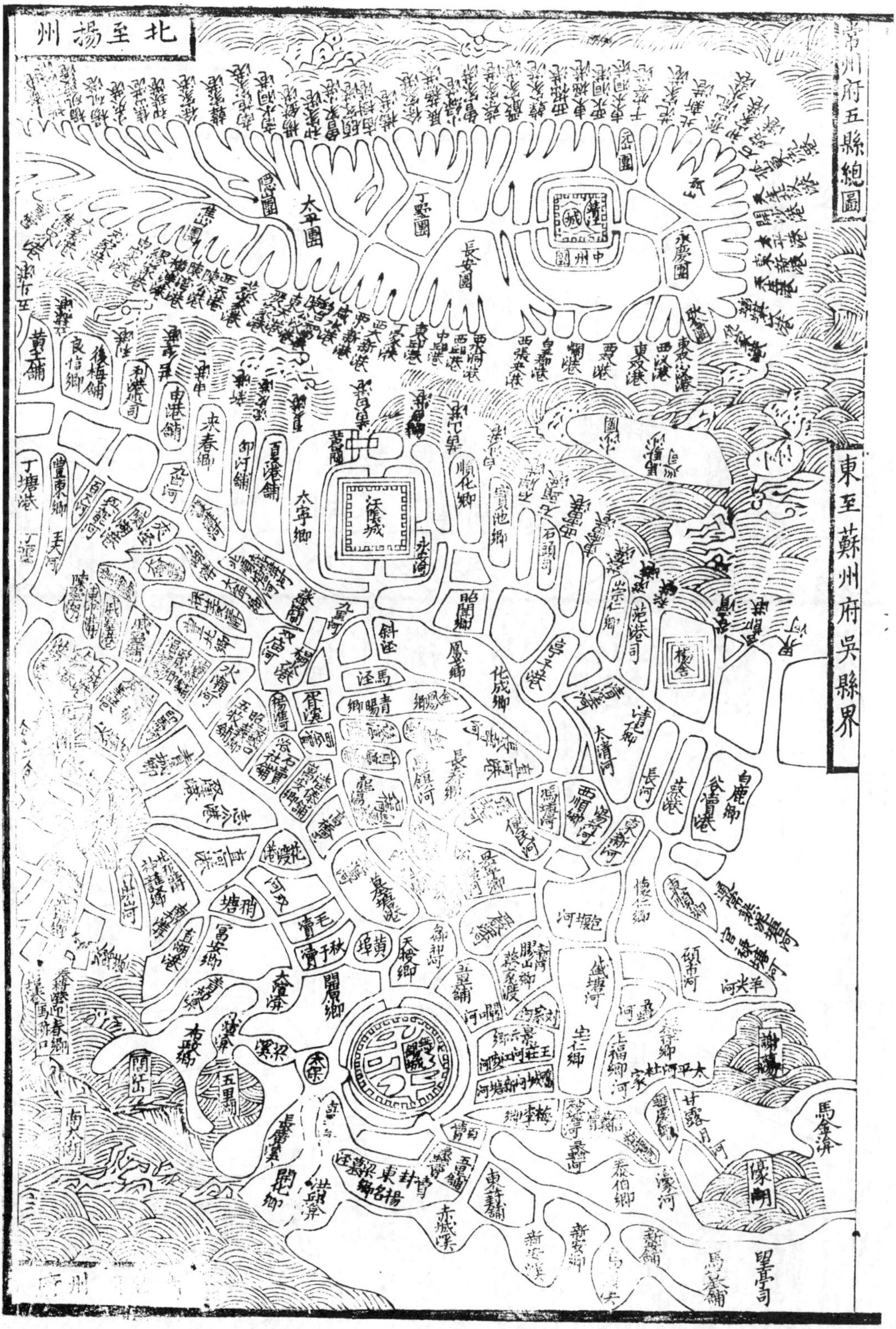
北至揚州
常州府五縣總圖
東至蘇州府吳縣界
江陰城
長安圍
太平圍
丁墅圍
永慶圍
太寧鄉
順化鄉
鳳鳴鄉
化成鄉
清河
太清河
長河
皇鹿鄉
盛塘河
宜仁鄉
泰伯鄉
新安鄉
馬鞍鋪
望亭司
馬金港
赤城溪
長寧鄉
富安鄉
五里湖
南太湖

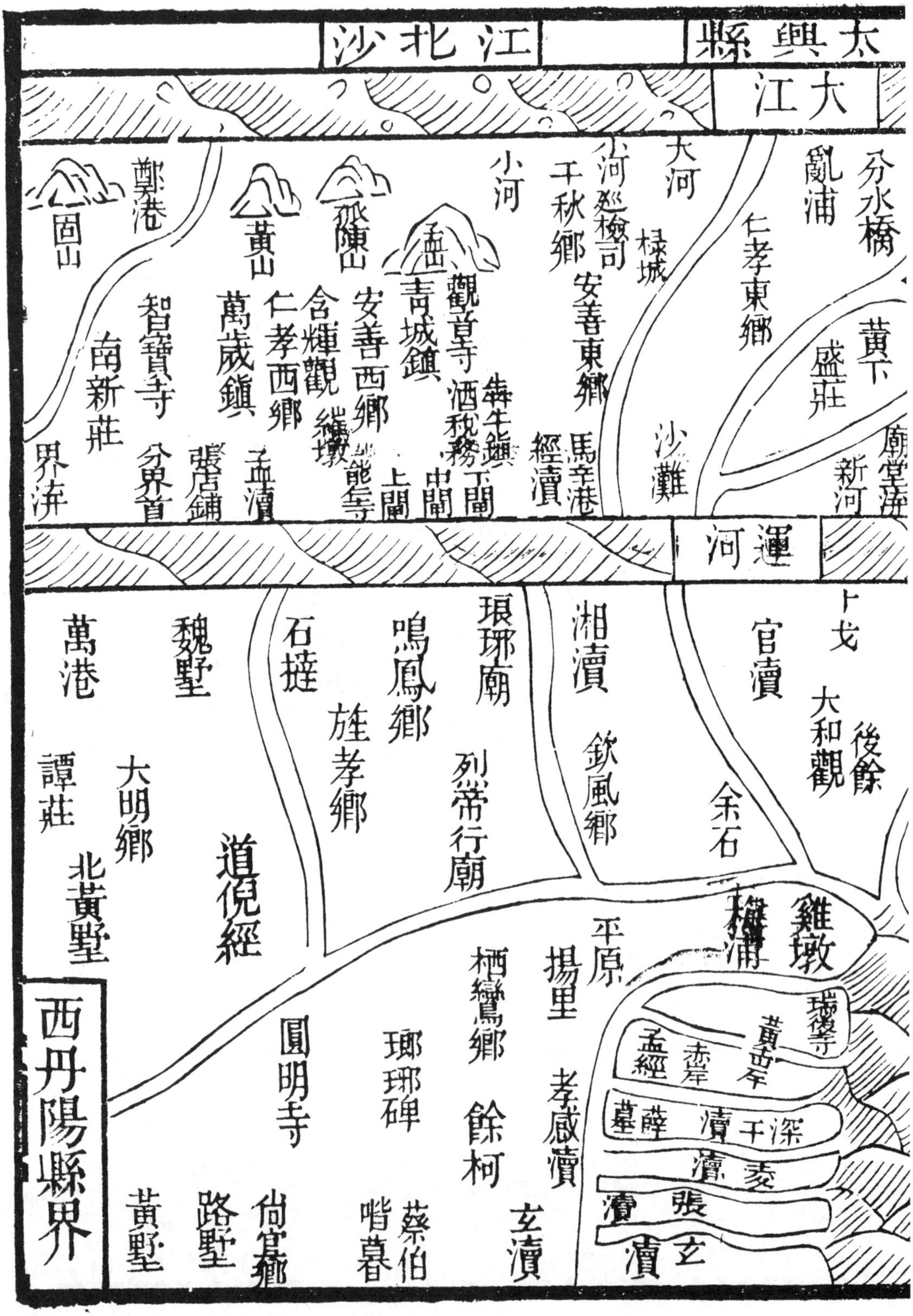

武进县境图 / 选自咸淳《毗陵志》

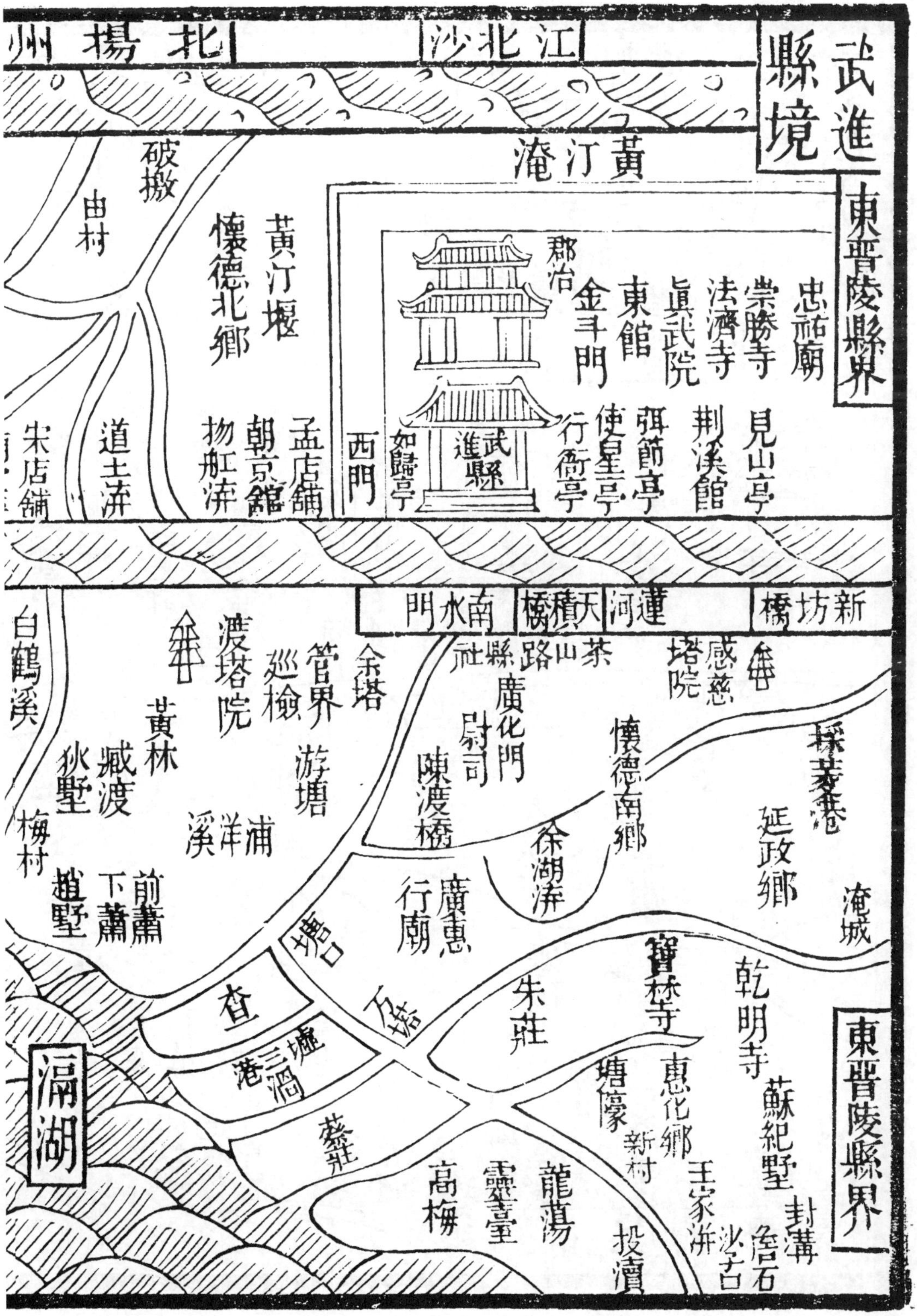
武進縣境
江北沙
北揚州
黃汀淹
東晉陵縣界
郡治
忠祐廟
崇勝寺
法濟寺
眞武院
東館
金斗門
見山亭
荆溪館
弭節亭
使星亭
行衙亭
如歸亭
武進縣
西門
孟店舖
朝京館
物舡浜
道士浜
宋店舖
懷德北鄉
黃汀堰
破撥
由村
新坊橋
運河
天積橋
南水門
茶山路
縣社
感慈塔院
廣化門
尉司
陳渡橋
懷德南鄉
徐湖浜
延政鄉
淹城
余塔
管界
巡檢
渡塔院
黃林
游塘
滆湖
白鶴溪
梅村
廣惠行廟
寶林寺
乾明寺
朱莊
惠化鄉
塘家
新村
王家浜
蘇紀墅
封溝
龍蕩
高梅
投瀆
東晉陵縣界
前蕭
下蕭
浦洋溪

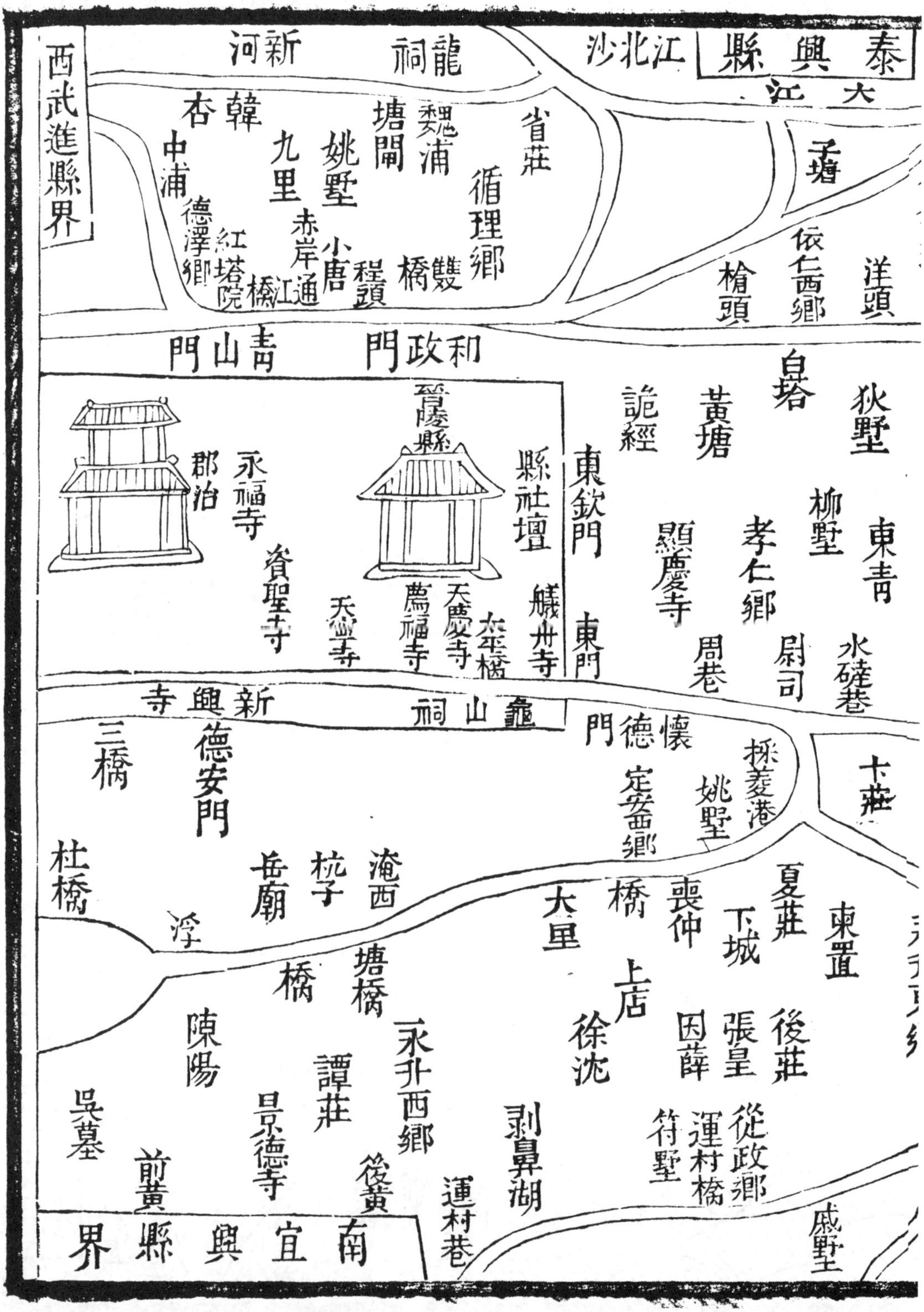

晉陵县境图 / 选自咸淳《重修毗陵志》

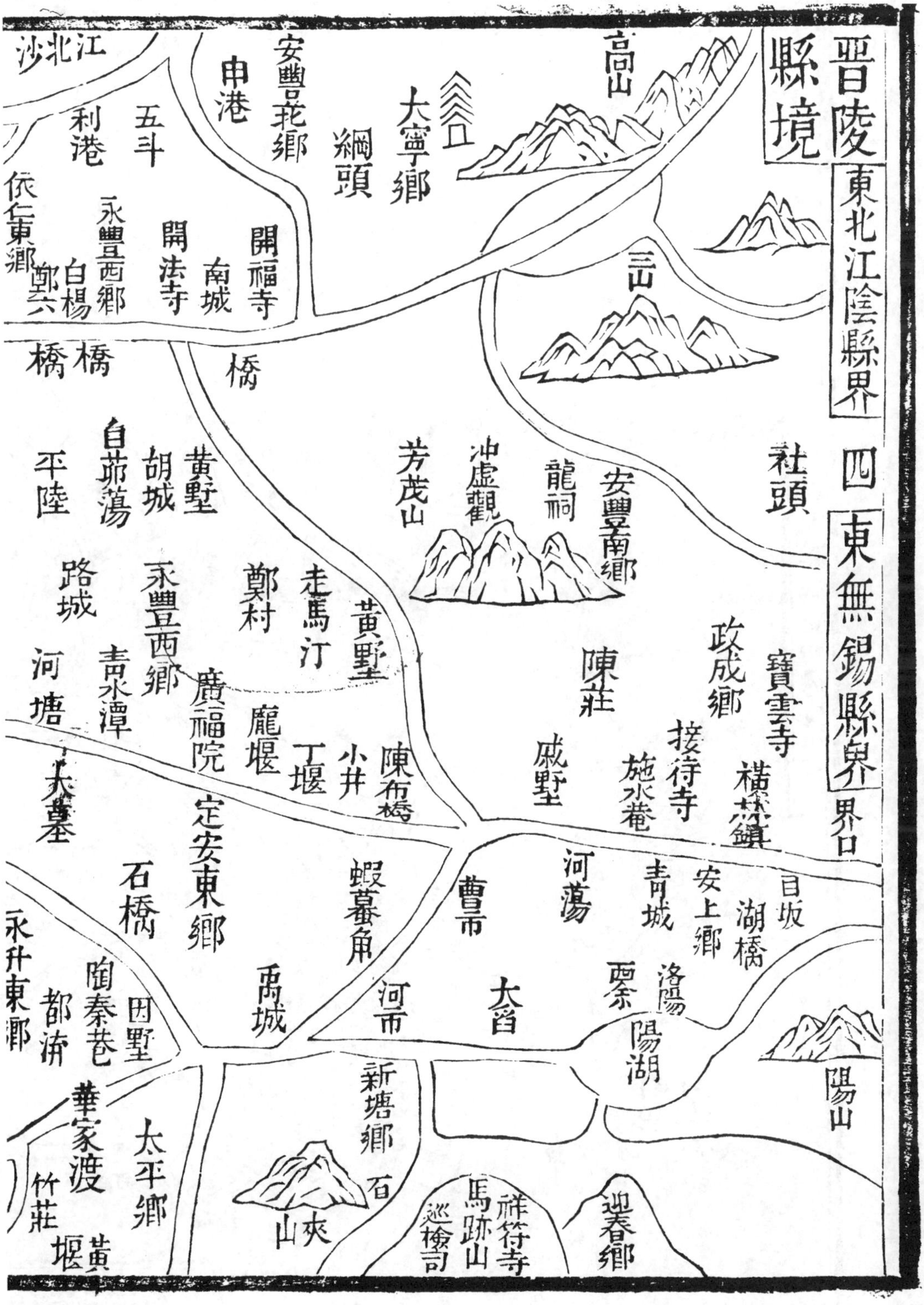
晉陵縣境
東北江陰縣界
四
東無錫縣界
江北沙
申港
安豐花鄉
大寧鄉
綱頭
高山
三山
五斗
利港
依仁東鄉
永豐西鄉
開法寺
南城
開福寺
白楊
橋
橋
橋
平陸
白茆蕩
胡城
黃墅
芳茂山
沖虛觀
龍祠
安豐南鄉
社頭
路城
永豐西鄉
鄭村
走馬汀
黃墅
陳莊
政成鄉
寶雲寺
河塘
青水潭
廣福院
龐堰
丁堰
小井
陳布橋
戚墅
接待寺
施水菴
橫林鎮
界口
大墓
定安東鄉
蝦蟇角
河蕩
青城
安上鄉
目坂
湖橋
石橋
曹市
永升東鄉
都泲
陶秦巷
田墅
禹城
河市
大留
洛陽
陽湖
陽山
華家渡
太平鄉
新塘鄉
石
竹莊
黃堰
夾山
馬跡山
巡檢司
祥符寺
迎春鄉

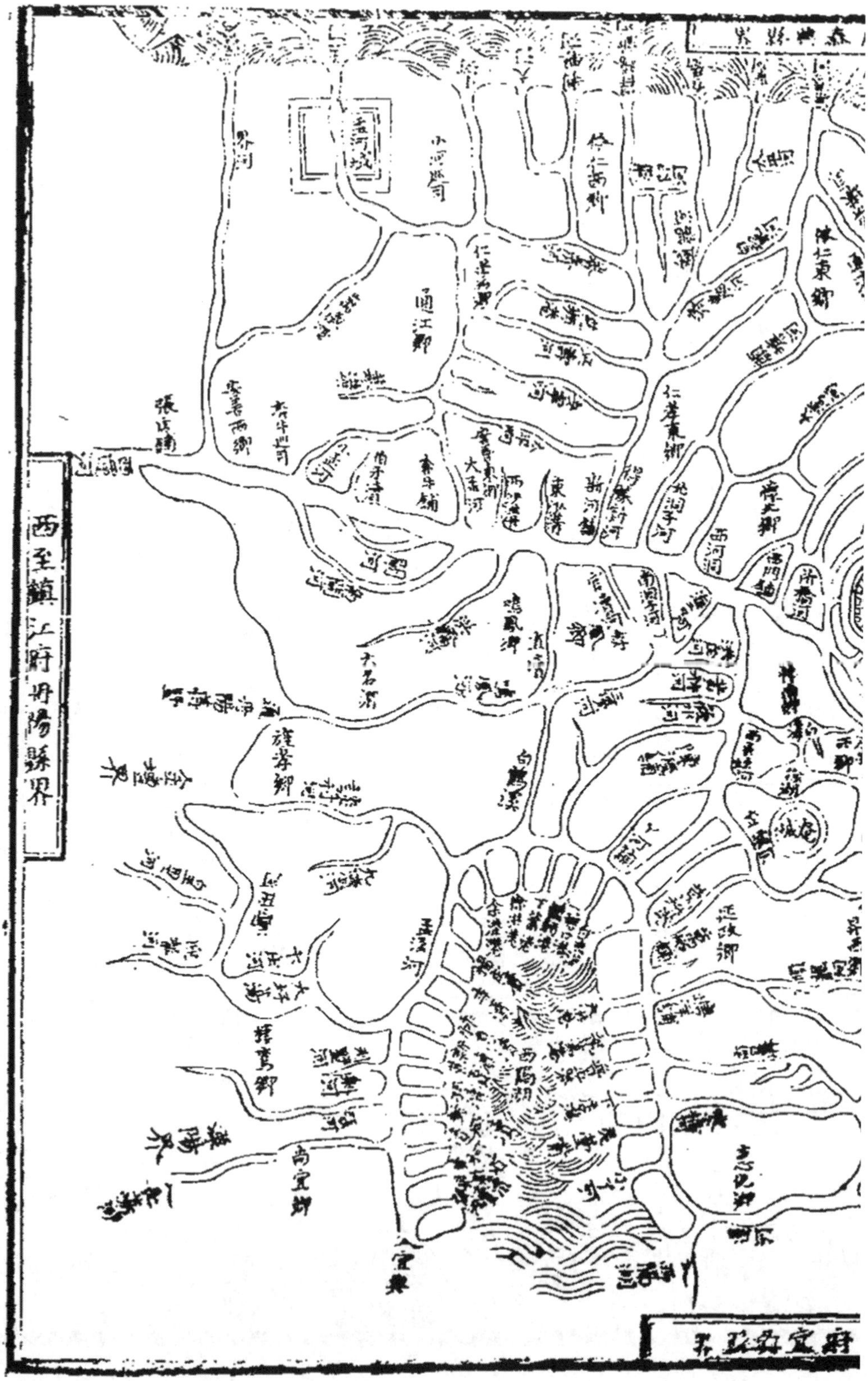

武进县境图 / 选自万历《重修常州府志》

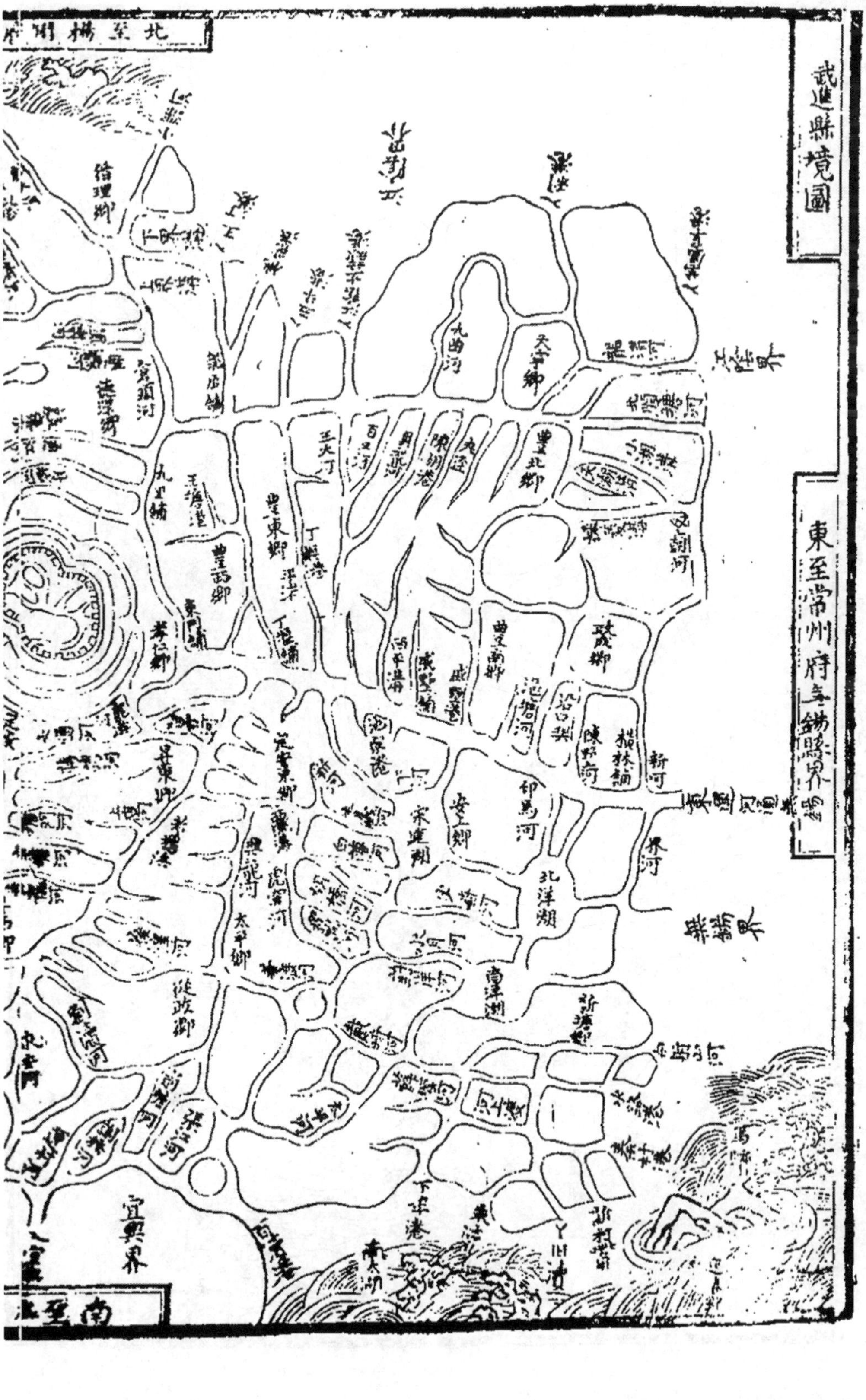
武進縣境圖
東至常州府無錫縣界
北至揚州府
南至
九曲河
豐北鄉
豐東鄉
豐西鄉
安上鄉
宋建湖
北洋湖
太平鄉
從政鄉
新河
界河
下埠港
宜興界

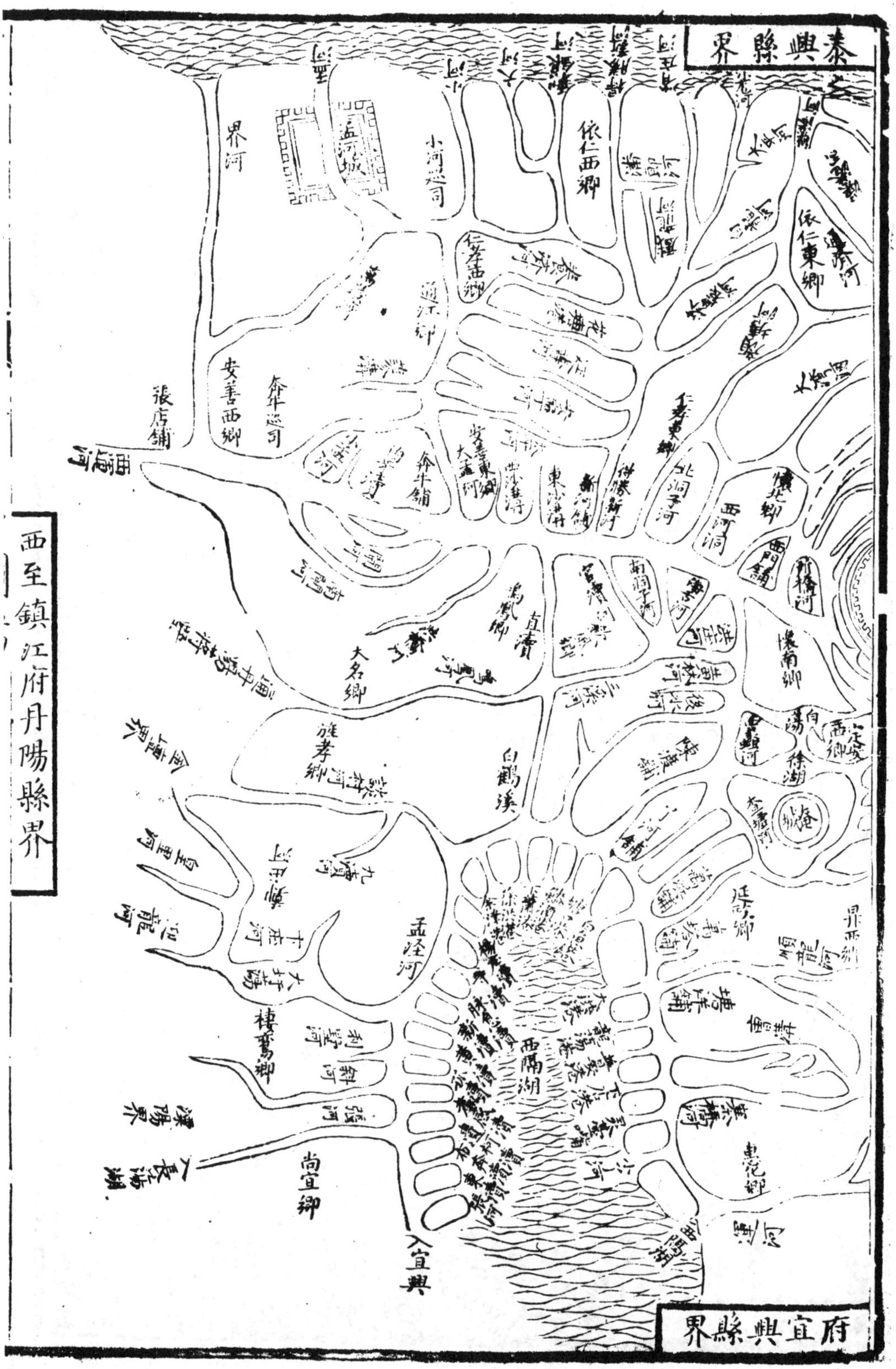

武进县境图 / 选自康熙《常州府志》

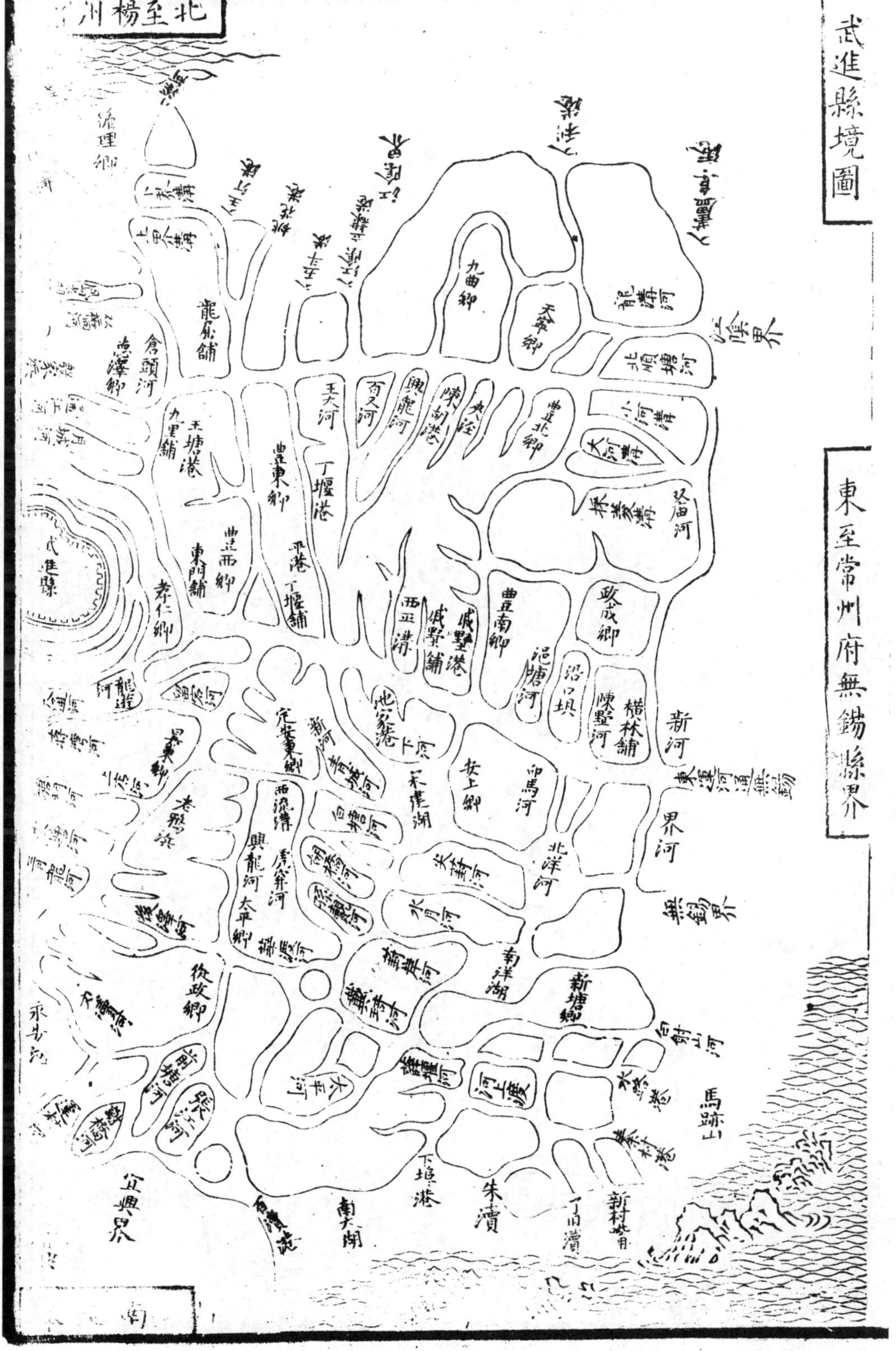
武進縣境圖
北至楊州
東至常州府無錫縣界
武進縣
江陰界
無錫界
宜興界
馬跡山
新河
界河
九曲鄉
龍潭河
孝仁鄉
東門鋪
丁堰港
丁堰鋪
朱瀆
南大閘
新村港

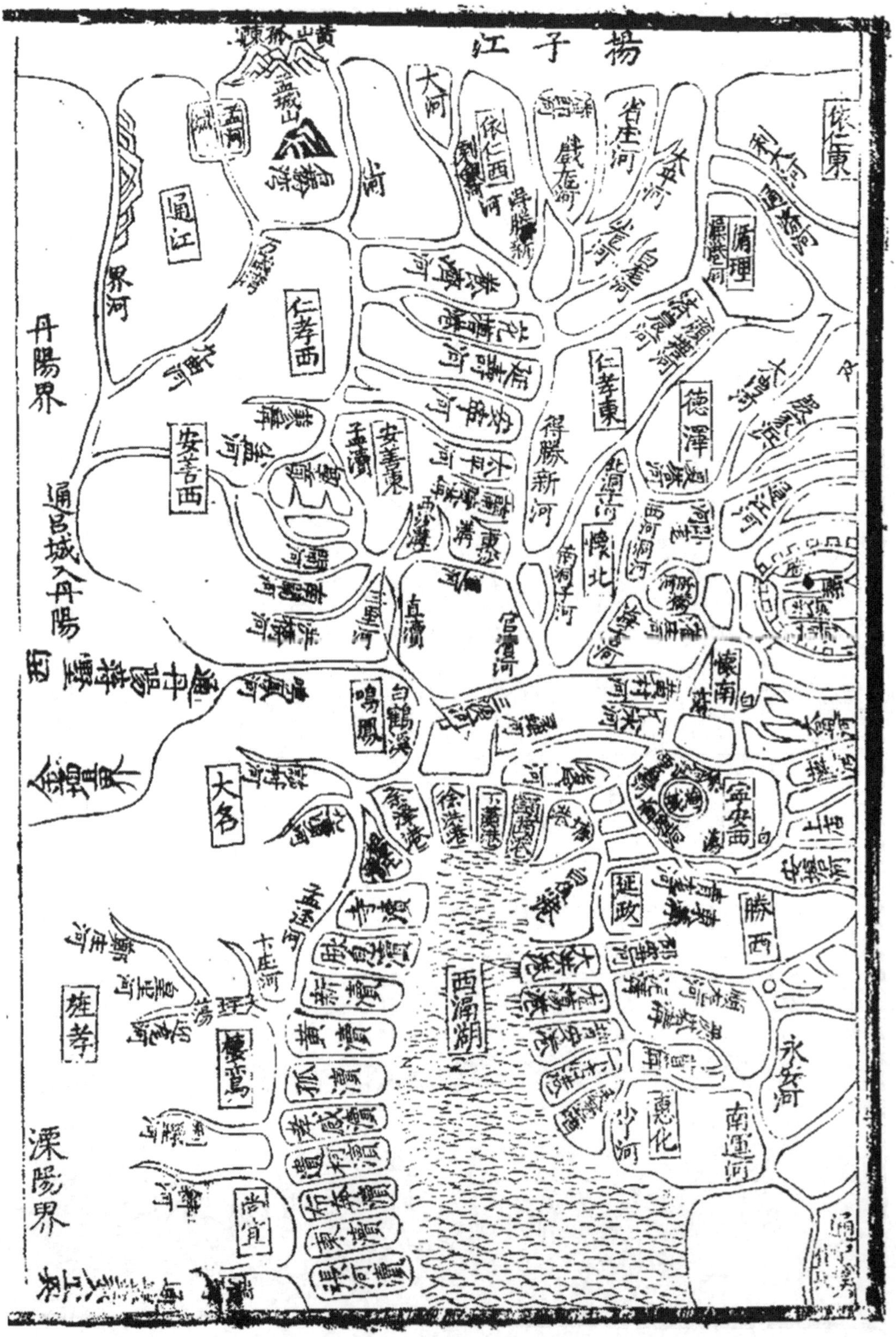

武进县总图 / 选自康熙《武进县志》

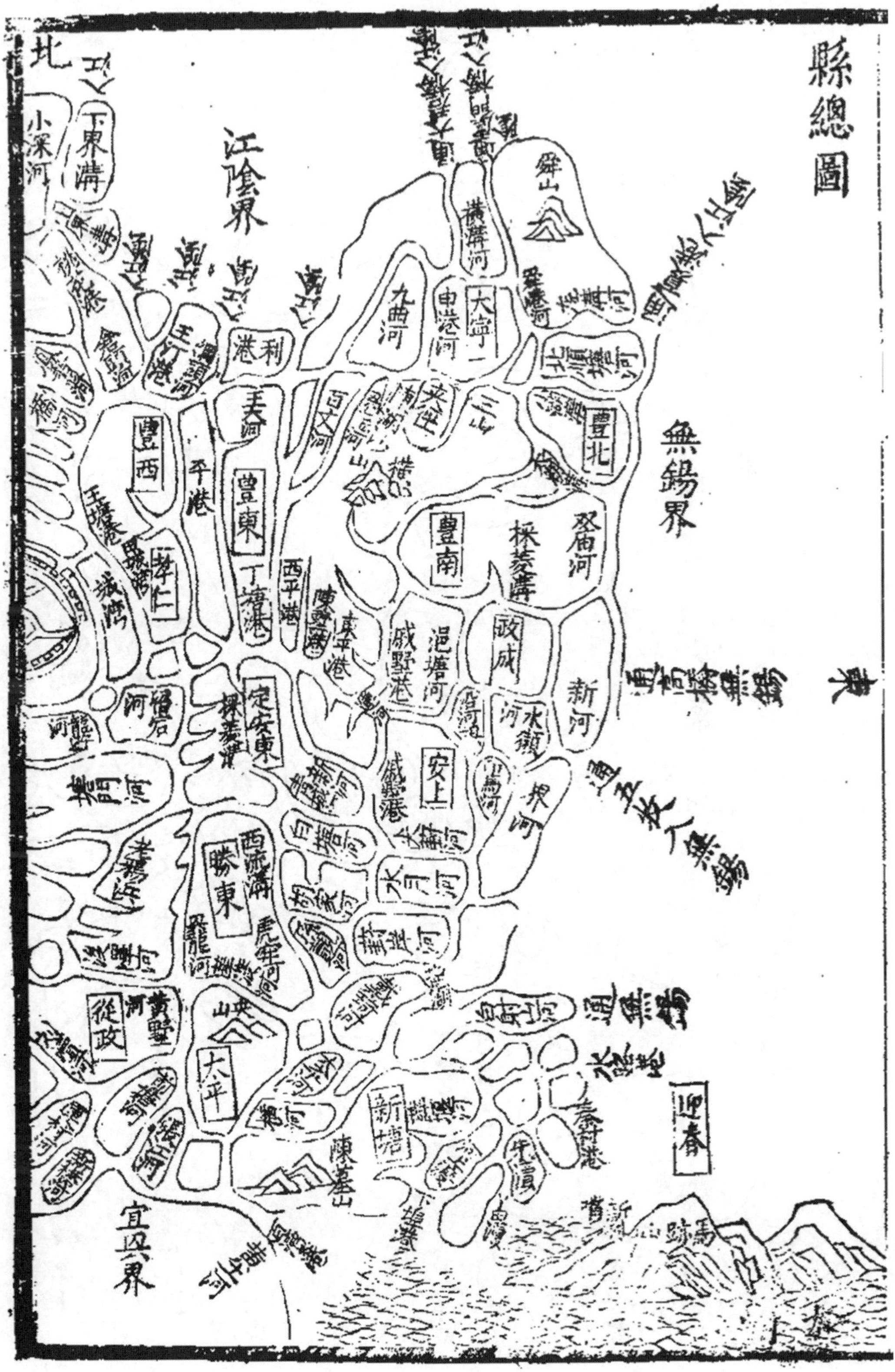
縣總圖
江陰界
無錫界
宜興界
北
東
豐西
豐東
豐南
豐北
政成
安上
定安東
勝東
從政
太平
新塘
迎春
大寧
九曲河
新河
利港
平港
丁塘港
小深河
下界溝
陳墓山

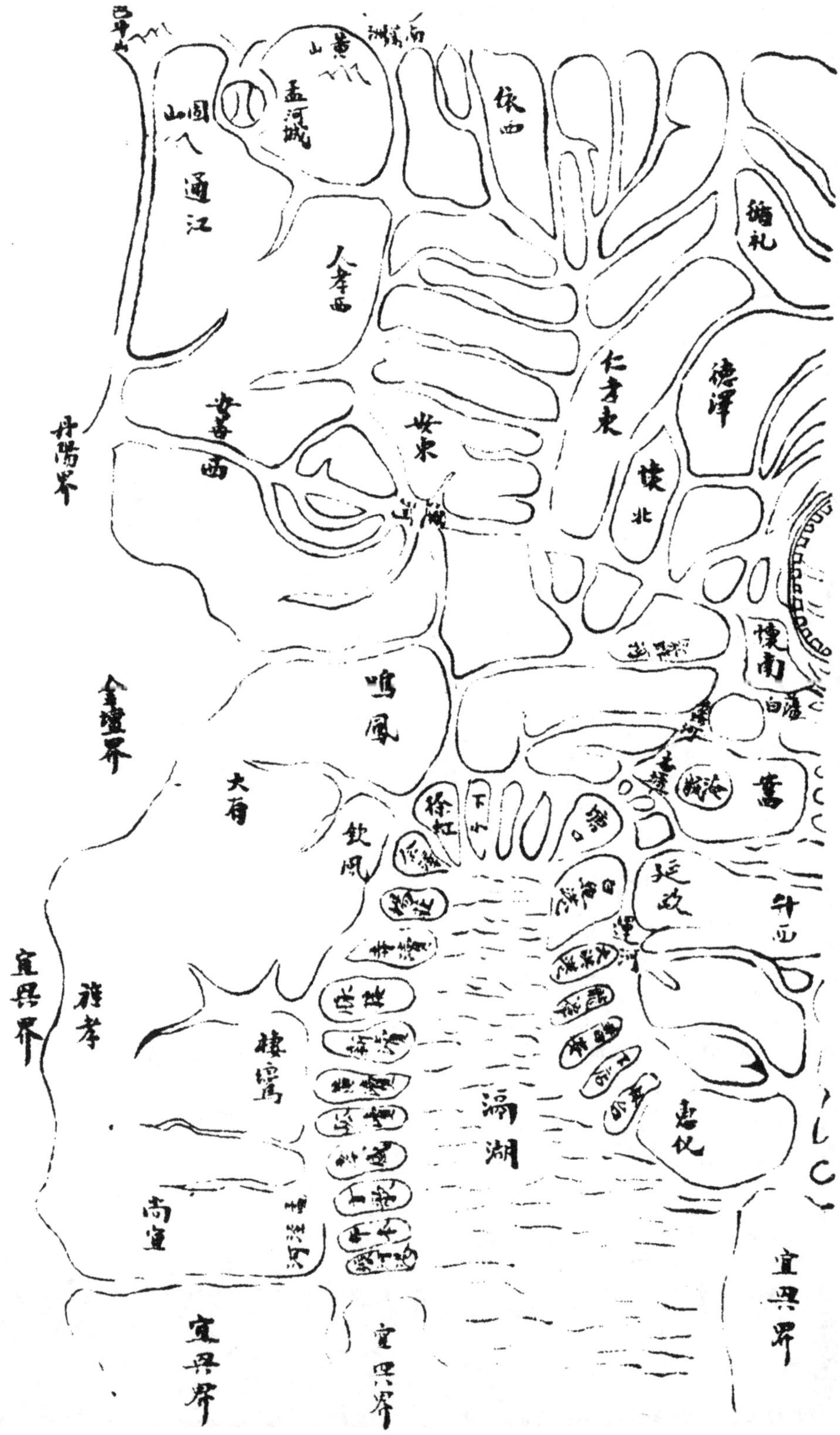

旧武进县全图 / 选自乾隆《武进县志》

舊武進縣全圖

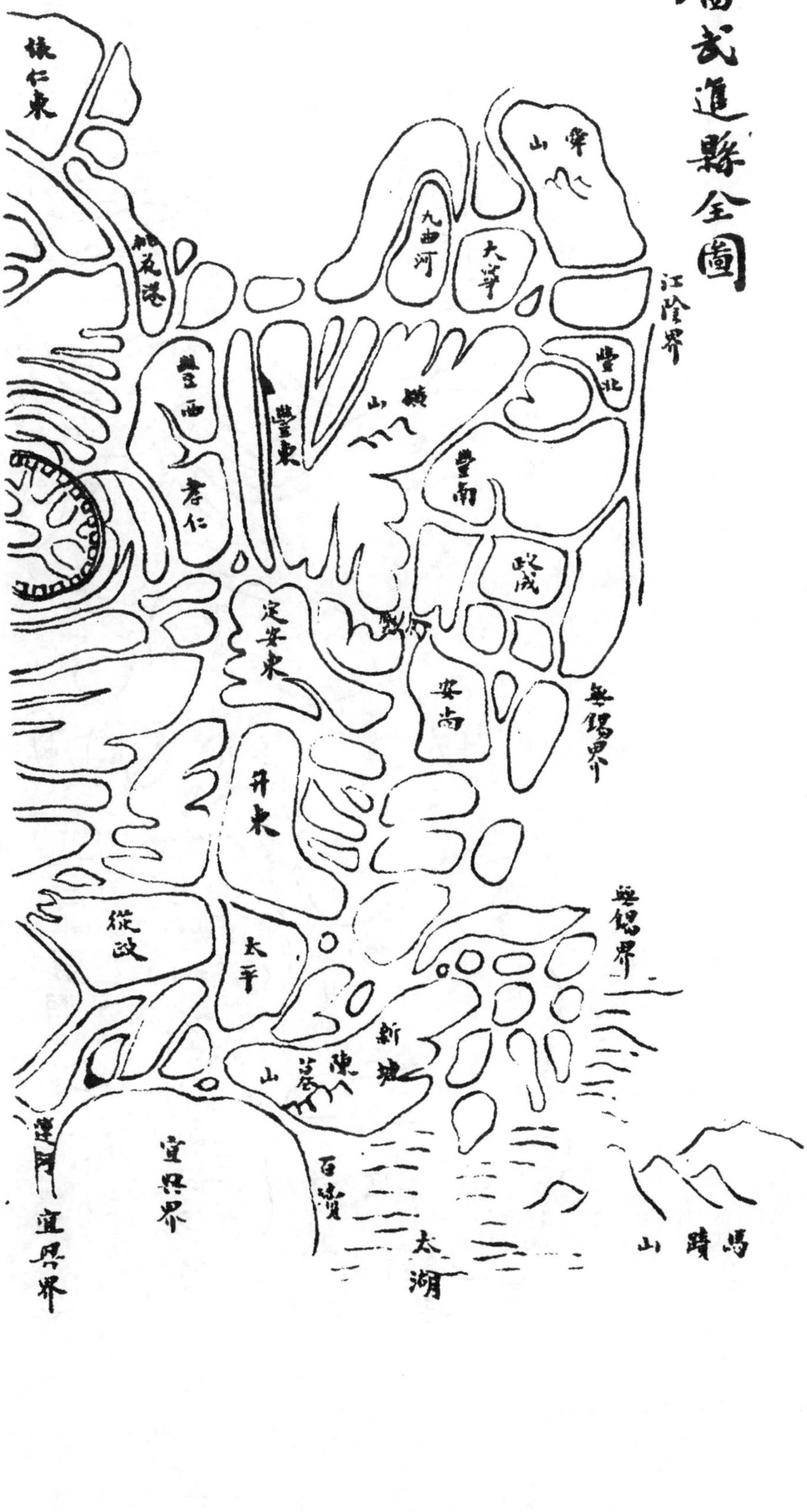
懷仁東
桃花港
九曲河
大寧
舜山
江陰界
豐北
豐西
豐東
橫山
豐南
孝仁
政成
定安東
安尚
無錫界
升東
從政
太平
新塘
無錫界
運河
宜興界
宜興界
百瀆
太湖
馬蹟山

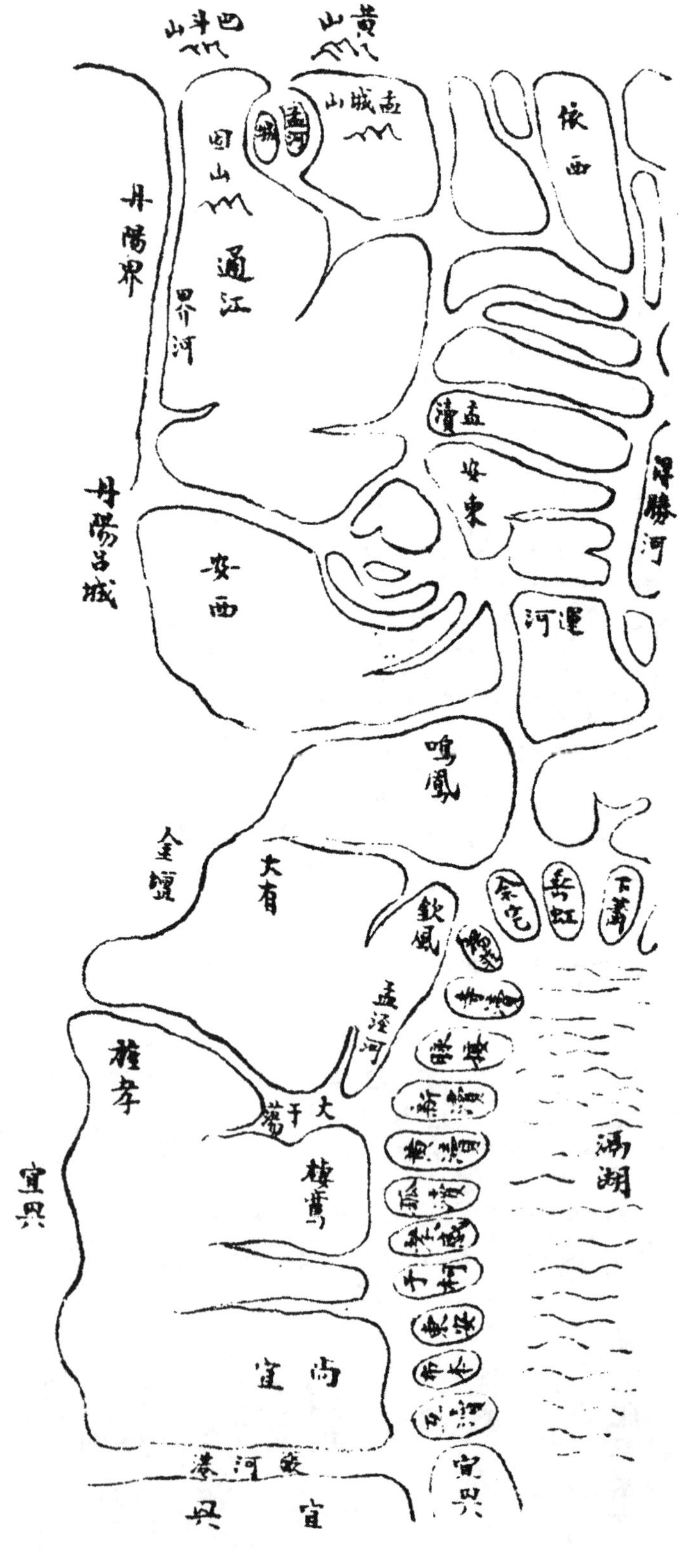

武进县全图 / 选自乾隆《武进县志》

武進縣全圖

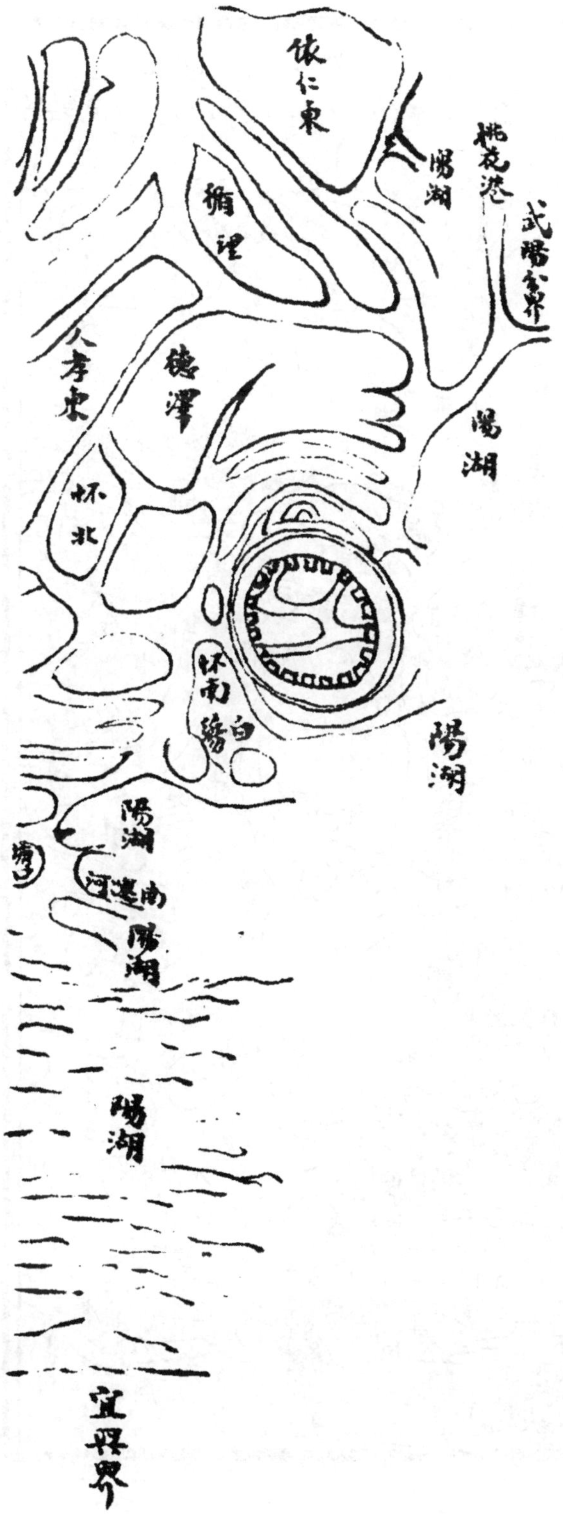

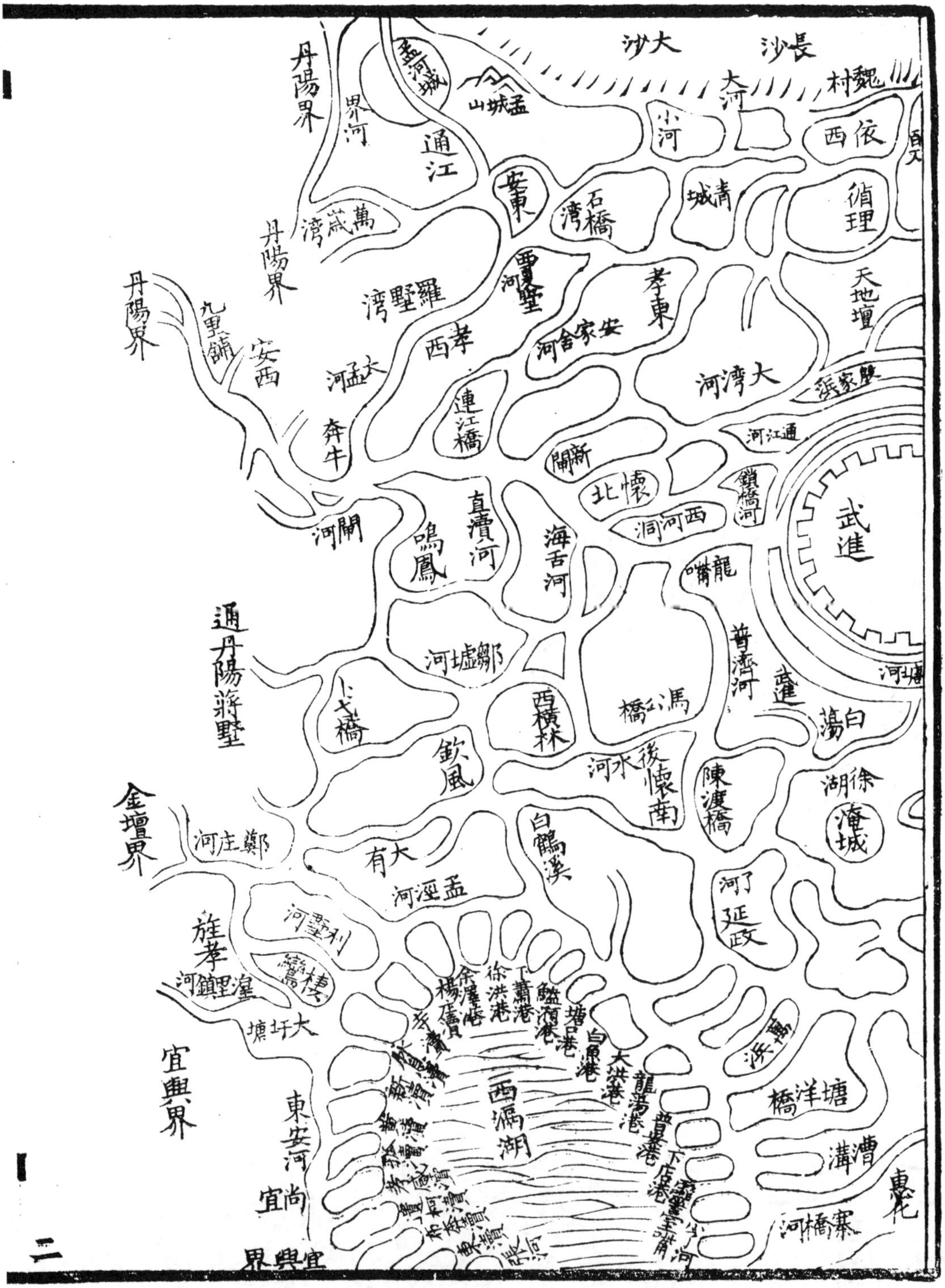

武阳全境图 / 选自光绪《武进阳湖县志》

武陽全境圖
江陰界
江陰界
麻皮橋
舜山
九曲河
焦店
張公橋
鄭六橋
三河口
大甯
石堰河
豐北
羊頭橋
豐西
倉頭橋
青龍橋
丁塘港
豐東
路程河
橫山橋
豐南
雙廟河
潘墅
武進
陽湖
北塘河
德澤
高墅橋
孝仁
丁堰河
成墅橋
劉家橋河
政成
運河
東吊橋
陽湖
文成壩
定東
小白家橋
戚墅堰
無錫界
豐成橋河
遊龍河
宋建湖
黃林
南
昇東
坂上河
安尚
北陽湖
南陽湖
陽湖
塘門河
朱家橋河
西定
安塘河
李家橋
閔黃河
無錫界
走馬塘
西昇
戴埼河
雪堰橋
新塘
前橫河
太平
南宅
從政
潘家橋
馬蹟山
新村港
陳墓山
謝橋河
宜興界
下浦港
迎春

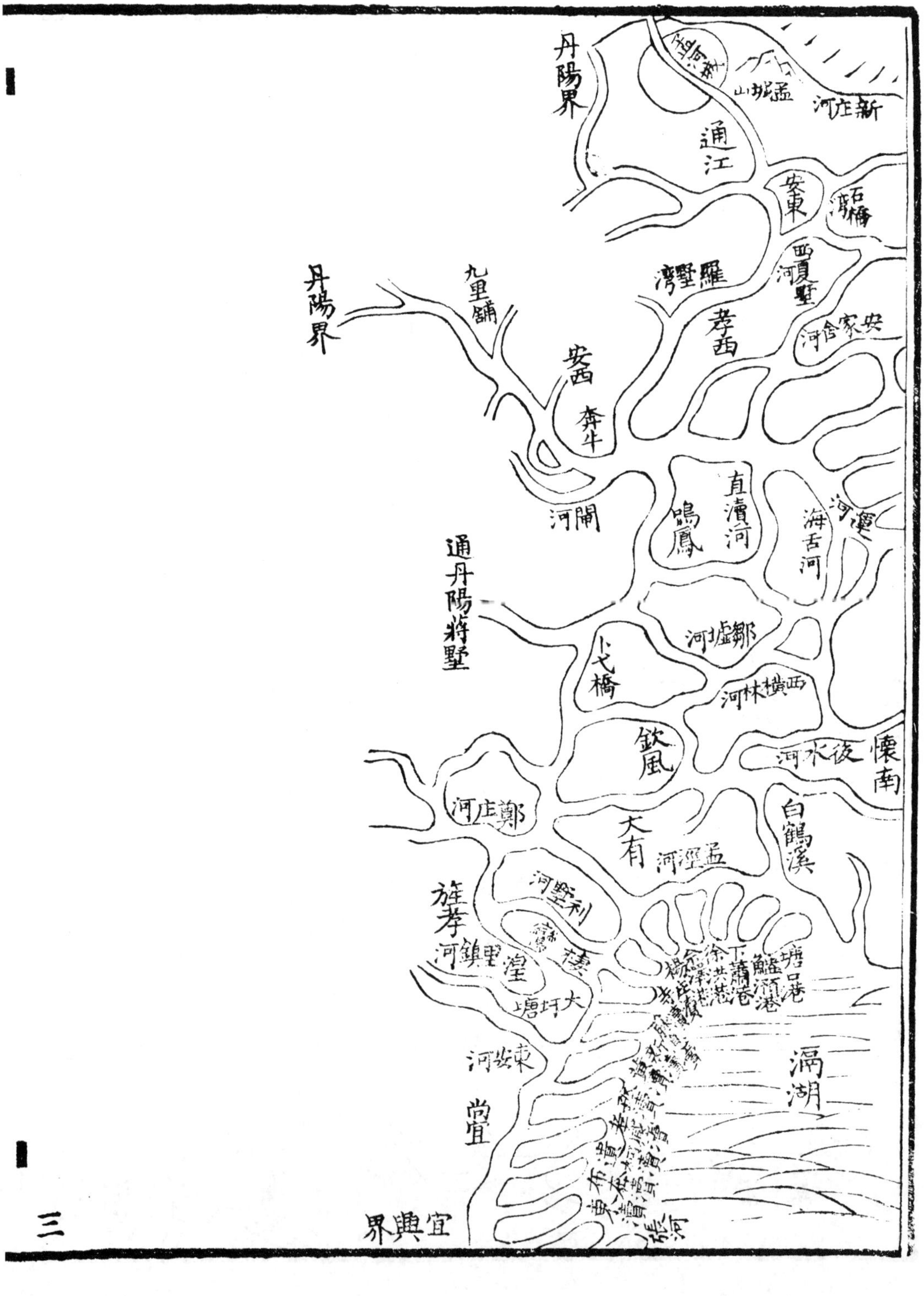

武进县全境图/选自光绪《武进阳湖县志》

武進縣全境圖

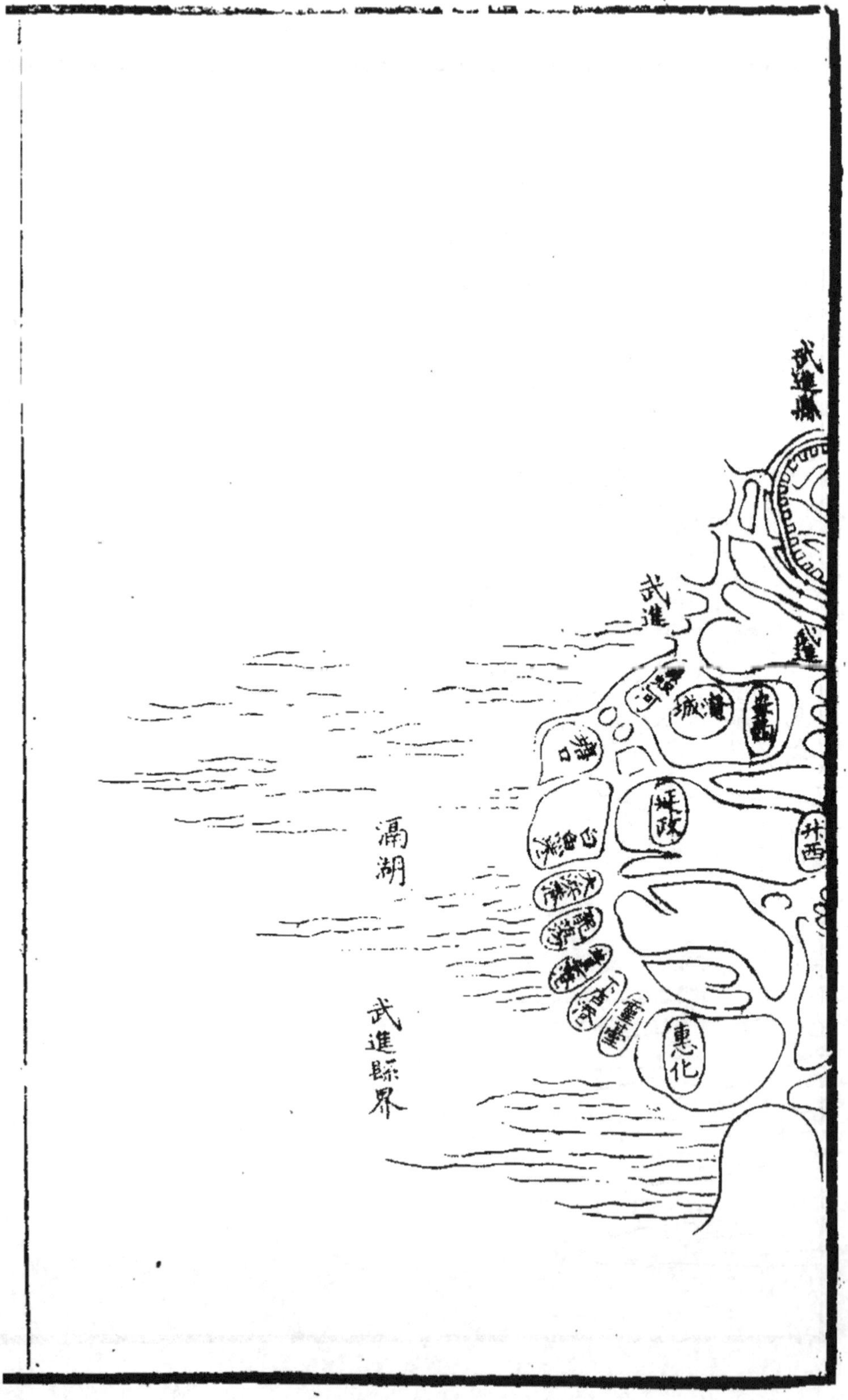

阳湖县全图/选自乾隆《阳湖县志》

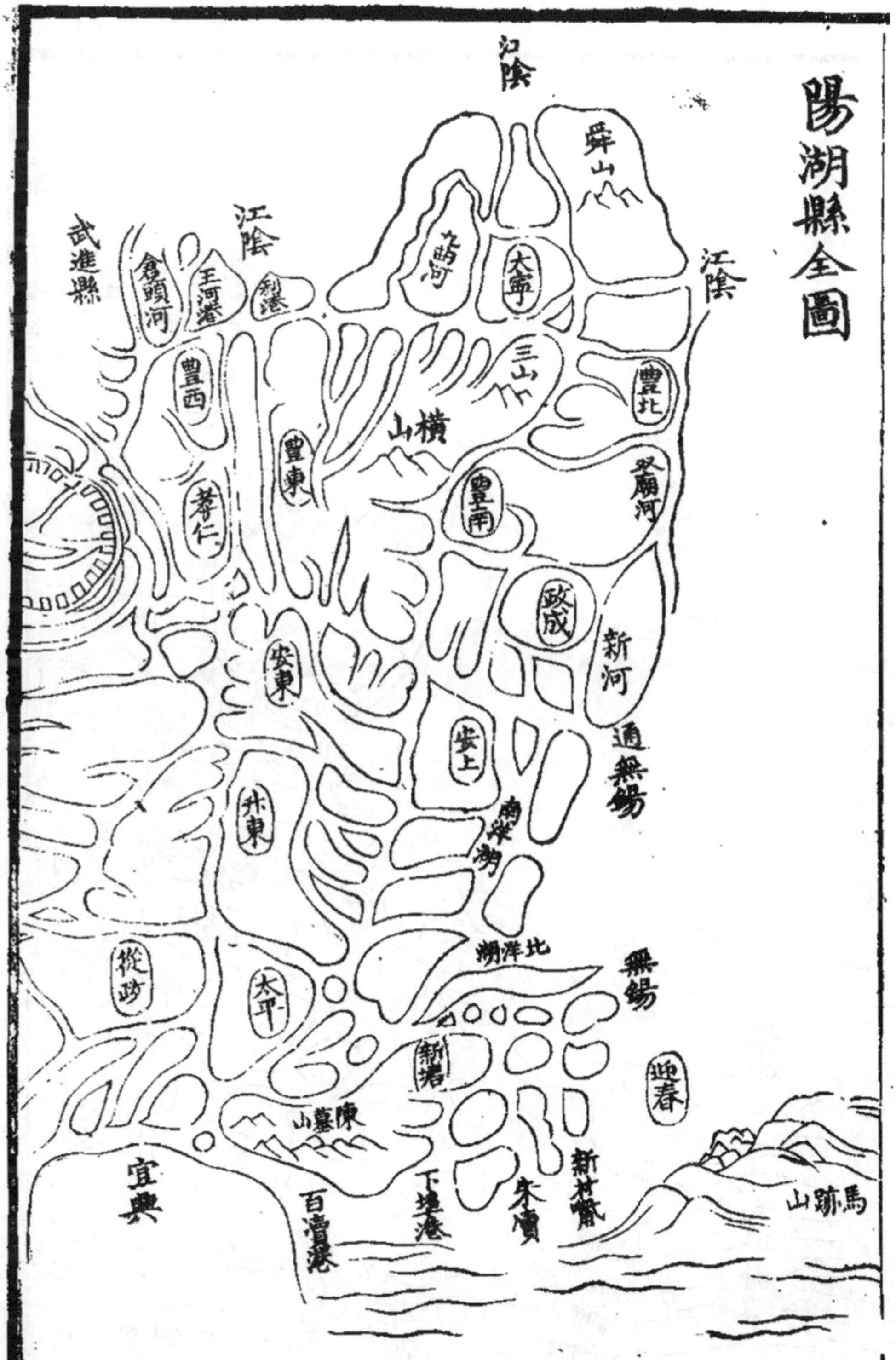
江陰
舜山
江陰
江陰
武進縣
倉頭河
王河港
利港
九曲河
大寧
三山
豐北
豐西
橫山
豐東
豐南
孝仁
政成
新河
安東
安上
通無錫
南洋湖
升東
北洋湖
無錫
從政
太平
新塘
迎春
陳墓山
馬跡山
宜興
百瀆港
下塘港
宋瀆
新村瀆

陽湖縣全圖

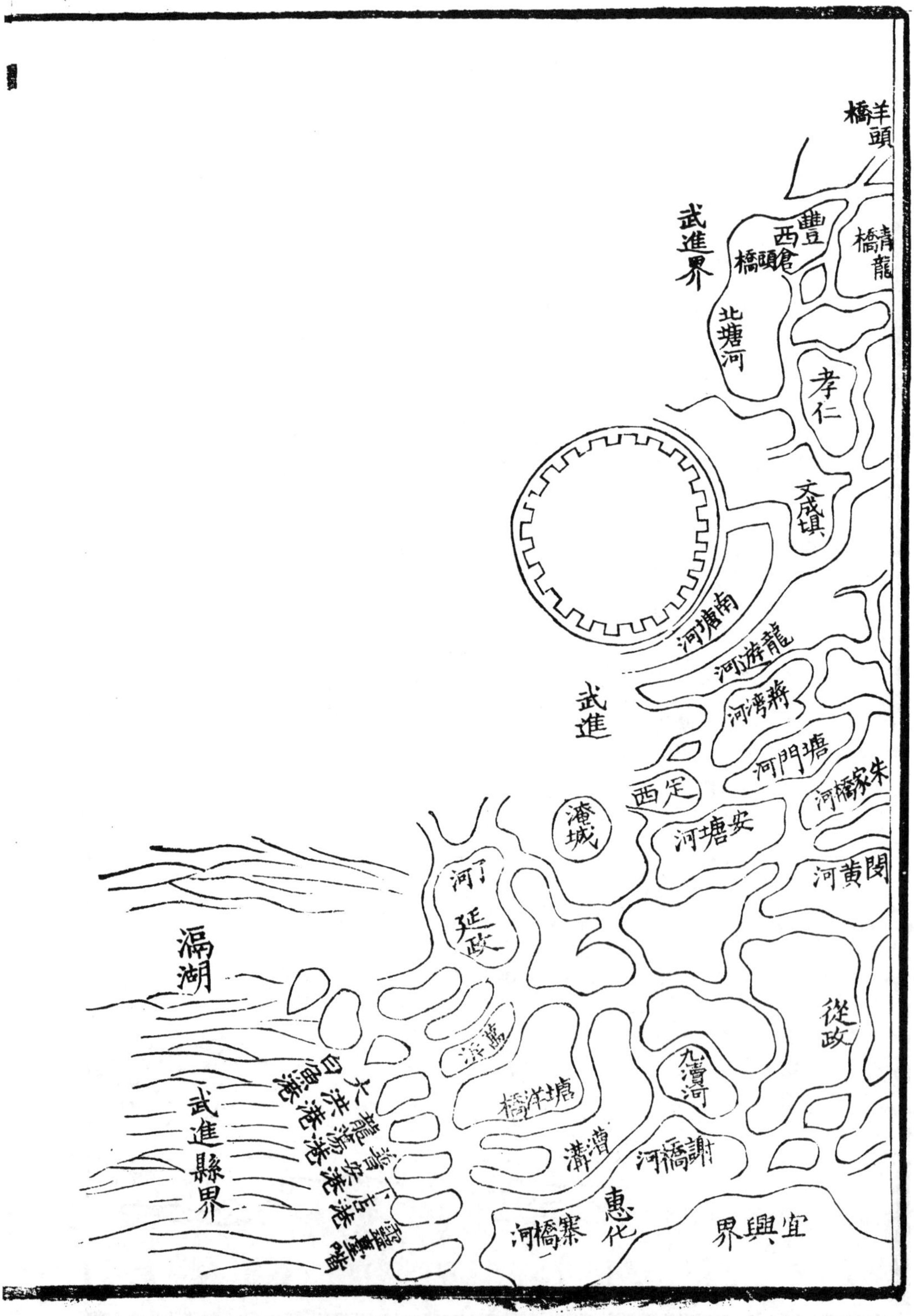

阳湖县全境图 / 选自光绪《武进阳湖县志》

陽湖縣全境圖

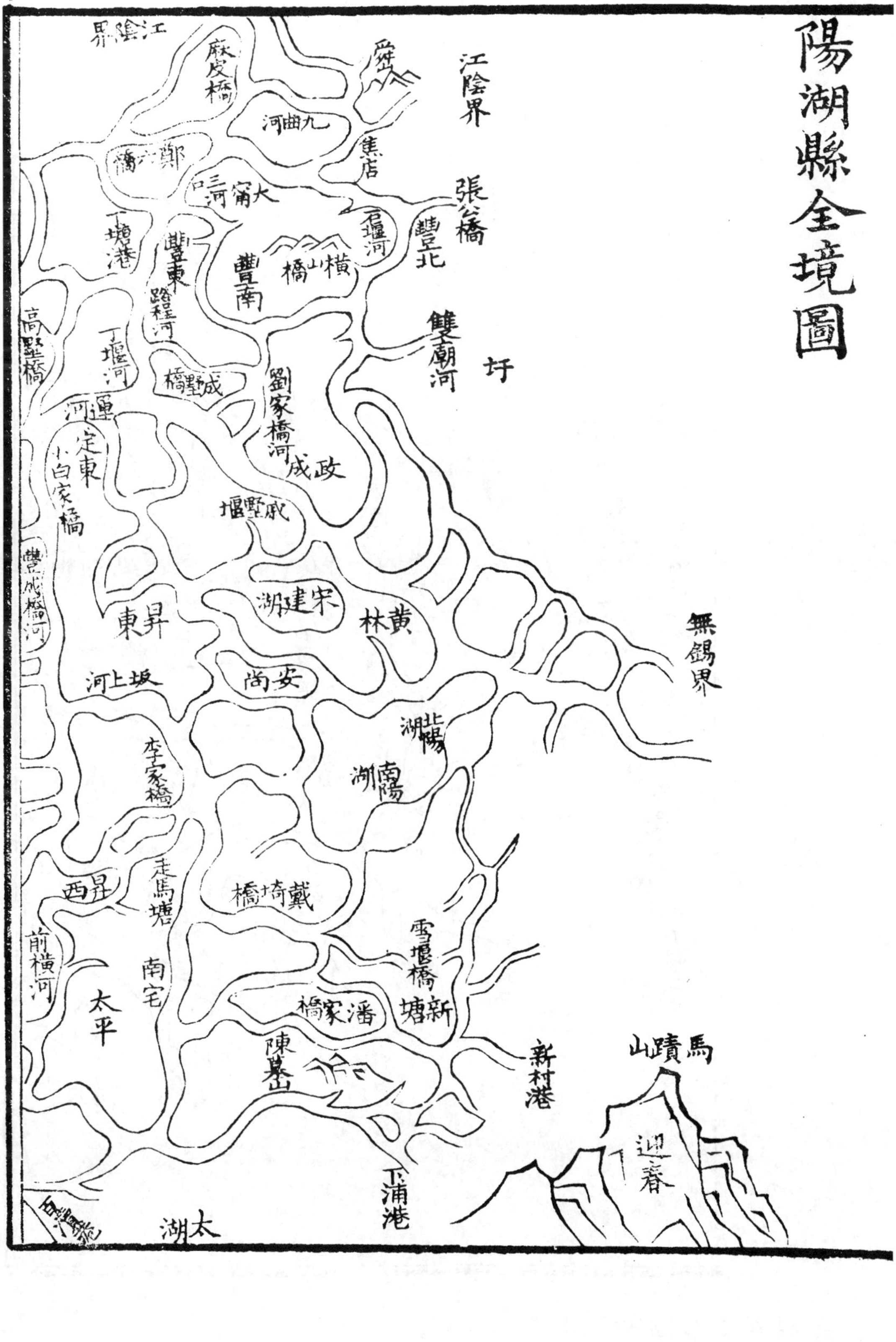
江陰界
江陰界
麻皮橋
九曲河
鄭六橋
焦店
張公橋
大甯河
三口
石壚河
豐北
丁塘港
豐東
豐南
橫山橋
路程河
高墅橋
丁堰河
戚墅橋
雙廟河
圩
運河
劉家橋河
定東
小白家橋
政成
戚墅堰
宋建湖
豐成橋河
東昇
黃林
無錫界
坂上河
安尚
北陽湖
李家橋
南陽湖
西昇
走馬塘
戴埼橋
前橫河
雪堰橋
南宅
太平
新塘
潘家橋
陳墓山
新村港
馬蹟山
迎春
下浦港
太湖

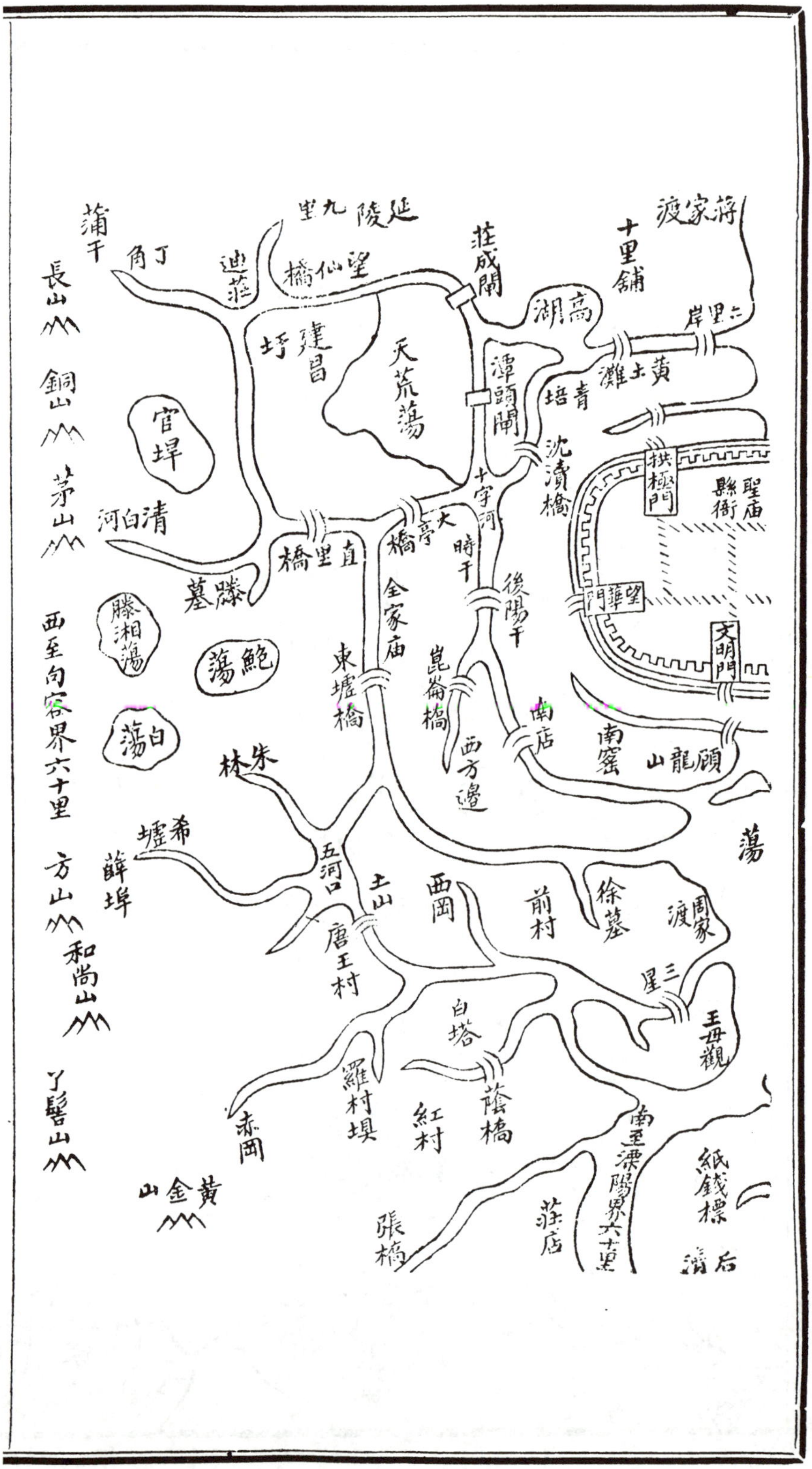

金坛县境图 / 选自民国《重修金坛县志》

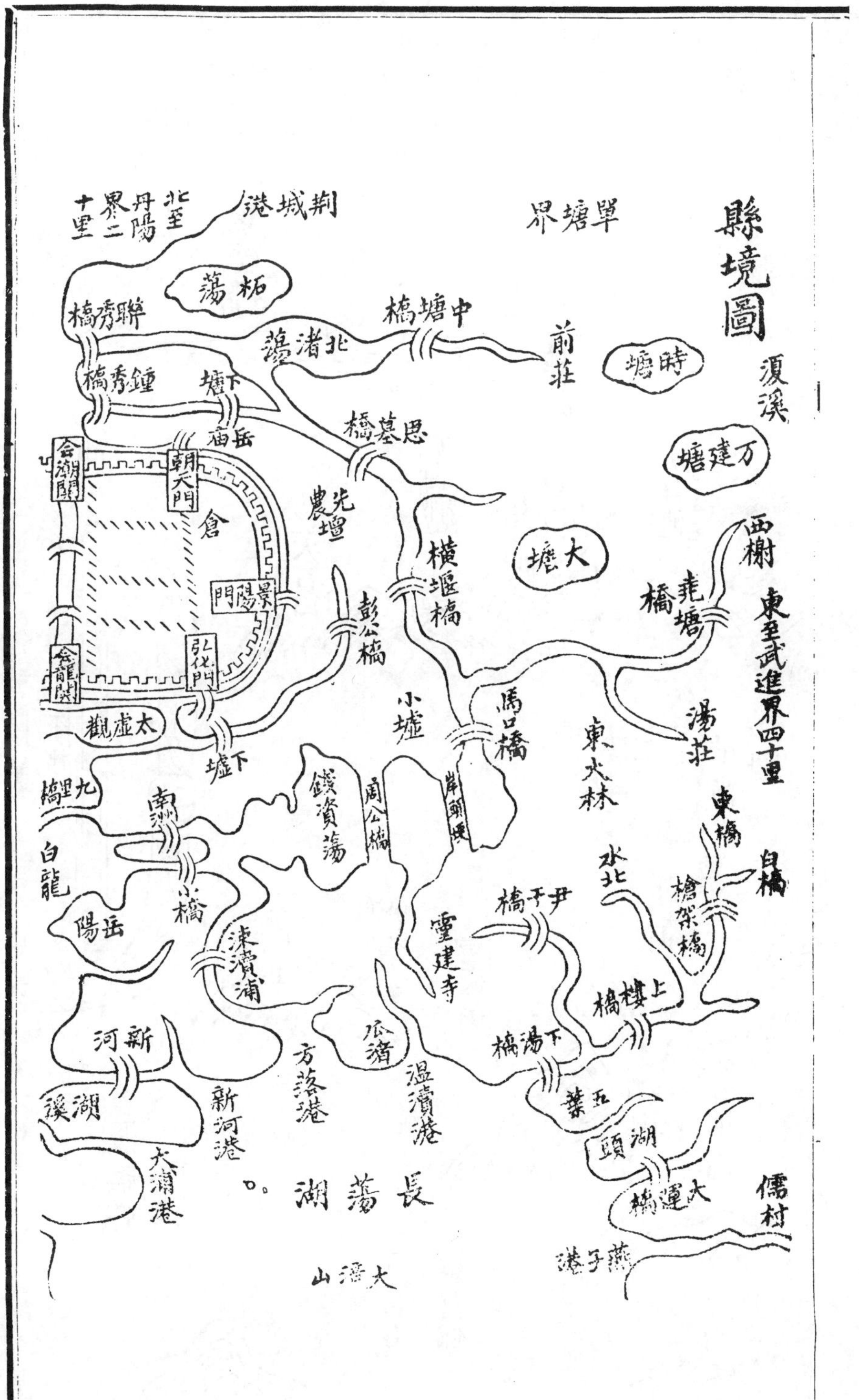
縣境圖
荊城港
北至丹陽界二十里
單塘界
柘蕩
聯秀橋
中塘橋
北渚蕩
前莊
時塘
漊溪
鍾秀橋
下塘
岳廟
思墓橋
万建塘
會潮關
朝天門
倉
先農壇
大塘
横堰橋
景陽門
彭公橋
韭塘橋
東至武進界四十里
弘化門
會龍關
小墟
馬口橋
湯莊
太虛觀
下墟
東大林
九里橋
錢資蕩
周公橋
岸頭堰
東橋
白龍
水北
白橋
檜架橋
岳陽
靈建寺
涑瀆浦
上樓橋
新河
瓜渚
下湯橋
方落港
温瀆港
五葉
湖溪
新河港
湖頭
大運橋
大浦港
長蕩湖
儒村
燕子港

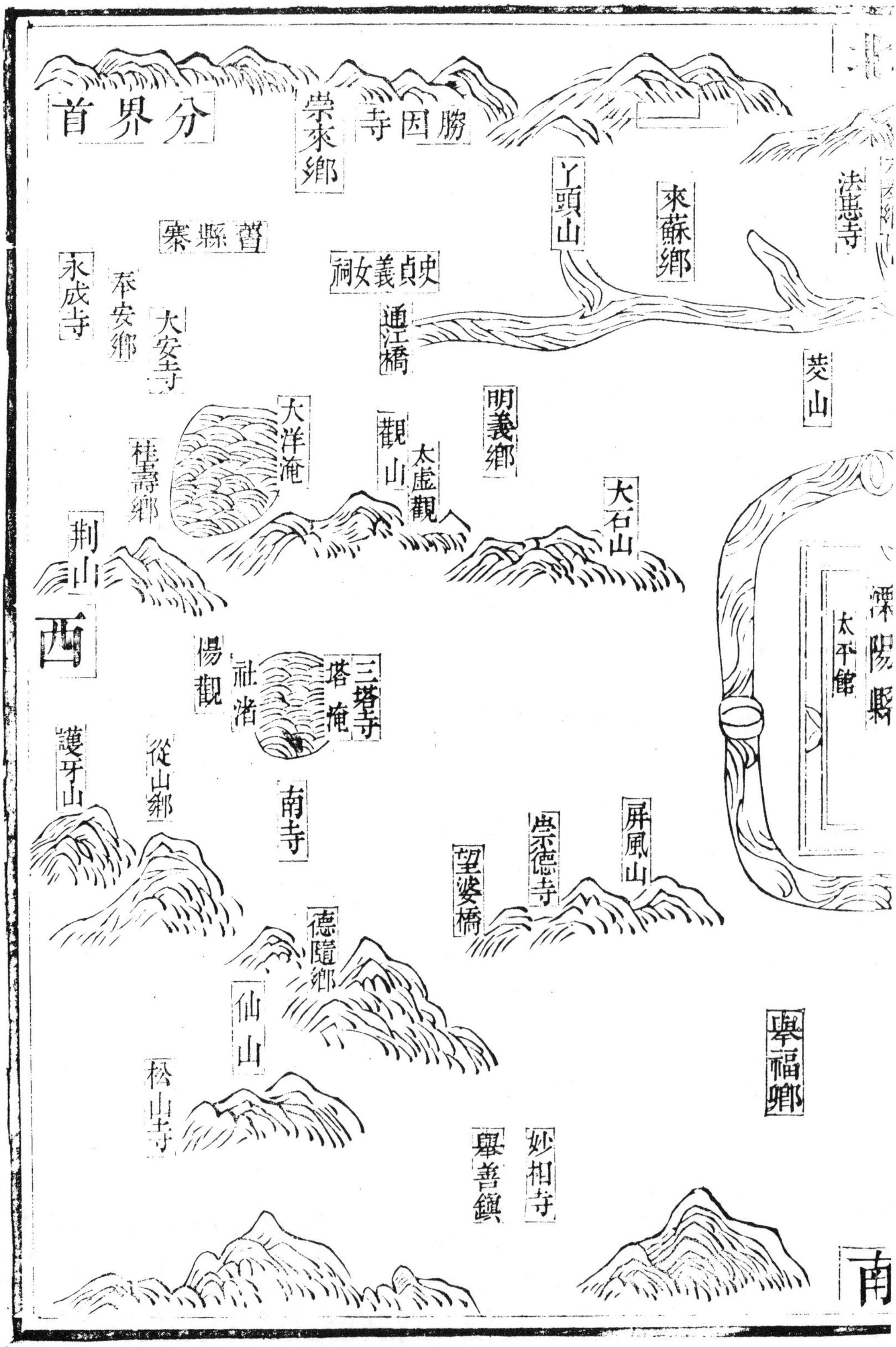

溧阳县图 / 选自景定《建康志》

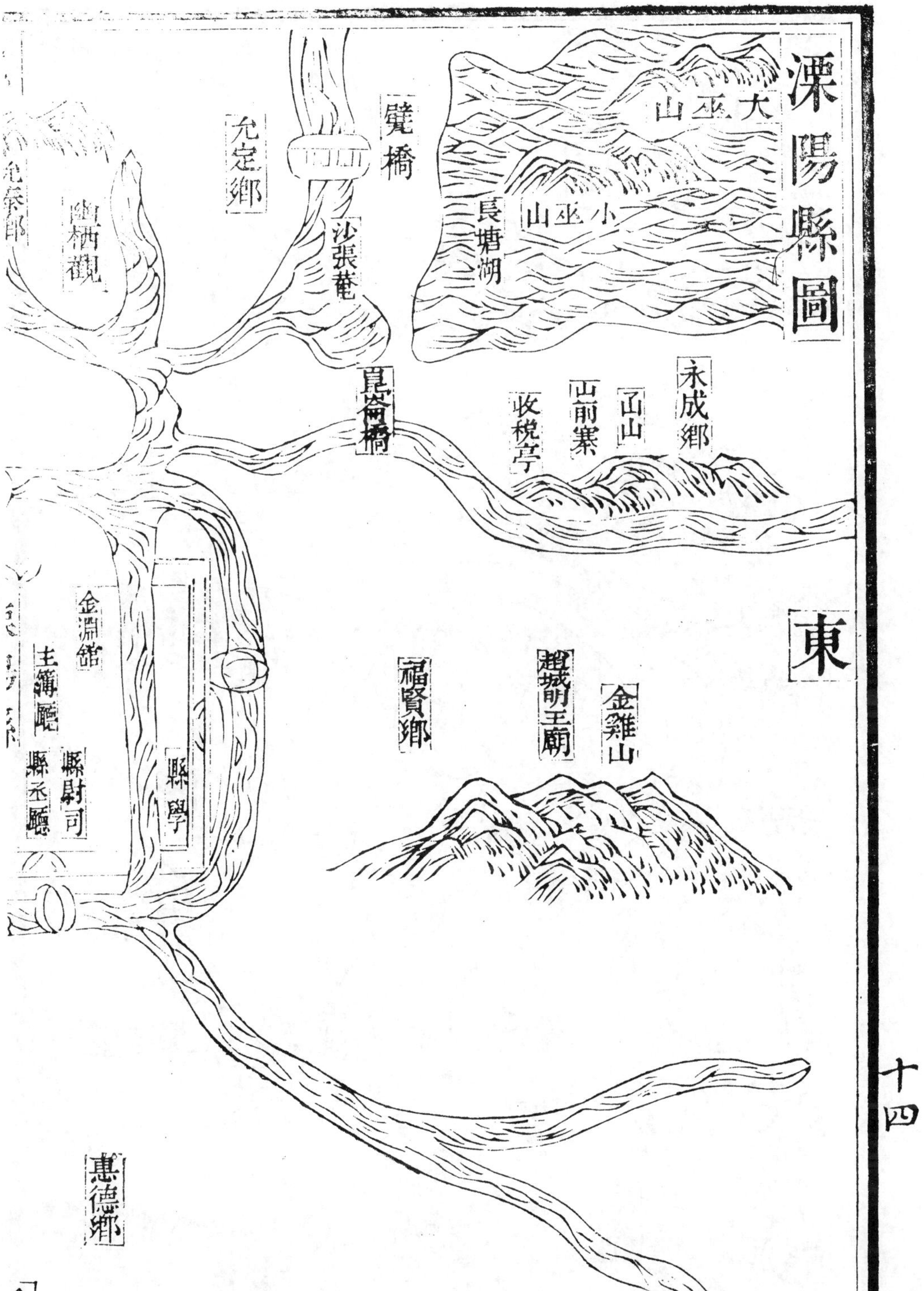
溧陽縣圖
大巫山
小巫山
長塘湖
甓橋
沙張菴
允定鄉
幽栖觀
崑崙橋
永成鄉
凸山
凸前寨
收稅亭
東
金雞山
趙城王廟
福賢鄉
金淵館
主簿廳
縣尉司
縣丞廳
縣學
惠德鄉
十四

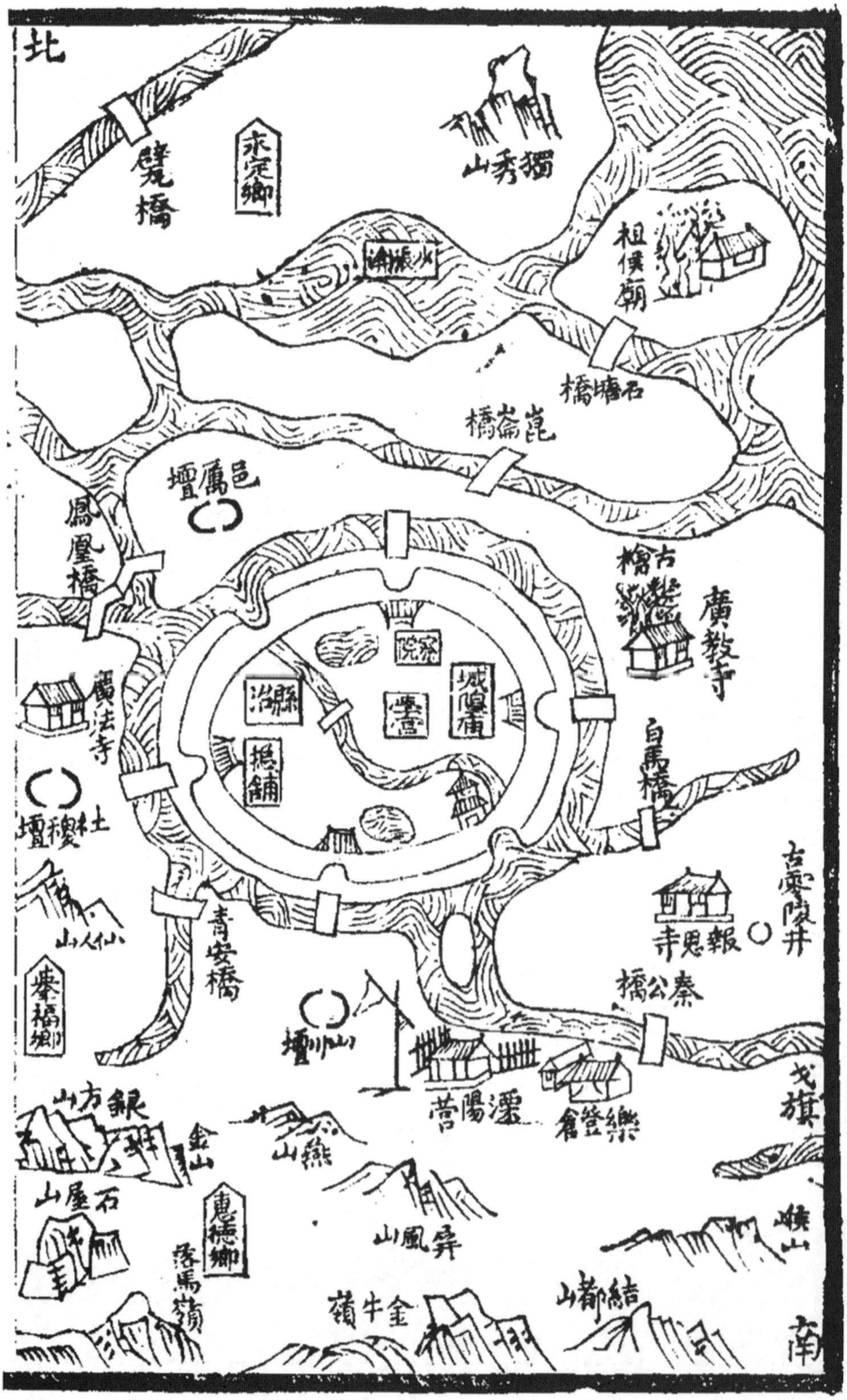

溧阳舆图 / 选自康熙《溧阳县志》

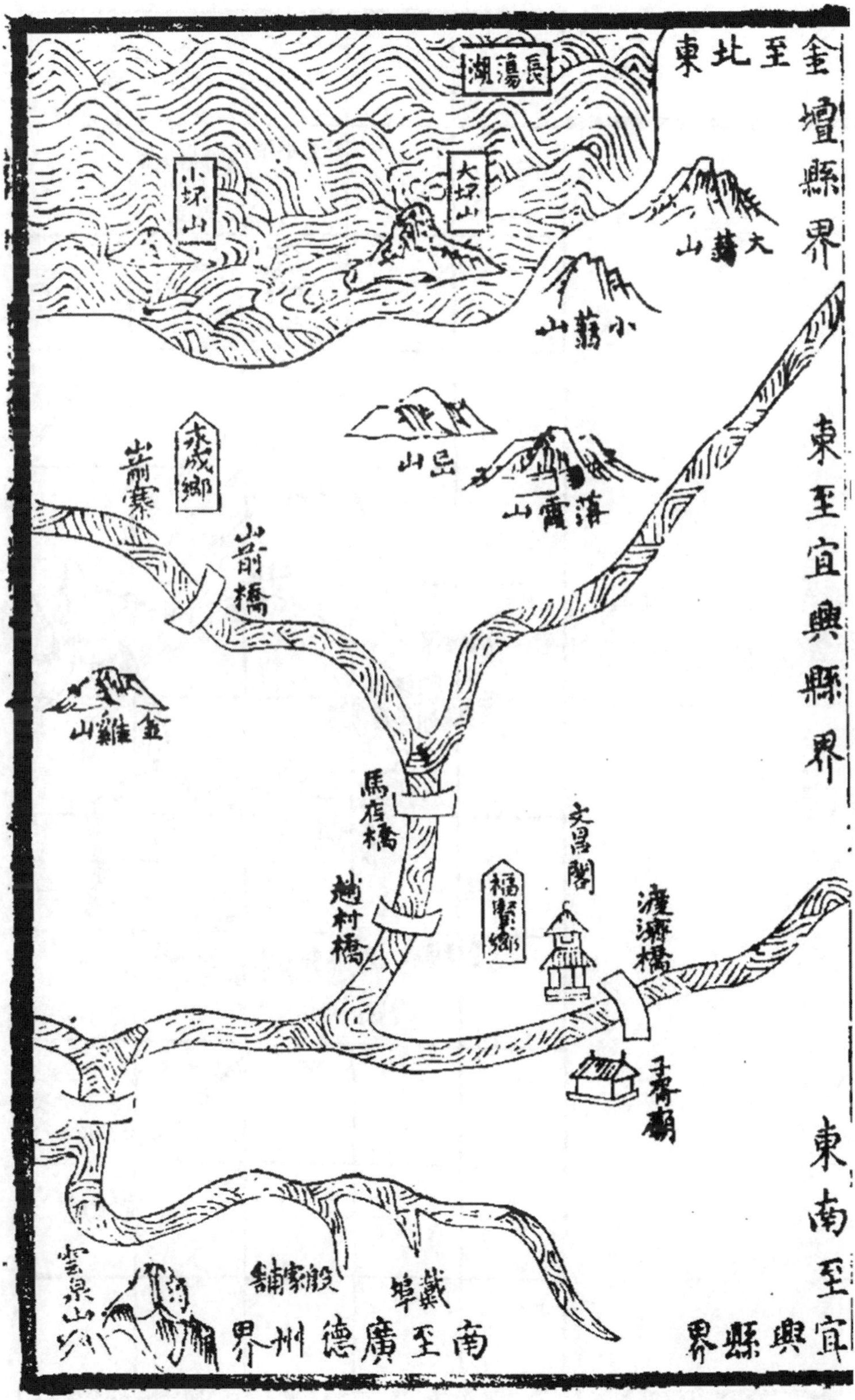
東北至金壇縣界
長蕩湖
小坏山
大坏山
岳山
永成鄉
金雞山
東至宜興縣界
趙村橋
文昌閣
福賢鄉
東南至宜興縣界
戴埠
殷家舖
雲泉山
南至廣德州界

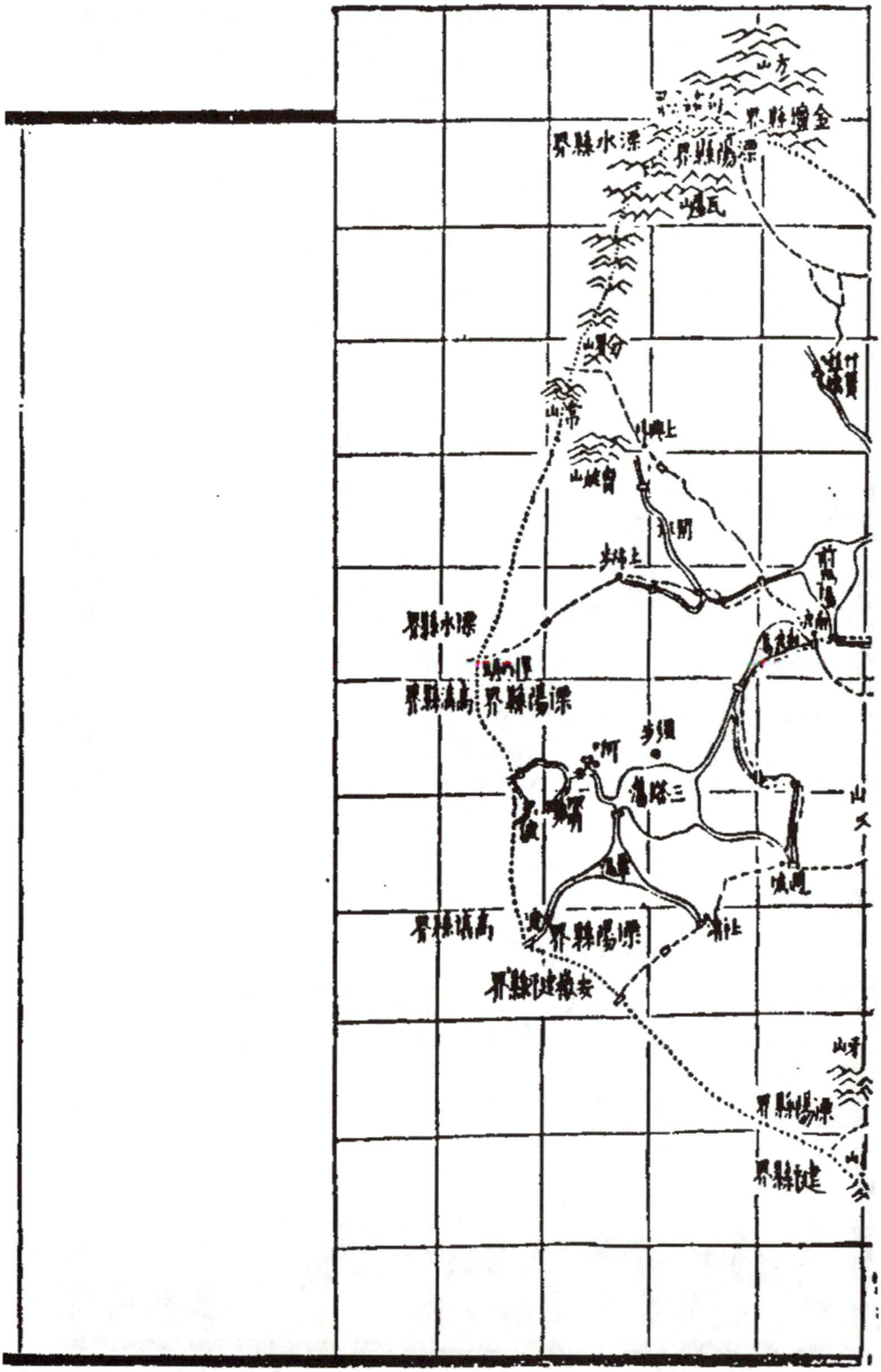

溧阳县图 / 选自光绪《溧阳县续志》

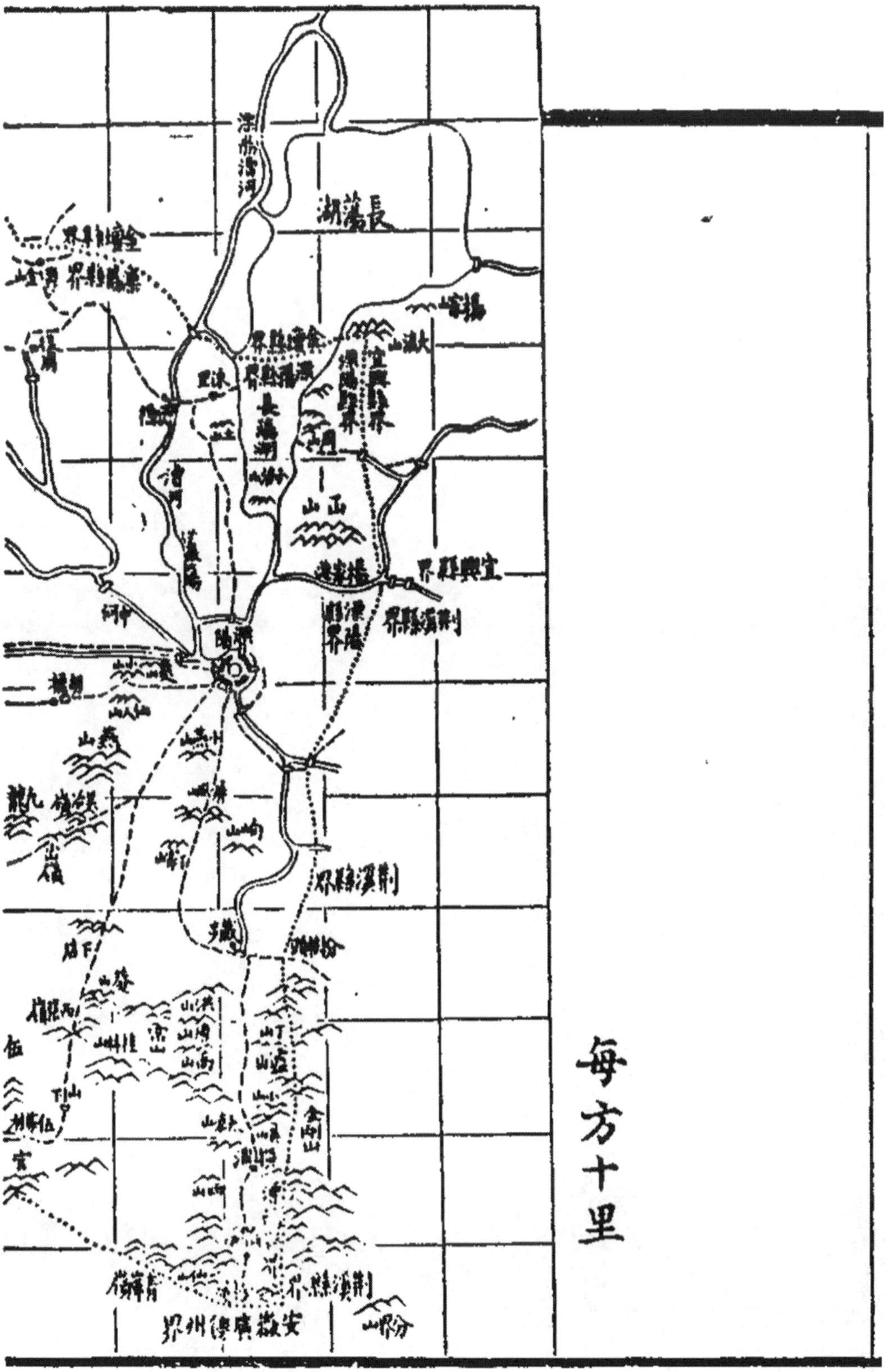
每方十里
長蕩湖
溧陽
宜興縣界
荊溪縣界
安徽廣德州界

无锡

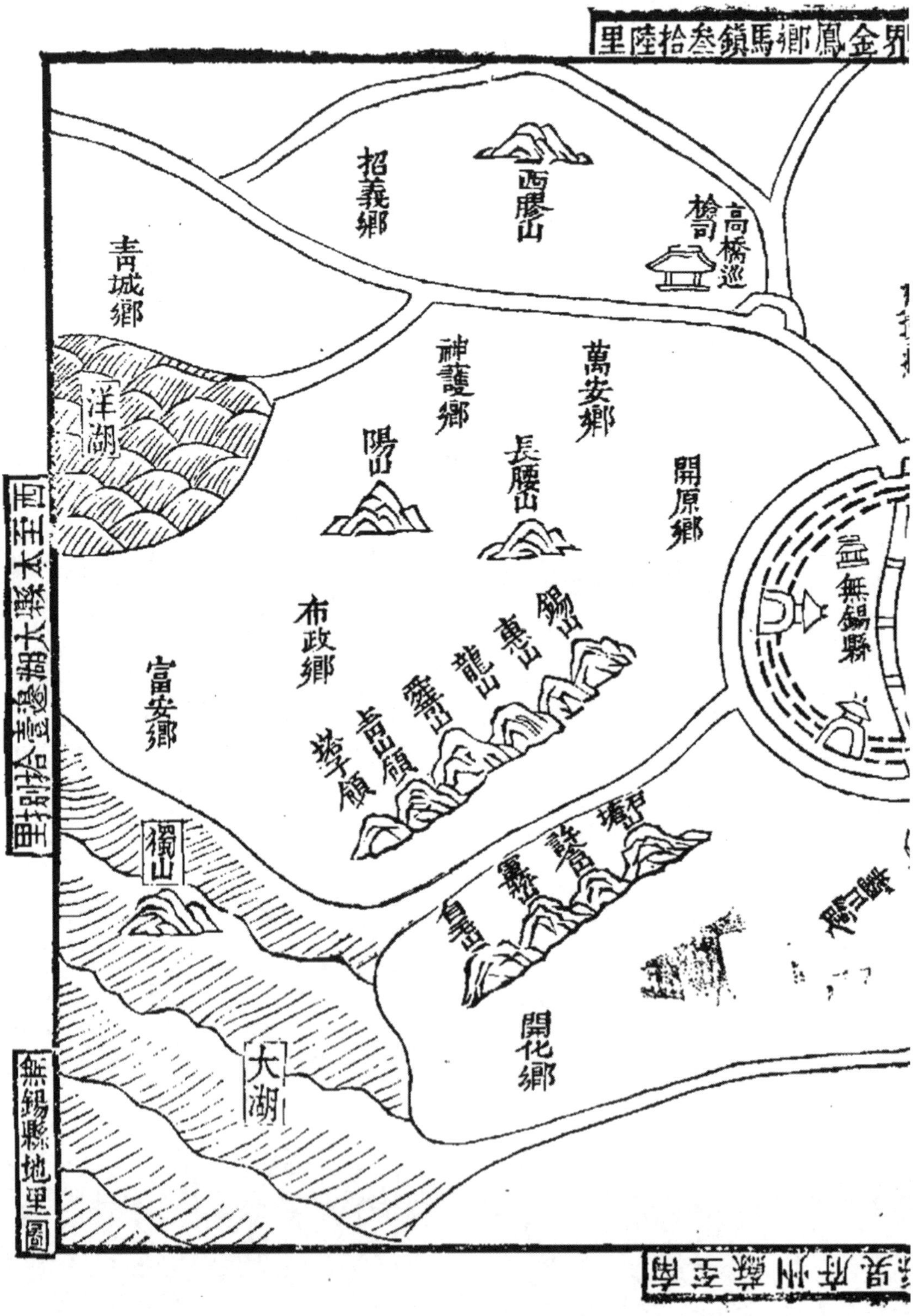

无锡县地里图 / 选自咸淳《毗陵志》

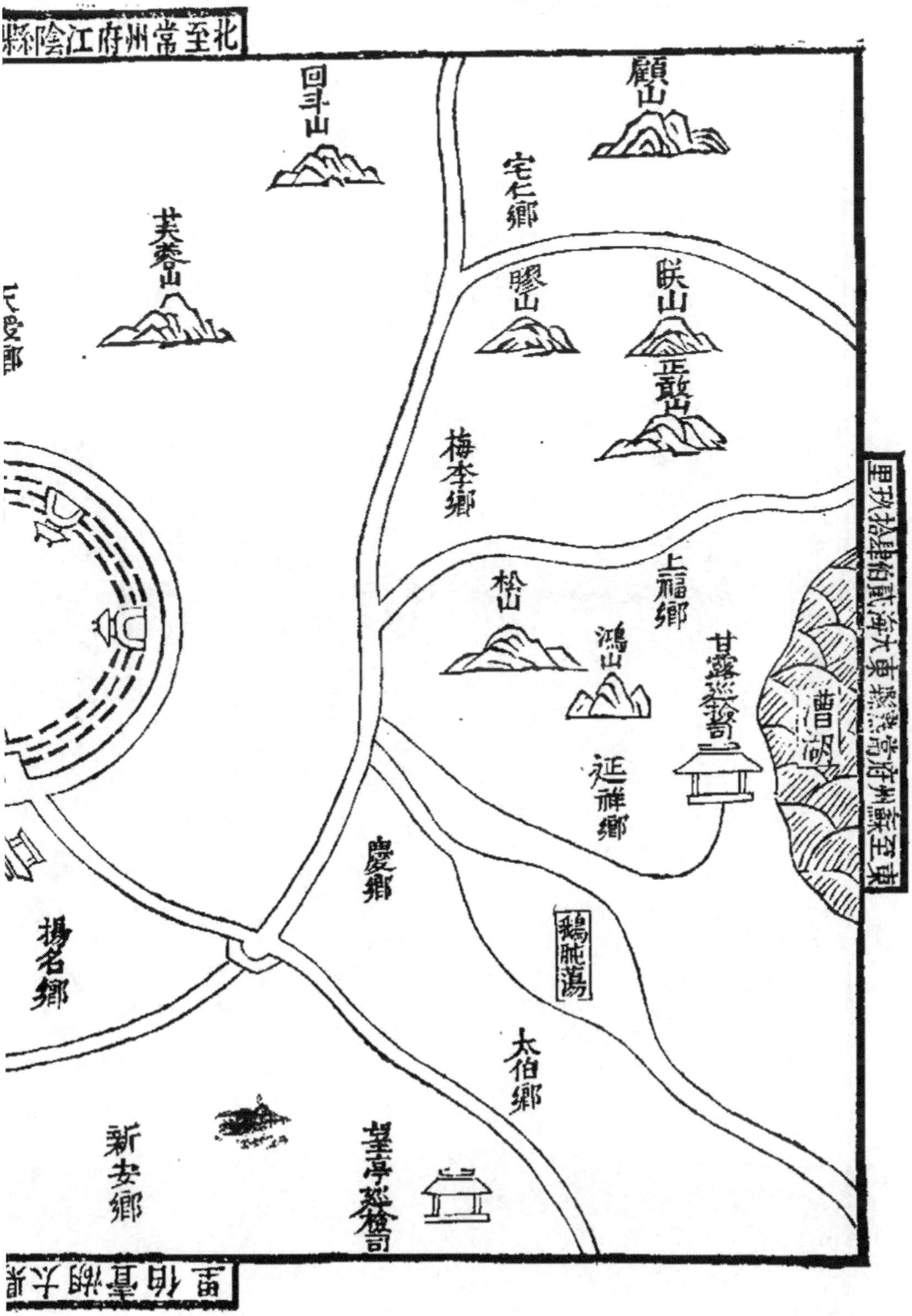

北至常州府江陰縣
顧山
回斗山
宅仁鄉
芙蓉山
膠山
梅李鄉
上福鄉
鴻山
甘露巡檢司
延祥鄉
曹湖
鵝肫蕩
揚名鄉
太伯鄉
新安鄉
望亭巡檢司

无
锡

151

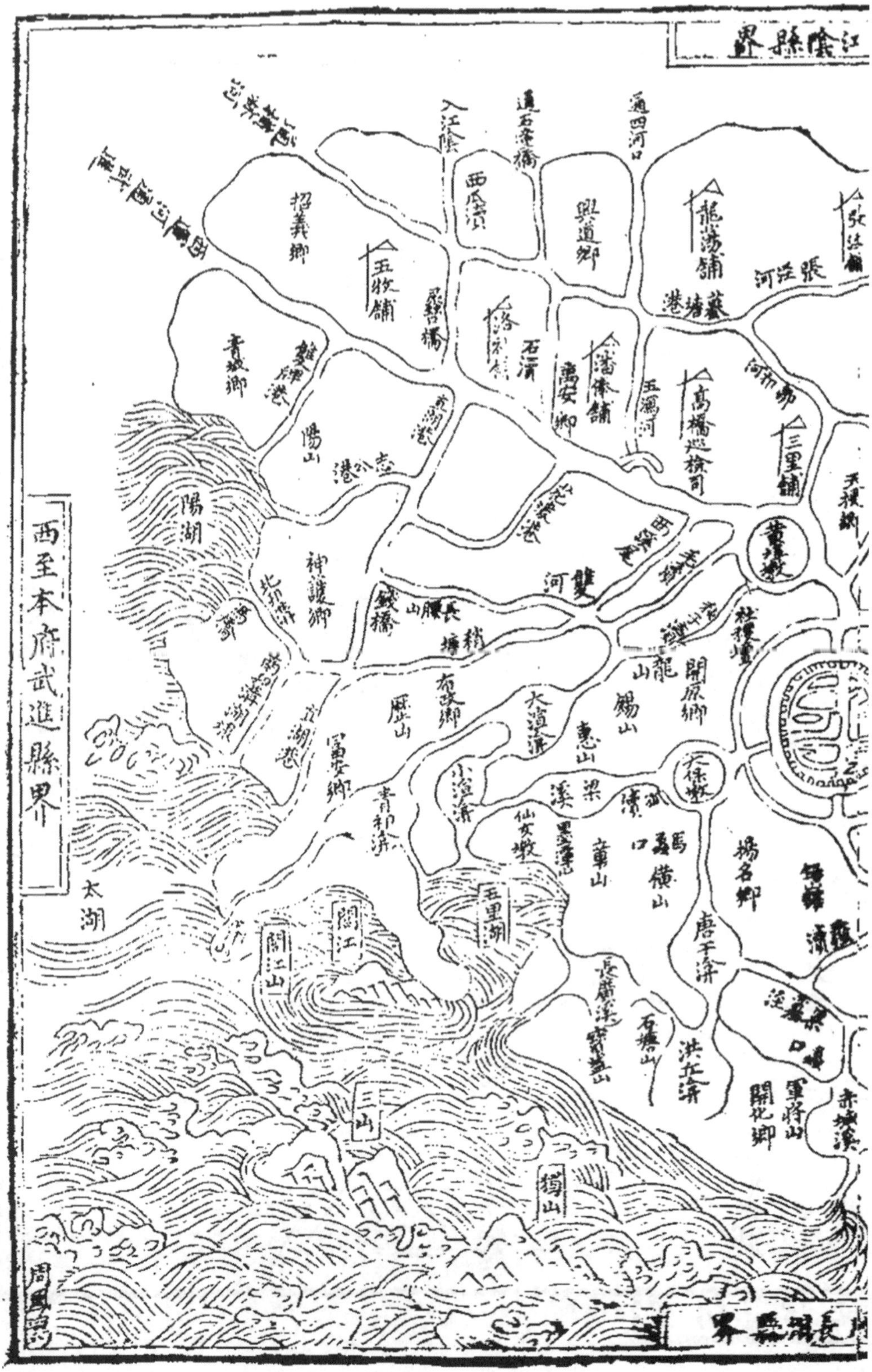

无锡县境图 / 选自万历《重修常州府志》

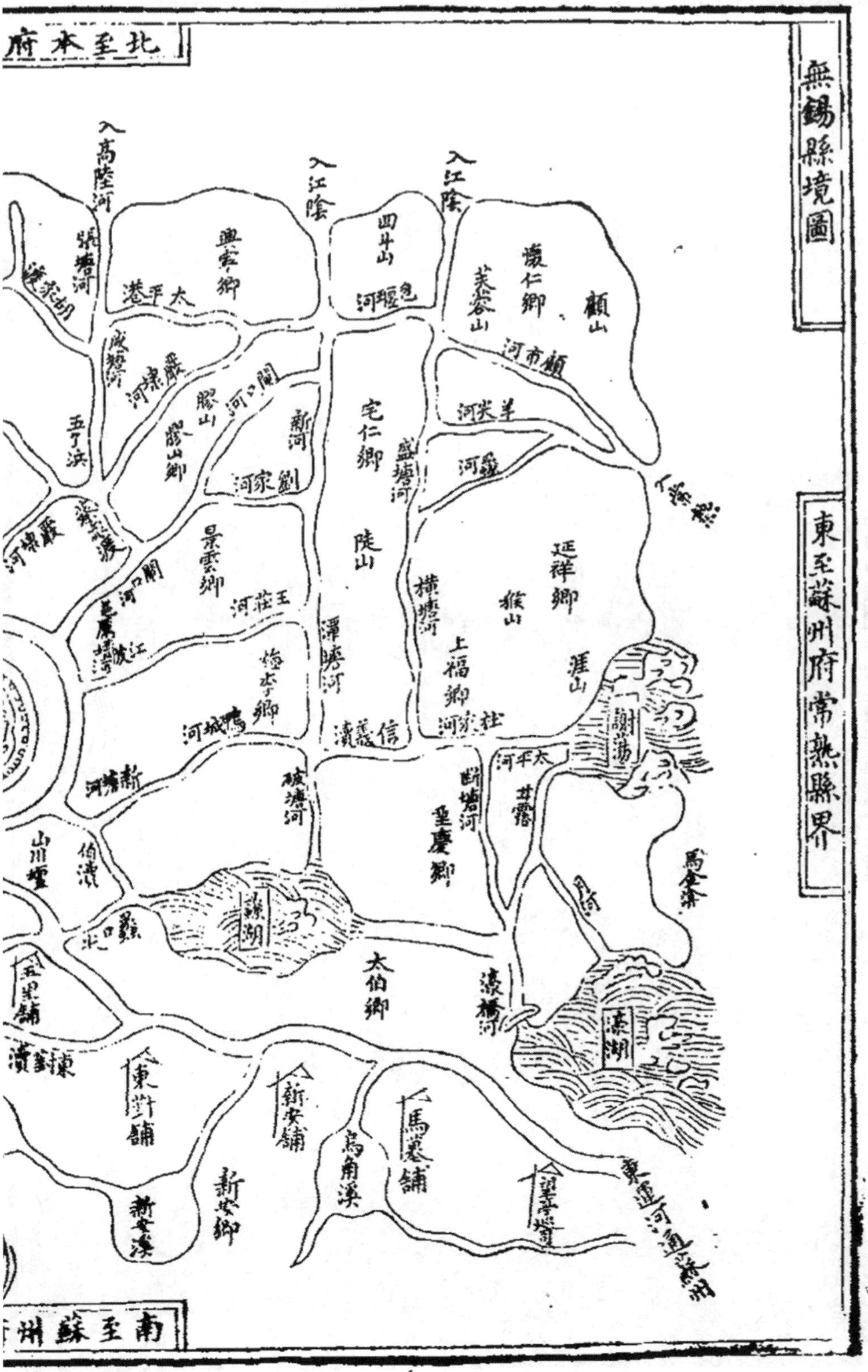
無錫縣境圖
北至本府
東至蘇州府常熟縣界
南至蘇州
入高陸河
入江陰
入江陰
四斗山
顧山
宅仁鄉
陡山
延祥鄉
上福鄉
景雲鄉
膠山鄉
垂慶鄉
太伯鄉
新安鄉
謝蕩
東亭舖
新安舖
馬墓舖
新安溪
東運河通蘇州

无锡

153

无锡县境图／选自康熙《常州府志》

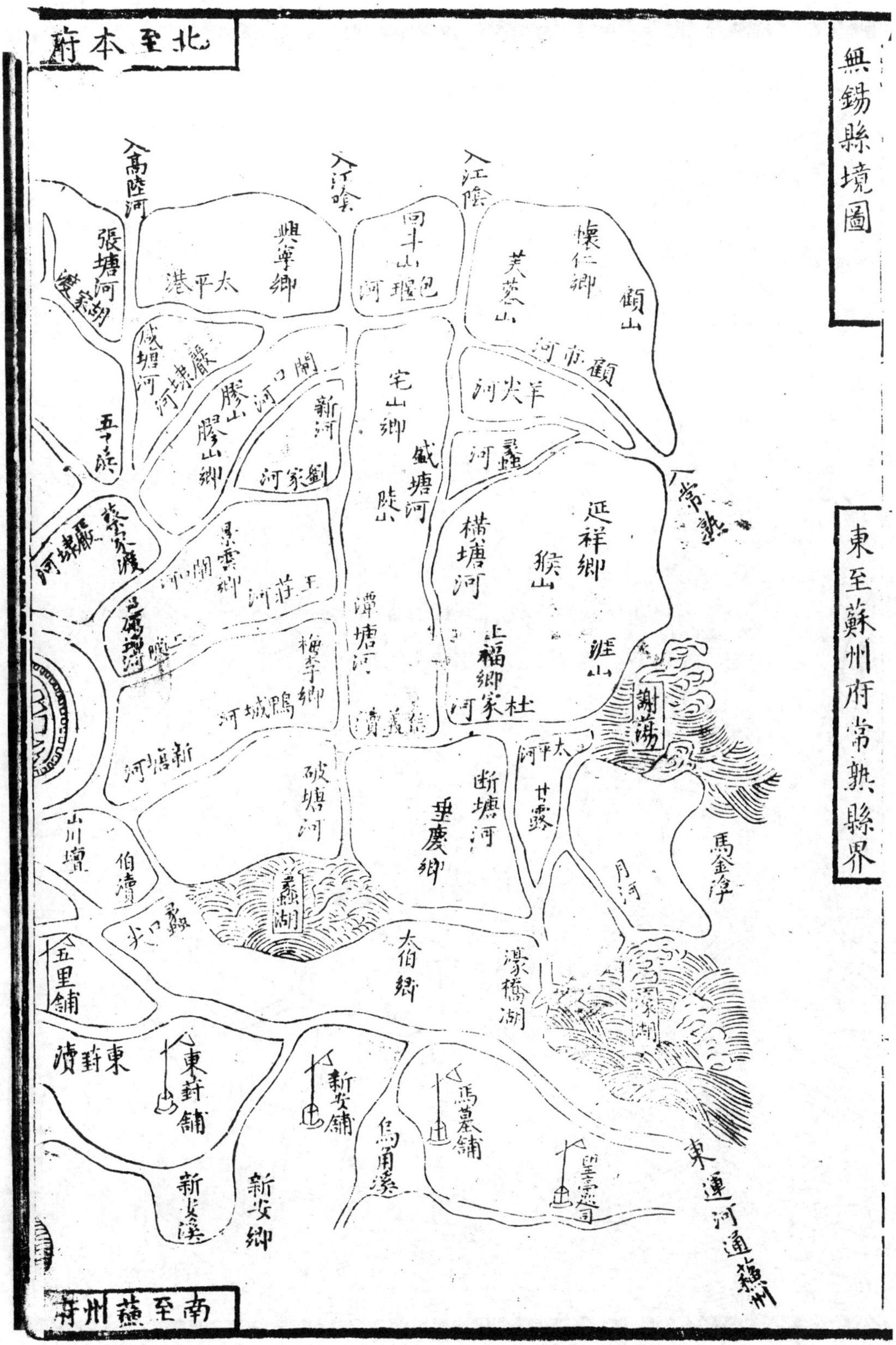
無錫縣境圖
北至本府
東至蘇州府常熟縣界
南至蘇州府
入高陸河
入江陰
入江陰
入常熟
張塘河
太平港
懷仁鄉
芙蓉山
顧山
顧市河
羊尖河
蠡河
閘口河
膠山
膠山鄉
新河
劉家河
宅山鄉
戚塘河
延祥鄉
横塘河
上福鄉
杜家河
梅李鄉
王莊河
新塘河
破塘河
太平河
甘露
斷塘河
垂慶鄉
月河
伯瀆
五里鋪
新安鋪
新安鄉
東運河通蘇州

无锡县境图 / 选自康熙《无锡县志》

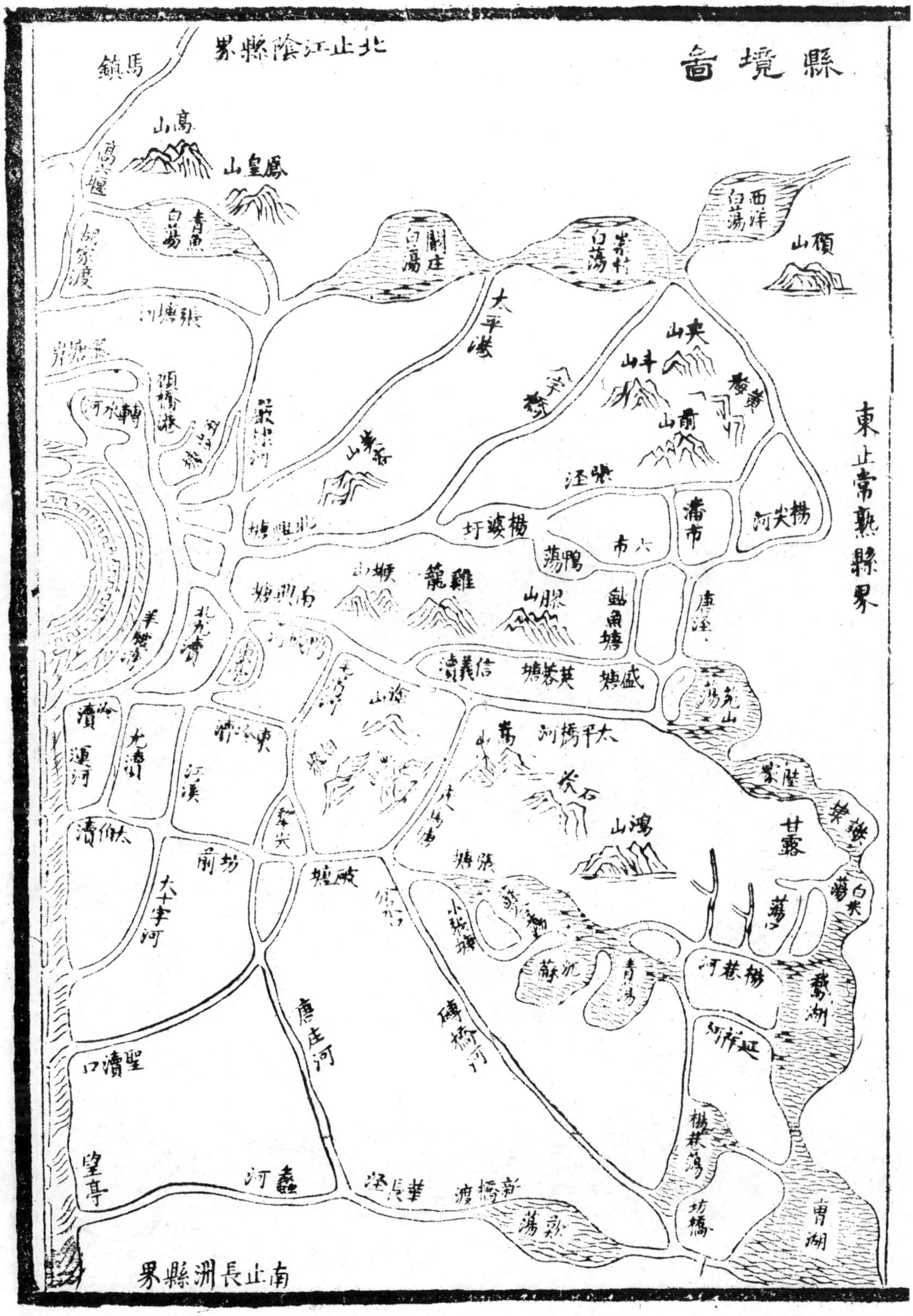
縣境圖
北止江陰縣界
東止常熟縣界
南止長洲縣界
高山
鳳皇山
顧山
雞籠
鴻山
甘露
太平港
唐庄河
磚橋河
鵝湖
曹湖
聖瀆口
望亭

无锡县境图 / 选自康熙《无锡县志》

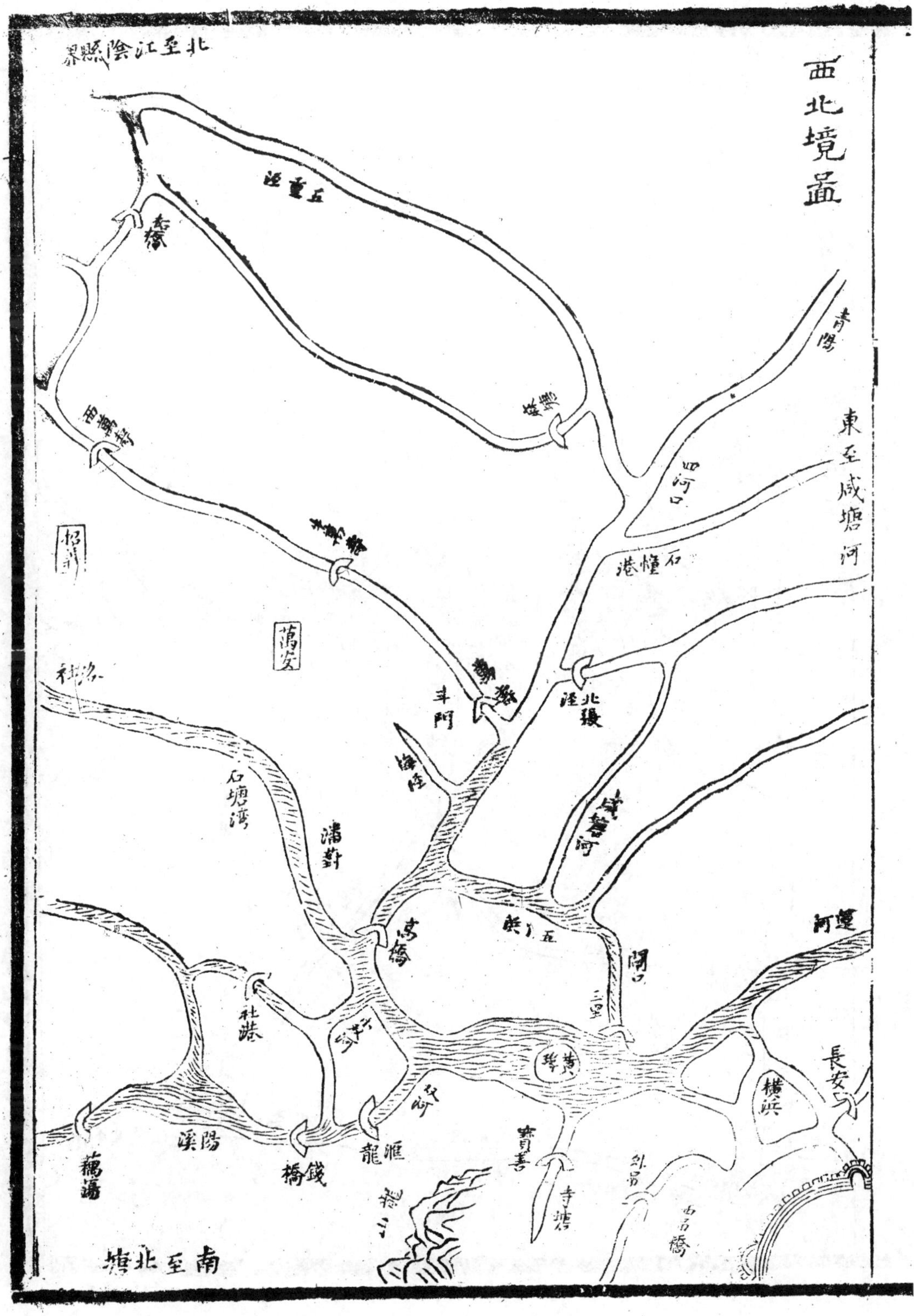
西北境圖
北至江陰縣界
五重涇
青陽
東至咸塘河
四河口
石幢港
北張涇
斗門
萬安
石塘灣
高橋
五牧
運河
閘口
長安
寶善
南至北塘

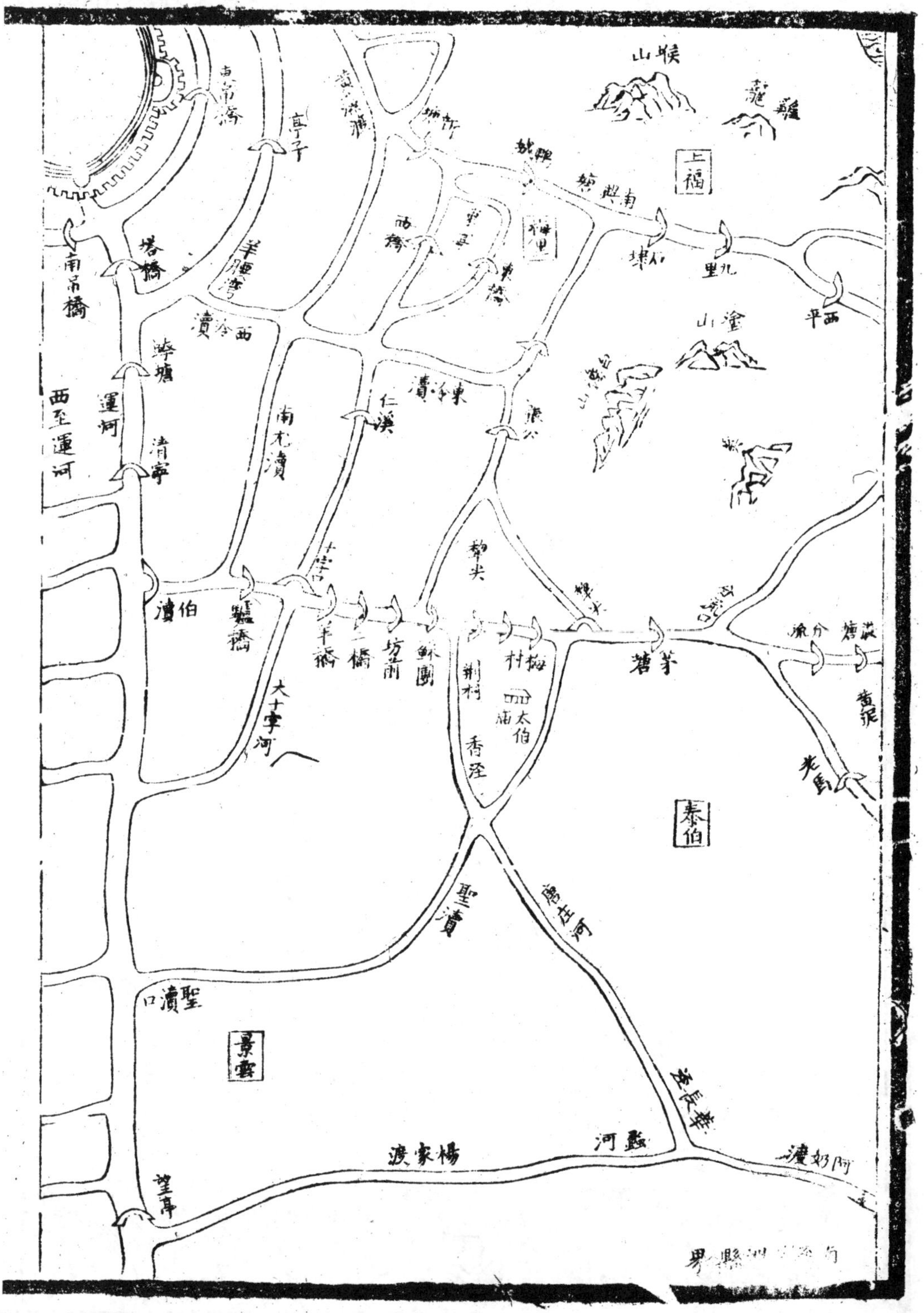

无锡县境图 / 选自康熙《无锡县志》

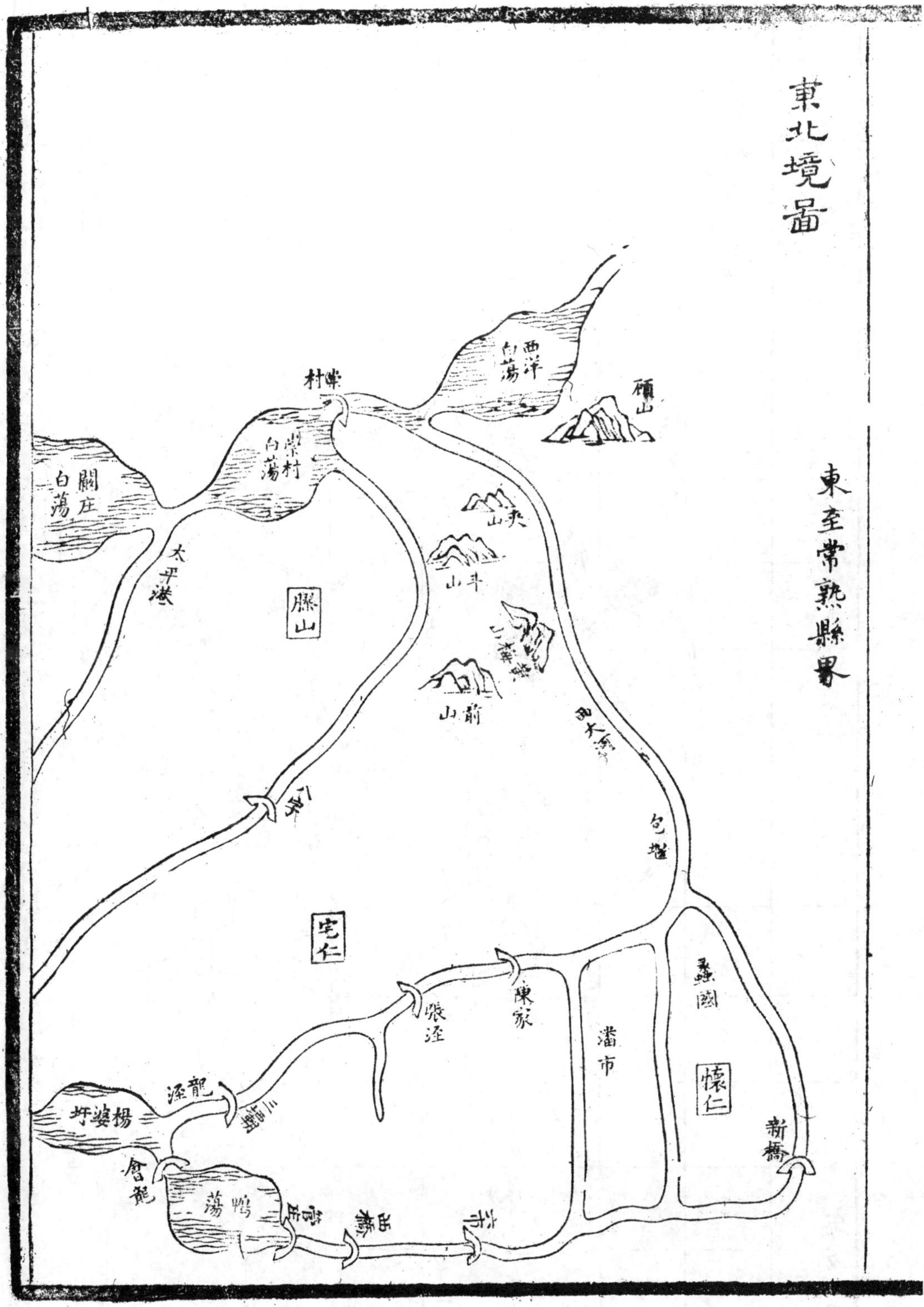
東北境圖
東至常熟縣界
西洋白蕩
顧山
棠村白蕩
闕庄白蕩
太平港
膠山
夾山
斗山
前山
宅仁
陳家
張涇
潘市
懷仁
新橋
龍涇
楊婆圩
會龍
鴨蕩

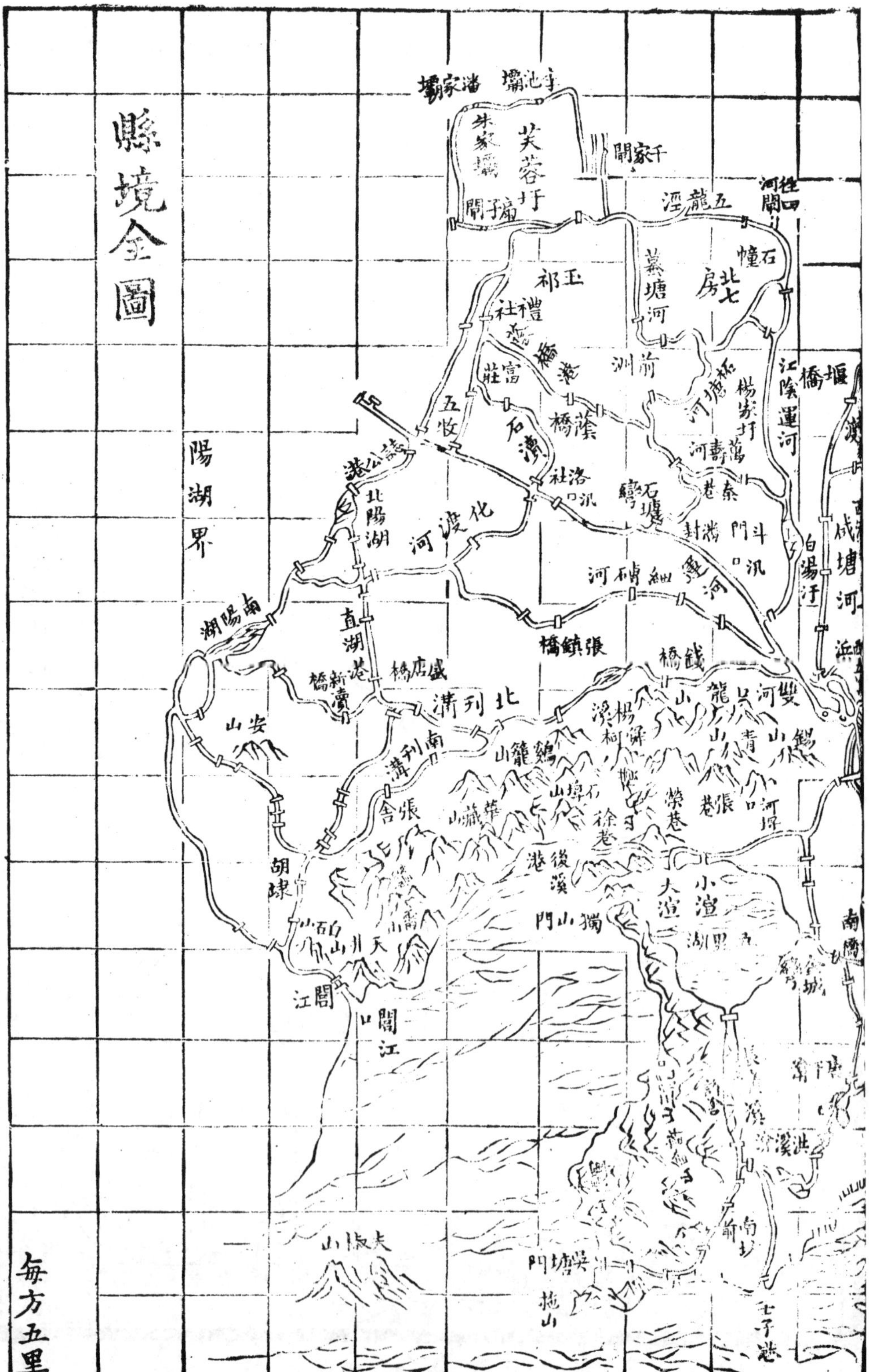

无锡金匮县境全图 / 选自光绪《无锡金匮县志》

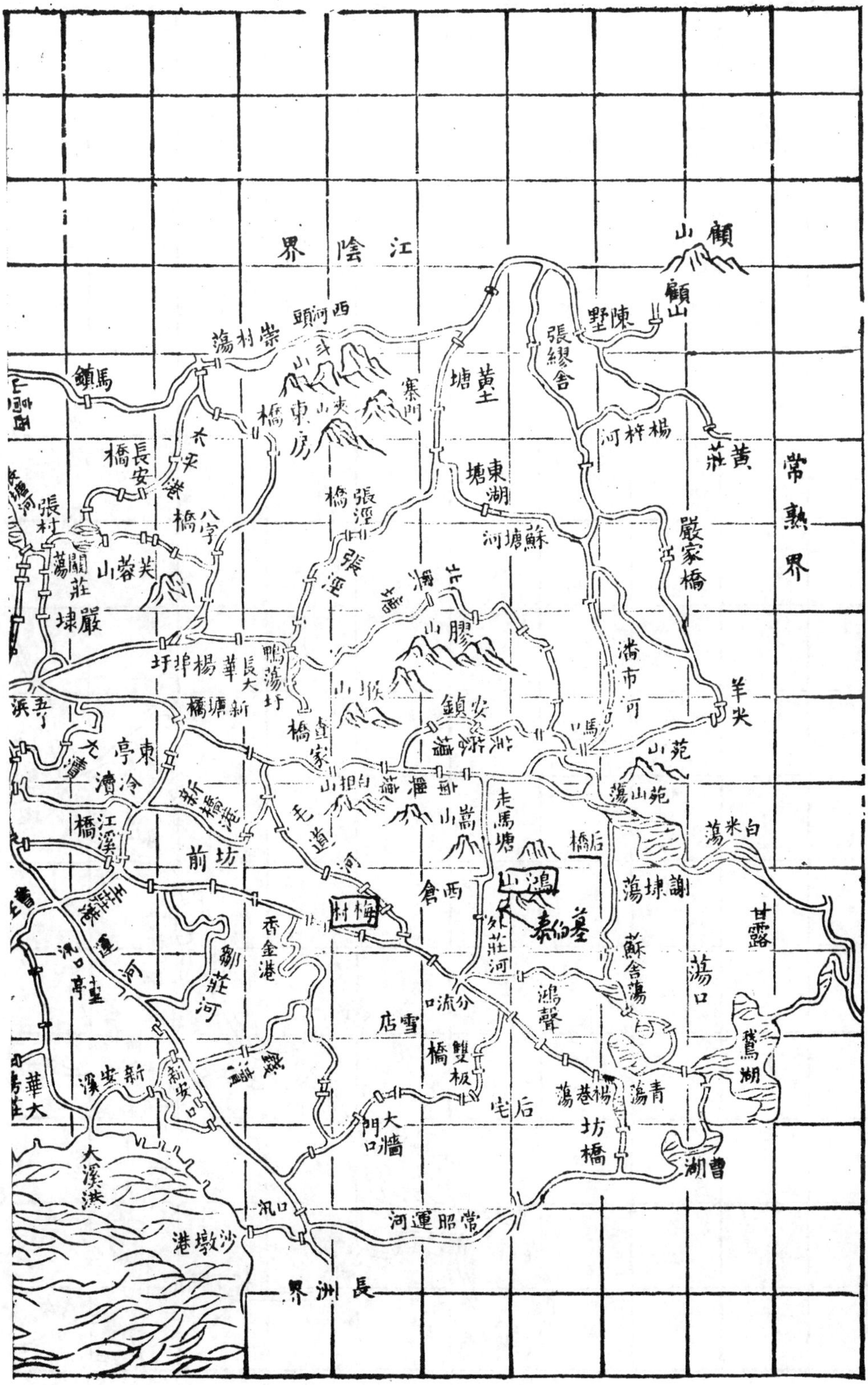

江陰界
顧山
顧山
陳野
西河頭
崇村蕩
馬鎮
寨門
楊梓河
黃莊
常熟界
長安橋
太平港
東湖塘
張涇橋
八字橋
蘇塘河
嚴家橋
芙蓉山
張涇
膠山
嚴埭
鴨蕩圩
新塘橋
安鎮
羊尖
苑山
苑山蕩
東亭
江溪橋
前坊
毛道河
嵩山
走馬塘
后橋
西倉
梅村
鴻山
泰伯墓
香金港
外莊河
分流口
蘇舍蕩
蕩口
甘露
白米蕩
謝埭蕩
鵝湖
雪店
鴻聲
雙板橋
楊巷蕩
青蕩
后宅
大牆門口
坊橋
曹湖
新安溪
新安口
劉莊河
運河
大溪港
沙墩港
常昭運河
長洲界

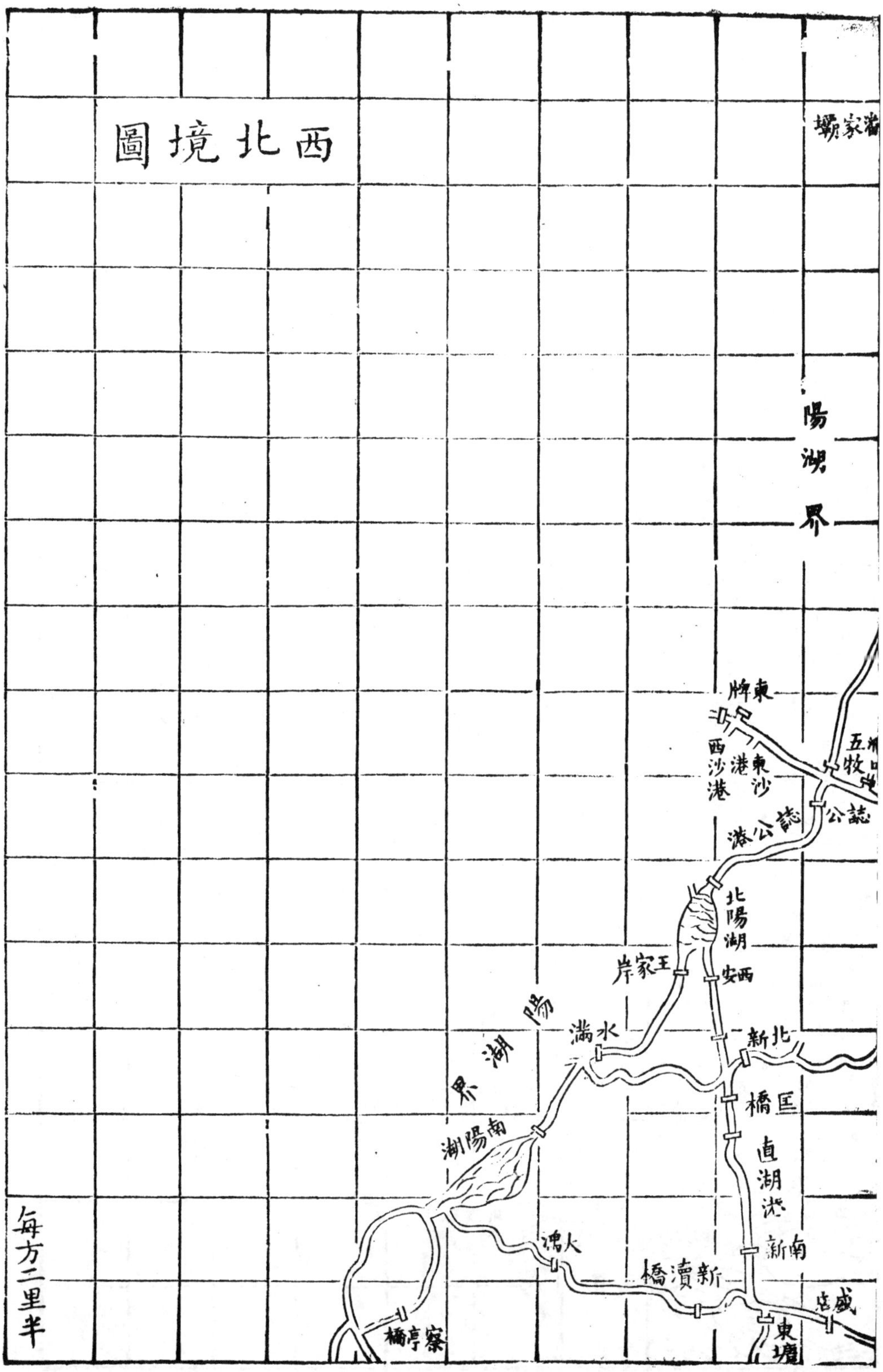

无锡金匮县境全图 / 选自光绪《无锡金匮县志》

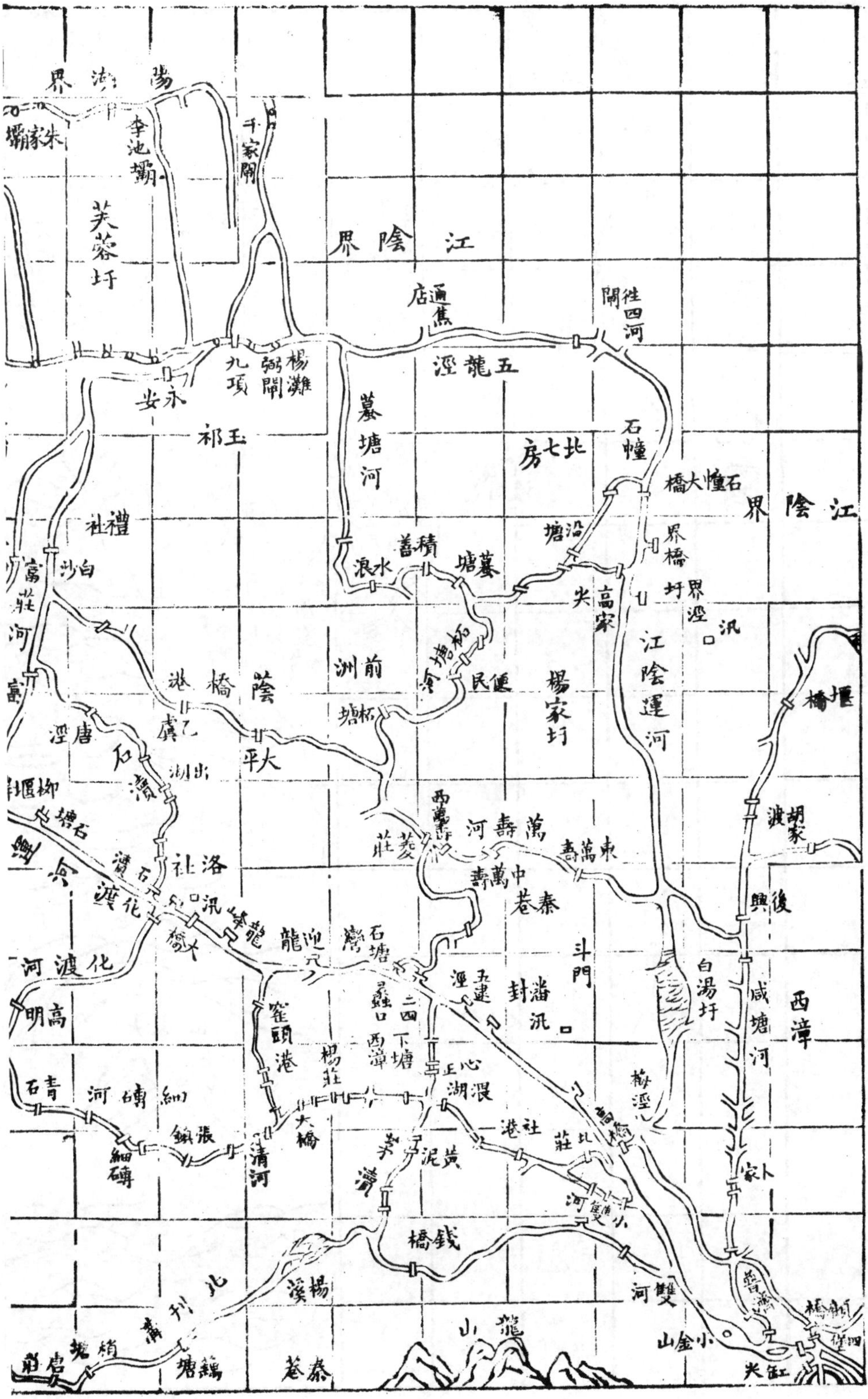
陽湖界
朱家壩
李池壩
千家閘
芙蓉圩
江陰界
五龍涇
永安
北七房
石幢
禮社
高家尖
江陰運河
前洲
楊家圩
萬壽河
東萬壽
中萬壽
泰巷
洛社
化渡河
高明
細磚河
錢橋
雙河
小金山
龍山
斗門
白湯圩
西漳
咸塘河
胡家渡
清河
大橋

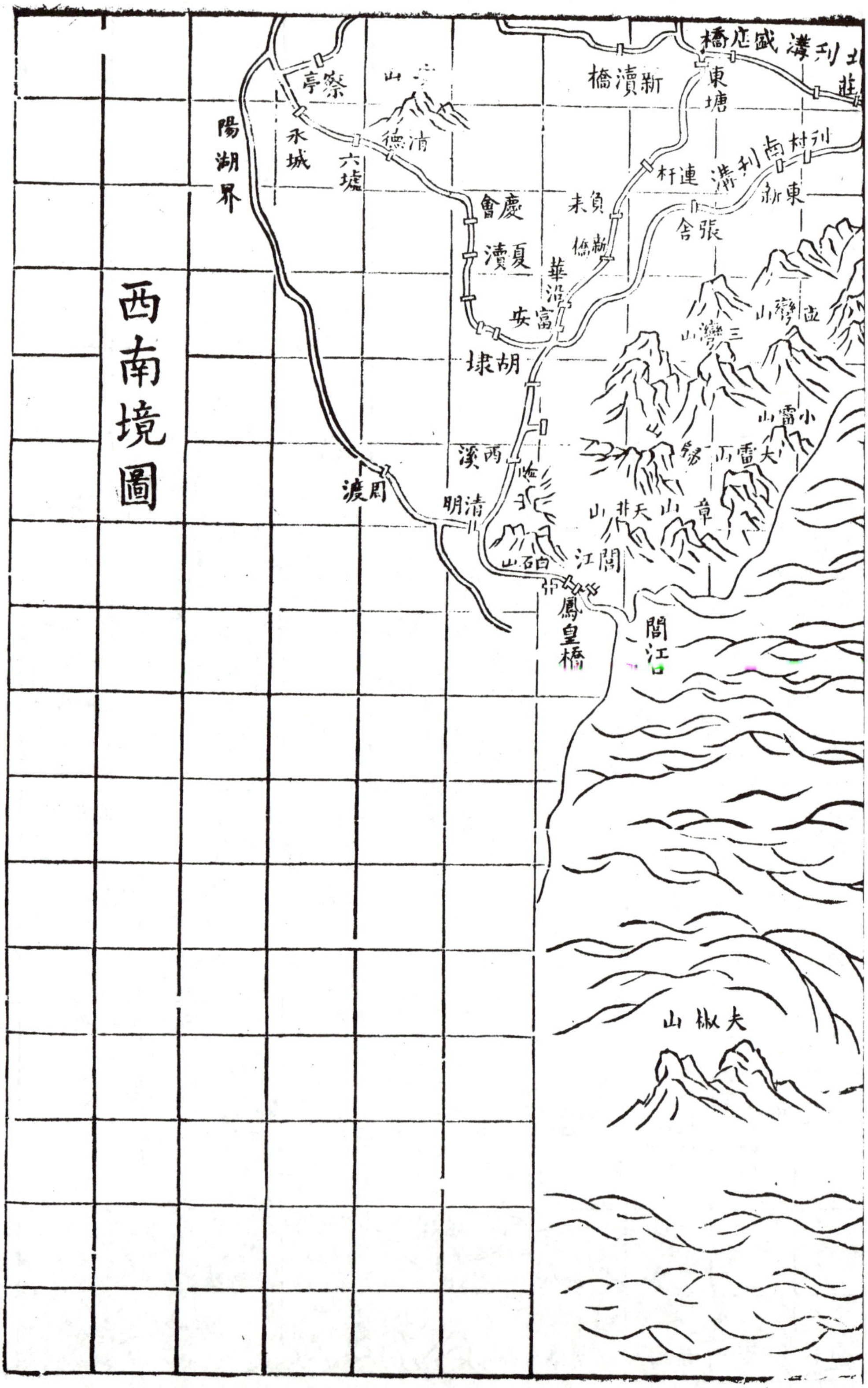

无锡金匮县境全图 / 选自光绪《无锡金匮县志》

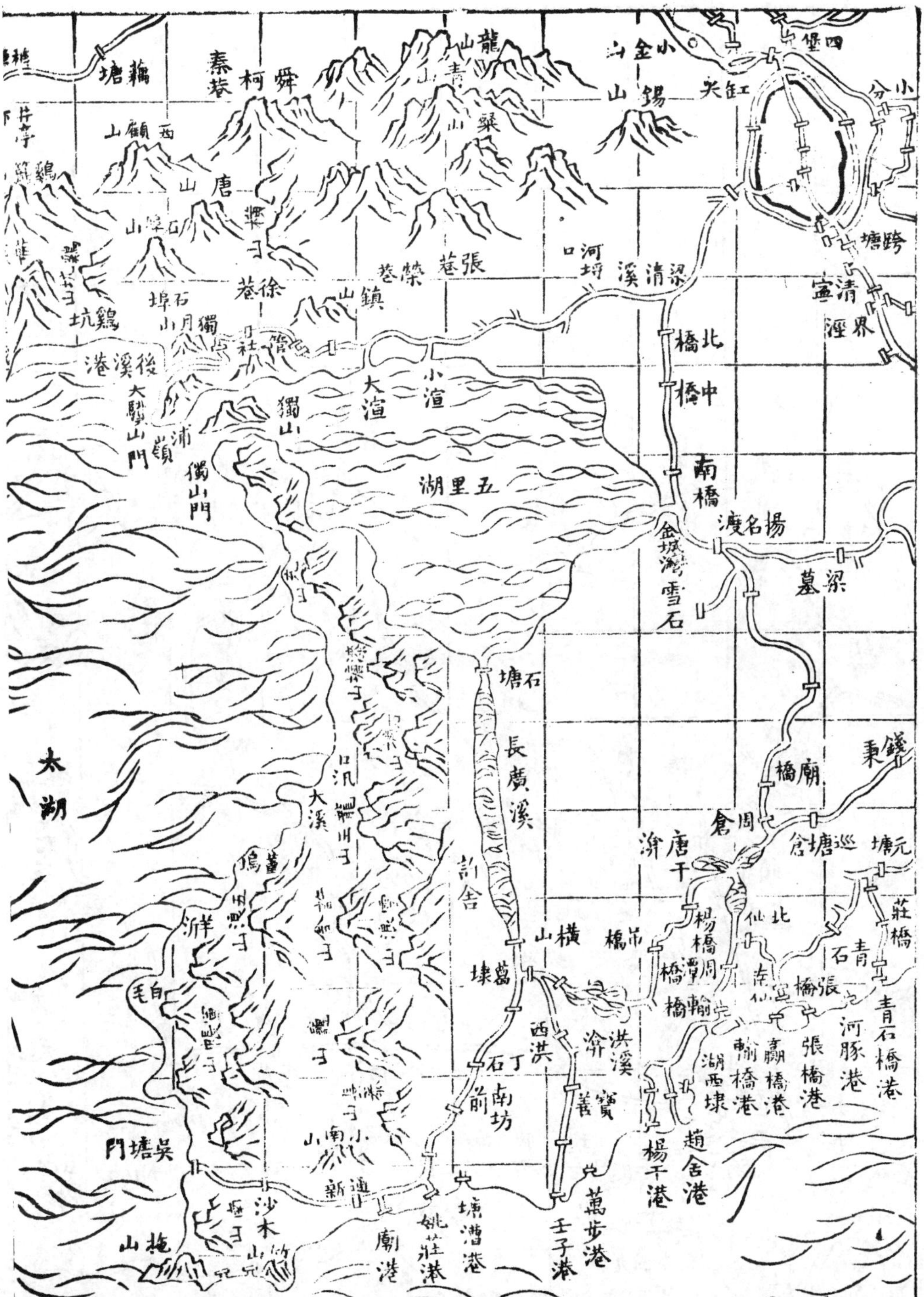
五里湖
太湖
長廣溪
北橋
中橋
南橋
揚名渡
梁清溪
河埒口
張巷
榮巷
鎮山
徐巷
龍山
錫山
小金山
舜柯
唐山
後溪港
大渲
小渲
獨山
雪石
梁墓
石塘
廟橋
周倉
巡塘倉
青石橋港
河豚港
張橋港
趙舍港
楊干港
萬步港
壬子港
吳塘門
沙木
小南山
西洪
横山
許舍
前坊
南坊
寶善
洪溪

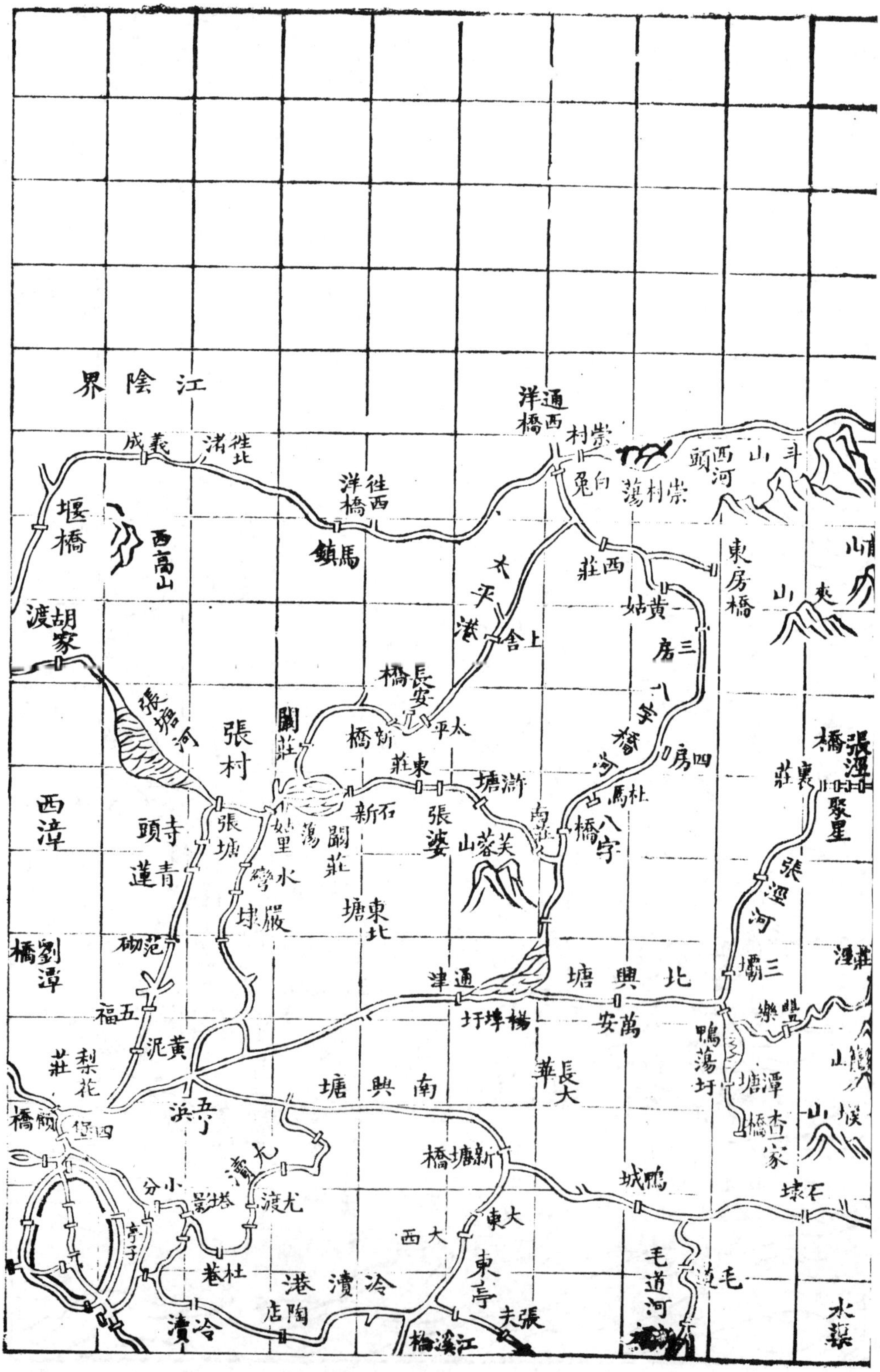

无锡金匮县境全图 / 选自光绪《无锡金匮县志》

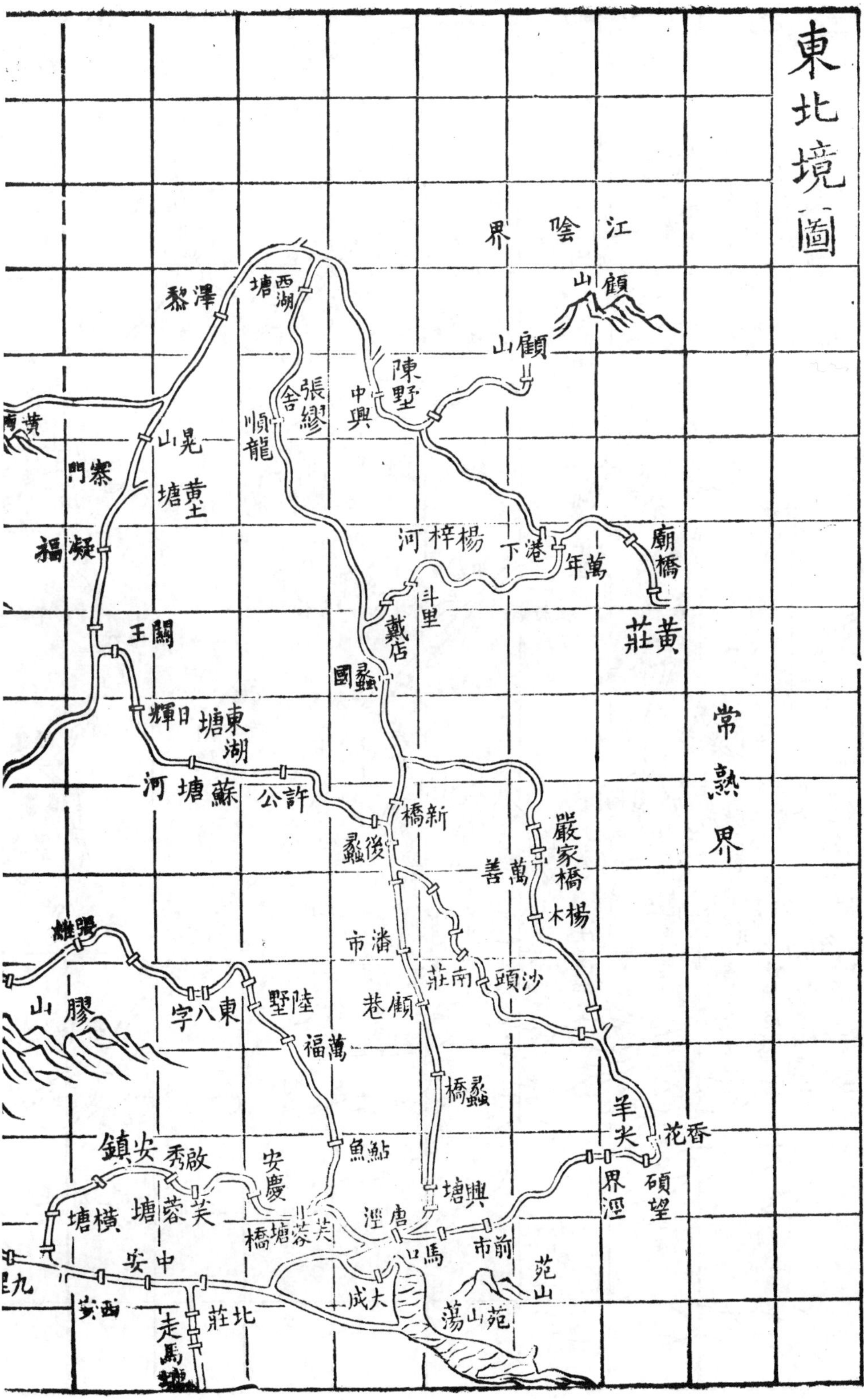
東北境圖
江陰界
顧山
顧山
陳墅
中興
張繆舍
順龍
西湖塘
黎澤
晃山
黃土塘
寨門
凝福
關王
日輝
東湖塘
蘇塘河
許公
楊梓河
下港
萬年
廟橋
黃莊
斗里
戴店
蠡國
常熟界
新橋
後蠡
嚴家橋
萬善
楊木
潘市
顧巷
南莊
沙頭
陸墅
萬福
東八字
膠山
蠡橋
羊尖
香花
界涇
碩望
鮎魚
興塘
安鎮
啟秀
安慶
芙蓉塘
橫塘
芙蓉塘橋
唐涇
前市
馬口
苑山
中安
九里
西安
北莊
走馬塘
大成
苑山蕩

无锡

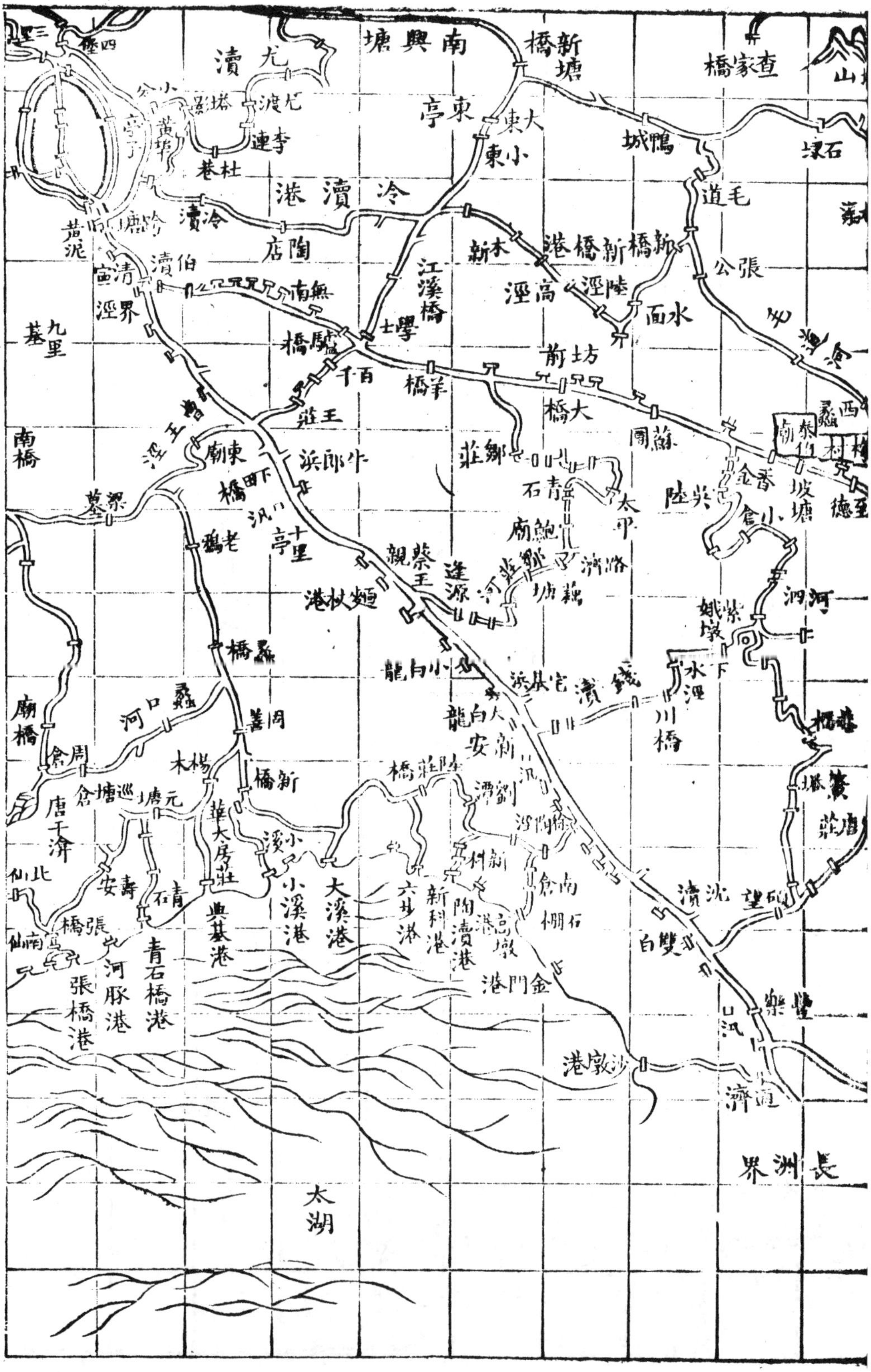

无锡金匮县境全图 / 选自光绪《无锡金匮县志》

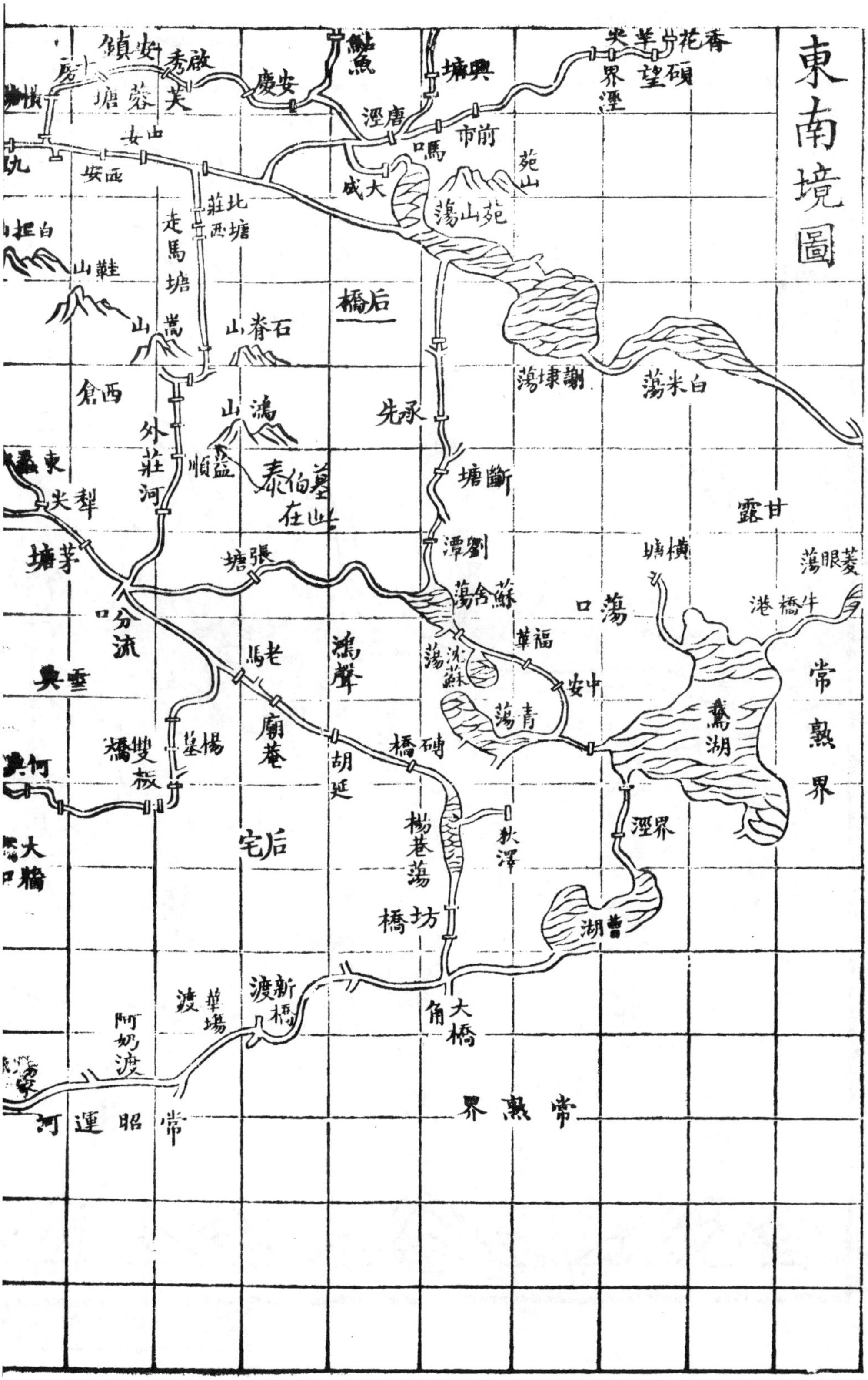
東南境圖
安鎮
啟秀
芙蓉塘
安慶
興塘
唐涇
前市
苑山
大成
苑山蕩
北莊
西塘
走馬塘
鞋山
嵩山
石脊山
后橋
謝埭蕩
白米蕩
西倉
承先
鴻山
外莊河
泰伯墓在此
斷塘
犁尖
茅塘
張塘
劉潭
蘇舍蕩
蕩口
甘露
橫塘
牛橋港
福華
分流口
老馬
鴻聲
中安
青蕩
鵝湖
常熟界
雙板橋
廟巷
胡延
碑橋
界涇
楊巷蕩
秋澤
后宅
坊橋
大橋角
新渡橋
華場渡
阿奶渡
常昭運河
常熟界

无锡

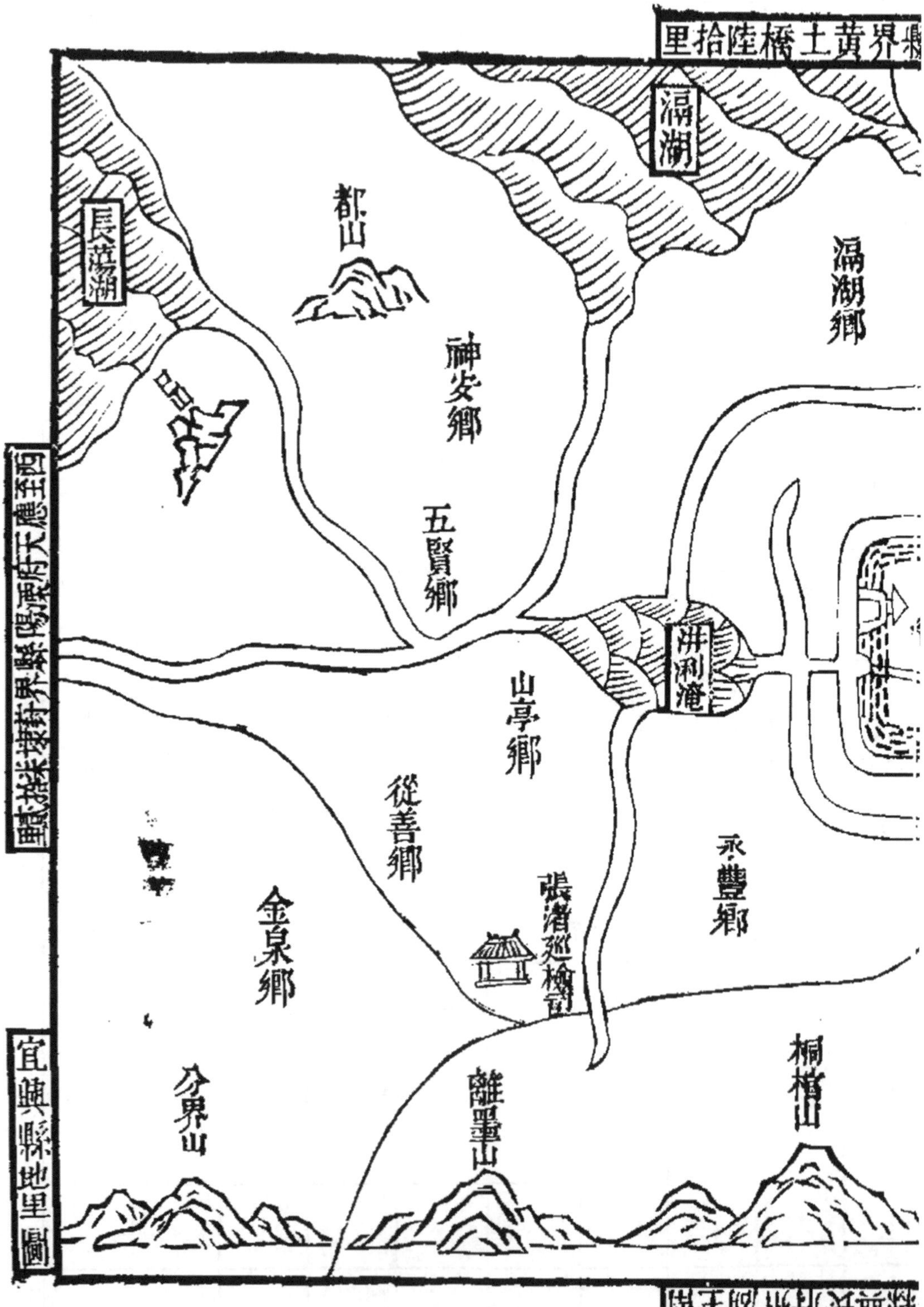

宜兴县地里图 / 选自咸淳《毗陵志》

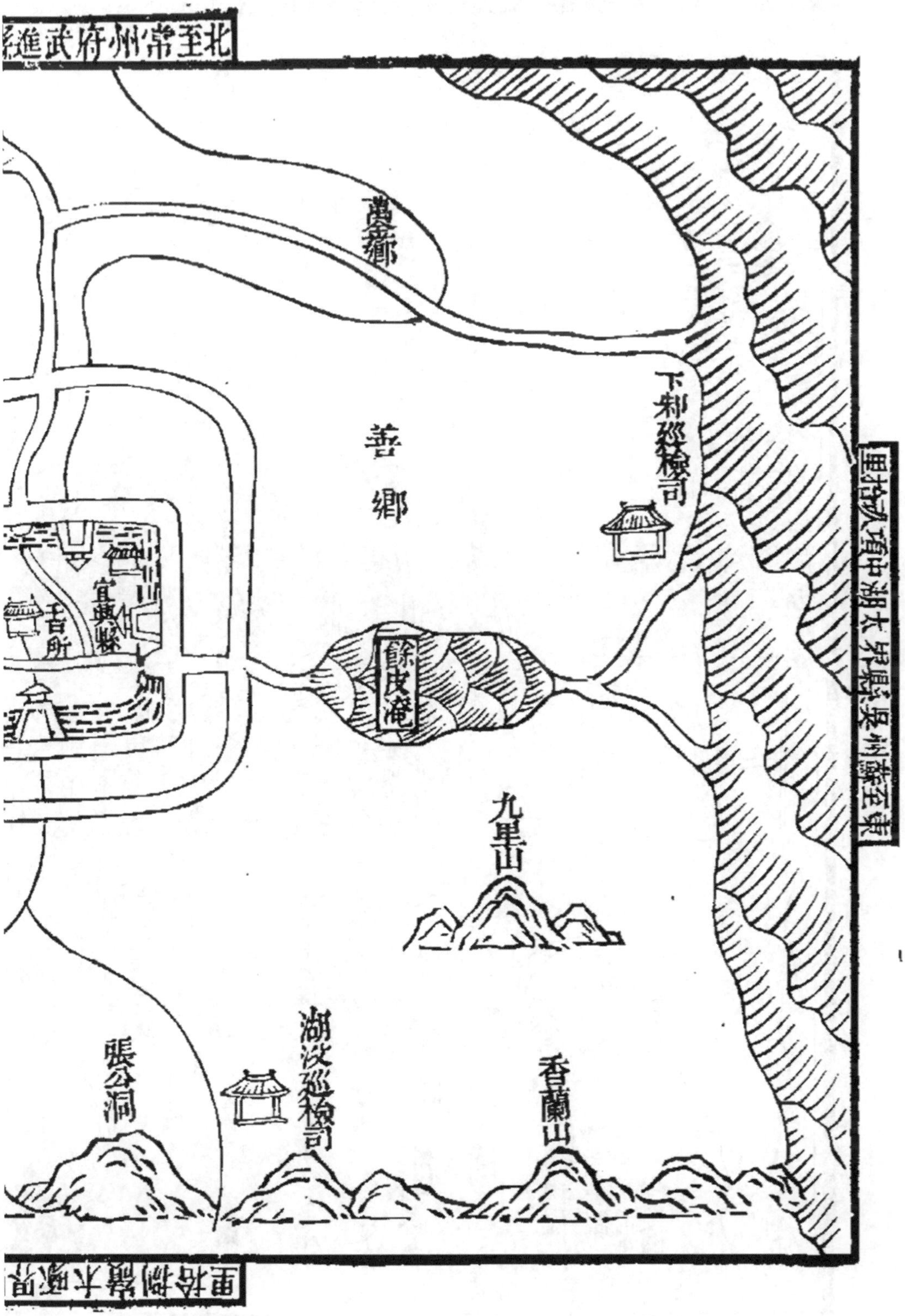
北至常州府武進
東至蘇州吳縣界太湖中流玖拾里
善鄉
下邾巡檢司
宜興縣
千戶所
九星山
張公洞
湖㳇巡檢司
香蘭山

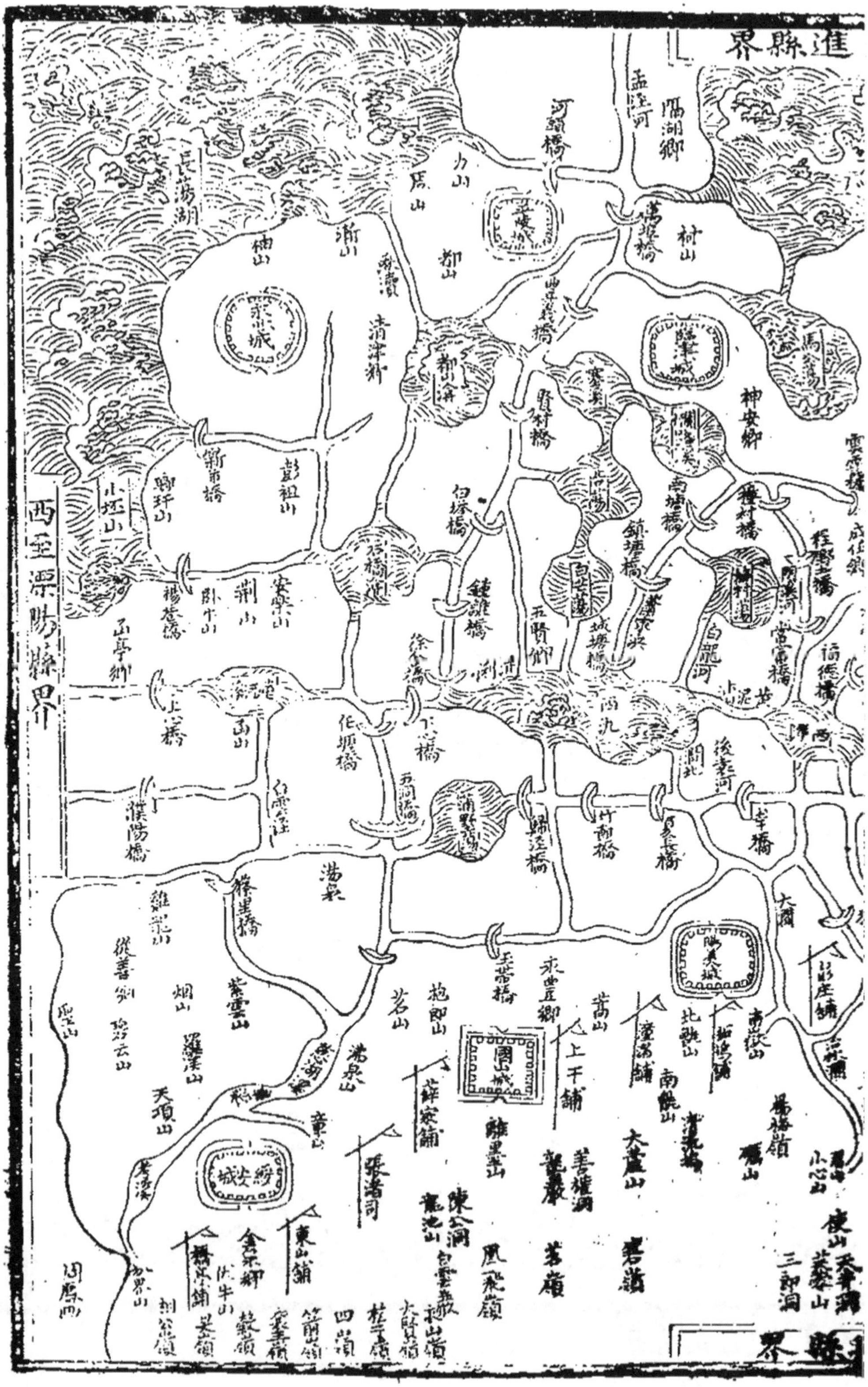

宜兴县境图 / 选自万历《重修常州府志》

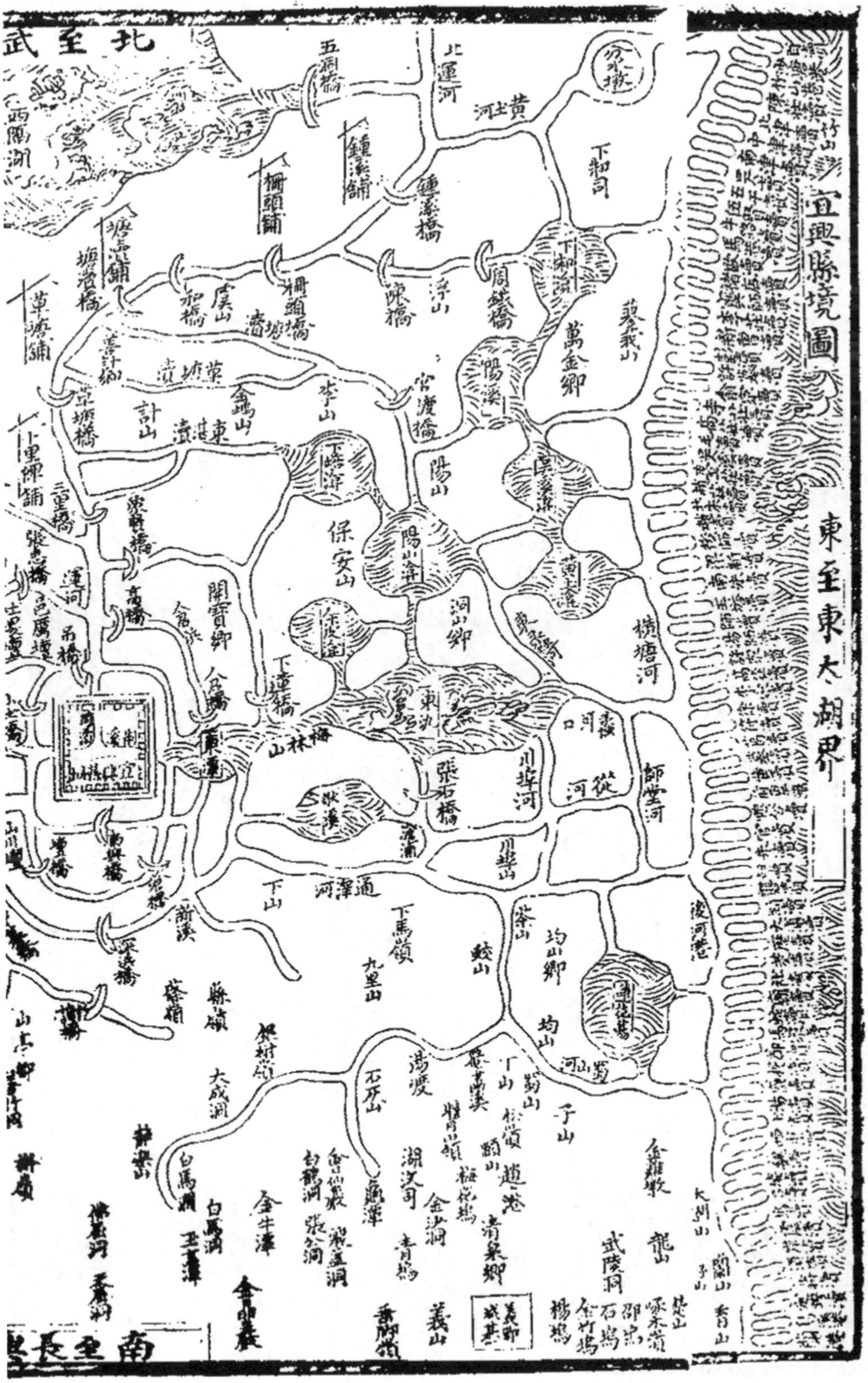
宜興縣境圖
北至武
東至東太湖界
南至長
西溪湖
五洞橋
北運河
黃土河
下邾河
鍾溪鋪
鍾溪橋
柵頭鋪
柵頭橋
塘頭鋪
塘頭橋
草塘鋪
周鐵橋
萬金鄉
陽溪
官瀆橋
東瀆
金雞山
保安山
陽山
洞山鄉
横塘河
張渚橋
高橋
開寶鄉
下邾橋
張渚鎮
師堂河
從河
梅林山
通濟河
下馬嶺
九里山
均山鄉
均山
蛟山
湯渡
金牛潭
白馬洞
大成洞
湖汶司
金沙洞
清泉鄉
義山
武陵洞
石塢
金竹塢
楊塢
龍山

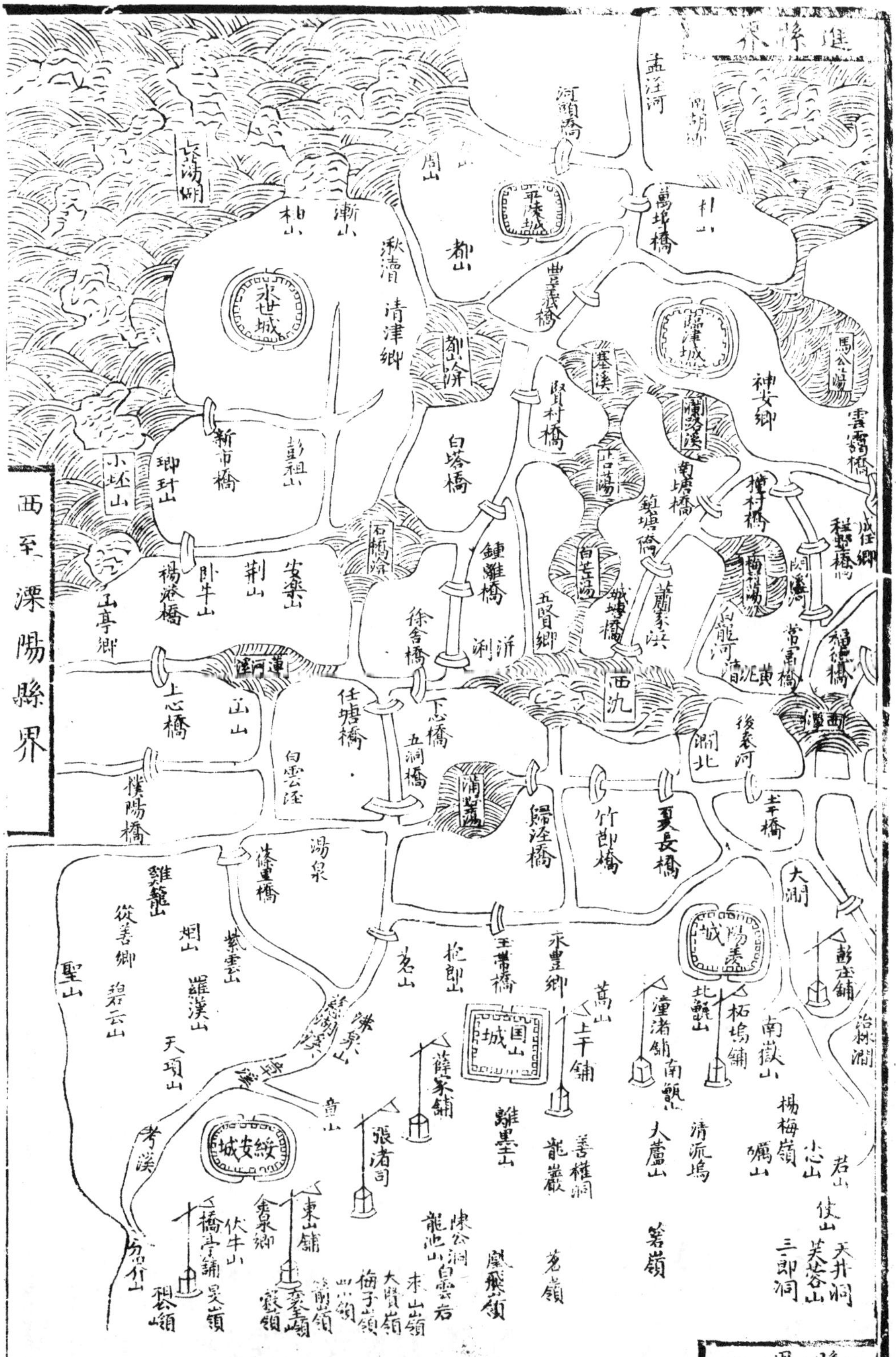

宜兴县境图 / 选自康熙《常州府志》

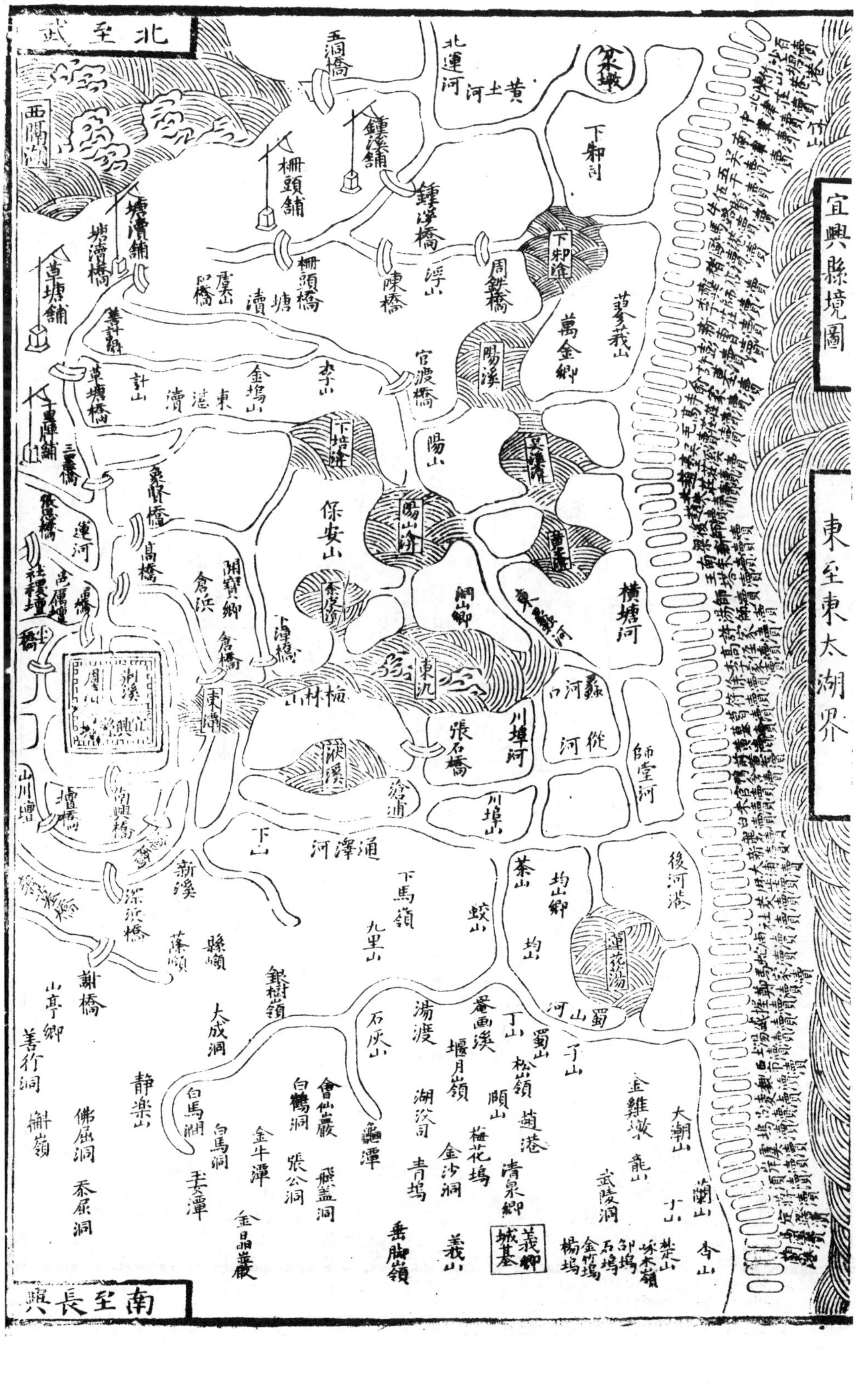
宜興縣境圖
東至東太湖界
北至武
南至長興
西𣿬湖
五洞橋
北運河
黃土河
鍾溪舖
栅頭舖
塘瀆舖
草塘舖
鍾溪橋
栅頭橋
陳橋
周鐵橋
下邾
下邾瀆
萬金鄉
陽溪
官渡橋
陽山
保安山
開寶鄉
倉浜
倉橋
東𣿬
張石橋
川埠河
從河
師堂河
橫塘河
蘇河
後河港
蓮花蕩
均山鄉
蜀山河
下馬嶺
九里山
蛟山
銀樹嶺
大成洞
靜樂山
善卷洞
善卷鄉
白鶴洞
會仙巖
張公洞
飛盖洞
金牛潭
玉女潭
白馬洞
石灰山
湯渡
畫溪
蜀山
清泉鄉
義鄉城基
大潮山
龍山
武陵洞
垂腳嶺
金沙洞
青塢
湖㳇司
梅花塢
謝橋
新溪
佛屈洞
瀾溪
滆湖
夾溪
乾溪
渭瀆
湖瀆
東梁鄉

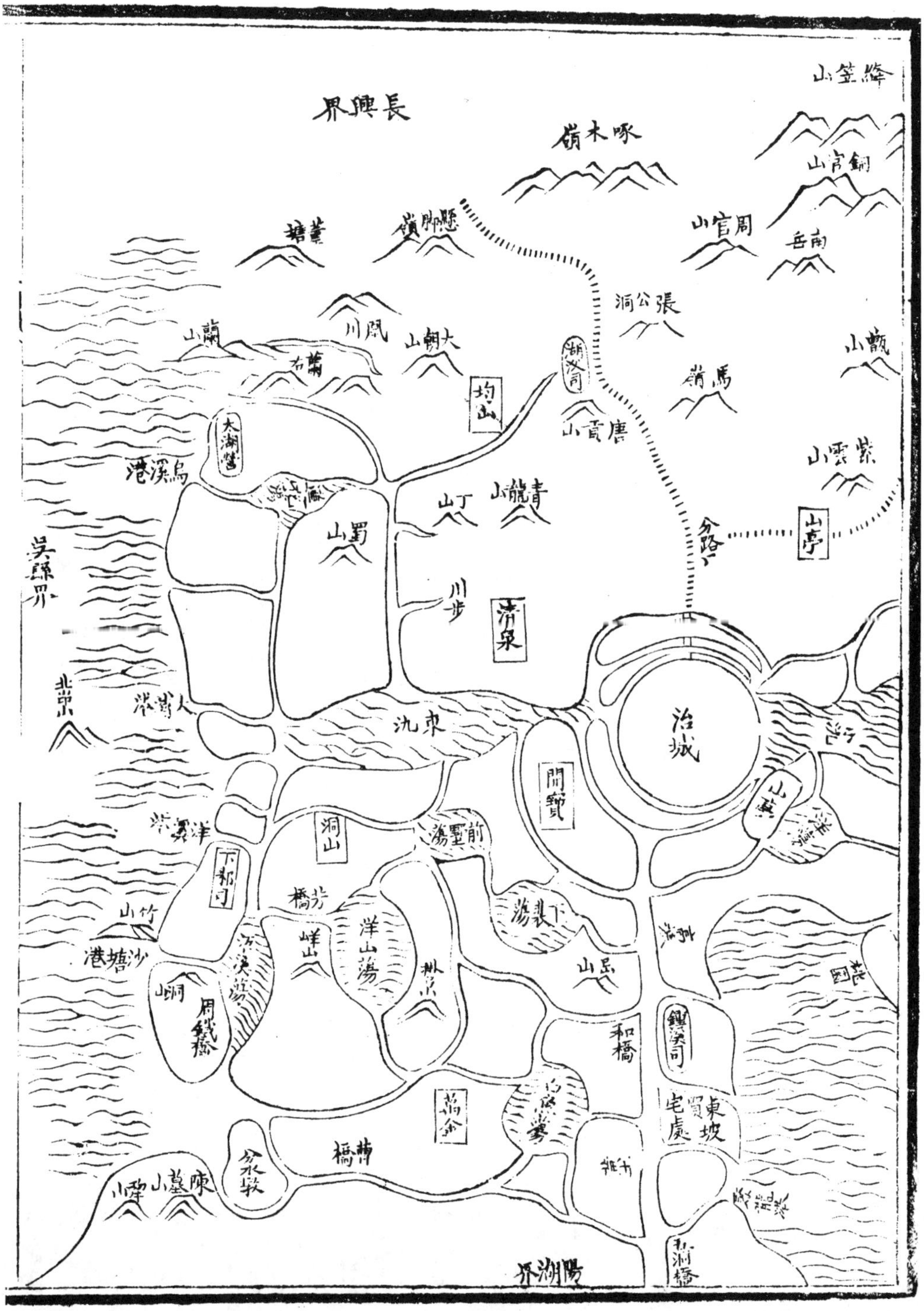

宜兴荆溪全境图 / 选自光绪《宜兴荆溪县新志》

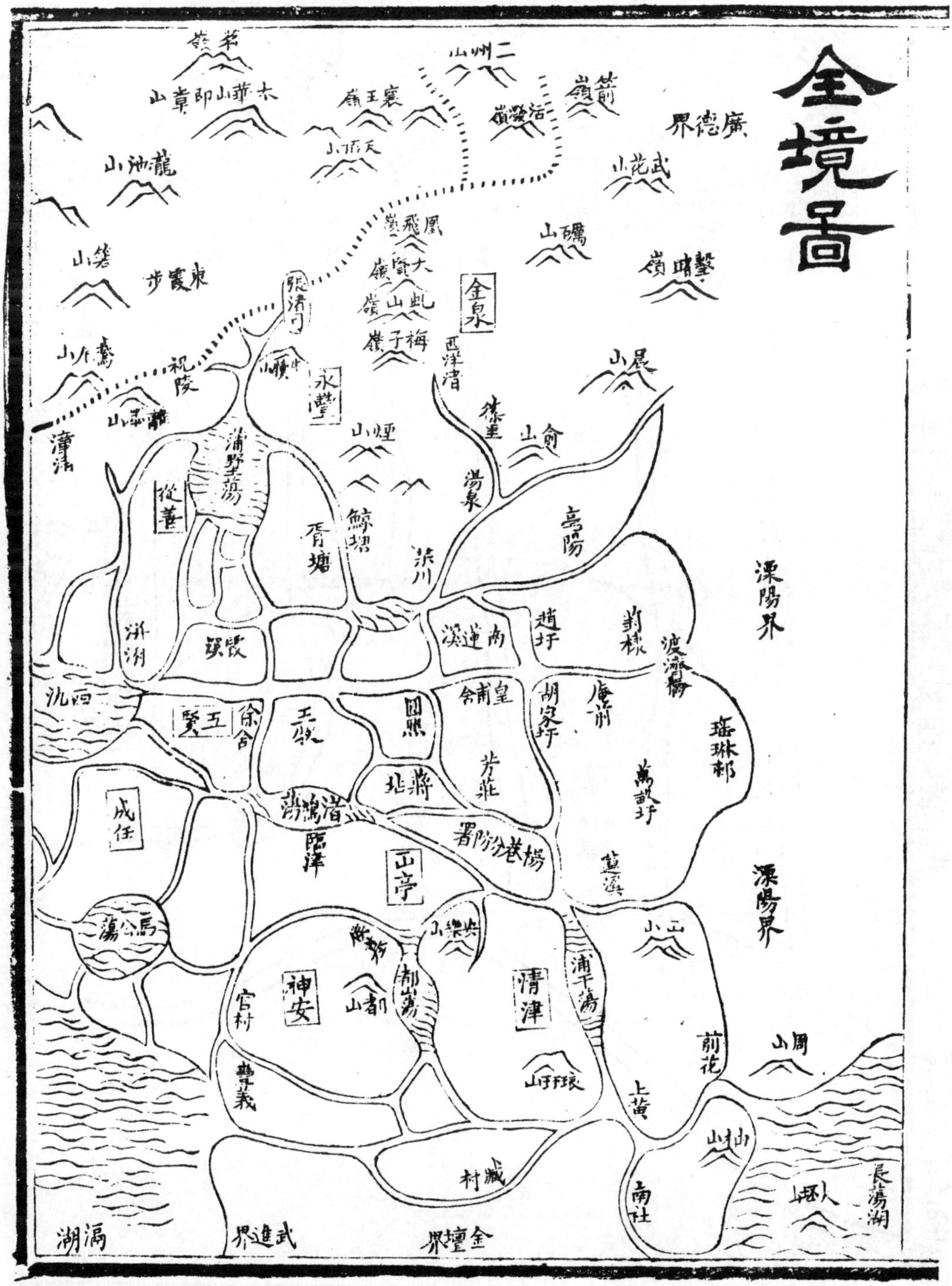
全境圖
廣德界
二州山
龍池山
太華山卽章山
鳳飛嶺
梅子嶺
金泉
永豐
從善
湯泉
南運溪
皇甫舍
徐舍
五賢
芳莊
楊巷分防署
臨津
成任
山亭
神安
清津
官村
都山
周山
前花
上黄
南社
臧村
溧陽界
溧陽界
長蕩湖
滆湖
武進界
金壇界

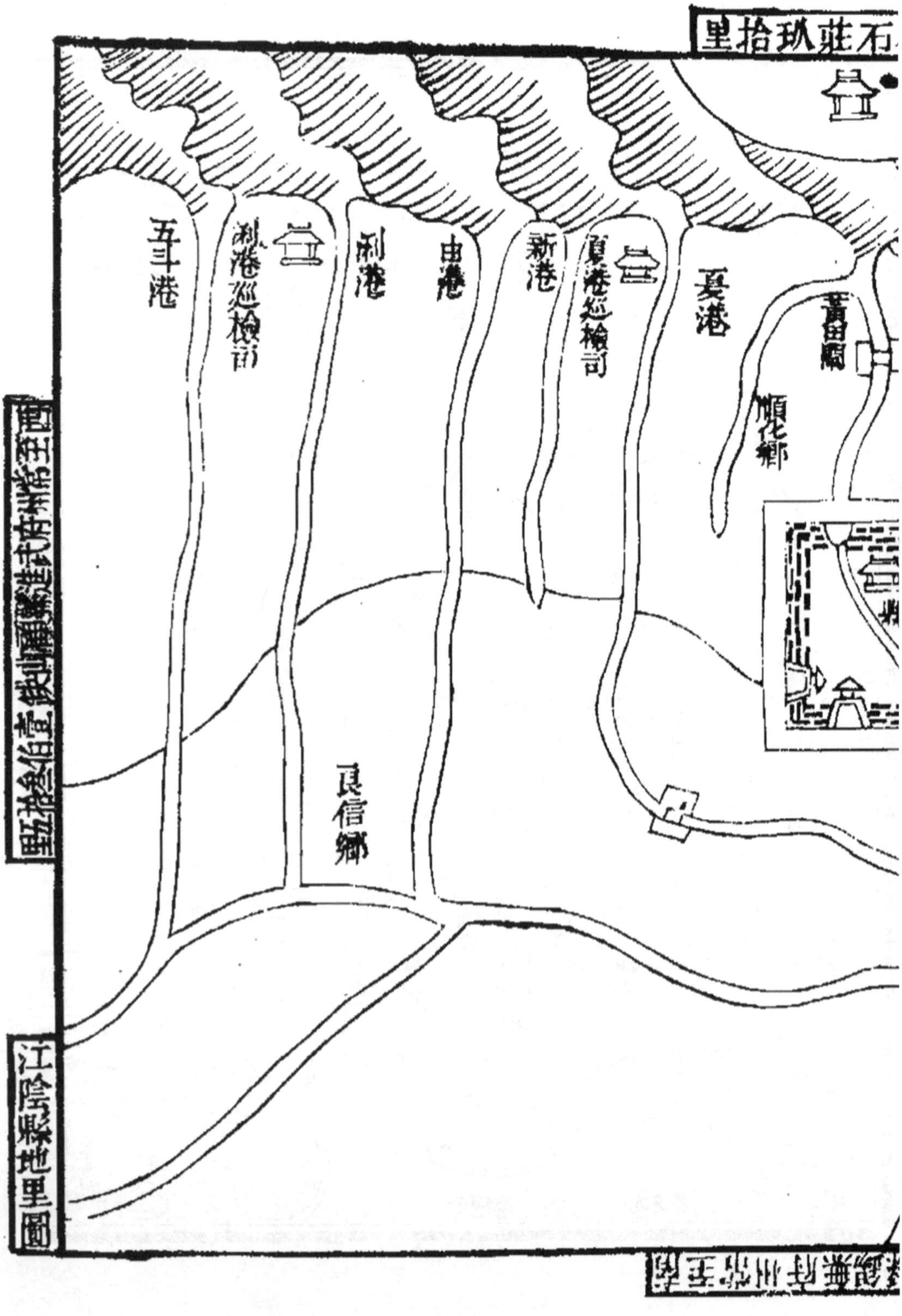

江阴县地里图 / 选自咸淳《毗陵志》

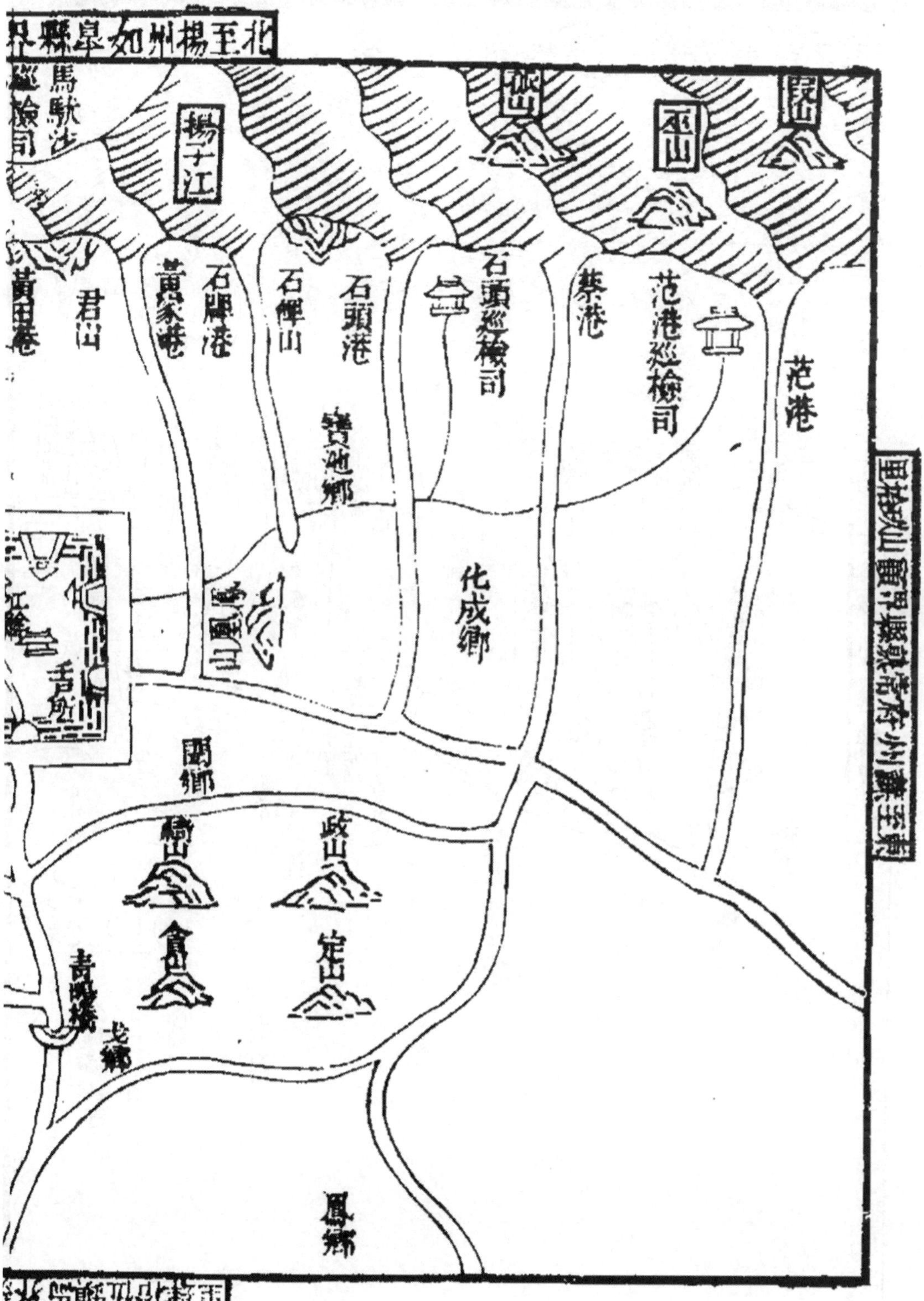
北至揚州如皋縣界
馬馱沙巡檢司
揚子江
黃田港
君山
黃家港
石牌港
石牌山
石頭港
石頭巡檢司
蔡港
范港巡檢司
范港
化成鄉
岐山
定山
鳳鄉

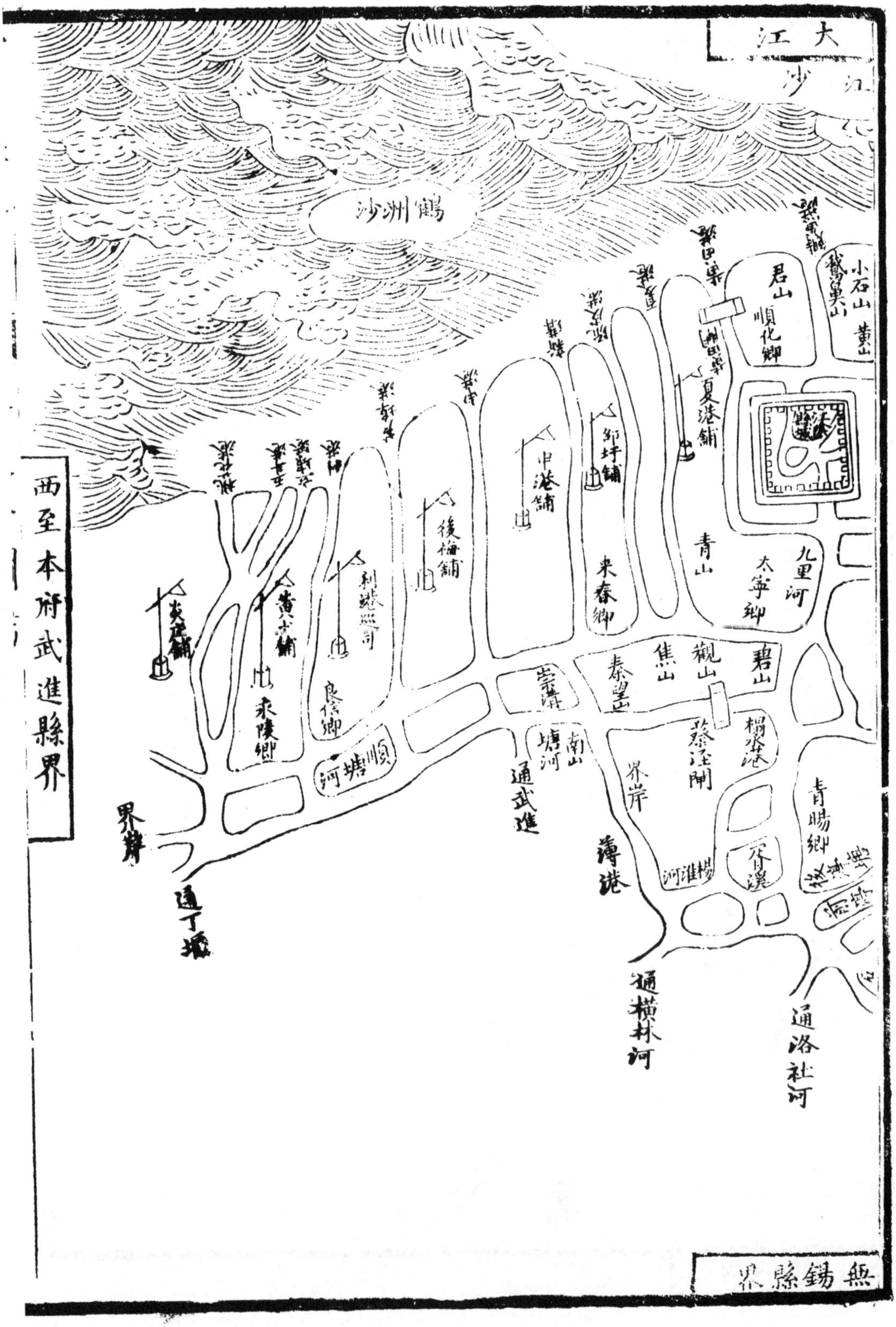

江阴县境图 / 选自康熙《常州府志》

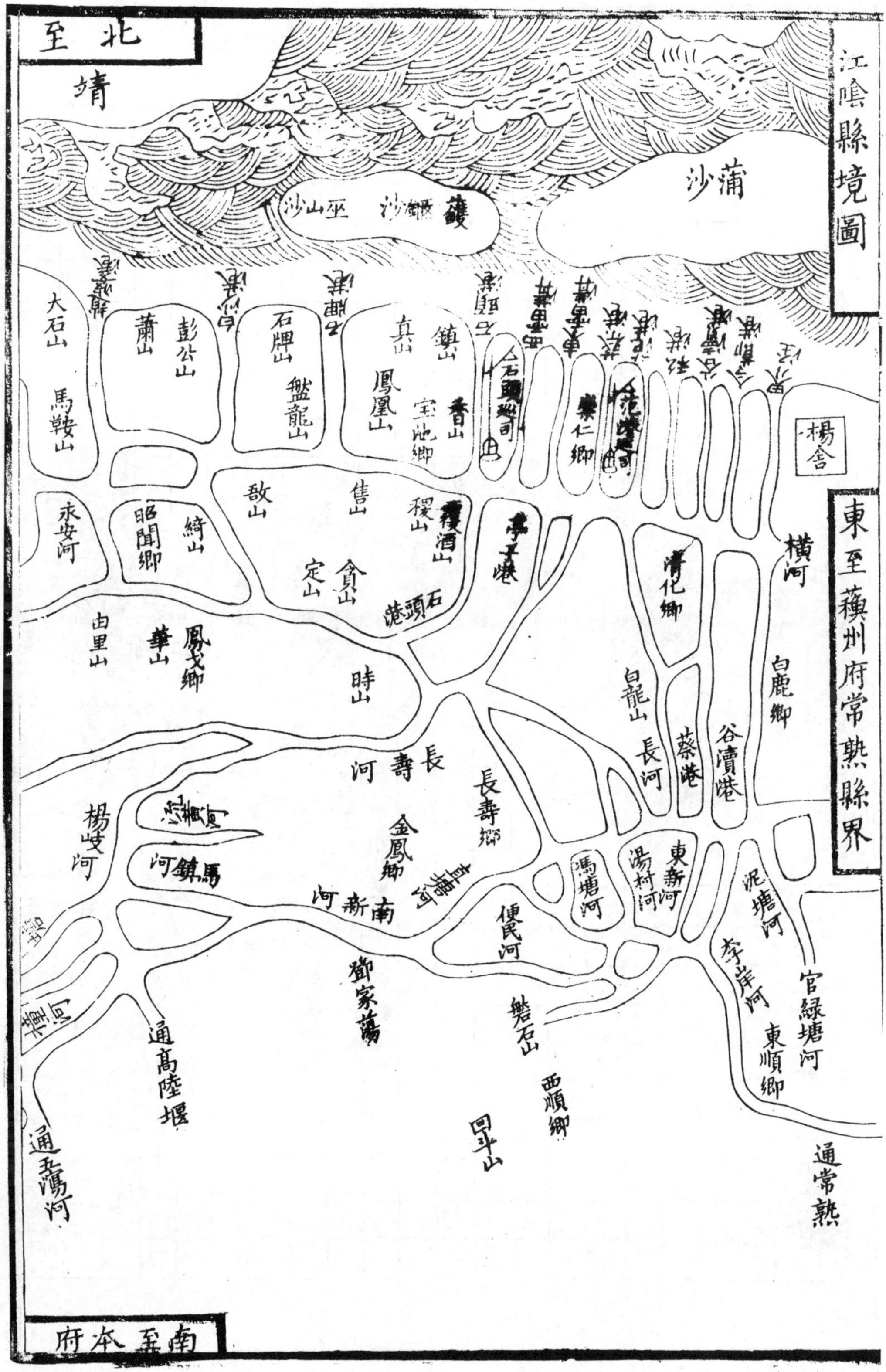
北至
靖
江陰縣境圖
蒲沙
巫山沙
大石山
馬鞍山
蕭山
彭公山
石牌山
盤龍山
真山
鎮山
鳳凰山
香山
楊舍
敔山
稷山
永安河
昭聞鄉
綺山
定山
石頭港
由里山
華山
時山
長壽河
楊岐河
馬鎮河
長壽鄉
金鳳鄉
南新河
便民河
馮塘河
湯村河
東新河
白龍山
長河
蔡港
谷瀆港
白鹿鄉
橫河
東至蘇州府常熟縣界
泥塘河
李岸河
官綠塘河
東順鄉
鄧家蕩
磐石山
西順鄉
通五瀉河
通常熟
南至本府

无锡

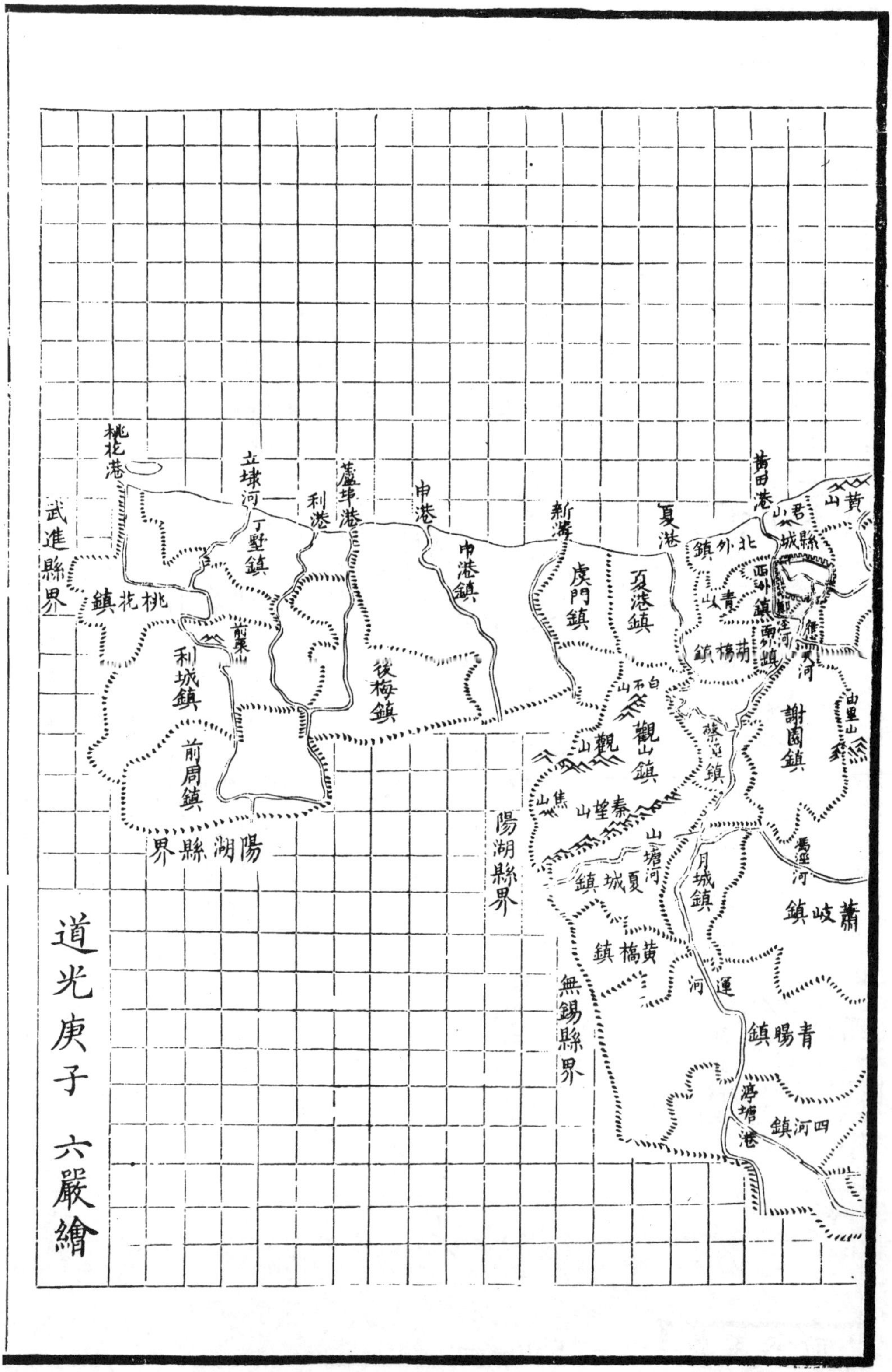

江阴县境全图 / 选自道光《江阴县志》

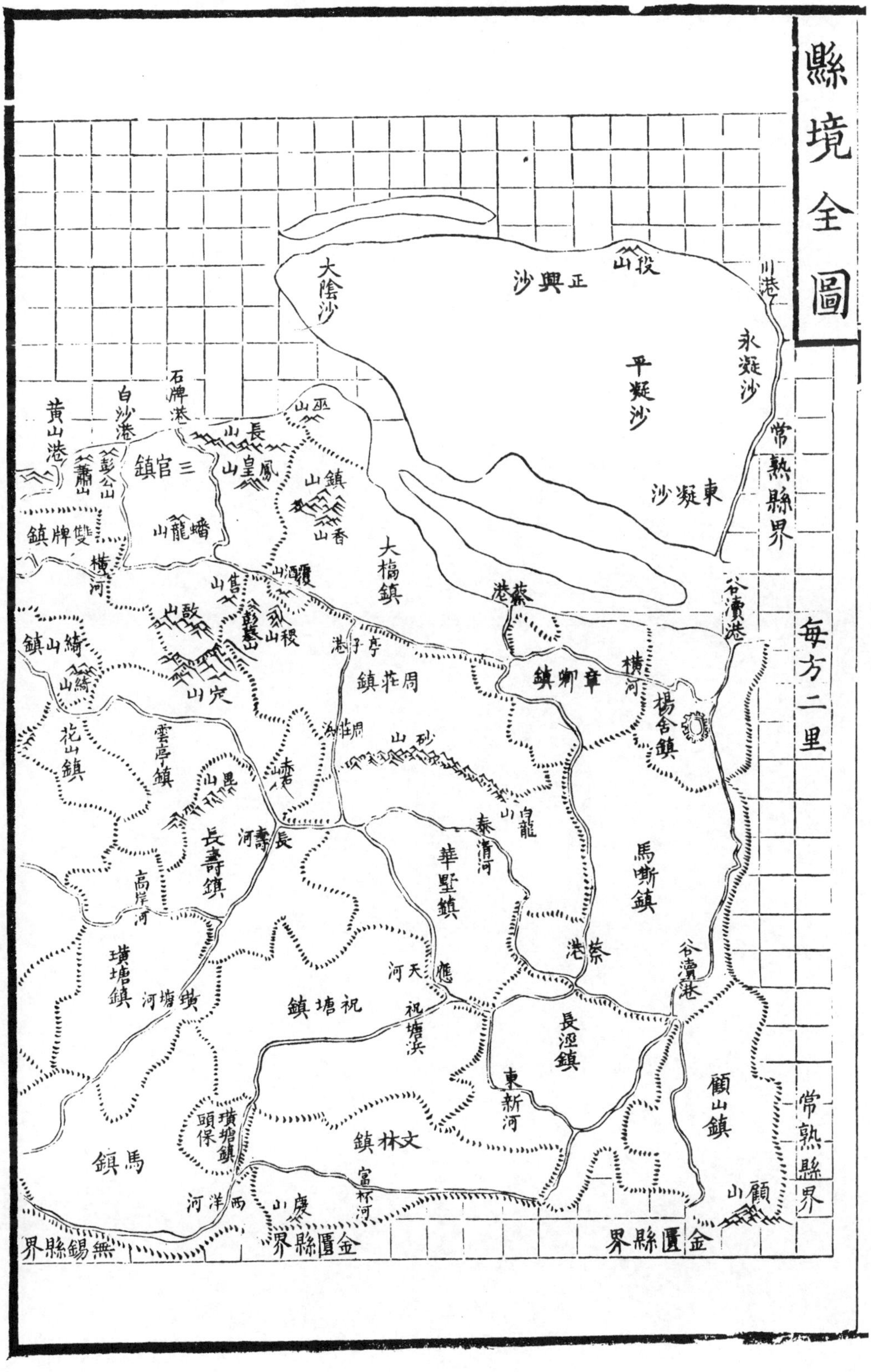
縣境全圖
每方二里
常熟縣界
常熟縣界
金匱縣界
金匱縣界
無錫縣界
正興沙
大陰沙
段山
永凝沙
平凝沙
東凝沙
大橋鎮
谷瀆港
蔡港
章卿鎮
橫河
楊舍鎮
周莊鎮
亭子港
沙山
三官鎮
鳳皇山
長山
巫山
香山
黃山港
白沙港
石牌港
彭公山
雙牌鎮
蟠龍山
橫河
綺山鎮
綺山
定山
稷山
花山鎮
雲亭鎮
長壽鎮
長壽河
高岸河
華墅鎮
泰清河
白龍山
馬嘶鎮
蔡港
谷瀆港
璜塘鎮
璜塘河
祝塘鎮
應天河
祝塘浜
長涇鎮
東新河
顧山鎮
顧山
文林鎮
馬鎮
西洋河
富杯河

苏州

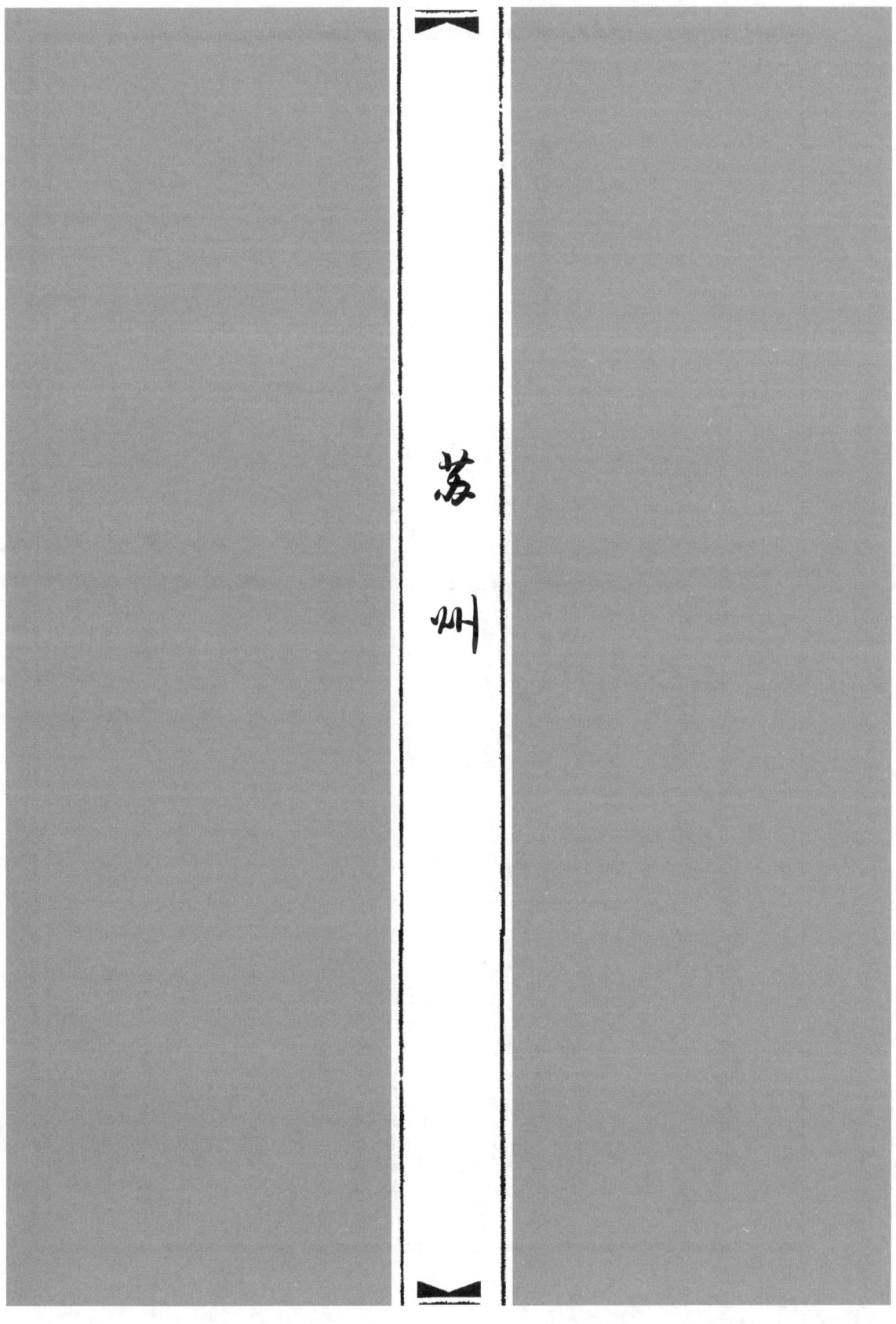

苏州府九邑全图 / 选自乾隆《苏州府志》

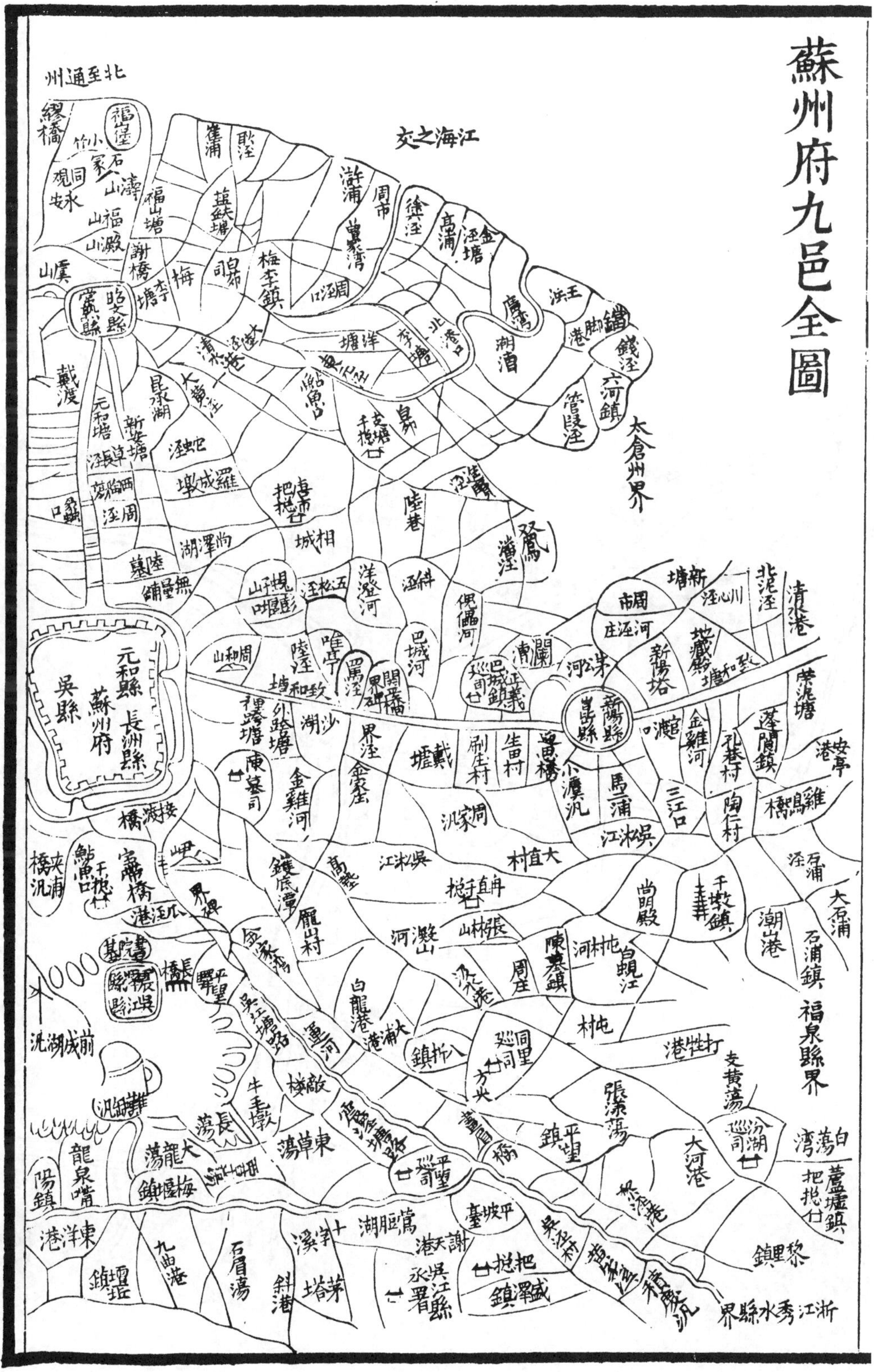
蘇州府九邑全圖
江海之交
北至通州
太倉州界
福泉縣界
浙江秀水縣界
元和縣
長洲縣
吳縣
蘇州府

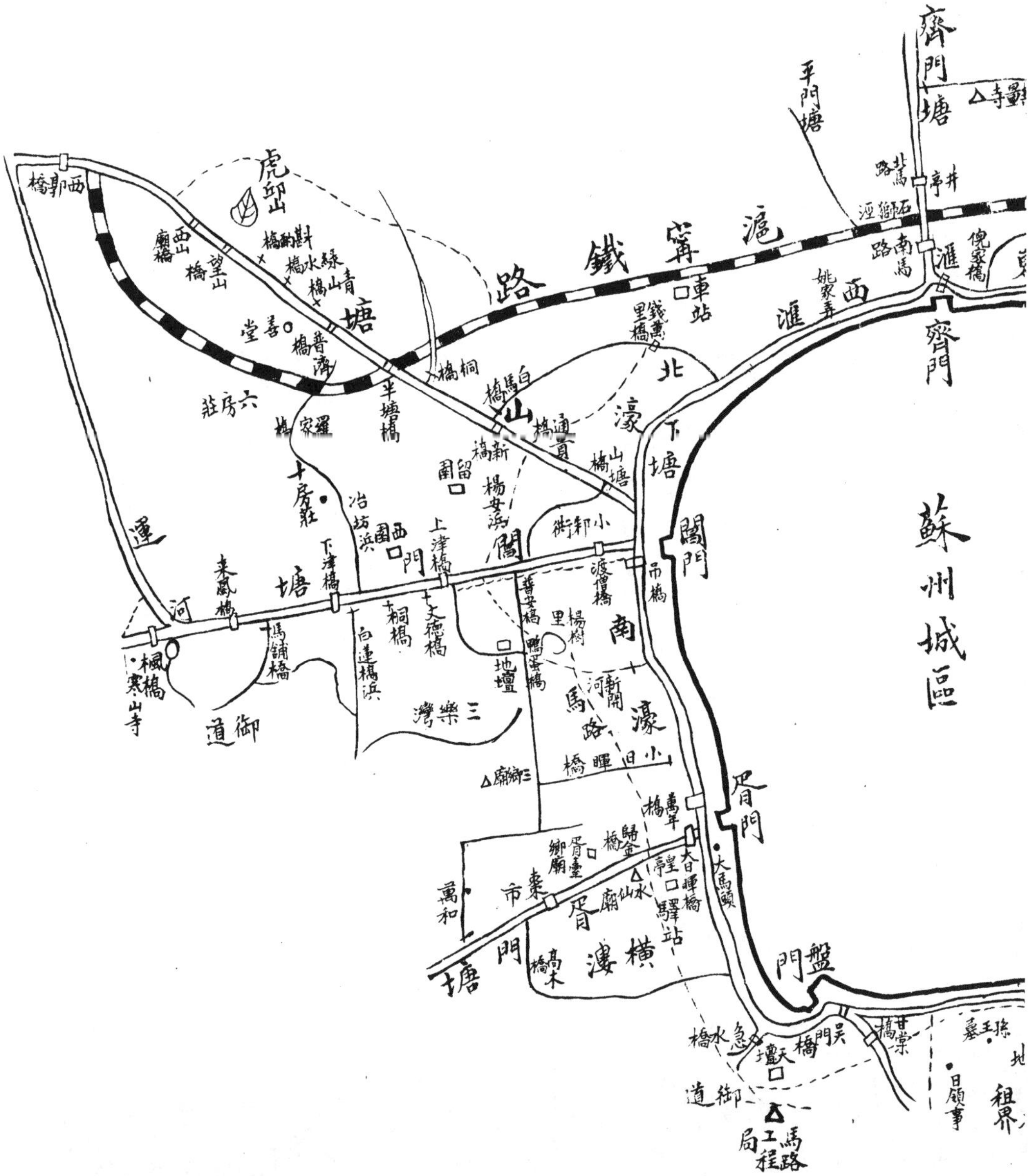

苏市附郭图 / 选自民国《吴县志》

吳縣志卷第一

圖

蘇市附郭圖

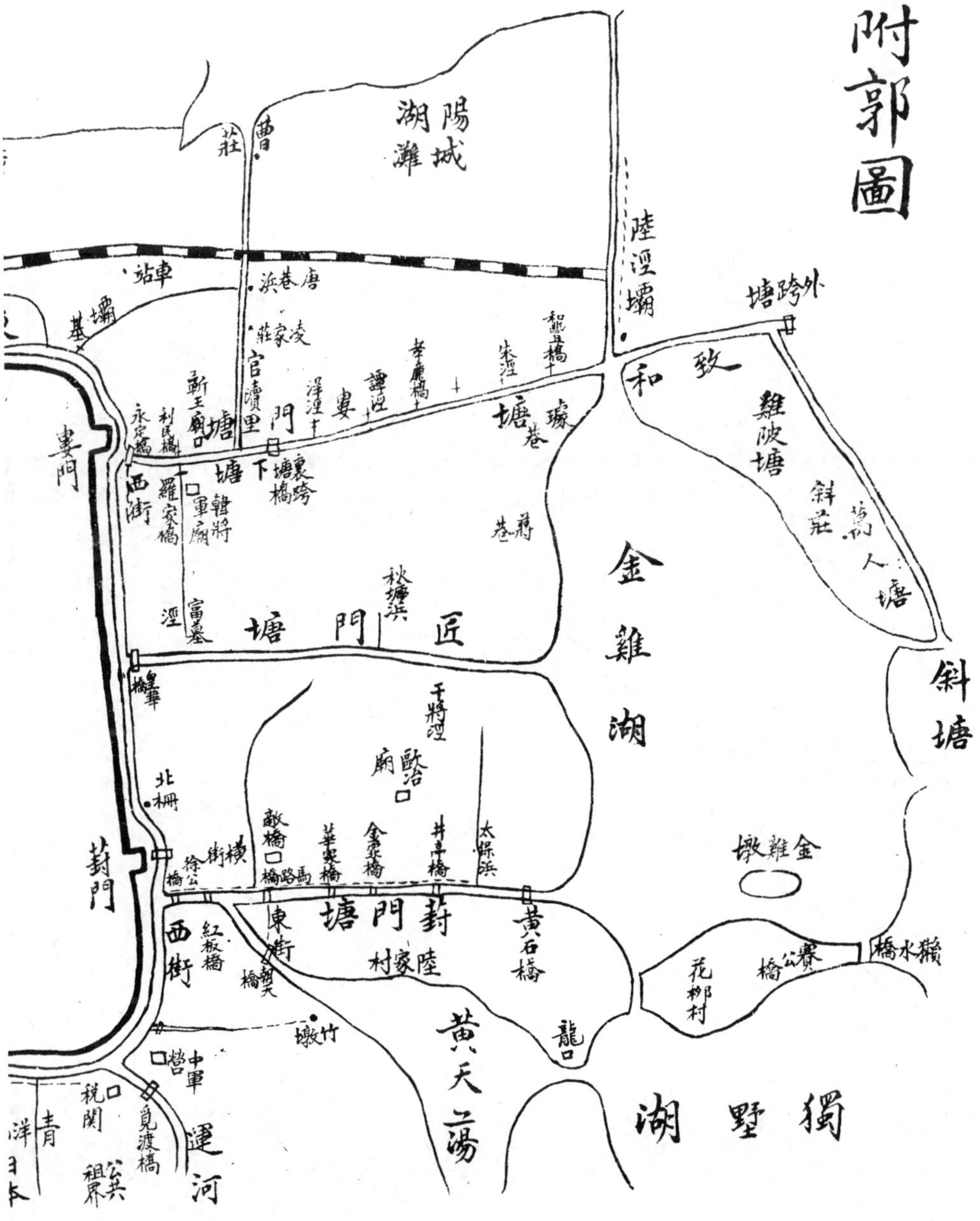

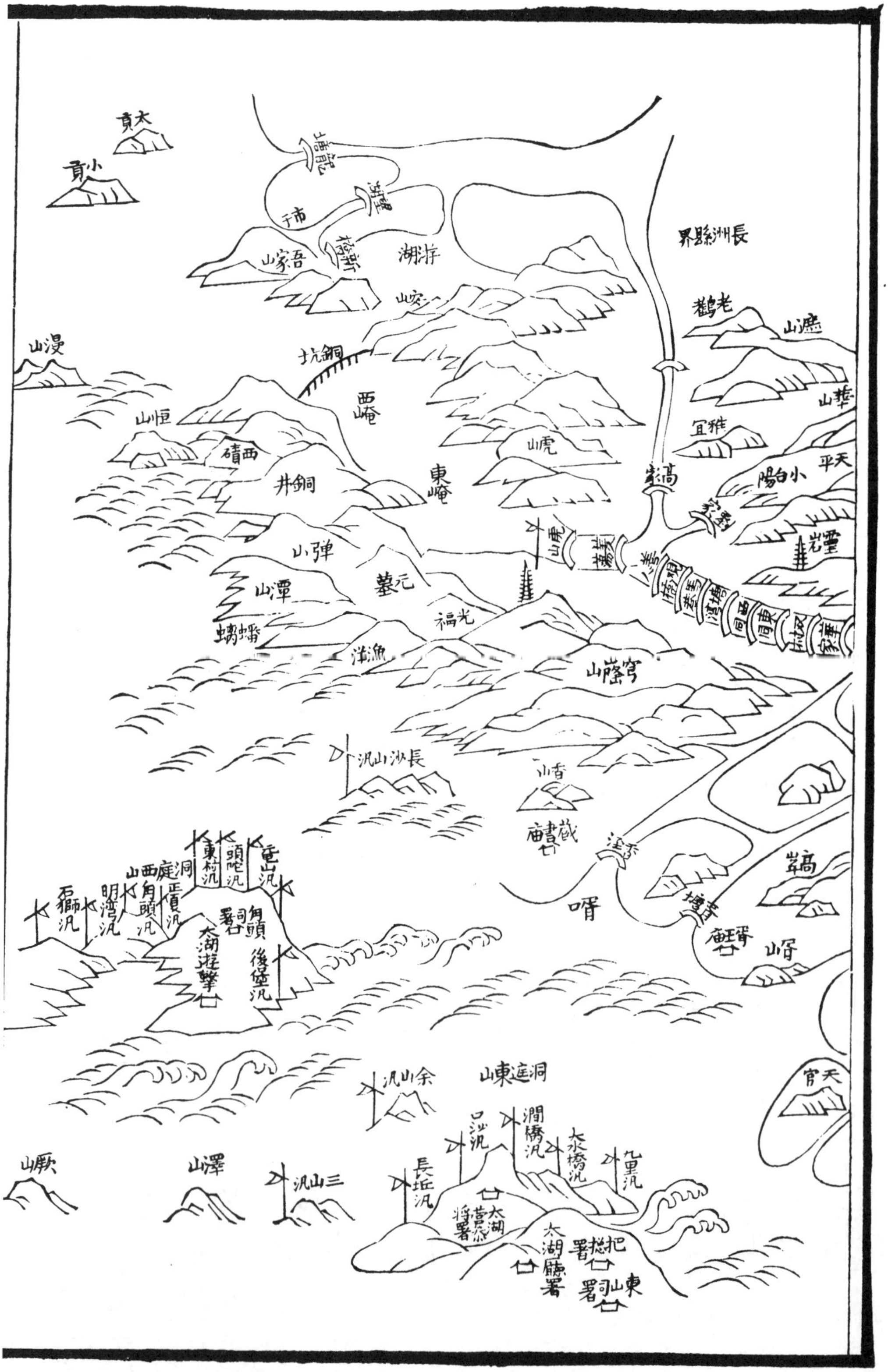

吴县疆域图 / 选自乾隆《苏州府志》

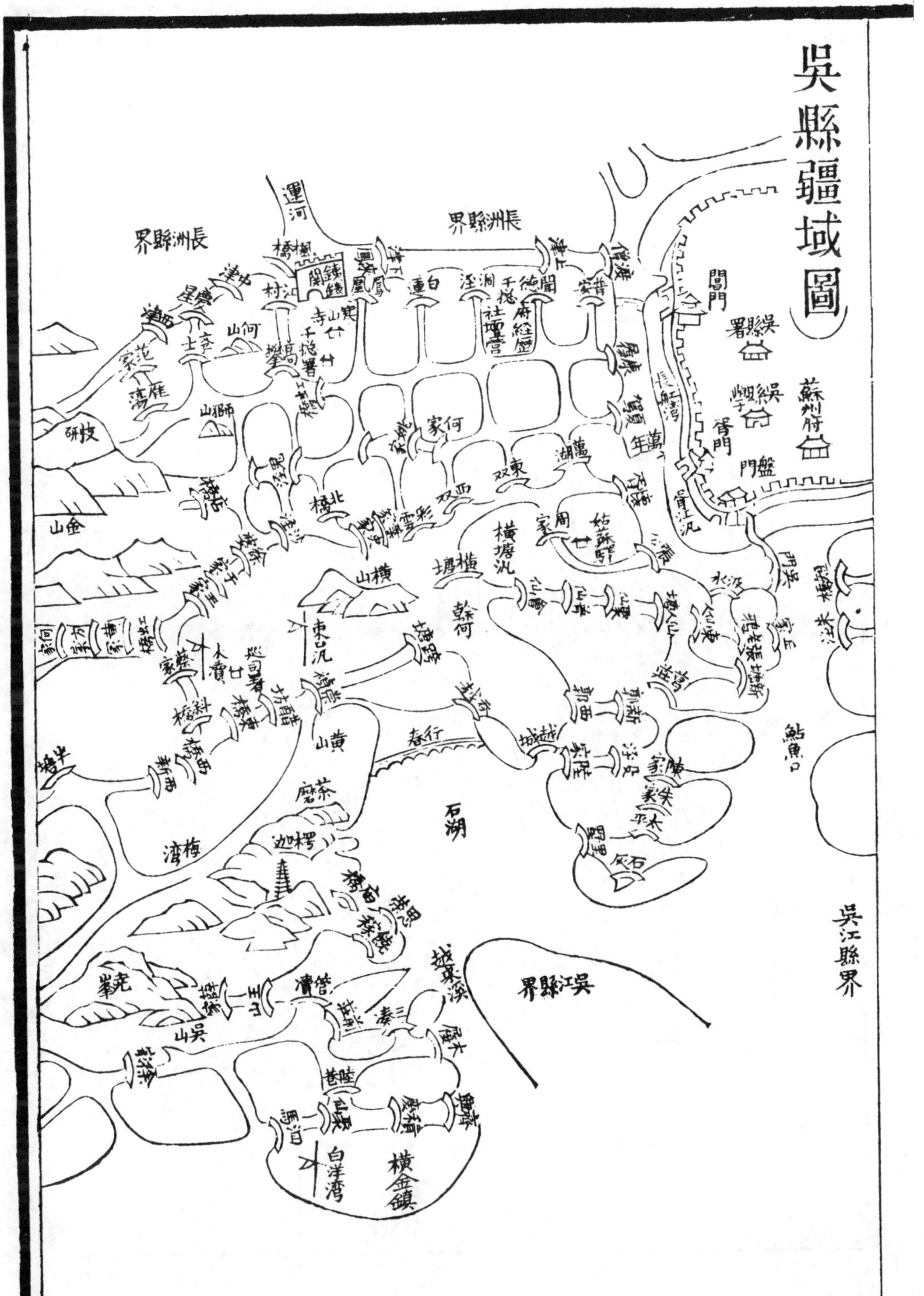

吳縣疆域圖
長洲縣界
運河
長洲縣界
閶門
吳縣署
吳縣學
蘇州府
胥門
盤門
橫山
橫塘
金山
黃山
行春
石湖
吳江縣界
吳江縣界
吳山
白洋灣
橫金鎮

苏州

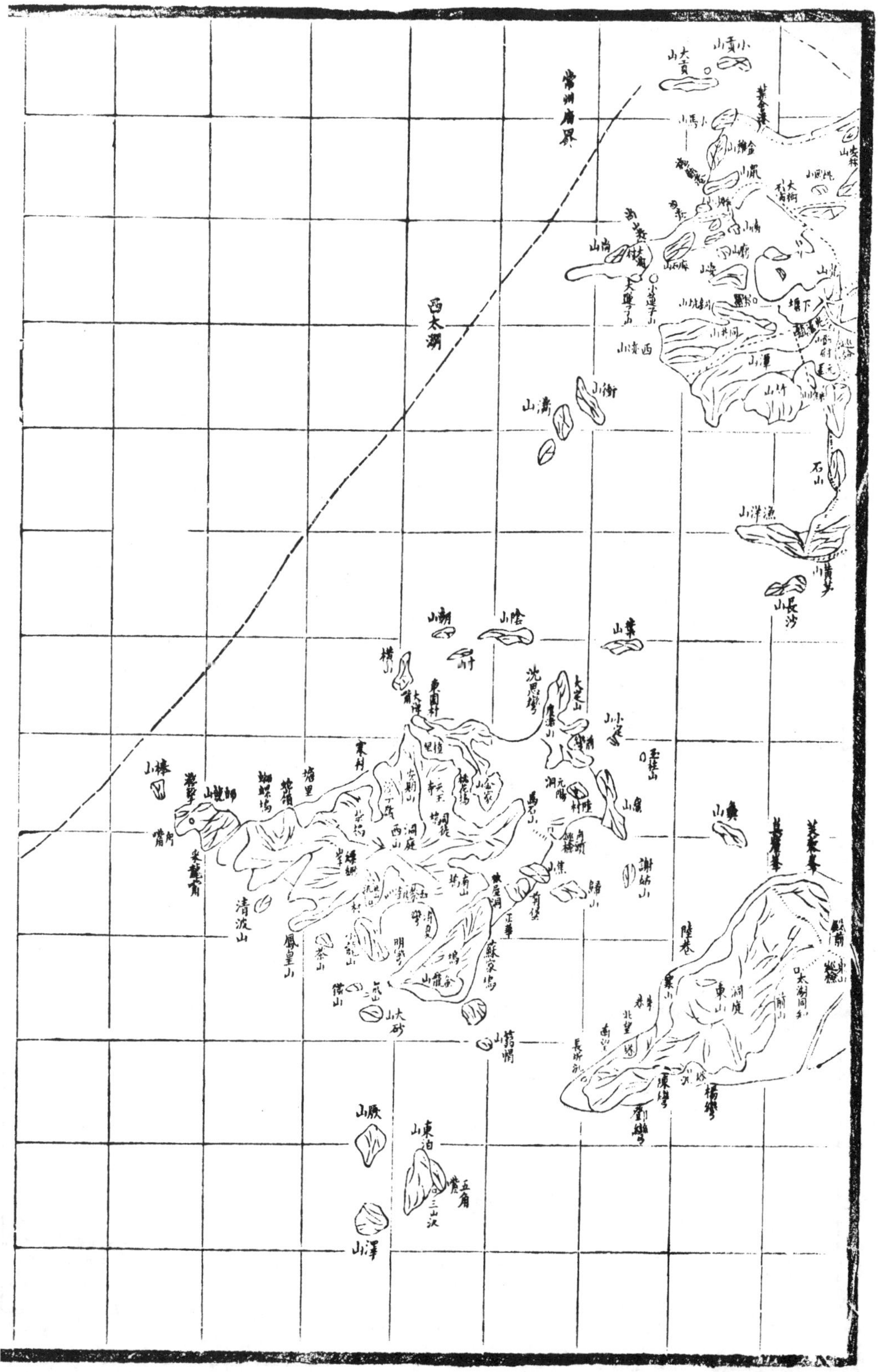

吴县图 / 选自同治《苏州府志》

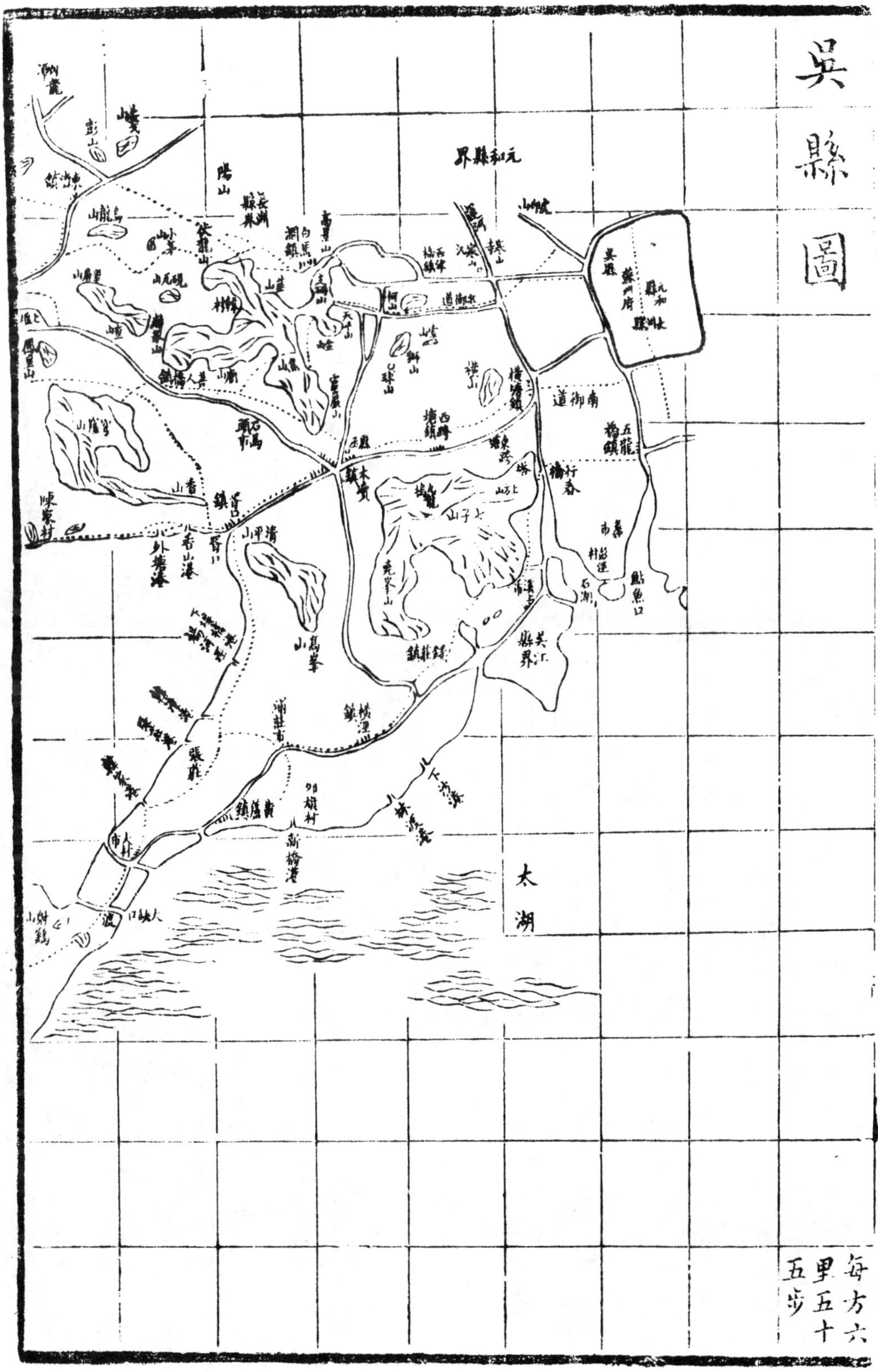
吳縣圖
元和縣界
長洲縣界
陽山
蘇州府
吳縣
元和縣
長洲縣
南御道
五龍橋鎮
橫塘鎮
木瀆鎮
吳江縣界
太湖
每方六里五十五步

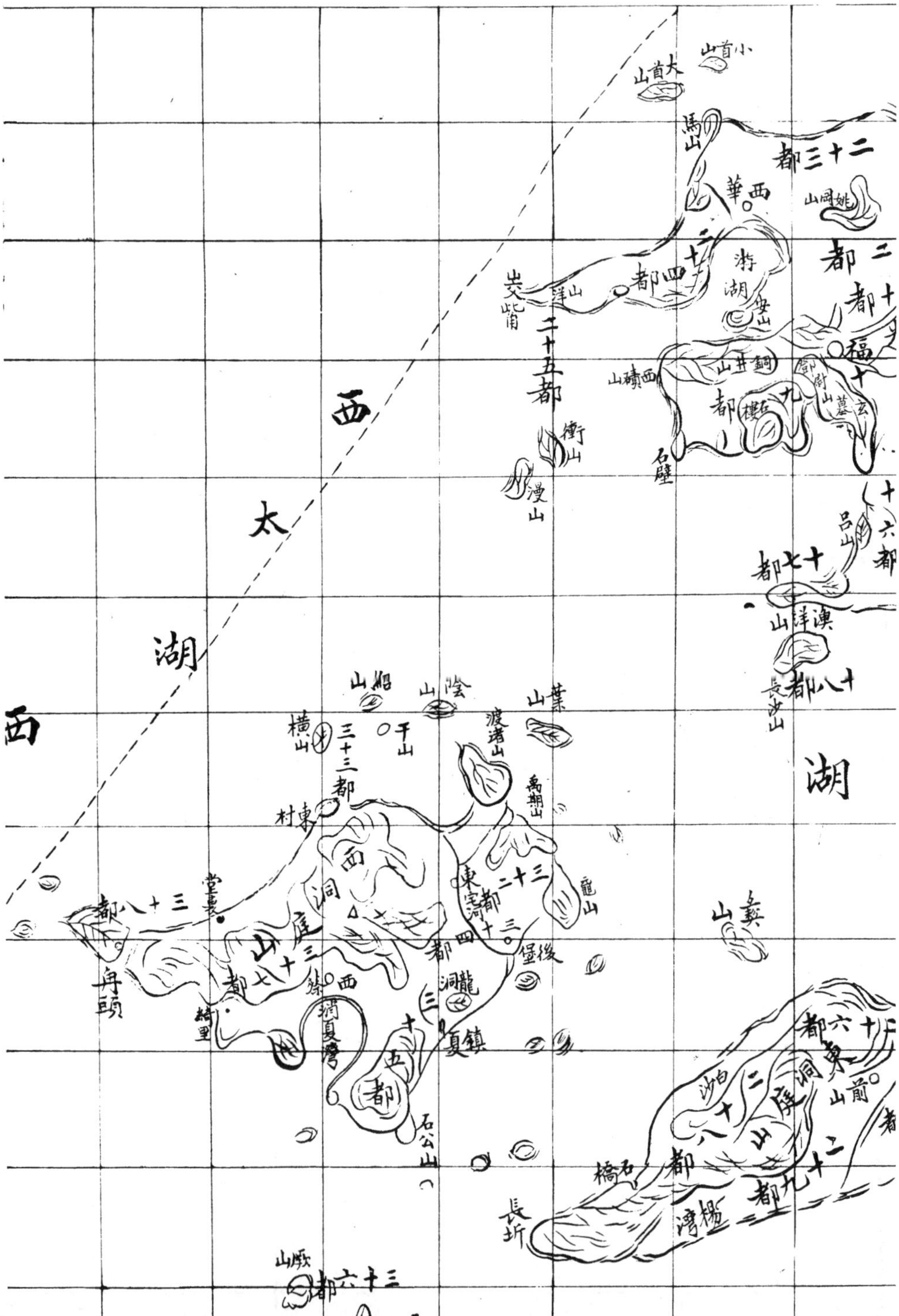

吴县总图 / 选自民国《吴县志》

吳縣總圖
每方六里五十五步
北
東
南
蘇城
元和縣界
長洲縣界
吳江縣界
楓橋
陽山
伏龍山
支硎山
天平山
西津橋
獅子山
金山
靈巖山
白羊山
善人橋
穹窿山
香山
東渚
木瀆
胥口
胥山
五龍橋
新郭
橫塘
石湖
蠡墅
七子山
堯峯山
後巷橋
橫涇
浦莊
韓瀆
渡村
黃蘆
武山
太
湖

苏州

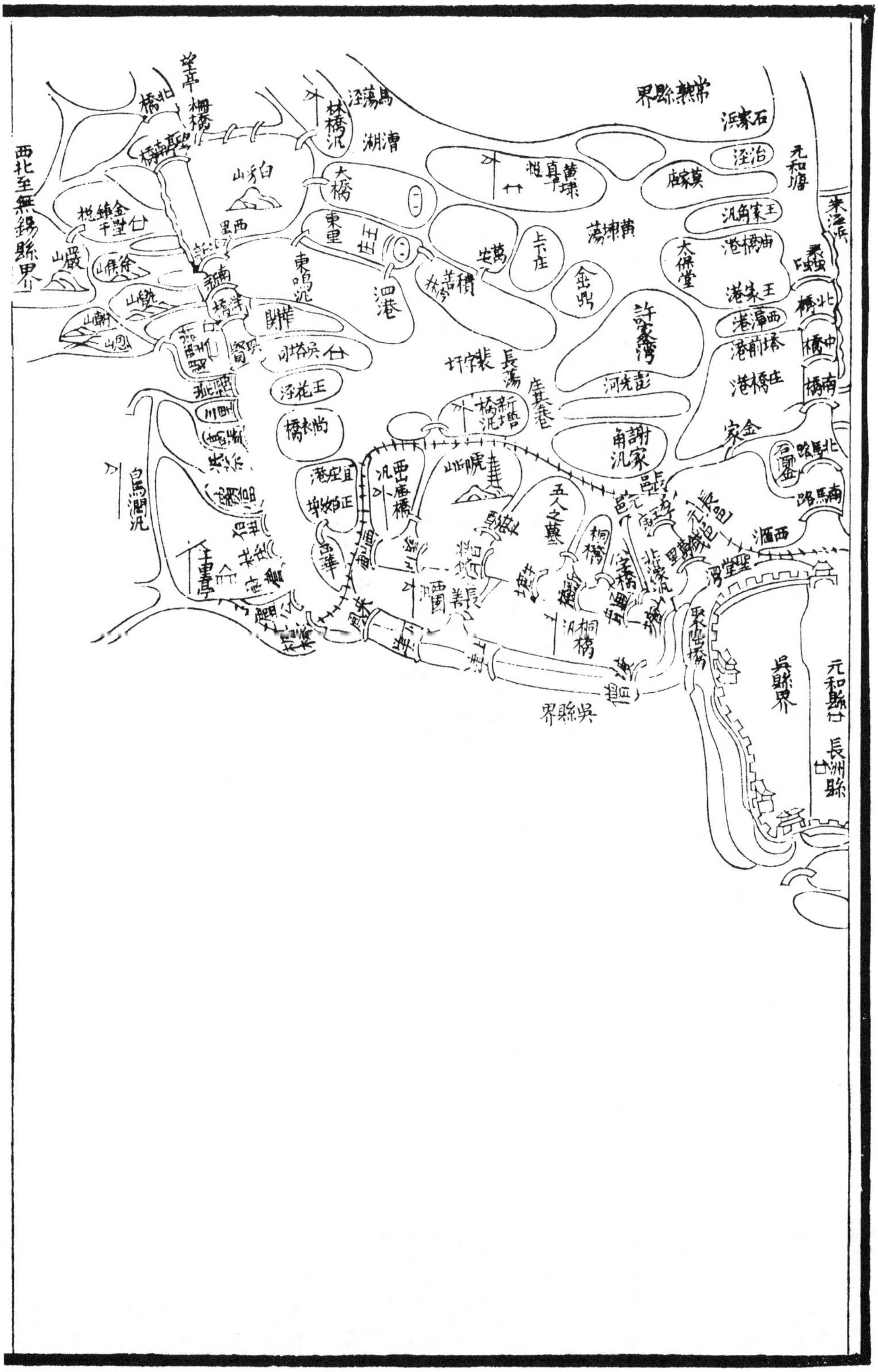

长洲元和二县疆域图 / 选自乾隆《苏州府志》

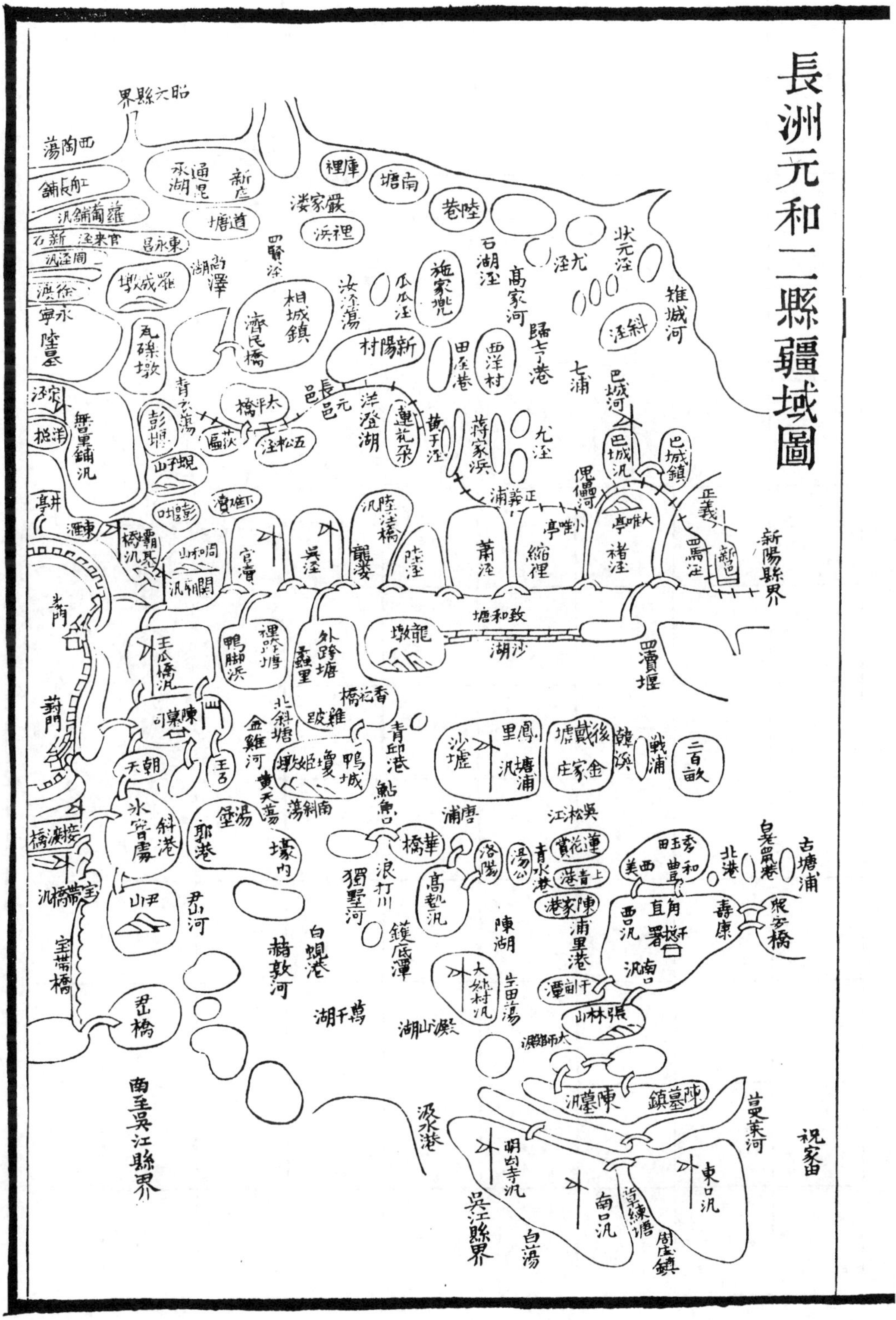
長洲元和二縣疆域圖
相城鎮
新陽村
致和塘
沙湖
白蜆港
吳江縣界
南至吳江縣界
新陽縣界

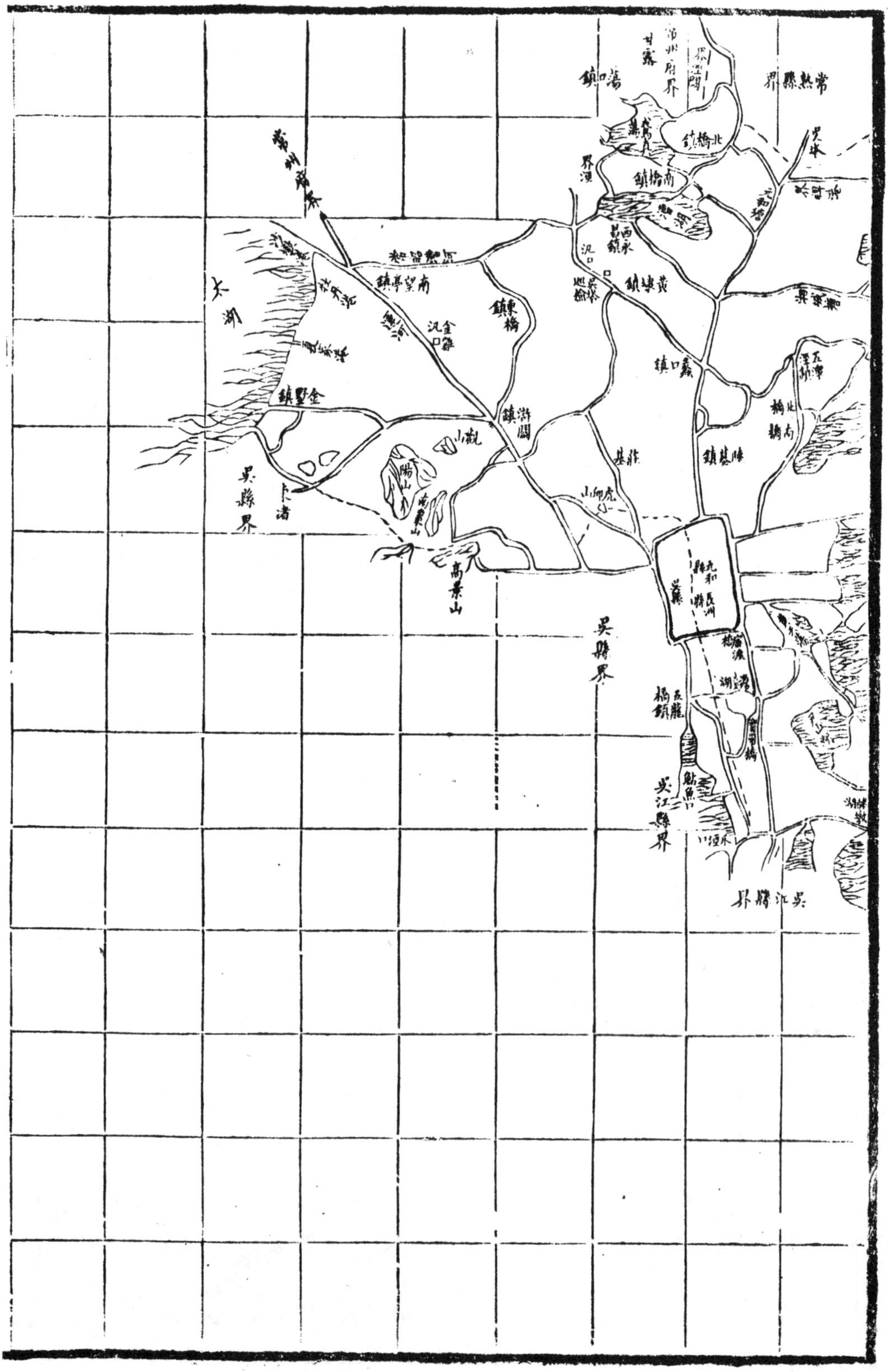

长洲元和两县图 / 选自同治《苏州府志》

長洲元和兩縣圖

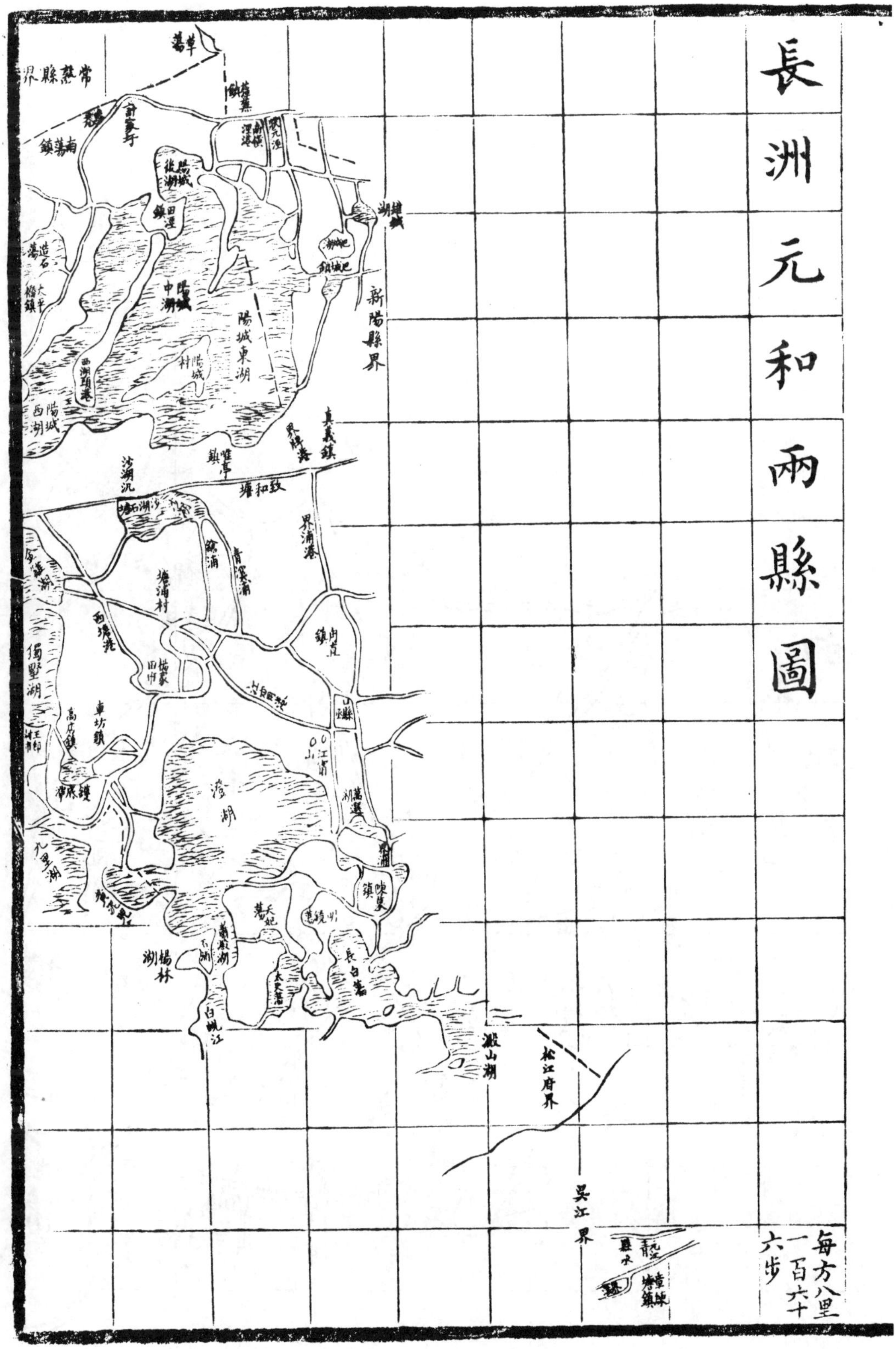
常熟縣界
陽城東湖
新陽縣界
真義鎮
致和塘
界浦港
獨墅湖
車坊鎮
澄湖
九里湖
長白蕩
白蜆江
澱山湖
松江府界
吳江界
每方八里一百六十六步

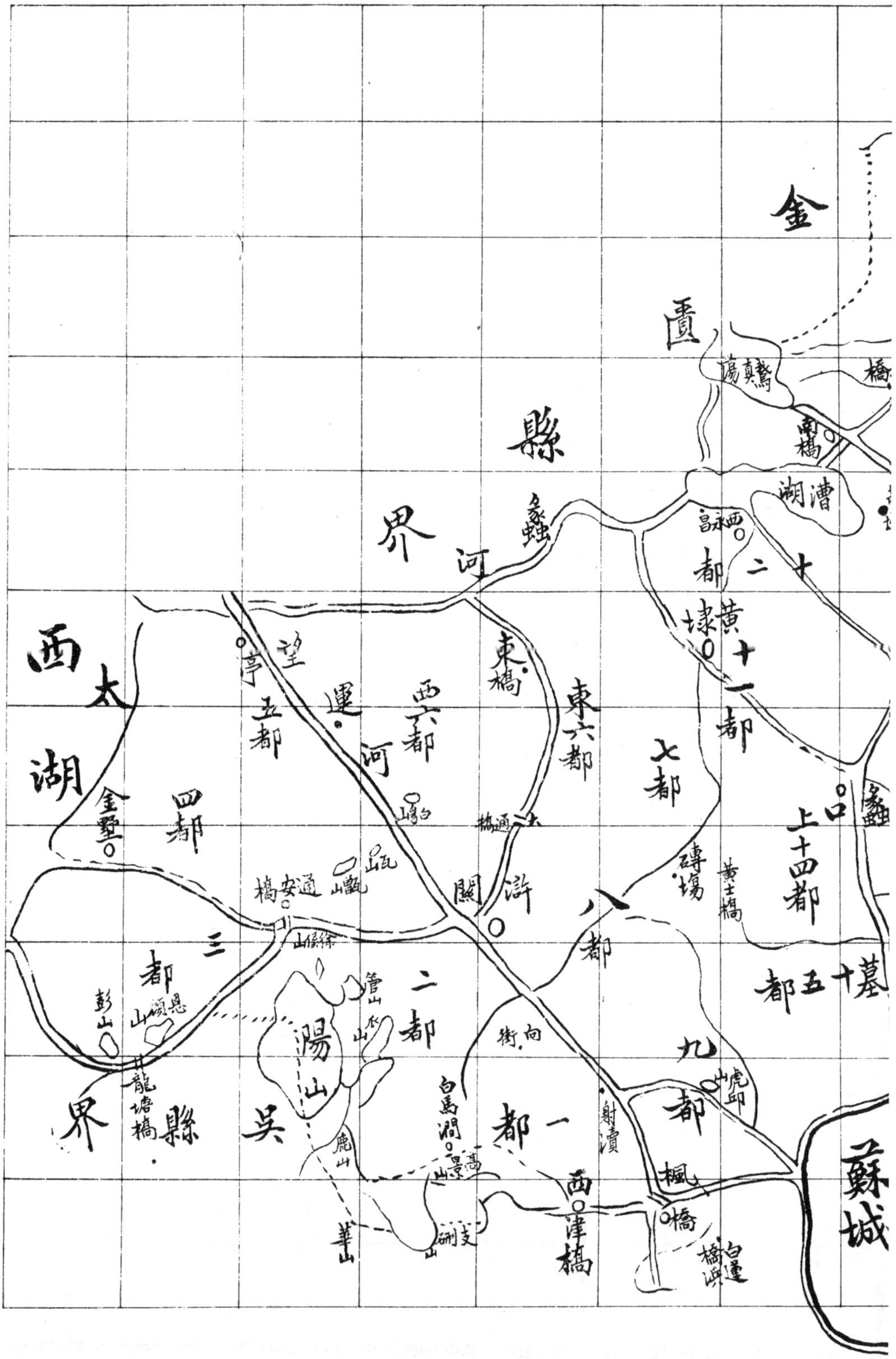

长洲县总图 / 选自民国《吴县志》

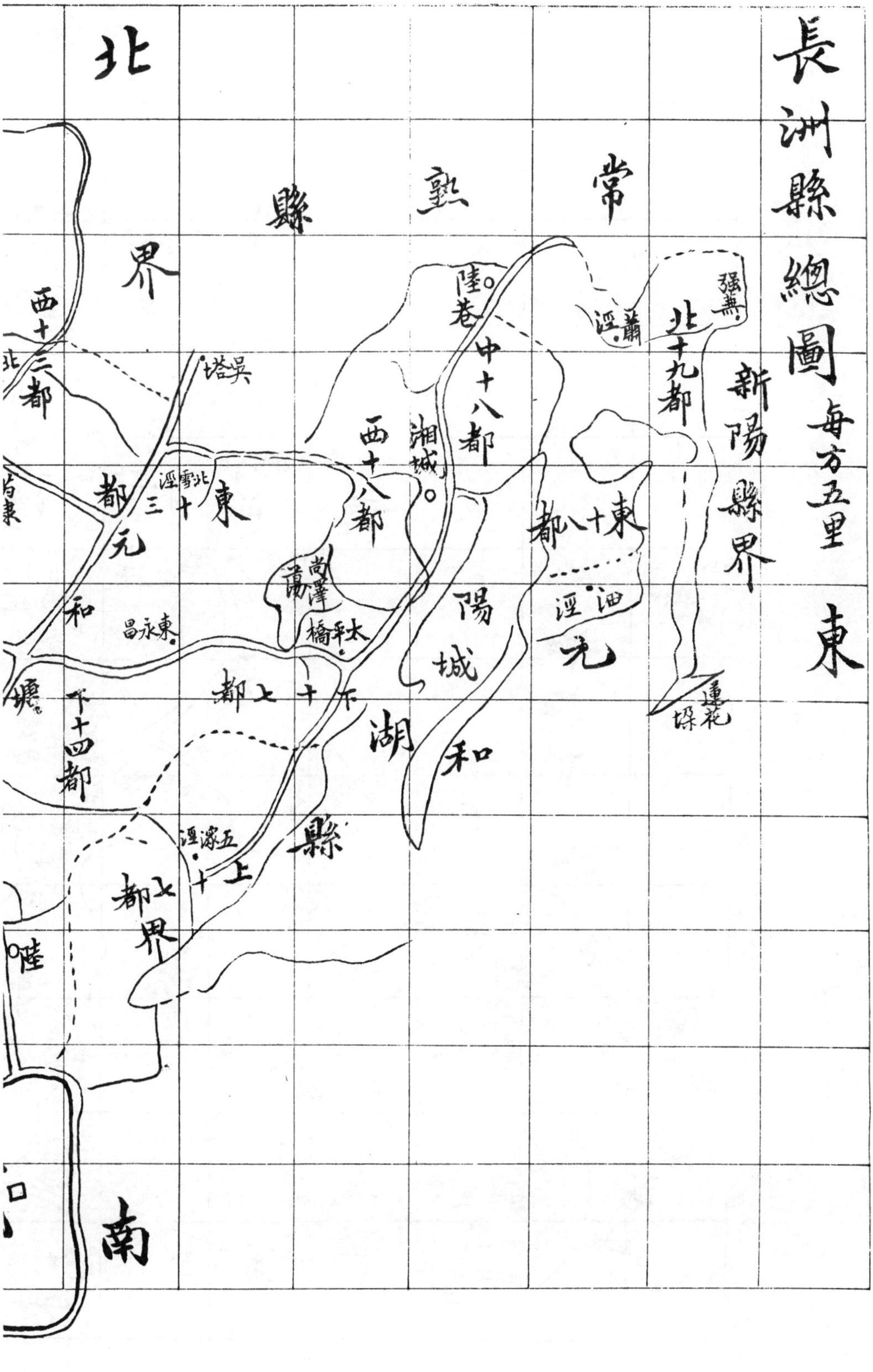
長洲縣總圖
每方五里
北
東
南
常熟縣界
新陽縣界
陸巷
中十八都
西十八都
湘城
北十九都
東十八都
陽城湖
元和縣
東十三都
元和
東永昌
太平橋
尚澤蕩
下十七都
下十四都
西十二都
五瀆涇
上十七都
界
陸
吳塔
北雪涇
蓮花垜

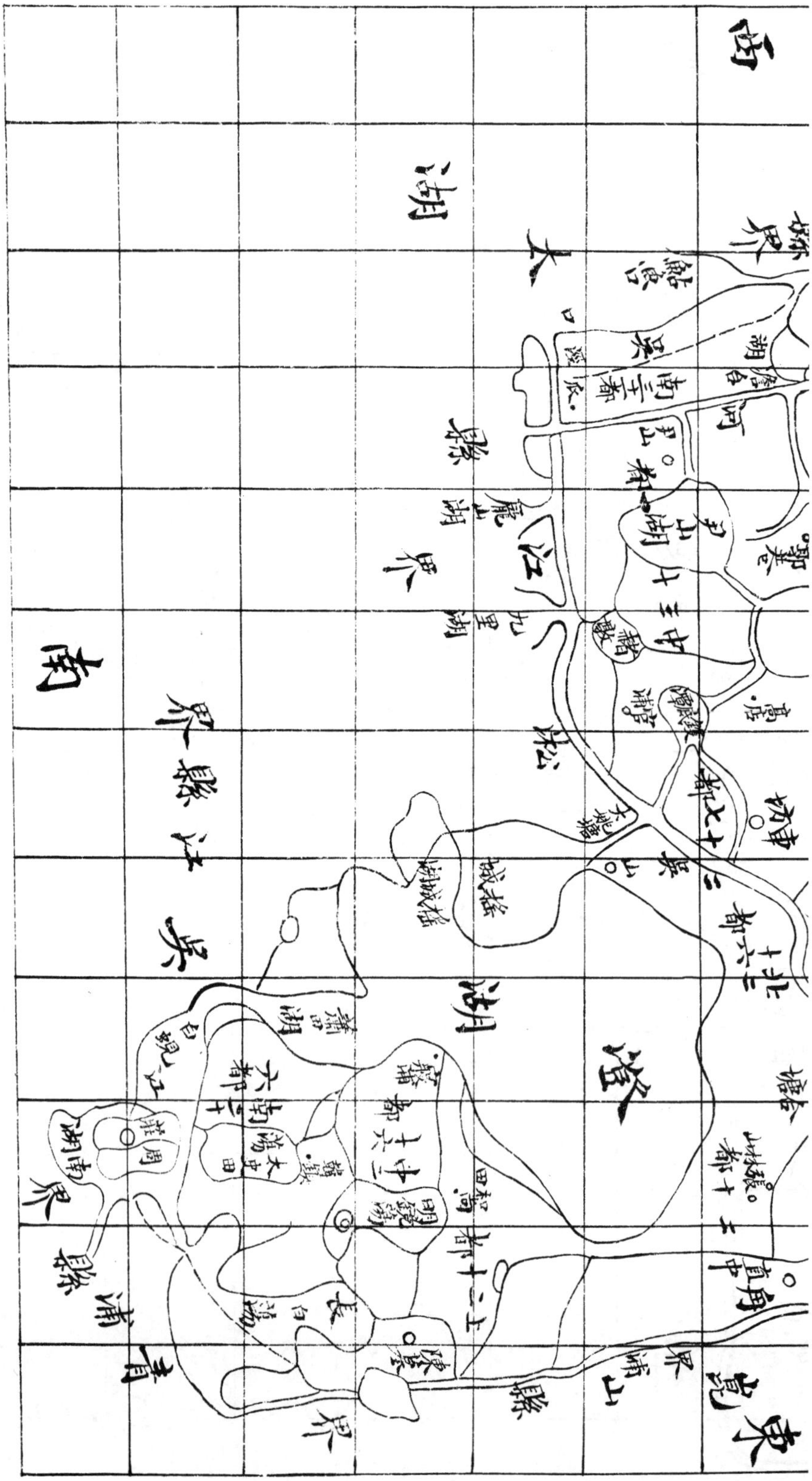

元和县总图 / 选自民国《吴县志》

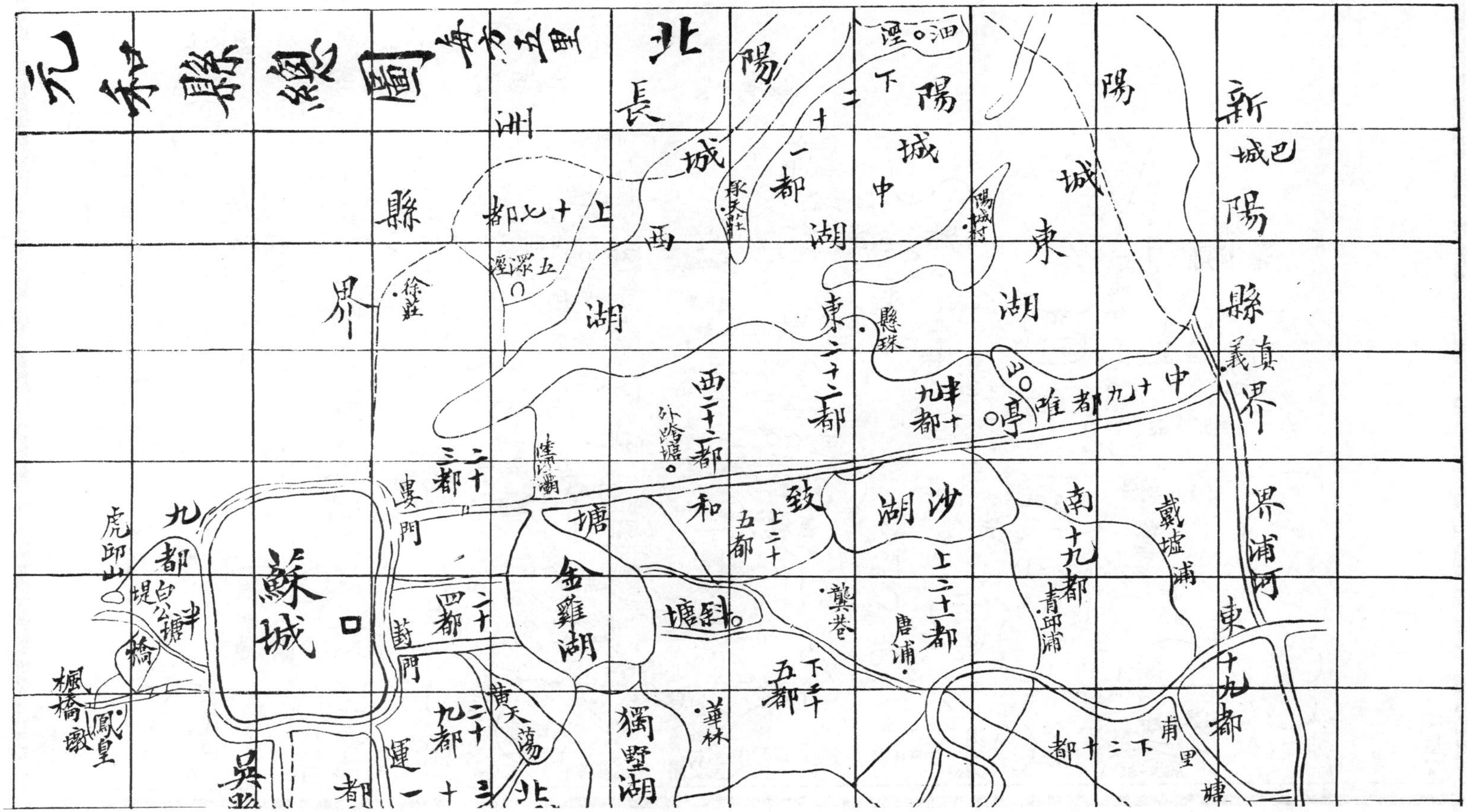

元和縣總圖
每方五里
北
長洲縣界
陽城湖
東湖
西湖
沙湖
金雞湖
獨墅湖
黄天蕩
蘇城
虎邱山
新陽縣界
界浦河
婁門
葑門

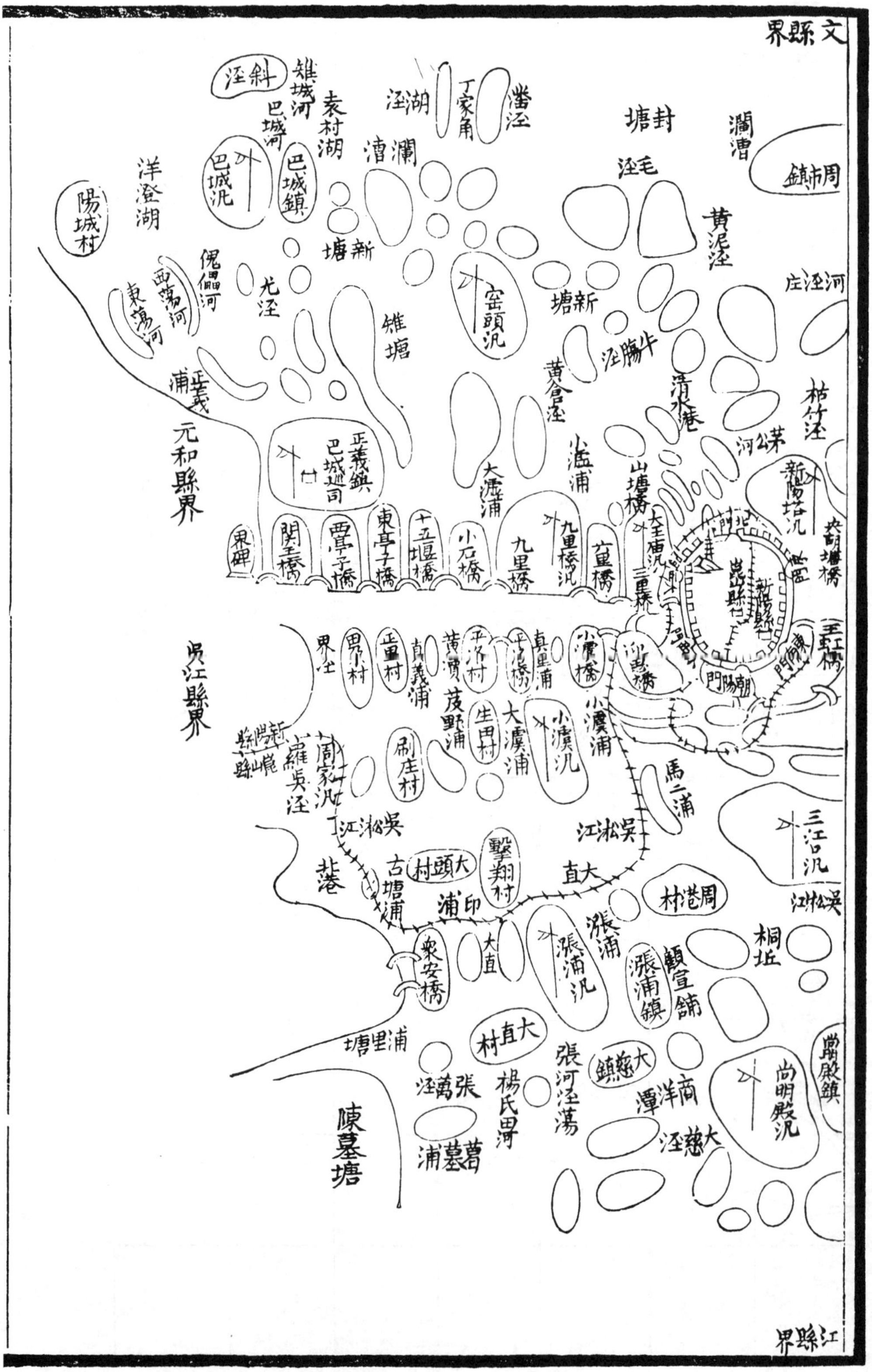

昆山新阳二县疆域图 / 选自乾隆《苏州府志》

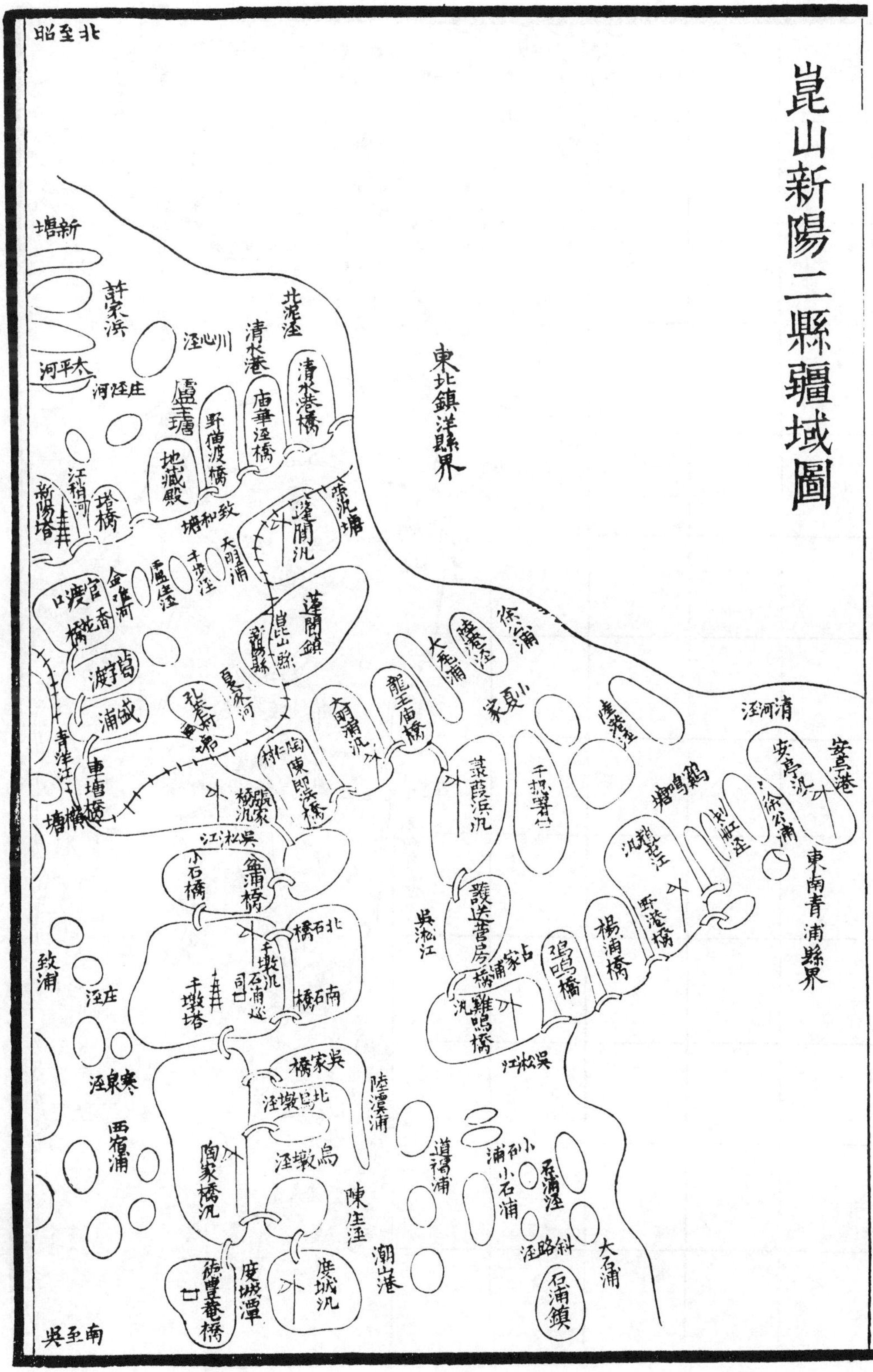

崑山新陽二縣疆域圖
北至昭
南至吳
東北鎮洋縣界
東南青浦縣界
新塘
太平河
吳淞江
清河涇
崑山縣
新陽縣
蓬閬鎮
安亭汛
石浦鎮
致和塘

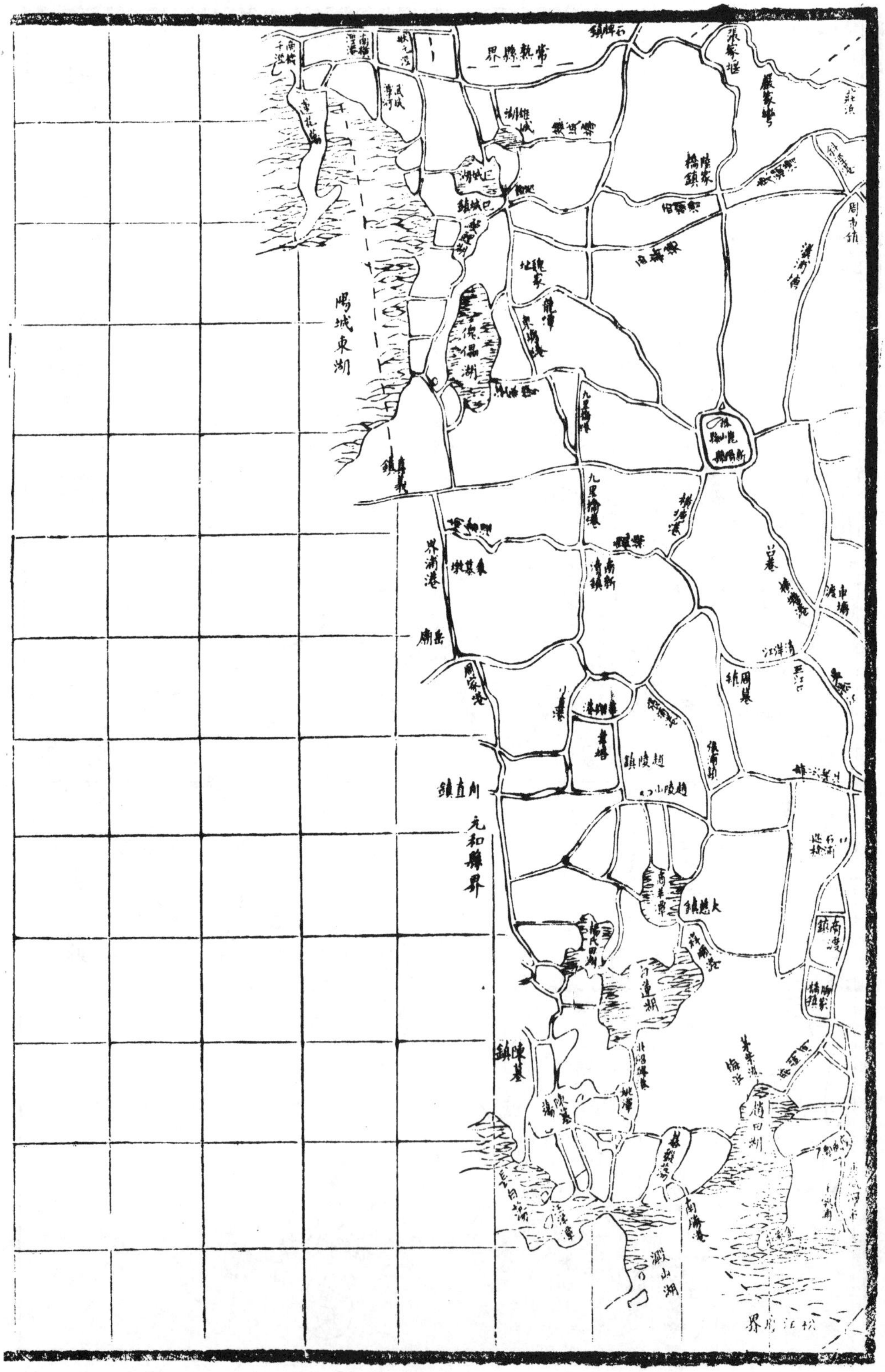

昆山新阳两县图 / 选自同治《苏州府志》

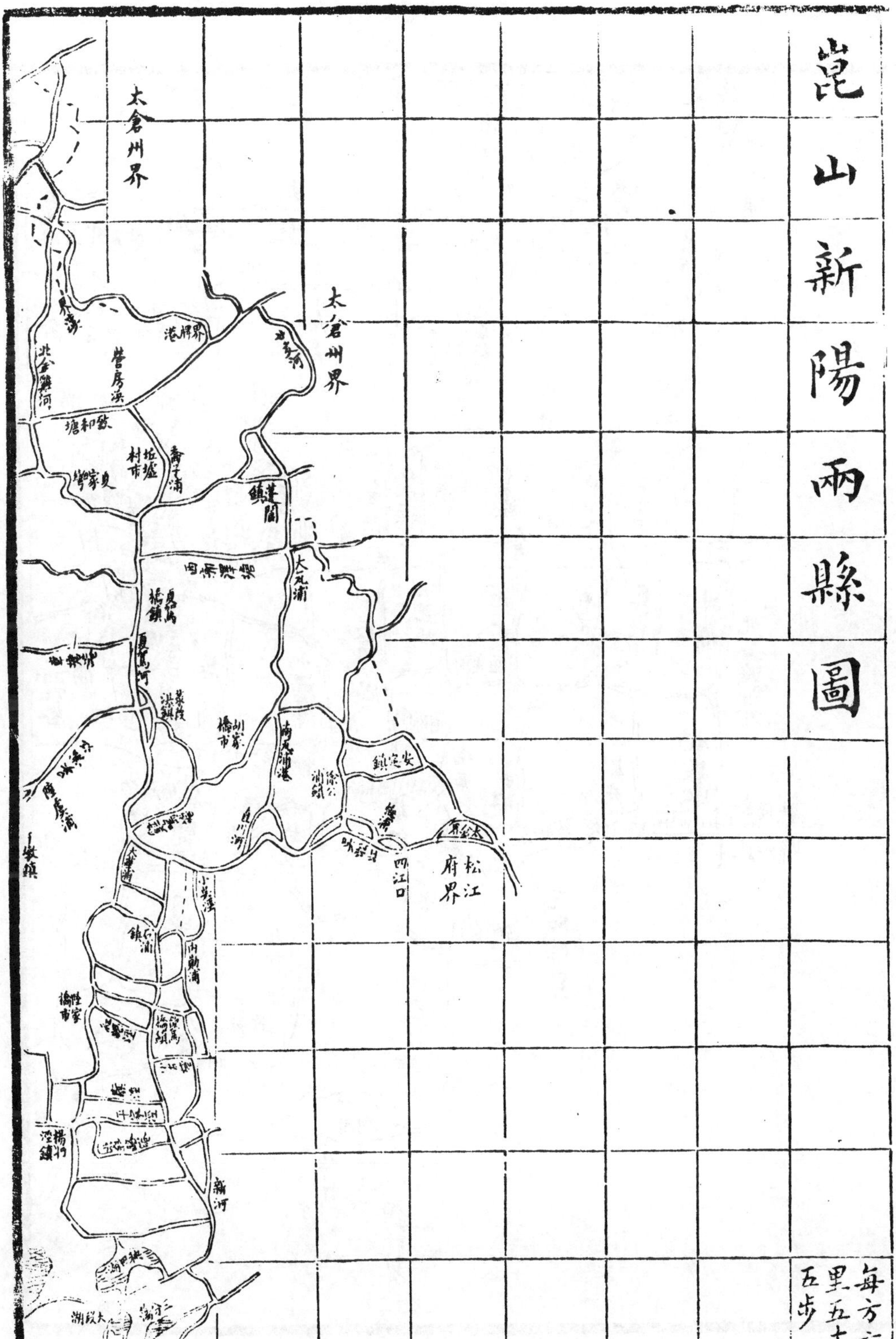
崑山新陽兩縣圖
太倉州界
太倉州界
北金雞河
營房浜
致和塘
夏駕河
新河
四江口
松江府界
安亭鎮
每方六里五十五步

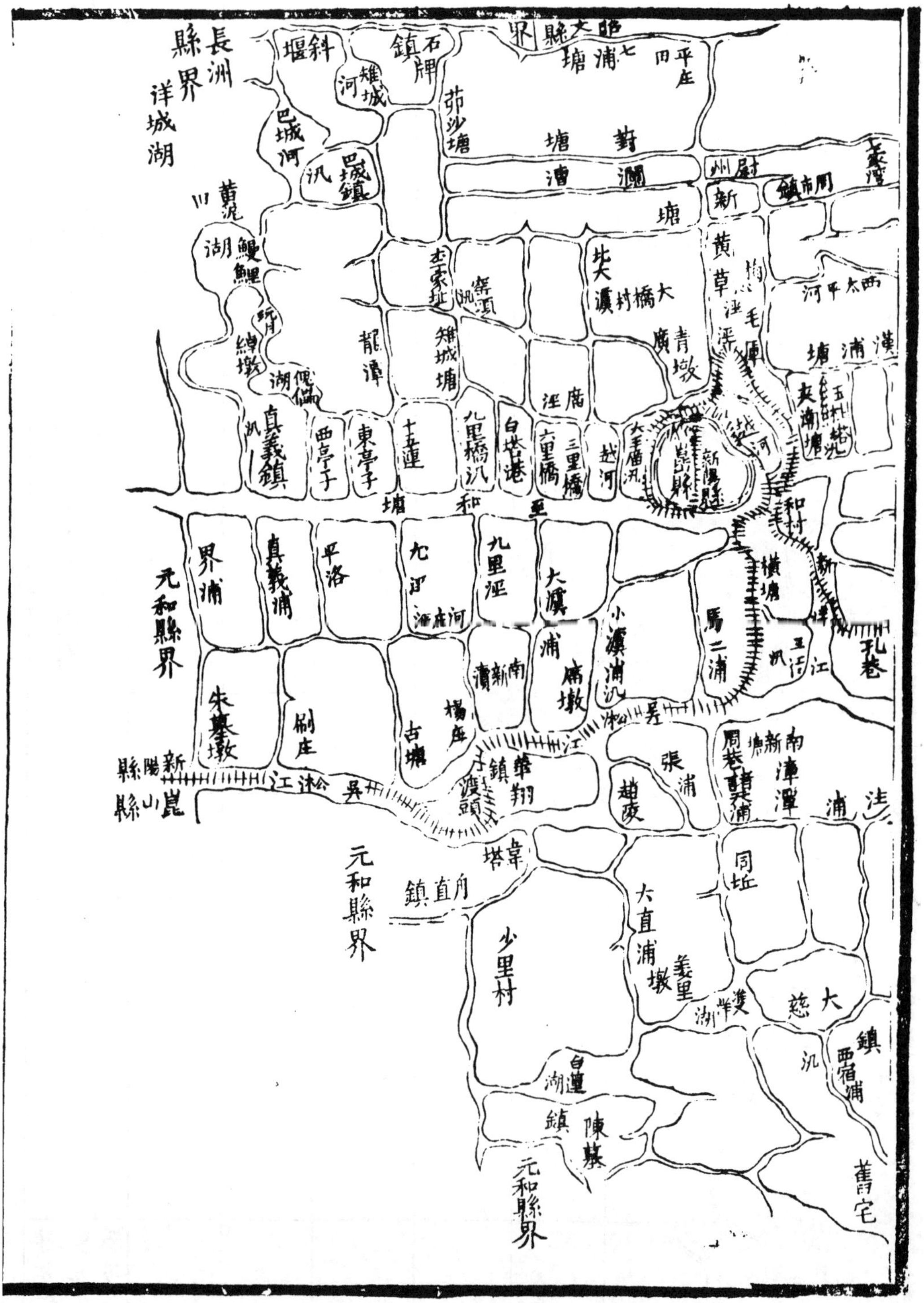

昆山新阳县疆域图 / 选自光绪《昆新两县续修合志》

崑山新陽縣疆域圖

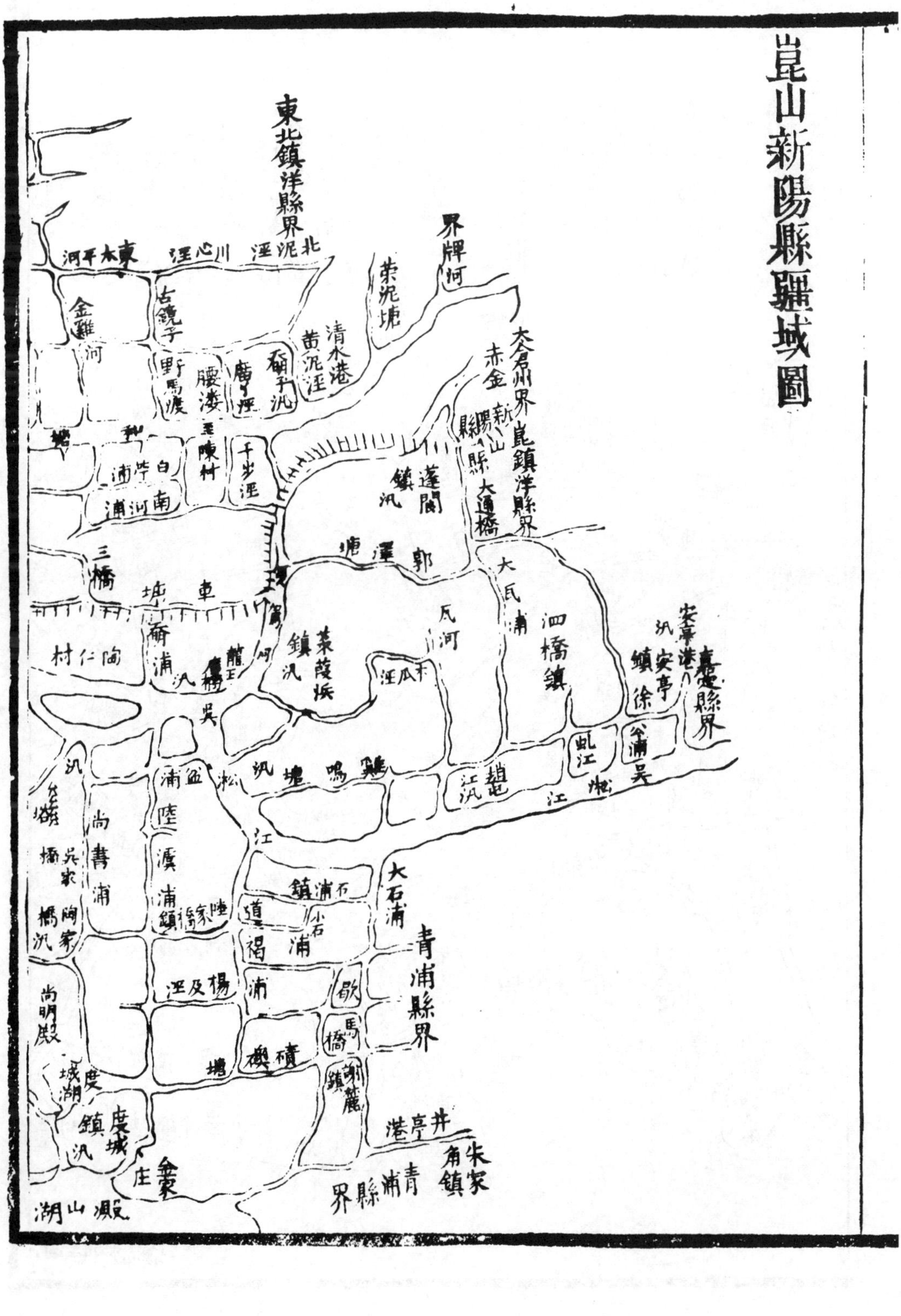
東北鎮洋縣界
北泥涇
川心涇
東木平河
界牌河
金雞河
古鏡
清水港
黄泥涇
野馬渡
腰漤
千步涇
白蓉浦
南河浦
陳村
三橋
蓬閬鎮汎
赤金新陽縣
太倉州界崑鎮洋縣界
大通橋
郭澤塘
東塘
大瓦浦
瓦河
泗橋鎮
安亭鎮
徐公浦
吴淞江
嘉定縣界
菉葭浜
鎮汎
陶仁村
龍王廟
雞鳴塘
趙屯
江汎
石浦鎮
大石浦
小石浦
道褐浦
青浦縣界
尚書浦
陸濱浦
楊及涇
積善
歇馬橋
甪直鎮
井亭港
朱家角鎮
青浦縣界
金家庄
澱山湖
周莊汎
尚明殿
度城湖
度城鎮汎

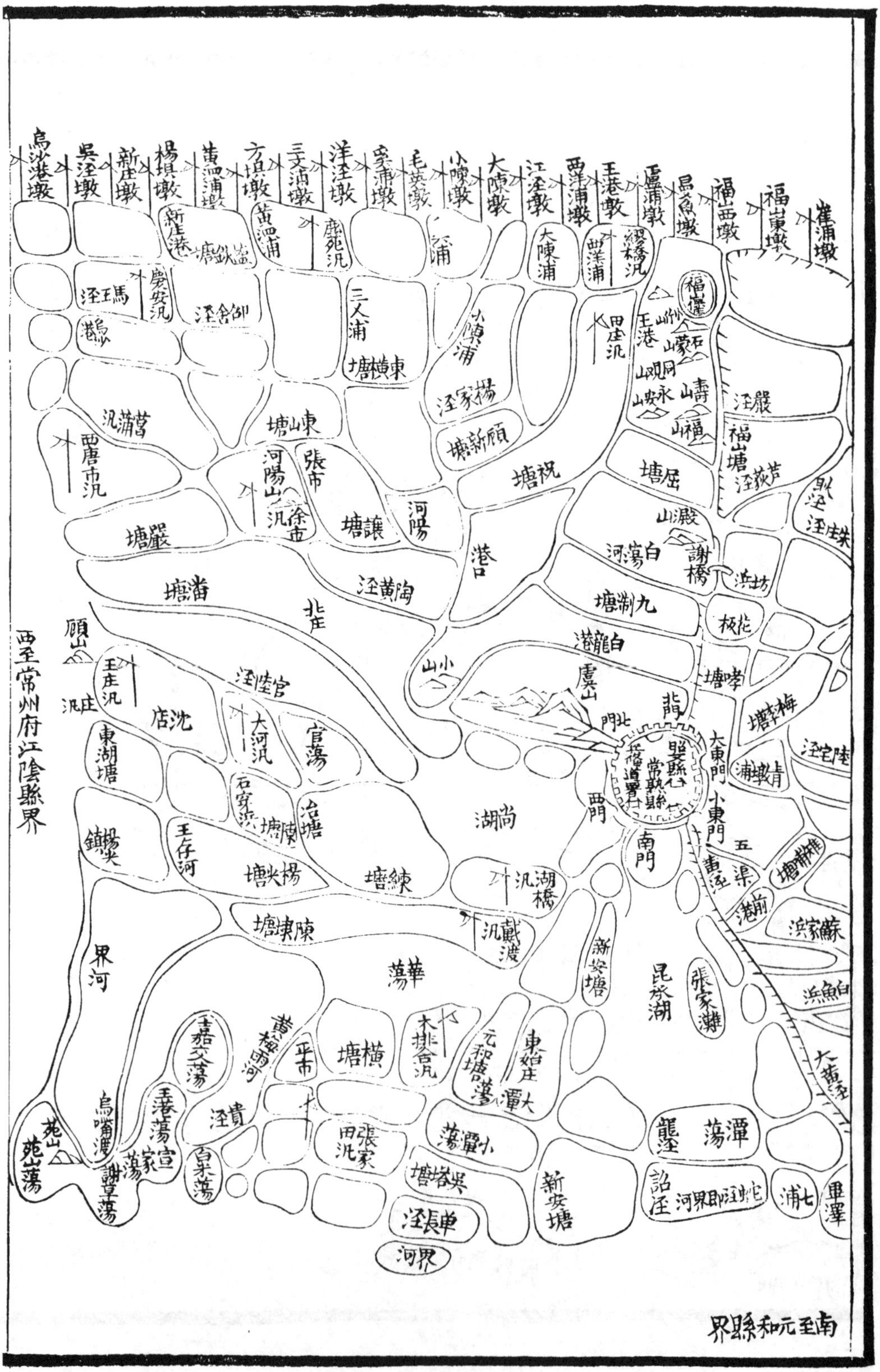

常熟昭文二县疆域图 / 选自乾隆《苏州府志》

常熟昭文二縣疆域圖

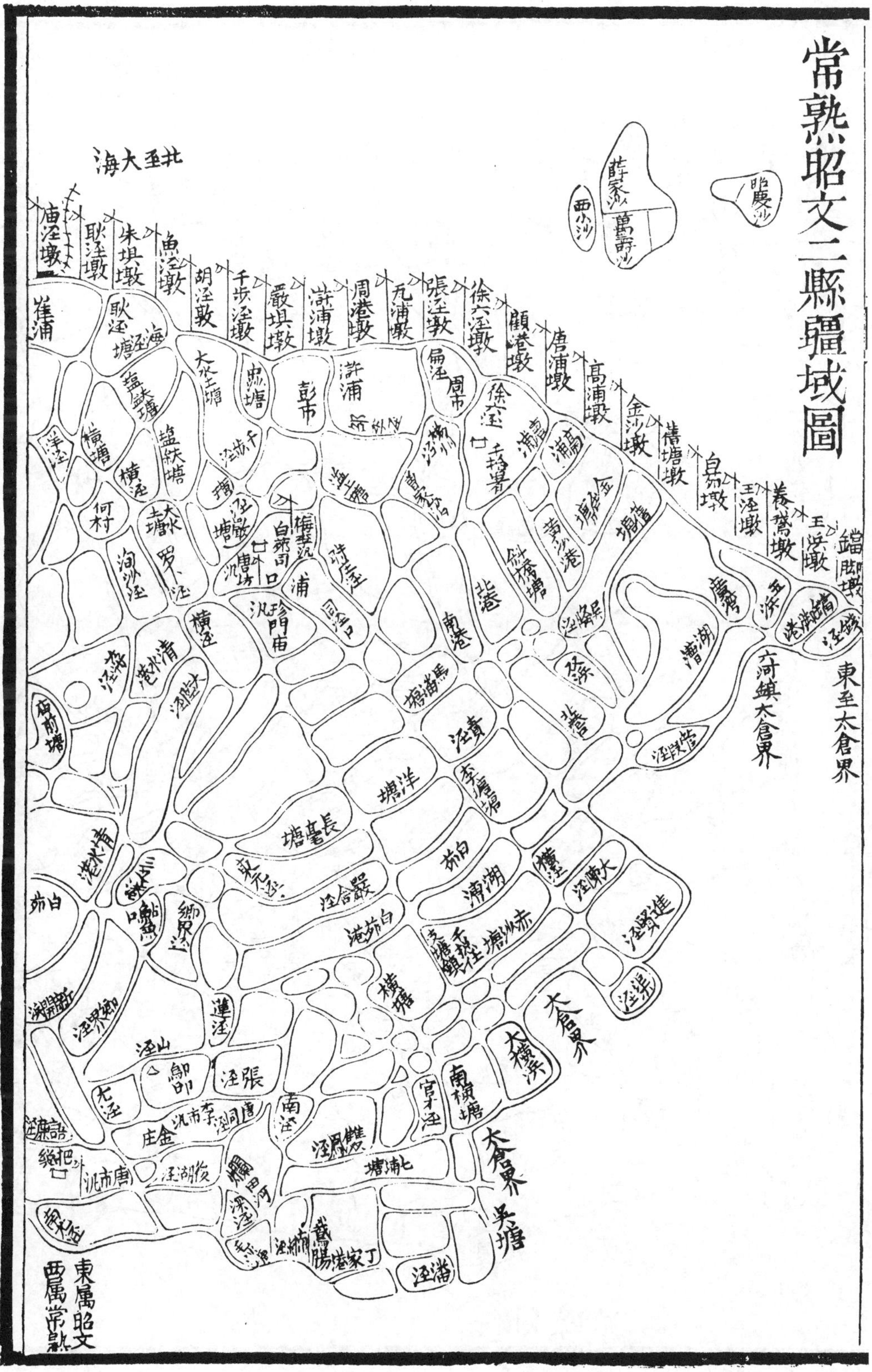

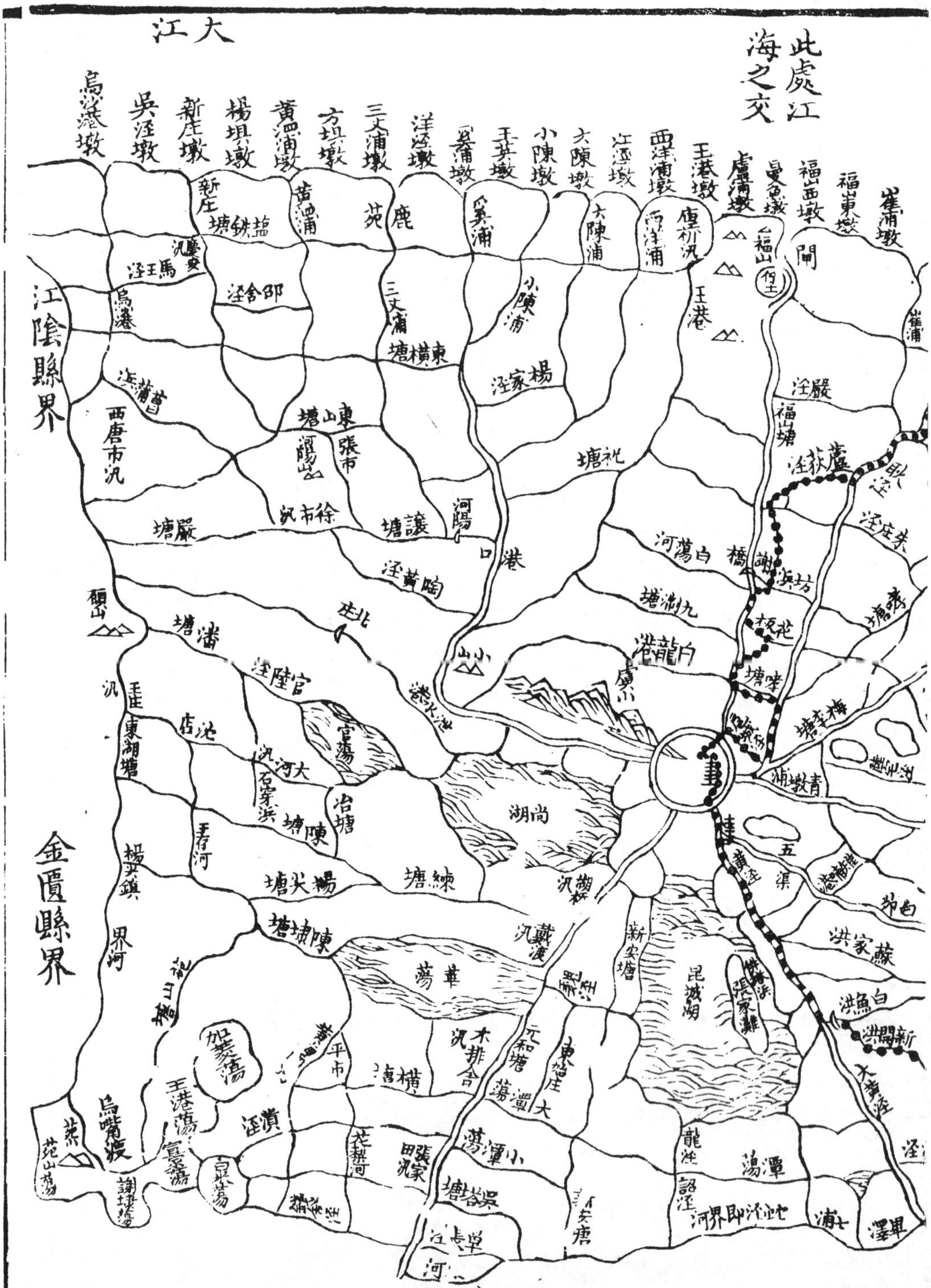

常昭县境全图 / 选自乾隆《常昭合志》

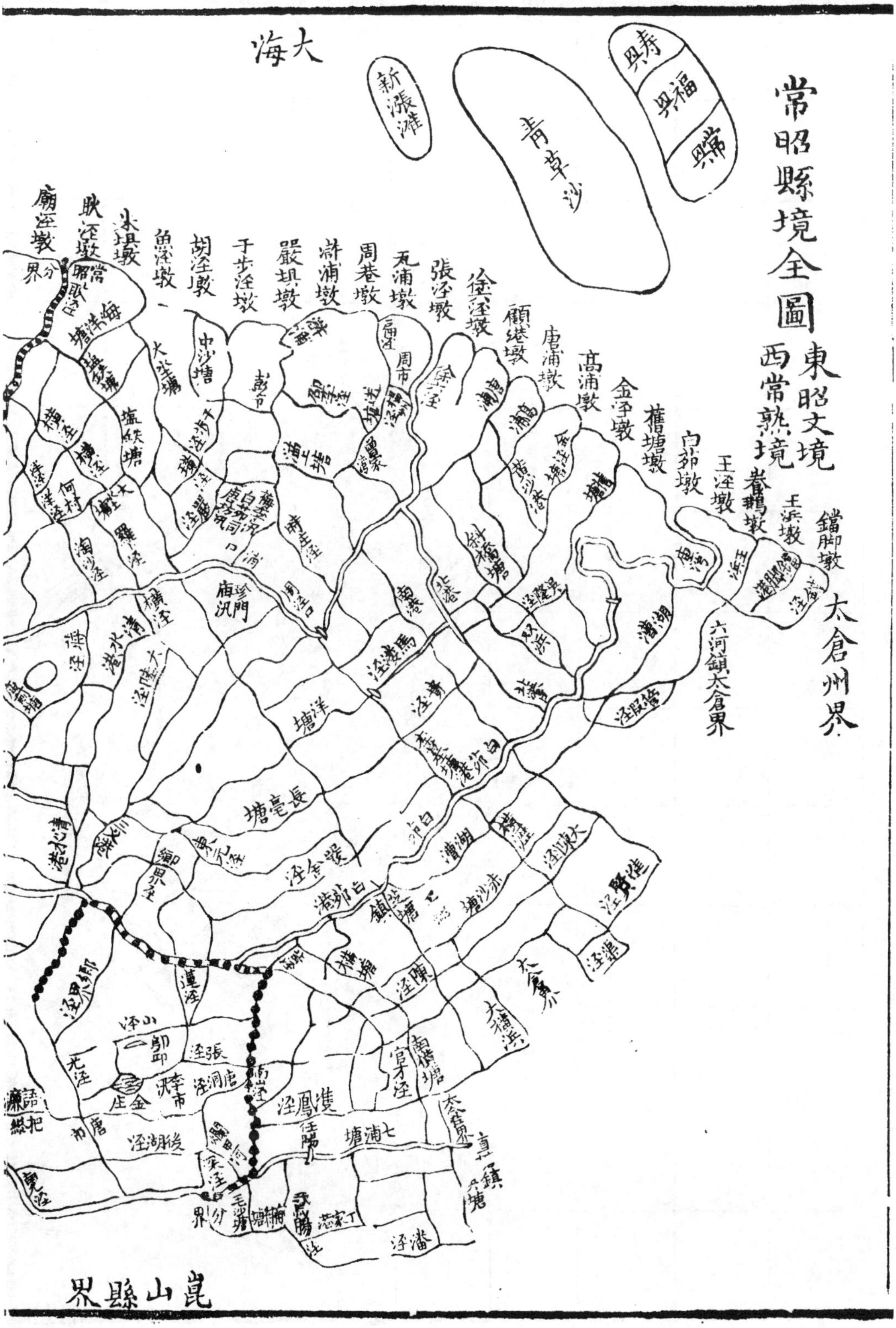
常昭縣境全圖
東昭文境
西常熟境
大海
新漲灘
青草沙
太倉州界
六河鎮太倉界
崑山縣界
鐺脚墩
王涇墩
舊塘墩
金涇墩
高浦墩
唐浦墩
顧涇墩
徐涇墩
張涇墩
瓦浦墩
周巷墩
滸浦墩
胡涇墩
魚涇墩
廟涇墩
耿涇墩

苏州

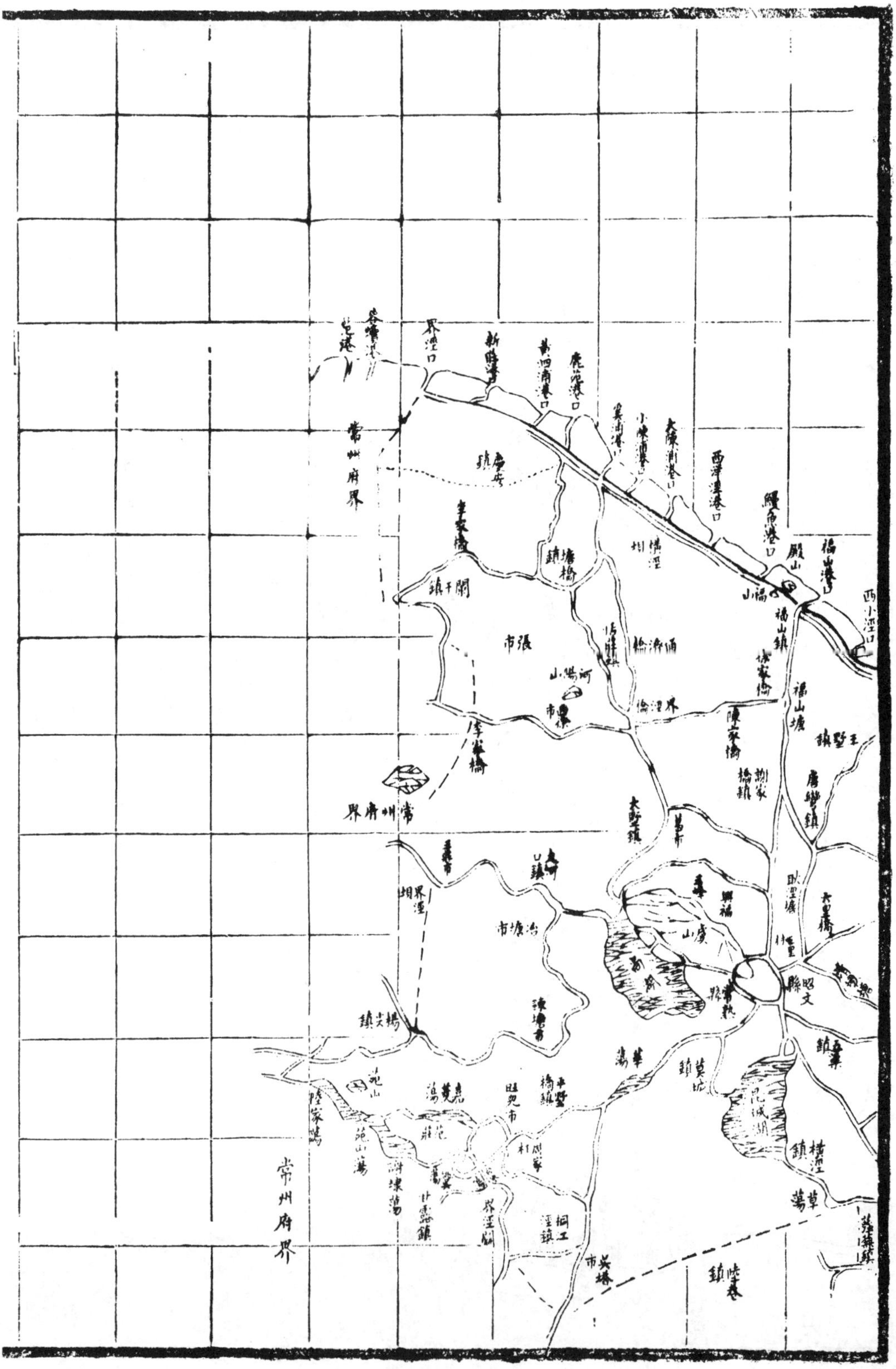

常熟昭文两县图 / 选自同治《苏州府志》

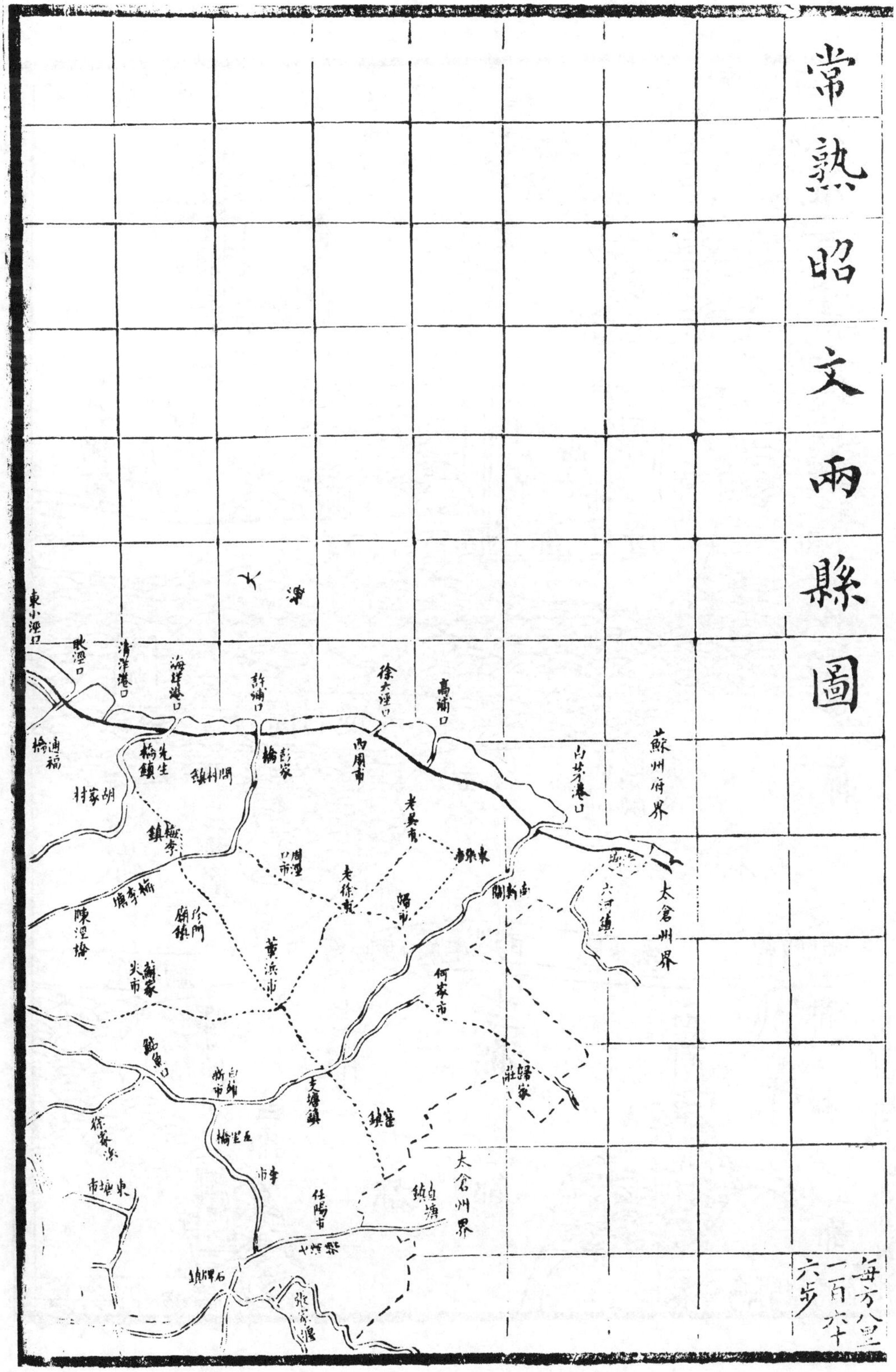
常熟昭文兩縣圖
每方八里二百六十六步
蘇州府界
太倉州界
太倉州界
東小涇口
清洋港口
許浦口
徐六涇口
高浦口
何家市
任陽市
東塘市

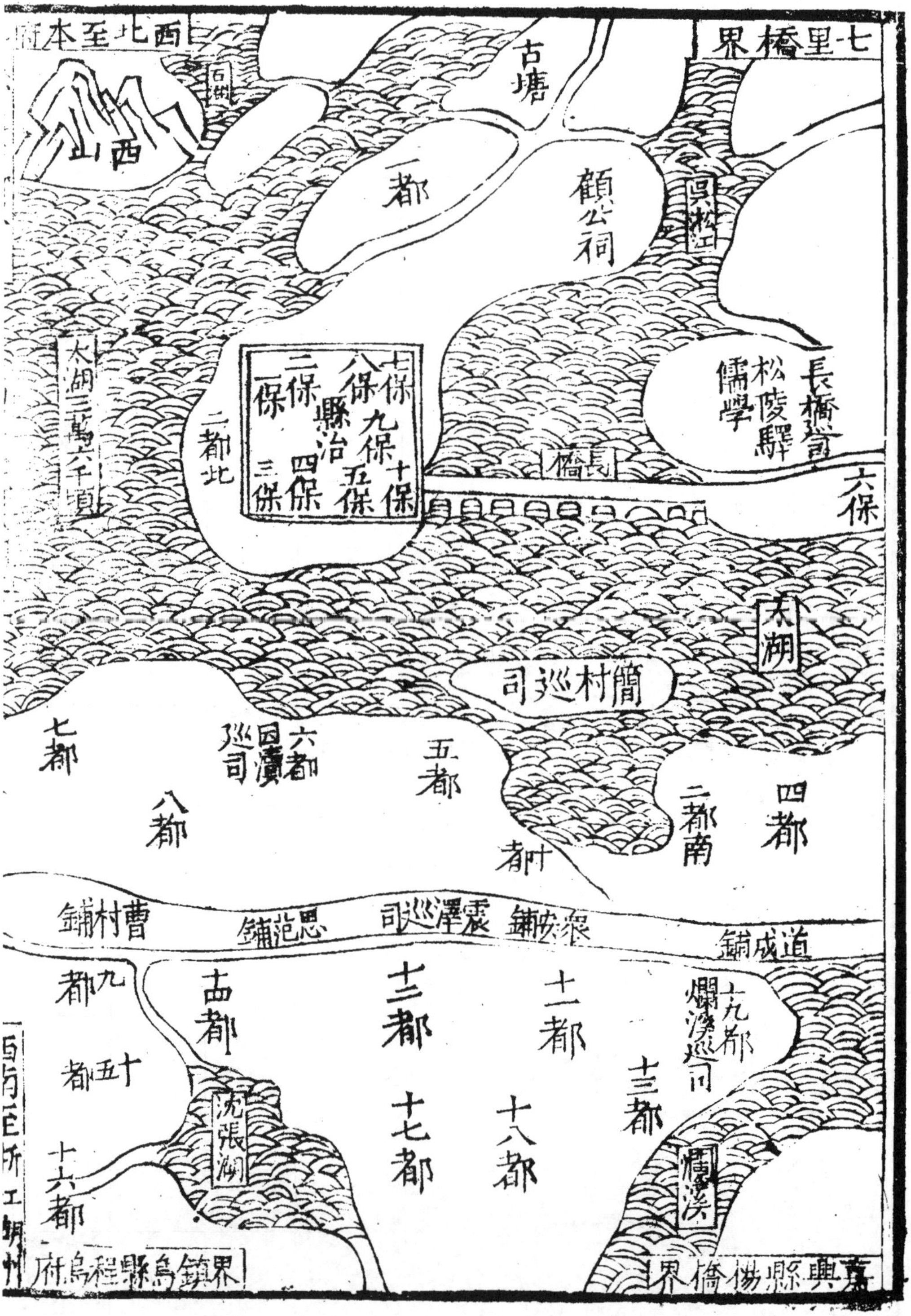

吴江县境图 / 选自嘉靖《吴江县志》

縣境圖
北至長洲縣
東北至本府長洲
同里鎮
巡司
稅局
二十五都
二十七都
九里湖
二十六都
華澤湖
姚城江
縣姚城界
甘泉祠
觀瀾鋪
石塘
三都東
白蜆江
東至松江府華亭縣金澤界
二十八都
長老鋪
三都西
平望驛巡司
朱家鋪
黎里鎮
鶯脰湖
汾湖
汾湖巡司
黎涇鋪
二十三都西
二十九都
東南至浙江嘉興府秀水縣王江涇界
南至浙江嘉興府

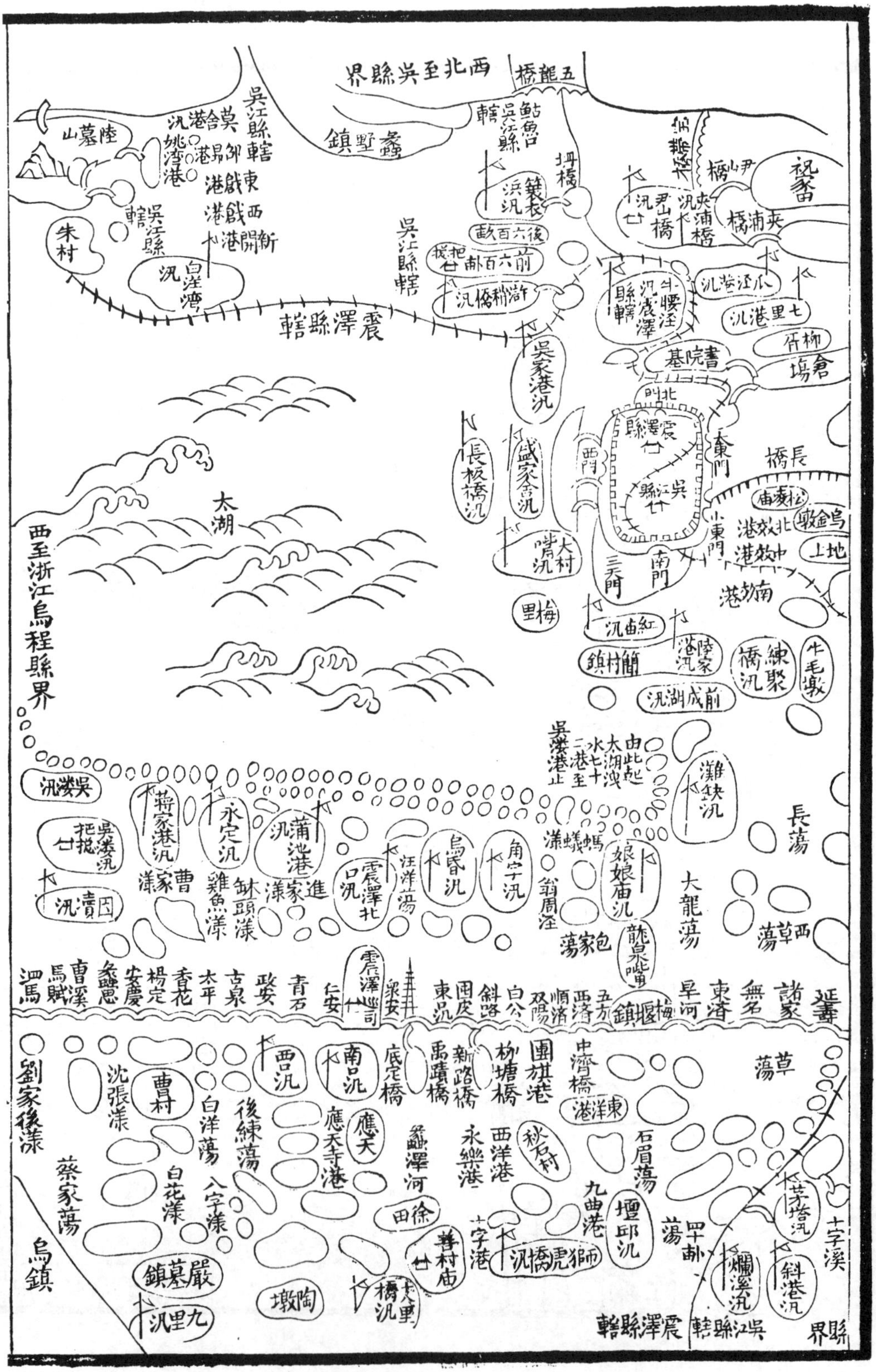

吴江震泽二县疆域图 / 选自乾隆《苏州府志》

吴江震泽二县疆域图

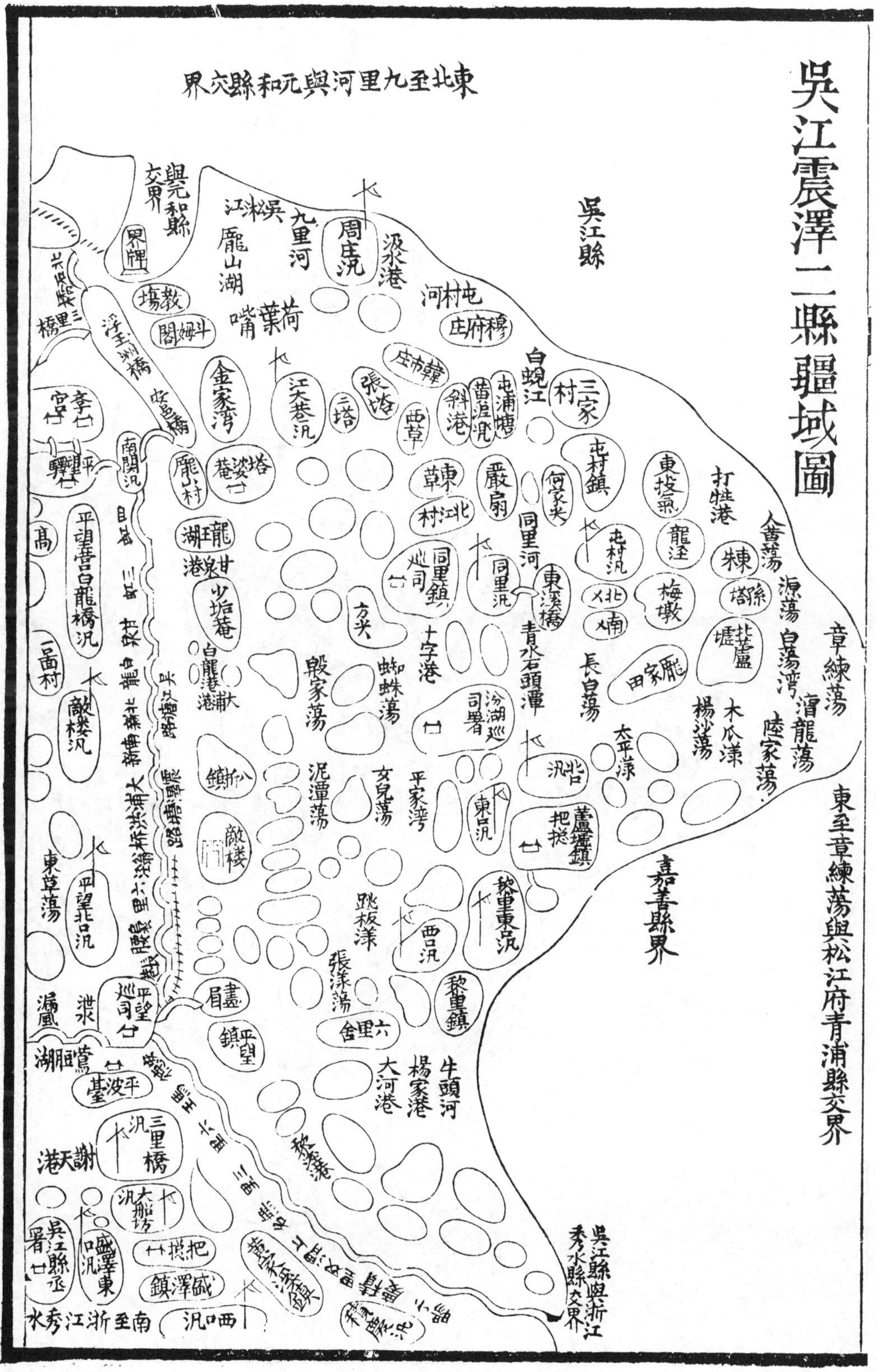
东北至九里河与元和县交界
吴江县
东至章练荡与松江府青浦县交界
嘉善县界
吴江县与浙江秀水县交界
南至浙江秀水
章练荡
同里河
同里镇
黎里镇
芦墟镇
庞山湖
九里河
十字港
张泾荡
平望

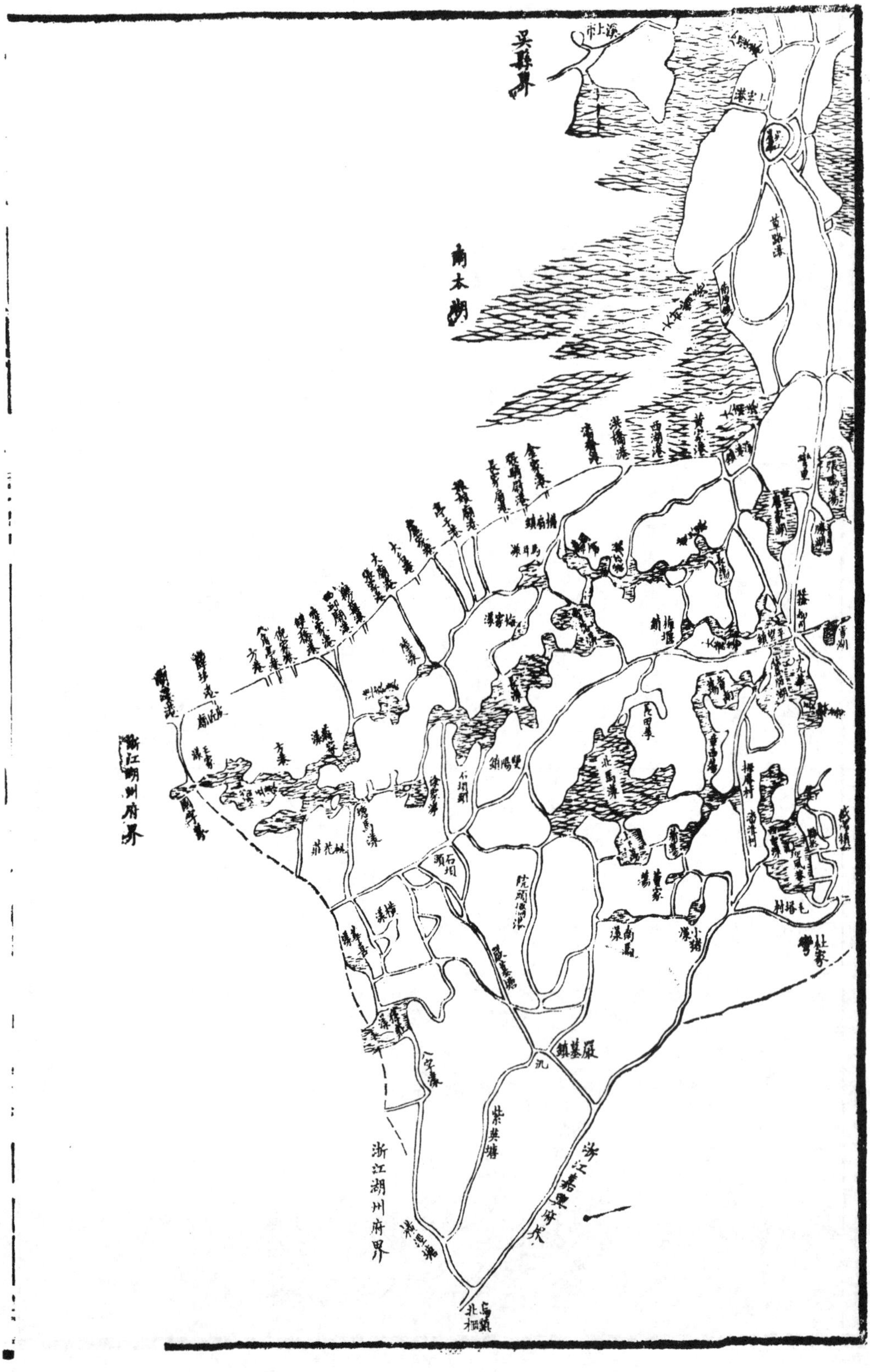

吴江震泽两县图 / 选自同治《苏州府志》

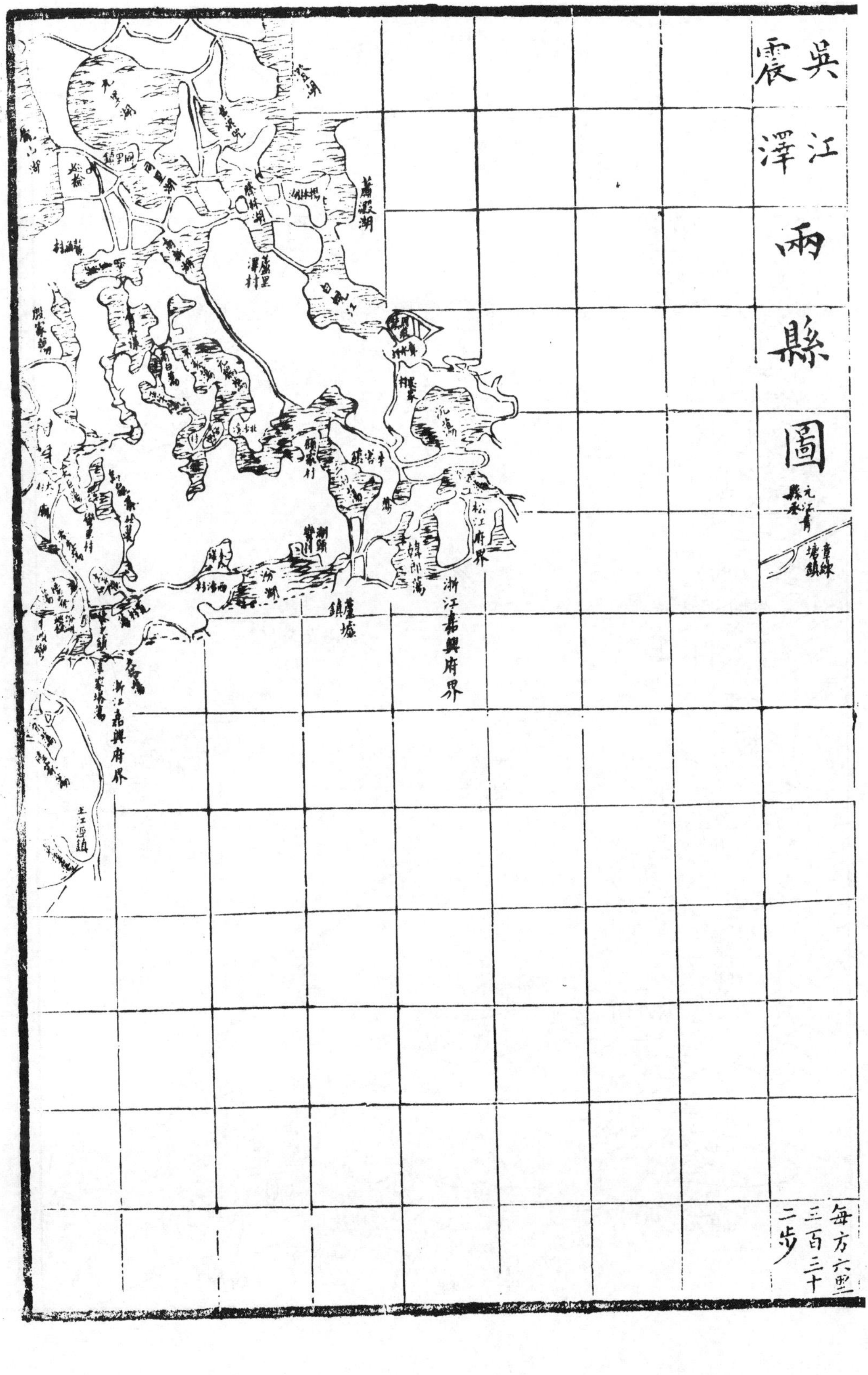
吳江震澤兩縣圖
每方六里三百三十二步
浙江嘉興府界
浙江嘉興府界
松江府界
蘆墟鎮
蕭淀湖
沉蕩

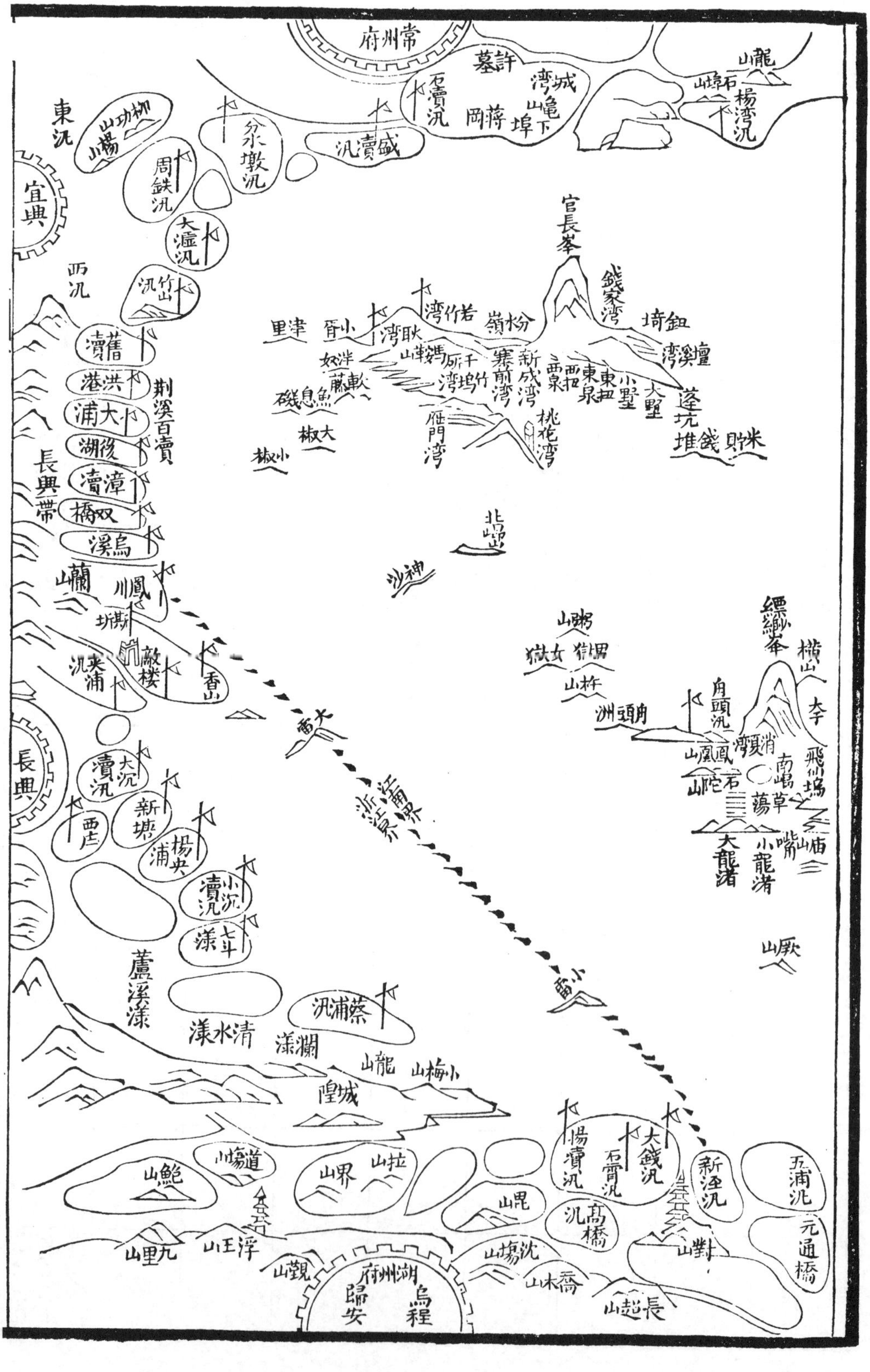

太湖全图 / 选自乾隆《苏州府志》

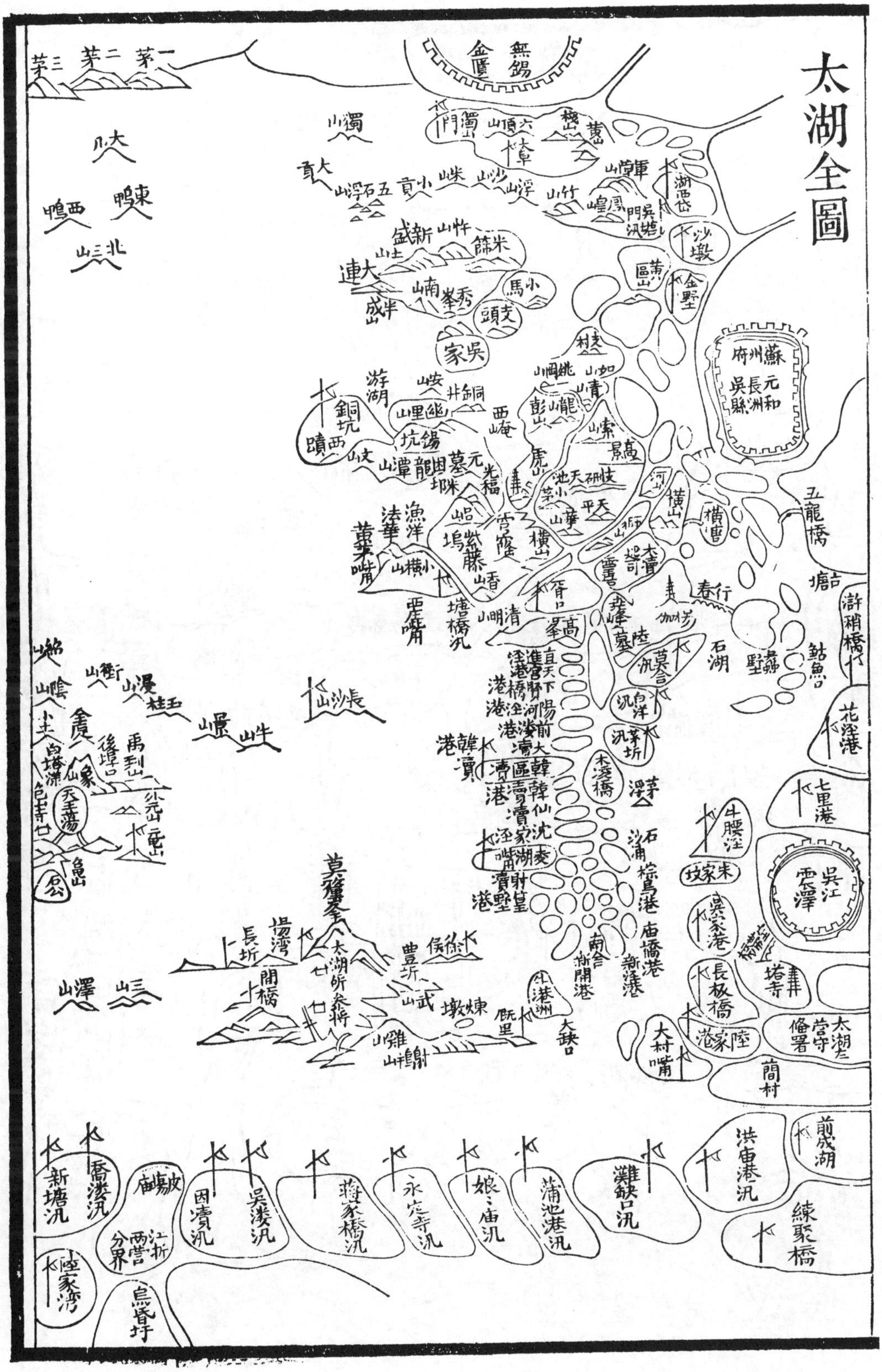
太湖全圖
無錫
金匱
蘇州府
元和
長洲
吳縣
吳江
震澤
五龍橋
七里港
練聚橋

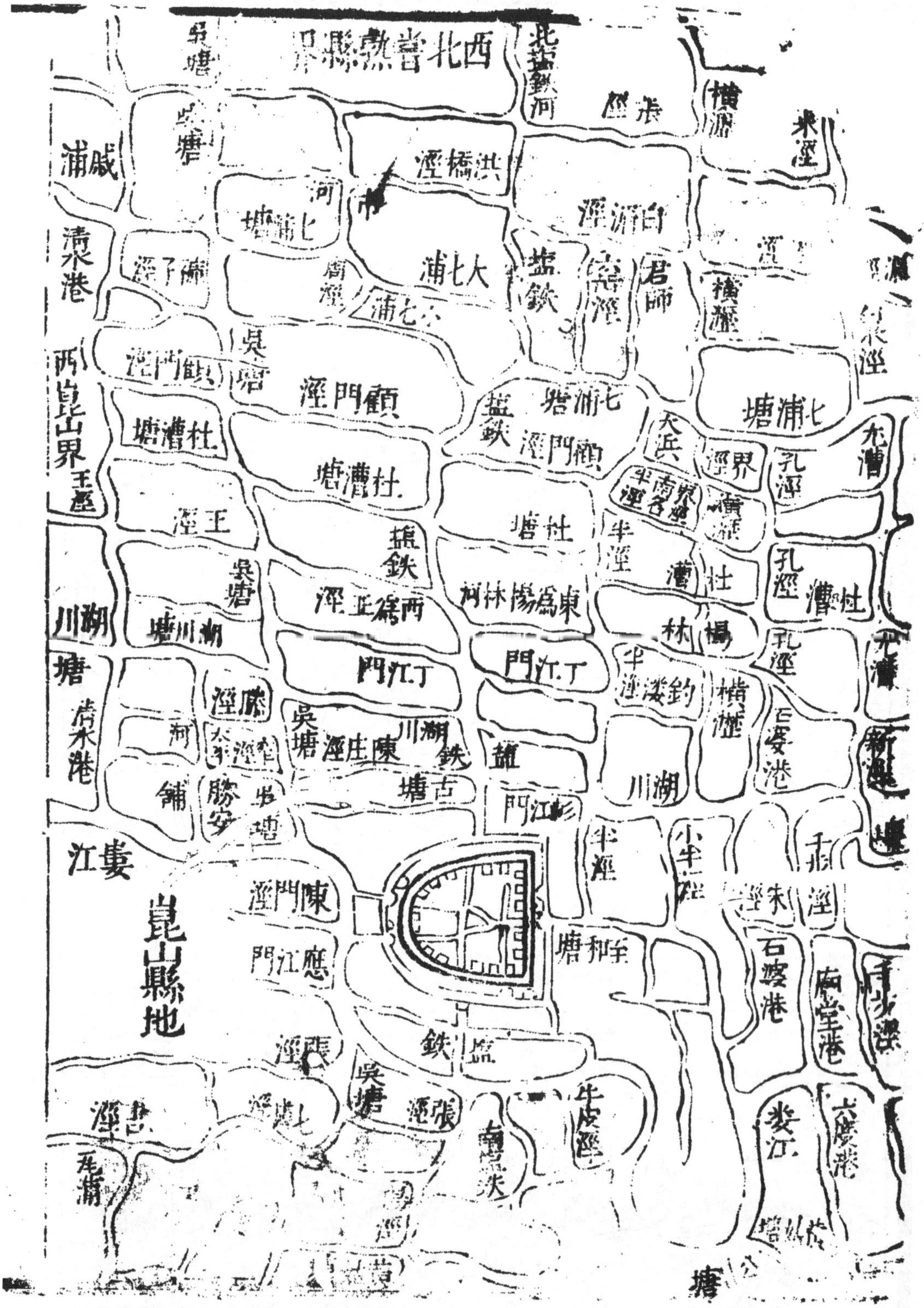

太仓州全境总图 / 选自崇祯《太仓州志》

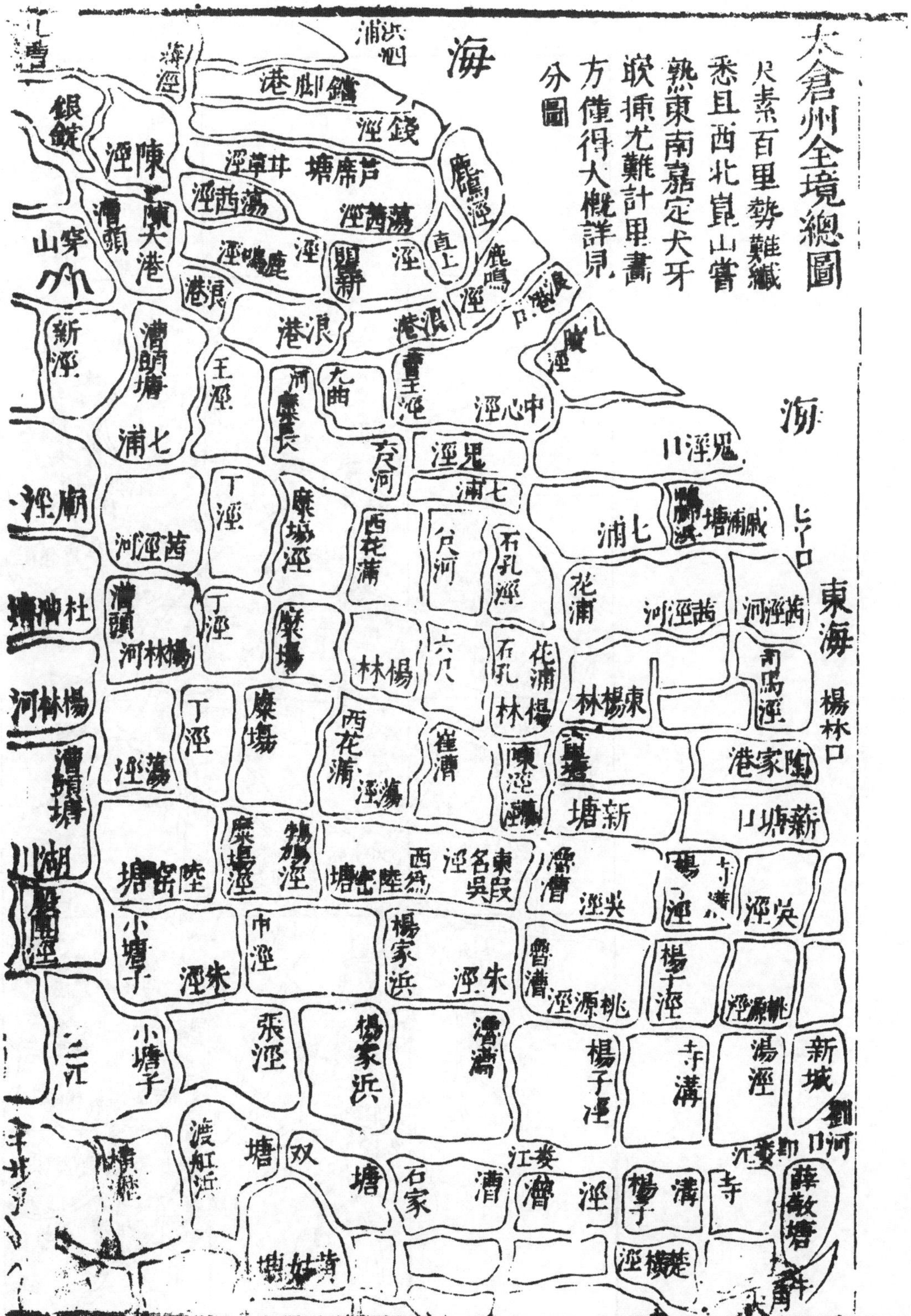
太倉州全境總圖
凡袤百里勢難纖
悉且西北崑山嘗
熟東南嘉定犬牙
嵌插尤難計里畫
方僅得大概詳見
分圖
海
東海

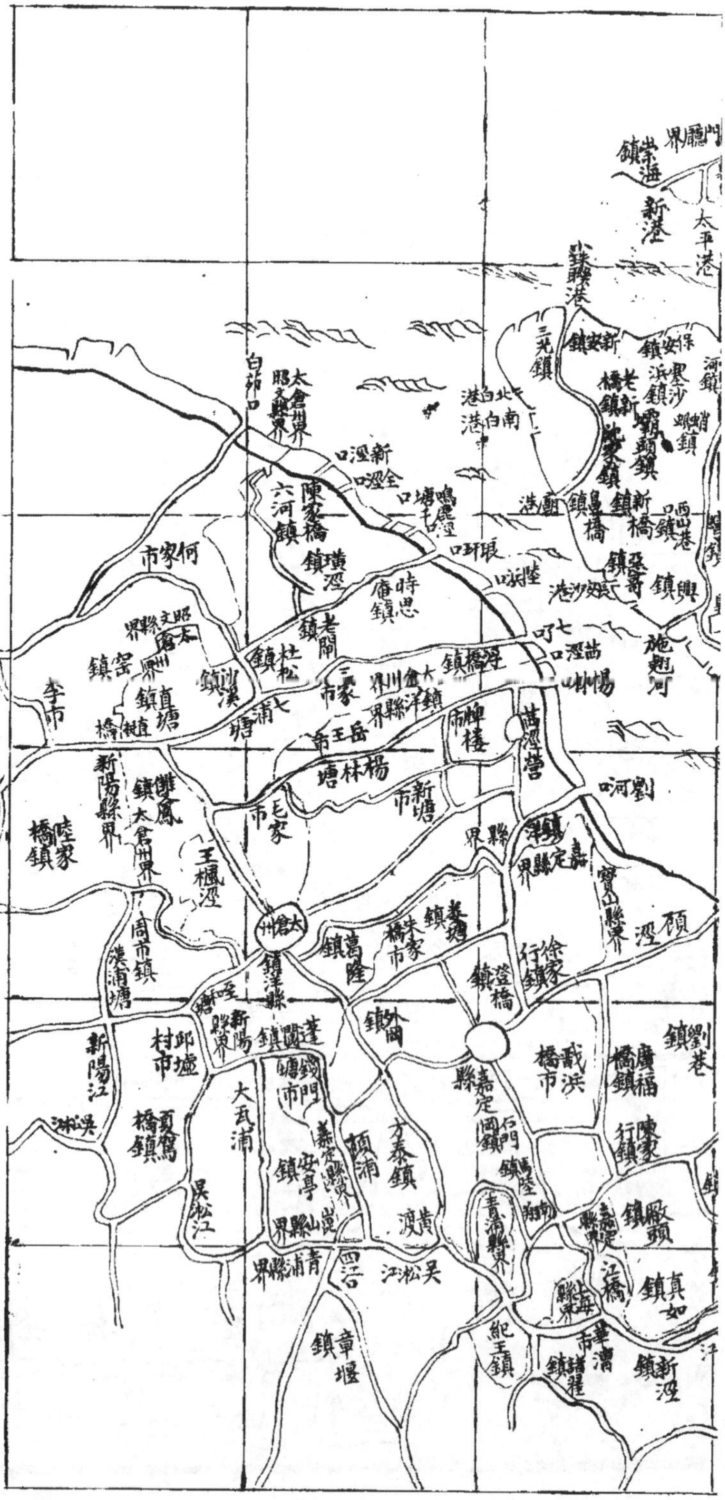

太仓直隶州全境图 / 选自光绪《太仓直隶州志》

太倉直隸州全境圖

每方二十五里

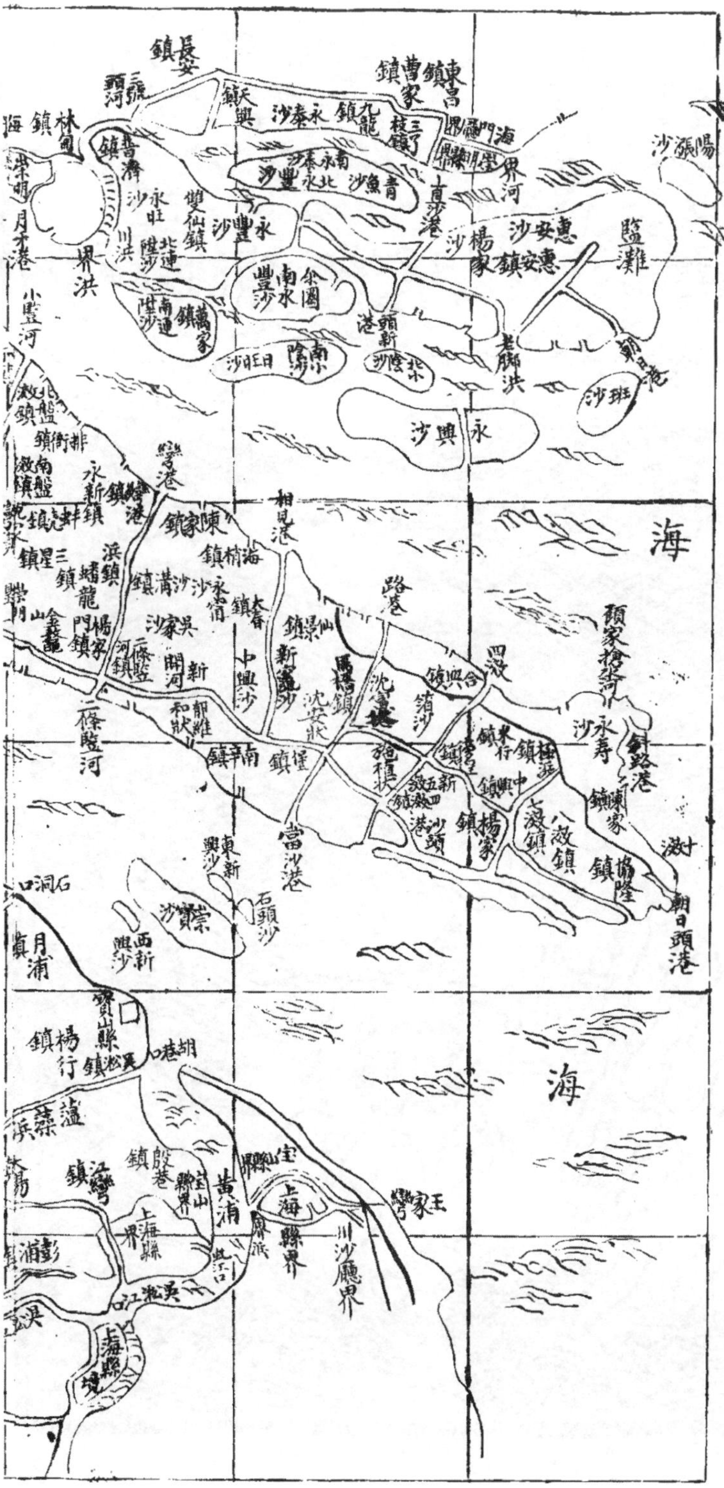

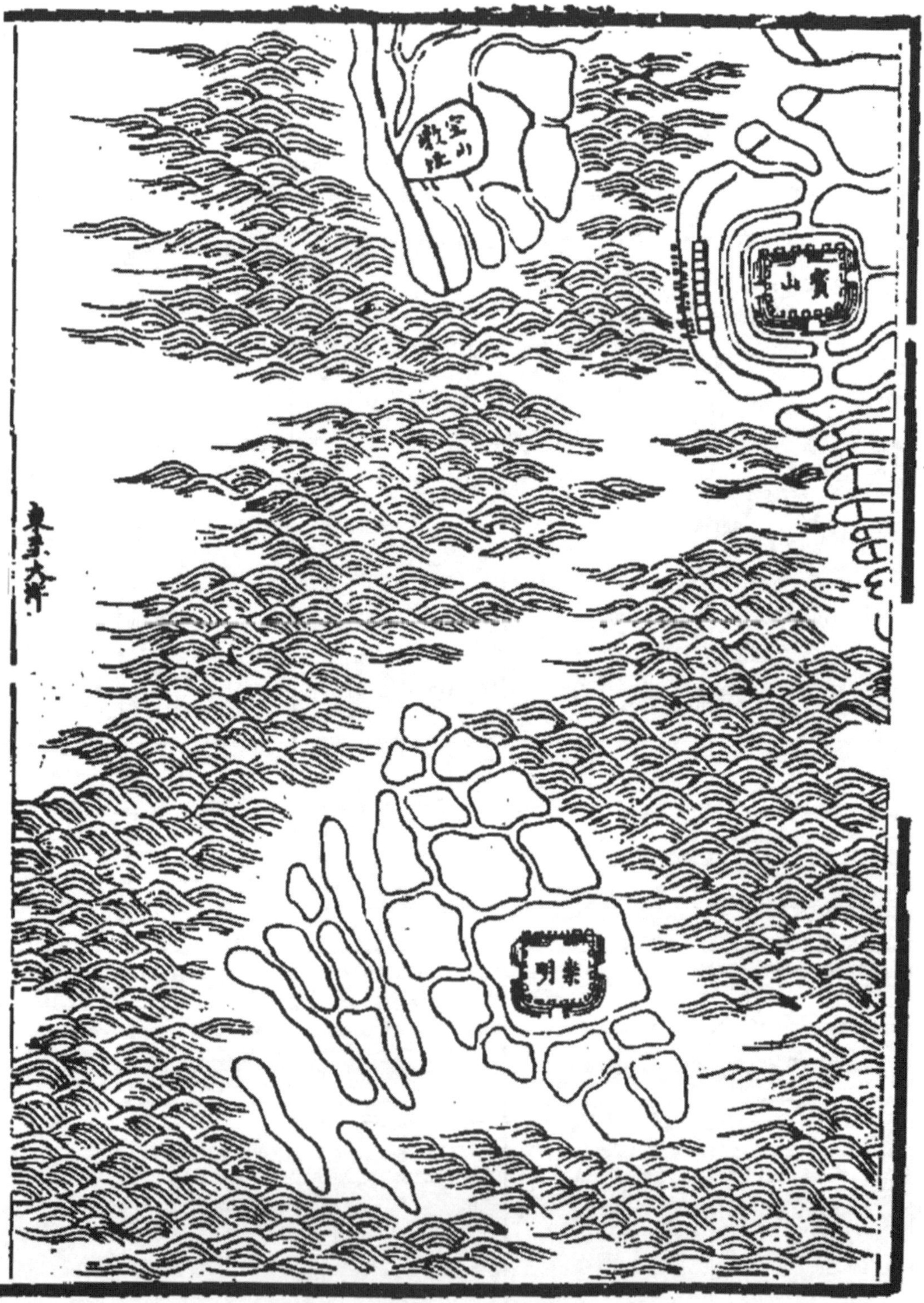

一州六属全图 / 选自嘉庆《直隶太仓州志》

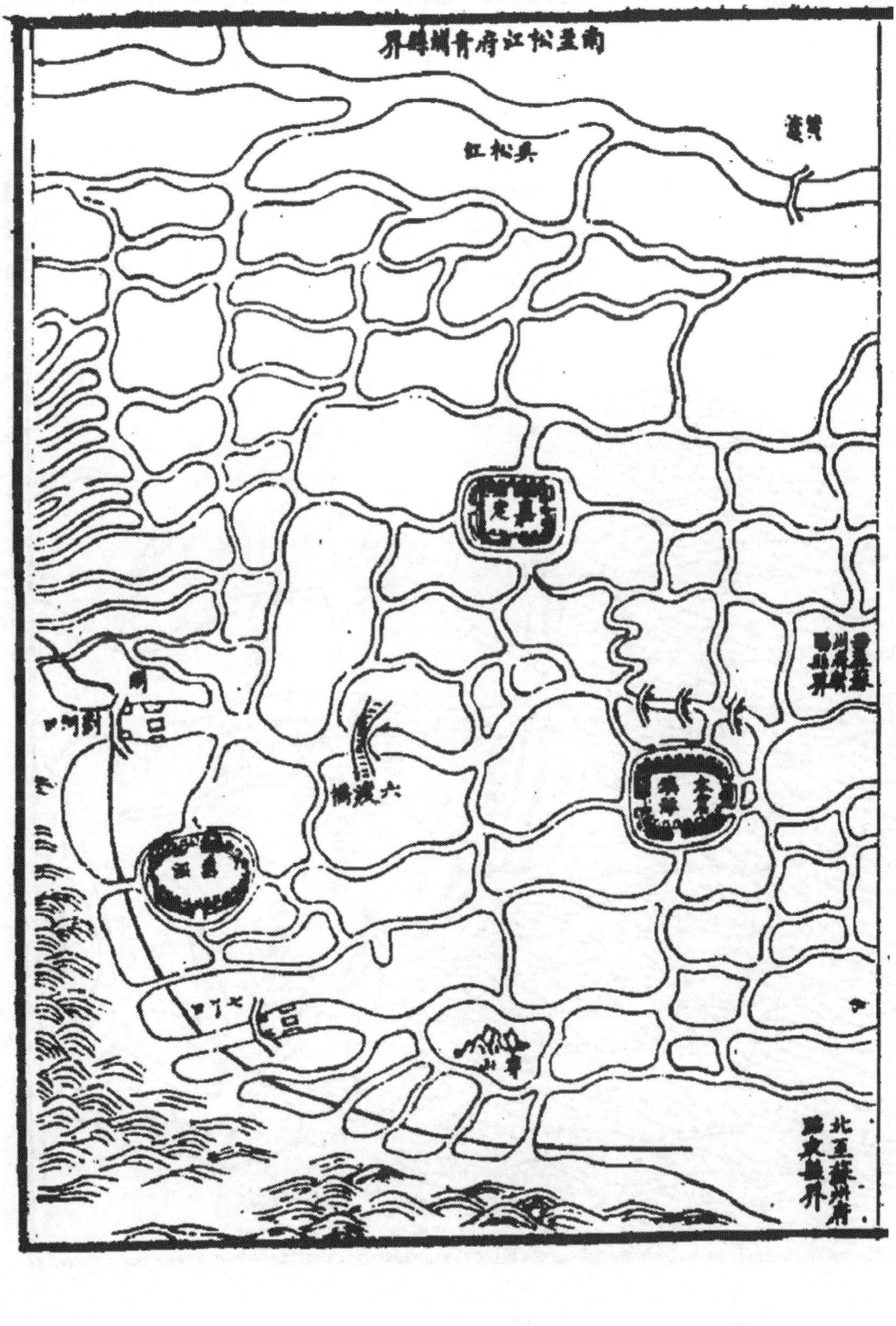
南至松江府青浦縣界
吴松江
嘉定
六渡橋
劉河口
七丫口
北至蘇州府

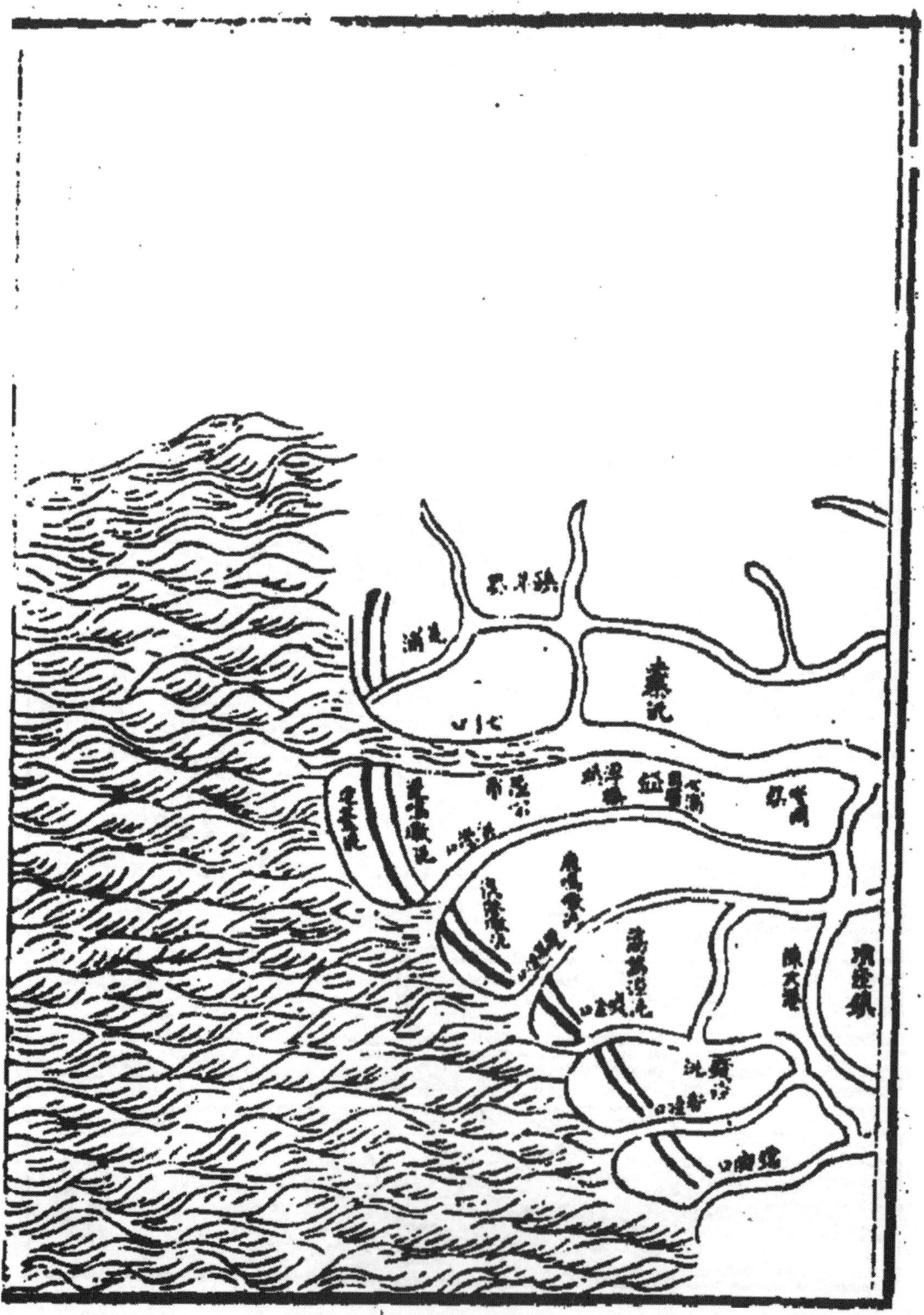

太仓州疆域图 / 选自嘉庆《直隶太仓州志》

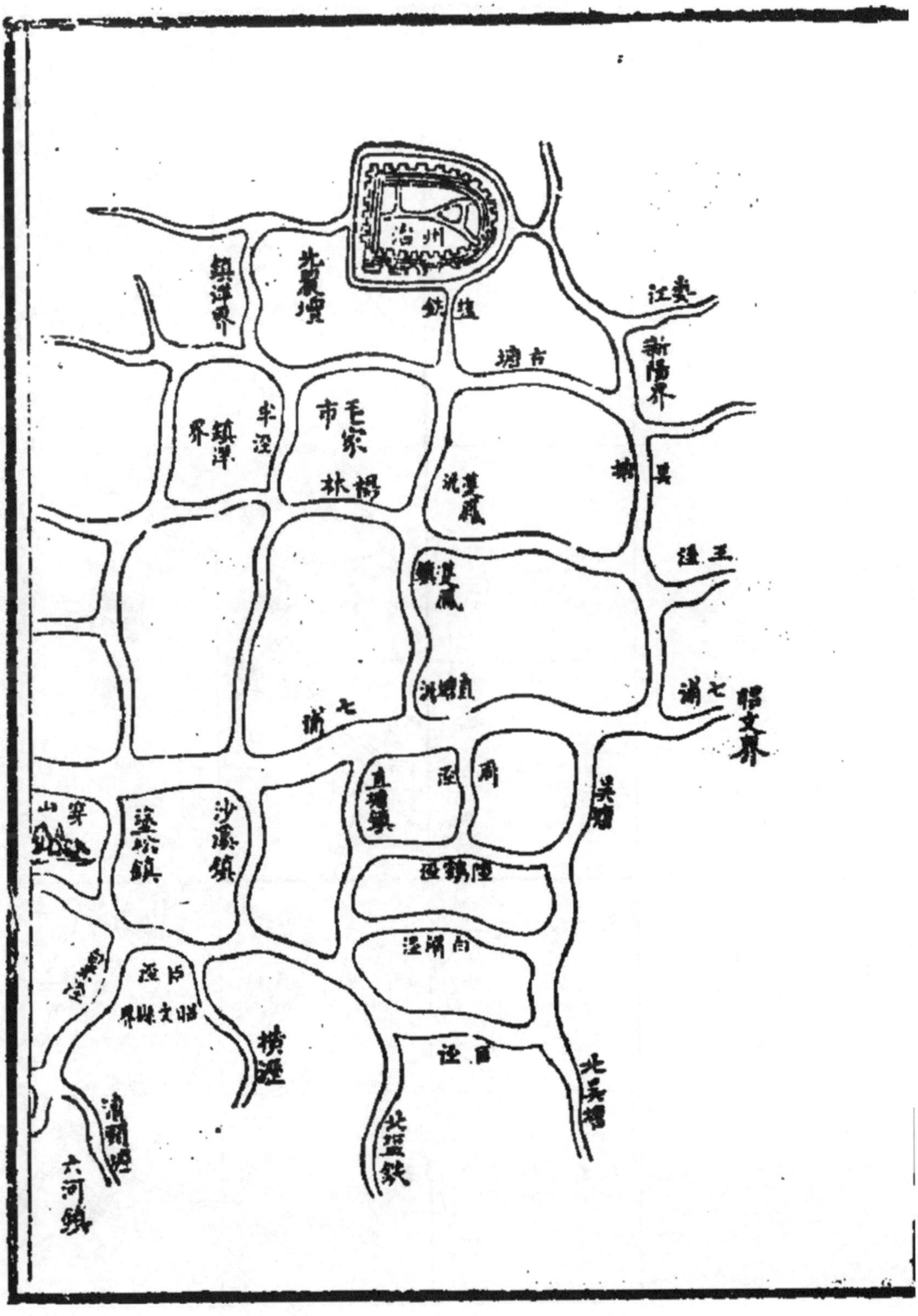
州治
古塘
毛家市
楊林
七浦
昭文界
沙溪鎮
横涇
北吴塘
六河鎮

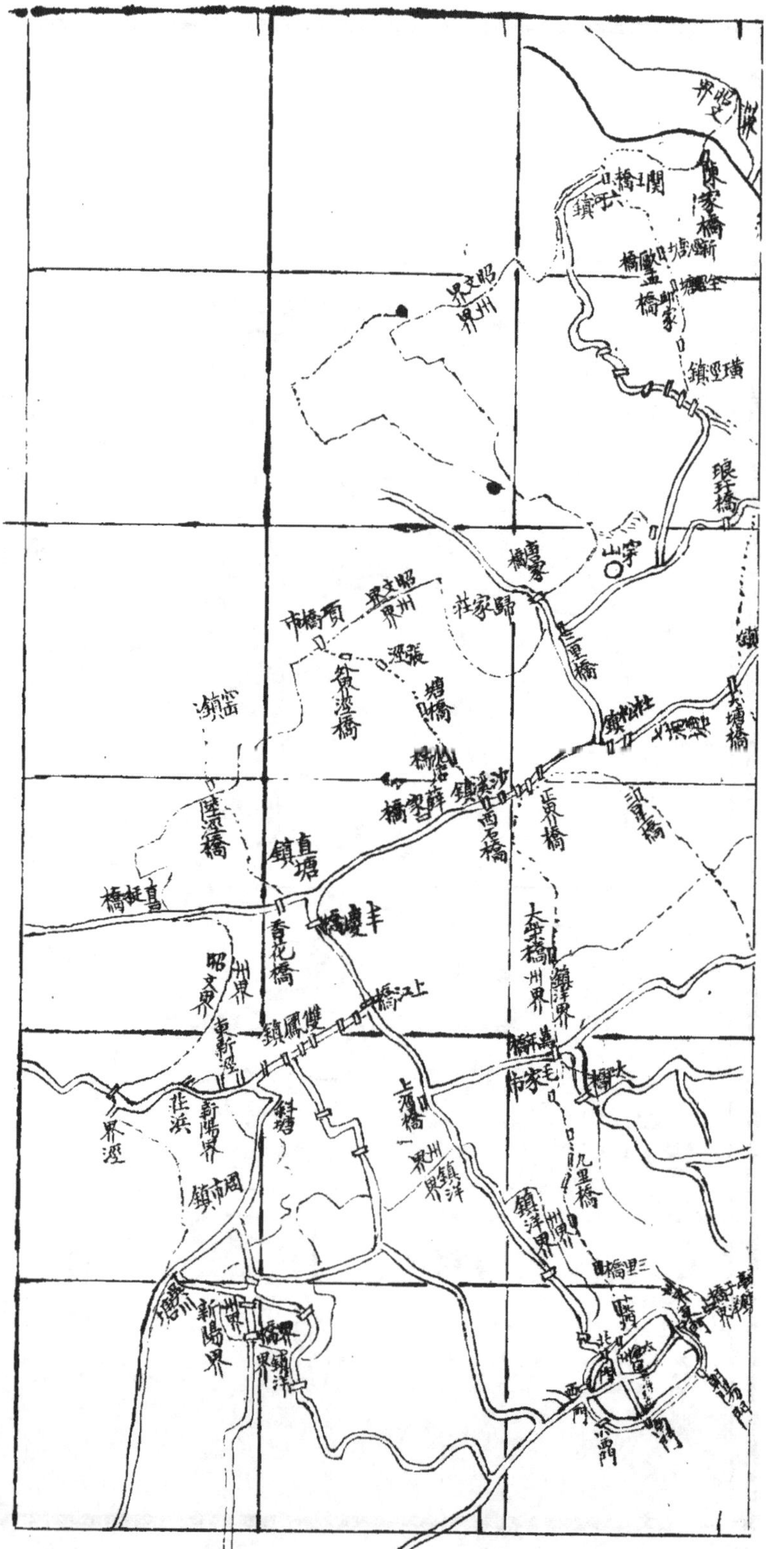

太仓州境图 / 选自光绪《太仓直隶州志》

太倉州境圖

每方十里

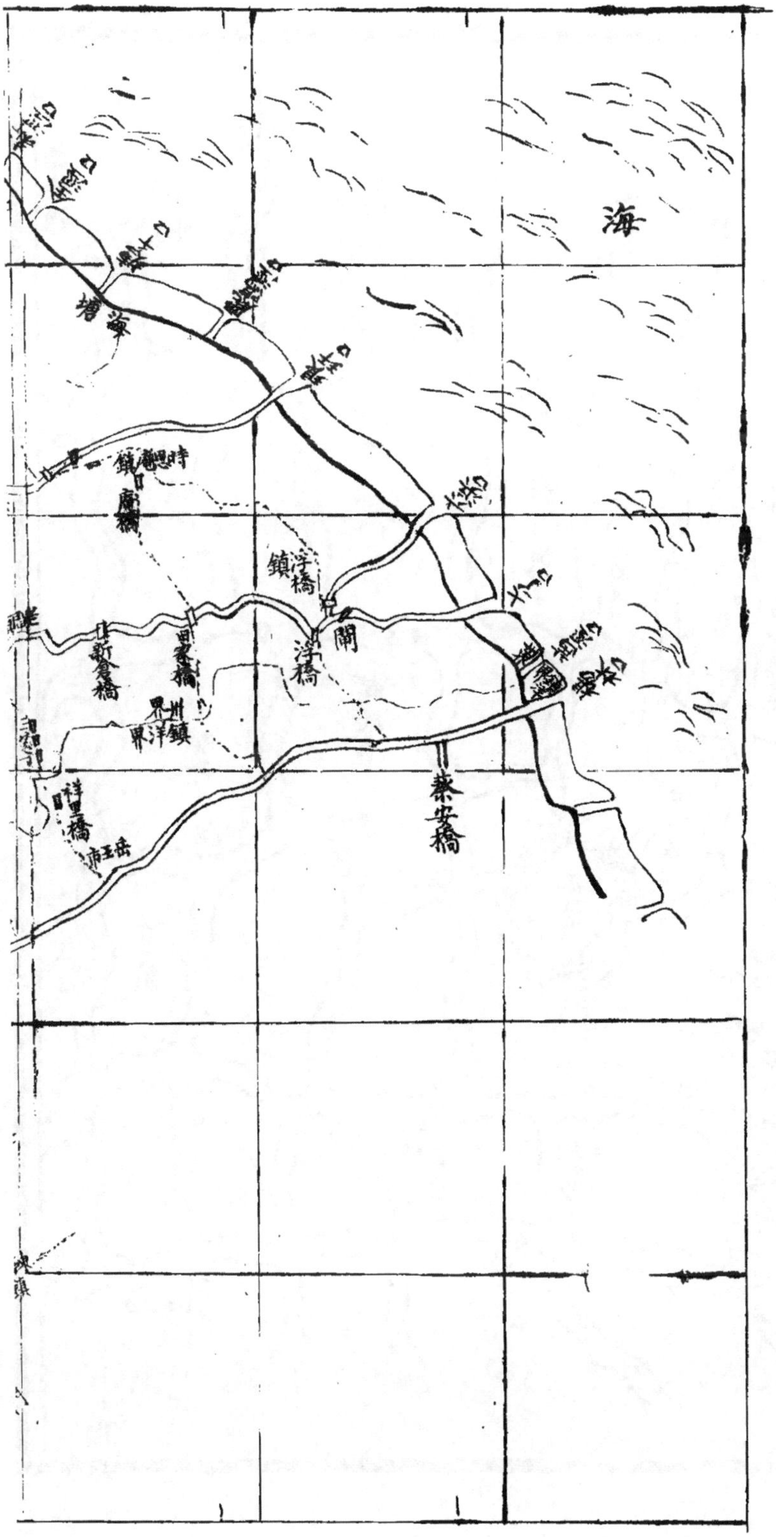

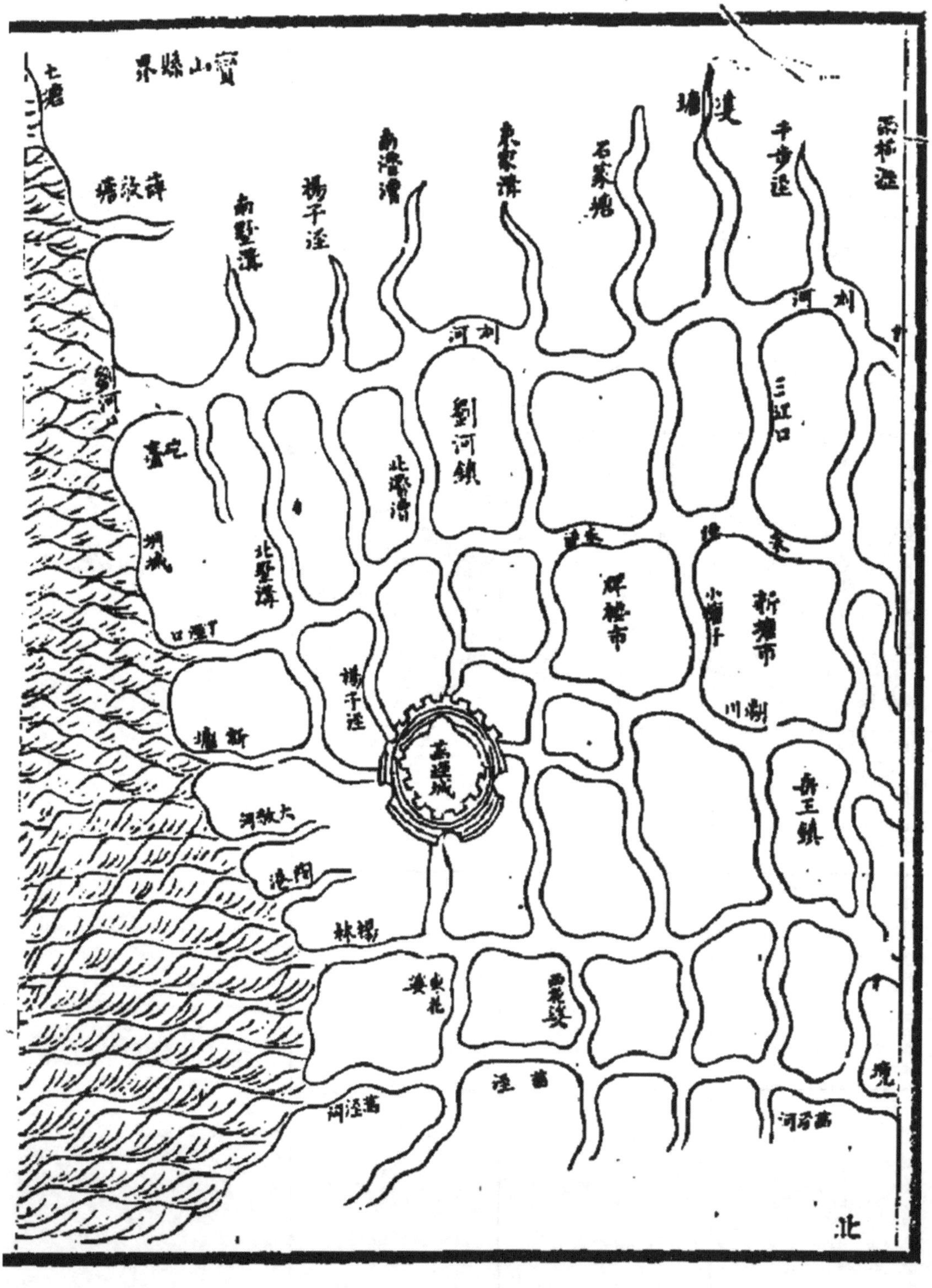

镇洋县疆域图 / 选自嘉庆《直隶太仓州志》

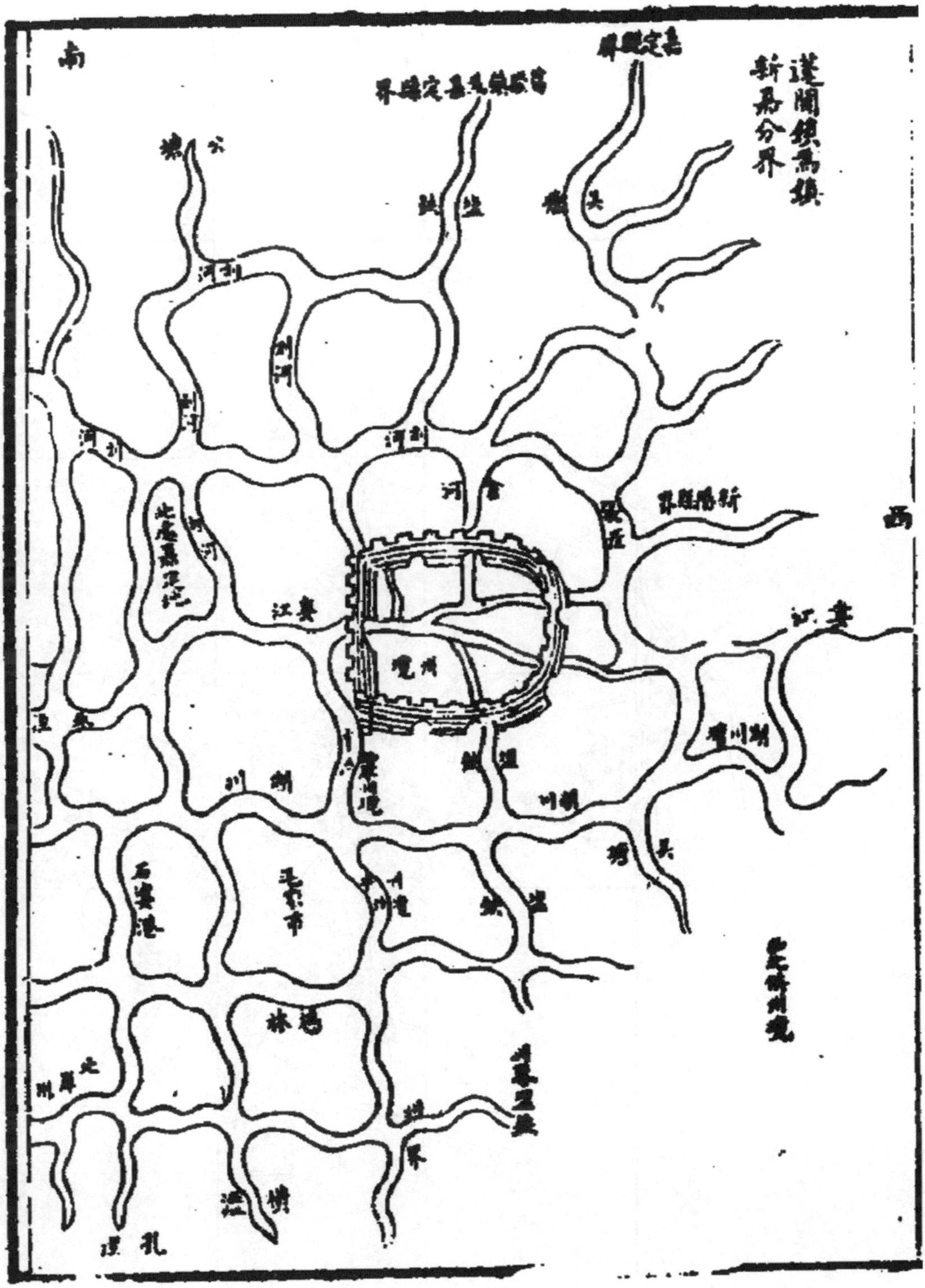

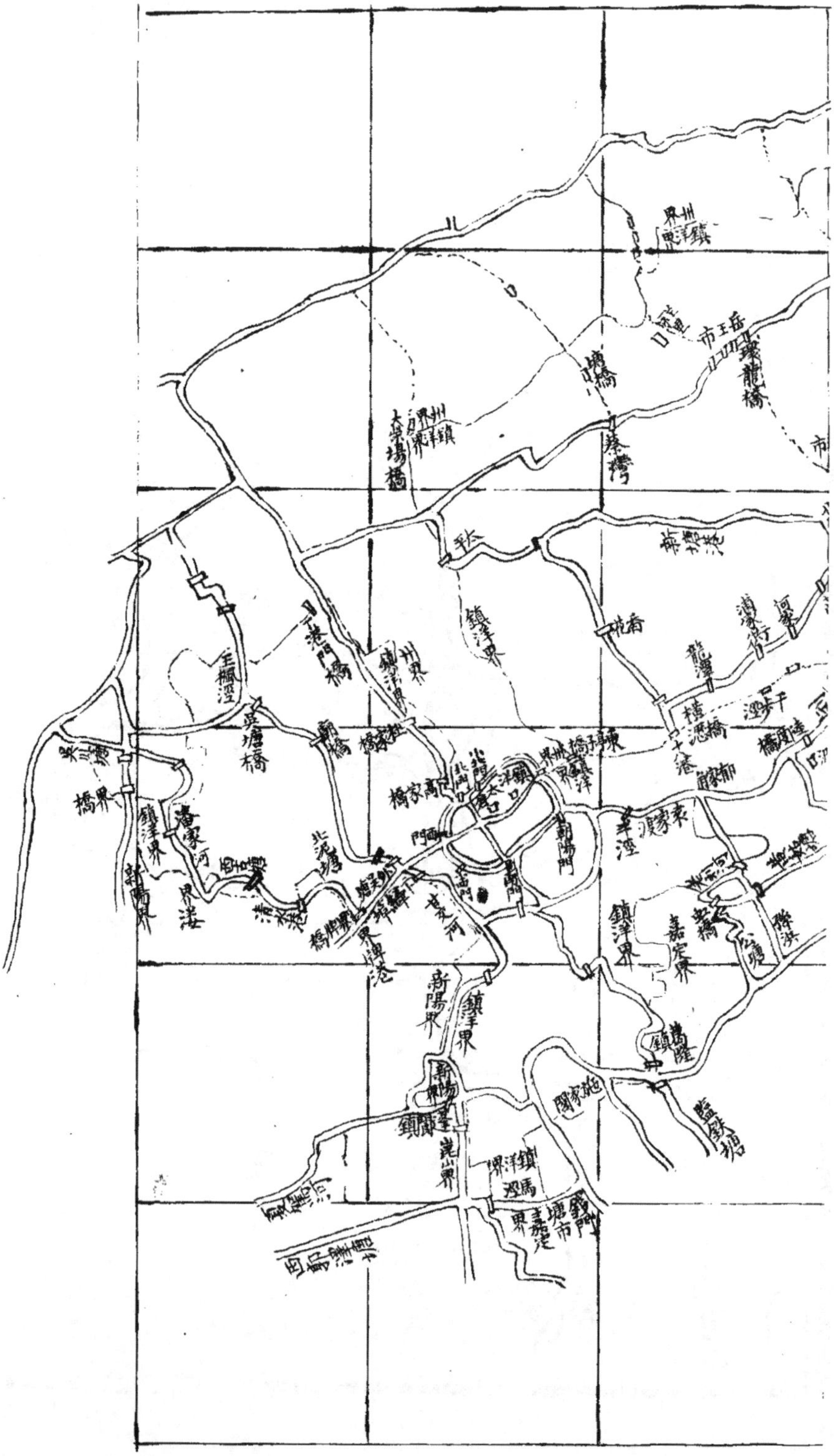

镇洋县境图 / 选自光绪《太仓直隶州志》

鎮洋縣境圖 每方十里

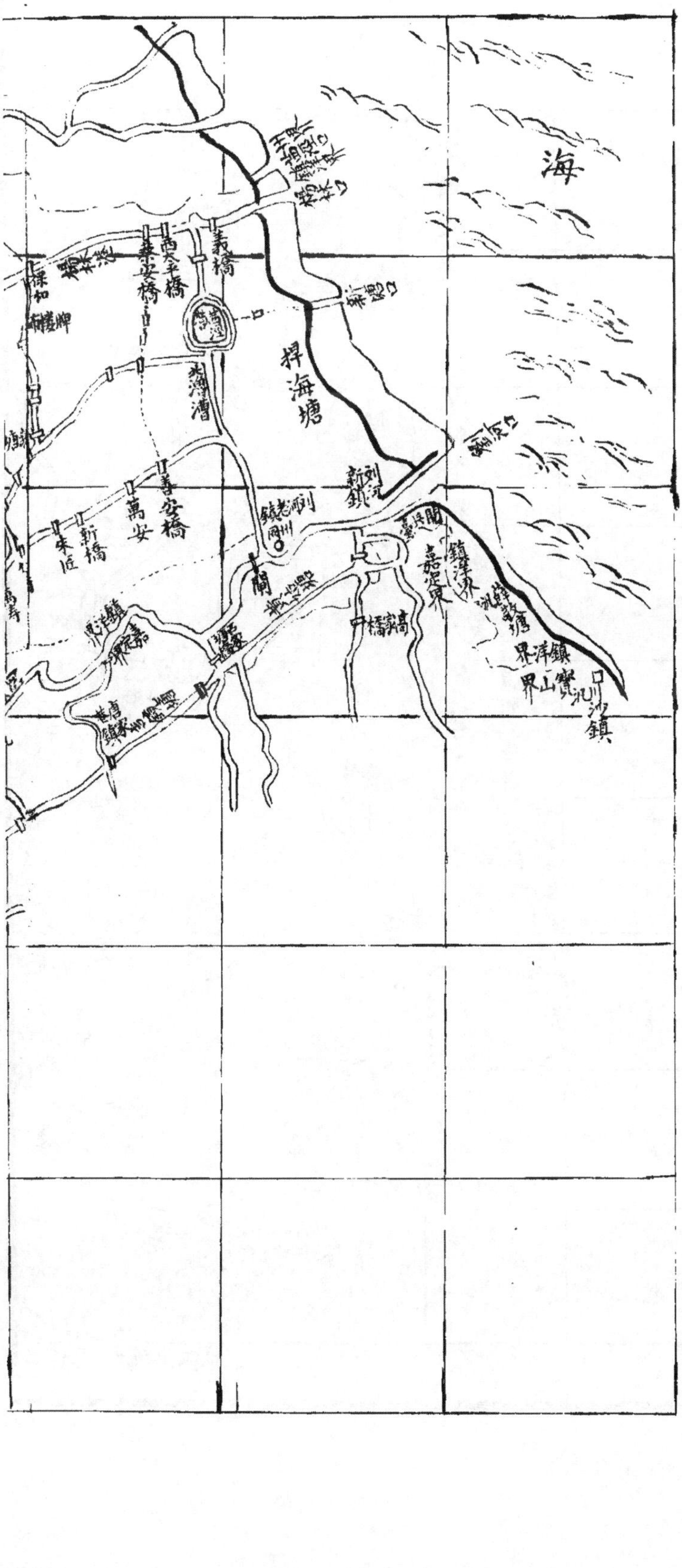

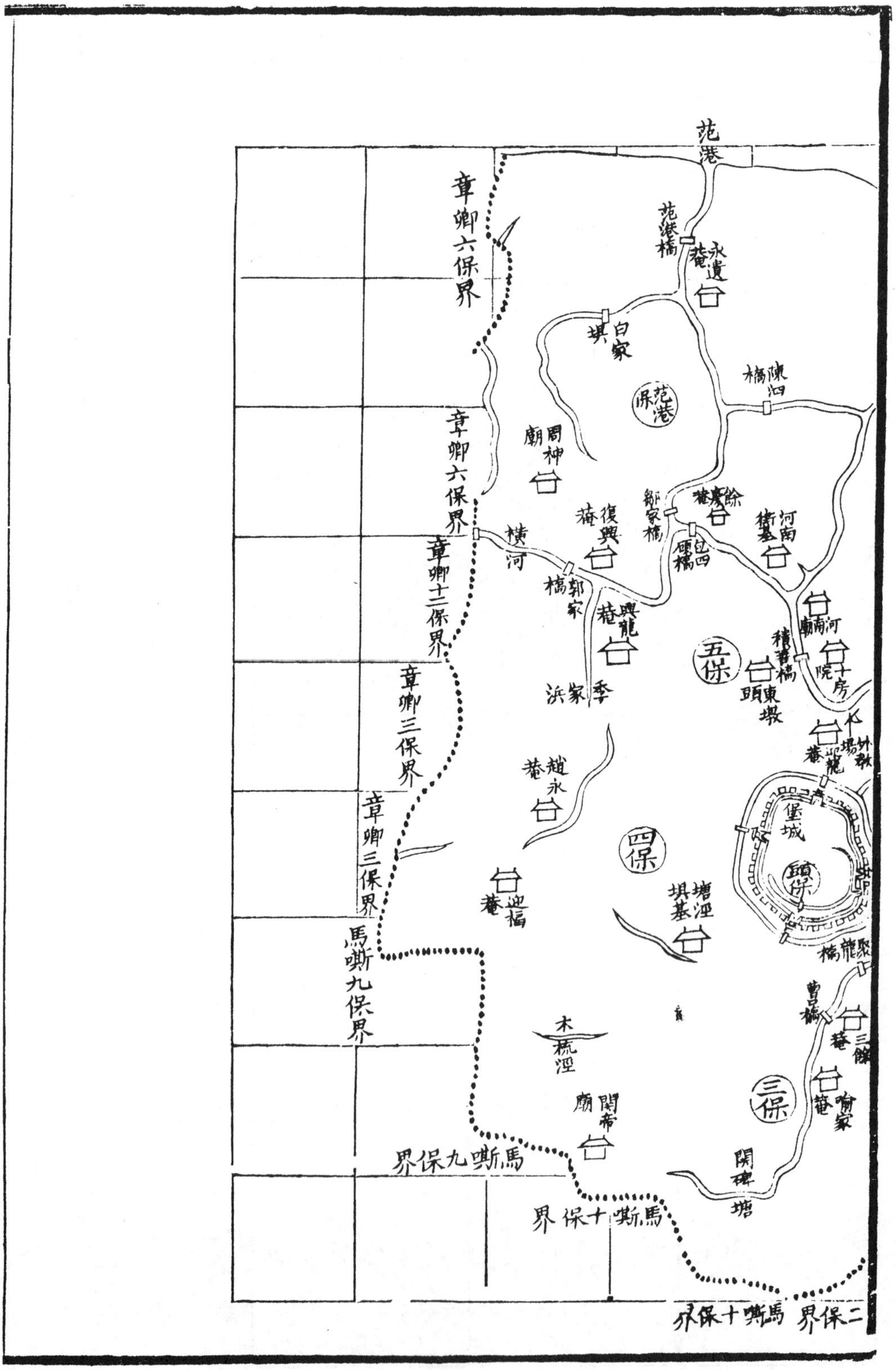

杨舍镇图 / 选自道光《江阴县志》

楊舍鎮圖

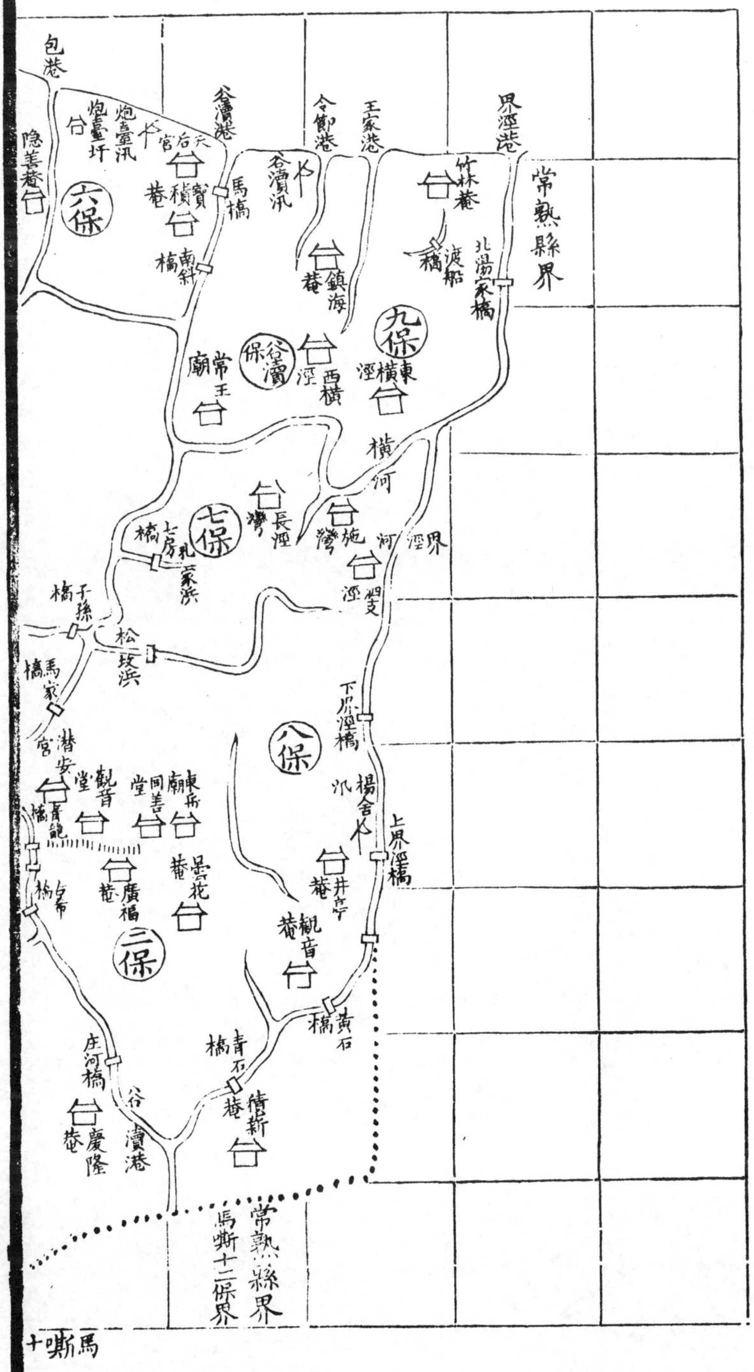
包港
隐善菴
炮臺汛
炮臺圩
天后宫
谷瀆港
寶積菴
馬橋
谷瀆汛
南斜橋
六保
令節港
王家港
界涇港
竹林菴
常熟縣界
渡船橋
北湯家橋
鎮海菴
九保
谷瀆保
常王廟
西橫涇
東橫涇
橫河
長涇灣
施灣
七保
七房橋
孔家浜
界涇河
孫子橋
松玟浜
馬家橋
下界涇橋
八保
潛安宫
觀音堂
同善堂
東岳廟
青龍橋
楊舍汛
上界涇橋
曇花菴
廣福菴
白布橋
井亭菴
二保
觀音菴
黄石橋
青石橋
庄河橋
積薪菴
慶隆菴
谷瀆港
常熟縣界
馬嘶十二保界
馬嘶十

苏州

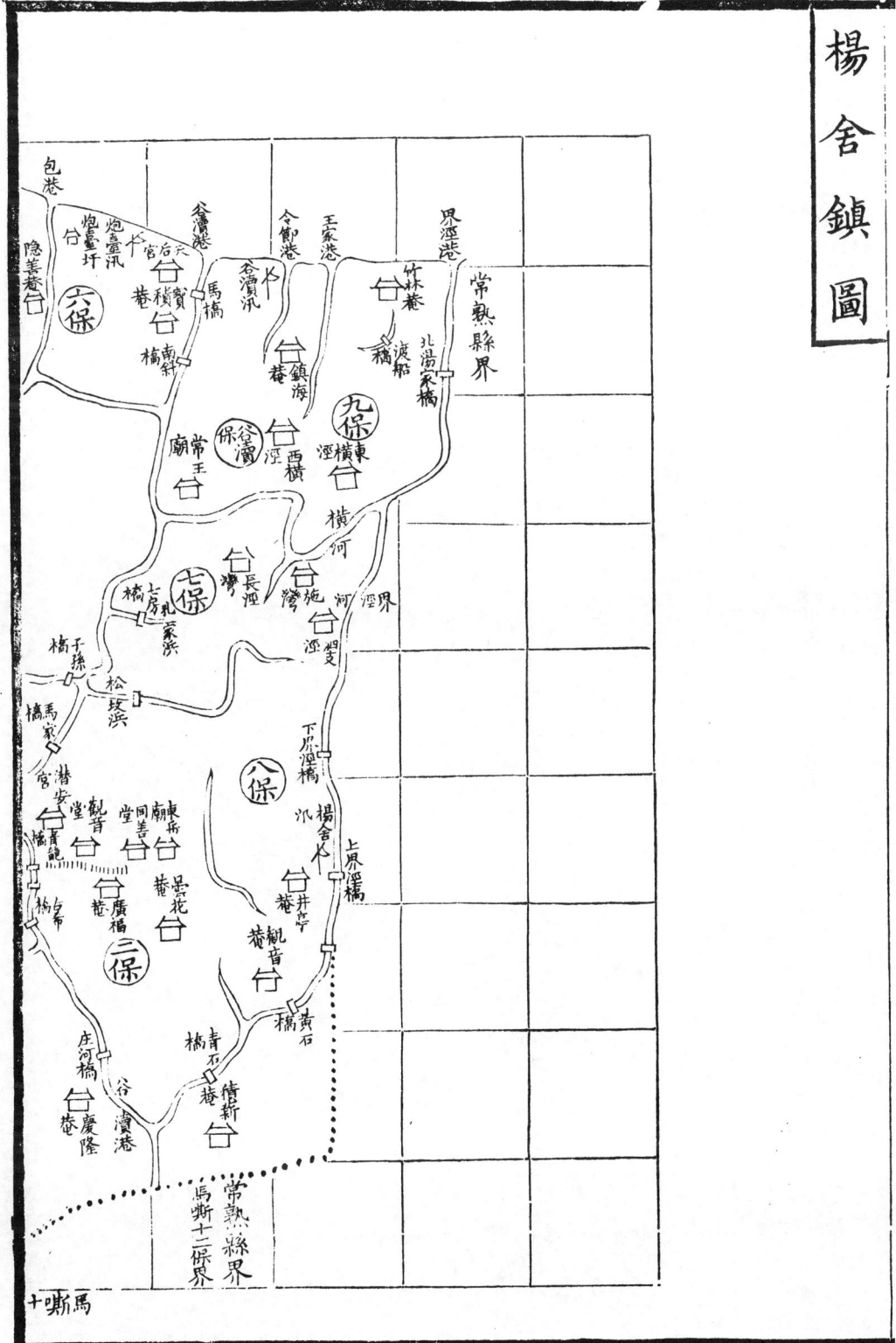

扬州

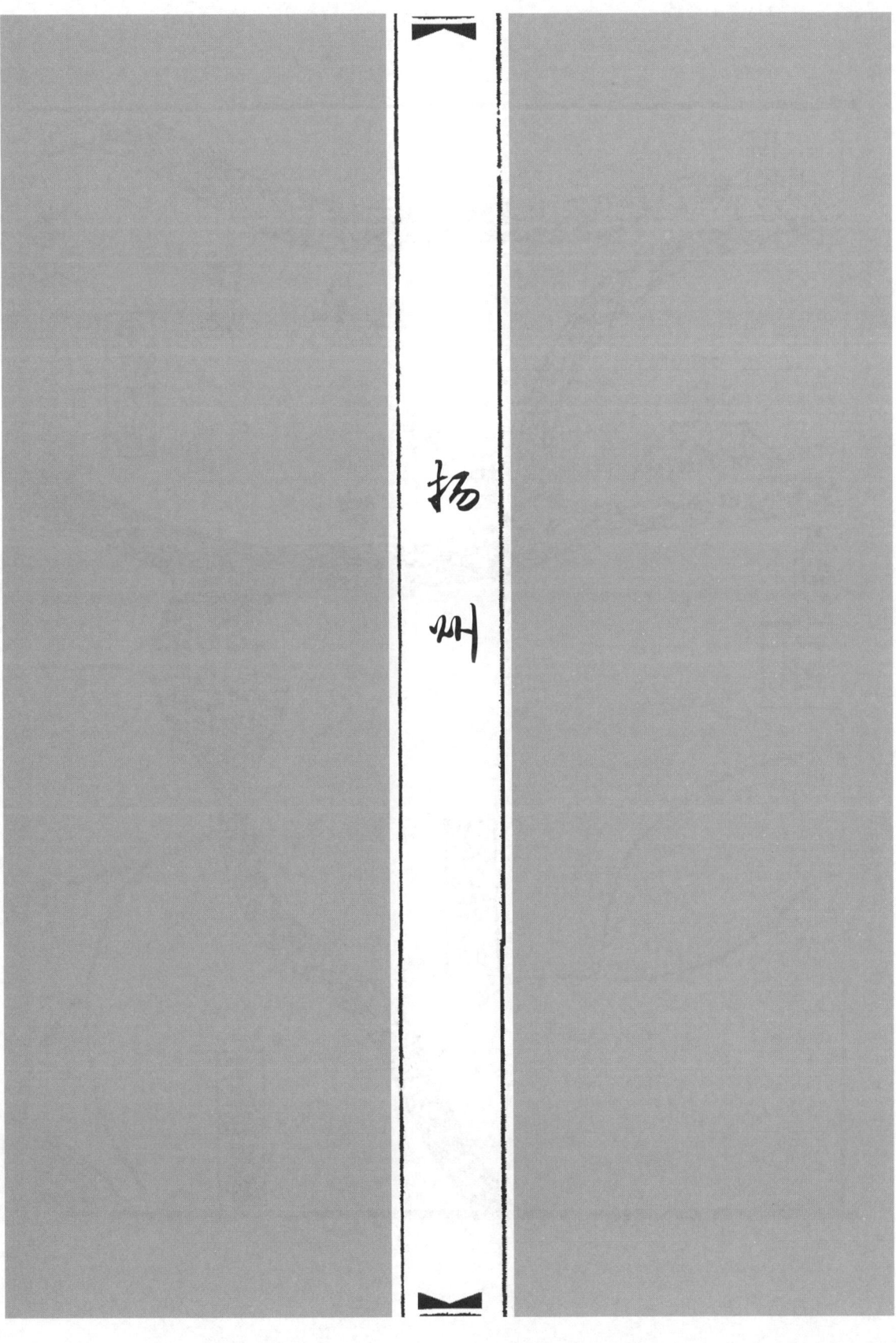

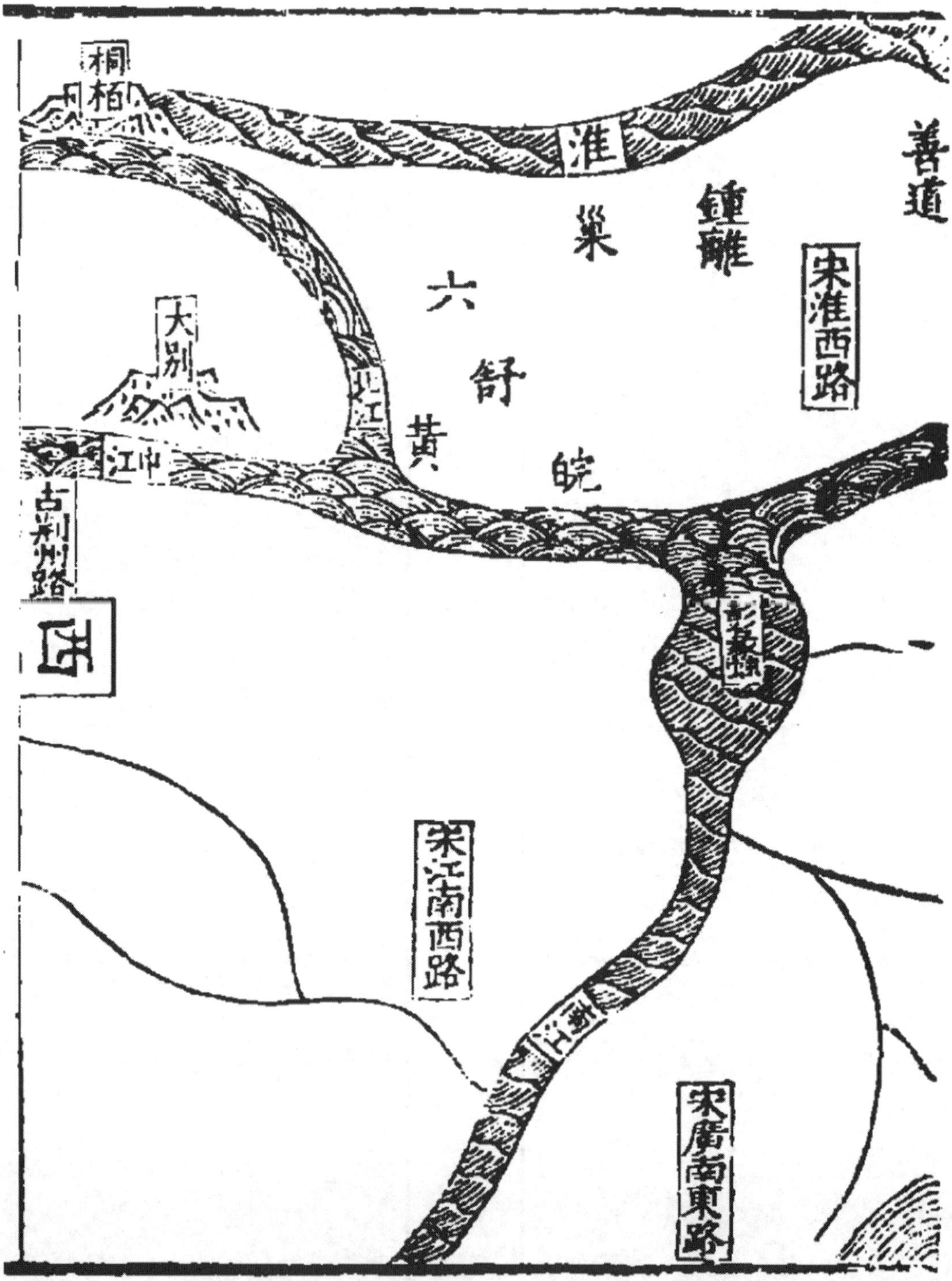

古扬州图 / 选自嘉靖《惟扬志》

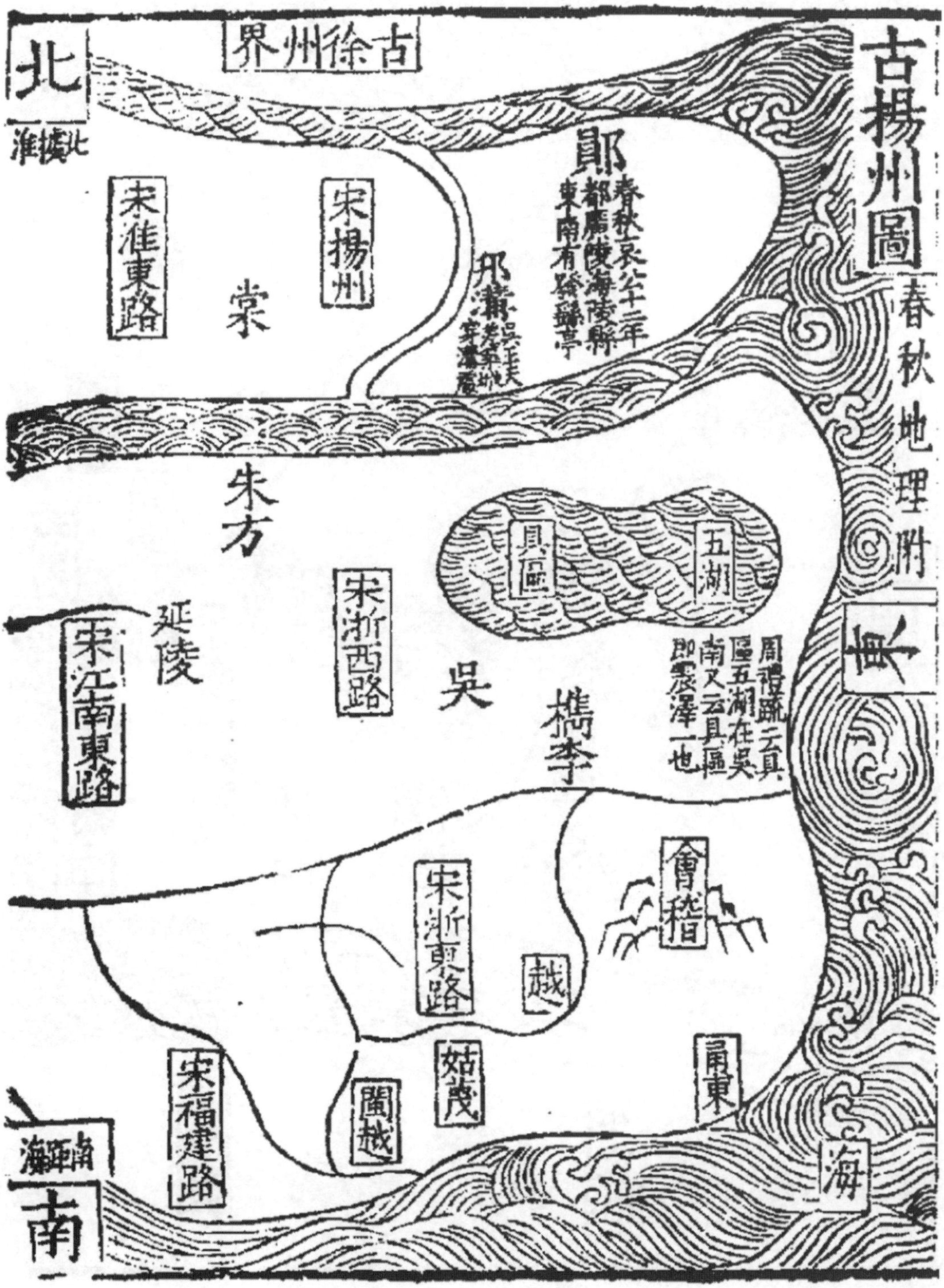
古揚州圖
春秋地理附
北
北據淮
古徐州界
宋淮東路
宋揚州
棠
鄖
春秋哀公十二年
都廣陵海陵縣
東南有發繇亭
邗溝
吳王夫
東
朱方
具區
五湖
周禮疏云具
區五湖在吳
南又云具區
即震澤一也
延陵
宋江南東路
宋浙西路
吳
檇李
會稽
宋浙東路
越
姑蔑
閩越
宋福建路
甌東
海
南距海
南

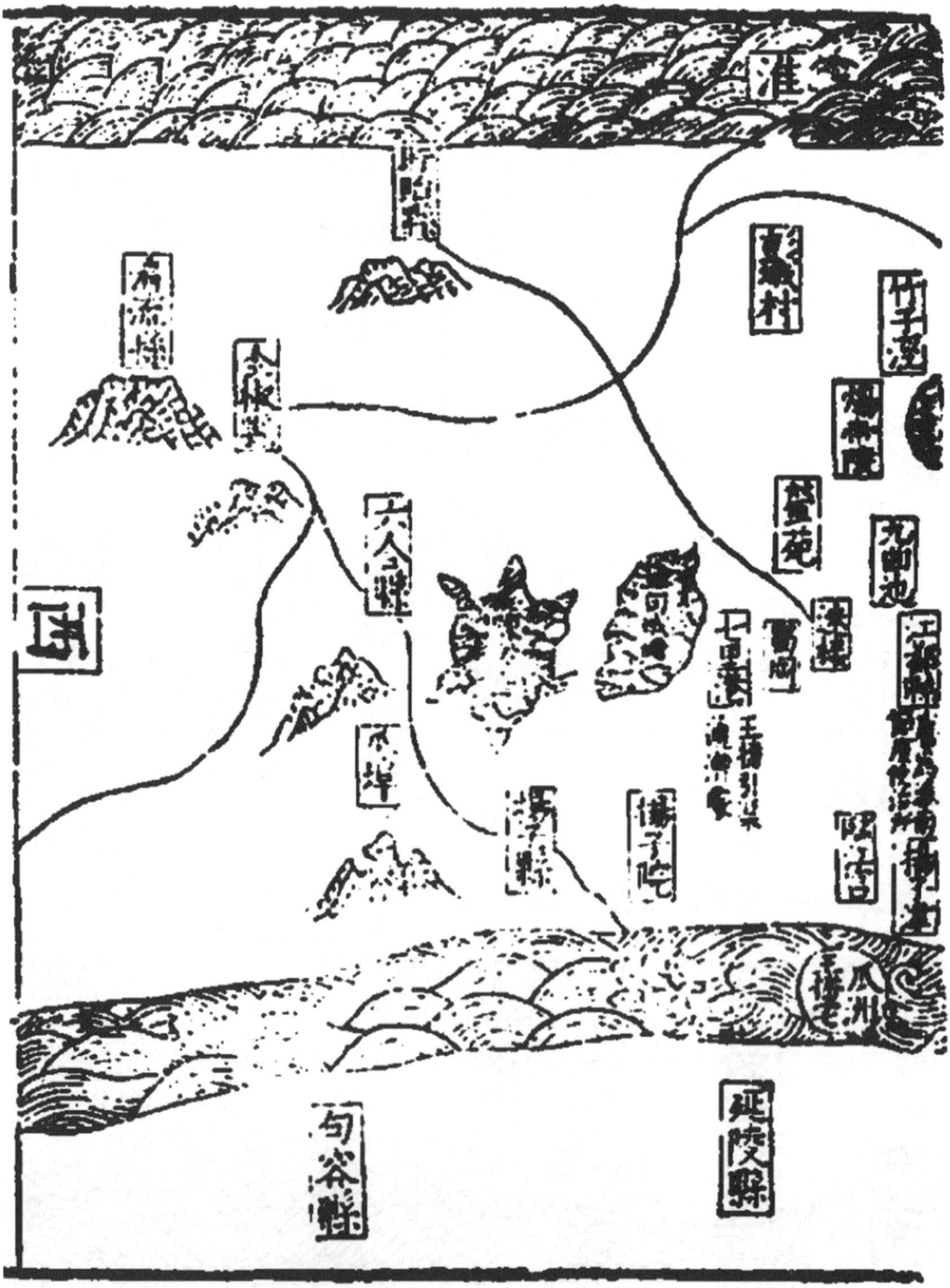

隋唐扬州图 / 选自嘉靖《惟扬志》

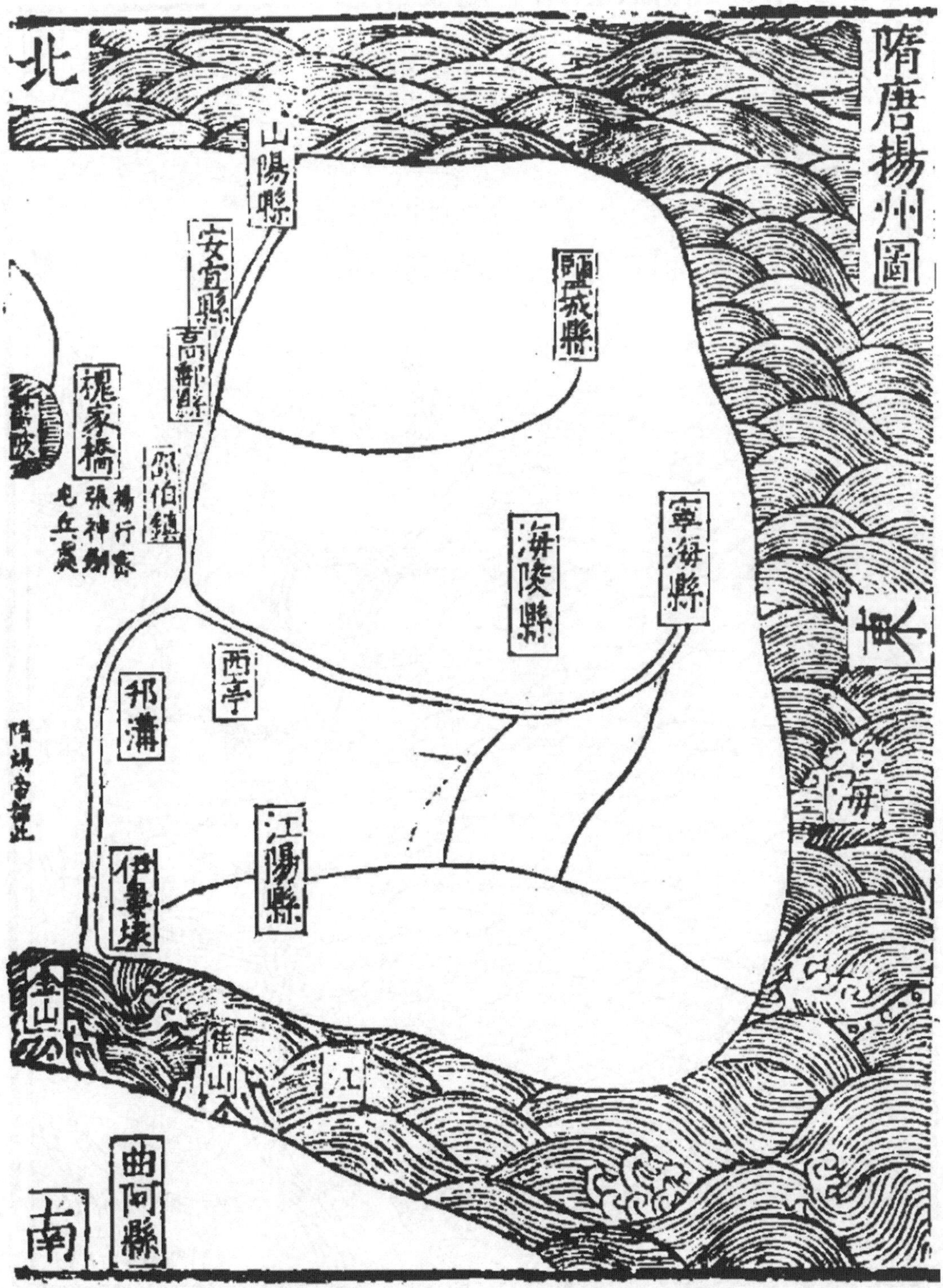
隋唐揚州圖
北
山陽縣
安宜縣
高郵縣
鹽城縣
卲伯鎮
楊行密張神劍屯兵處
寧海縣
海陵縣
東
西亭
邗溝
隋煬帝都此
海
江陽縣
伊婁埭
金山
焦山
江
曲阿縣
南

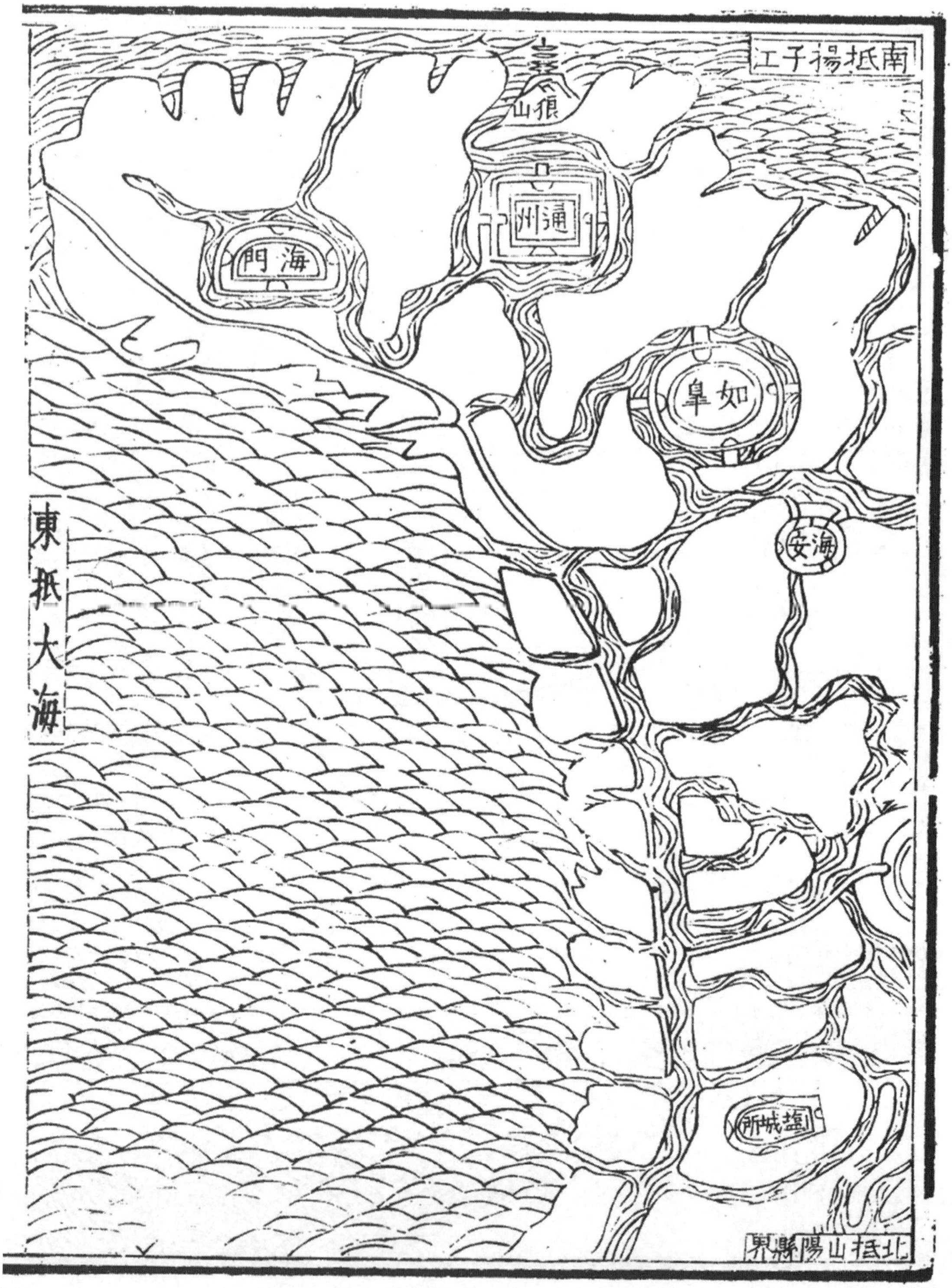

扬州府总图 / 选自万历《扬州府志》

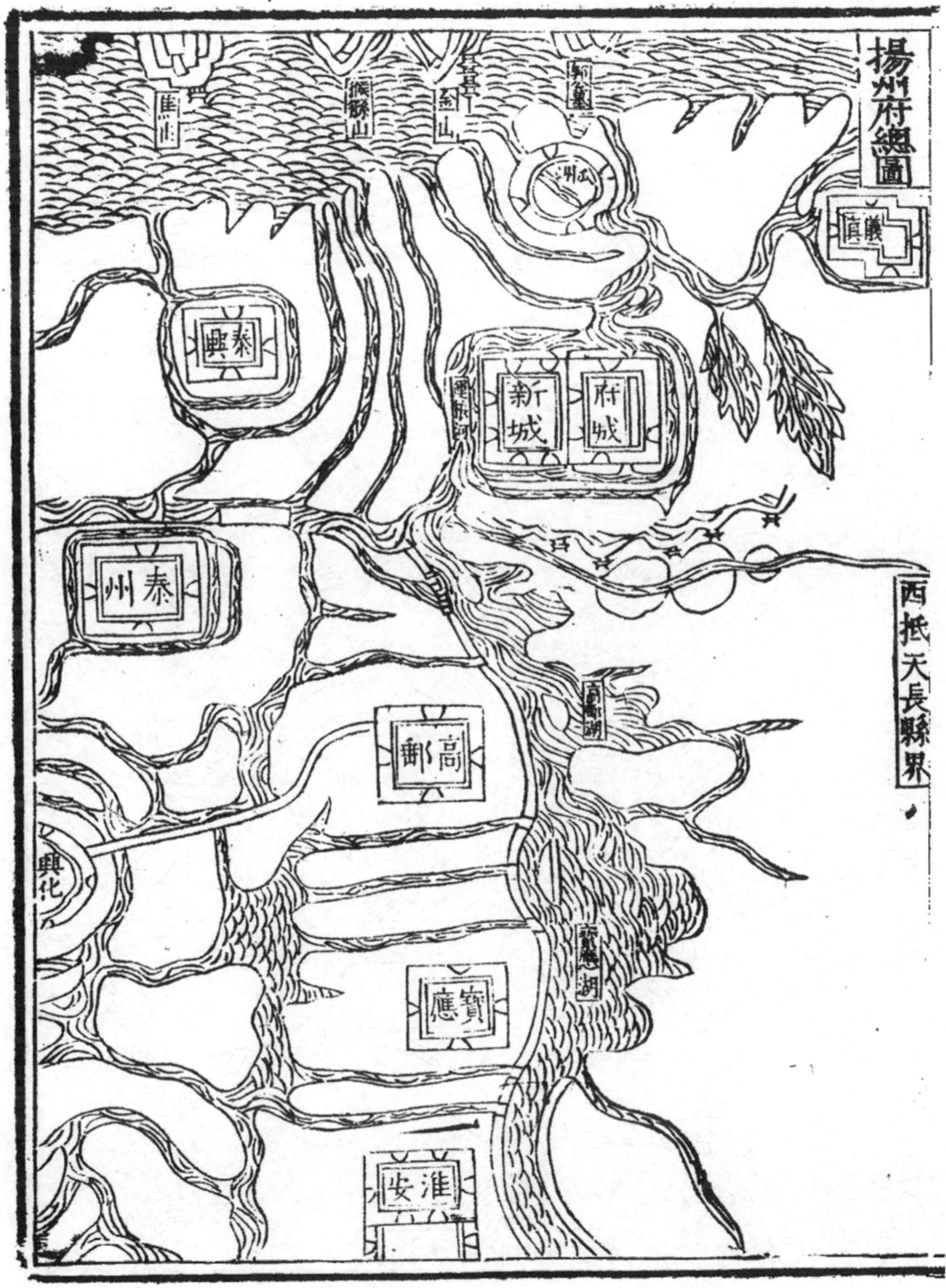
揚州府總圖
儀真
瓜洲
焦山
金山
新城
府城
運鹽河
泰興
泰州
西抵天長縣界
高郵湖
高郵
寶應湖
寶應
興化
淮安

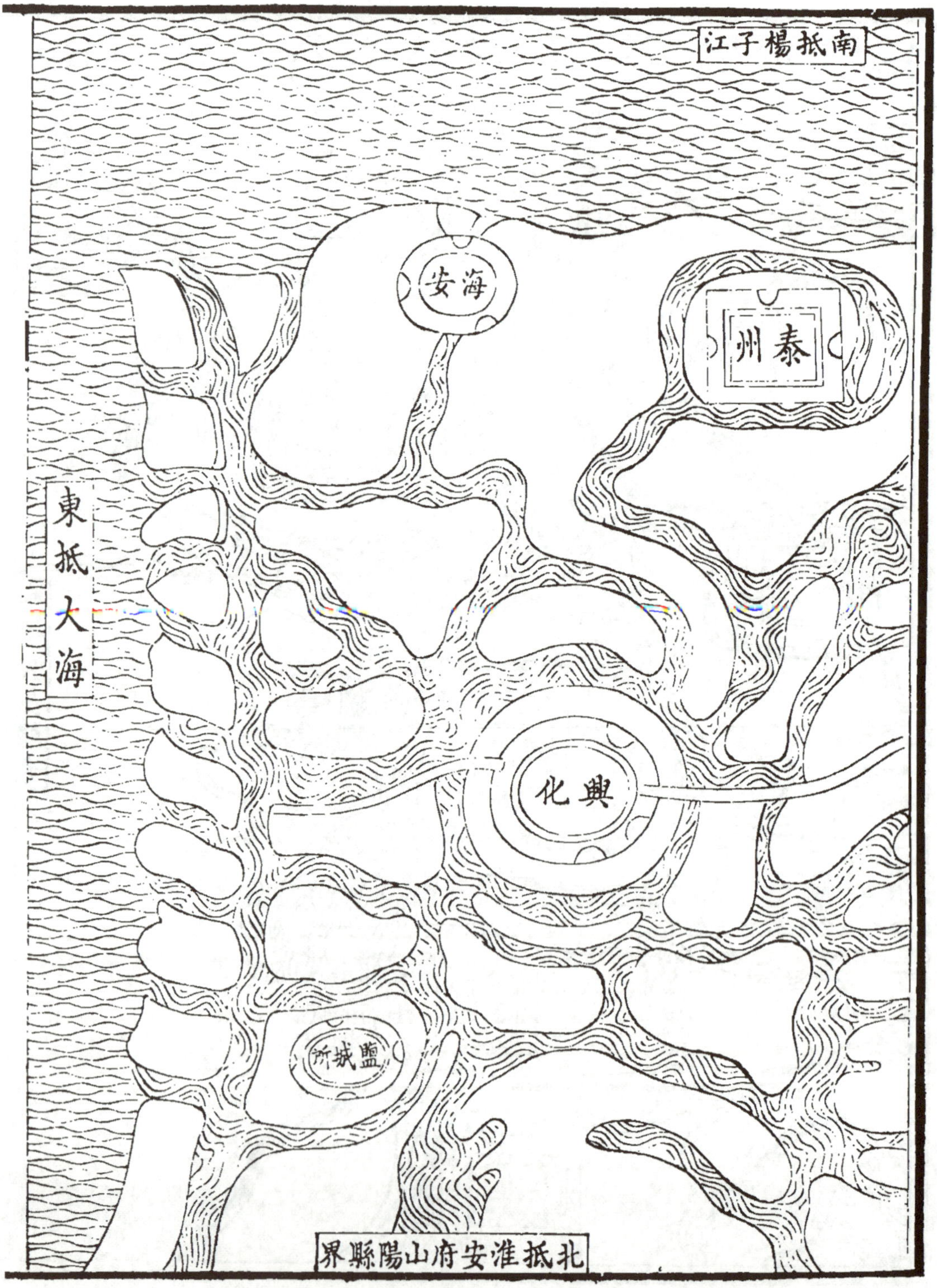

扬州府总图 / 选自雍正《扬州府志》

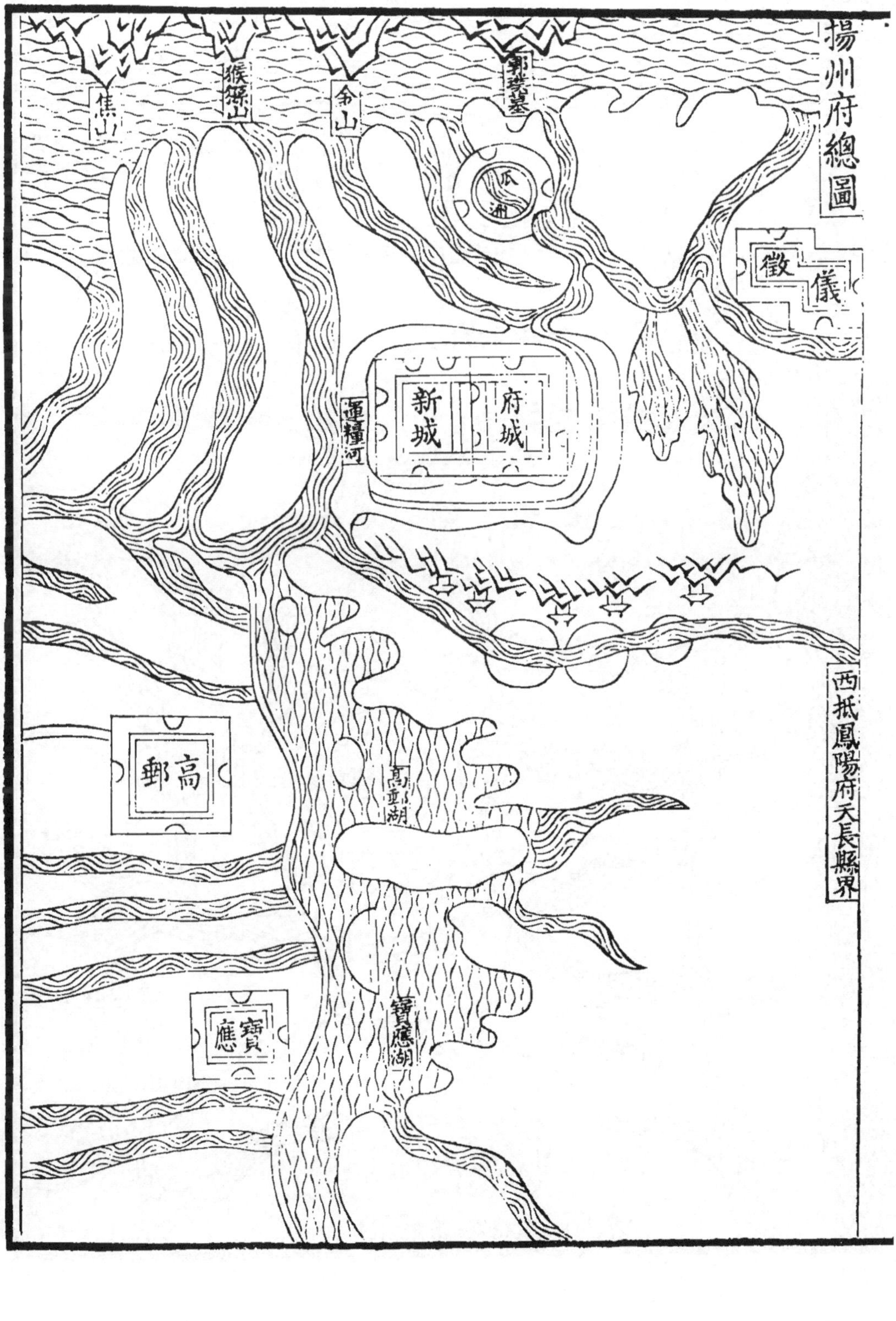
揚州府總圖
焦山
郭璞墓
瓜洲
儀徵
新城
府城
運糧河
高郵
高郵湖
寶應
寶應湖
西抵鳳陽府天長縣界

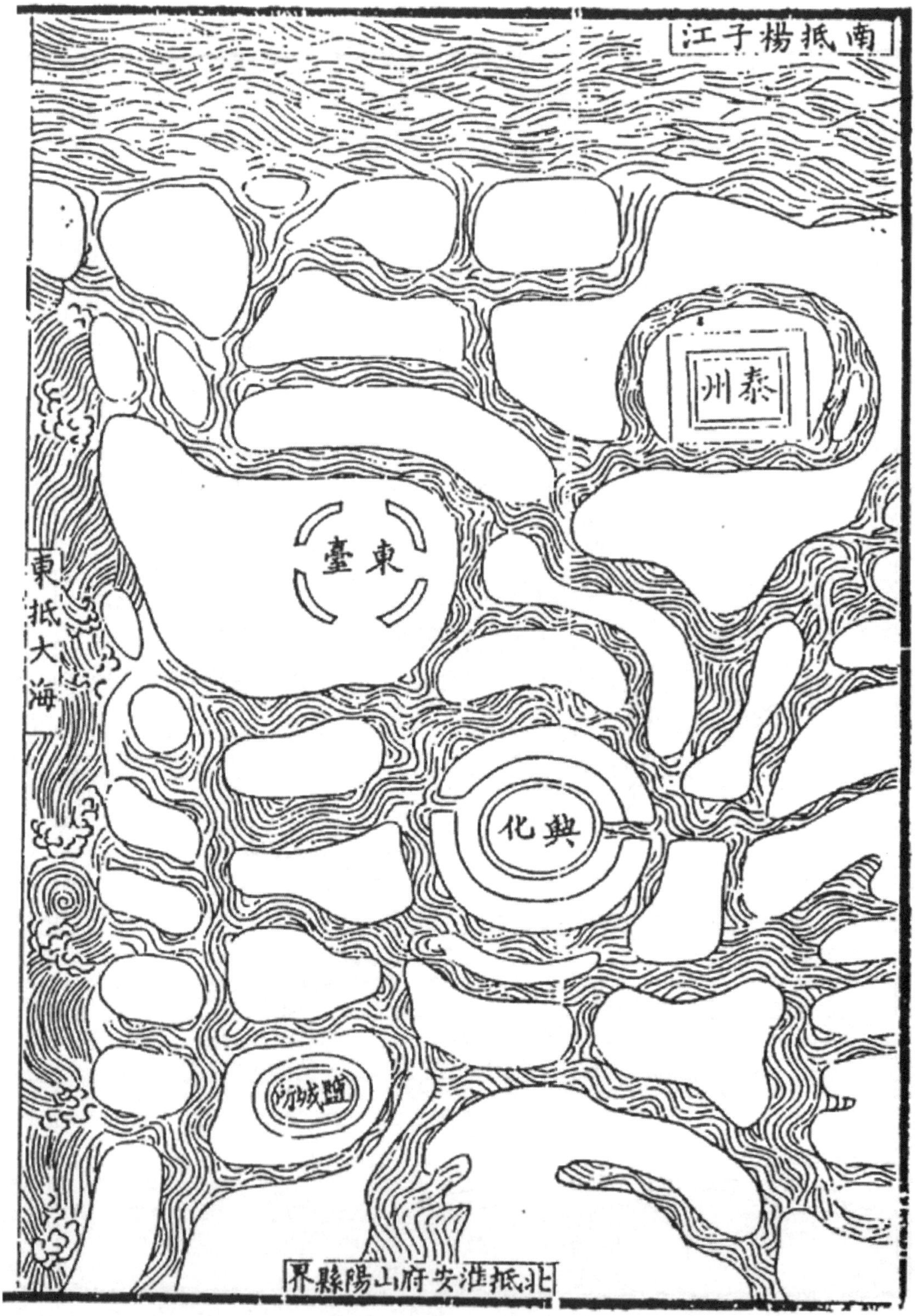

扬州府全图 / 选自嘉庆《重修扬州府志》

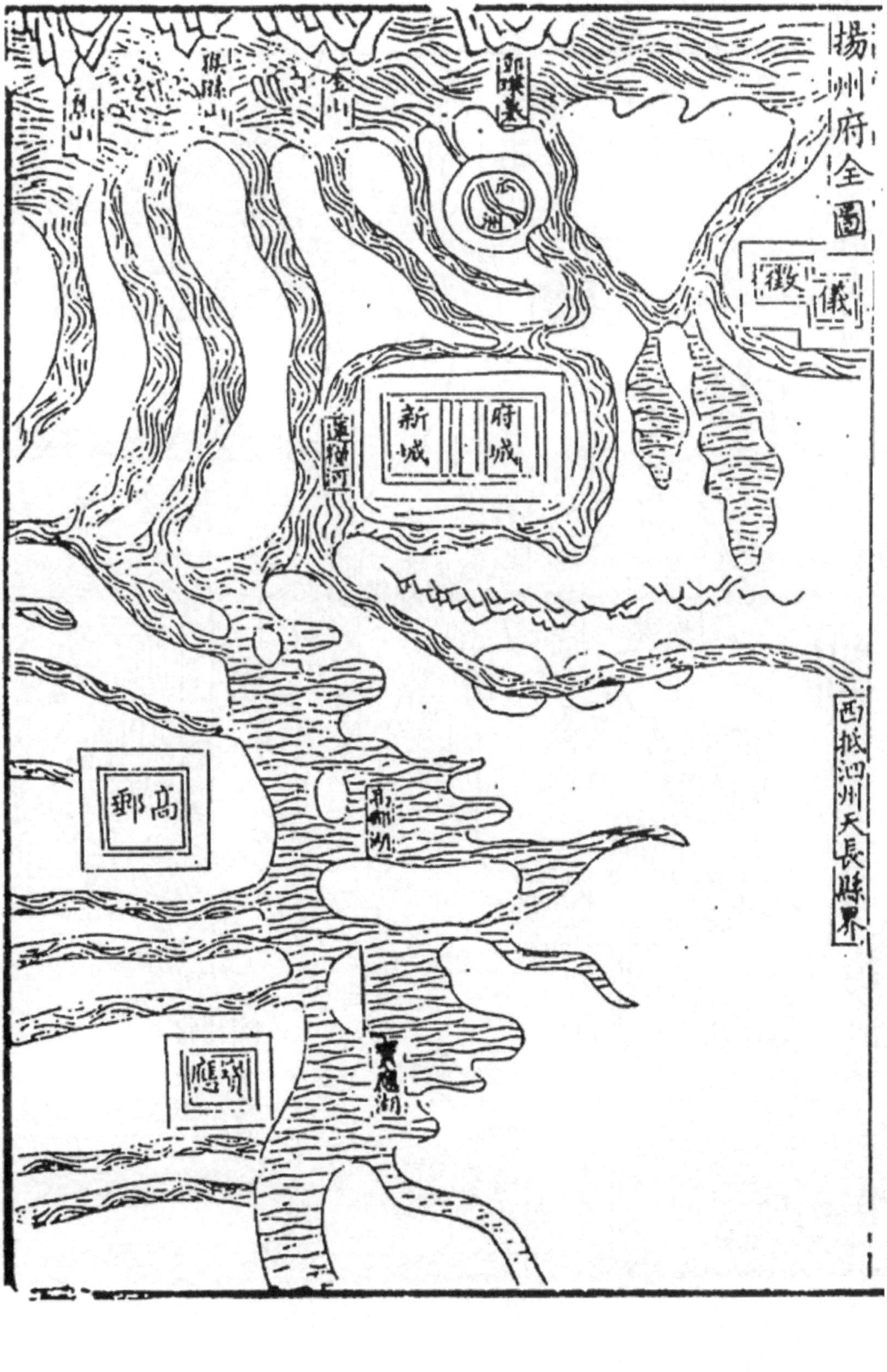
揚州府全圖
儀徵
府城
新城
高郵
寶應
寶應湖
金山
西抵泗州天長縣界

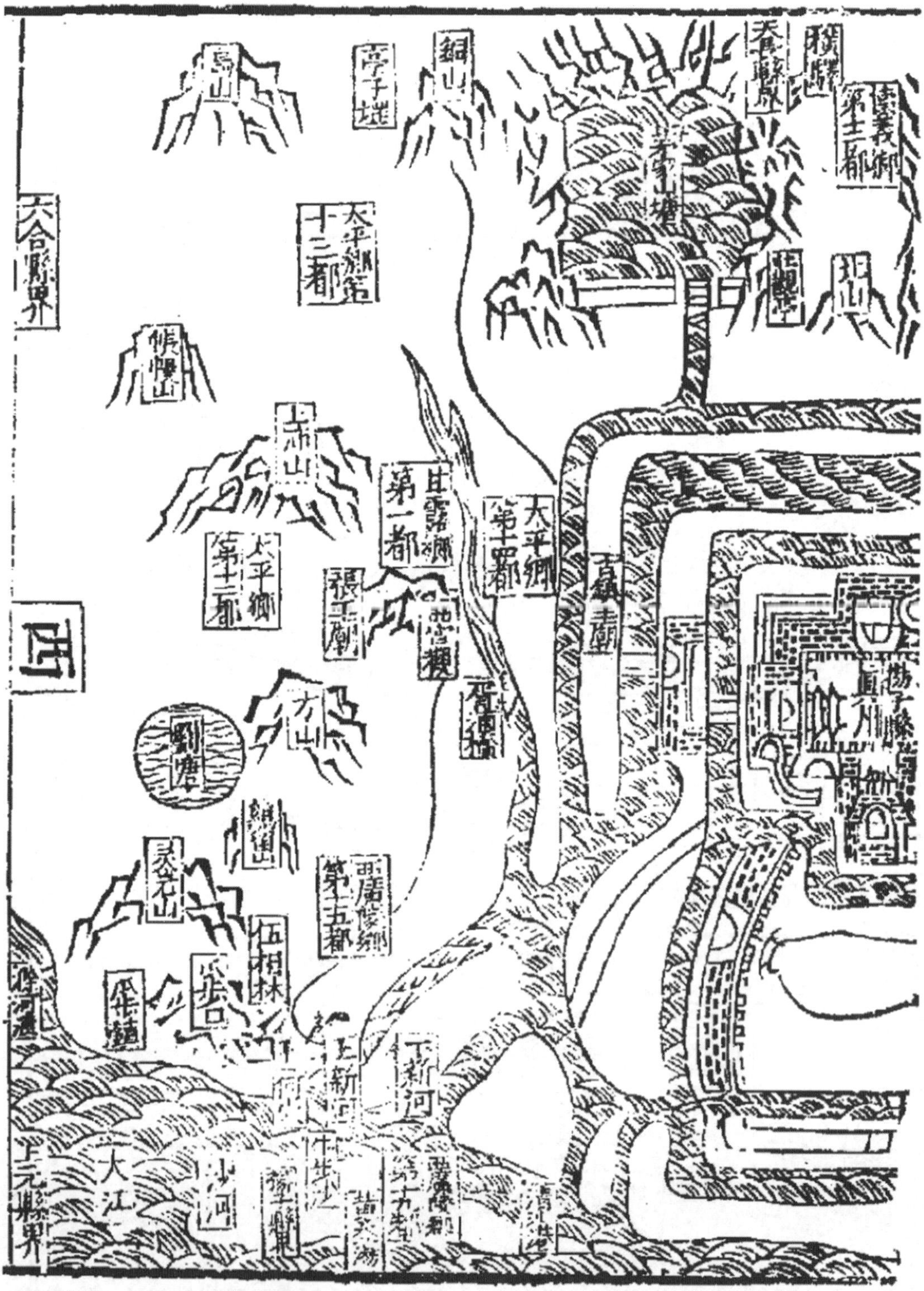

宋扬子县图 / 选自嘉靖《惟扬志》

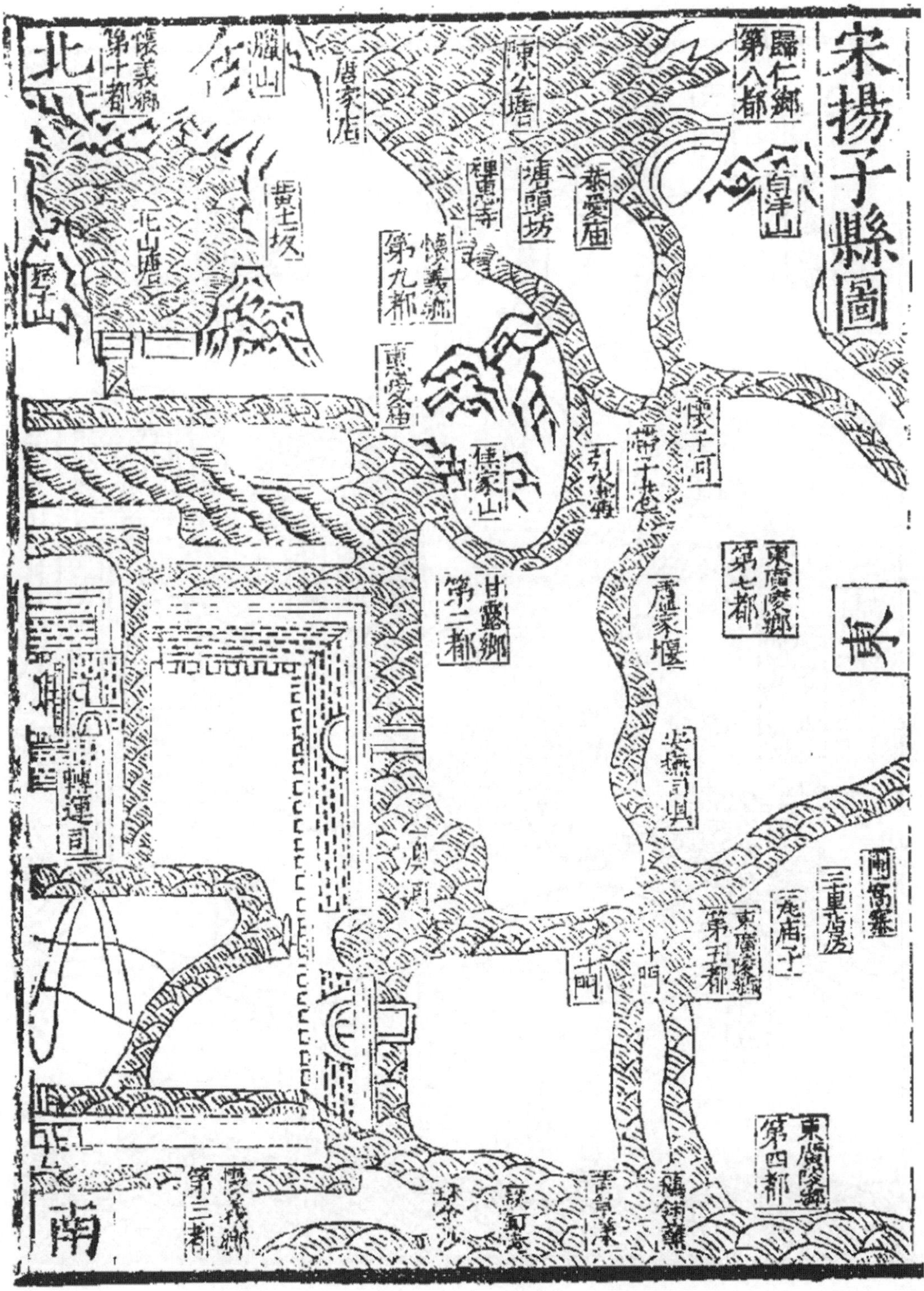
宋揚子縣圖
北
東
南
歸仁鄉第八都
東公塘
唐家店
臘山
懷義鄉第十都
黃土坡
北山塘
塘頭坊
懷義鄉第九都
侯家山
東廣陵鄉第七都
甘露鄉第二都
轉運司
東廣陵鄉第五都
東廣陵鄉第四都
懷義鄉第三都

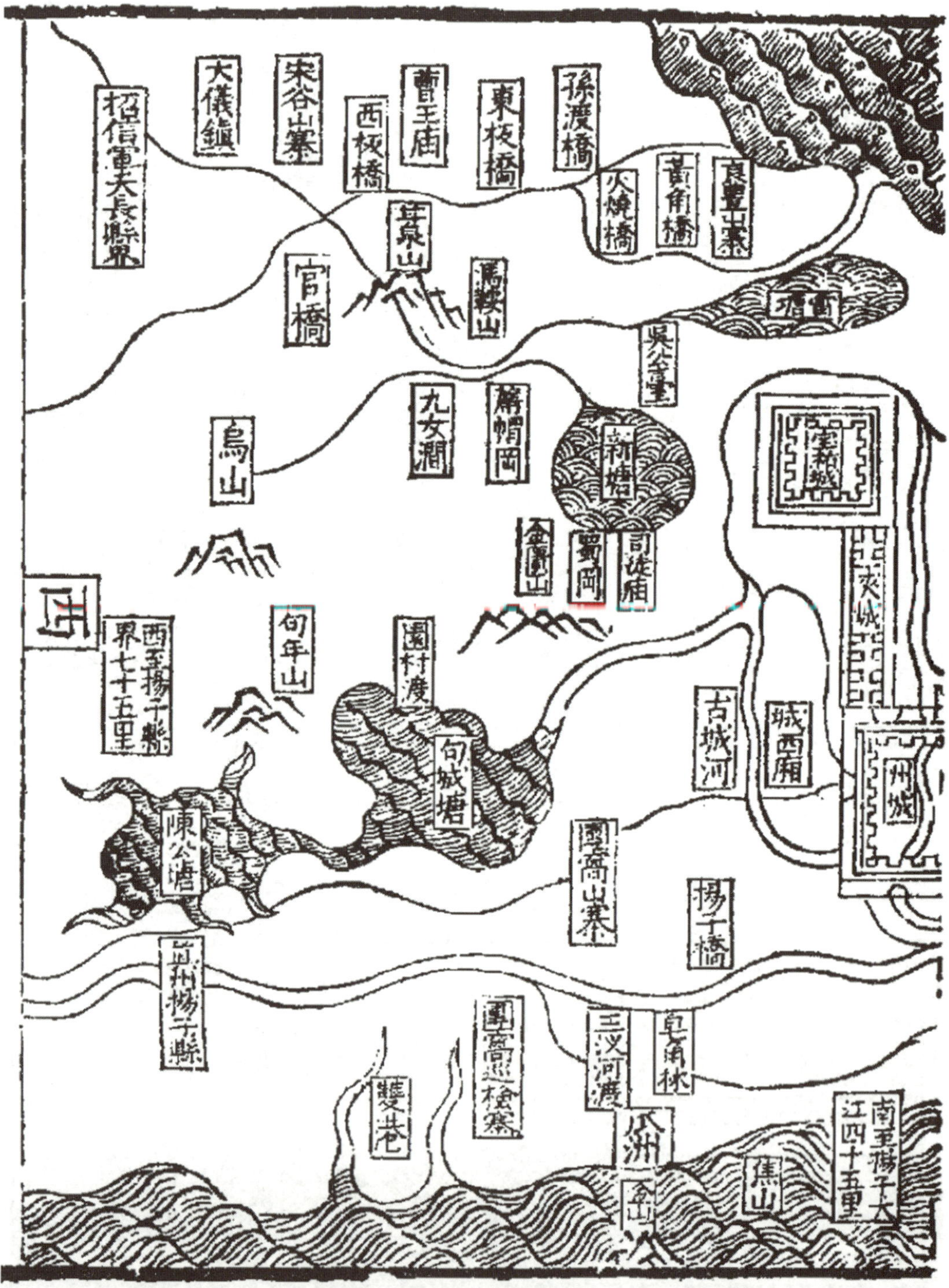

宋江都县图 / 选自嘉靖《惟扬志》

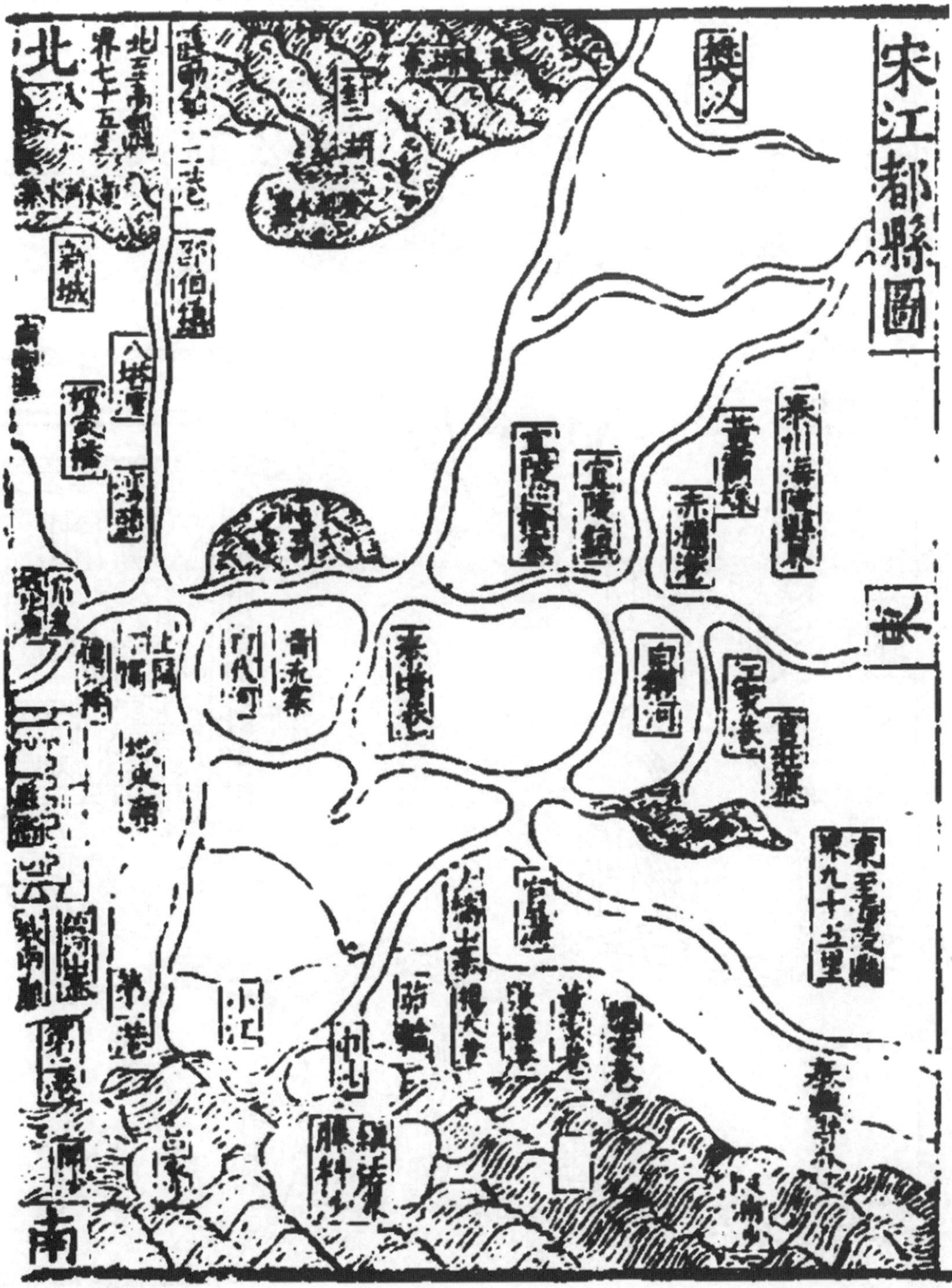
宋江都縣圖
北
南
邵伯鎮
新城
宜陵鎮
小江

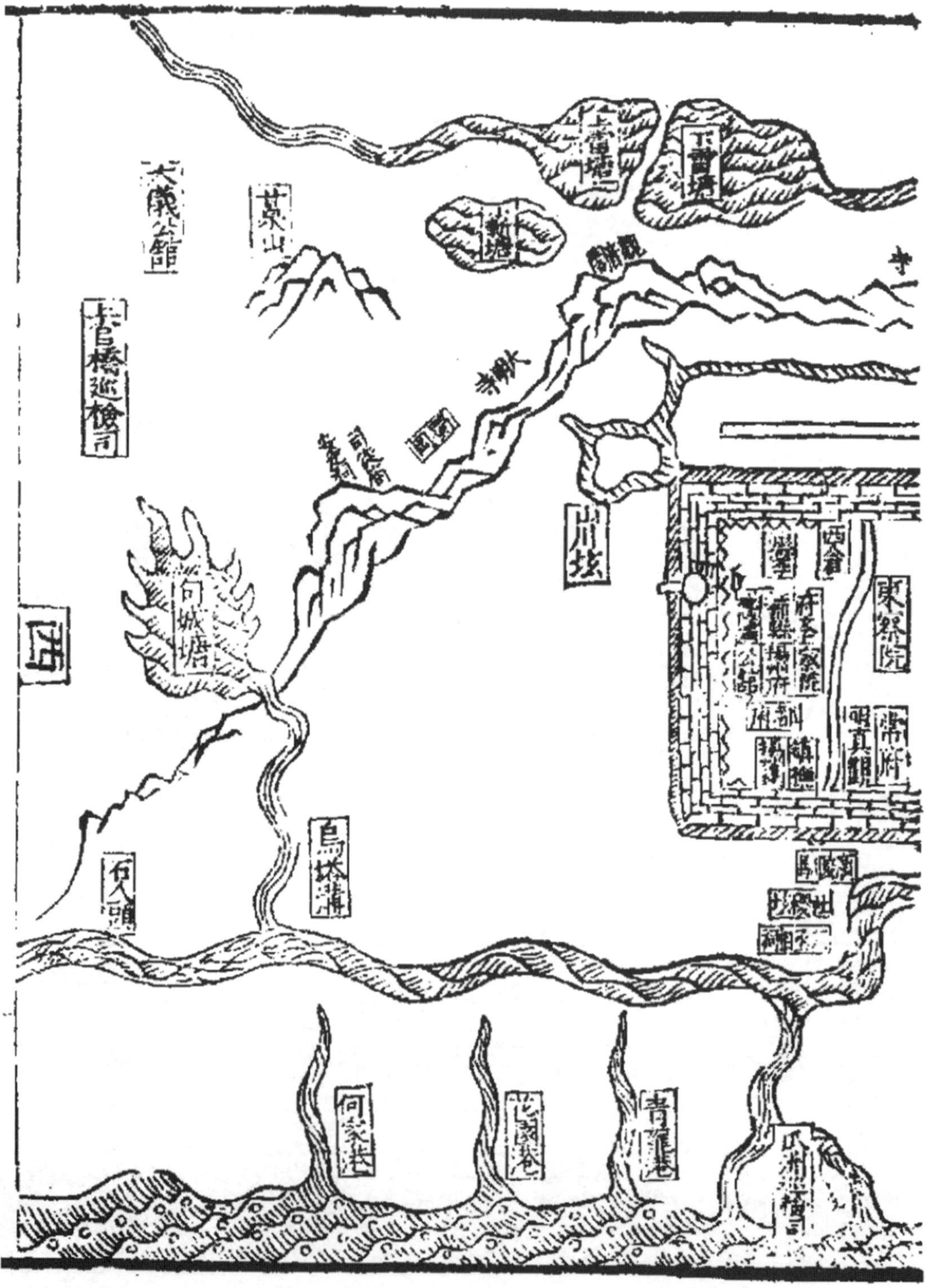

今江都县图 / 选自嘉靖《惟扬志》

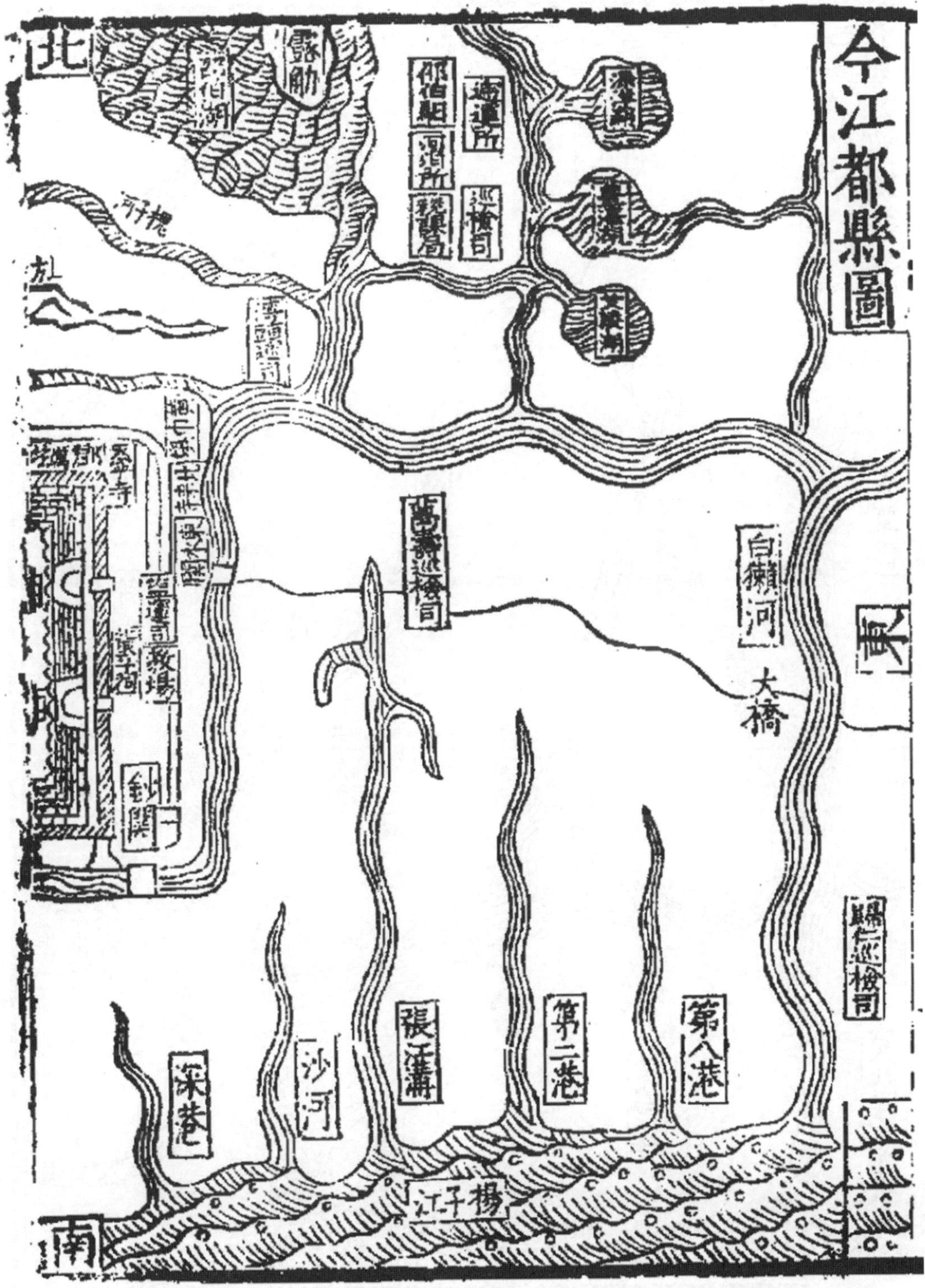
今江都縣圖
北
南
東
露觔
邵伯驛
遞運所
河泊所
巡檢司
稅課局
萬壽巡檢司
白獺河
大橋
歸仁巡檢司
深巷
沙河
張活溝
第二港
第八港
揚子江
教場

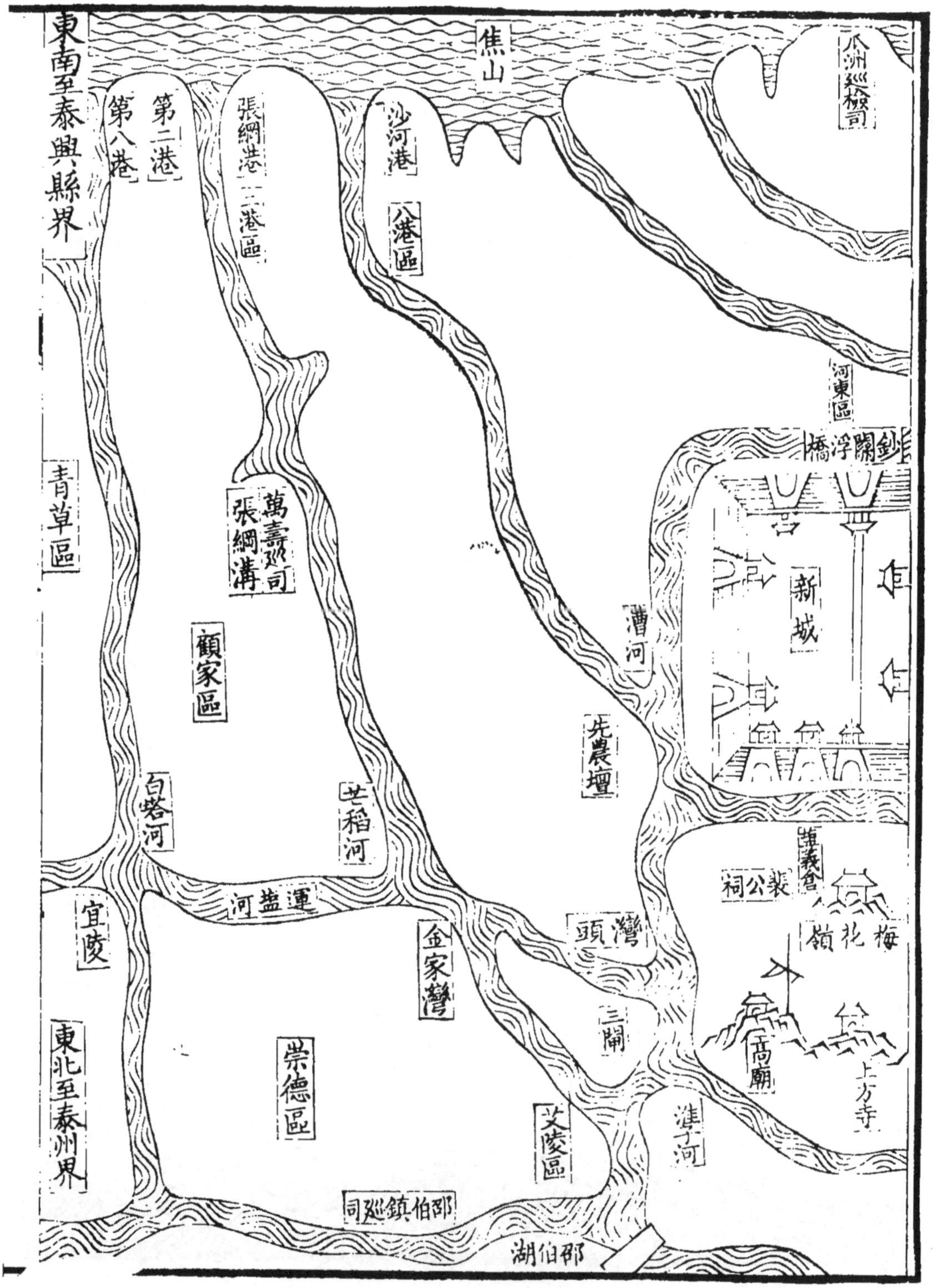

江都甘泉四境图 / 选自雍正《扬州府志》

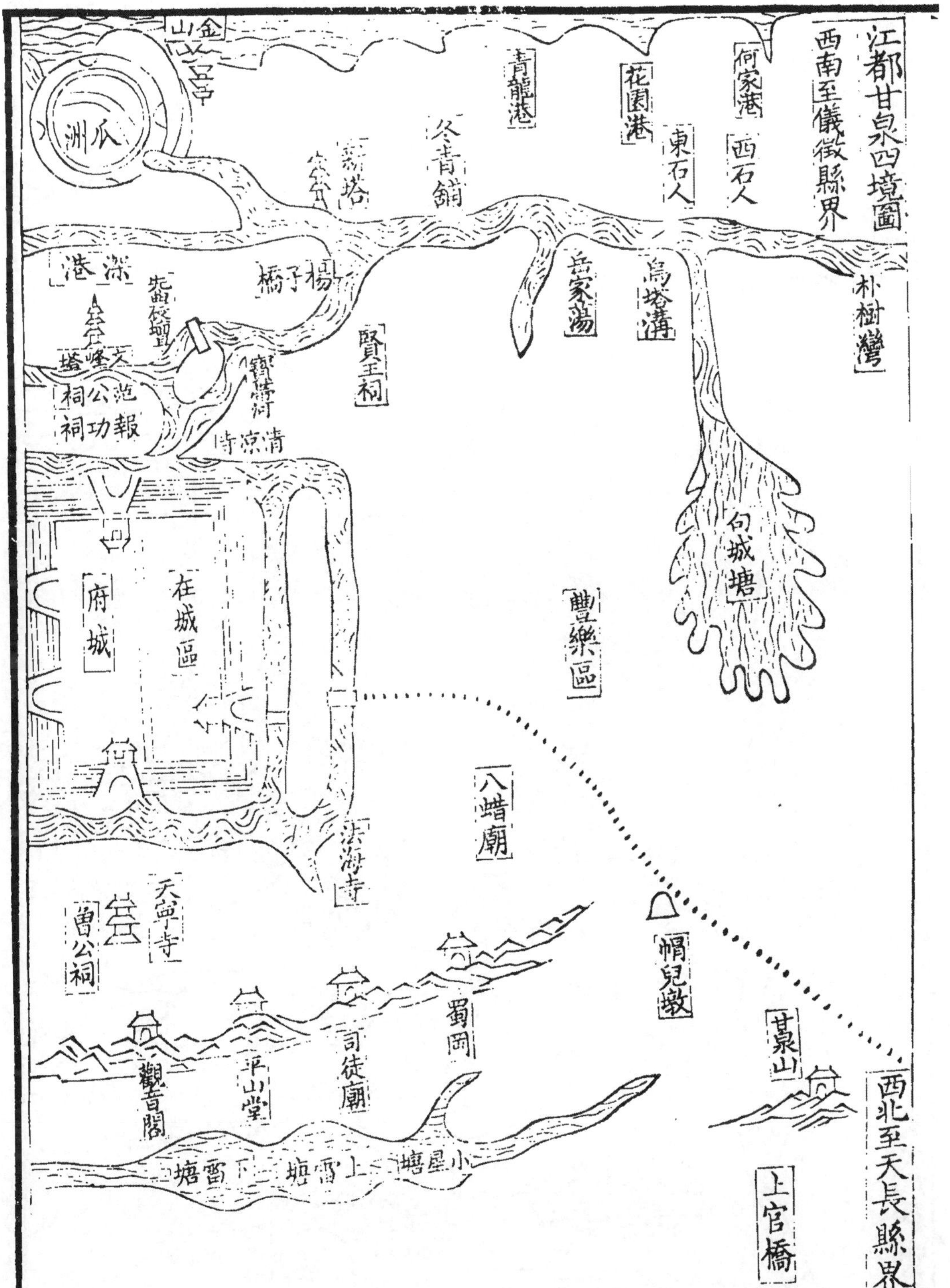
江都甘泉四境圖
西南至儀徵縣界
何家港
西石人
東石人
花園港
青龍港
冬青鋪
新塔
瓜洲
金山
深港
楊子橋
文峰塔
范公祠
報功祠
清凉寺
賢王祠
烏塔溝
岳家湯
朴樹灣
句城塘
豐樂區
府城
在城區
八蜡廟
法海寺
天寧寺
曾公祠
帽兒墩
蜀岡
司徒廟
平山堂
觀音閣
甘泉山
西北至天長縣界
上官橋
小星塘
上雷塘
下雷塘

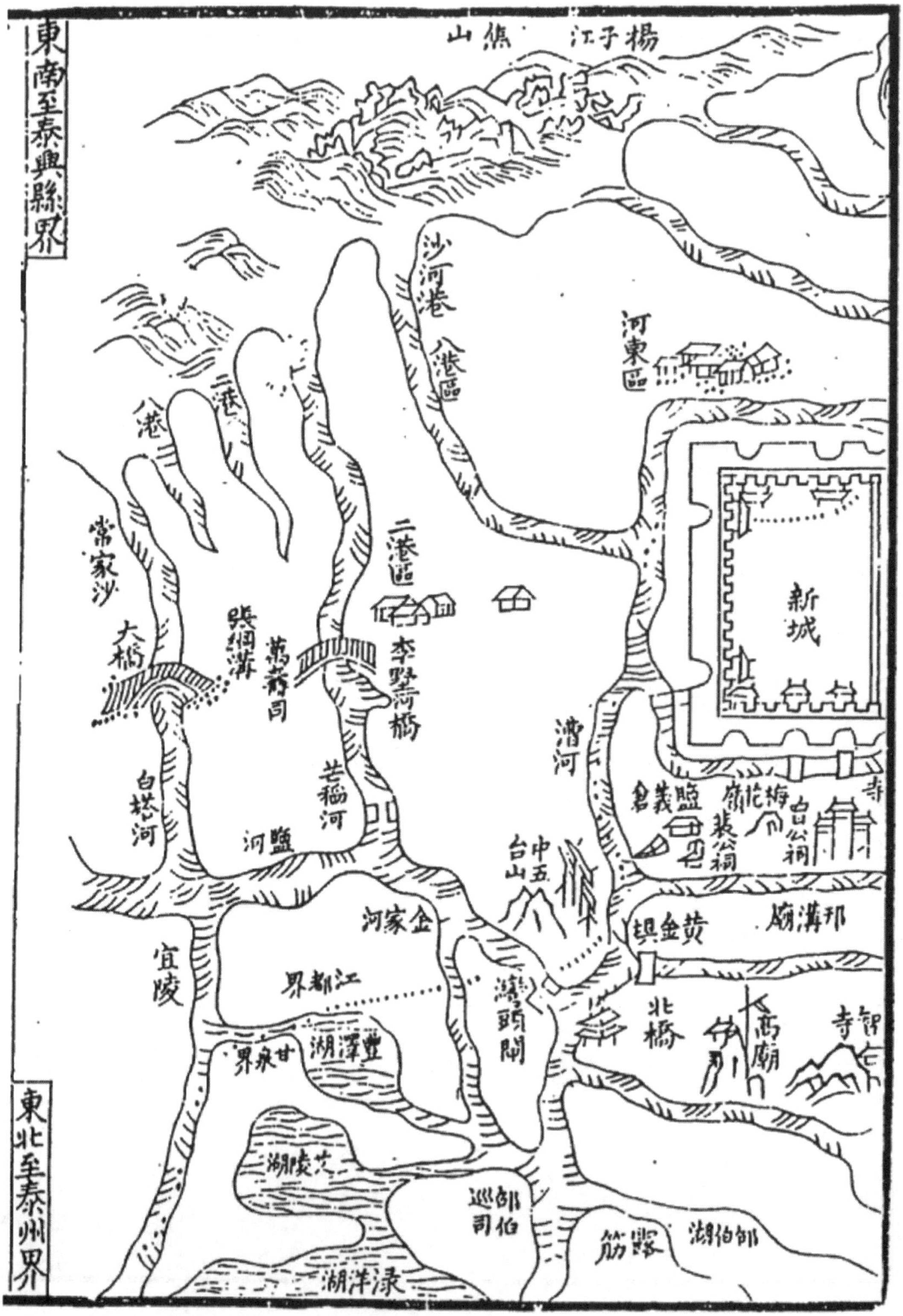

江都甘泉四境图 / 选自嘉庆《重修扬州府志》

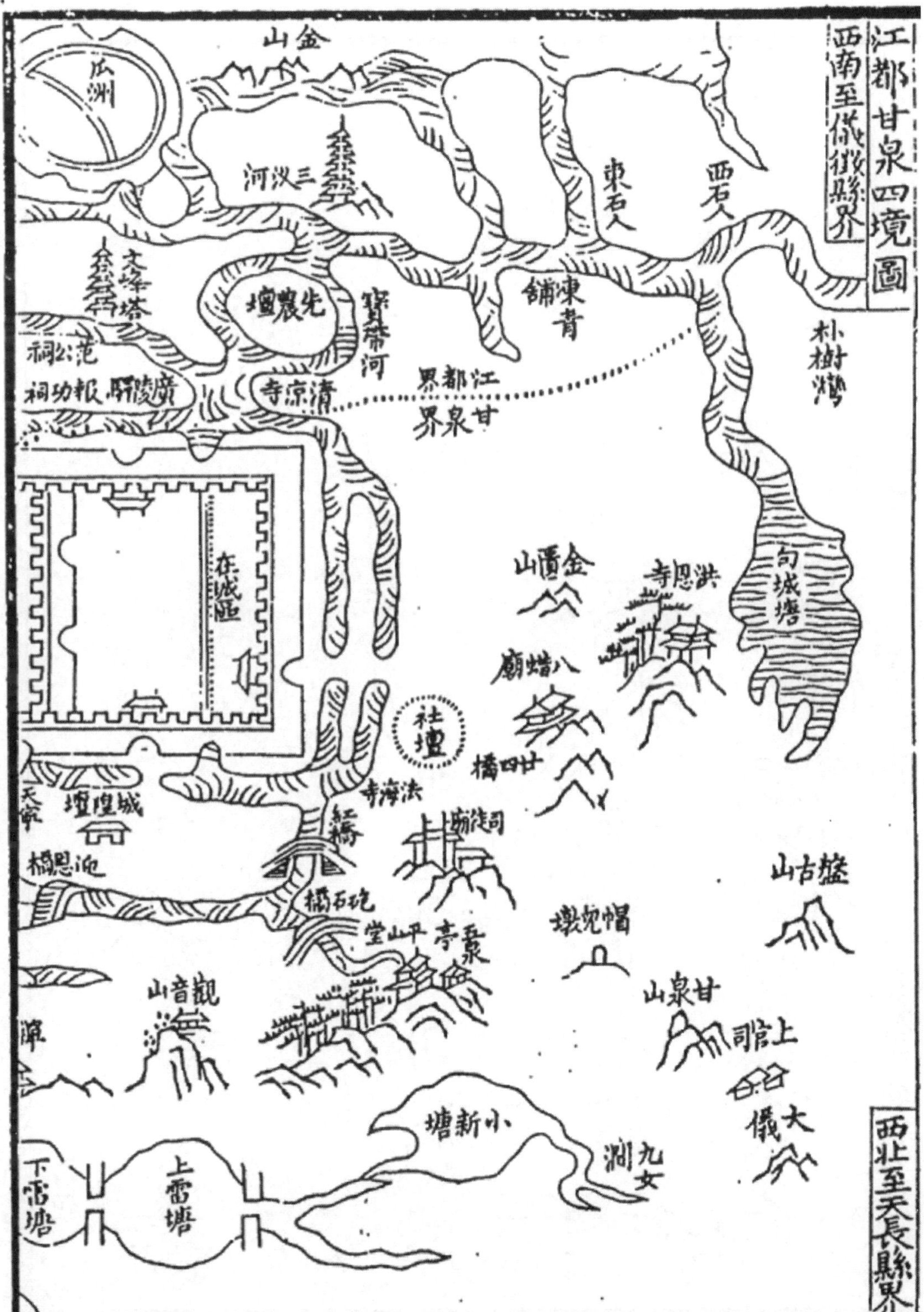
江都甘泉四境圖
西南至儀徵縣界
金山
瓜洲
三汊河
東石人
西石人
文峰塔
先農壇
寶帶河
東青鋪
江都界
甘泉界
清涼寺
朴樹灣
金匱山
洪恩寺
句城塘
八蜡廟
社壇
廿四橋
法海寺
城隍壇
紅橋
司徒廟
盤古山
帽兒墩
平山堂
觀音山
甘泉山
上官司
大儀
小新塘
九女澗
上雷塘
下雷塘
西北至天長縣界

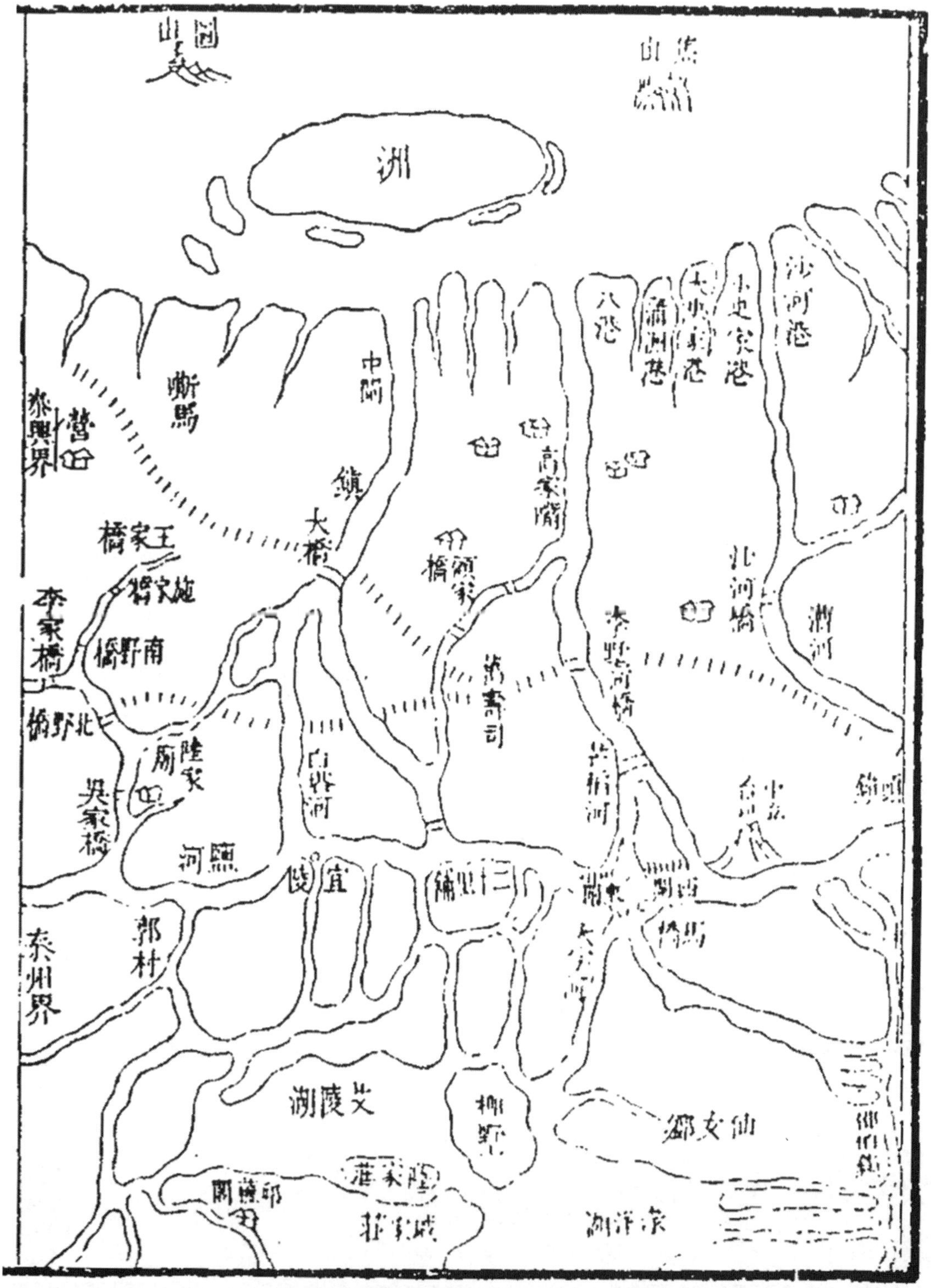

江甘四境分界图 / 选自乾隆《江都县志》

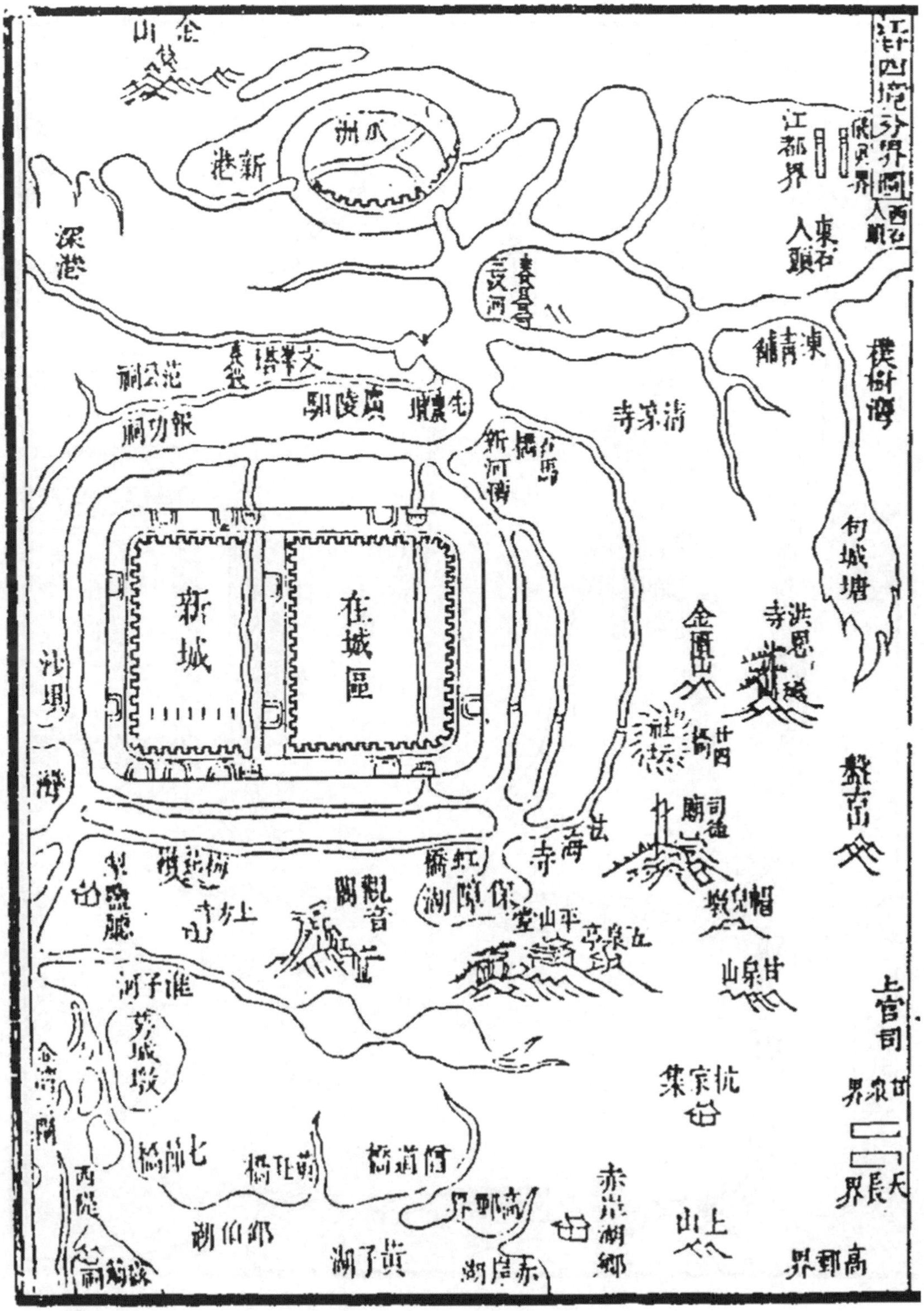
江都四境分界圖
金山
瓜洲
新港
深港
江都界
儀真界
東石人頭
西石人頭
三汊河
文峰塔
范公祠
報功祠
廣陵驛
先農壇
清凉寺
樸樹灣
新河灣
五馬橋
何城塘
洪恩寺
金匱山
新城
沙壩
虹橋
觀音閣
保障湖
平山堂
五泉亭
法海寺
司徒廟
甘泉山
上官司
甘泉界
天長界
高郵界
淮子河
茅城墩
七里橋
蔣王橋
官道橋
邵伯湖
黄子湖
赤岸湖
西堤

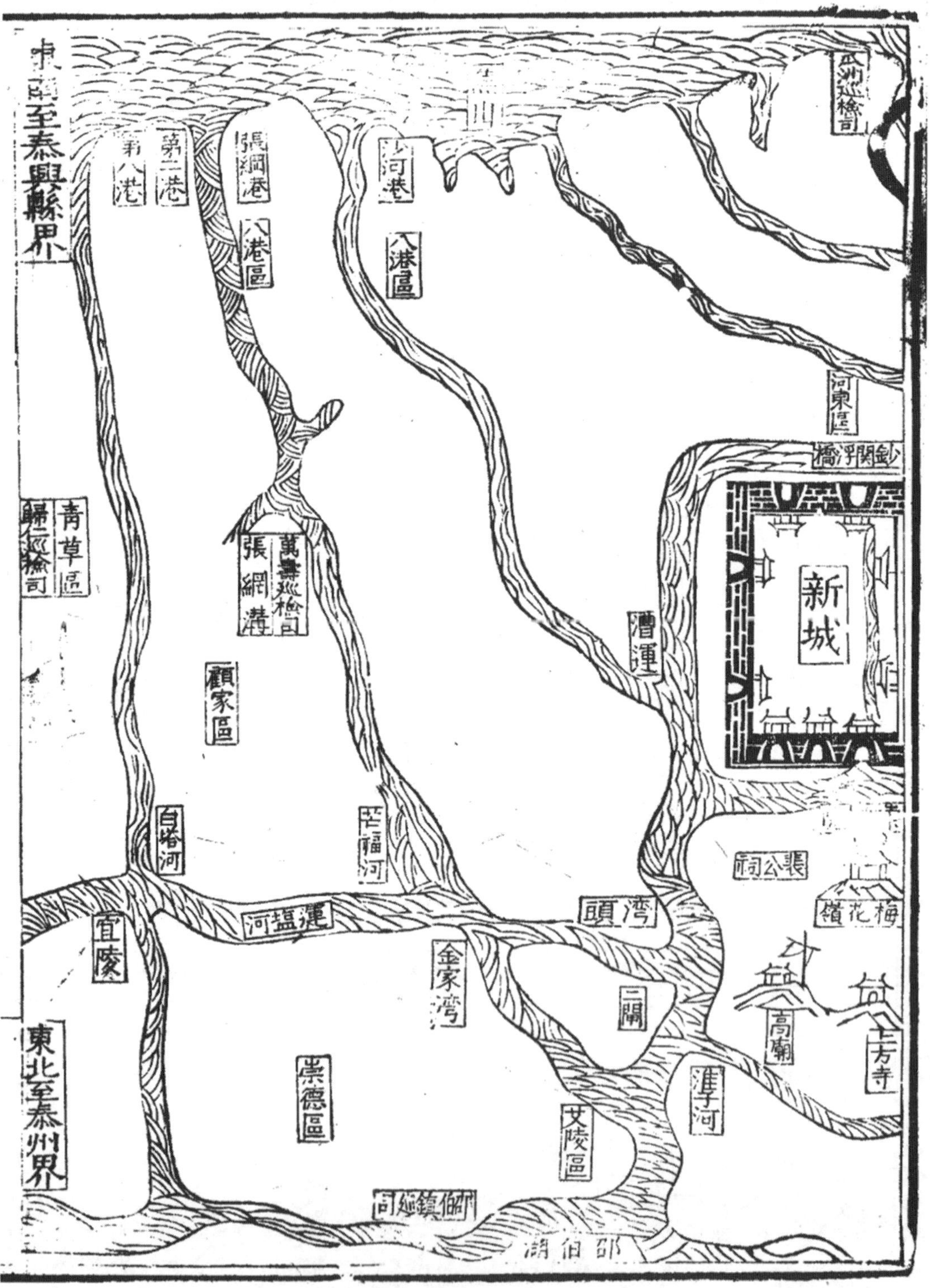

江都县四境图 / 选自万历《扬州府志》

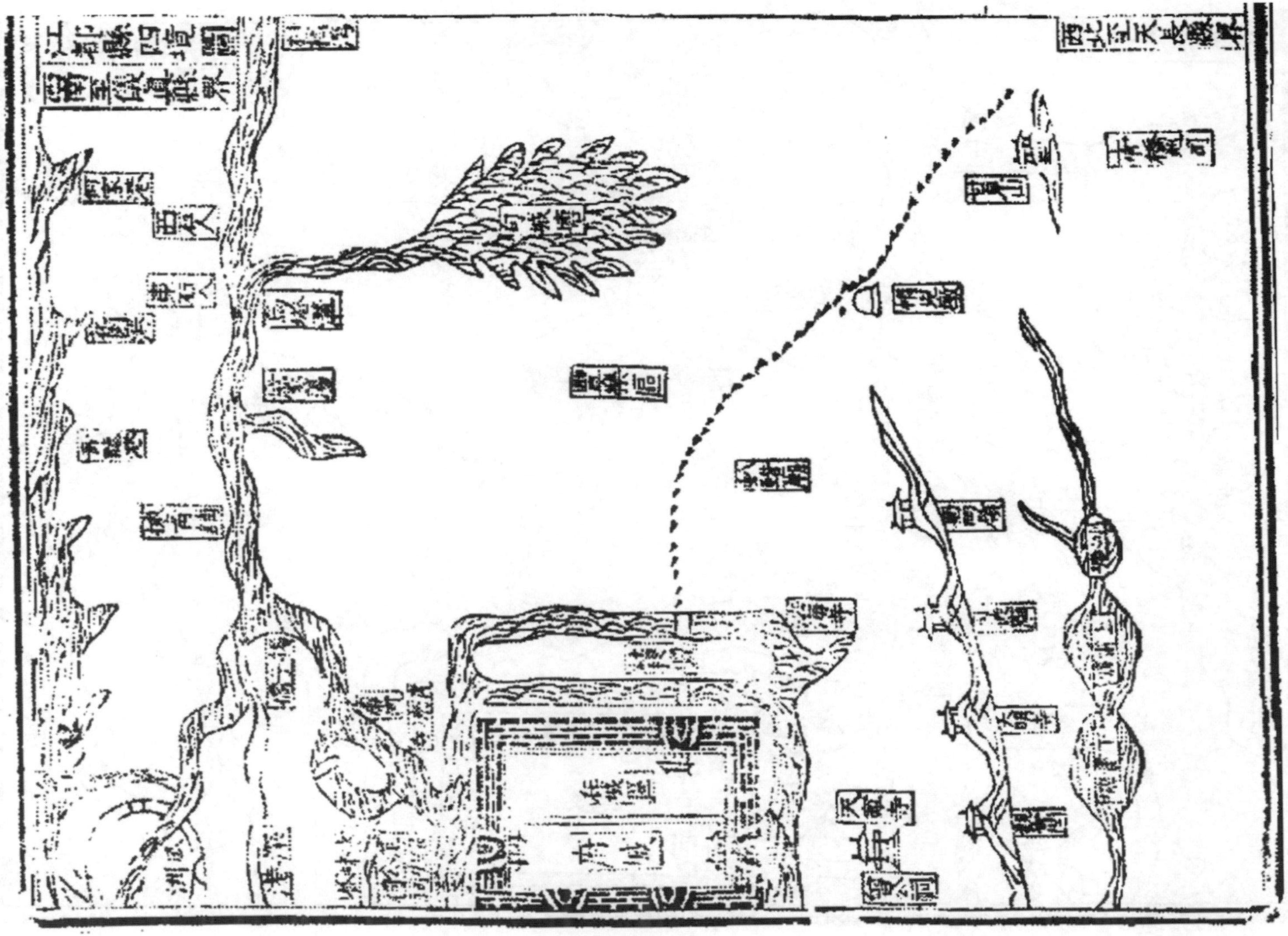
江都縣四境圖
西南至儀真縣界
西北至天長縣界

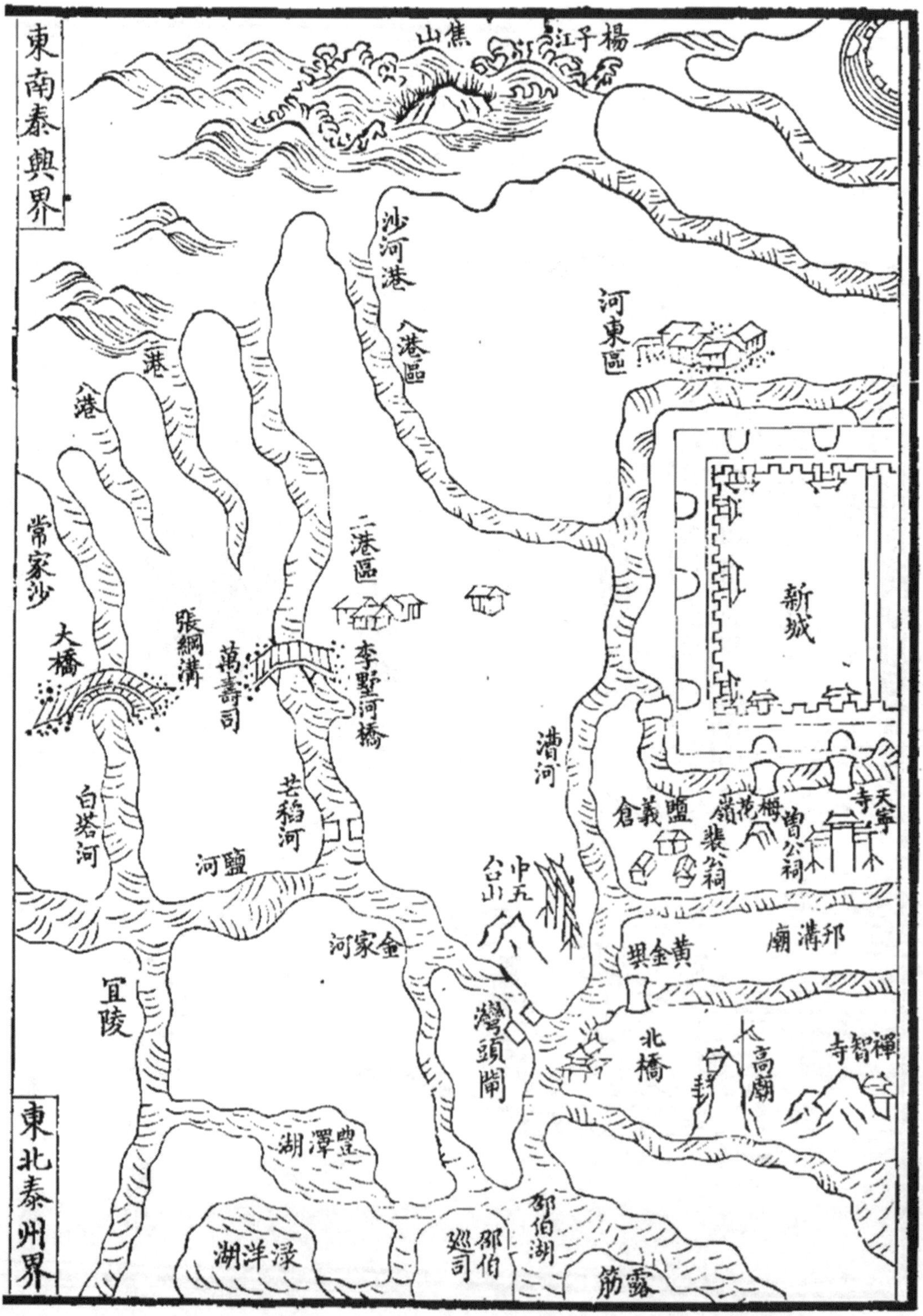

江都县四境图 / 选自雍正《江都县志》

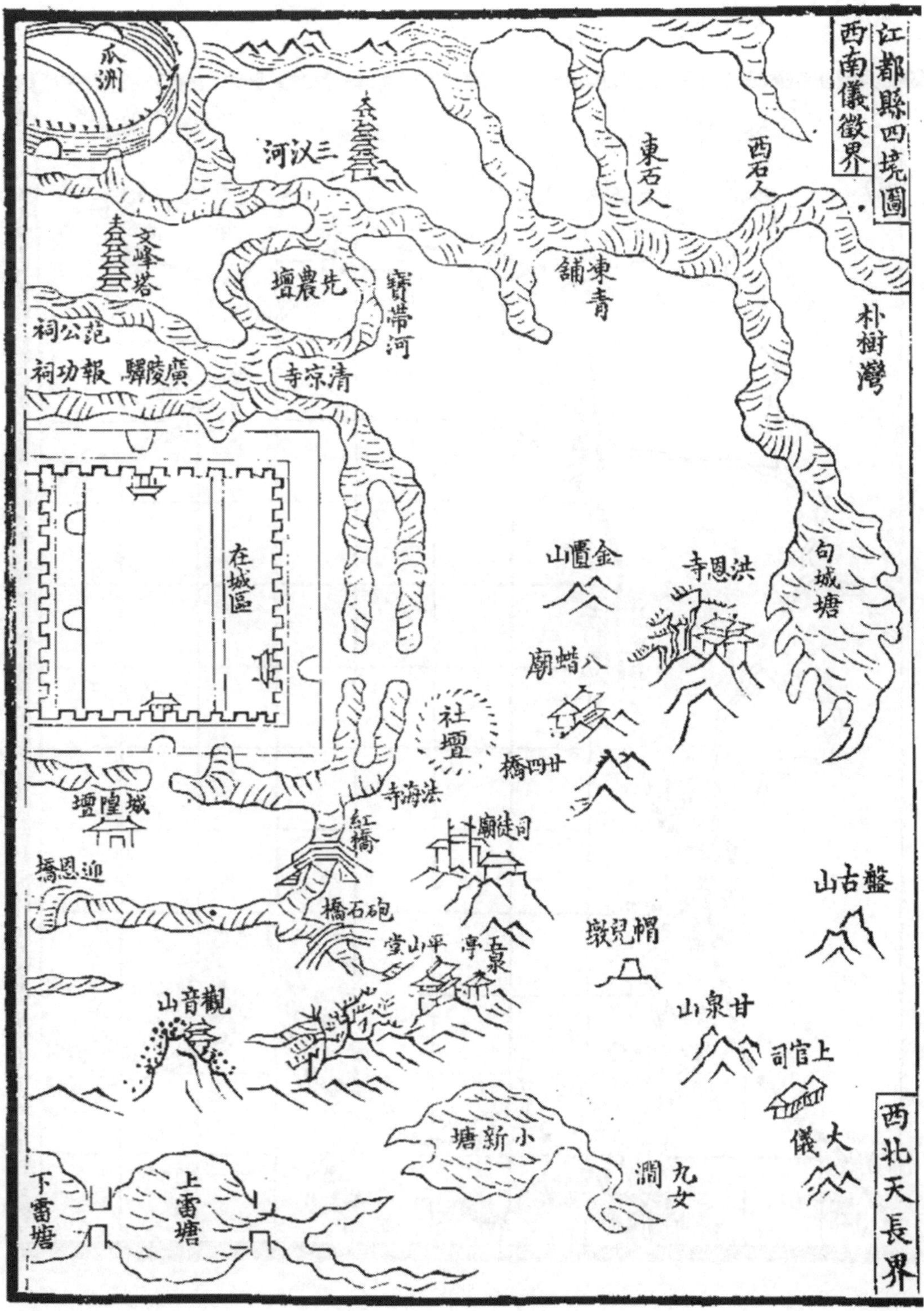
江都縣四境圖
西南儀徵界
瓜洲
三汊河
文峰塔
先農壇
寳帶河
東石人
西石人
朴樹灣
范公祠
報功祠
廣陵驛
清凉寺
在城區
金匱山
洪恩寺
八蜡廟
甸城塘
社壇
廿四橋
法海寺
城隍壇
紅橋
司徒廟
迎恩橋
盤古山
砲石橋
平山堂
帽兒墩
觀音山
甘泉山
上官司
大儀
小新塘
九女澗
上雷塘
下雷塘
西北天長界

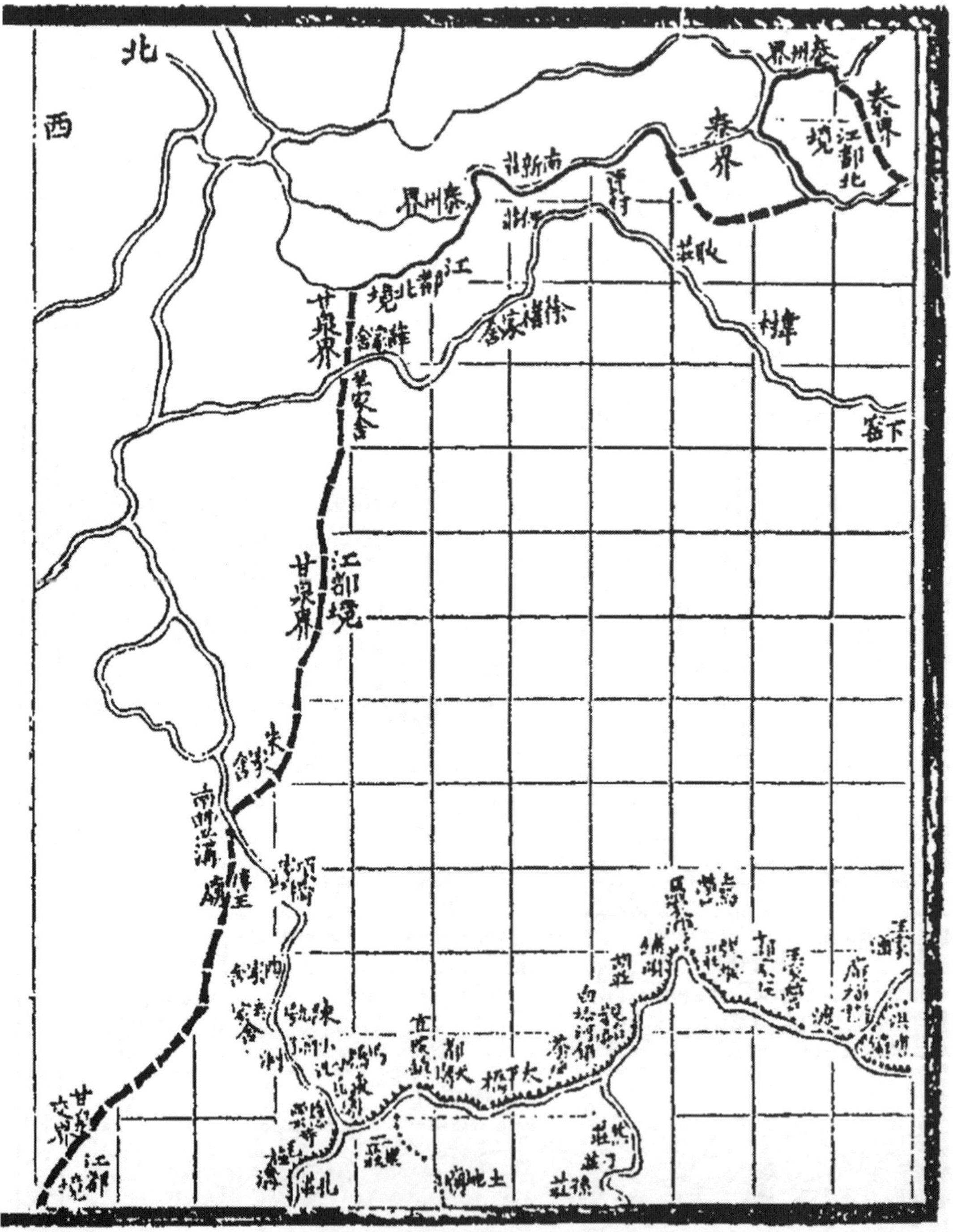

江都县四乡图 / 选自光绪《江都县续志》

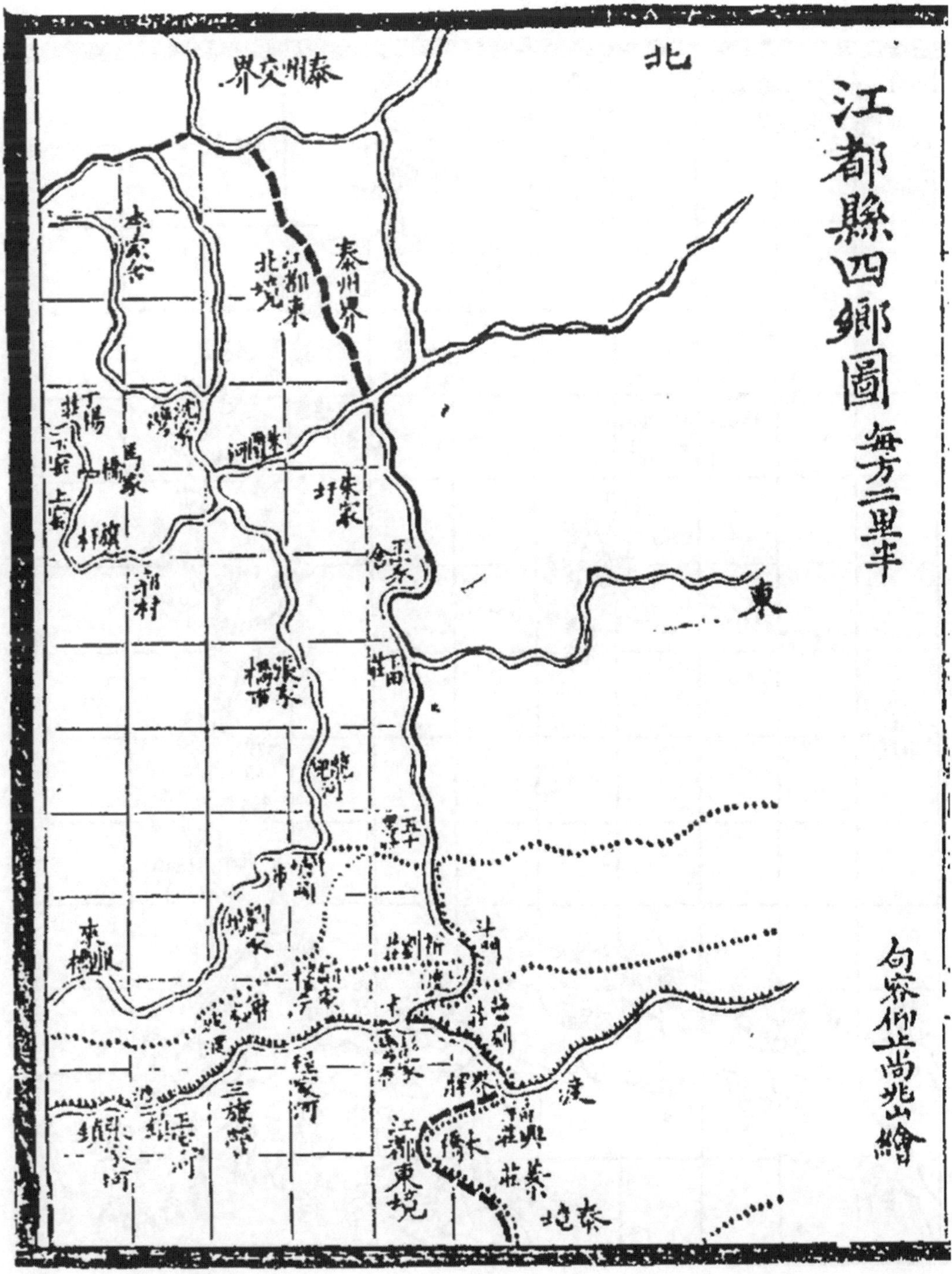
江都縣四鄉圖
每方二里半
北
東
泰州交界
江都東北境
泰州界
朱家圩
江都東境

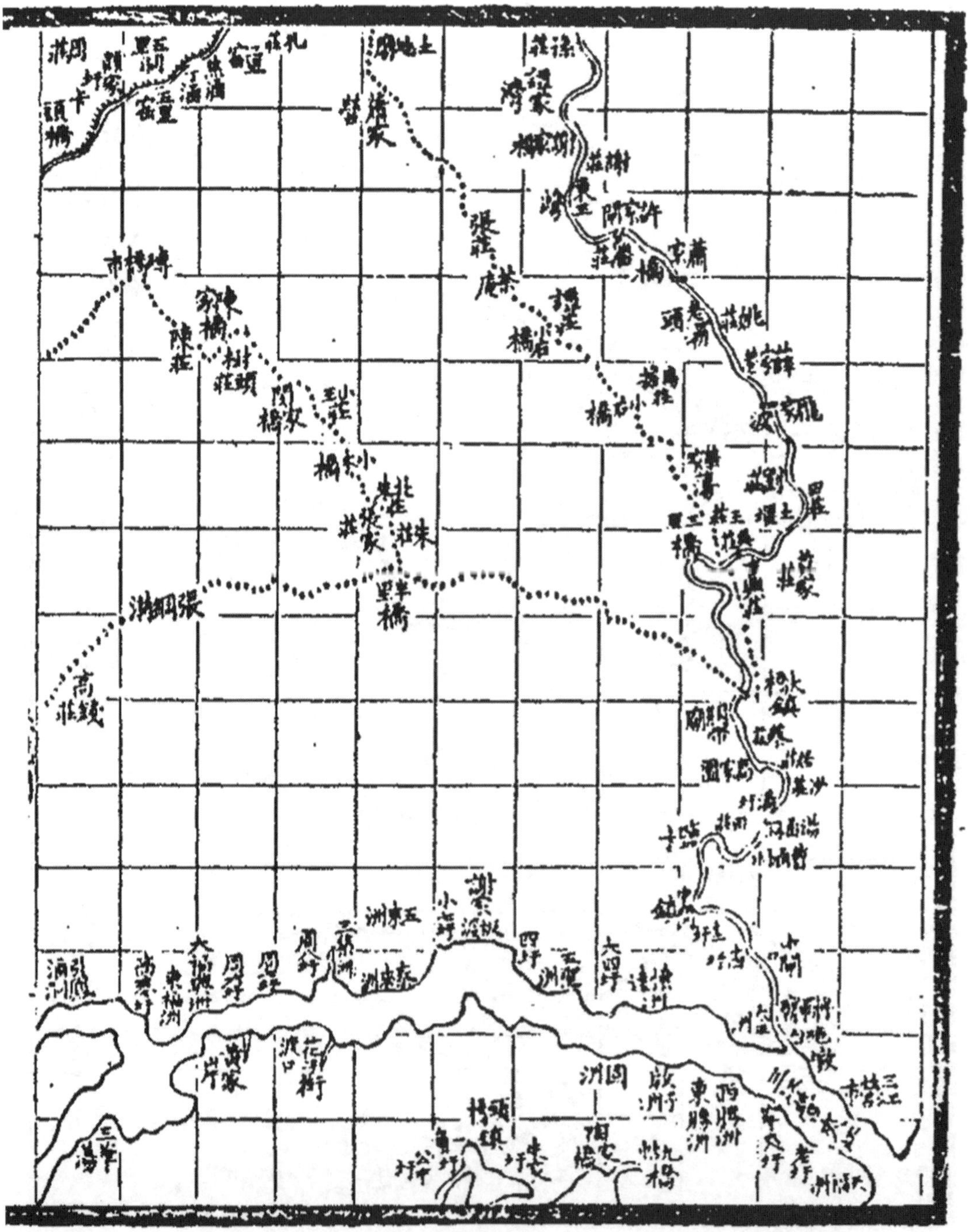

江都县四乡图 / 选自光绪《江都县续志》

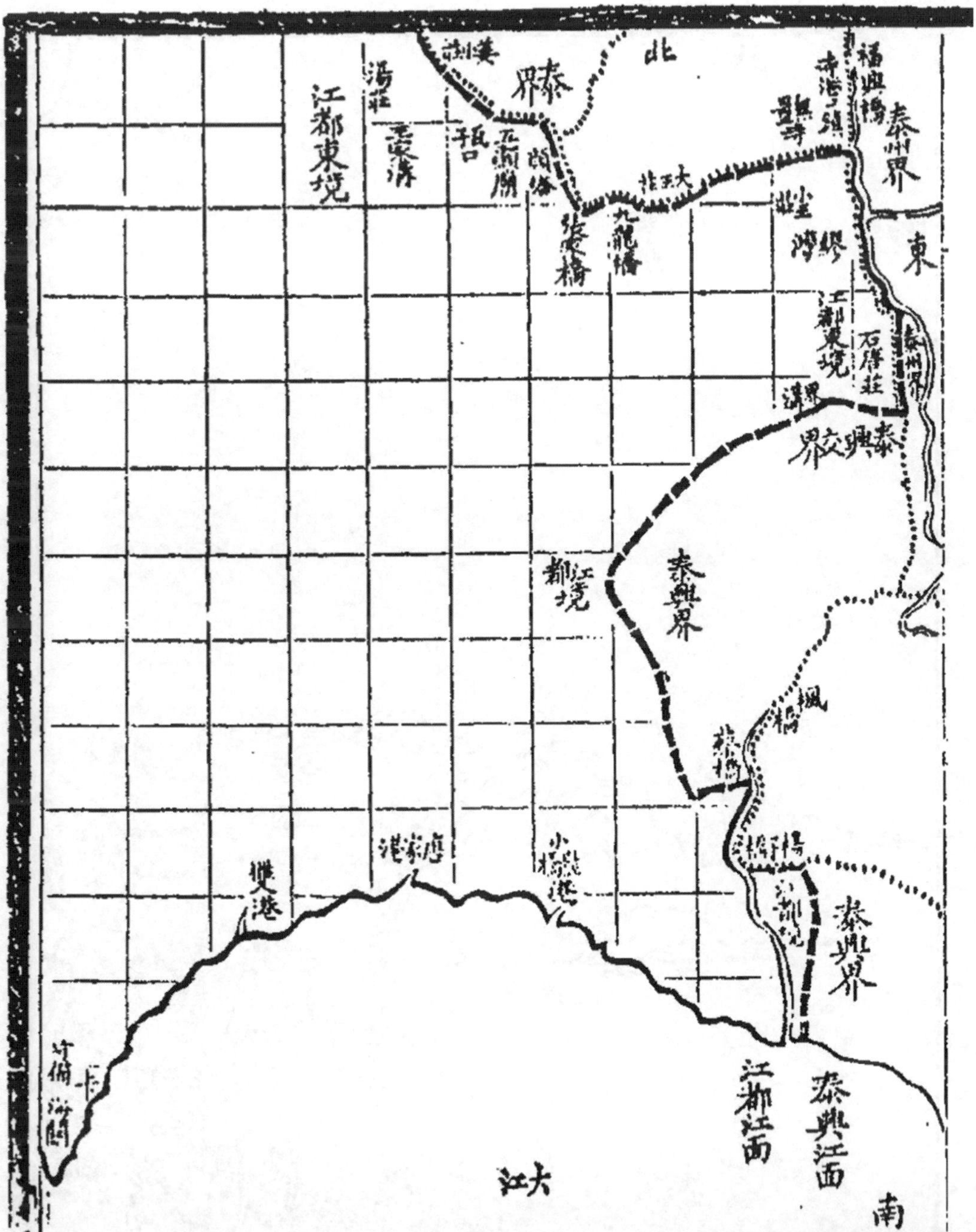
北
泰縣界
江都東境
東
泰州界
九龍橋
江都東境
泰興交界
泰興界
楓橋
泰興界
江都江面
泰興江面
大江
南

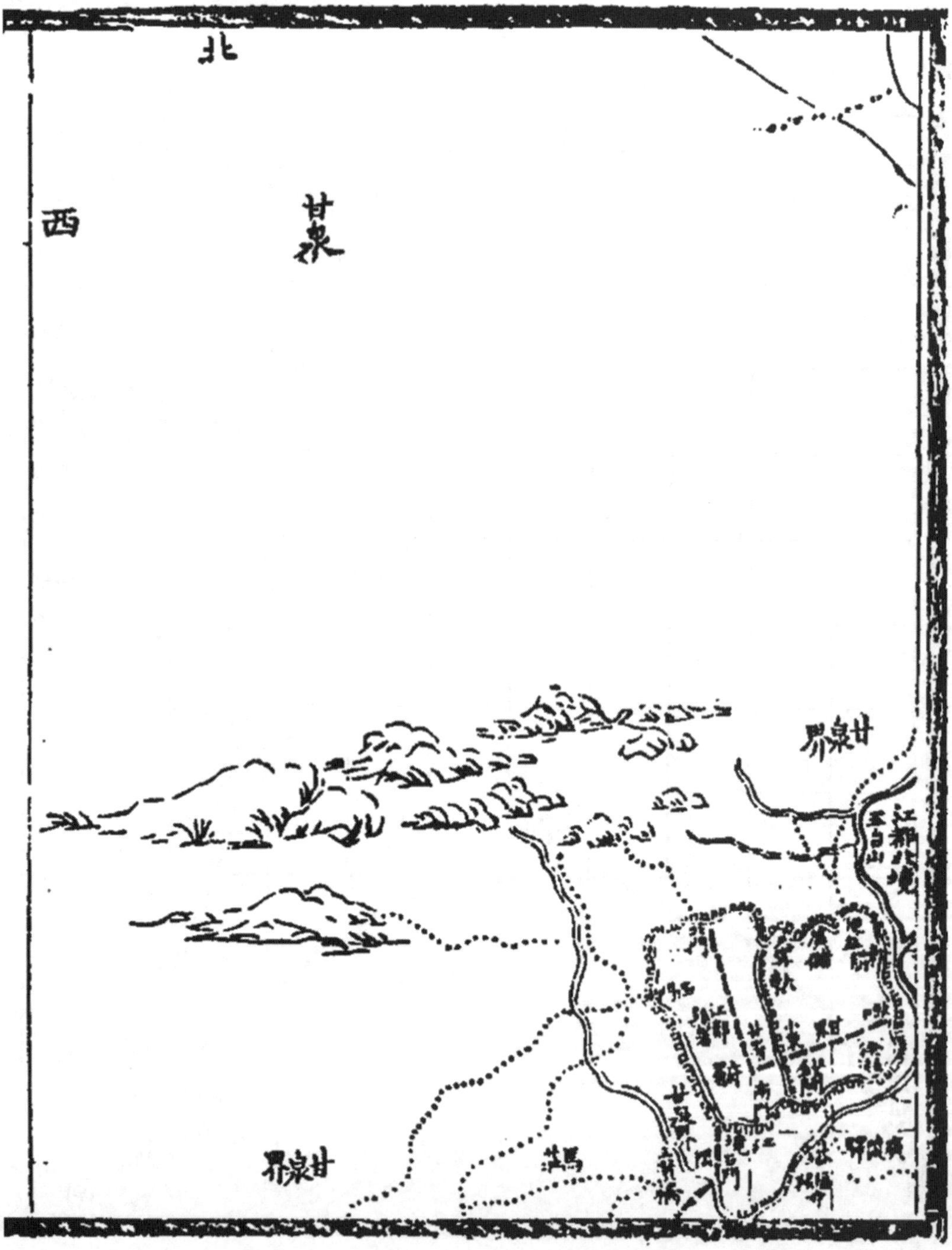

江都县四乡图 / 选自光绪《江都县续志》

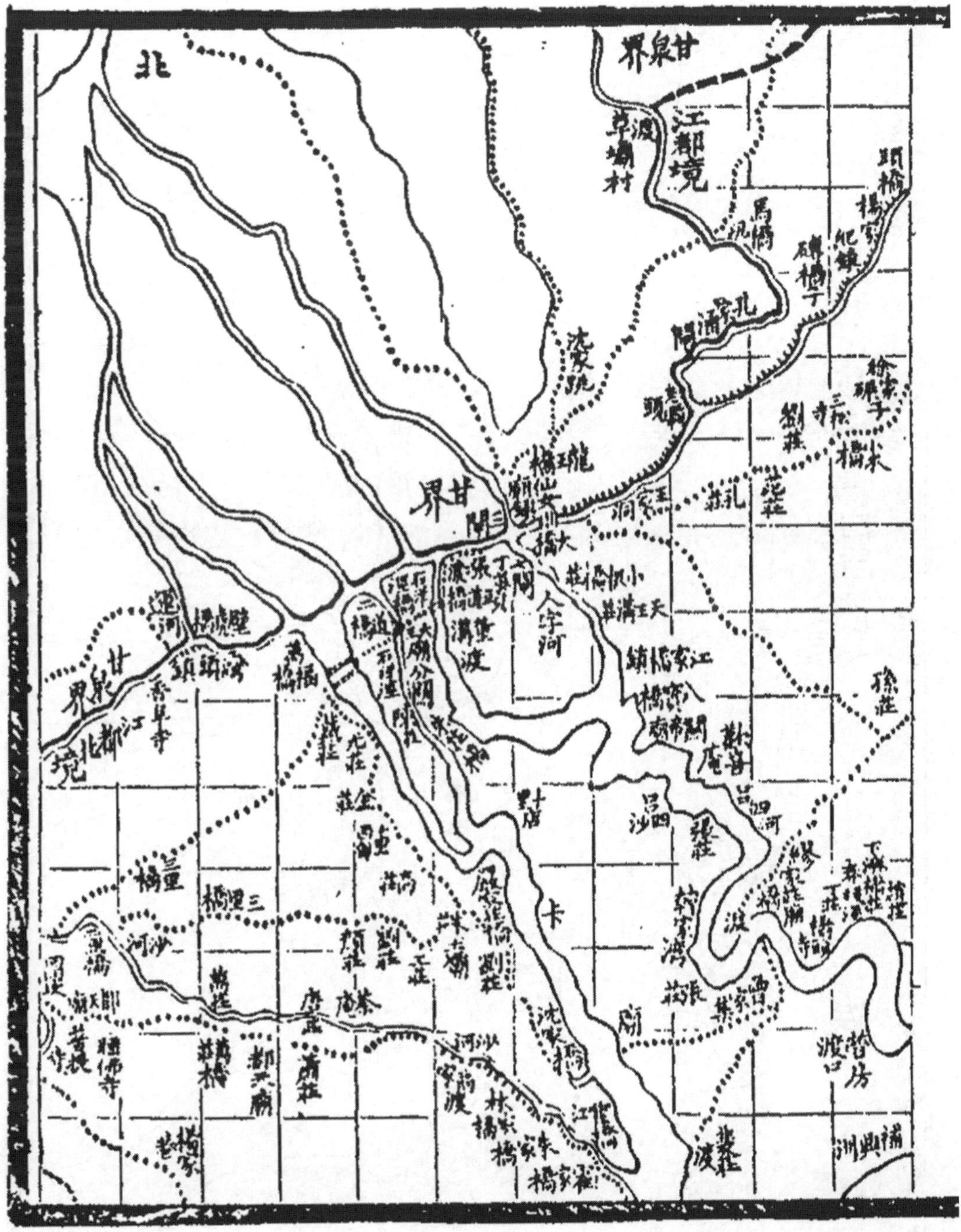
北
甘泉界
江都境
甘界
三闸
人字河
卡

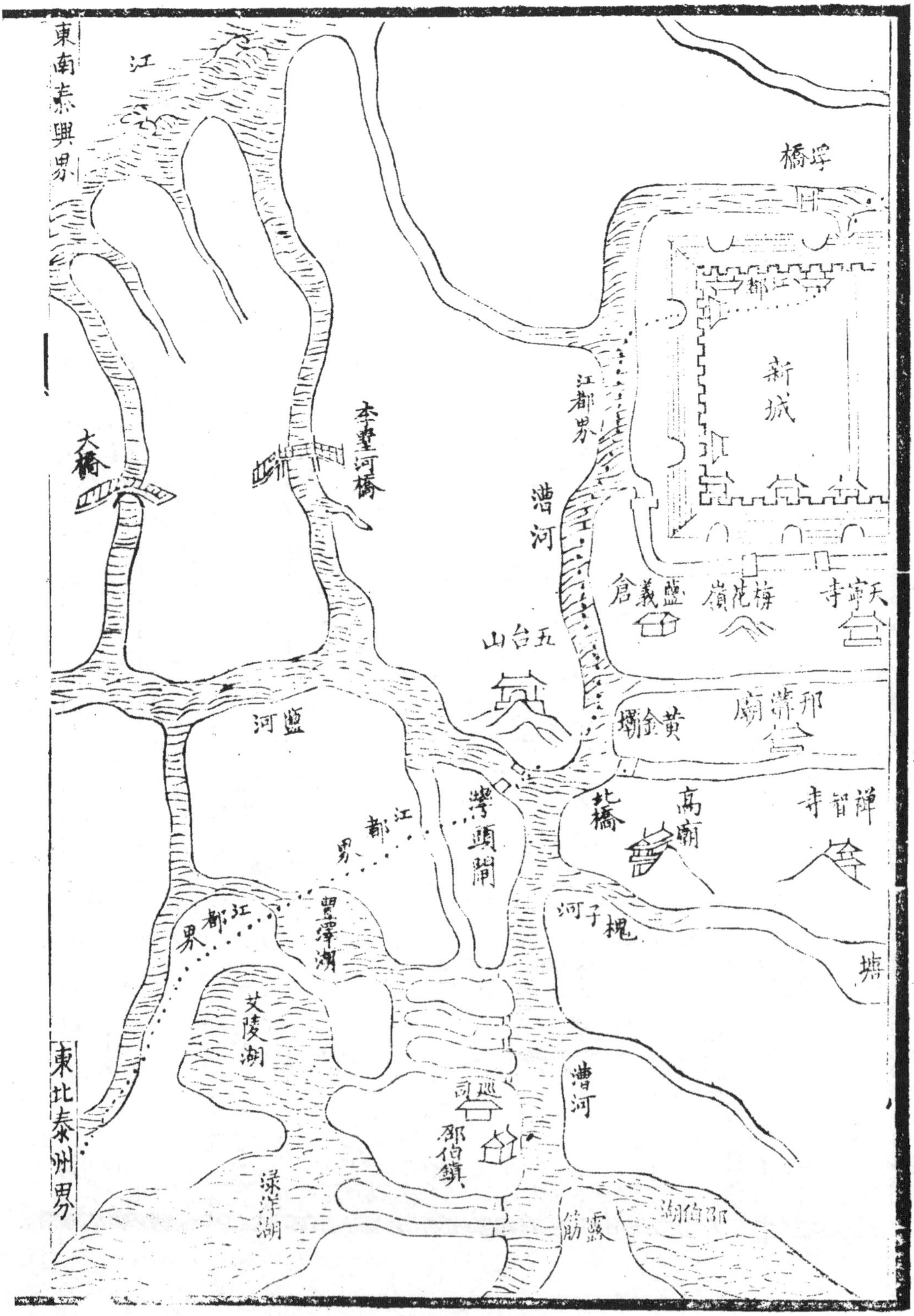

甘泉县四境图 / 选自乾隆《甘泉县志》

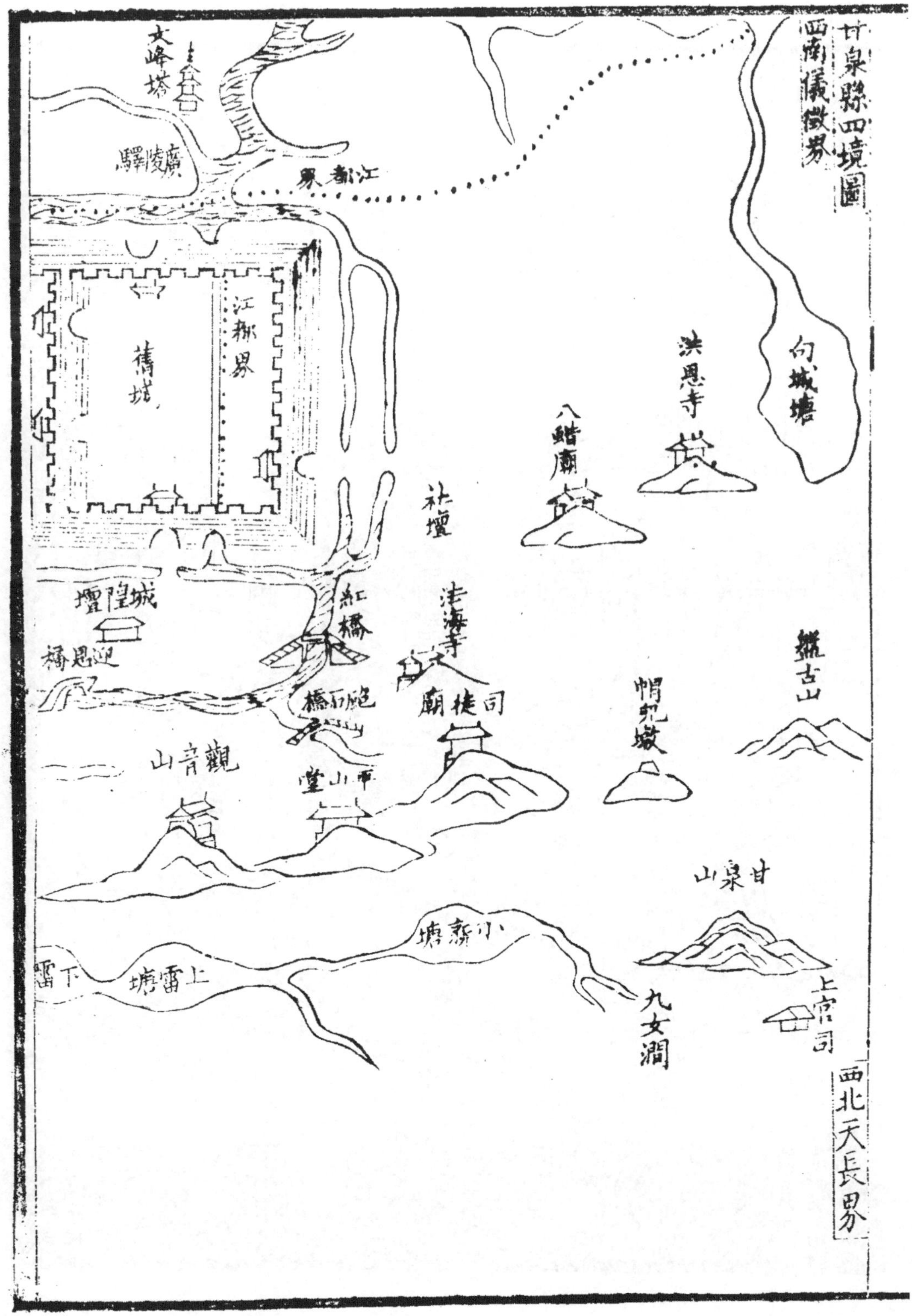
甘泉縣四境圖
西南儀徵界
文峰塔
廣陵驛
江都界
舊城
江都界
洪恩寺
向城塘
八蜡廟
社壇
城隍壇
紅橋
迎恩橋
法海寺
施石橋
司徒廟
帽兒墩
蠡古山
觀音山
平山堂
甘泉山
小新塘
上雷塘
下雷
九女澗
上官司
西北天長界

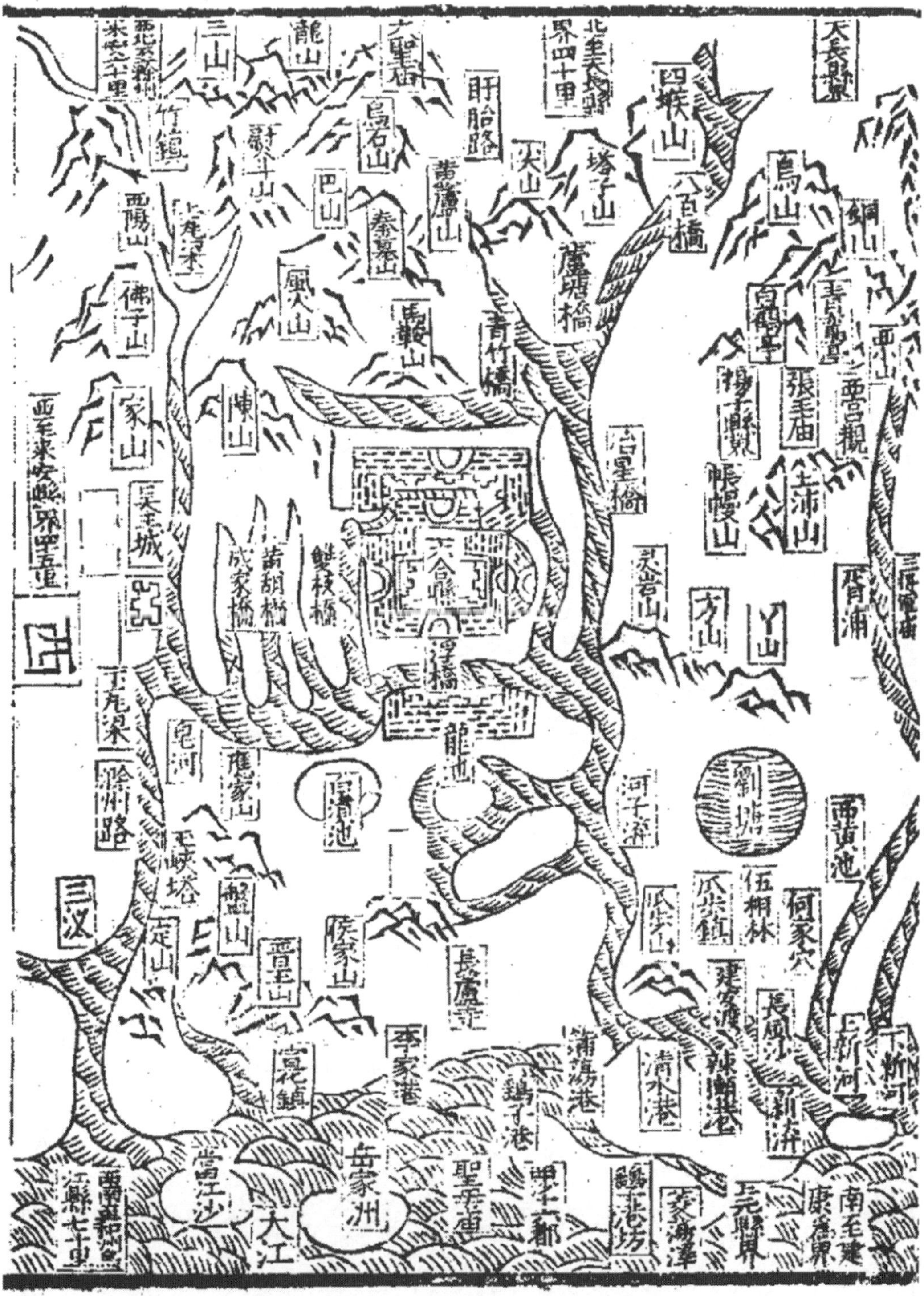

宋真州图 / 选自嘉靖《惟扬志》

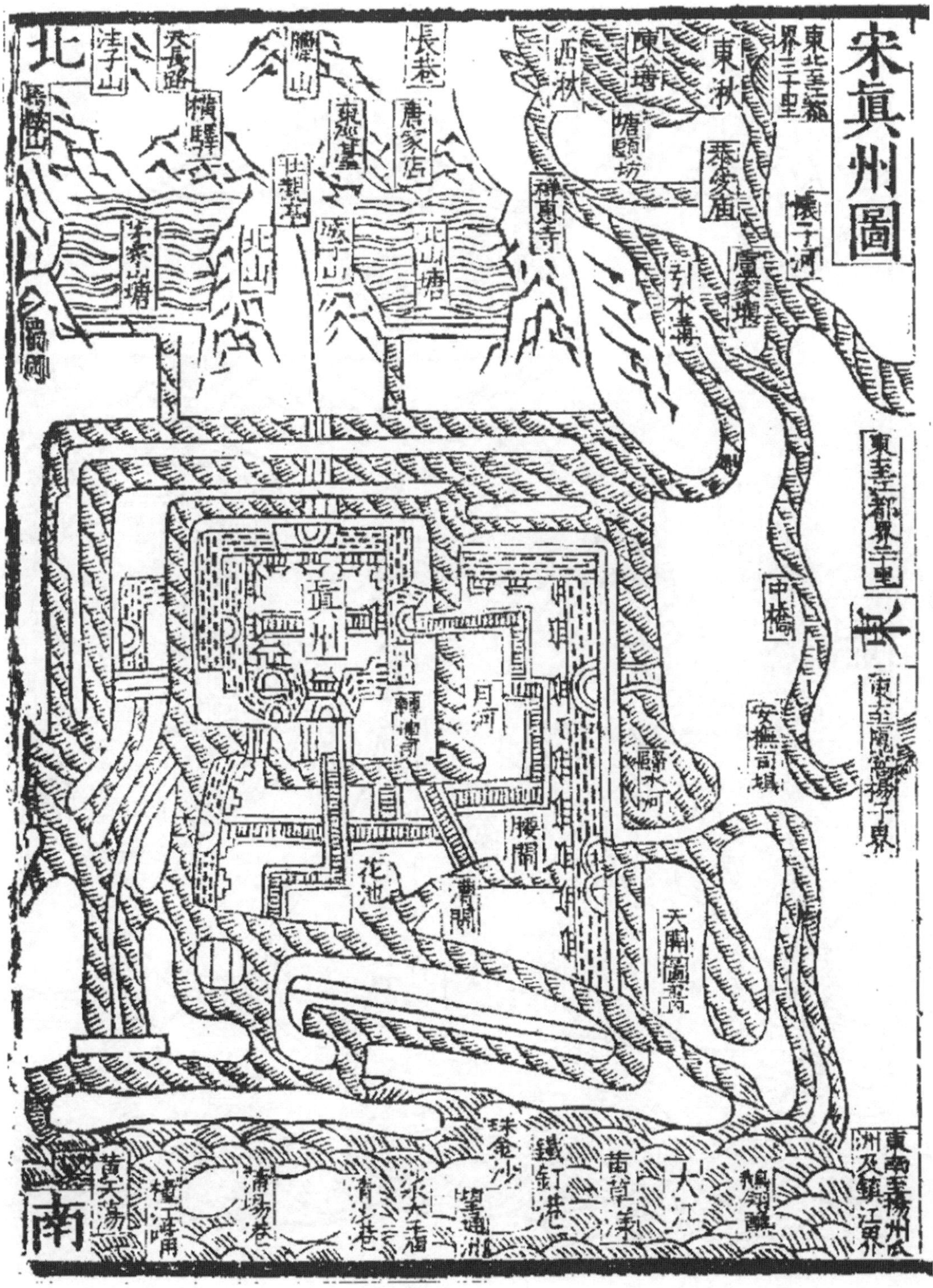
宋真州圖
北
東
南
長巷
唐家店
北山塘
北山
東秋
西秋
引水溝
中橋
真州
月河
花池
腰閘
大江
黃天蕩
鐵釘港
珠金沙

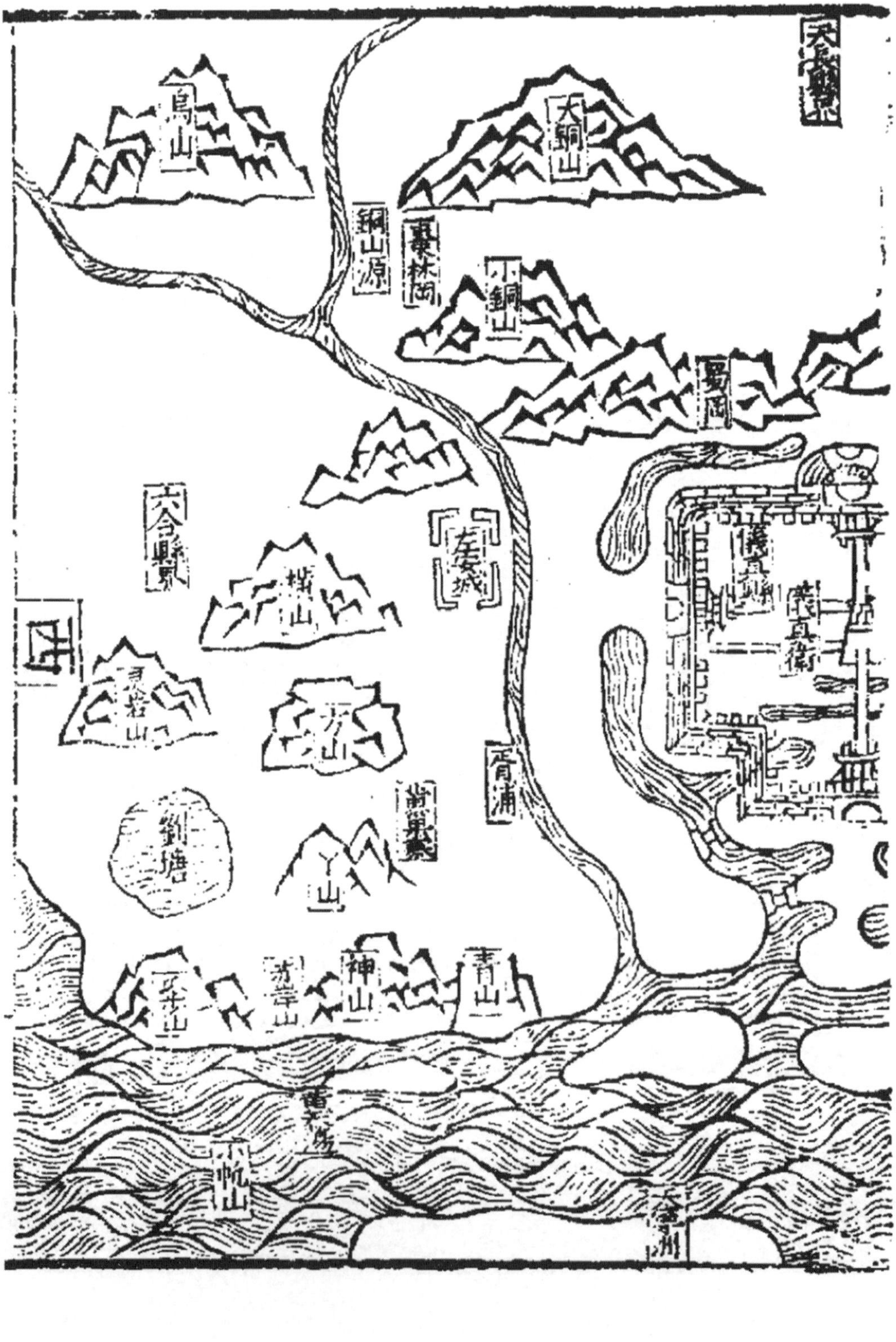

今仪真县图 / 选自嘉靖《惟扬志》

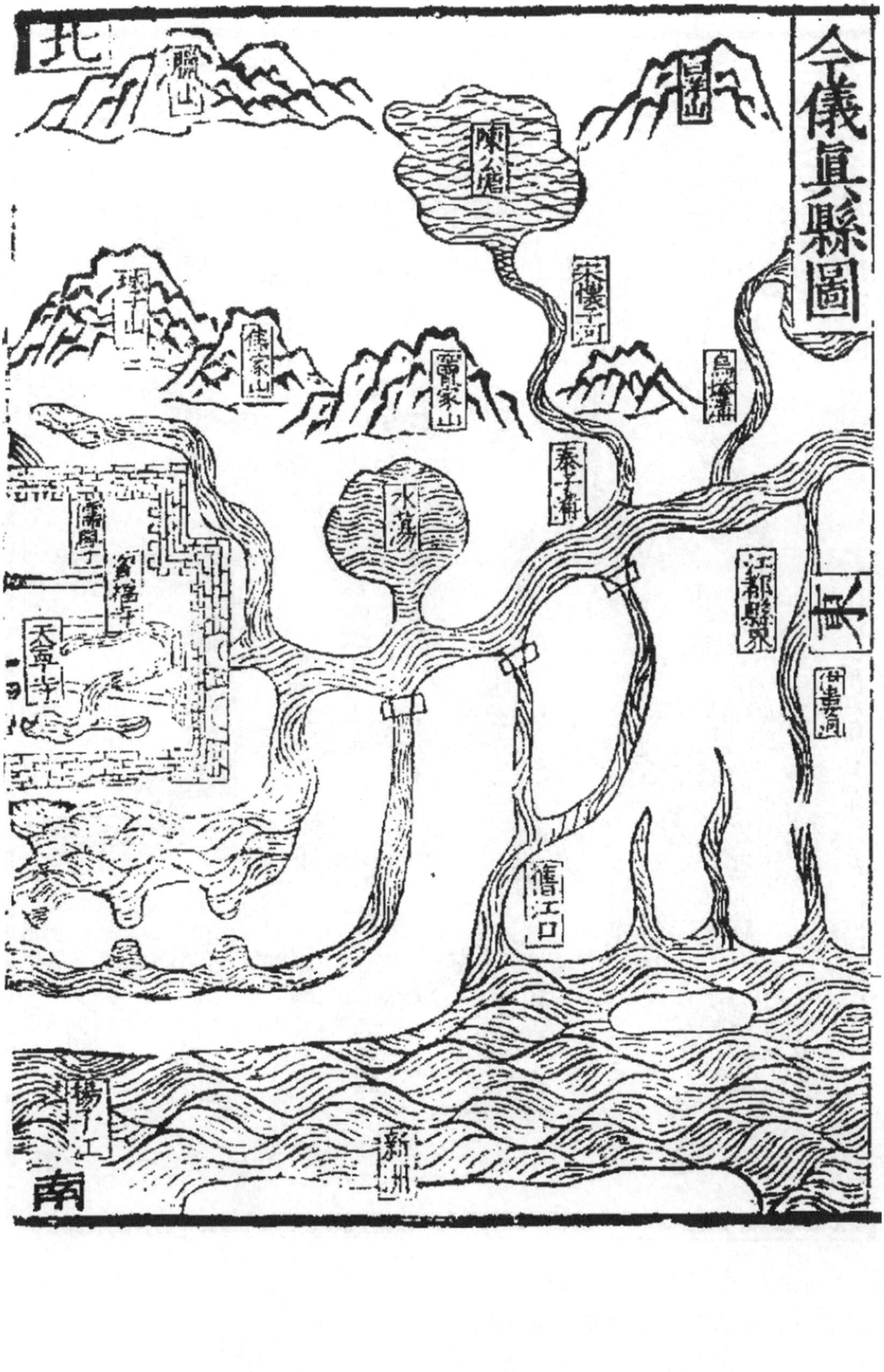
今儀真縣圖
北
陳公塘
江都縣界
舊江口
揚子江
新州
南

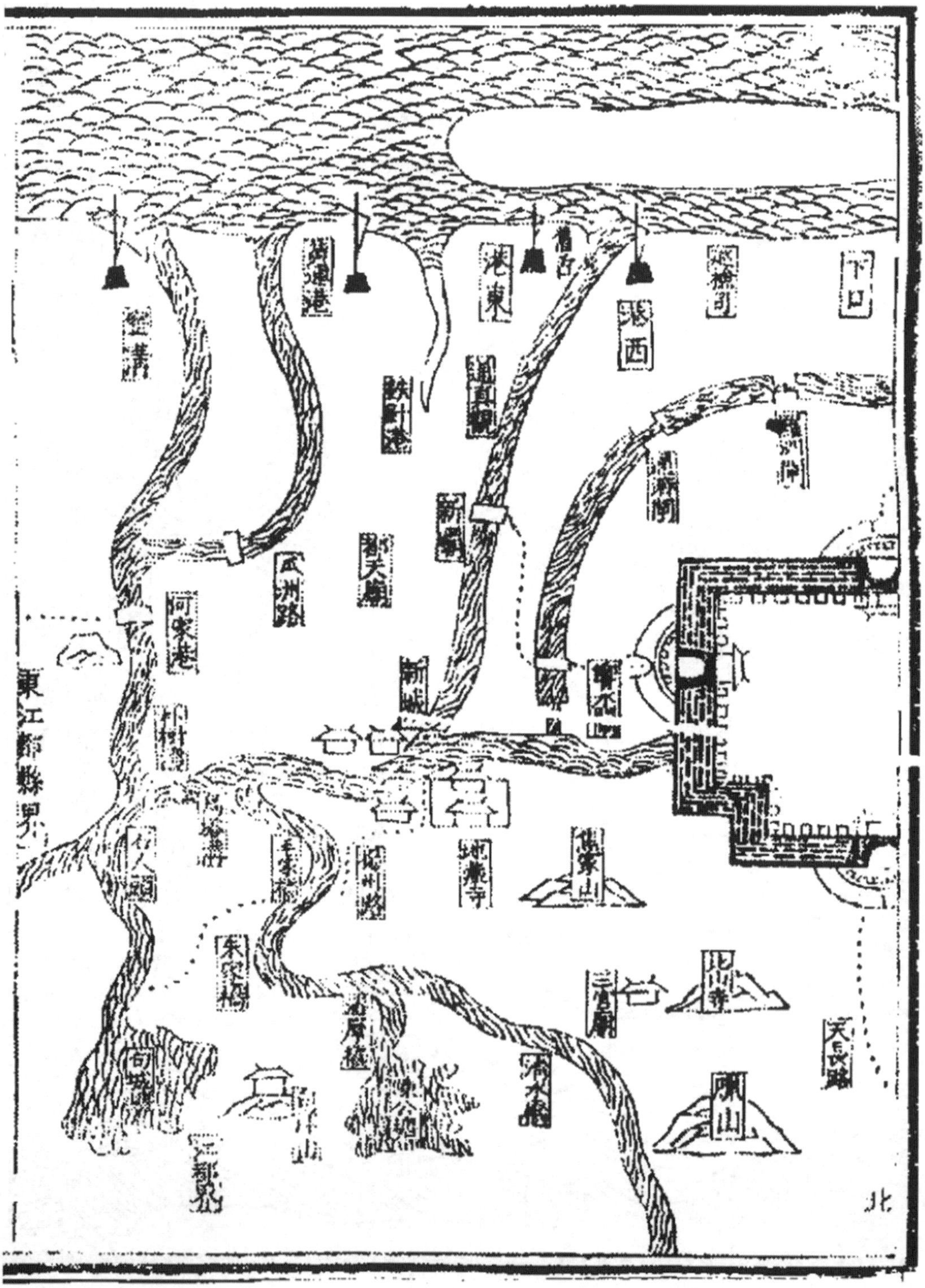

仪真县四境图 / 选自万历《扬州府志》

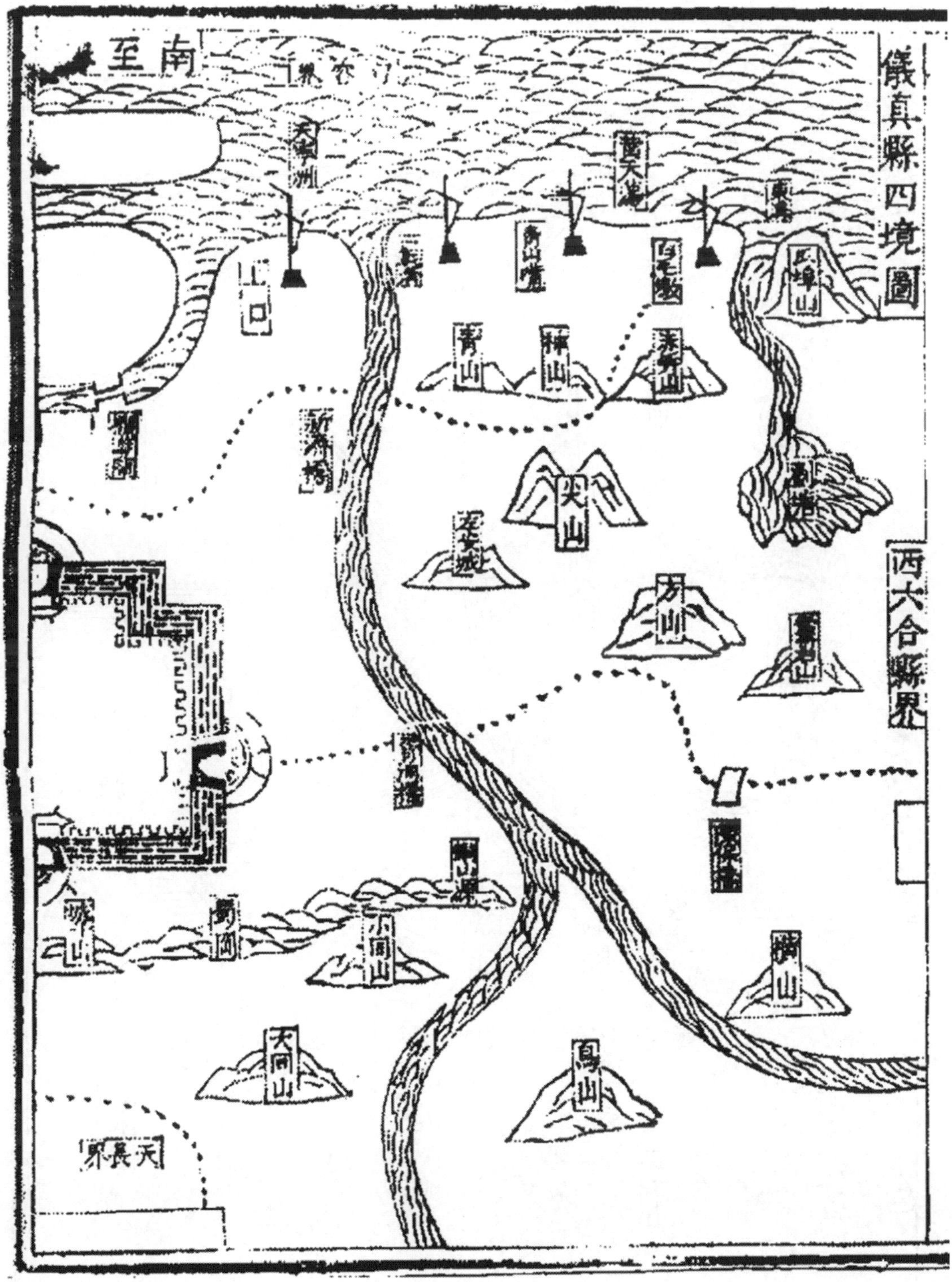
儀真縣四境圖
南至
黄天蕩
青山
禪山
尖山
方山
西六合縣界
小關山
天長界

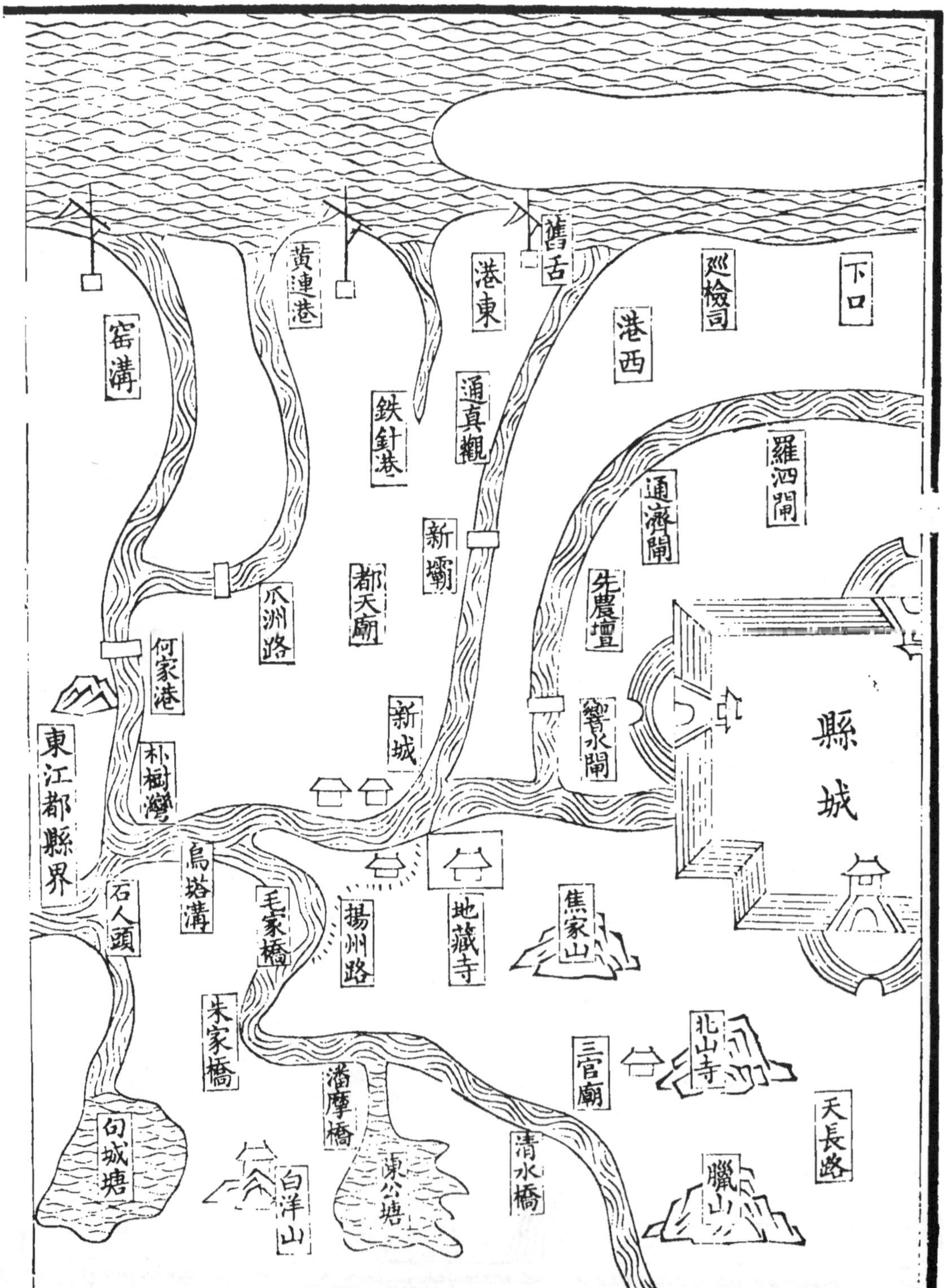

仪征县四境图 / 选自雍正《扬州府志》

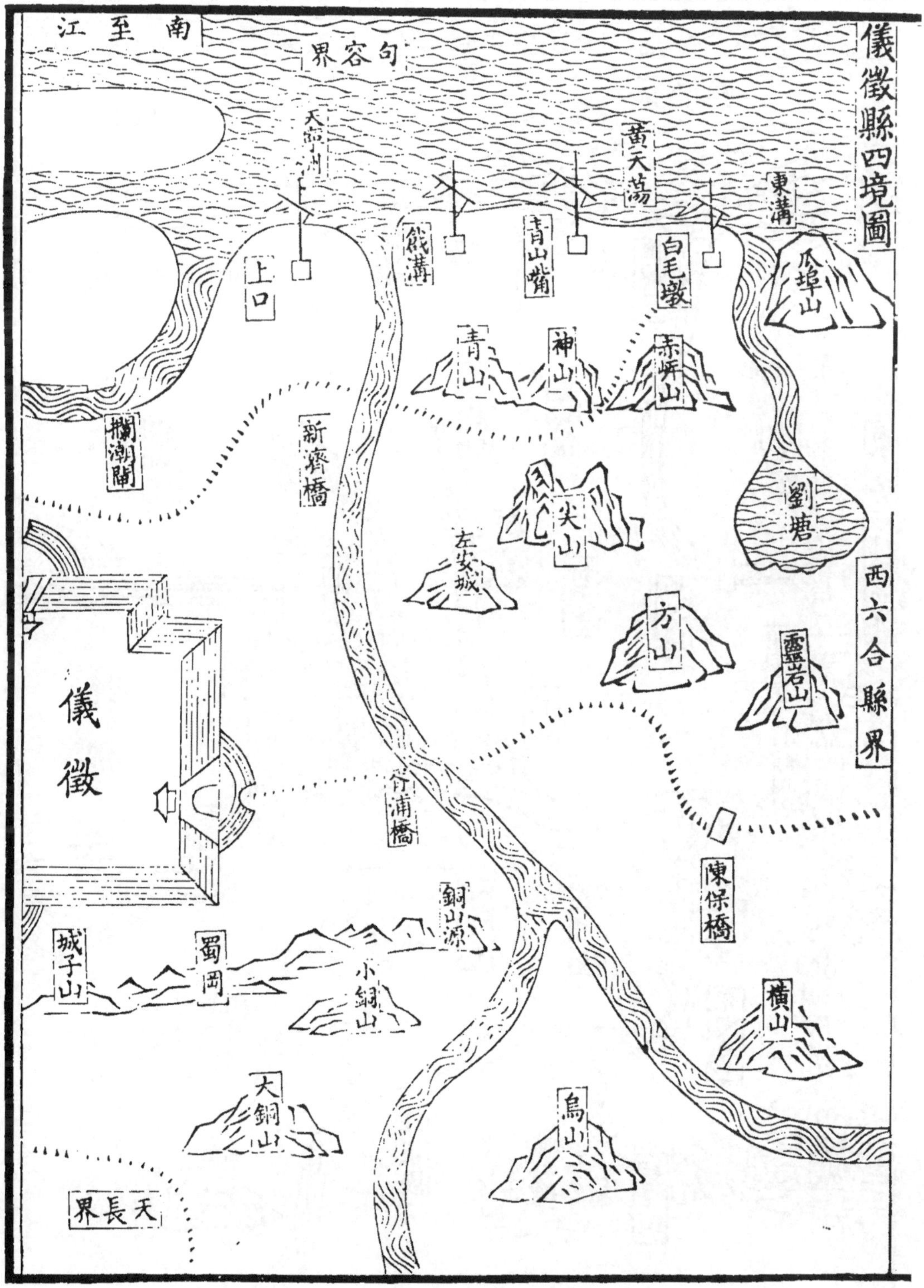
儀徵縣四境圖
南至江
句容界
黃天蕩
東溝
白毛墩
上口
瓜埠山
青山
神山
赤岸山
新濟橋
攔潮閘
尖山
左安城
劉塘
方山
靈岩山
西六合縣界
儀徵
銅山源
小銅山
蜀岡
城子山
大銅山
橫山
烏山
天長界

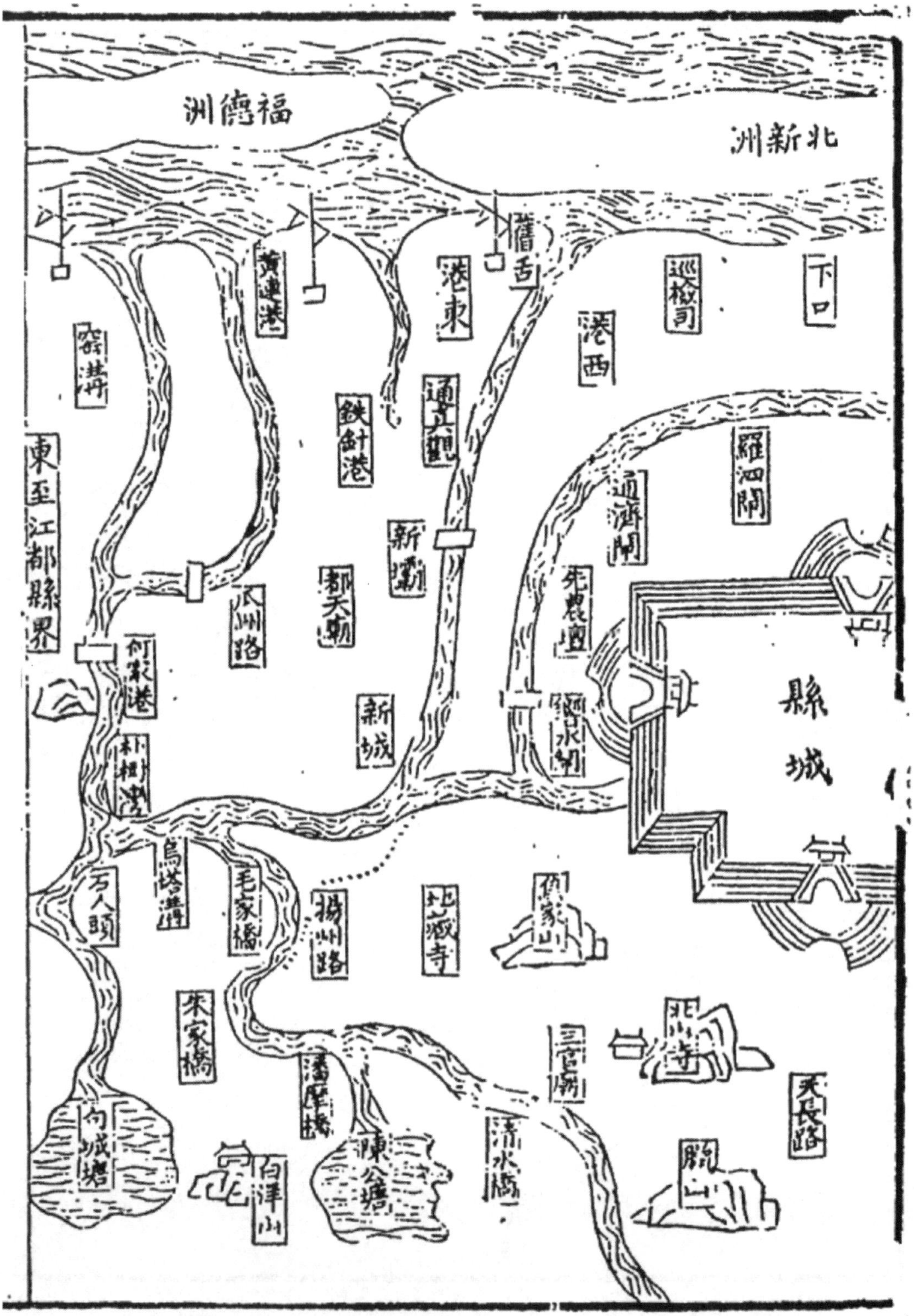

仪征县四境图 / 选自嘉庆《重修扬州府志》

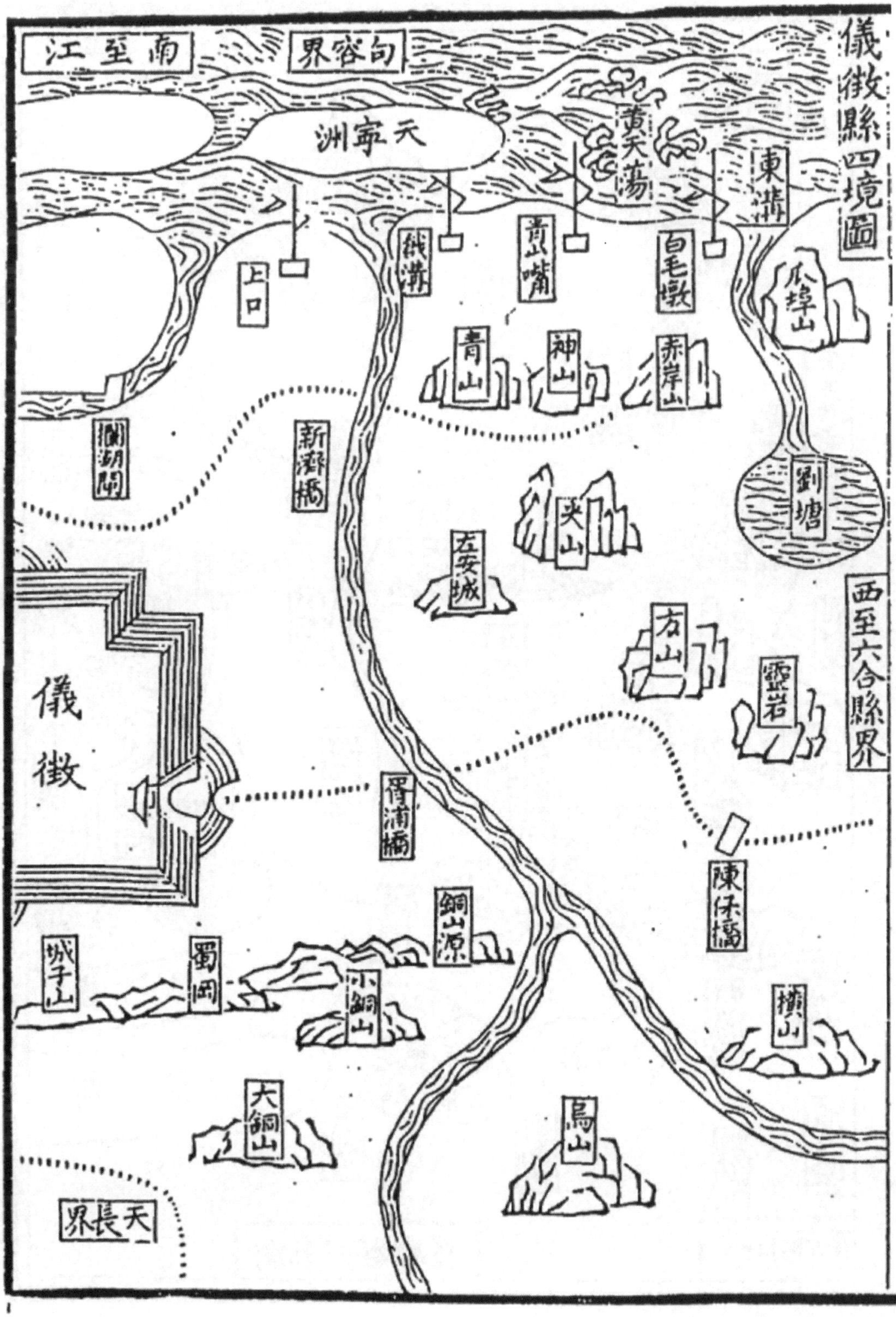
儀徵縣四境圖
南至江
句容界
天寧洲
黃天蕩
東溝
白毛墩
瓜埠山
上口
劉塘
新濟橋
青山
神山
赤岸山
左安城
方山
靈岩
西至六合縣界
儀徵
胥浦橋
陳保橋
銅山源
城子山
蜀岡
小銅山
大銅山
烏山
天長界

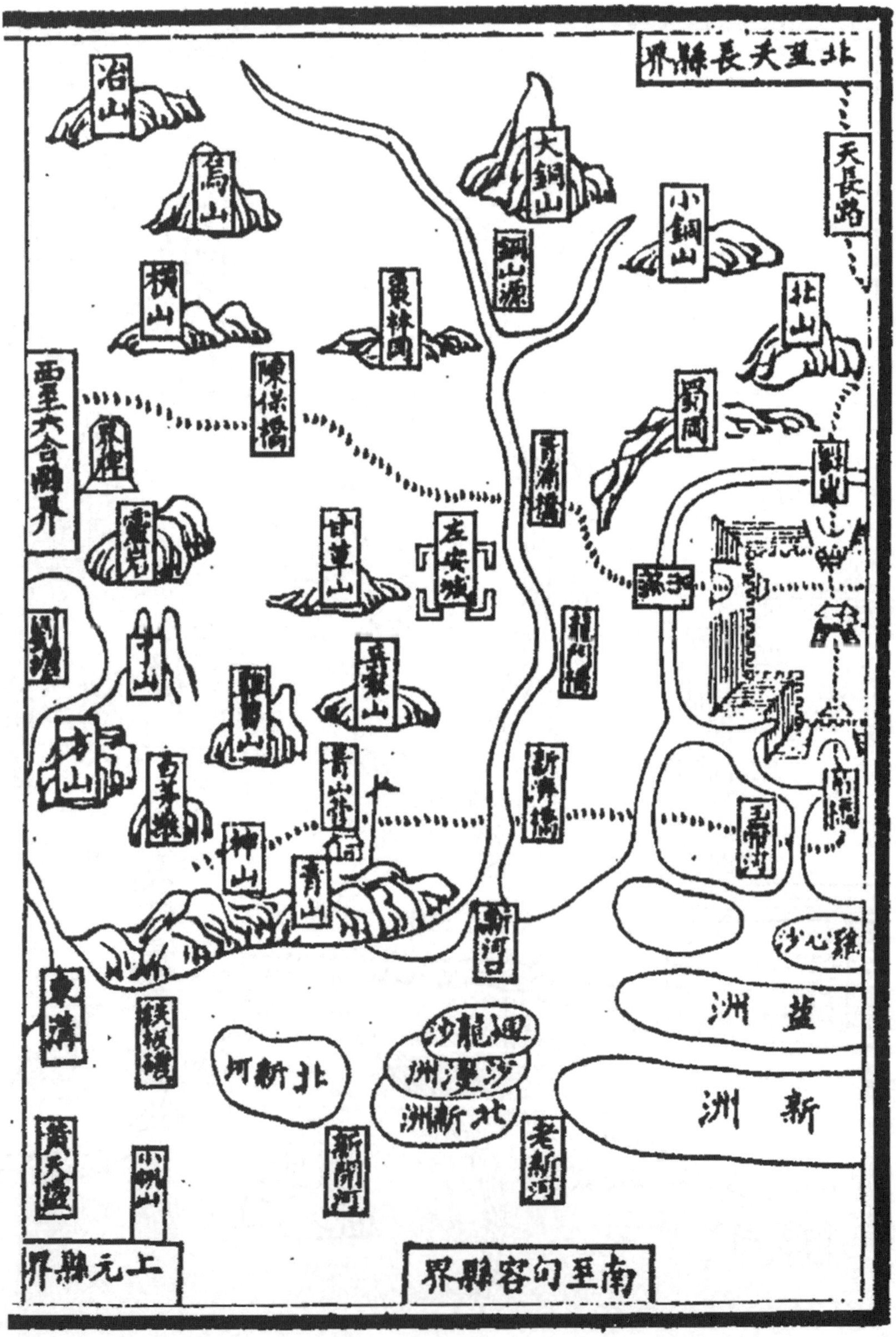

仪征县四境图 / 选自道光《重修仪征县志》

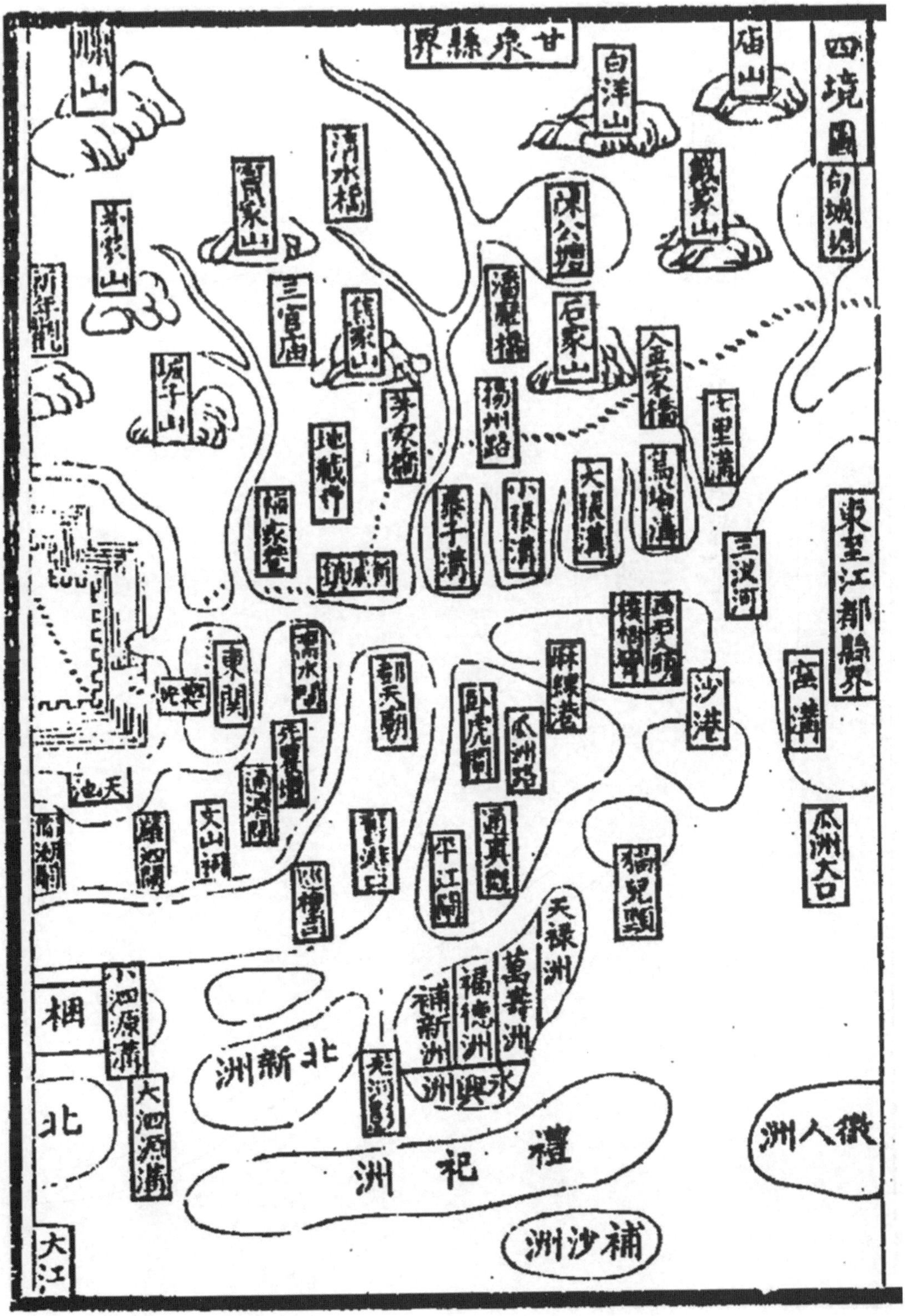

甘泉縣界
四境圖
白洋山
陳公塘
后家山
金家橋
揚州路
三官廟
東至江都縣界
三汊河
沙港
東關
瓜洲路
瓜洲大口
貓兒頸
臥虎閘
平江閘
天祿洲
萬壽洲
福德洲
補新洲
北新洲
永興洲
禮祀洲
補沙洲
鐵人洲
天池
大泗源港
北
大江

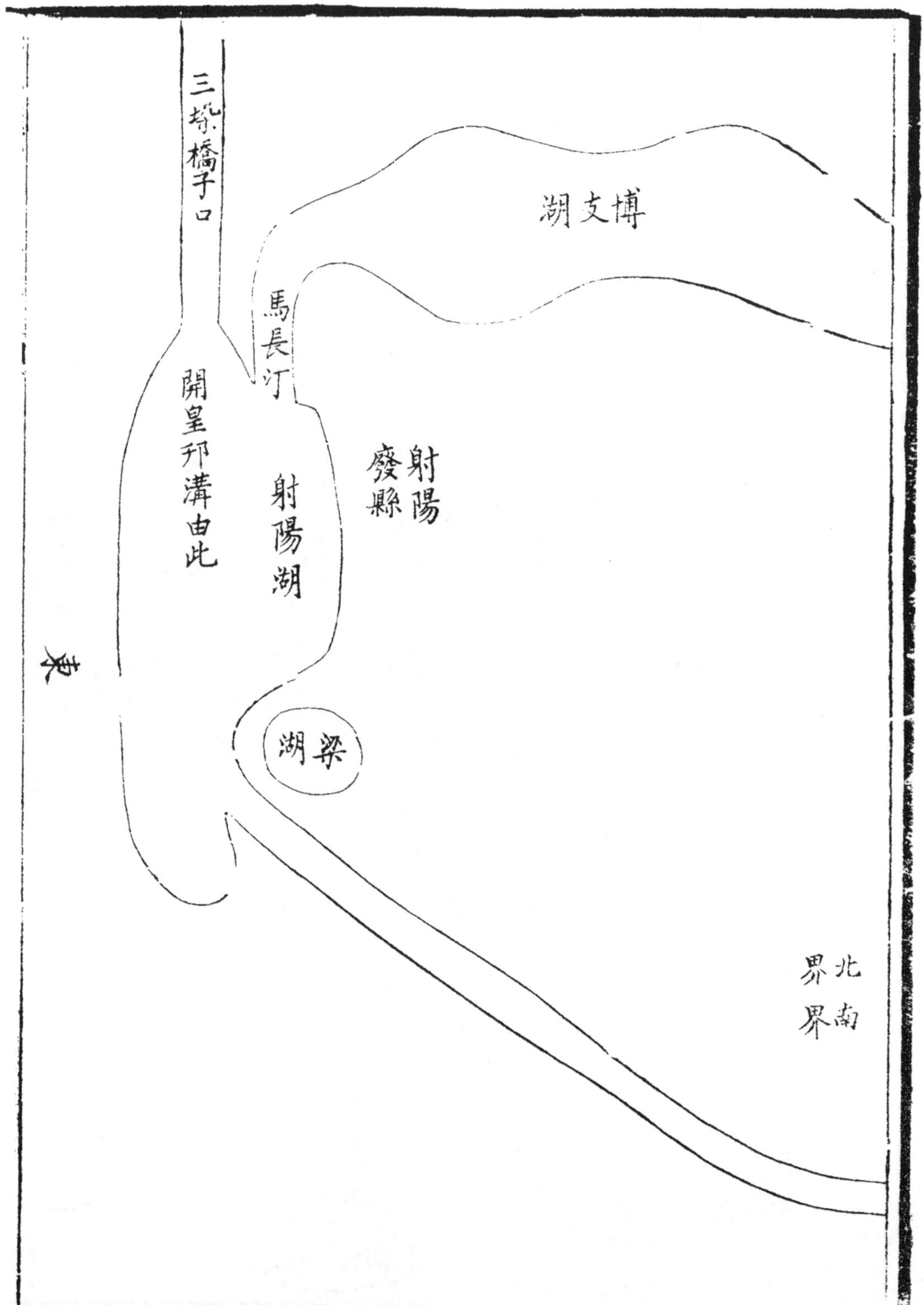

隋安宜四境图 / 选自《宝应图经》

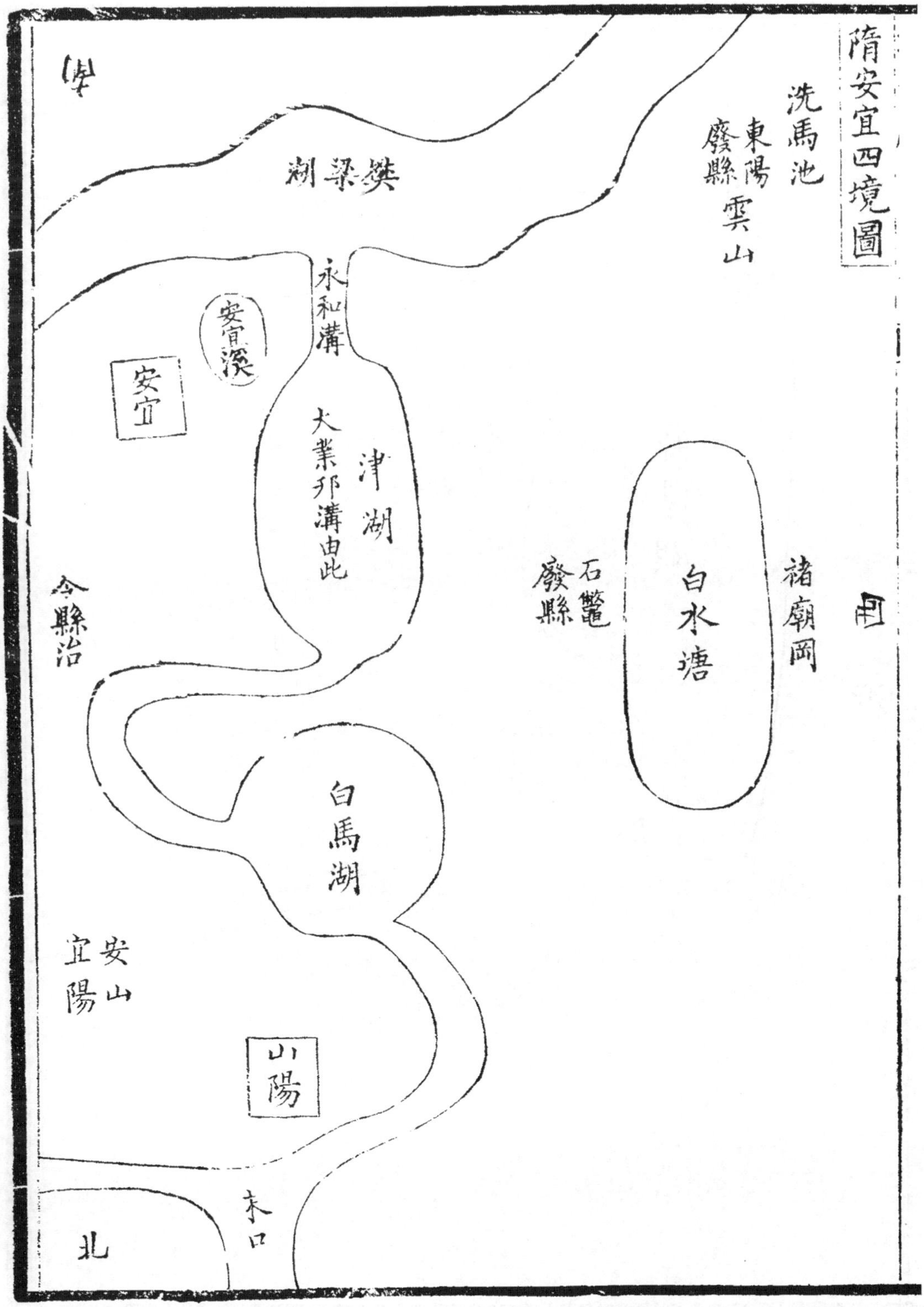
隋安宜四境圖
洗馬池
東陽
廢縣
雲山
南
樊梁湖
永和溝
安宜溪
安宜
大業邗溝由此
津湖
今縣治
石鼈
廢縣
白水塘
褚廟岡
西
白馬湖
安山
宜陽
山陽
末口
北

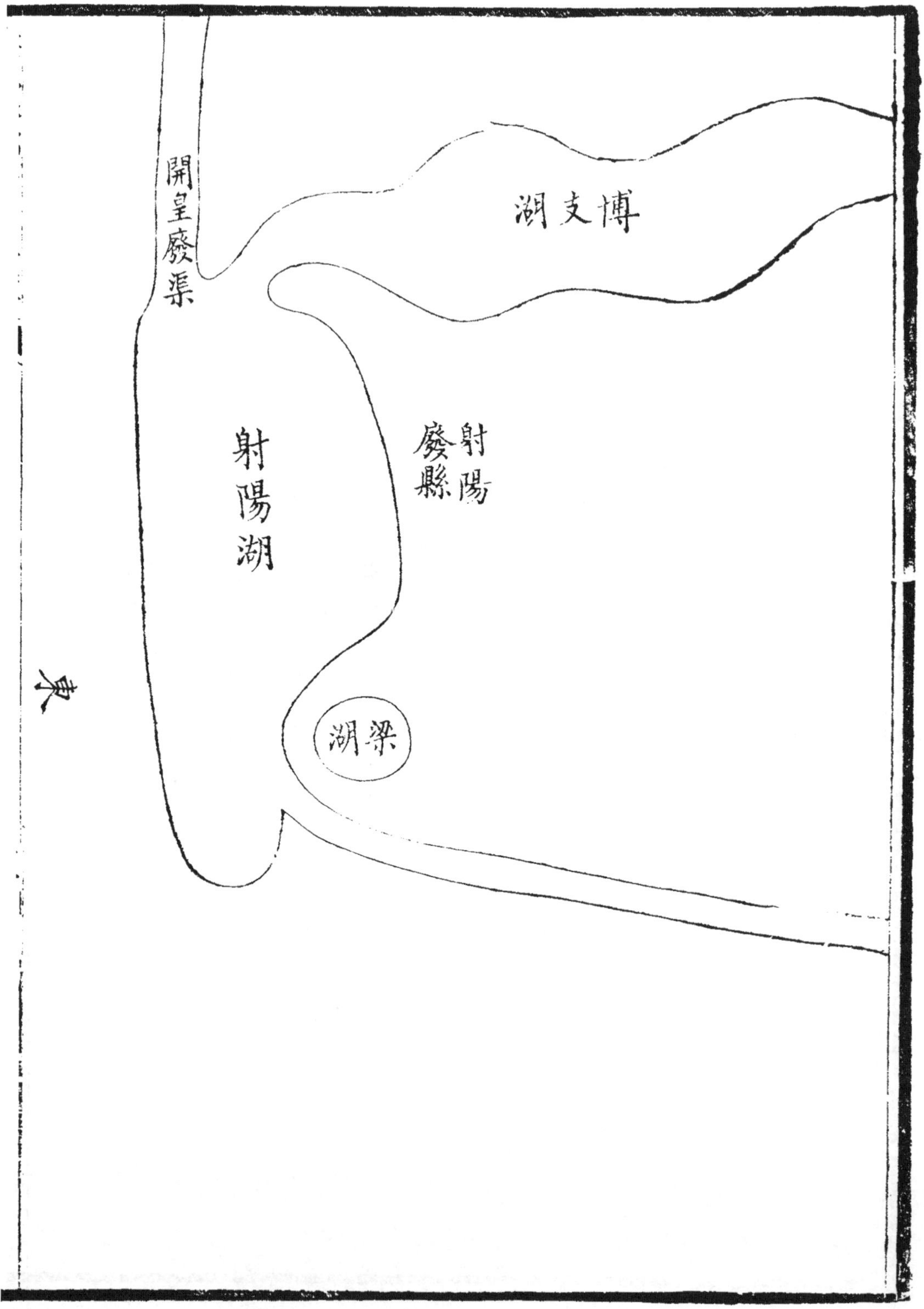

唐宝应四境图 / 选自《宝应图经》

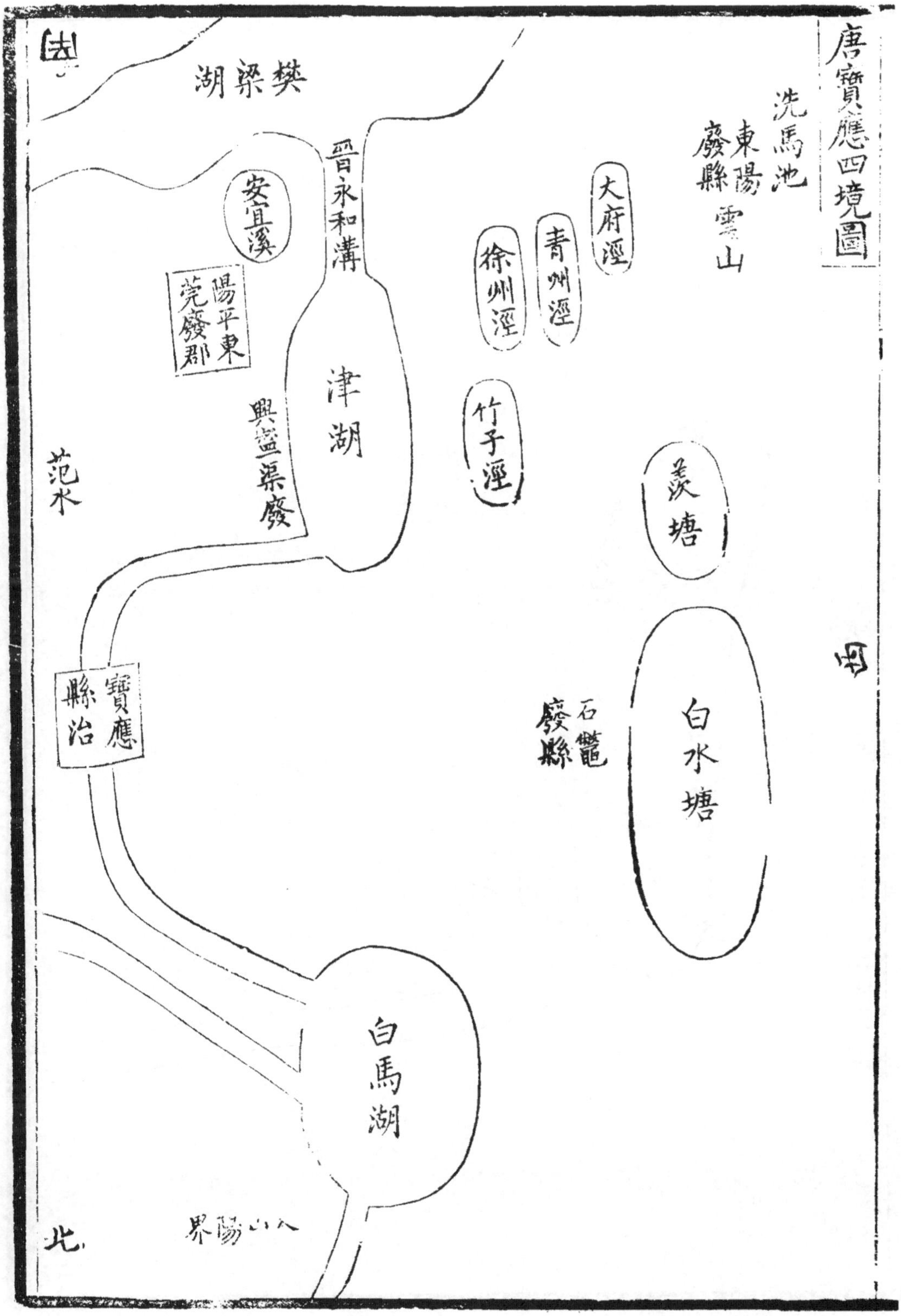
唐寶應四境圖
洗馬池
東陽廢縣
雲山
大府涇
青州涇
徐州涇
竹子涇
羨塘
白水塘
石鼈廢縣
樊梁湖
晉永和溝
安宜溪
東平陽廢郡
津湖
興鹽渠廢
范水
寶應縣治
白馬湖
入山陽界
南
北

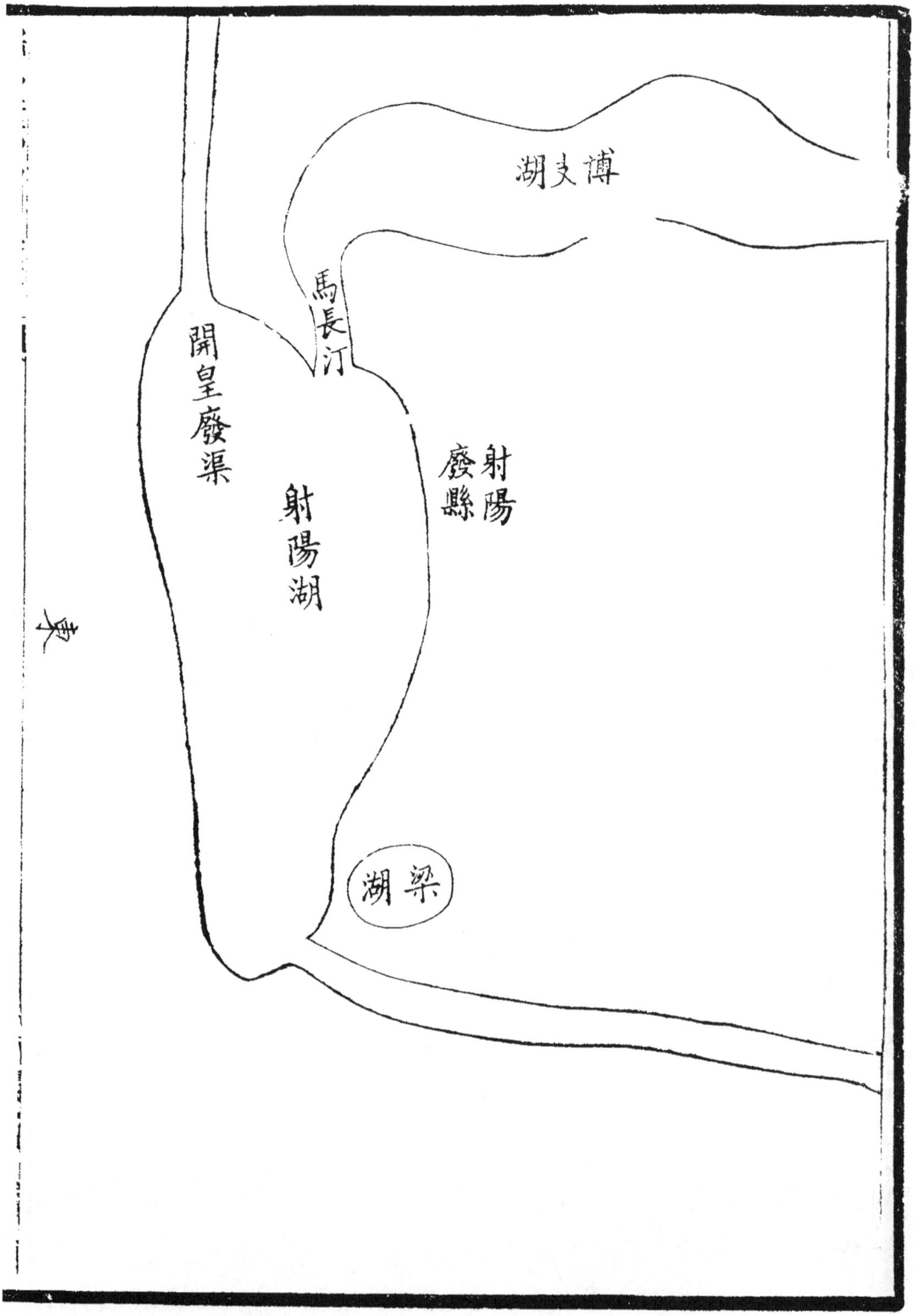

宋元宝应四境图 / 选自《宝应图经》

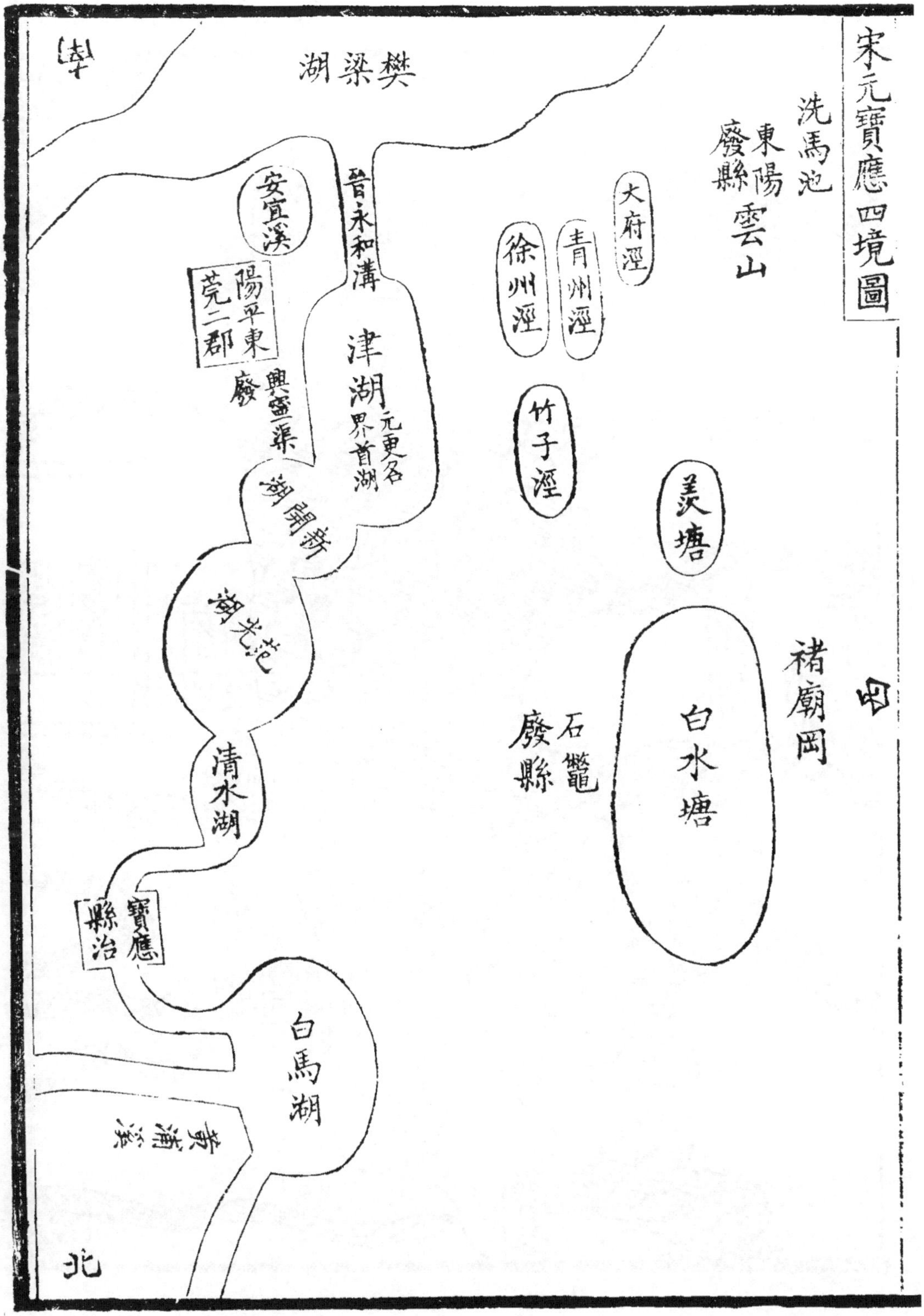
宋元寶應四境圖
南
北
樊梁湖
洗馬池
東陽廢縣
雲山
大府涇
青州涇
徐州涇
竹子涇
羨塘
白水塘
褚廟岡
石鼈廢縣
安宜溪
晉永和溝
東平陽莞二郡
興盛渠廢
津湖元更名界首湖
新開湖
清水湖
寶應縣治
白馬湖
黄浦溪

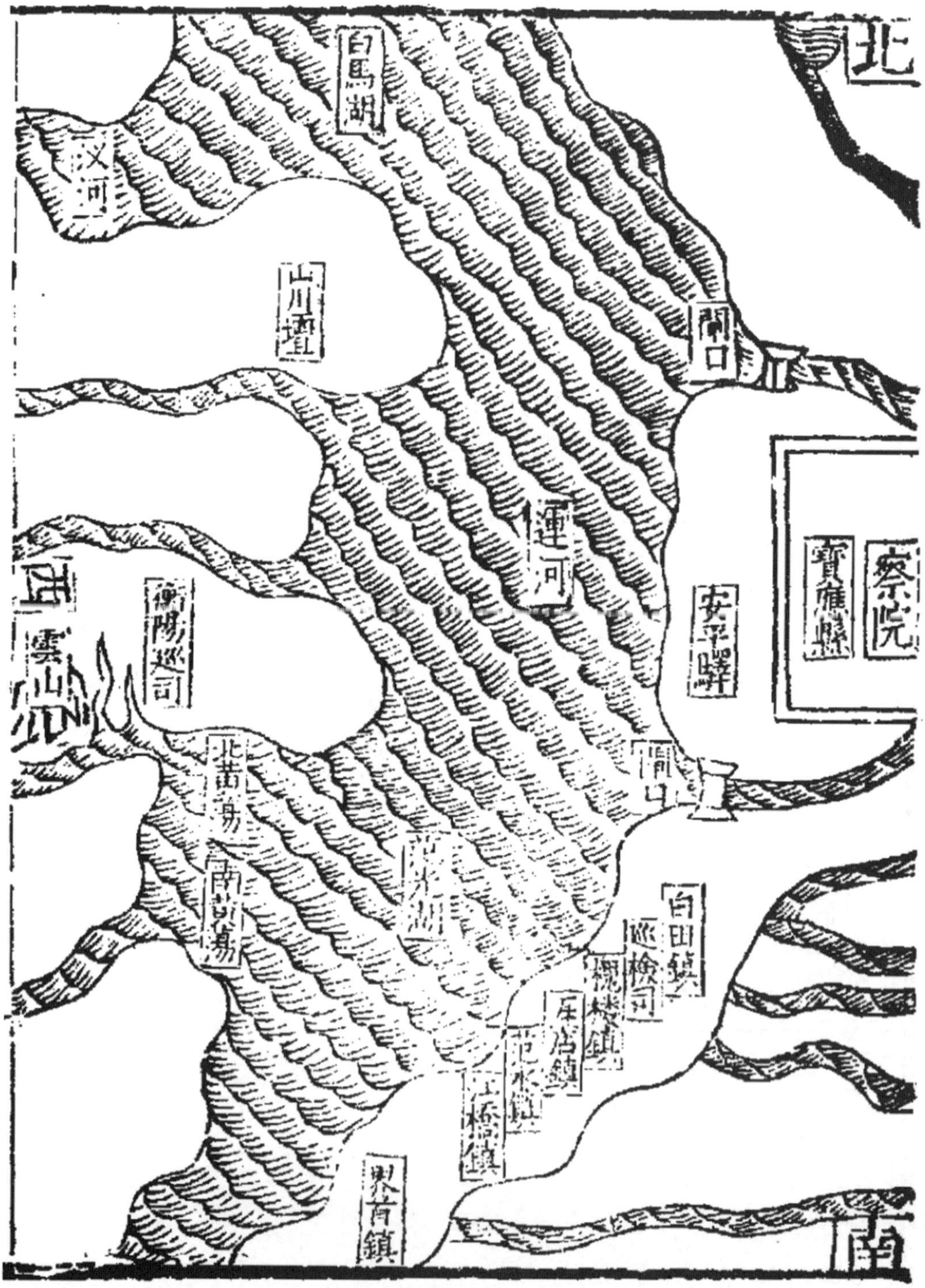

今宝应县图 / 选自嘉靖《惟扬志》

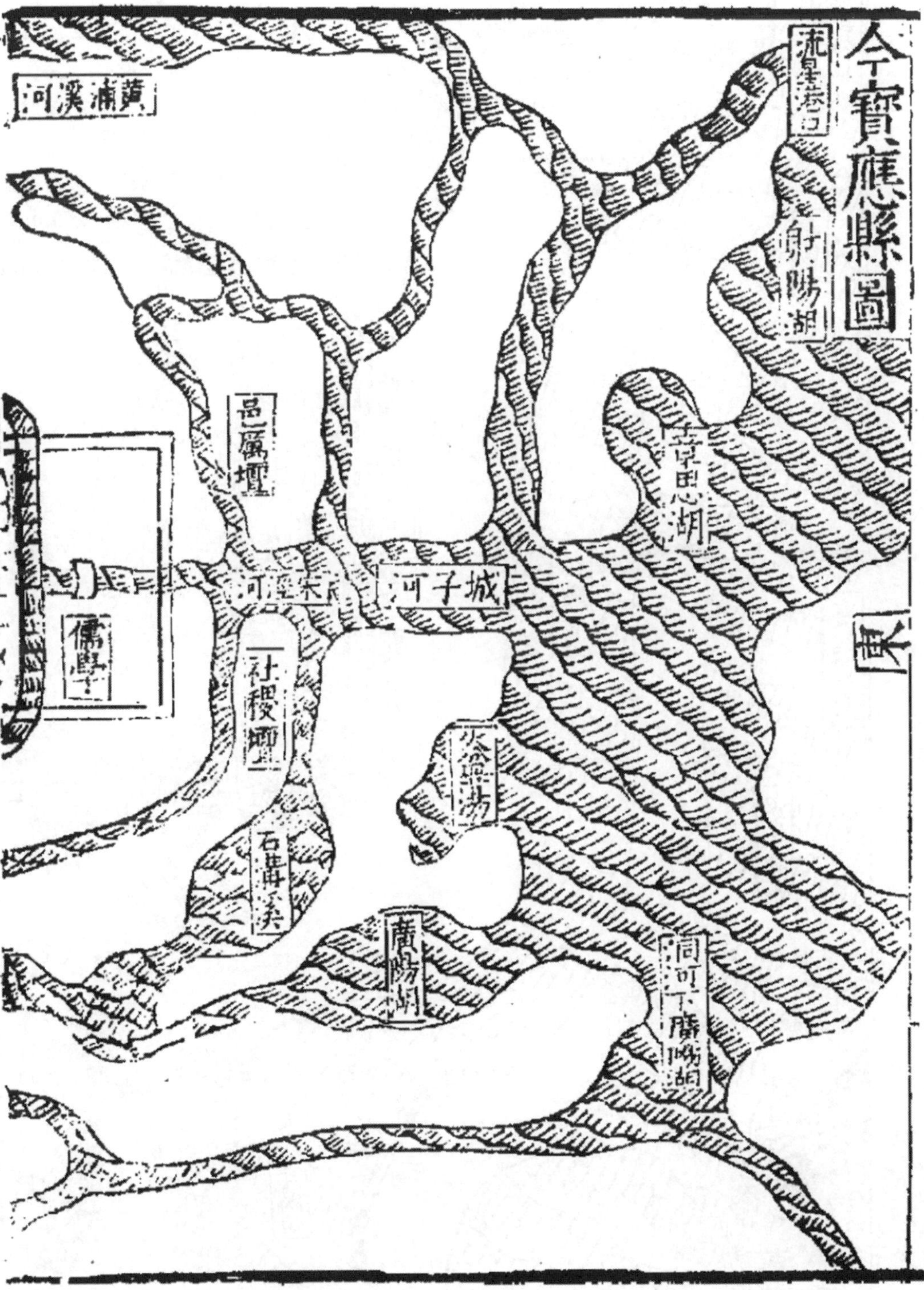
今寶應縣圖
流星港口
射陽湖
黃浦溪河
邑厲壇
儒學
城子河
社稷壇
廣陽湖
東

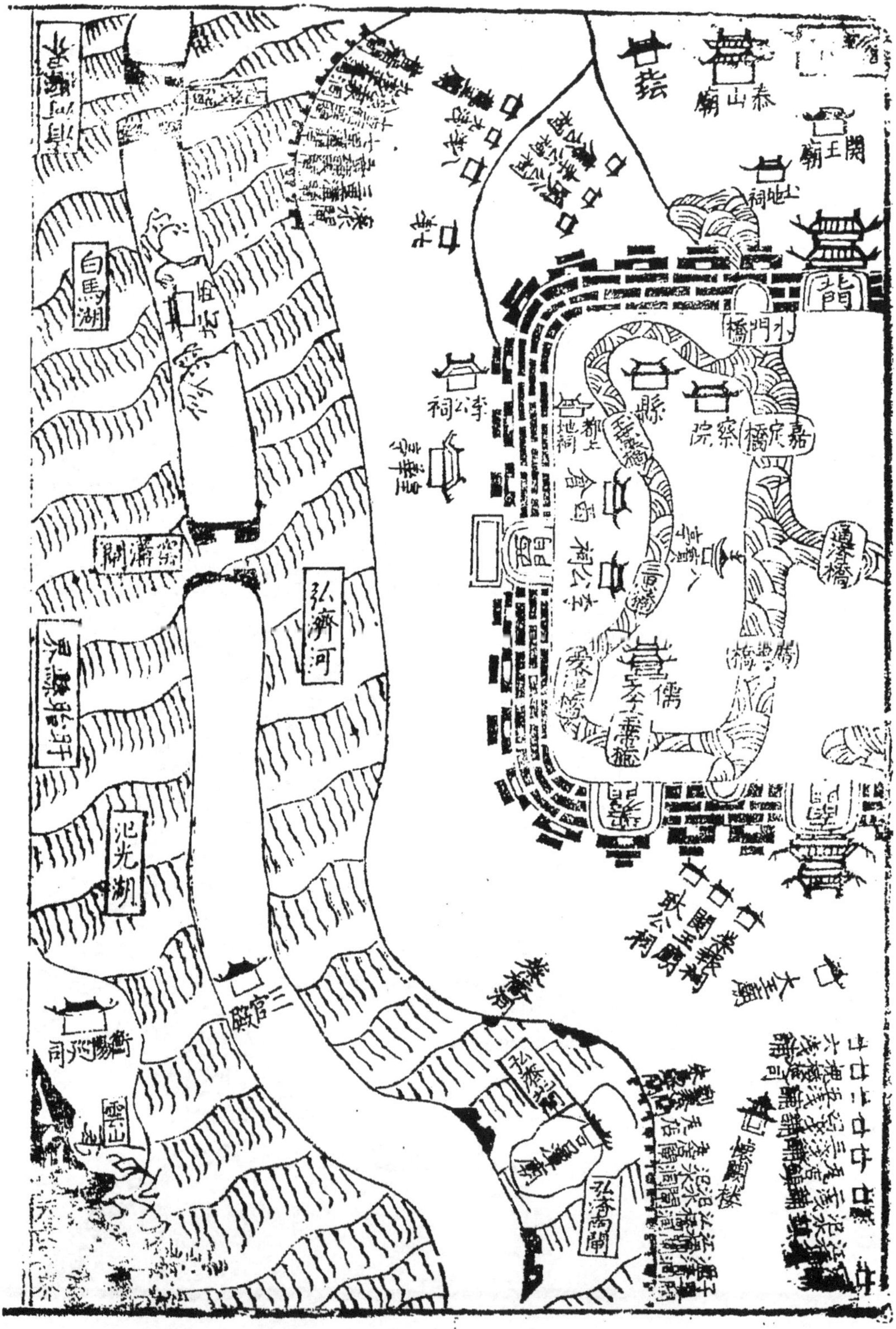

宝应县境图 / 选自隆庆《宝应县志》

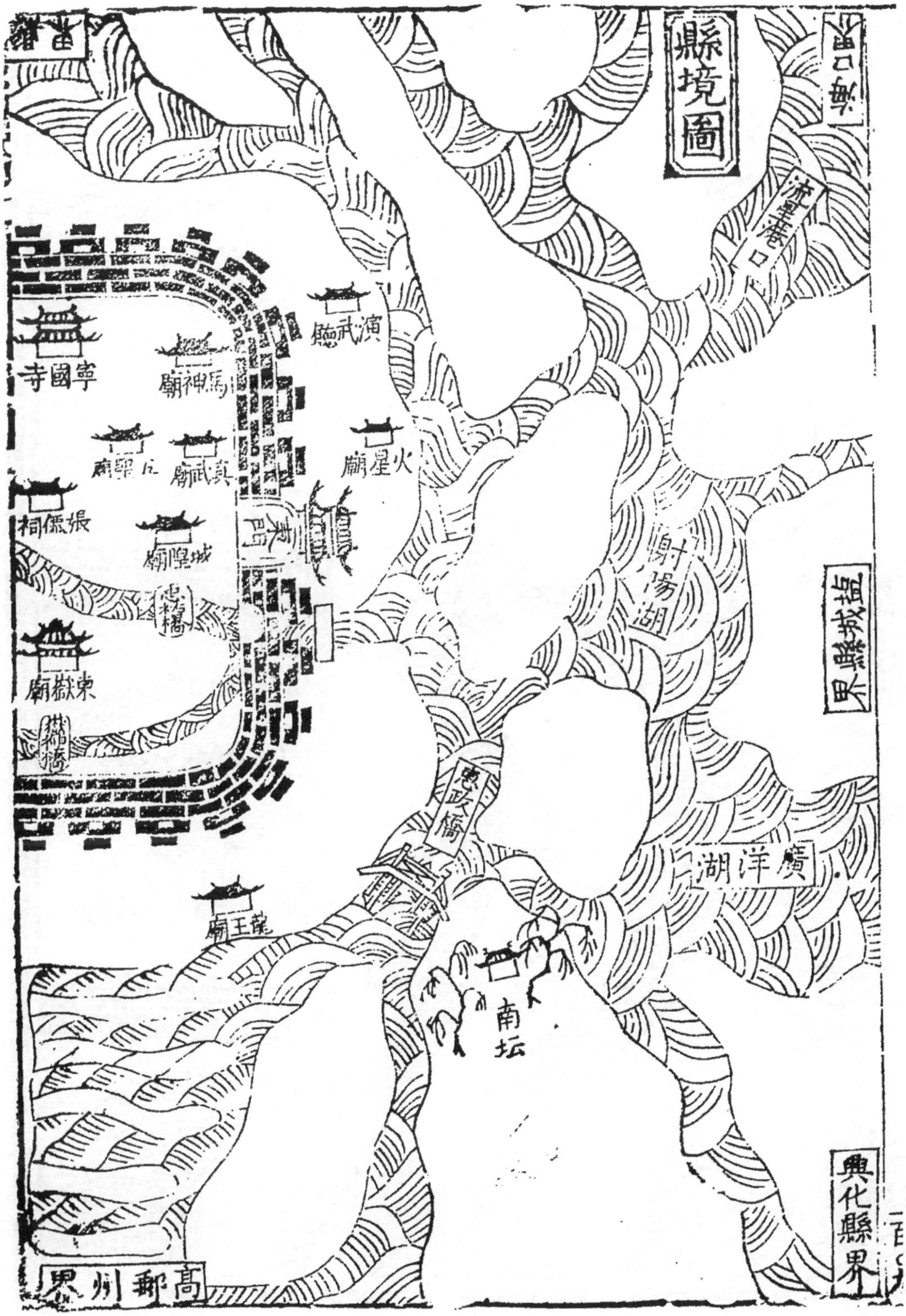
縣境圖
演武廳
寧國寺
馬神廟
火星廟
真武廟
張儒祠
城隍廟
東嶽廟
射陽湖
惠政橋
廣洋湖
龍王廟
南坛
高郵州界
興化縣界

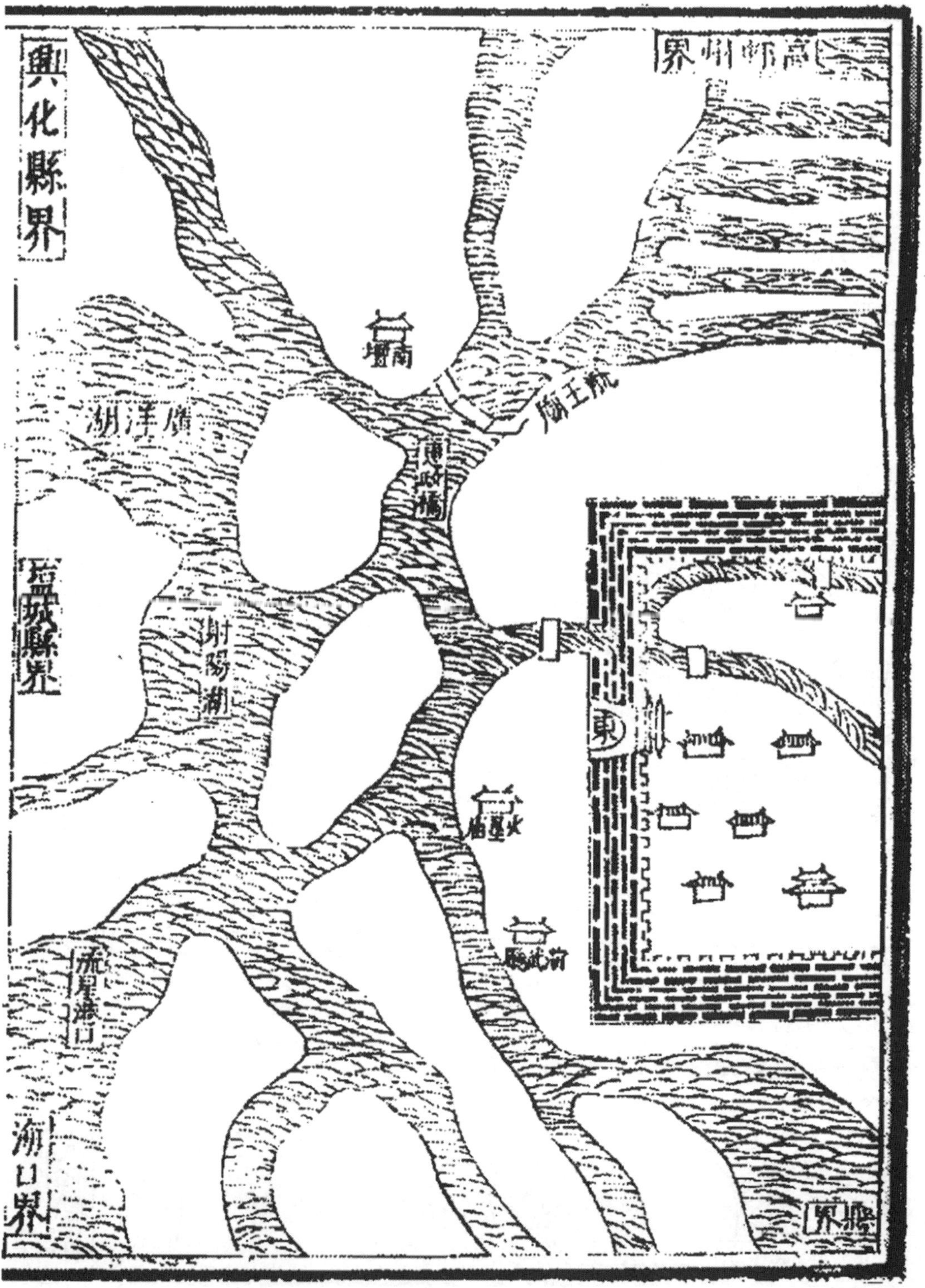

宝应县四境图 / 选自万历《扬州府志》

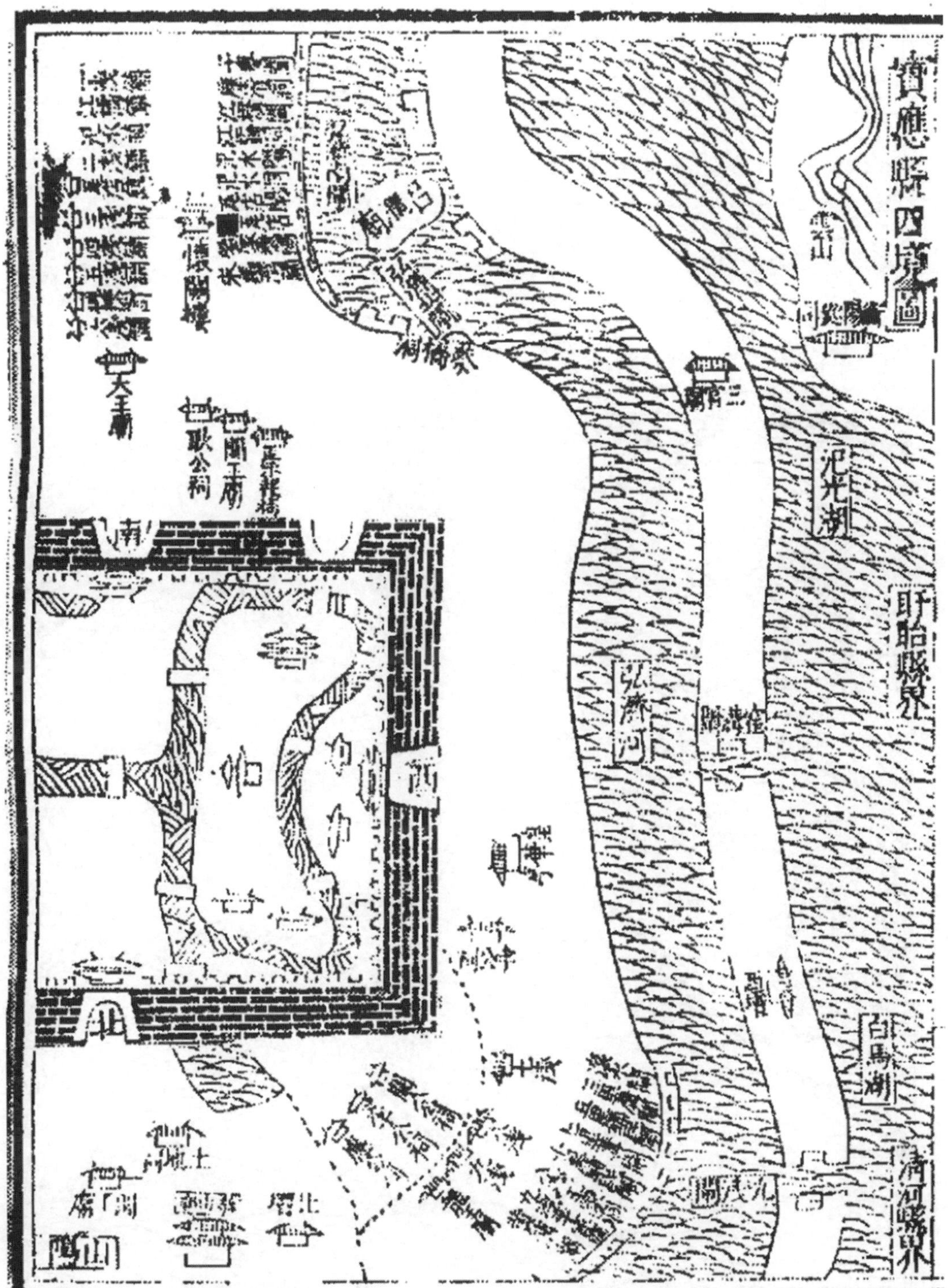
寶應縣四境圖
氾光湖
盱眙縣界
弘濟河
白馬湖
清河縣界

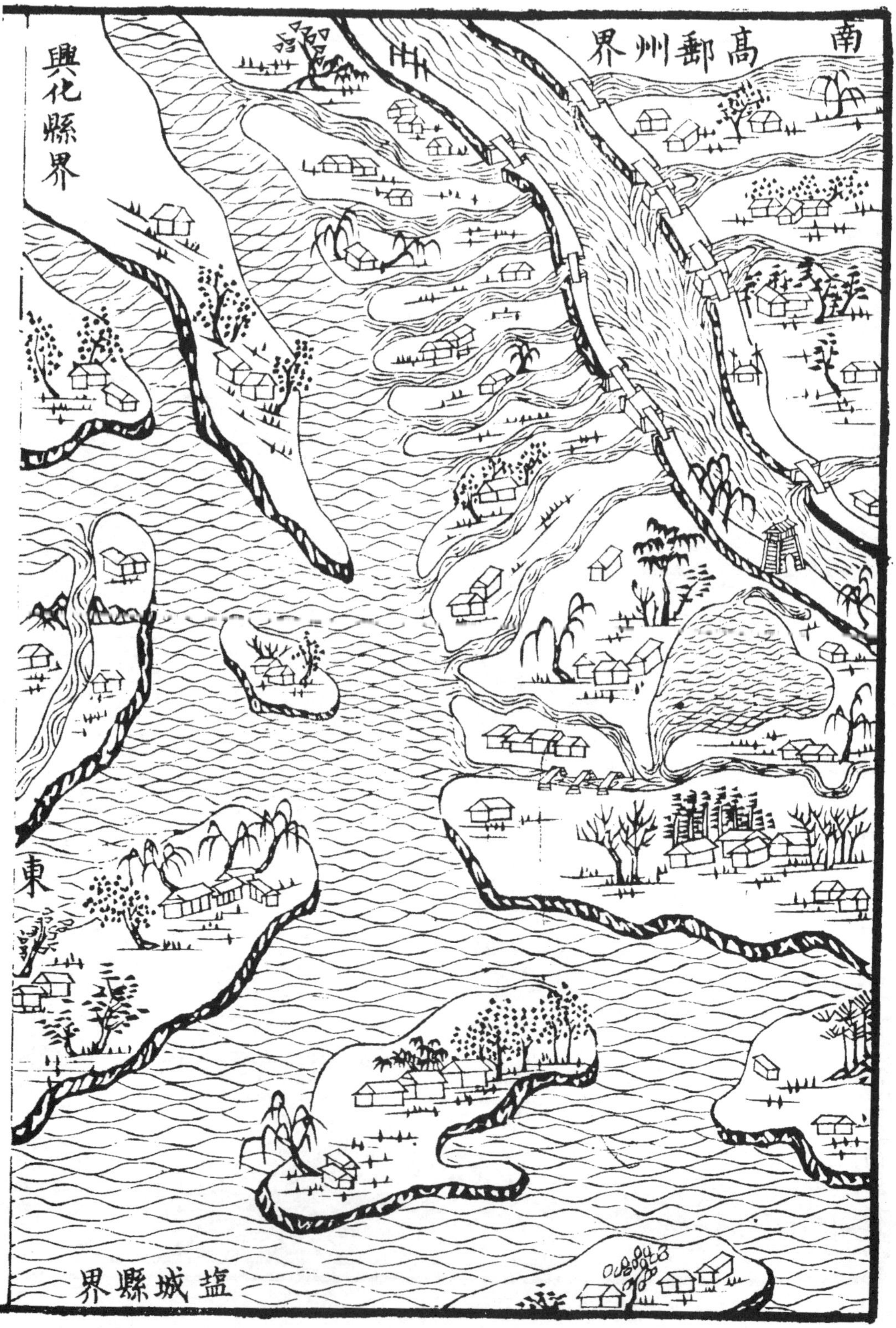

宝应县四境总图 / 选自道光《重修宝应县志》

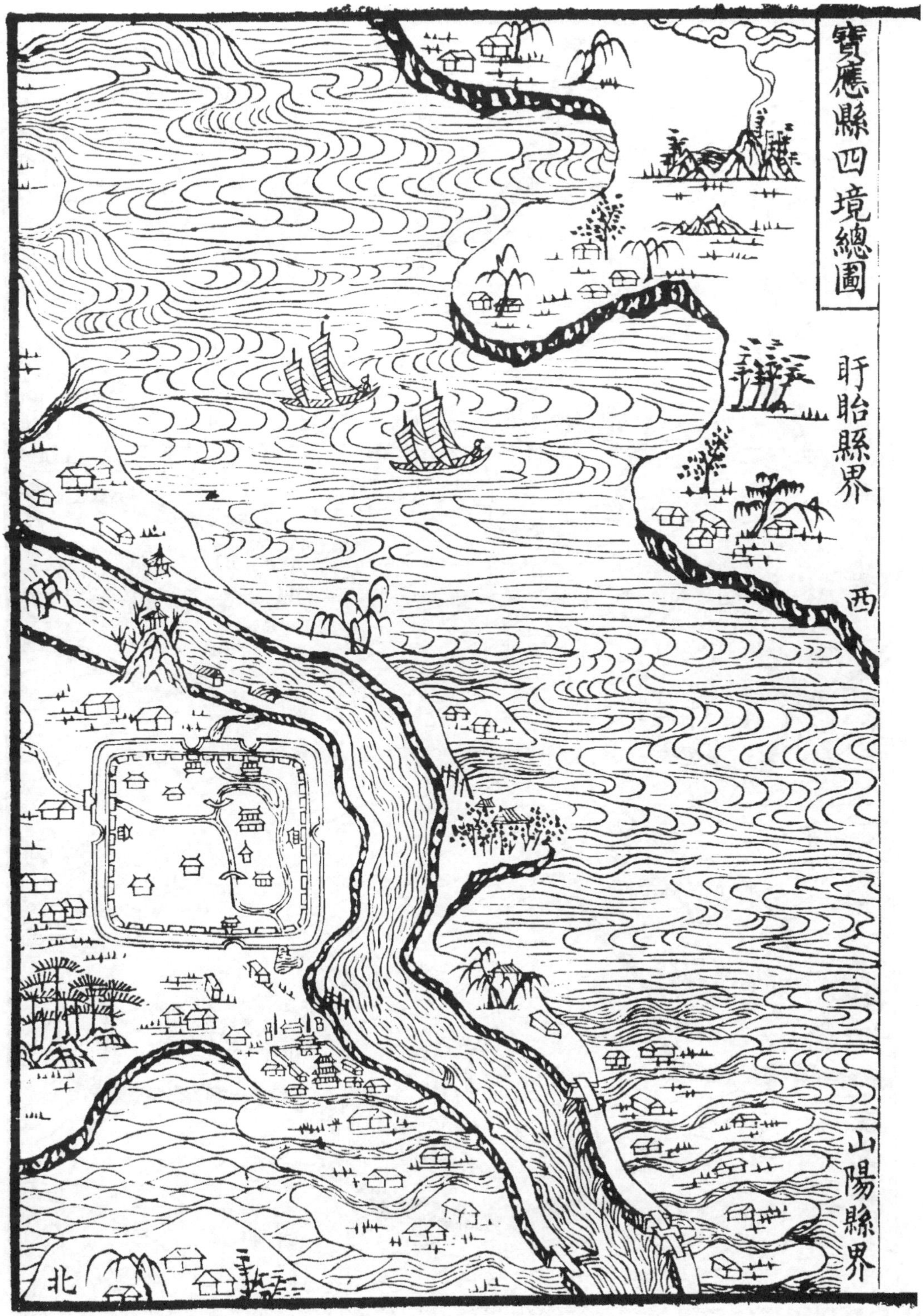
寶應縣四境總圖
盱眙縣界
西
山陽縣界
北

宝应县四境总图 / 选自道光《重修宝应县志》

扬州

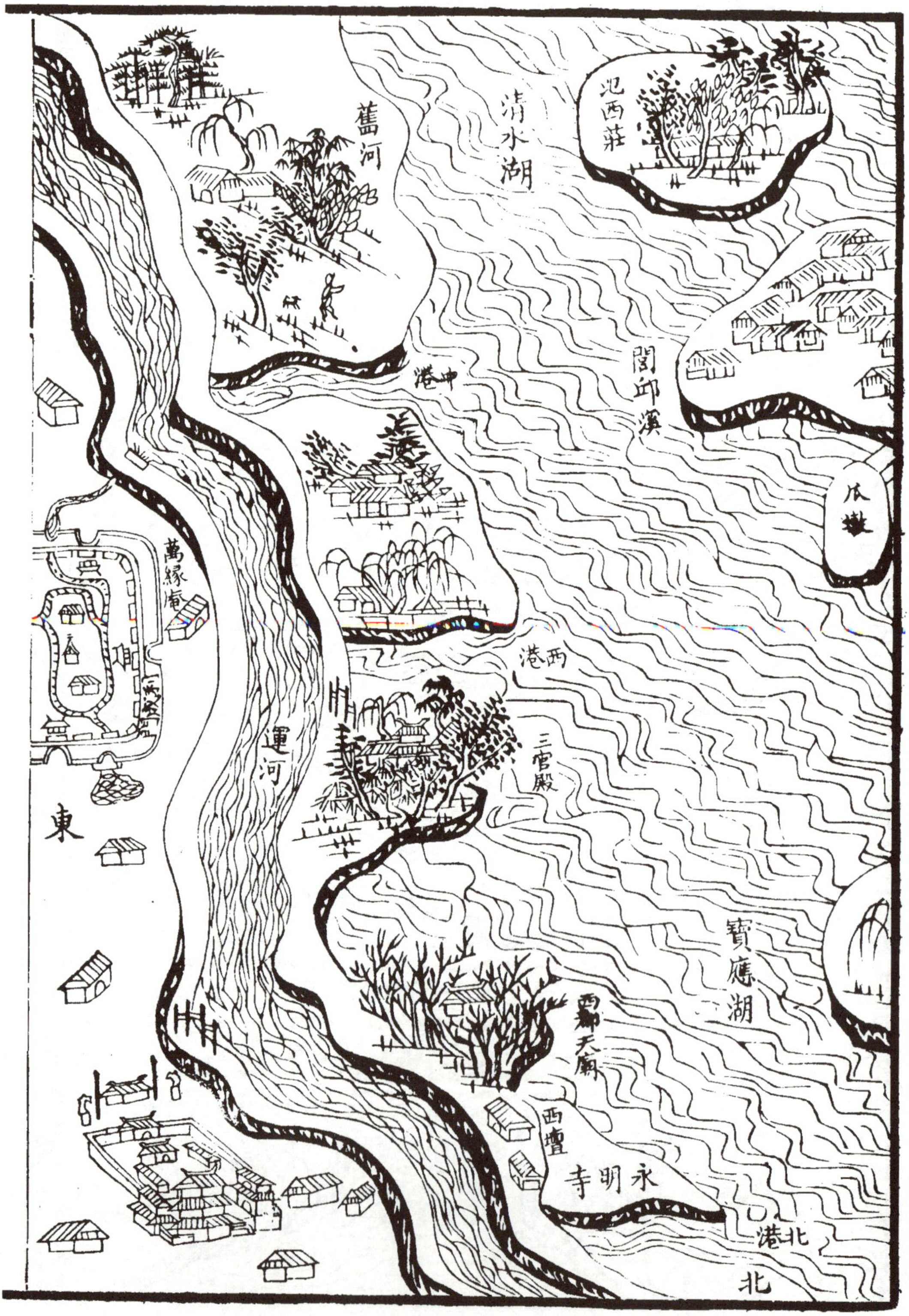

宝应县四境总图 / 选自道光《重修宝应县志》

西境圖
南
黎城鎮
時安莊
三官殿
南橋
中橋
衡陽鎮
美塘
白水塘
瓜山廟
北橋
西
觀音寺
關帝廟
蘆台澗
三角村
蔣家壩
盱眙縣界
丁甯莊
草字河

宝应县四境总图 / 选自道光《重修宝应县志》

南境圖
雲山
白龍潭
安宜溪
南
子嬰西閘
津湖
小瓦甸雙閘
磨旗墩
西
南窑雙閘
氾光湖
運河
盱眙縣界
湖神廟
龍亭閘
南港
清水湖
文筆峯
大王廟
關帝廟
龍王廟
一宿庵
火星廟
蓮池庵
耿公祠
皇華亭
劉公祠
舊河
中港

宝应县四境总图 / 选自道光《重修宝应县志》

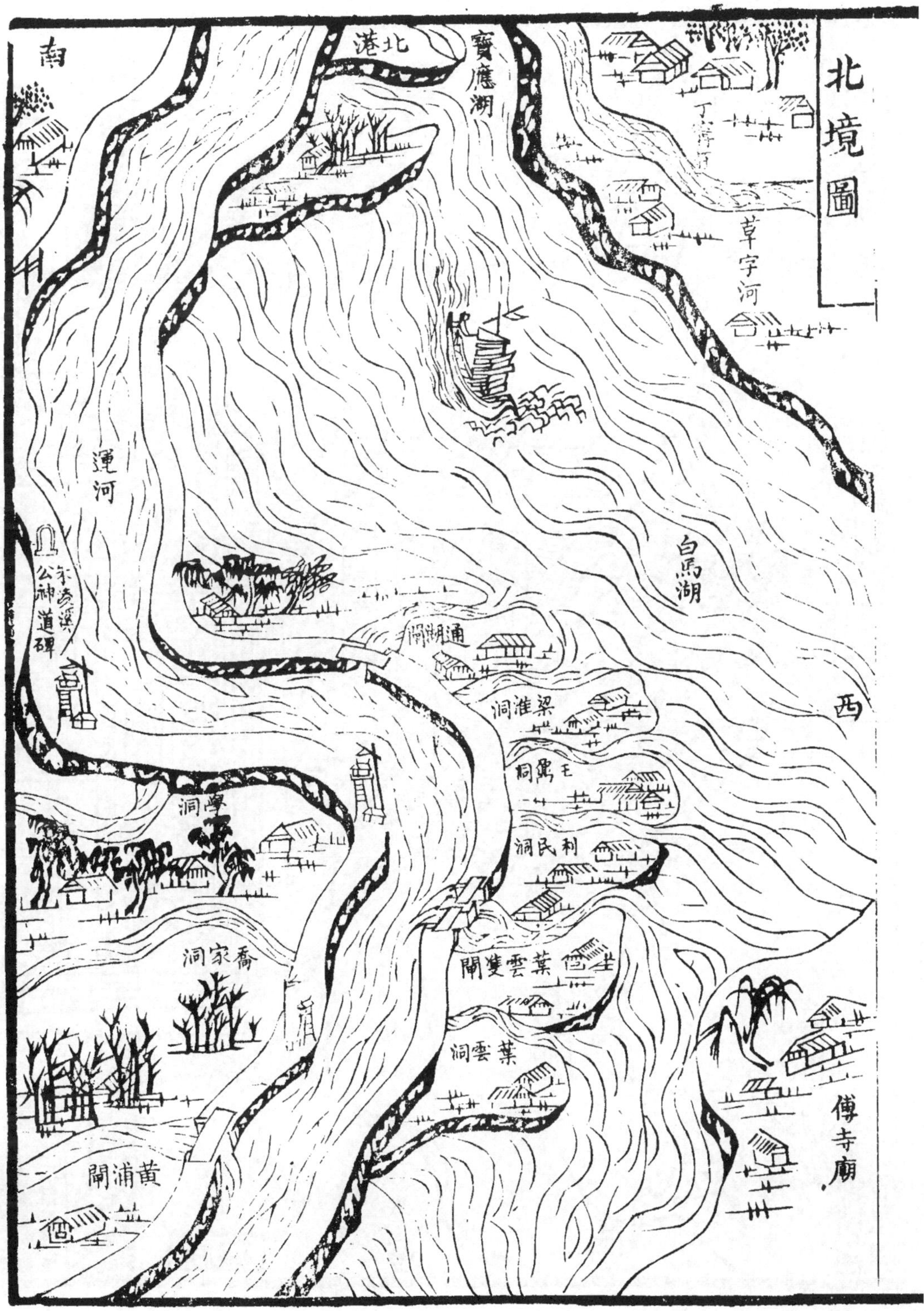
北境圖
南
北港
寶應湖
草字河
運河
白馬湖
西
通湖閘
梁淮洞
利民洞
學洞
喬家洞
葉雲雙閘
葉雲洞
黃浦閘
傳寺廟

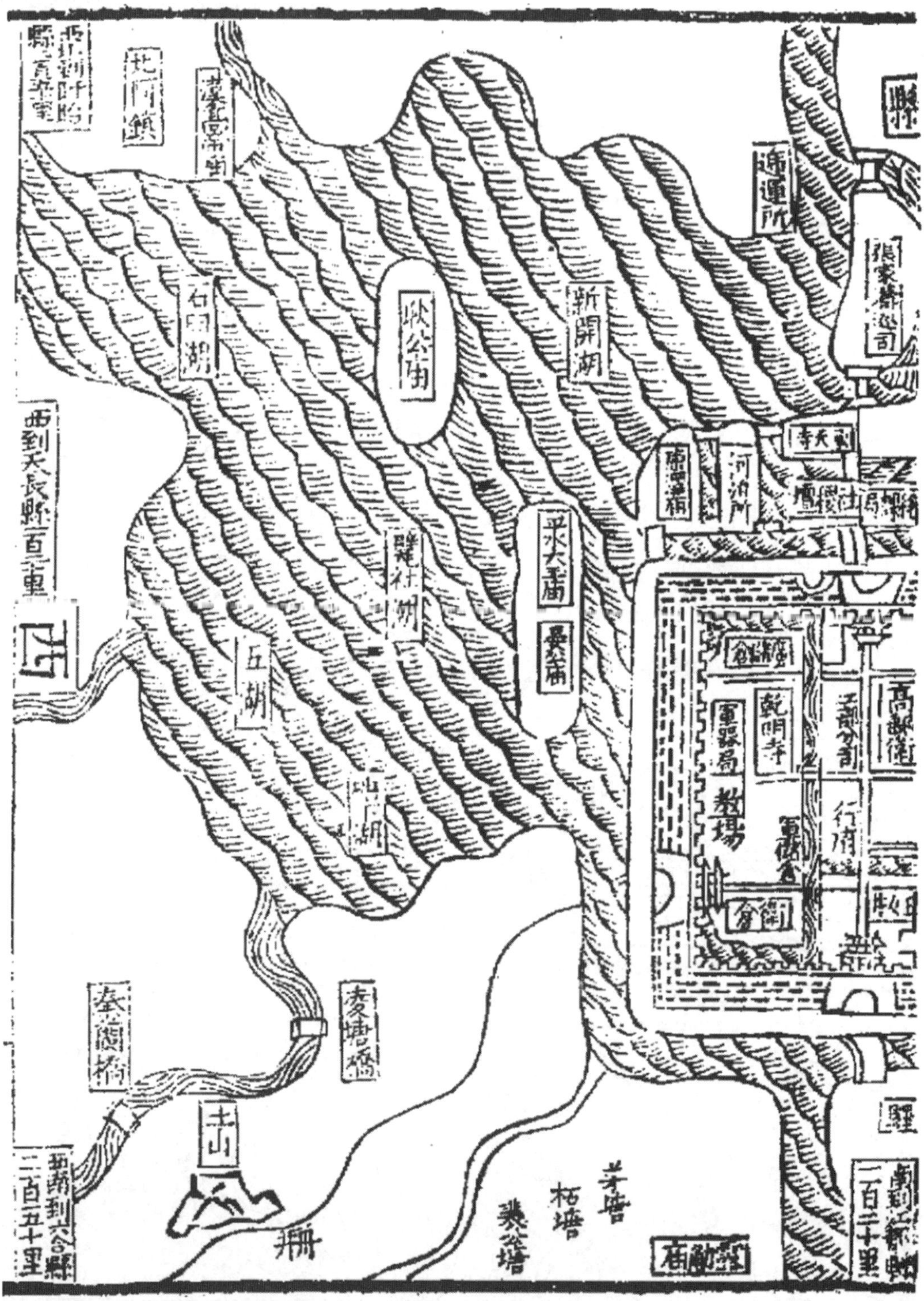

今高邮州图 / 选自嘉靖《惟扬志》

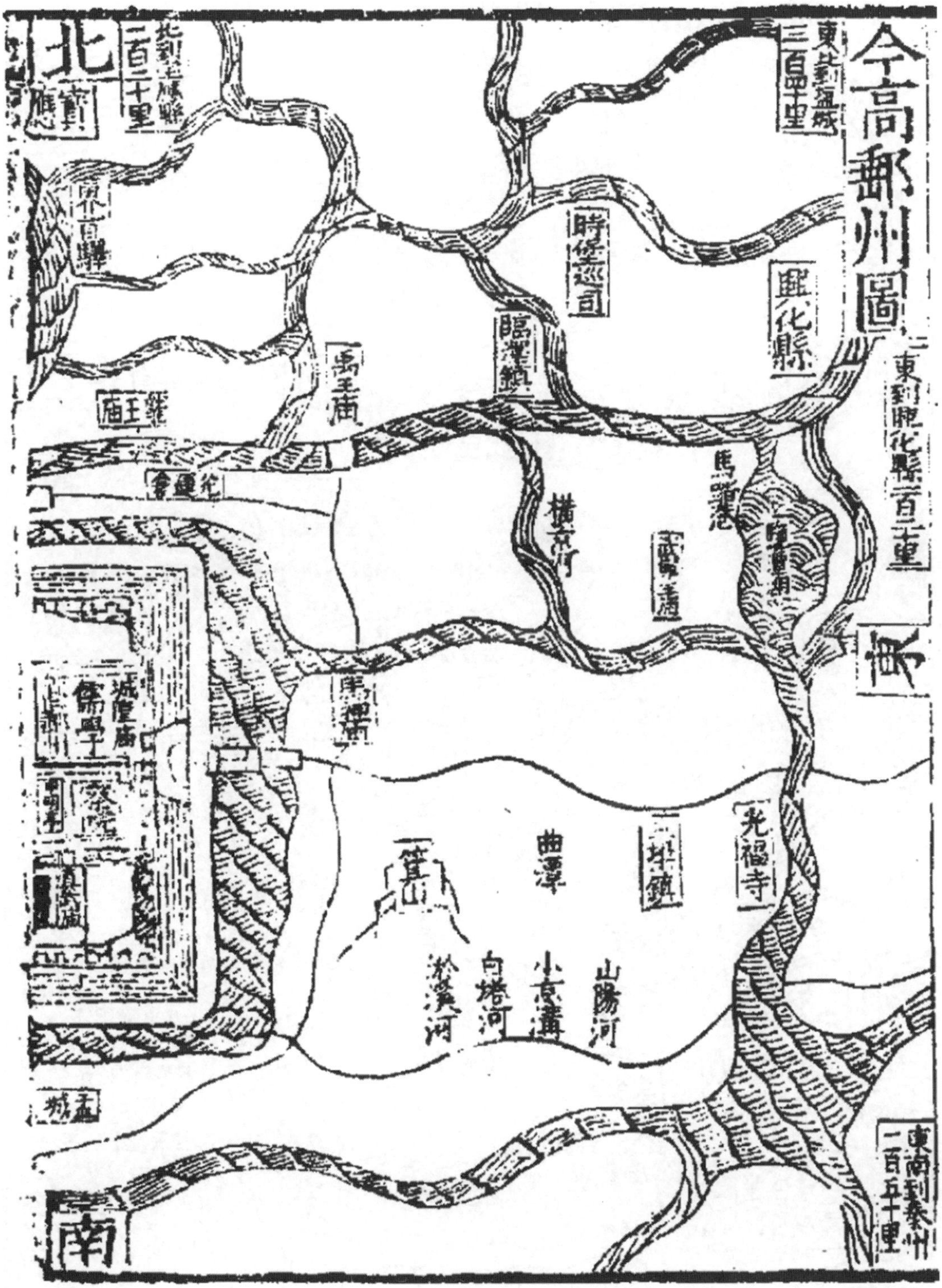
今高郵州圖
北
時堡巡司
臨澤鎮
興化縣
東到興化縣一百二十里
馬王廟
龍王廟
界首驛
橫涇河
武寧溝
馬瀆港
城隍廟
儒學
光福寺
三垛鎮
曲潭
山陽河
小虎溝
白塔河
淤溪河
東南到泰州二百五十里
南

高邮州四境图 / 选自万历《扬州府志》

高郵州四境圖
運河
鹽城縣界
寶應縣界
平湖
蔡家湖
高家橋
龍岡
張良湖
珠湖
三里蕩
鳳凰墩
樊良溪
尹家湖
新開湖
梁家墩
何梁溝
官溝
仇庄
馬家蕩
臨澤鎮
時堡蕩
横涇河
鳳凰溝
清水潭
馮齊庄
桑子頭

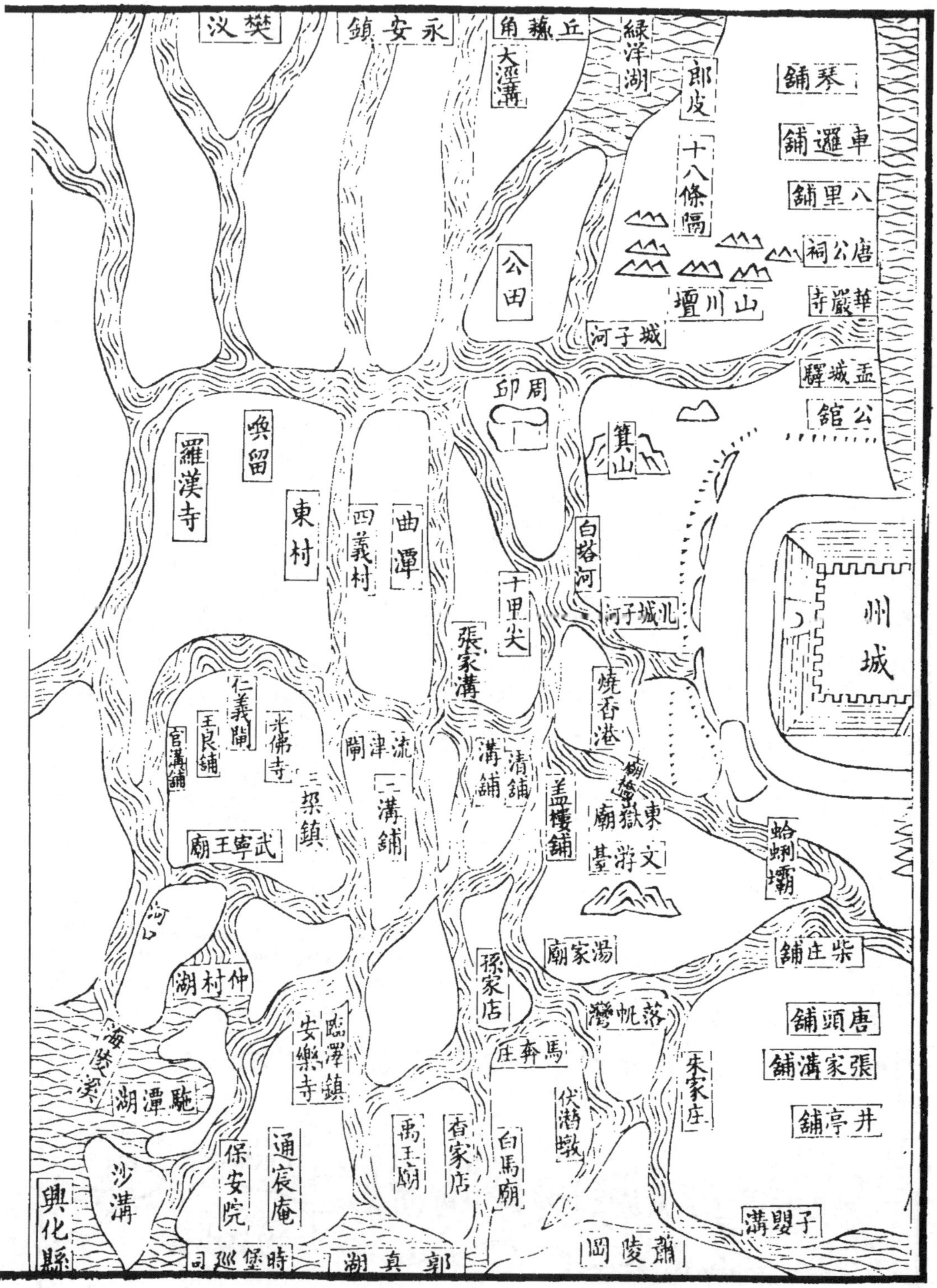

高邮州四境图 / 选自雍正《扬州府志》

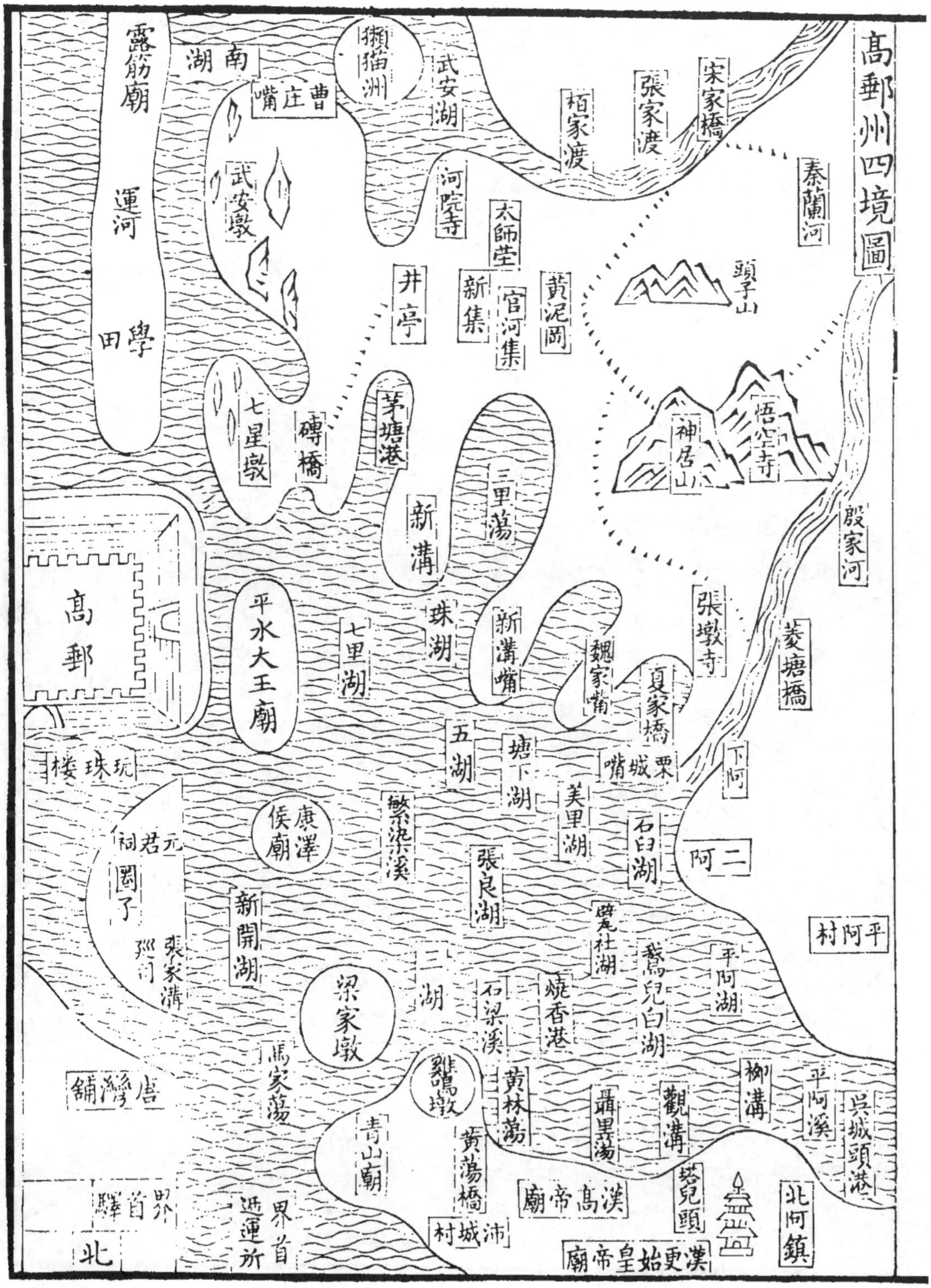
高郵州四境圖
露筋廟
南湖
曹庄嘴
獺猫洲
武安湖
宋家橋
張家渡
栢家渡
秦蘭河
武安墩
運河
河院寺
太師茔
新集
官河集
黄泥岡
井亭
頭子山
學田
七星墩
磚橋
茅塘港
神居山
悟空寺
三里蕩
新溝
殷家河
高郵
平水大王廟
珠湖
七里湖
新溝嘴
魏家嘴
張墩寺
夏家橋
菱塘橋
五湖
塘下湖
栗城嘴
下阿
玩珠楼
康澤侯廟
繁沱溪
美里湖
石臼湖
二阿
元君祠
張良湖
新開湖
甓社湖
平阿村
巡司
張家溝
三湖
平阿湖
梁家墩
石梁溪
燒香港
唐灣舖
馬家蕩
雞鳴墩
黄林蕩
聶里蕩
觀溝
柳溝
平阿溪
吳城頭港
青山廟
黄蕩橋
漢高帝廟
塔兒頭
北阿鎮
界首驛
界首遞運所
沛城村
漢更始皇帝廟
北

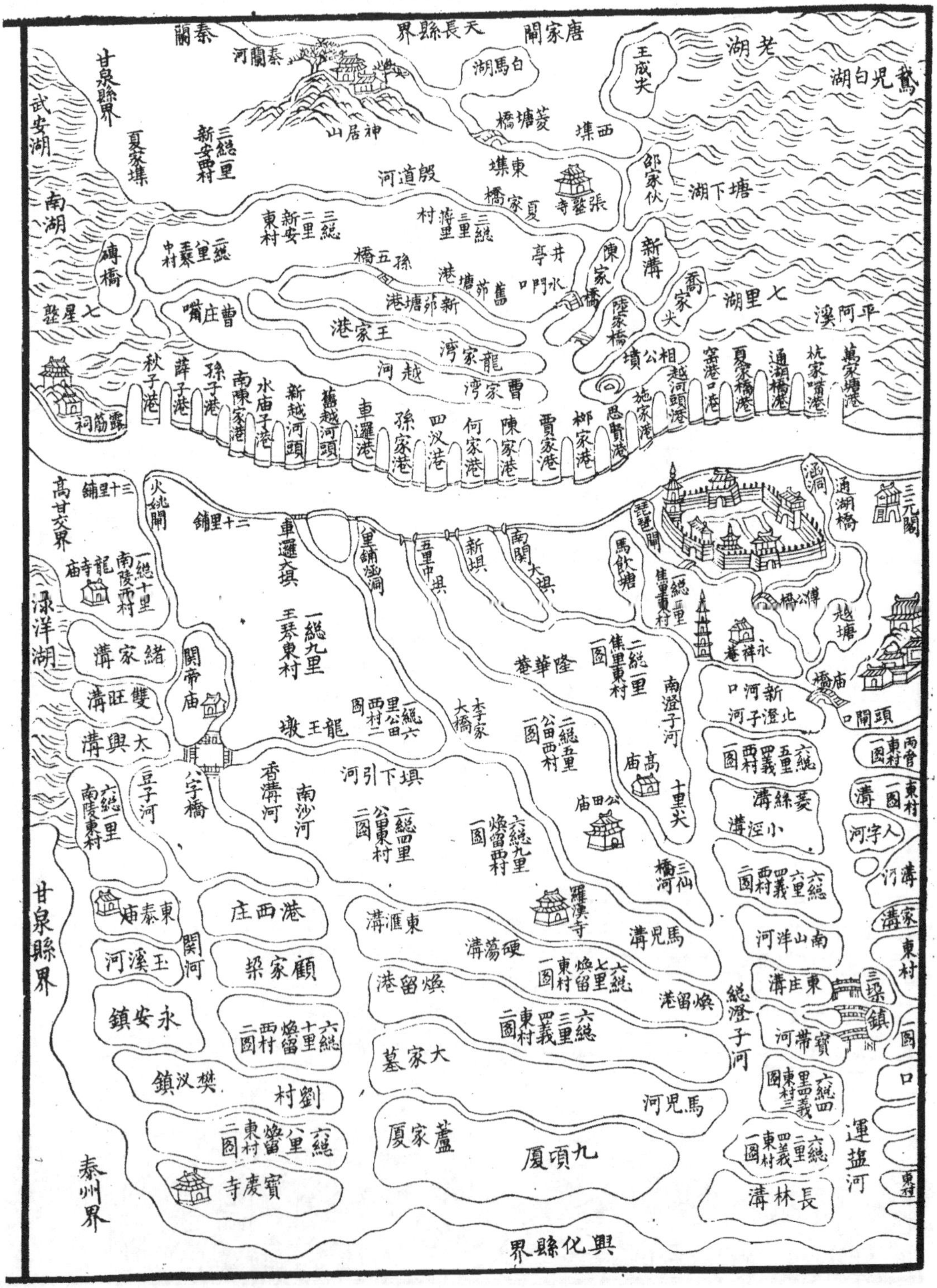

高邮州境总图 / 选自乾隆《高邮州志》

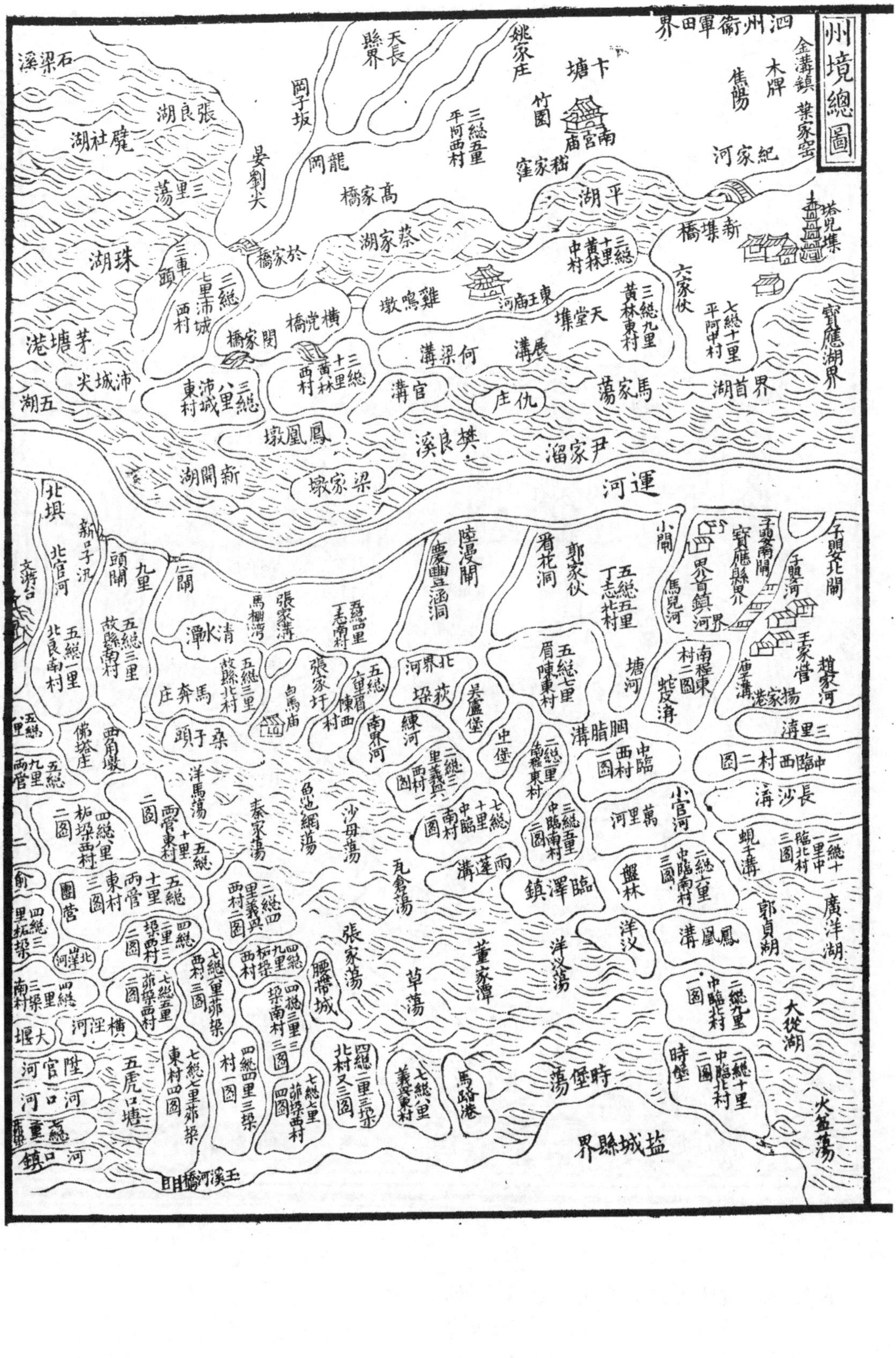
州境總圖
泗州衛軍田界
金溝鎮
葉家窰
木牌
焦陽
紀家河
卞塘
竹園
南宮廟
嵇家窪
姚家庄
天長縣界
岡子坂
石梁溪
張良湖
甓社湖
三里蕩
龍岡
高家橋
劉尖
平湖
塔兒集
靳集橋
蔡家湖
於家橋
珠湖
三車頭
横涇橋
閔家橋
雞鳴墩
東王廟河
寶應湖界
茅塘港
沛城尖
何梁溝
長溝
馬家蕩
界首湖
五湖
官溝
仇庄
鳳凰墩
樊良溪
尹家溜
新開湖
梁家墩
運河
北壩
子嬰北閘
寶應縣界
界首鎮
清水潭
馬奔庄
張家溝
陸漫閘
桑子頭
臨澤鎮
長沙溝
廣洋湖
鳳凰溝
大從湖
時堡蕩
馬踏港
盐城縣界
火盆蕩
草蕩
張家蕩
秦家蕩
沙母蕩
五虎口塘
玉溪河橋

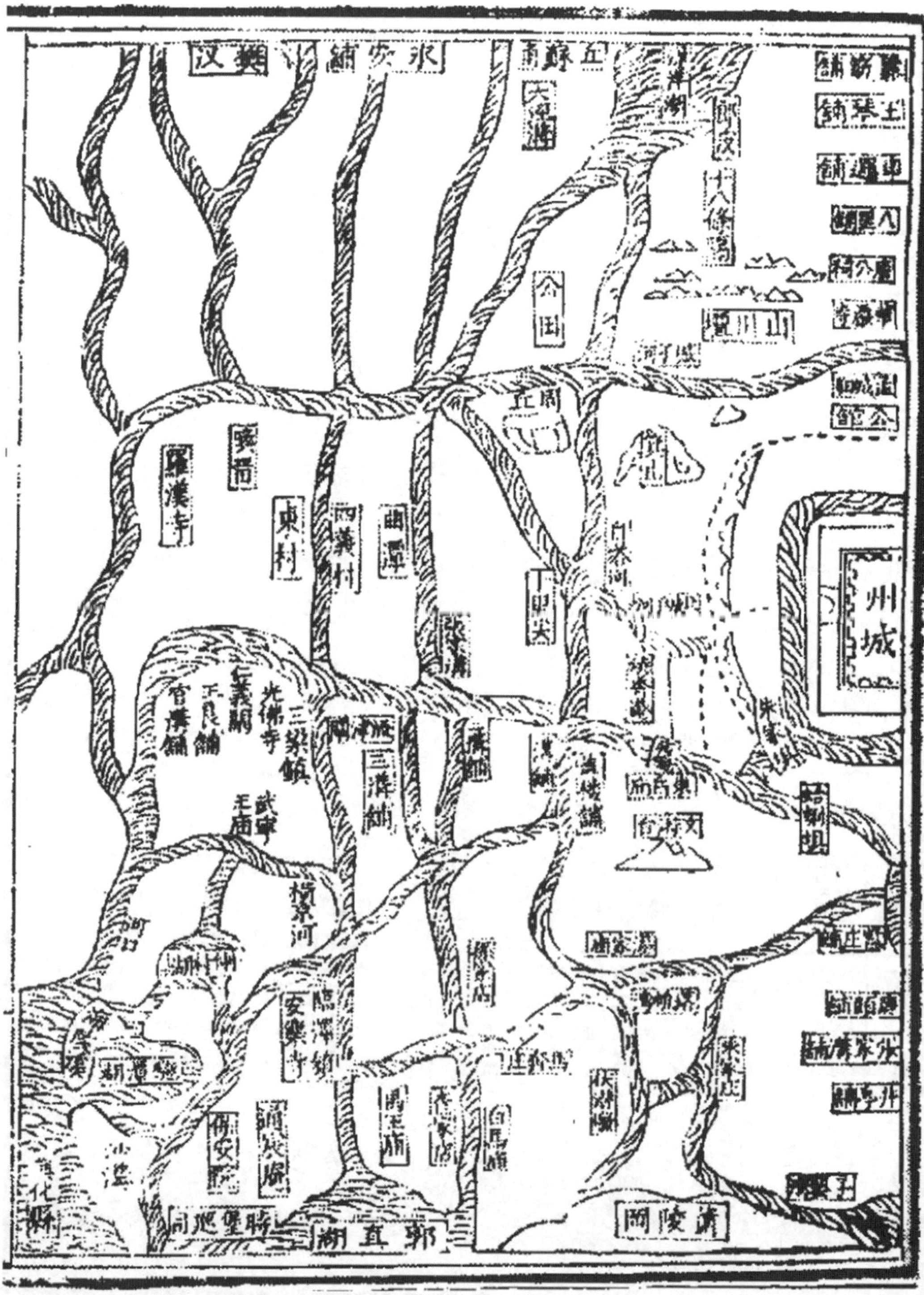

高邮州四境图 / 选自嘉庆《重修扬州府志》

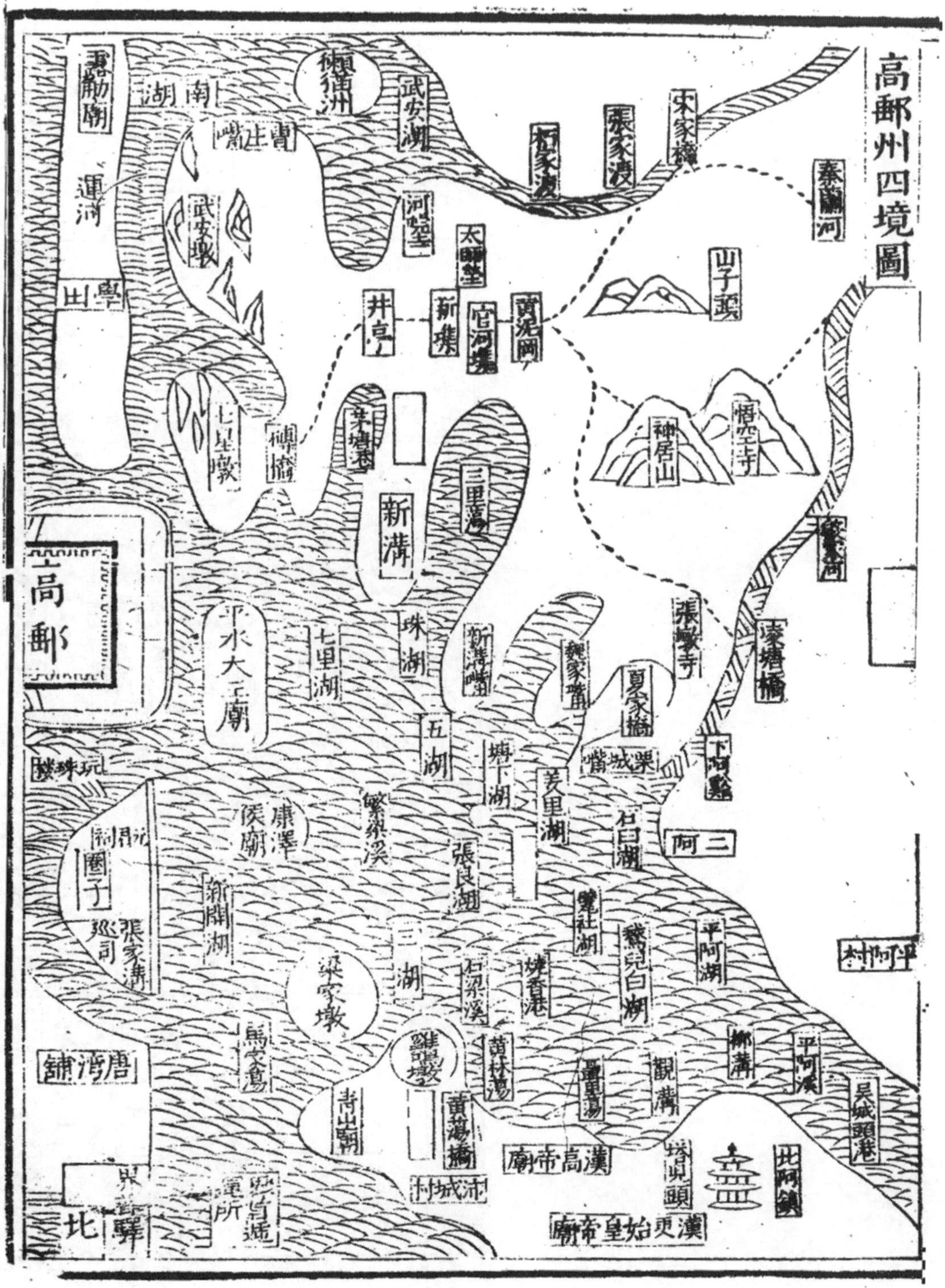
高郵州四境圖
秦欄河
宋家橋
張家渡
武安湖
南湖
運河
武安墩
井亭
新溝
官河
七星墩
三里灣
珠湖
七里湖
平水大王廟
五湖
張家寺
夏家橋
三阿
康澤侯廟
新開湖
張良湖
石臼湖
平阿湖
鵝兒白湖
燒香港
梁家墩
唐灣鋪
漢高帝廟
漢更始皇帝廟
北阿鎮
塔兒頭
平阿村
神居山
悟空寺
北

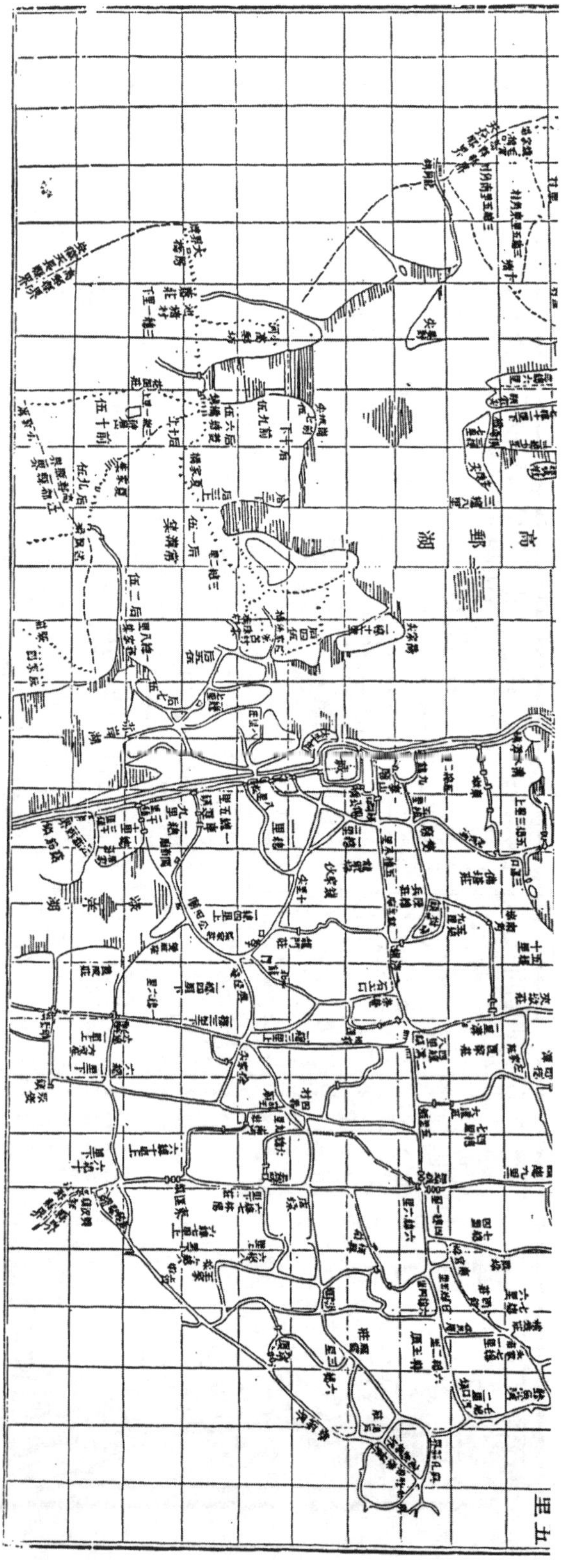

高邮全境图 / 选自光绪《再续高邮州志》

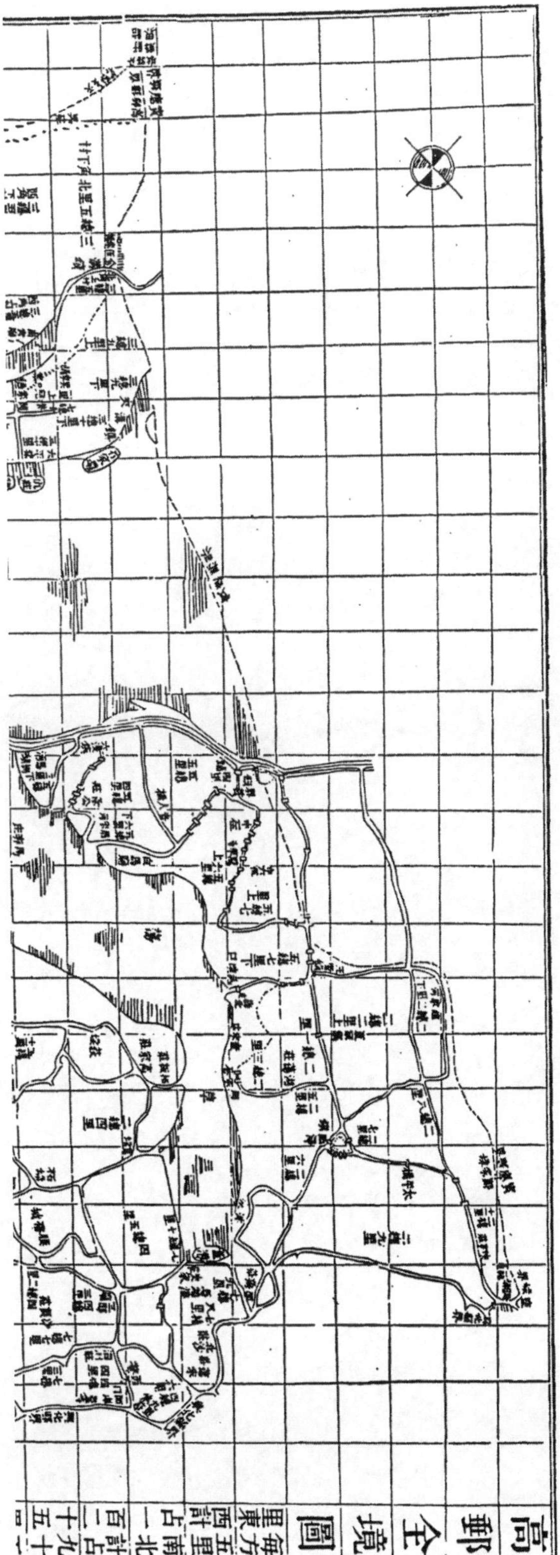
高郵全境圖

泰州

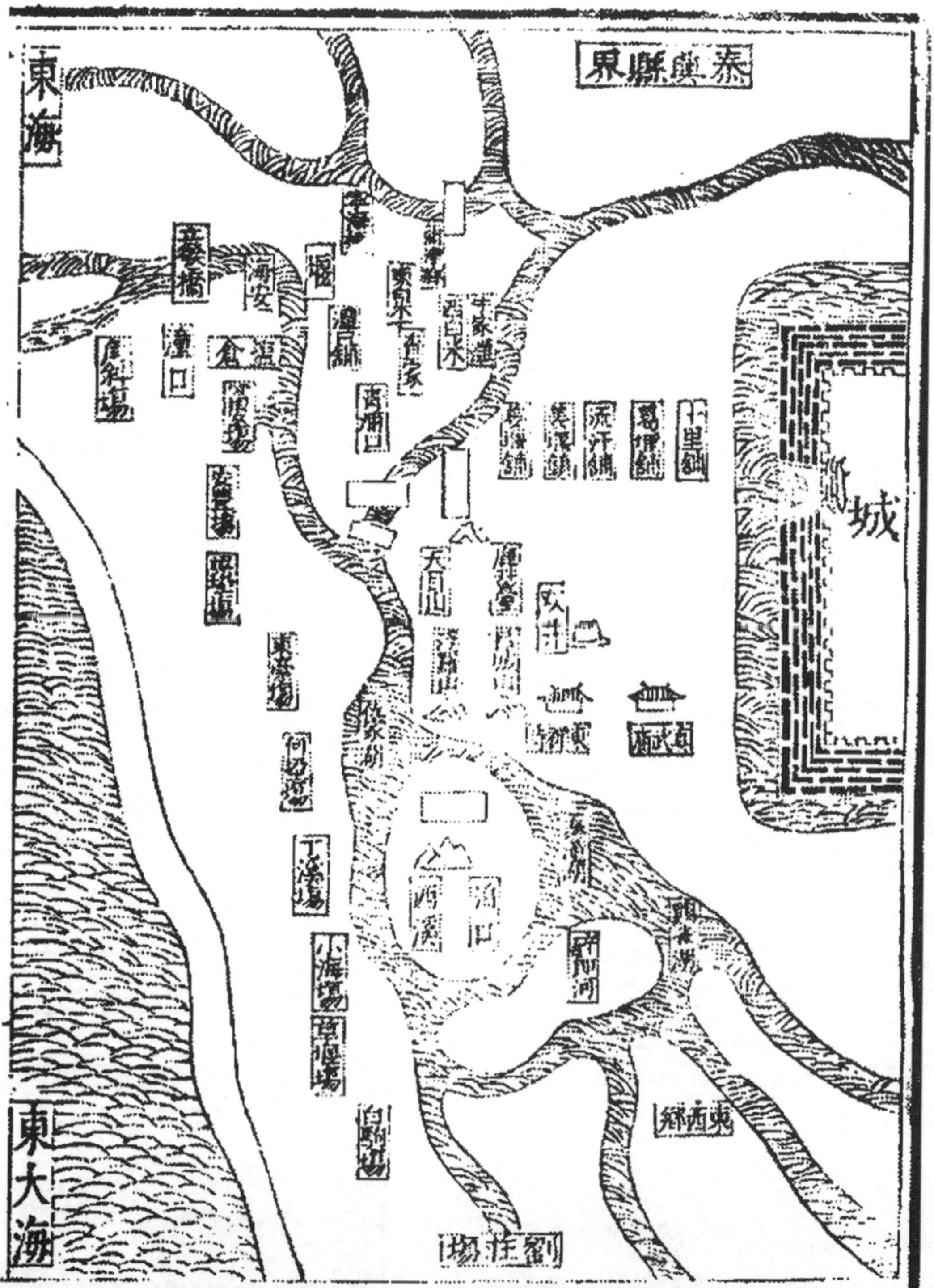

泰州四境图 / 选自万历《扬州府志》

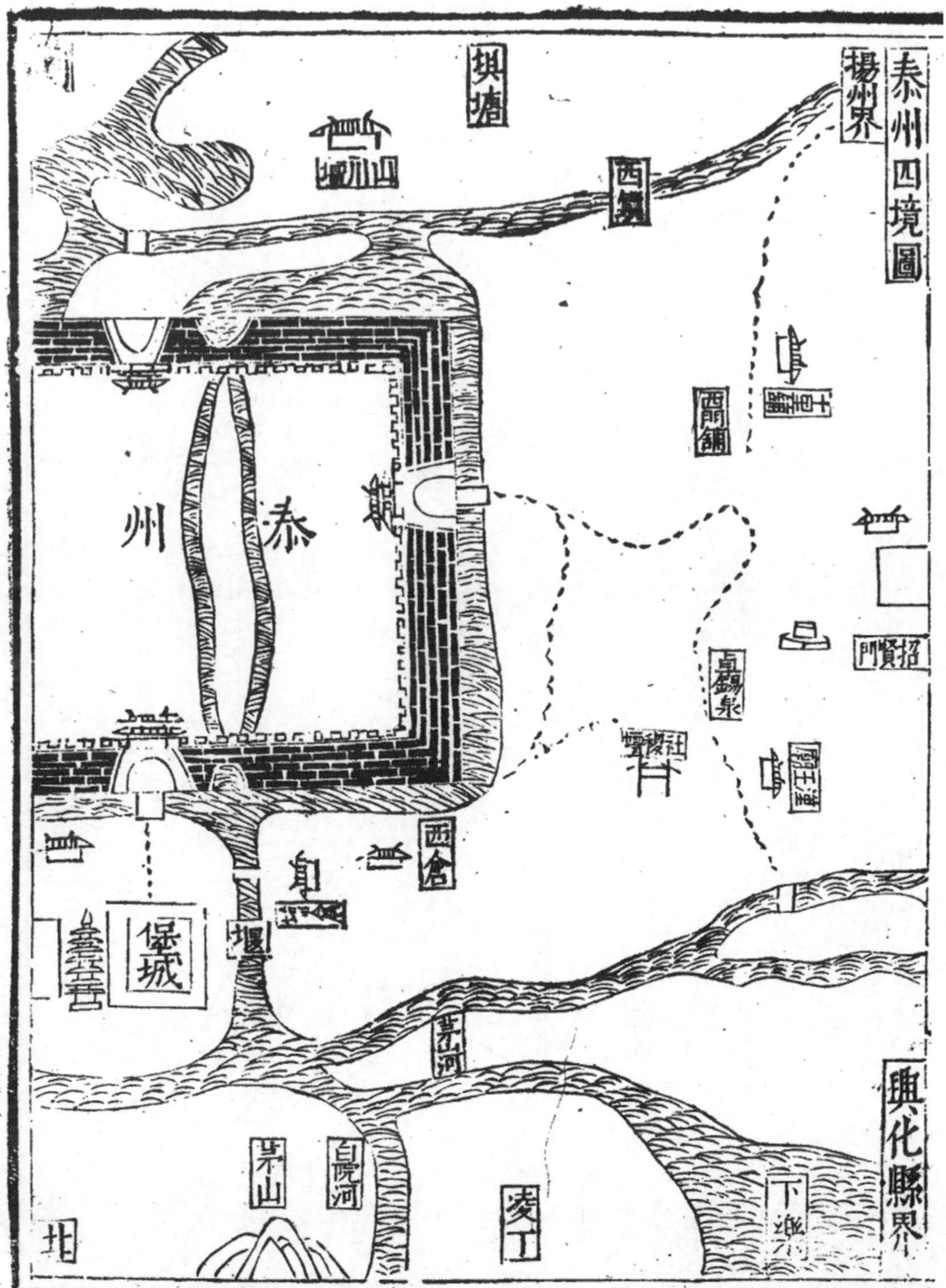
泰州四境圖
揚州界
壩塘
西門鋪
泰州
招賢門
西倉
堡城
茅山
興化縣界

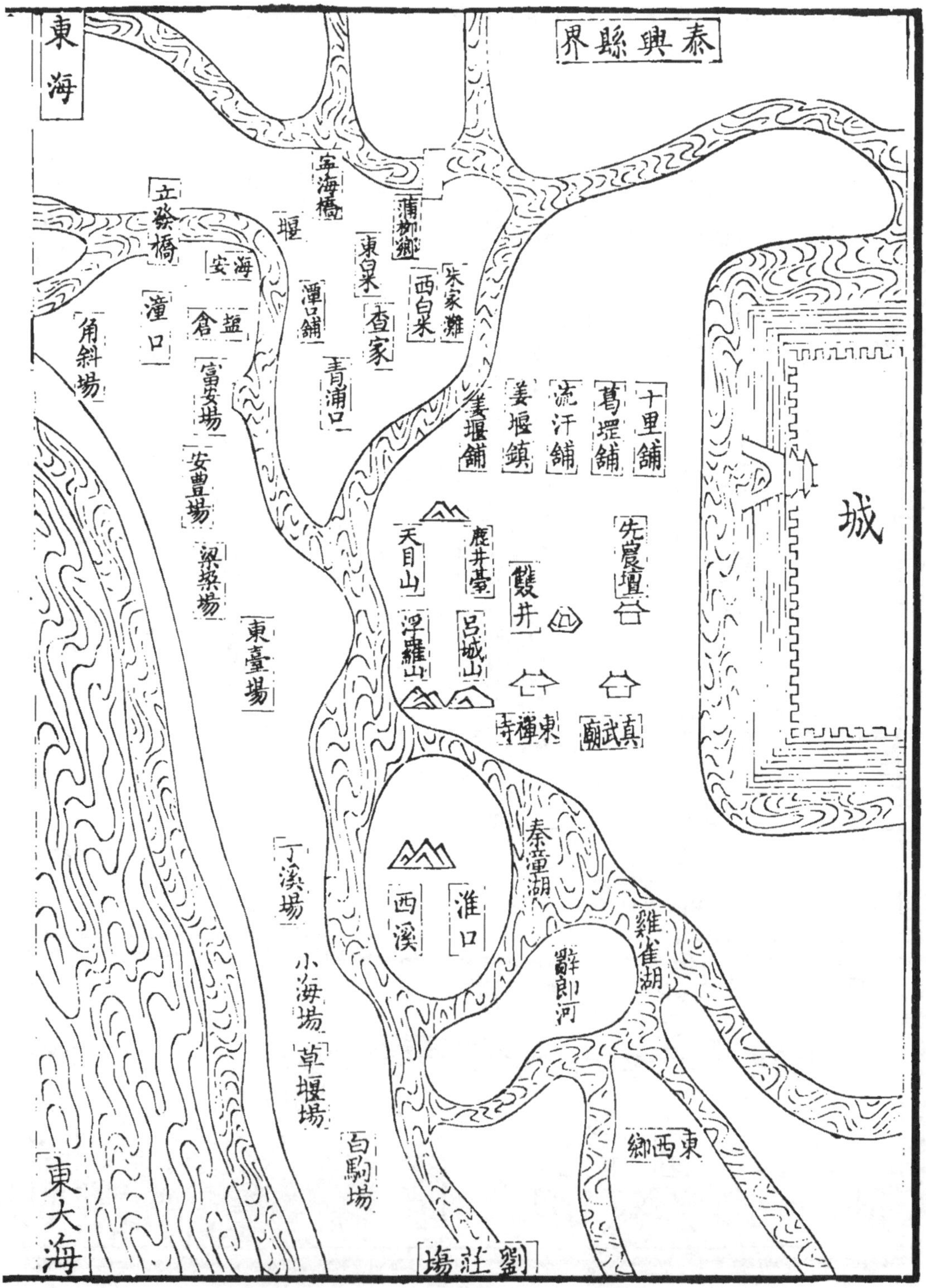

泰州四境图 / 选自雍正《扬州府志》

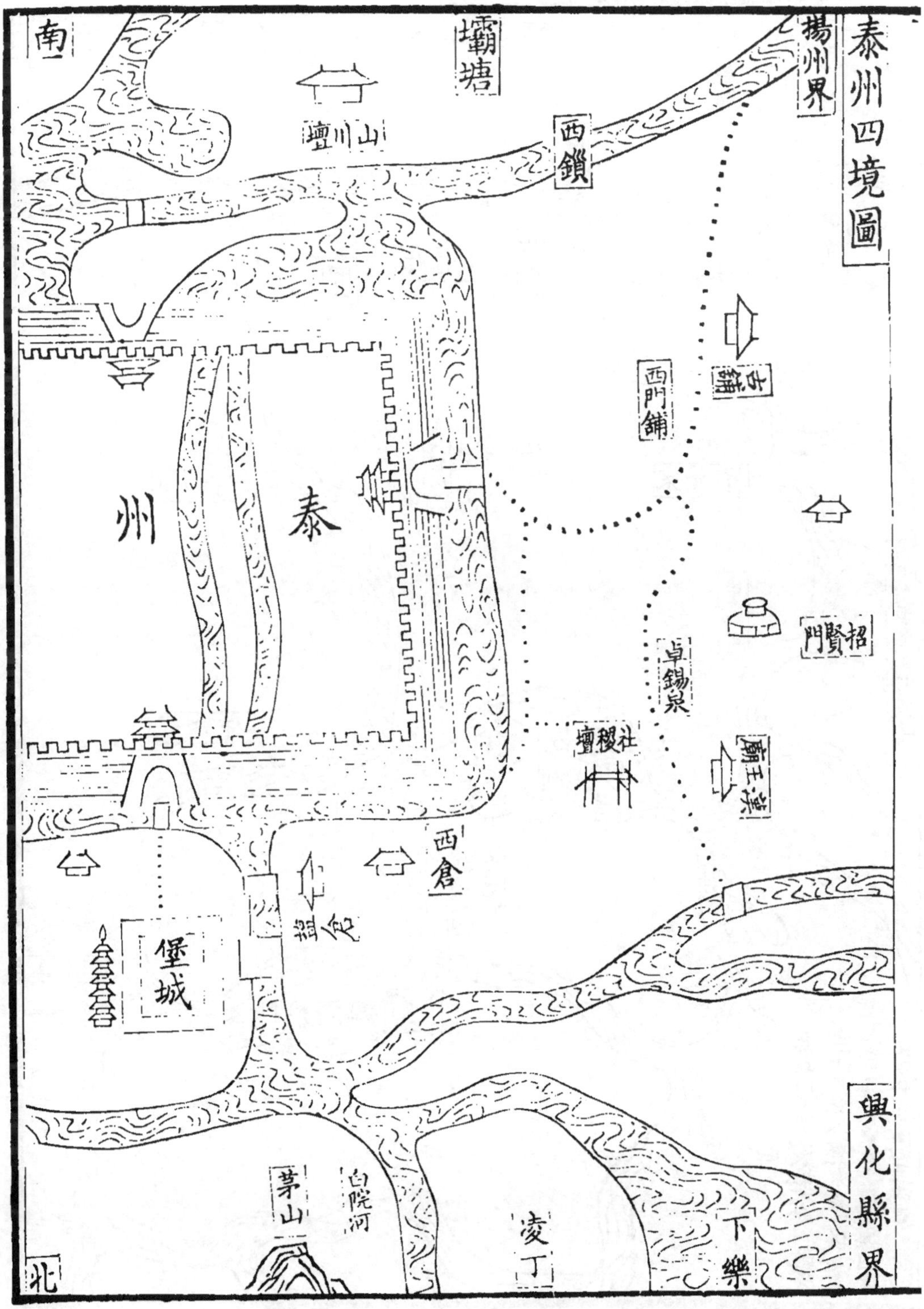
泰州四境圖
揚州界
西鎖
壩塘
山川壇
南
古鋪
西門鋪
州
泰
招賢門
卓錫泉
社稷壇
漢王廟
西倉
堡城
興化縣界
下樂
凌丁
白陀河
茅山
北

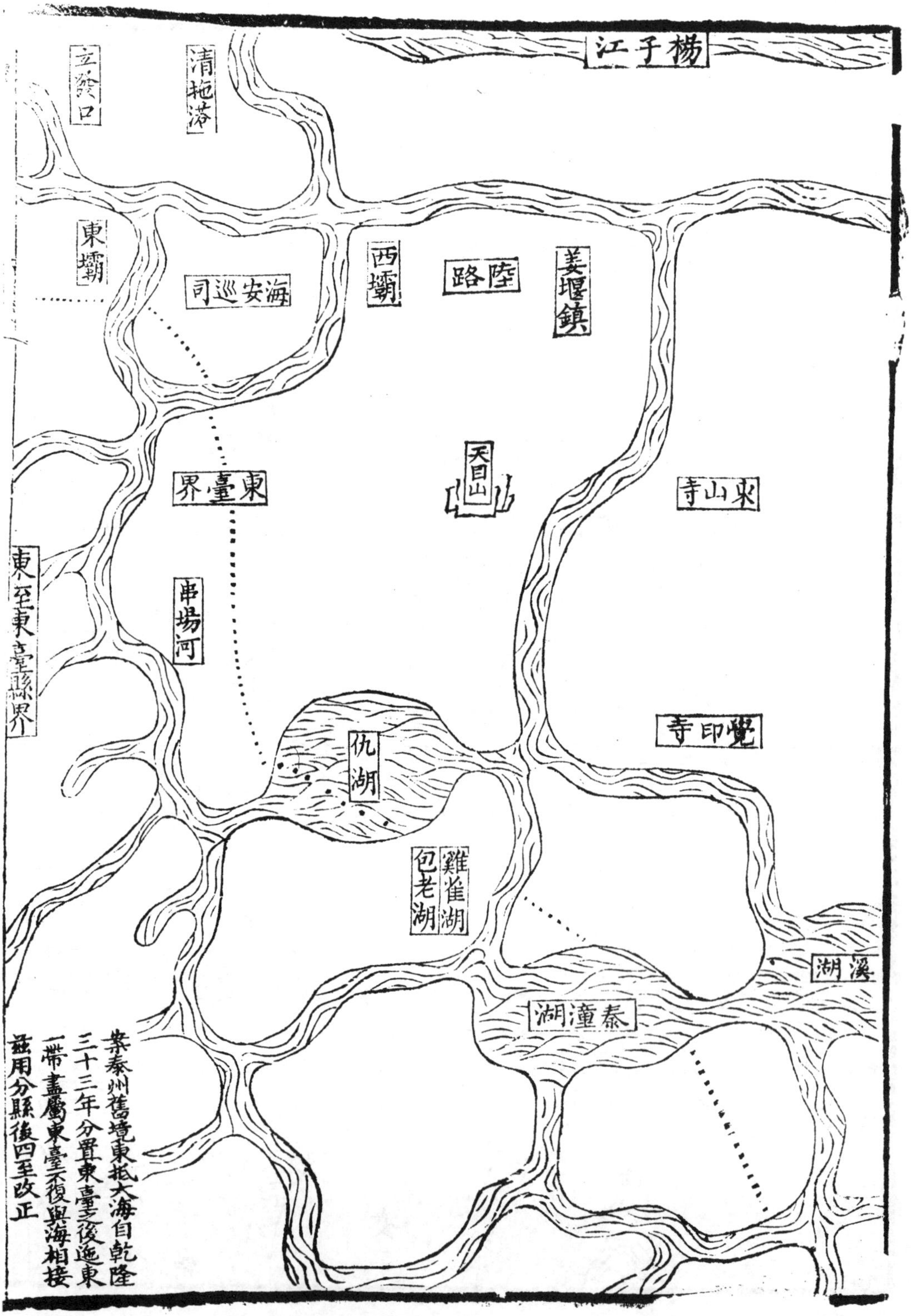

泰州四境图 / 选自嘉庆《重修扬州府志》

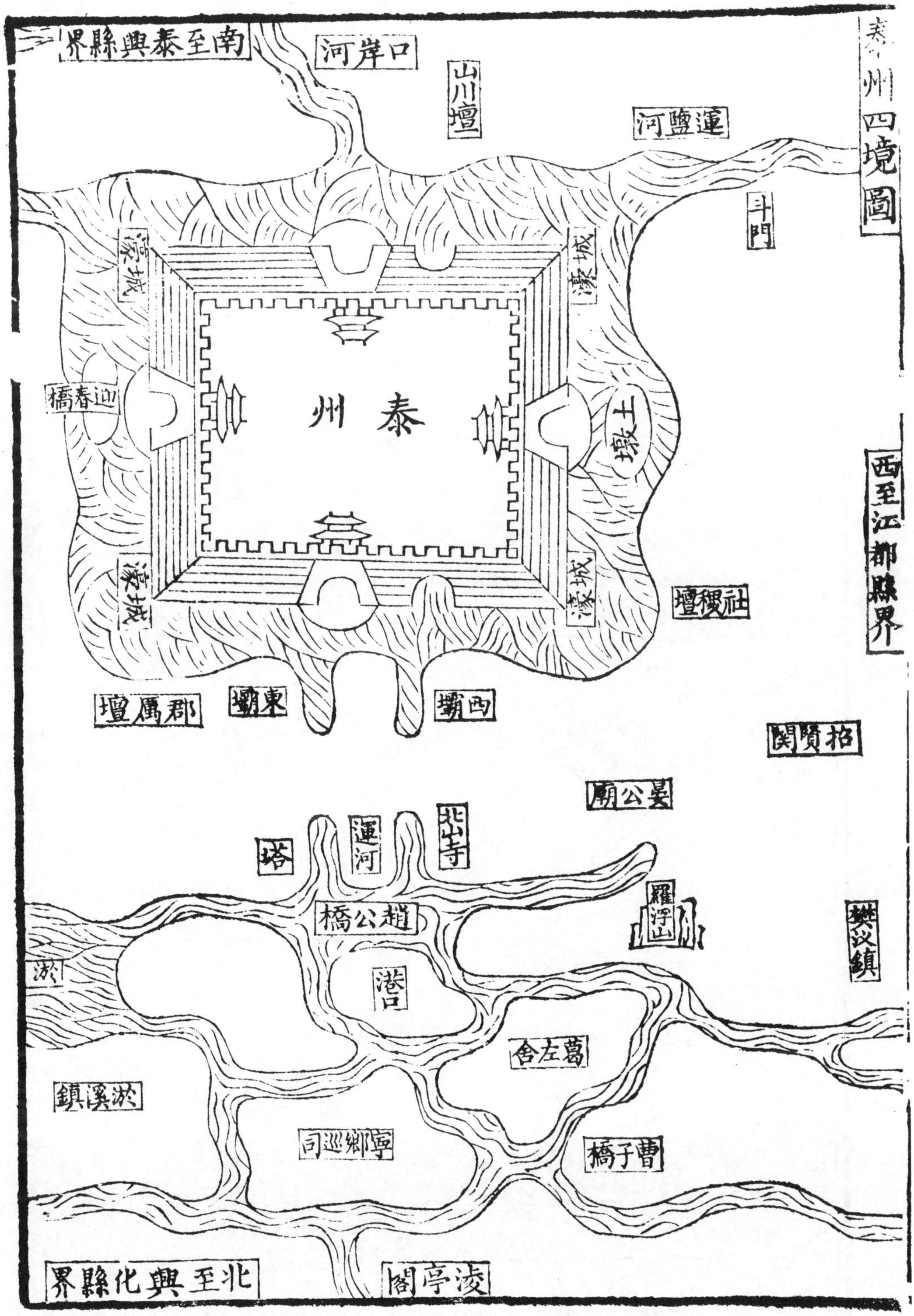
泰州四境圖
南至泰興縣界
口岸河
山川壇
運鹽河
斗門
濠城
迎春橋
泰州
西至江都縣界
社稷壇
郡厲壇
東壩
西壩
招賢閣
晏公廟
塔
運河
北山寺
趙公橋
羅浮山
樊汊鎮
淤溪鎮
曹子橋
北至興化縣界
凌亭閣

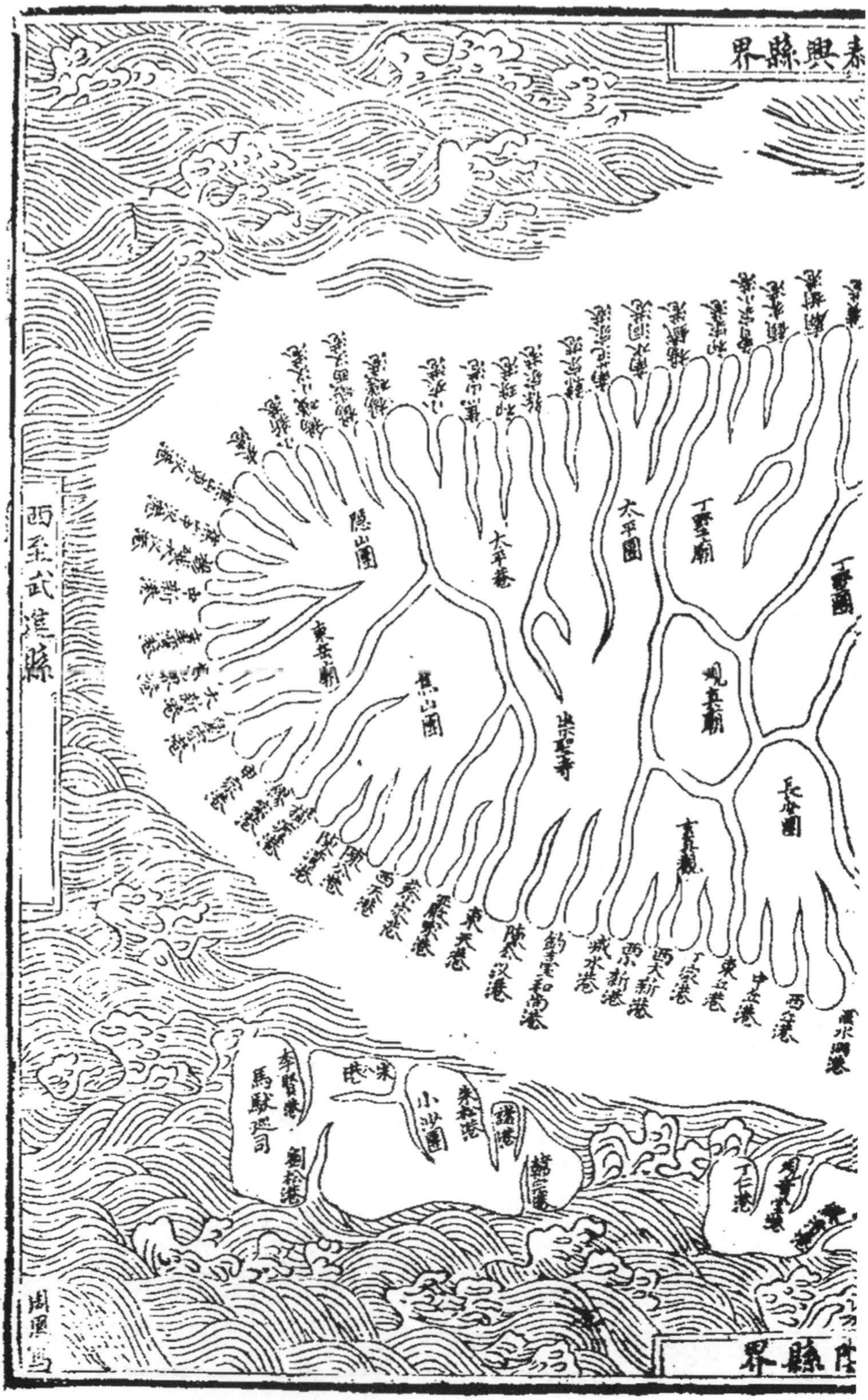

靖江县境图 / 选自万历《重修常州府志》

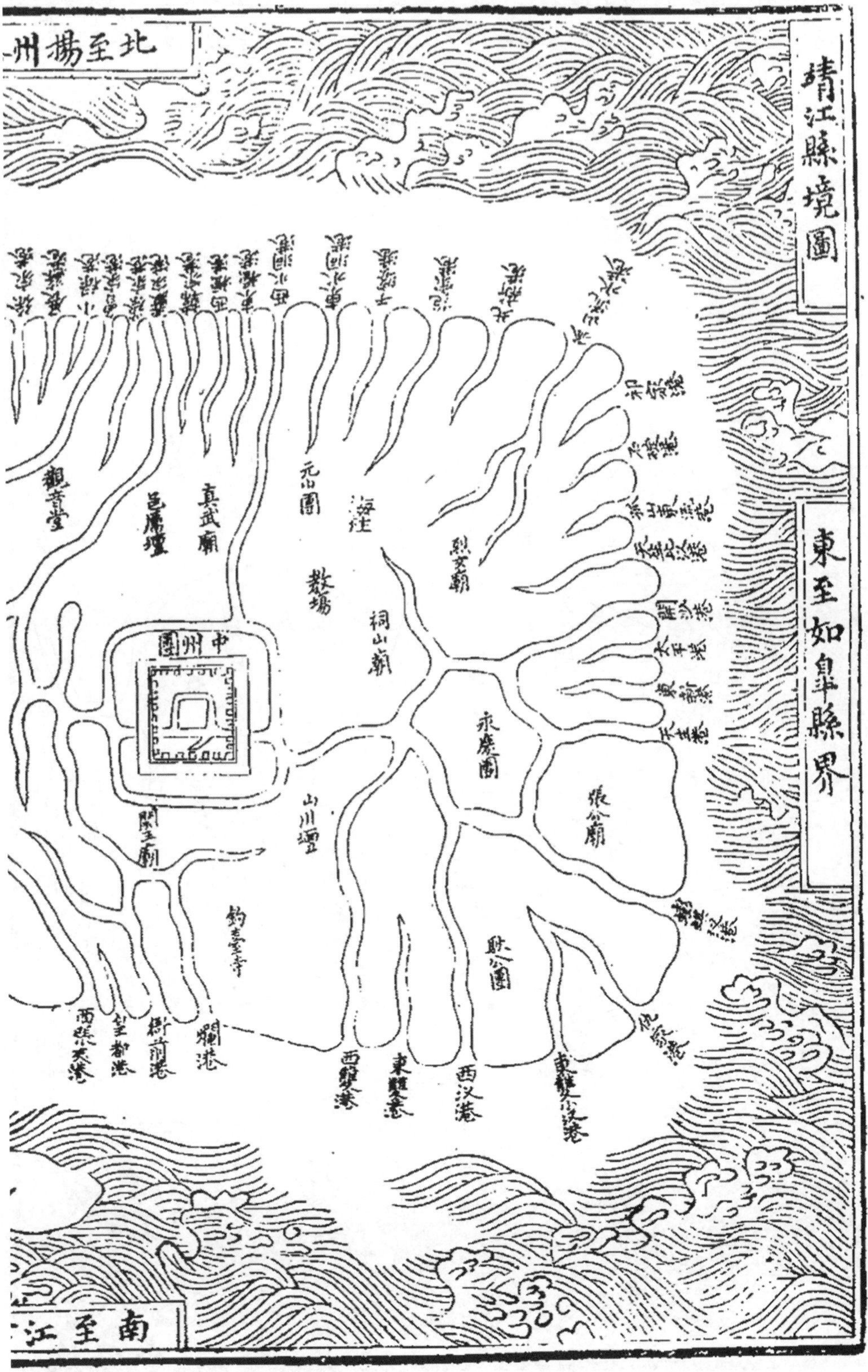
靖江縣境圖
北至揚州
東至如皋縣界
南至江
觀音堂
邑厲壇
真武廟
教場
山川壇
張公廟
西汊港

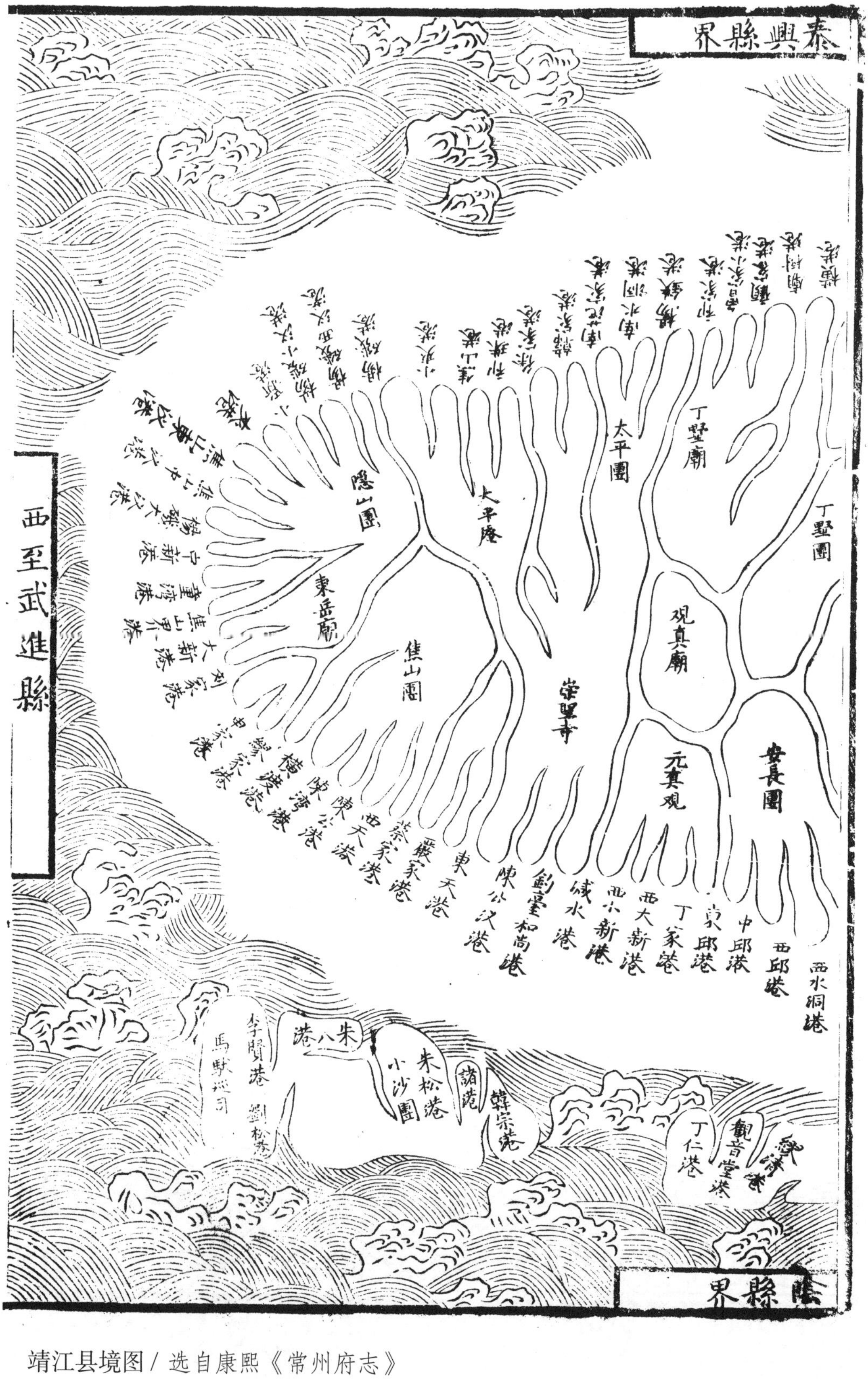

靖江县境图 / 选自康熙《常州府志》

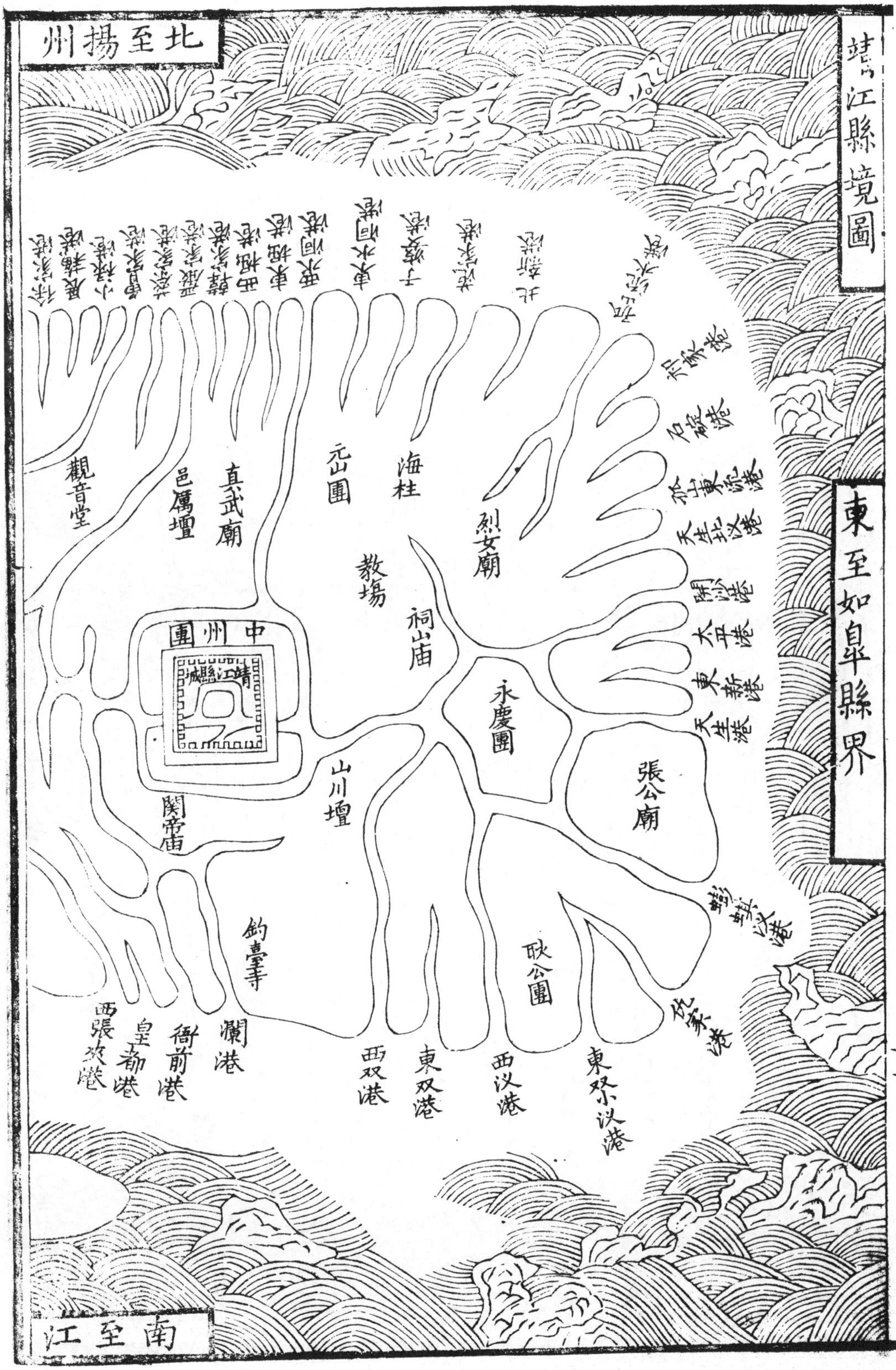
靖江縣境圖
北至揚州
東至如皋縣界
南至江
觀音堂
邑厲壇
真武廟
海柱
烈女廟
教場
祠山庙
中州圍
永慶圍
張公廟
山川壇
關帝庙
耿公圍
石碇港
太平港
東新港
天生港
瀾港
倚前港
西双港
東双港
西汊港

泰州

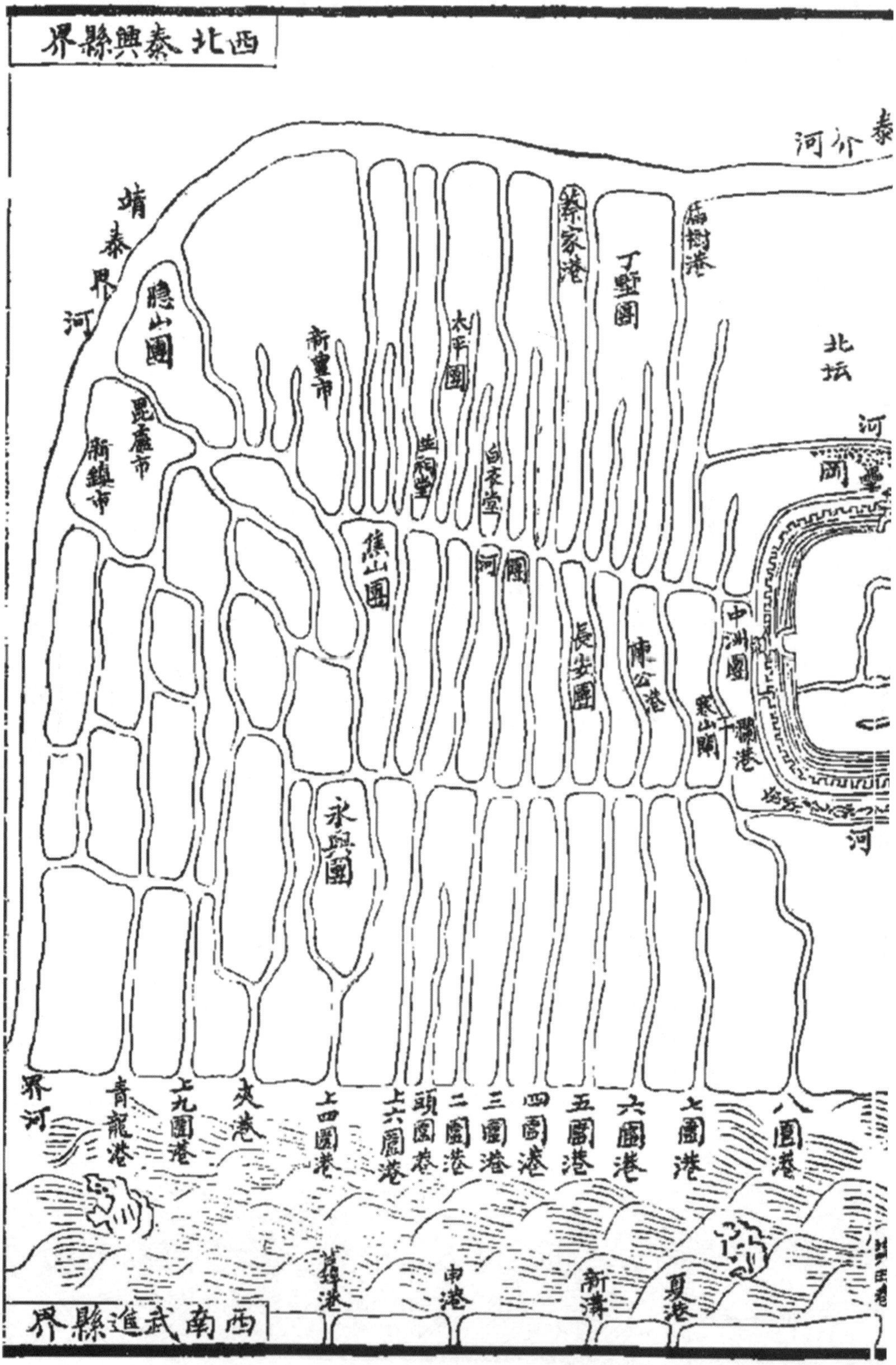

靖江县境图 / 选自咸丰《靖江县志稿》

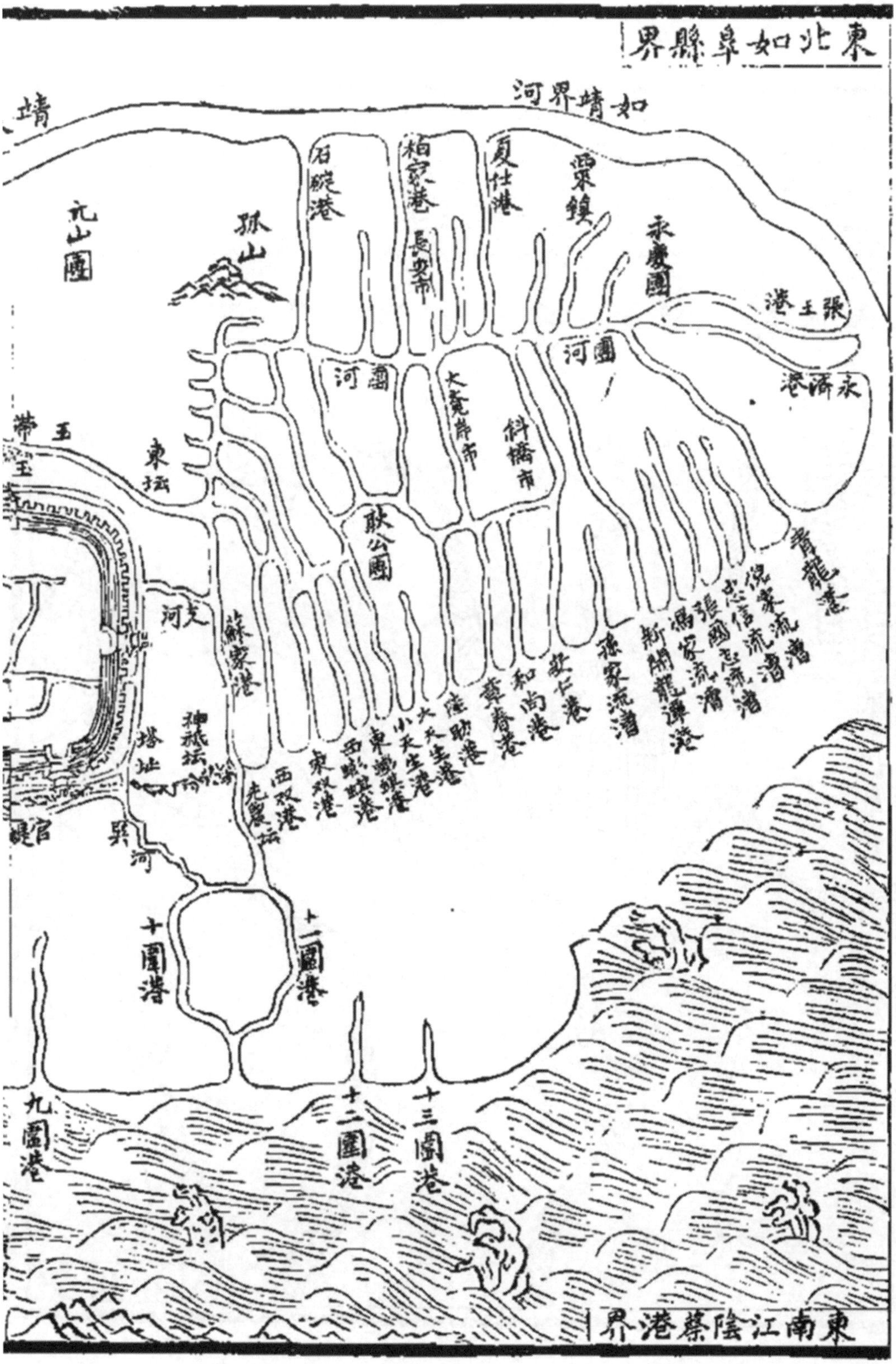
東北如皐縣界
如靖界河
石碇港
柏家港
夏仕港
永慶團
張王港
永濟港
孤山
長安市
團河
斜橋市
青龍港
倪家流漕
忠信流漕
馮家流漕
新開龍潭港
孫家流漕
安仁港
和尚港
陸助港
大天生港
小天生港
東双港
西双港
先農壇
蘇家港
塔址
支河
東壇
玉帶
十圍港
十一圍港
十二圍港
十三圍港
九圍港
東南江陰蔡港界

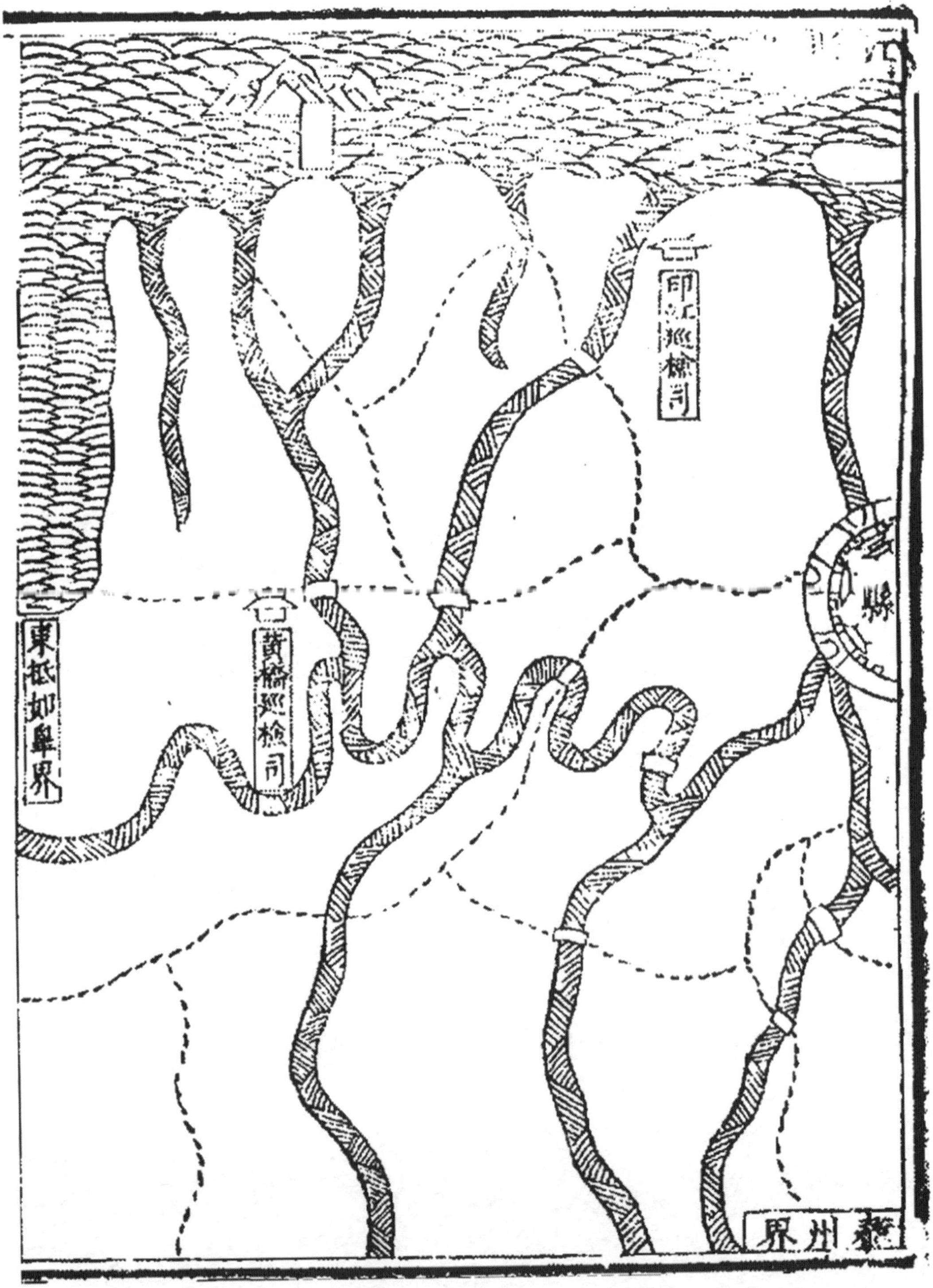

泰兴县四境图 / 选自万历《扬州府志》

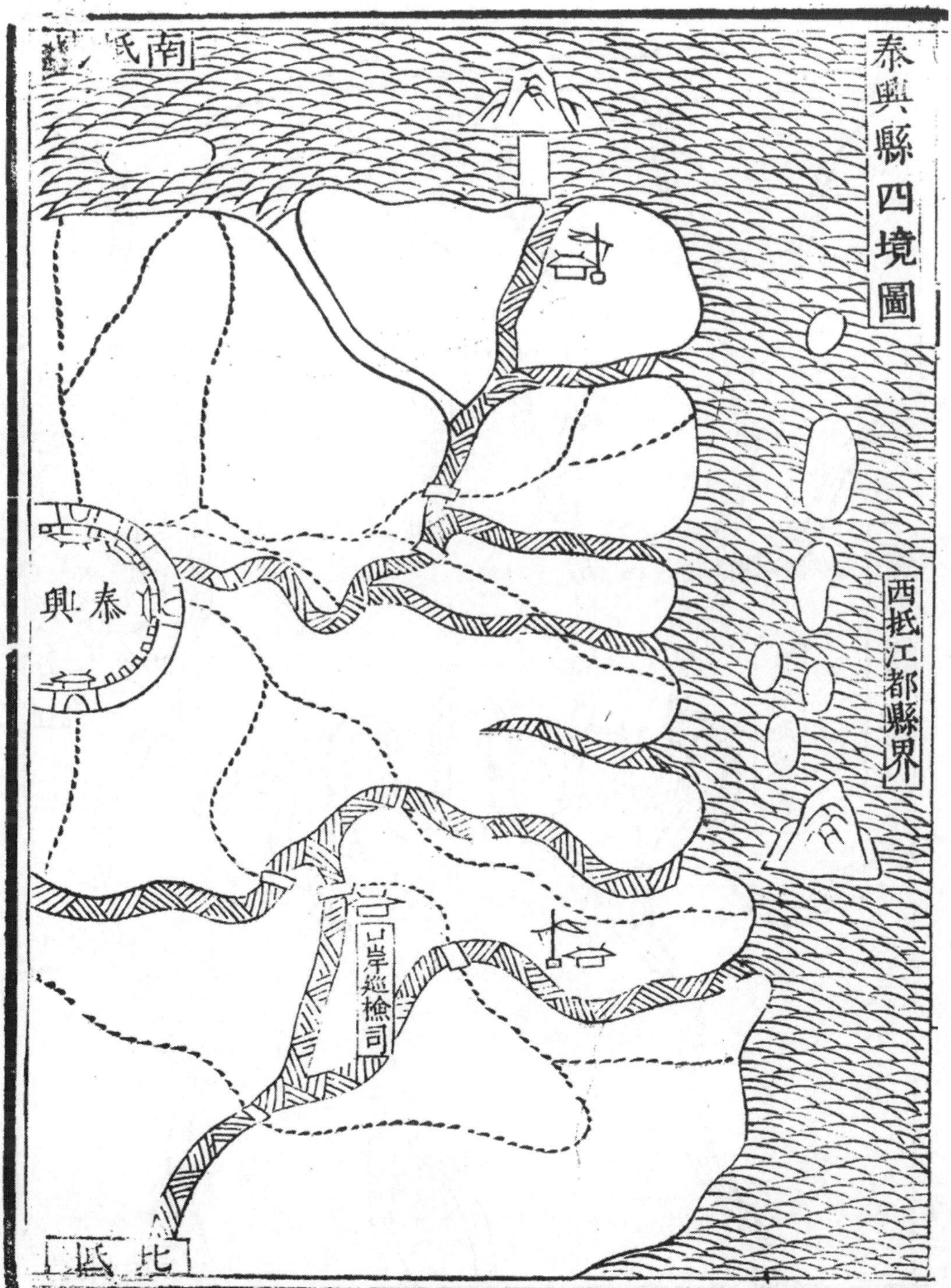
泰興縣四境圖
西抵江都縣界
泰興
口岸巡檢司

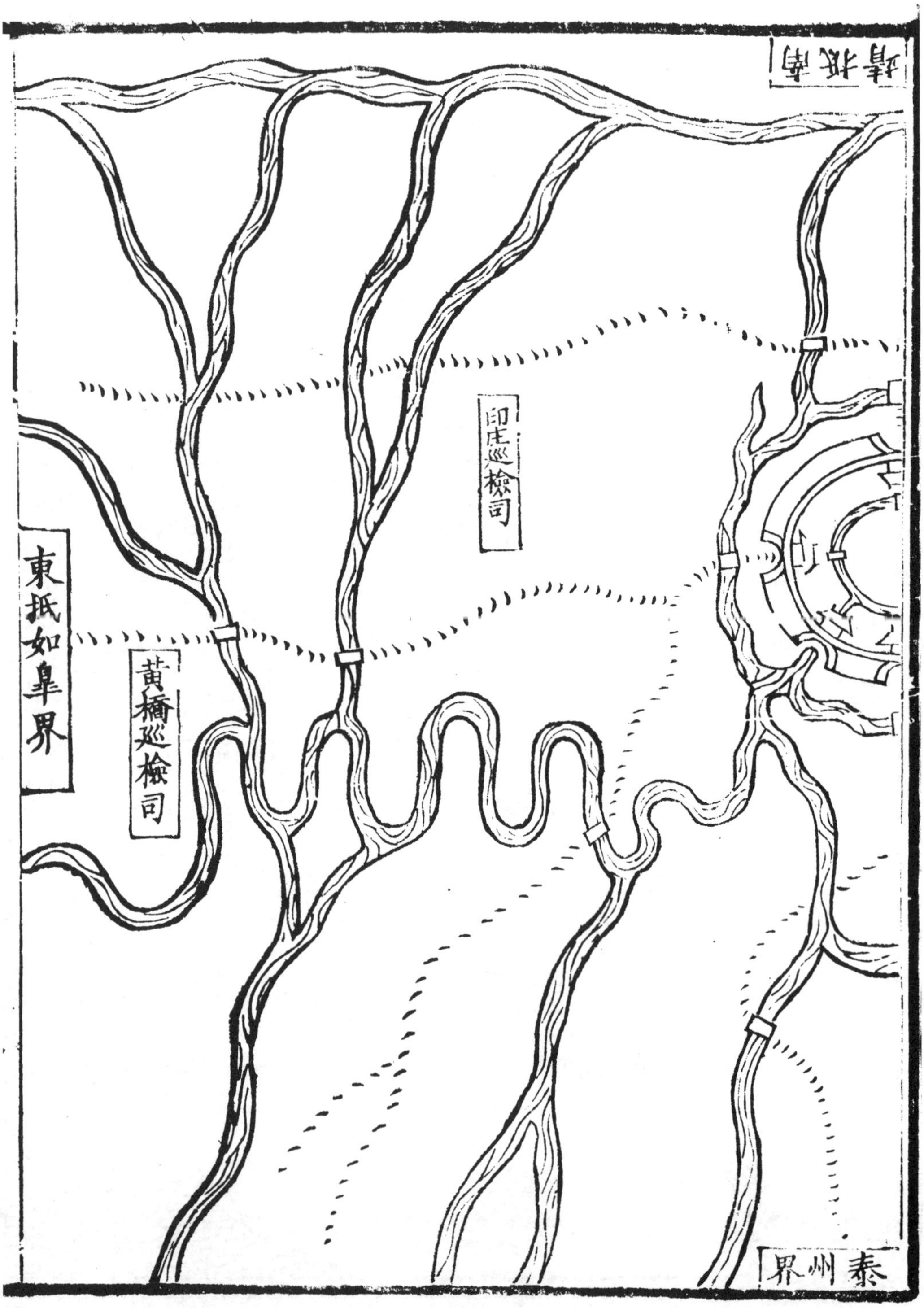

泰兴县四境图 / 选自乾隆《直隶通州志》

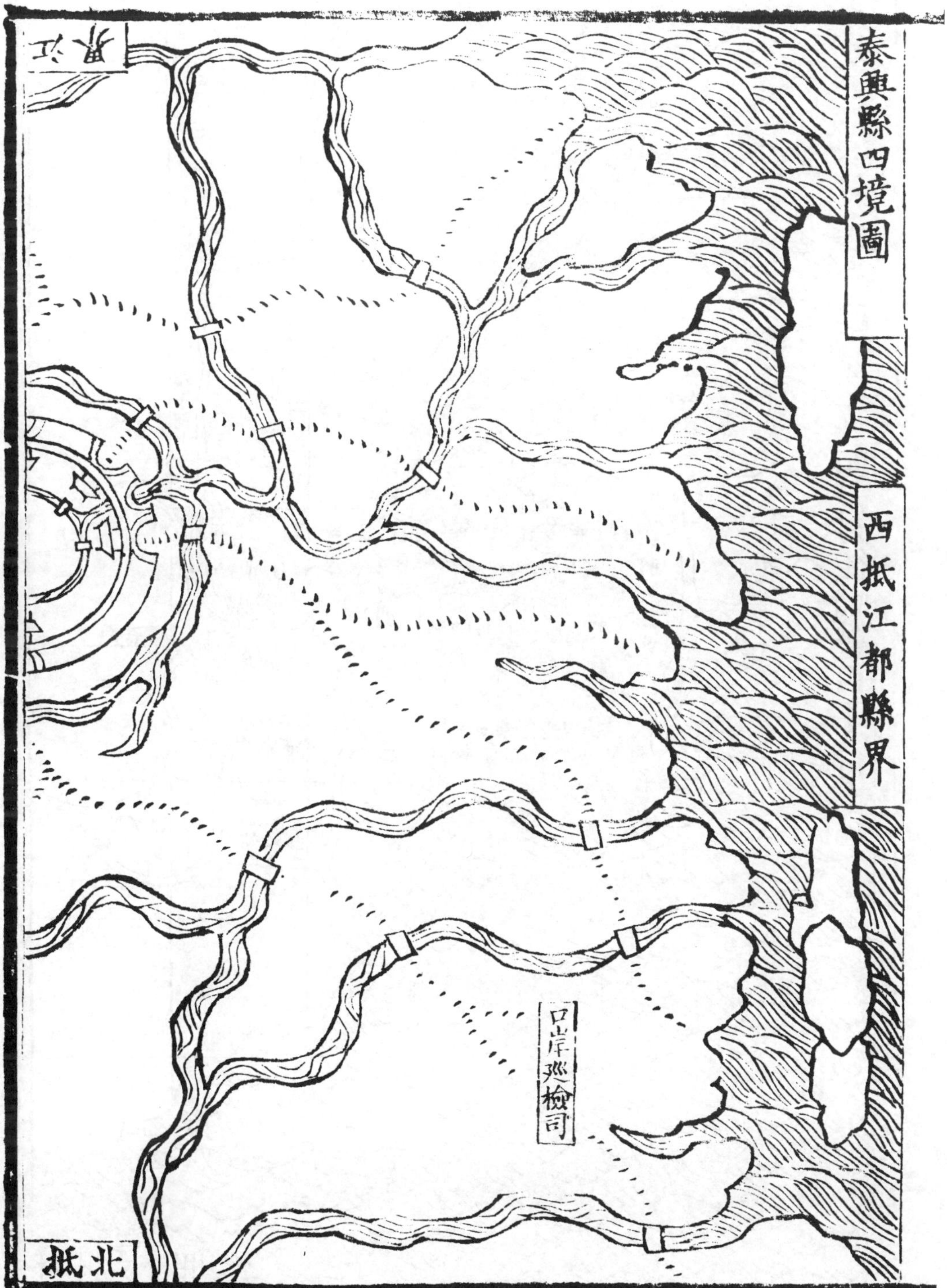
泰興縣西境圖
西抵江都縣界
口岸巡檢司
江界
北抵

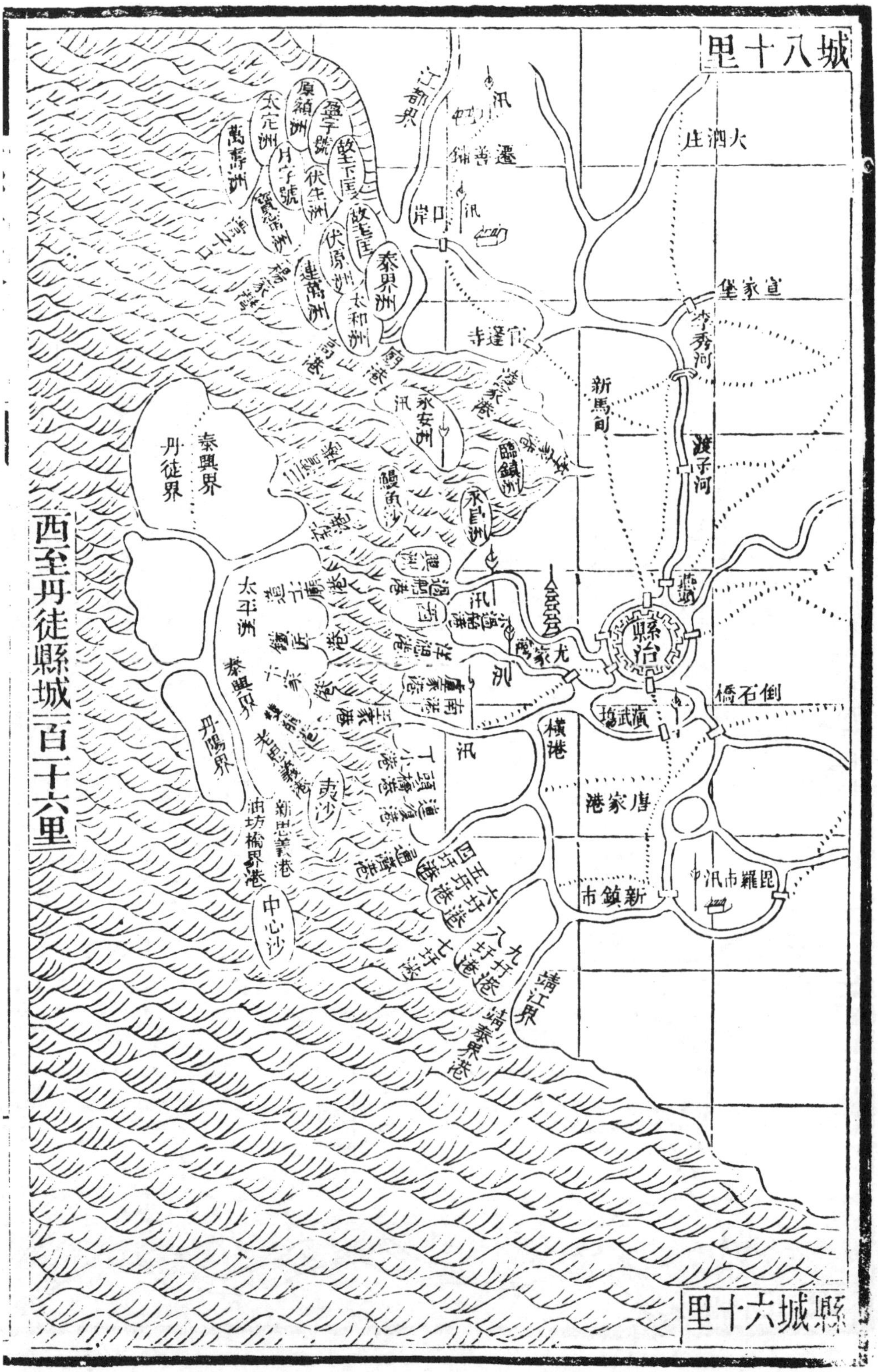

泰兴县境全图 / 选自光绪《泰兴县志》

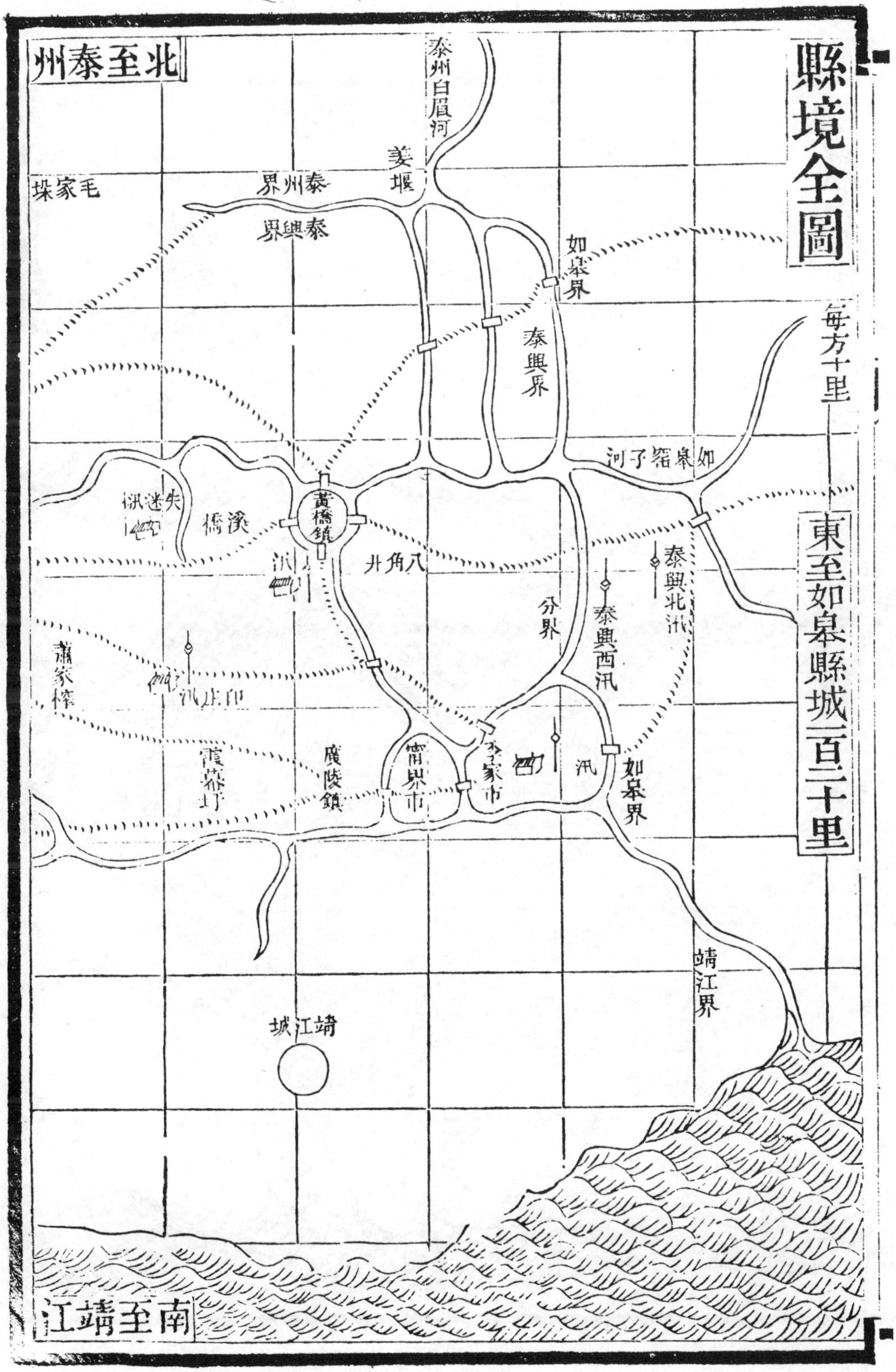
縣境全圖
北至泰州
東至如皋縣城一百二十里
南至靖江
每方十里
泰州白眉河
姜堰
毛家垛
泰州界
泰興界
如皋界
泰興界
如皋裕子河
黃橋鎮
失迷汛
溪橋
汛
八角井
泰興北汛
泰興西汛
分界
蕭家榨
印莊汛
霞幕圩
廣陵鎮
甯界市
季家市
汛
如皋界
靖江界
靖江城

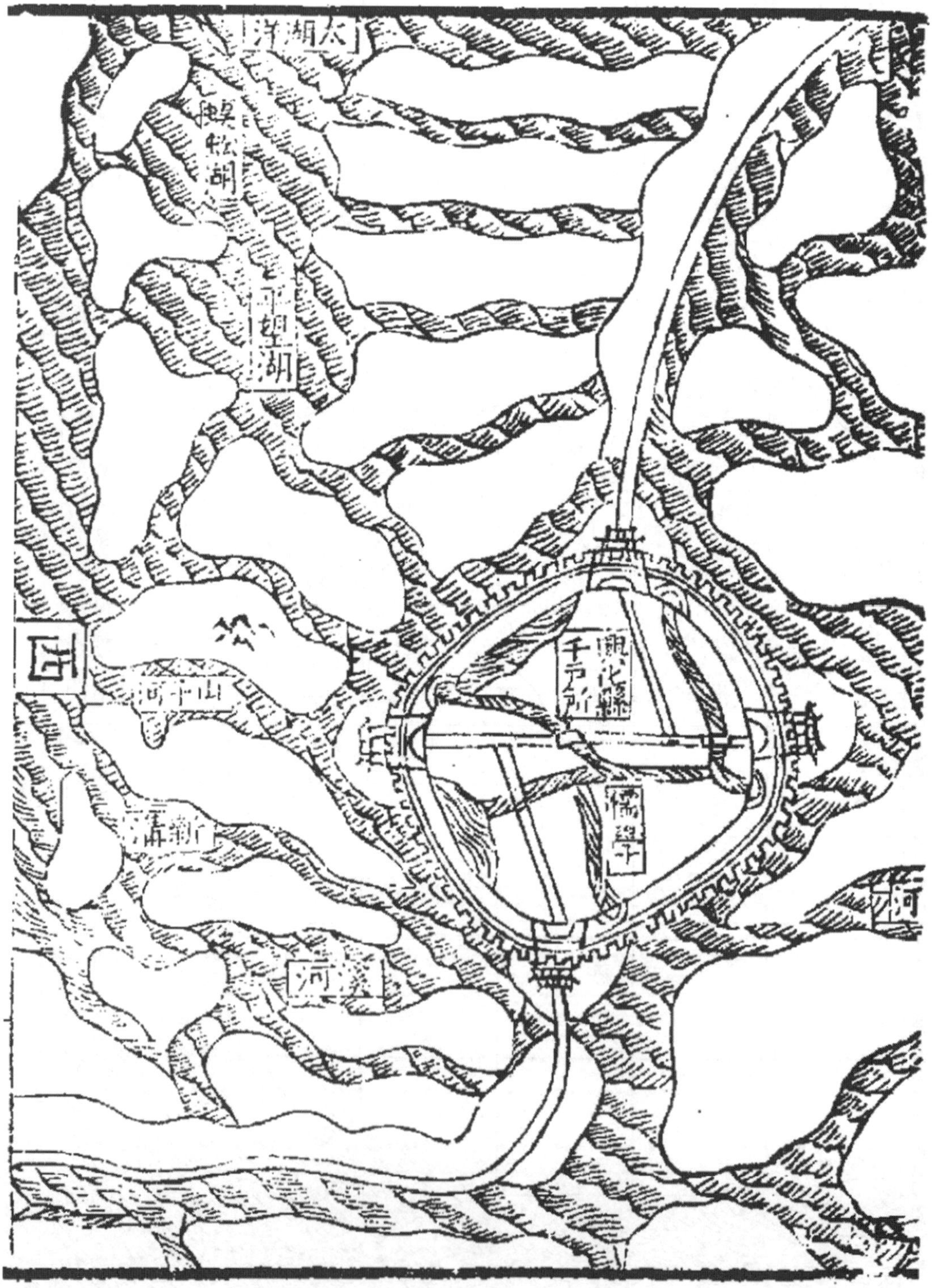

今兴化县图／选自嘉靖《惟扬志》

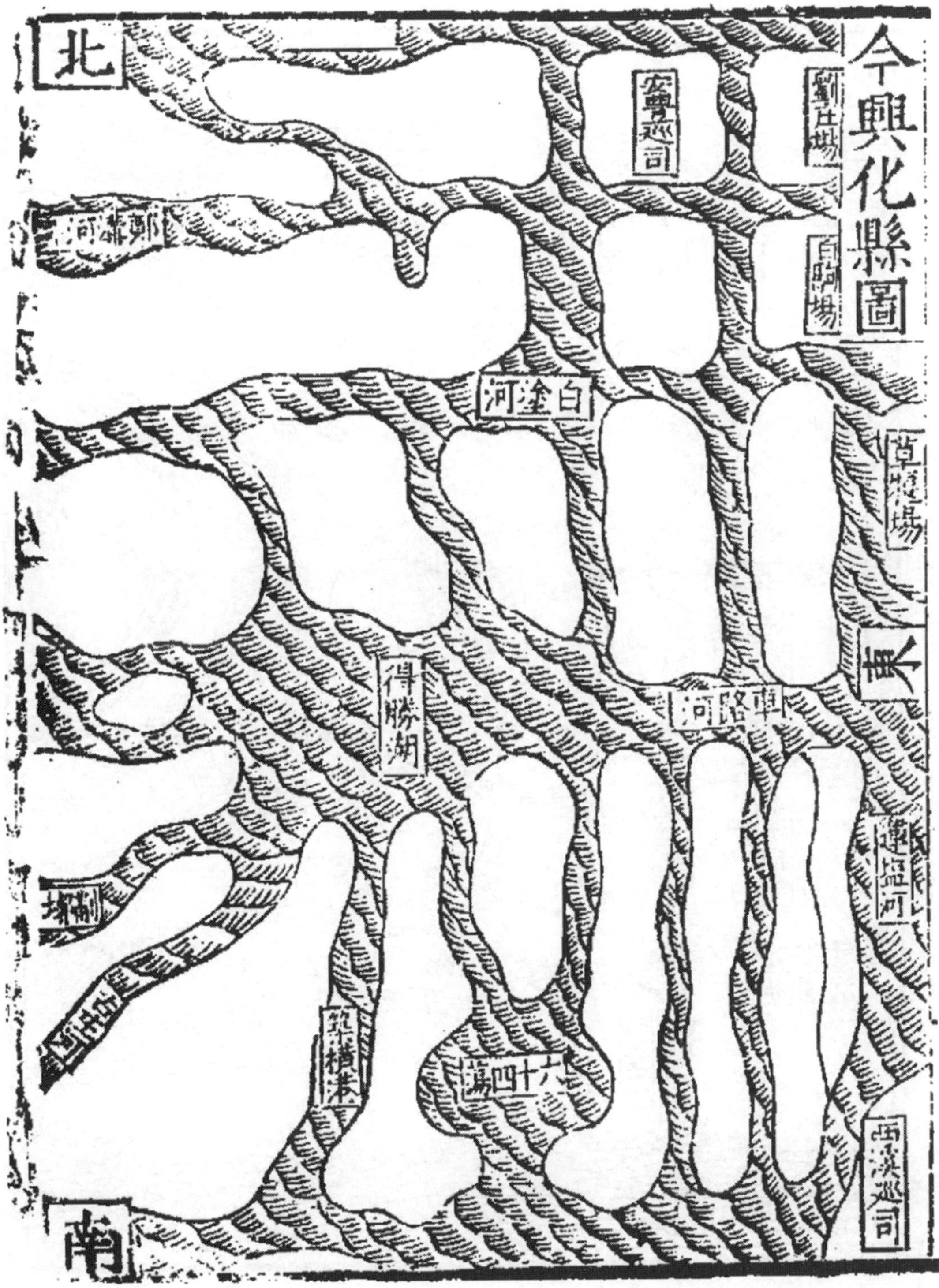
今興化縣圖
北
東
南
劉庄場
安豐巡司
白駒場
白塗河
草堰場
車路河
得勝湖
運鹽河
六十四蕩
西溪巡司

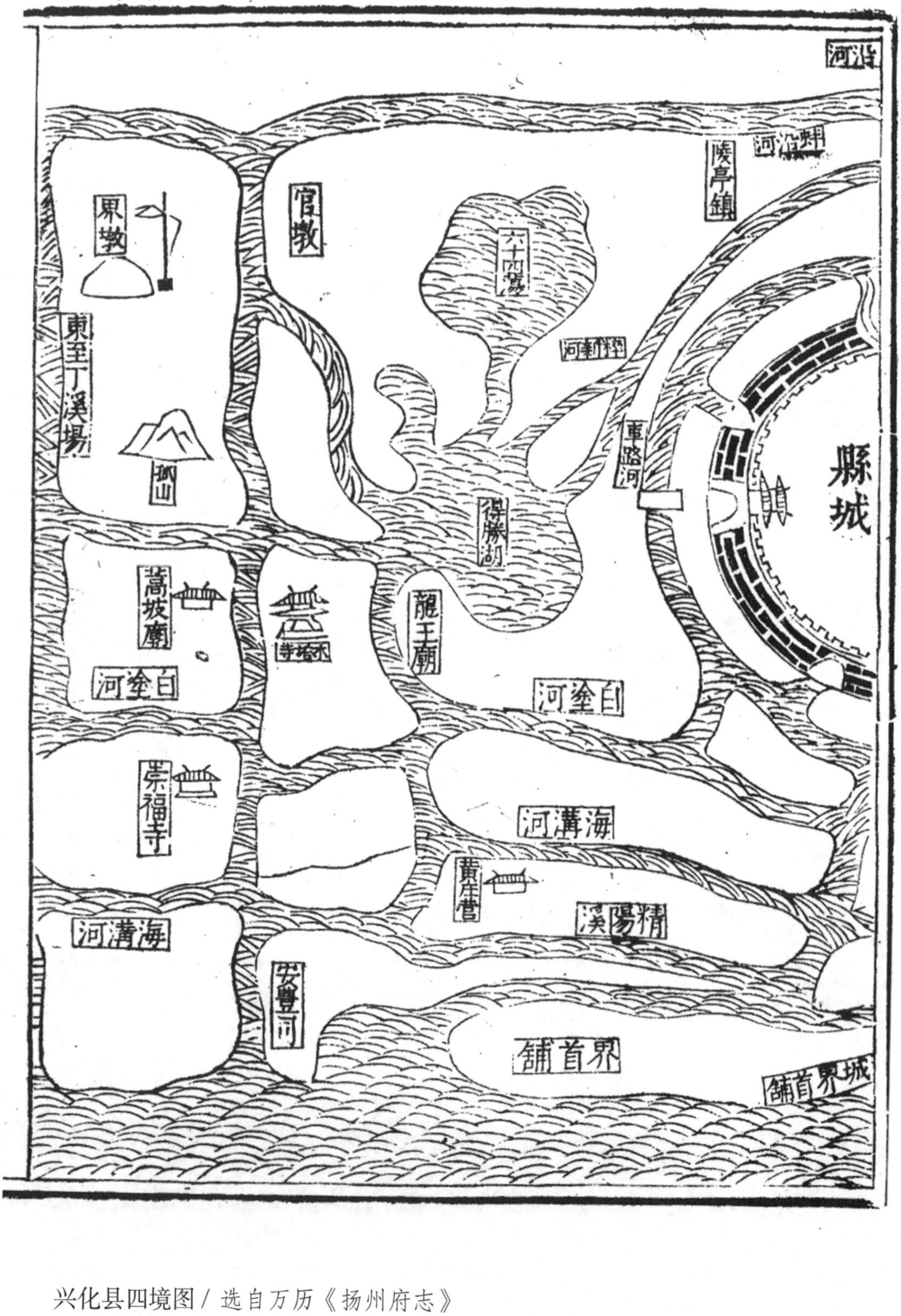

兴化县四境图 / 选自万历《扬州府志》

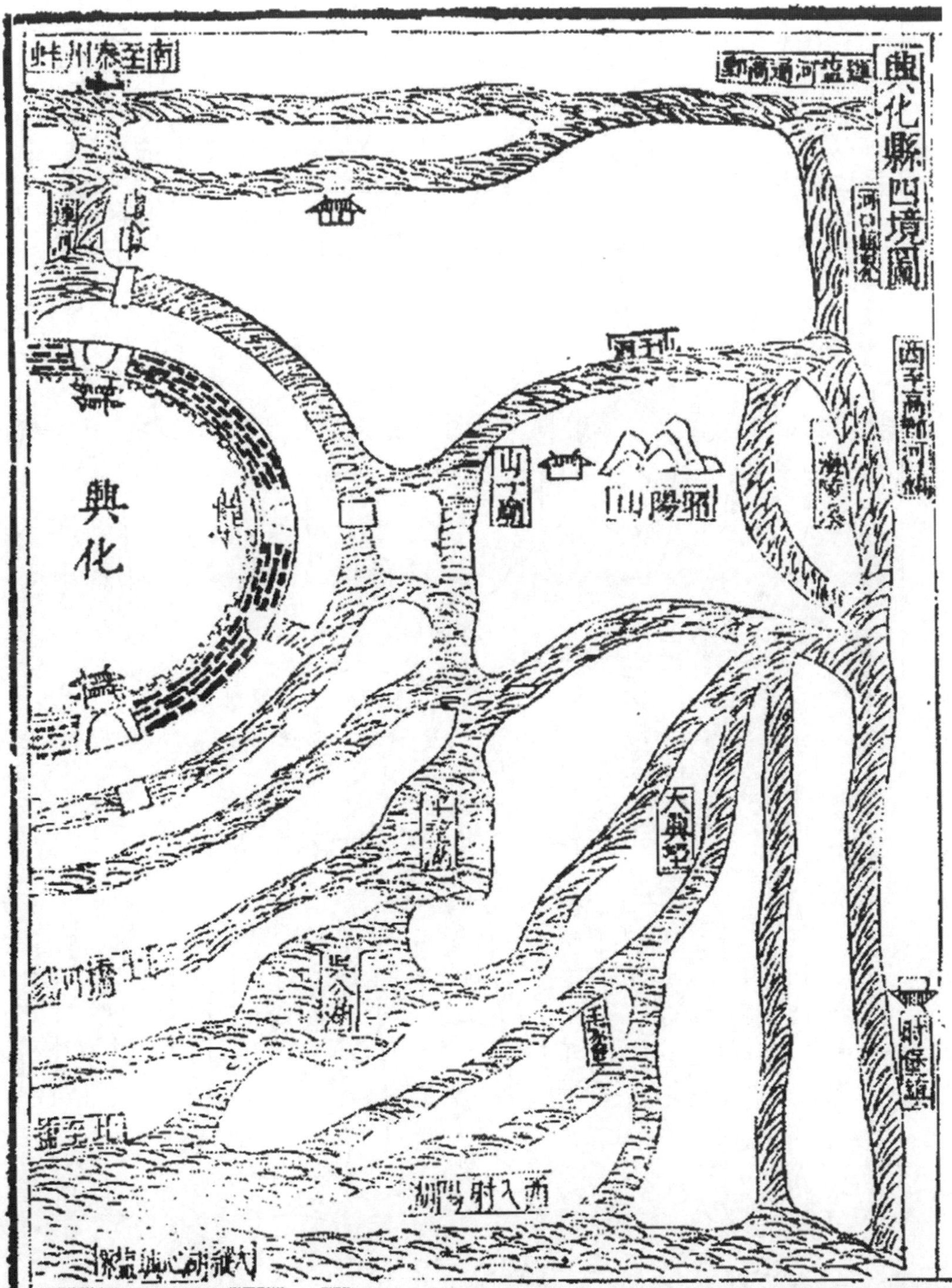
興化縣四境圖
南至泰州界
昭陽山
興化

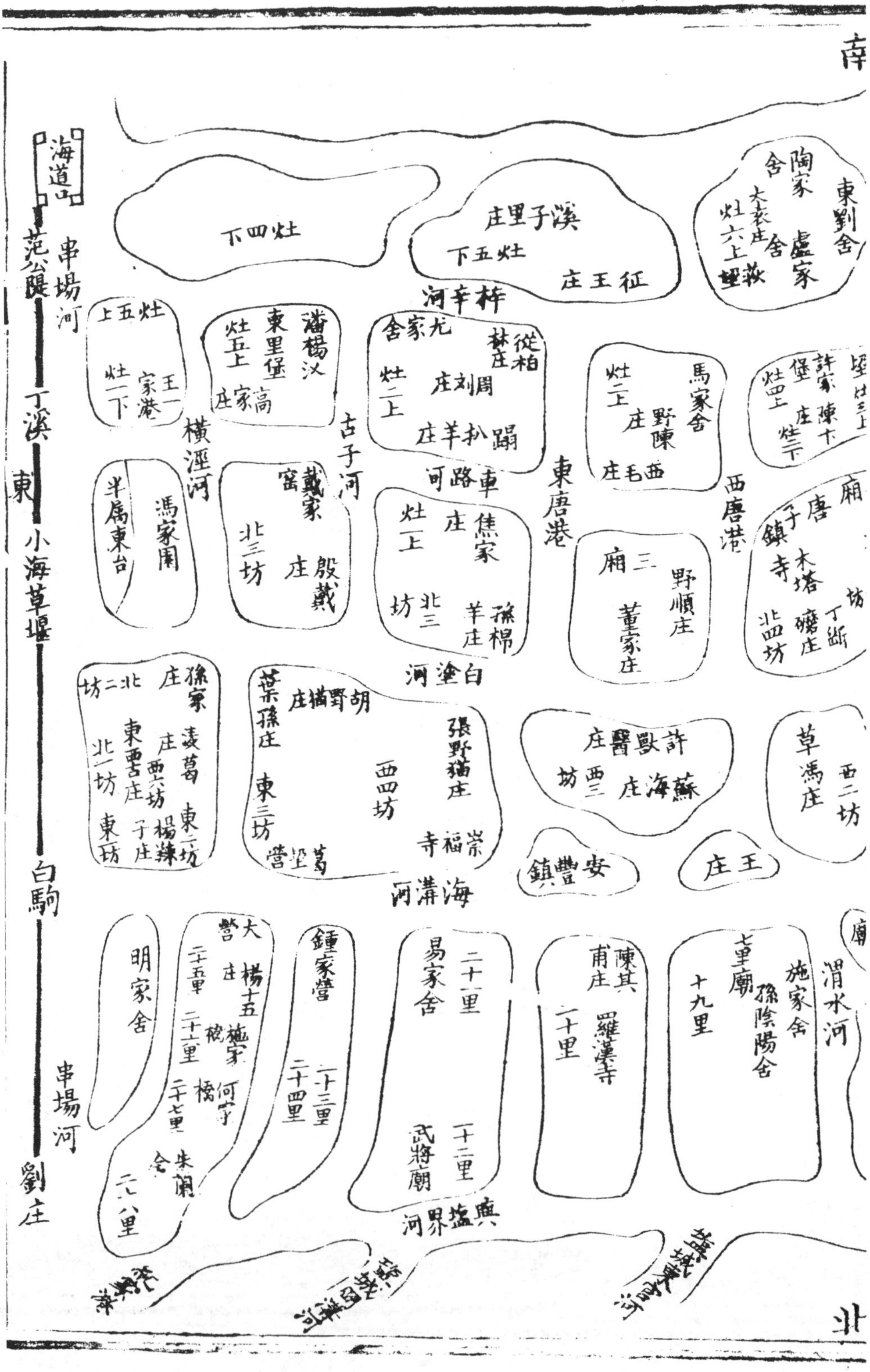

兴化县四境图 / 选自嘉庆《重修兴化县志》

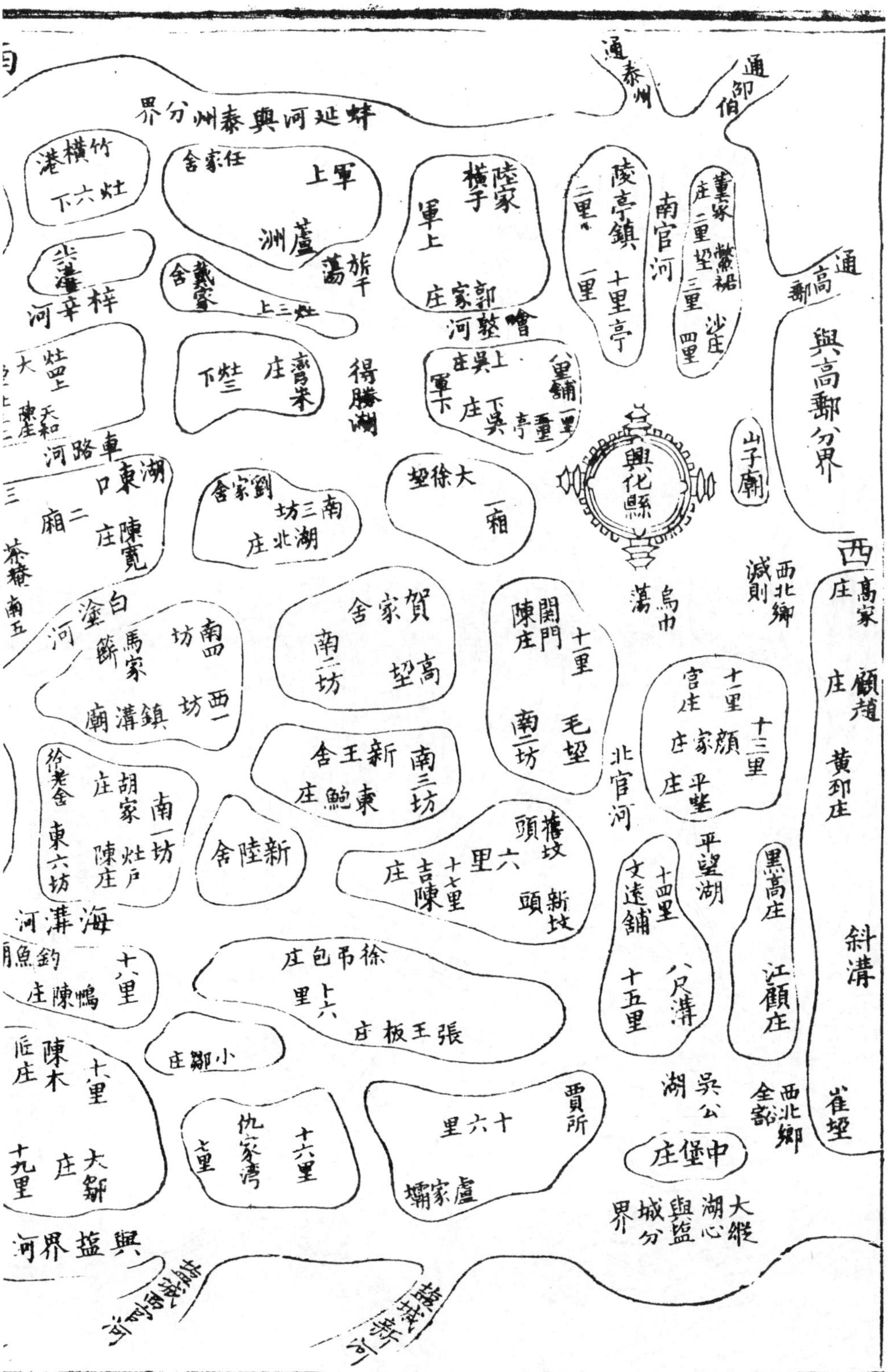
通泰州
通邵伯
蚌延河與泰州分界
竹橫港
灶六下
任家舍
軍上
蘆洲
旂杆蕩
陸家橫子
軍上
郭家庄
澮墊河
陵亭鎮
十里亭
二里
一里
南官河
董家庄
二里埡
三里
四里
沙庄
通高郵
與高郵分界
梓辛河
戴家舍
灶三上
得勝湖
上吳庄
軍下
下吳庄
灶三下
車路河
興化縣
山子廟
湖東口
陳寬庄
二廂
劉家舍
南三坊
北湖庄
大徐埡
一廂
西
烏巾蕩
西北鄉
高家庄
顧趙庄
黃邳庄
白涂河
南四坊
馬家
西一坊
廟溝鎮
賀家舍
南二坊
高埡
閘門陳庄
十里
毛埡
南二坊
北官河
宮庄
十二里
顏家庄
十三里
新王舍
南三坊
東鮑庄
南一坊
胡家庄
灶戶陳庄
東六坊
新陸舍
六里
十七里
吉陳庄
平望湖
文遠舖
十四里
十五里
八尺溝
黑高庄
江顏庄
斜溝
海溝河
十八里
上六里
張王板庄
小鄒庄
十八里
十九里
仇家湾
十六里
七里
賈所
十六里
盧家壩
吳公湖
西北鄉
崔埡
中堡庄
大縱湖心與鹽城分界
興鹽界河

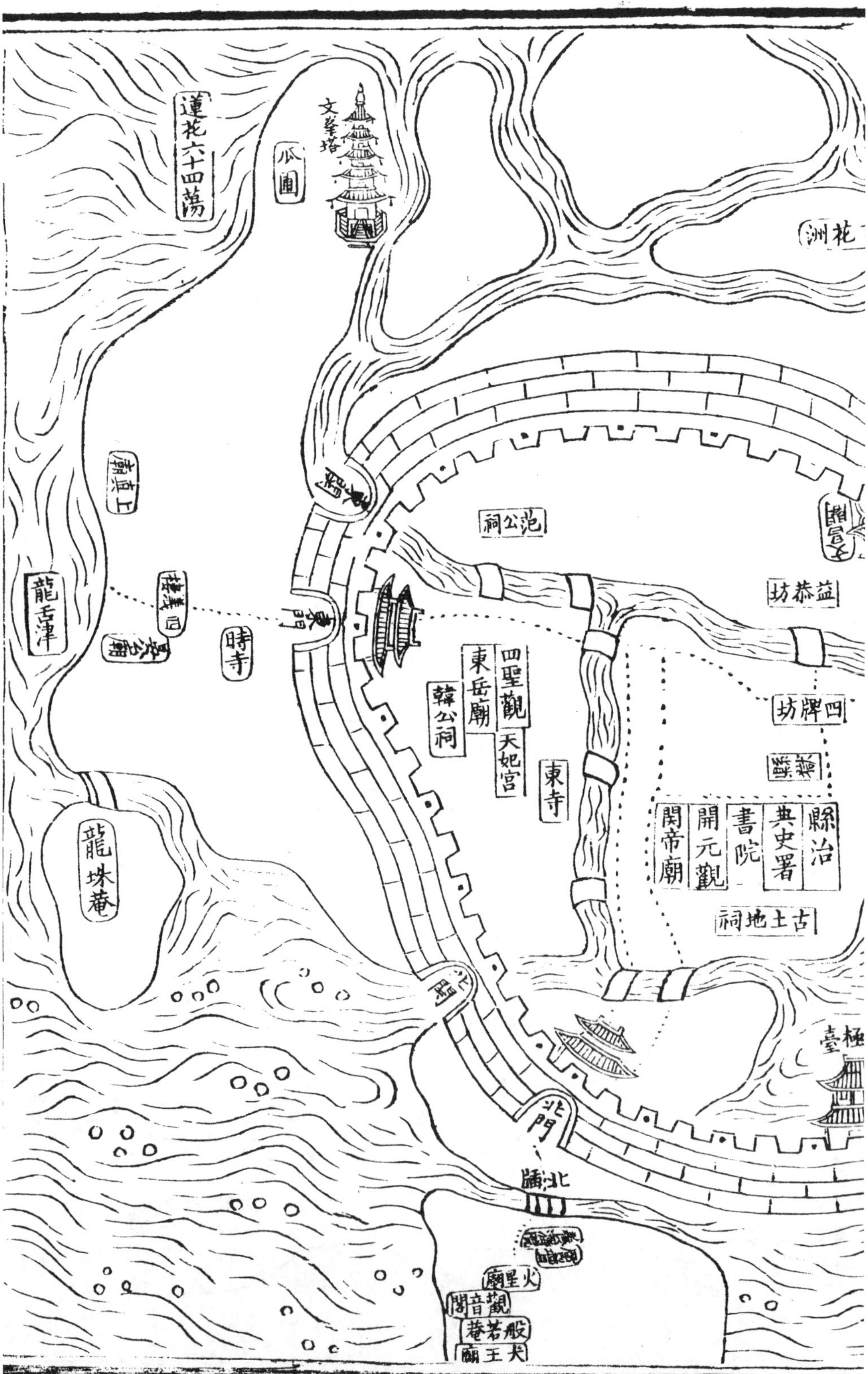

兴化县境全图 / 选自咸丰《重修兴化县志》

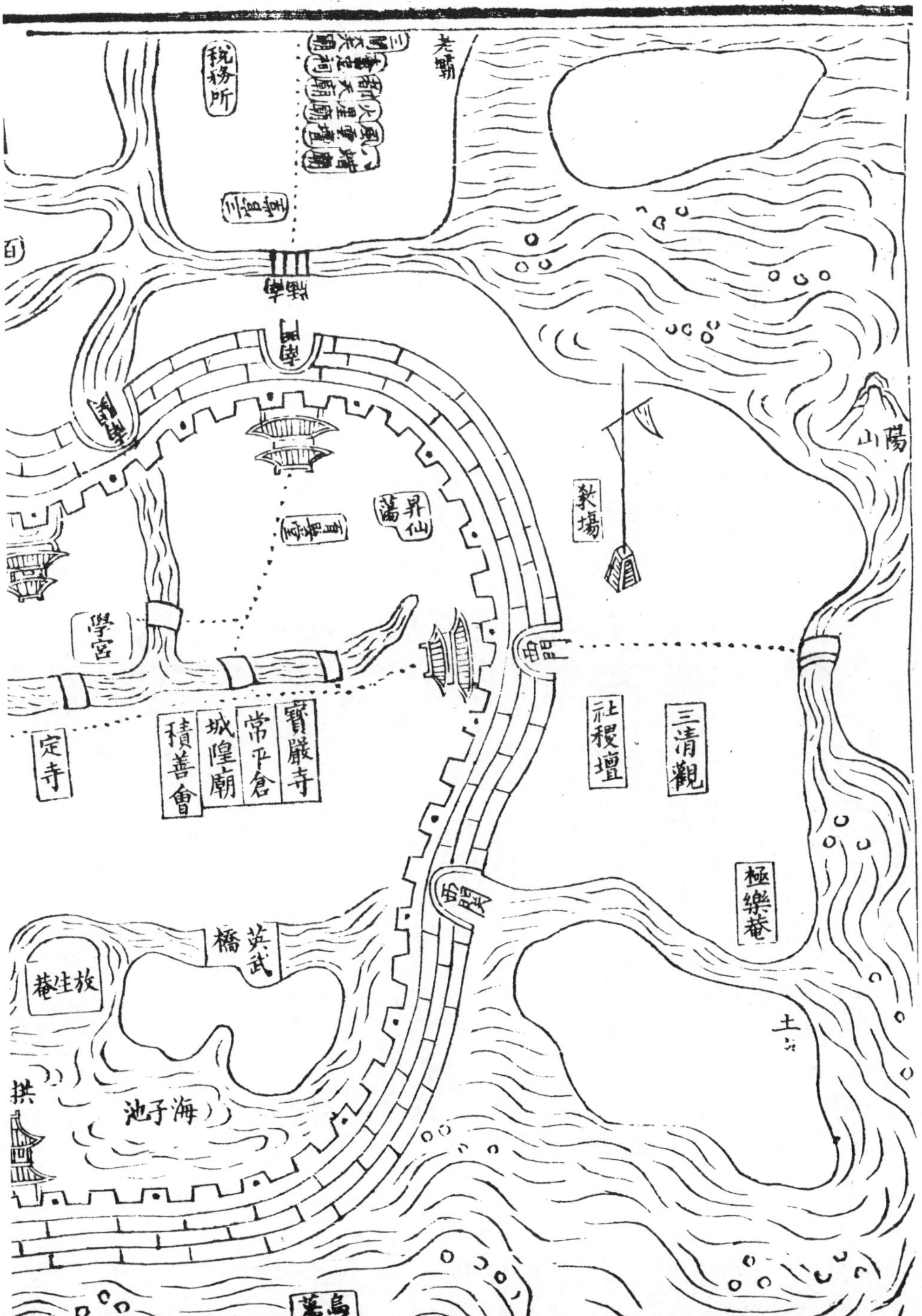
稅務所
老壩
陽山
昇仙蕩
教場
學宮
寶嚴寺
常平倉
城隍廟
積善會
定寺
社稷壇
三清觀
極樂菴
英武橋
放生菴
海子池
拱
烏巾蕩

南通

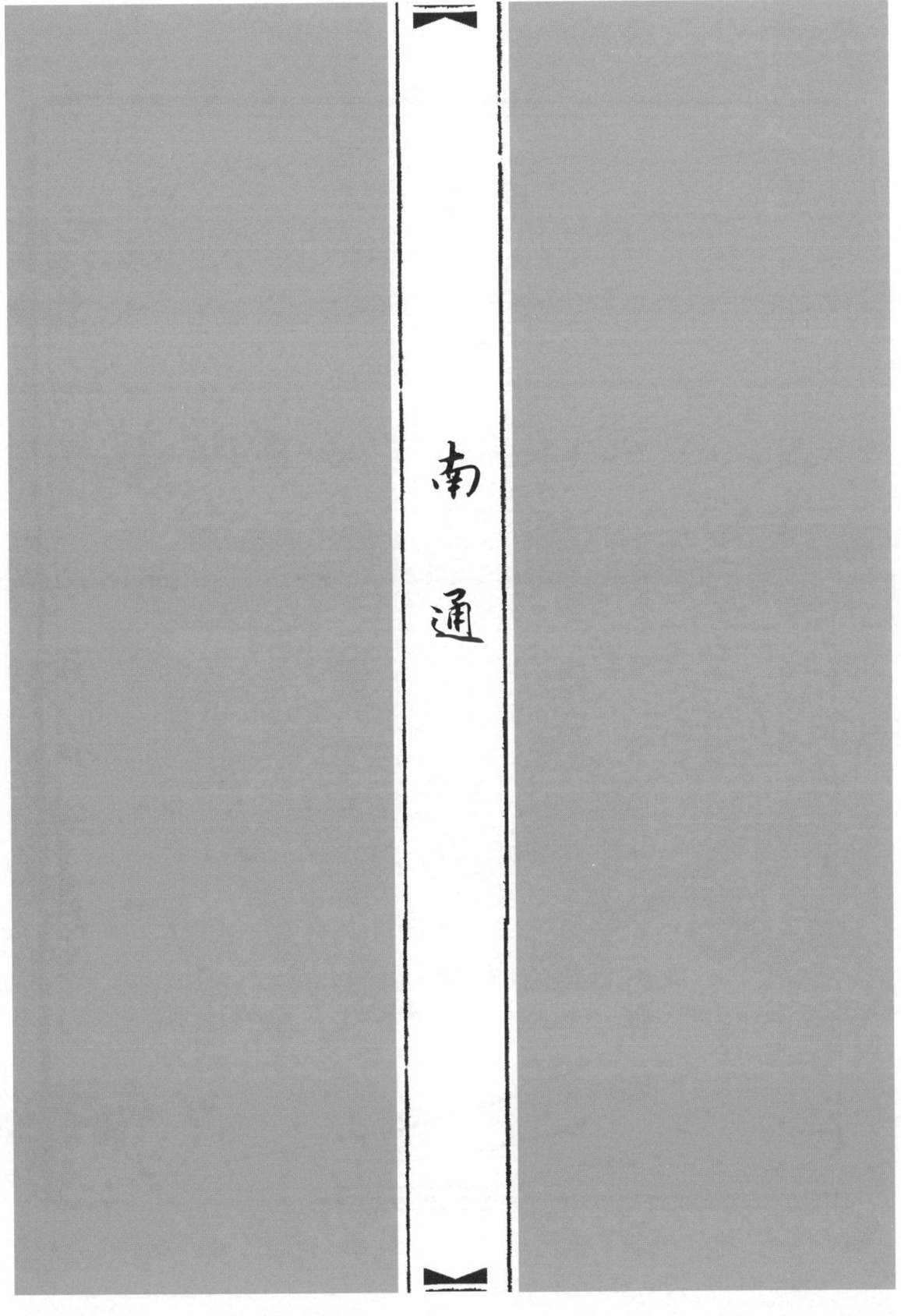

通州海门四境图 / 选自万历《扬州府志》

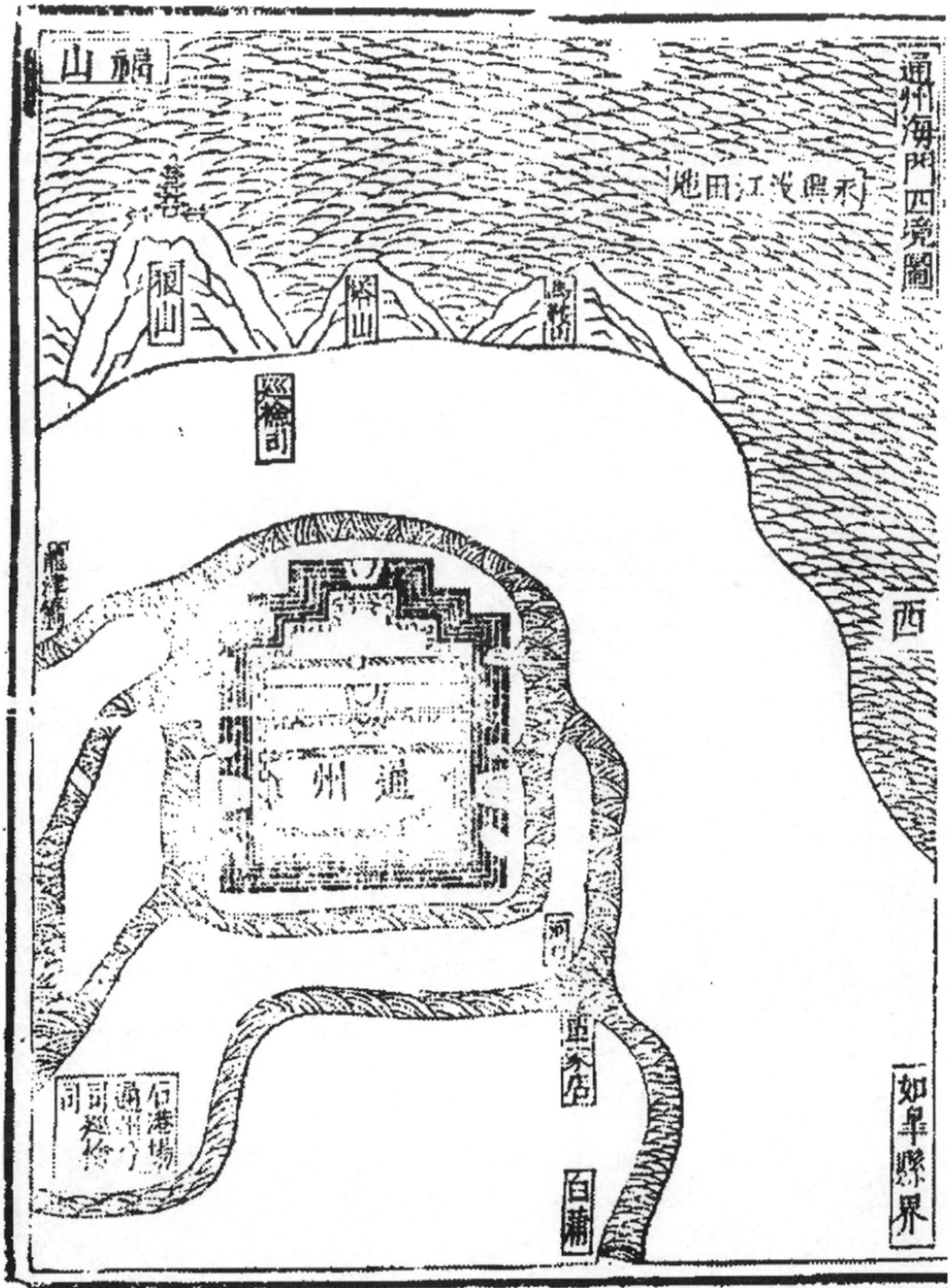
通州海門四境圖
福山
永興沙江田地
狼山
馬鞍山
巡檢司
通州
西
如皋縣界
白蒲

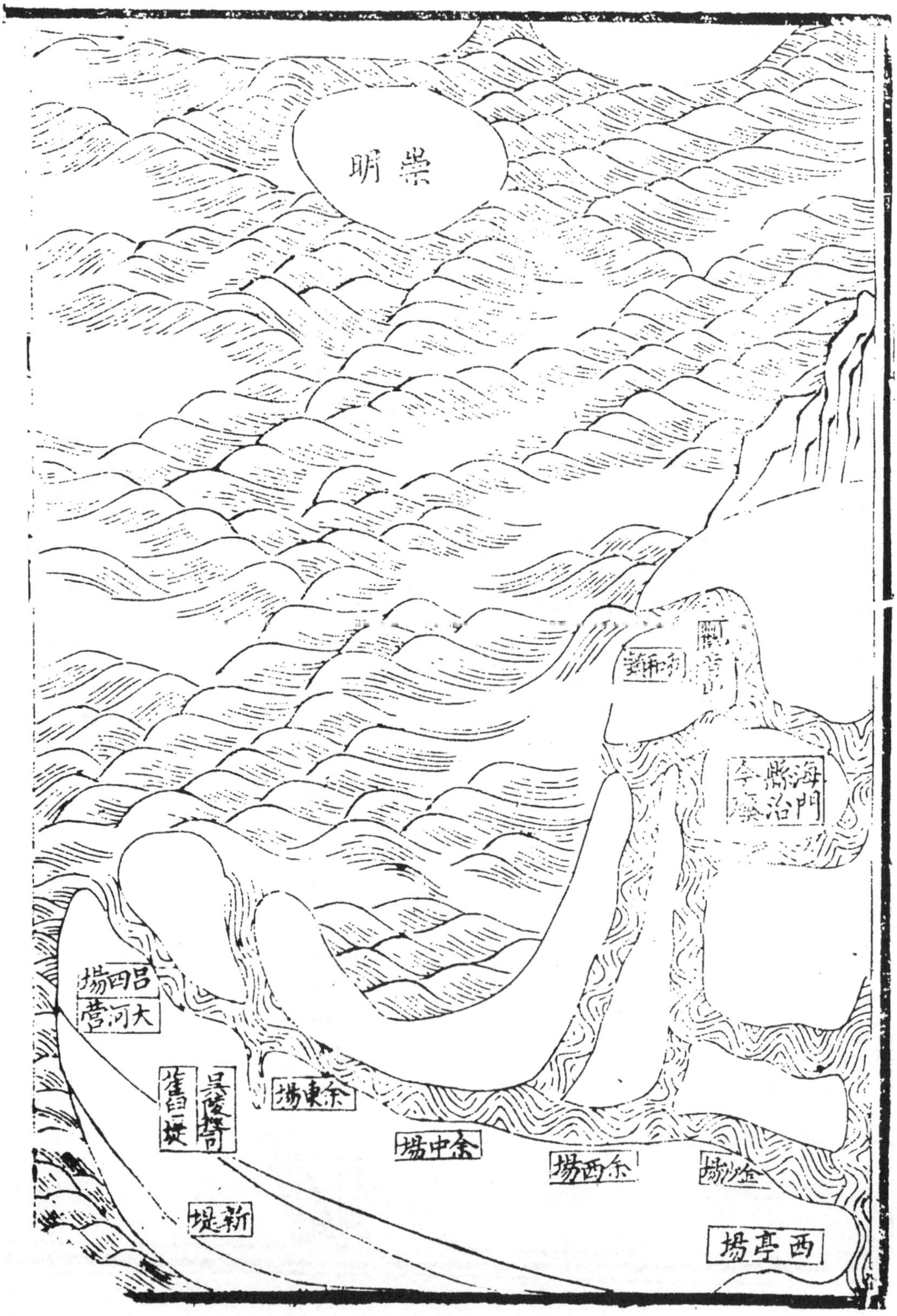

通州海门四境图 / 选自康熙《扬州府志》

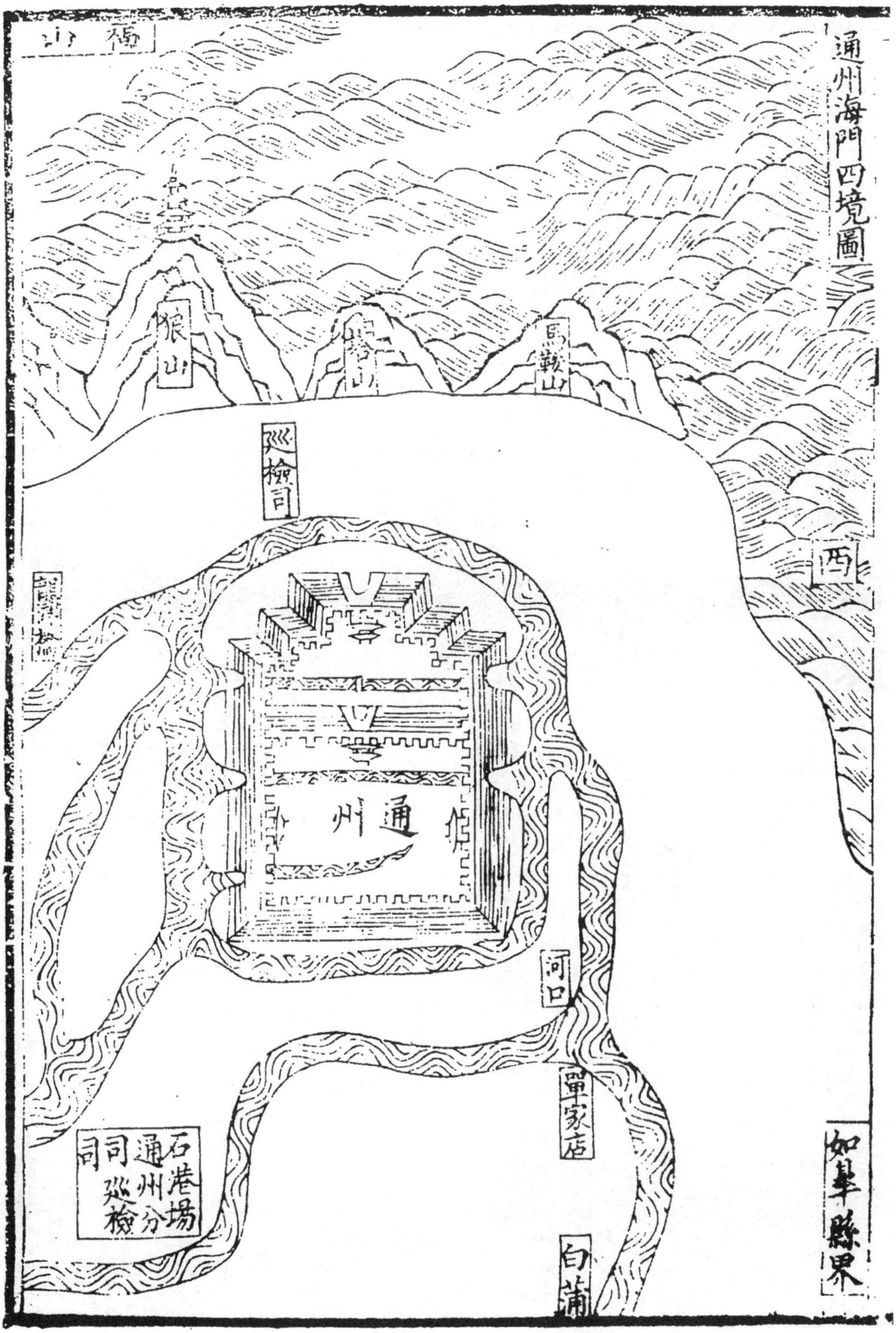
通州海門四境圖
狼山
馬鞍山
巡檢司
西
通州
河口
單家店
石港場通州分司巡檢司
白蒲
如臯縣界

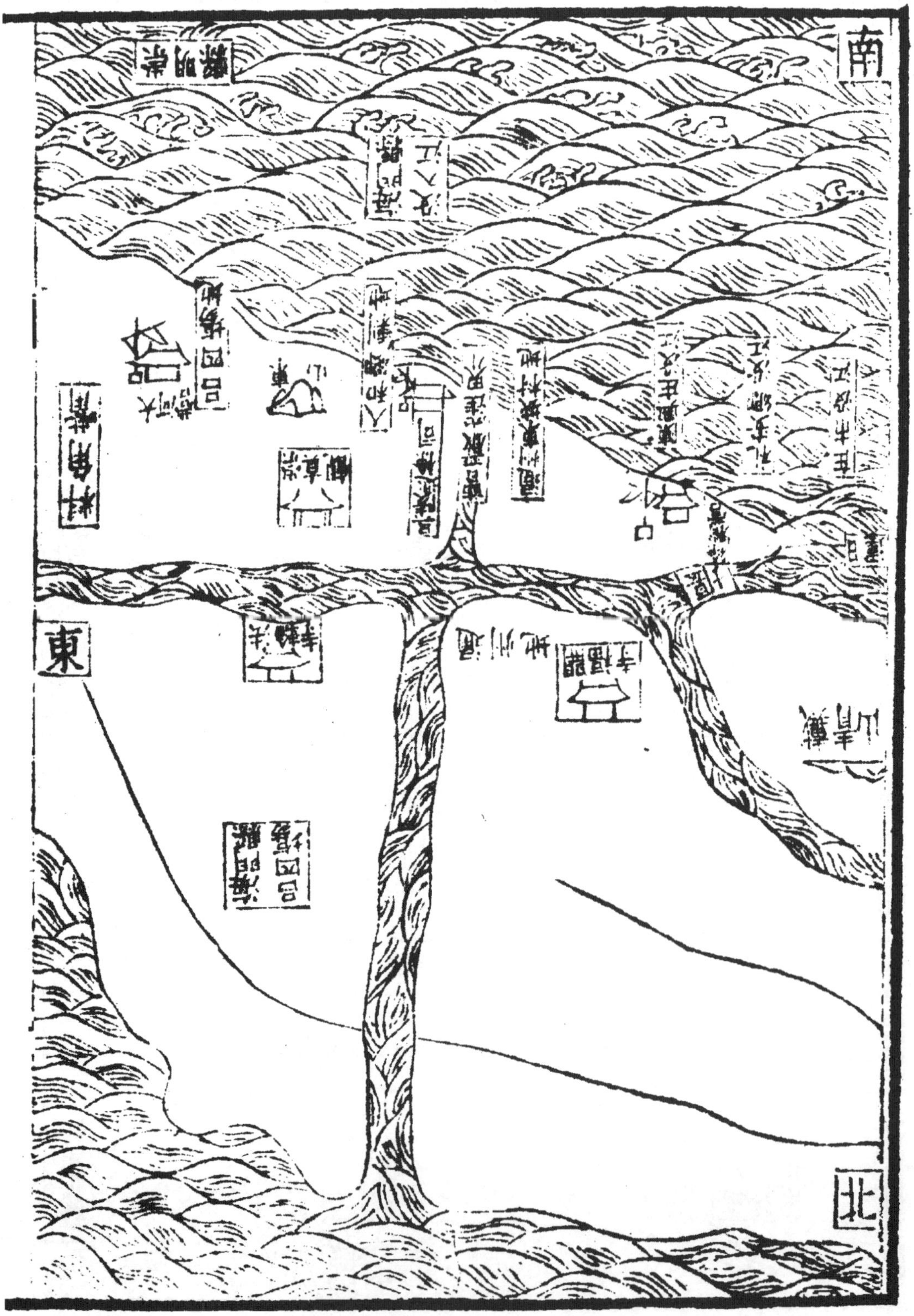

海门新旧县总图 / 选自万历《通州志》

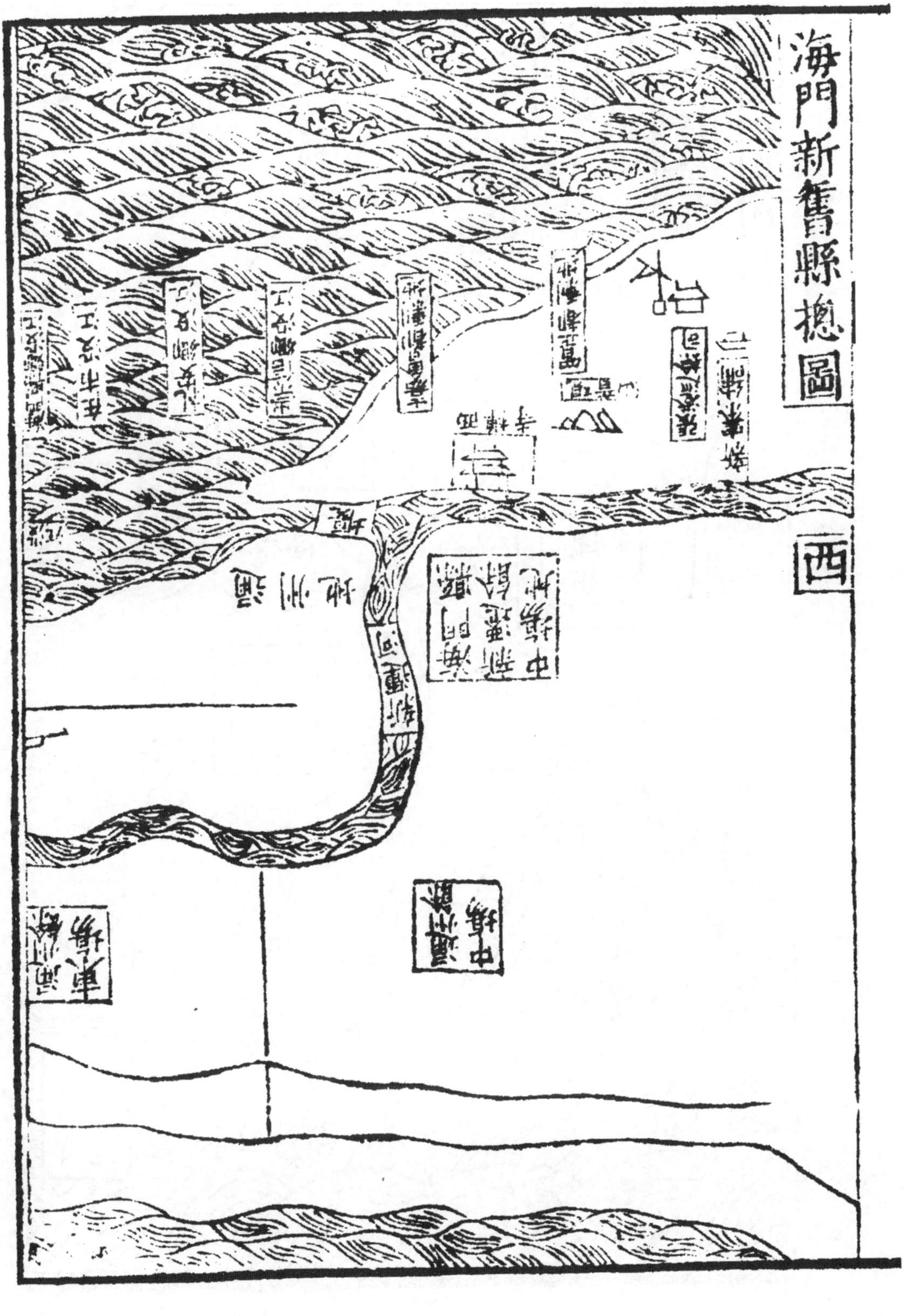
海門新舊縣總圖
西

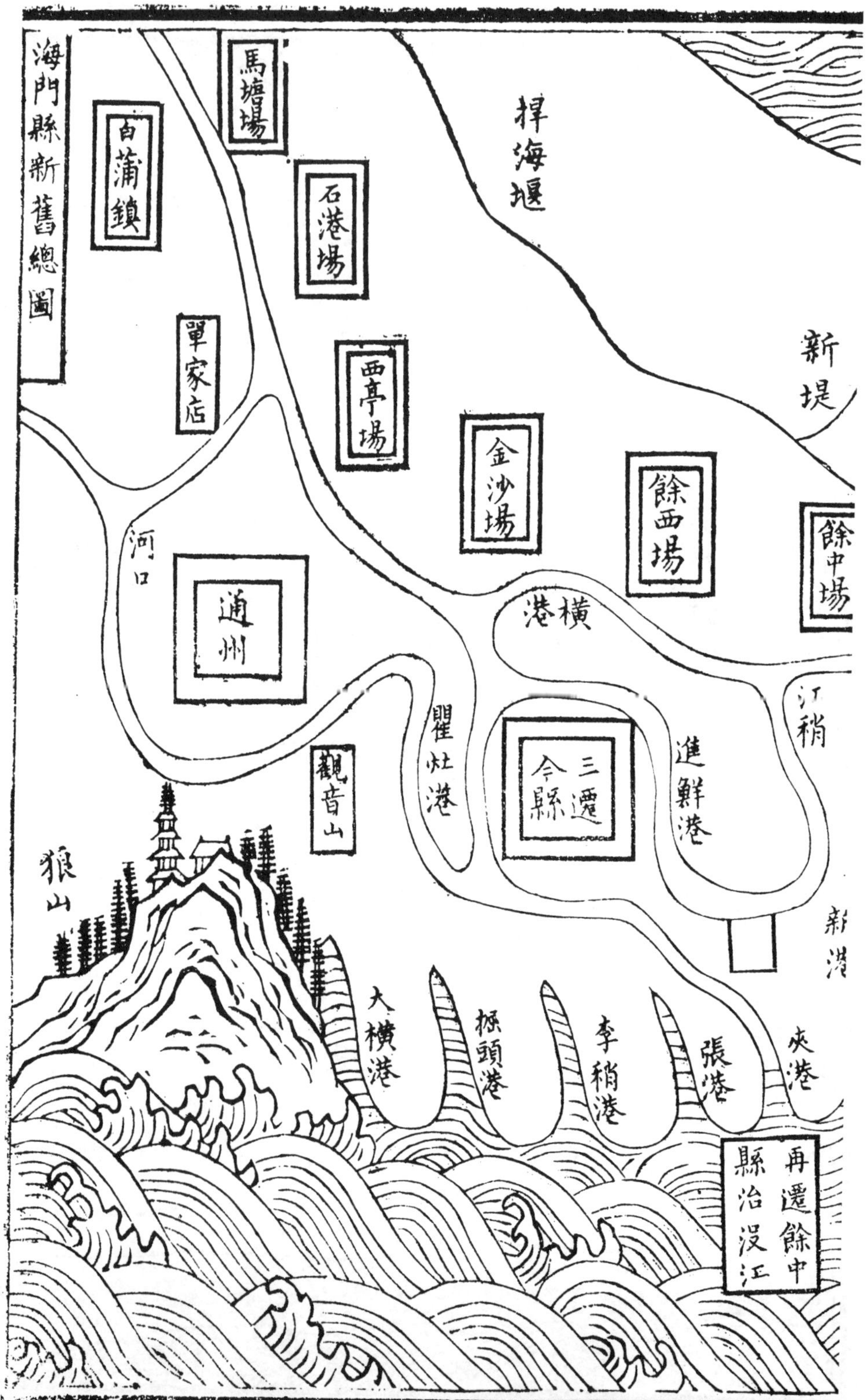

海门县新旧总图 / 选自道光《海门县志》

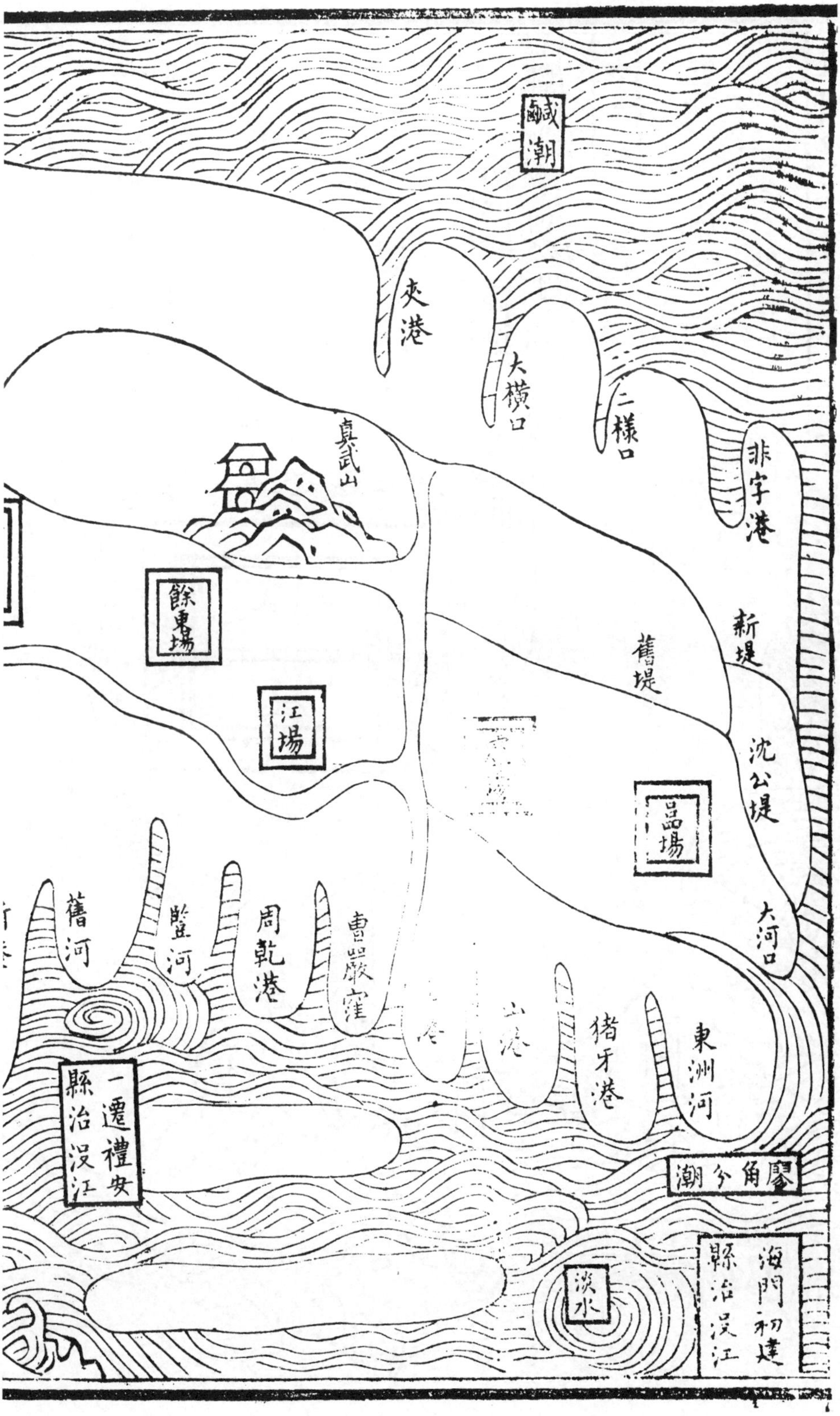
鹹潮
夾港
大横口
二樣口
非字港
真武山
餘東場
江場
新堤
舊堤
沈公堤
大河口
舊河
周乾港
猪牙港
東洲河
廖角分潮
淡水
海門初建
縣治沒江
一遷禮安
縣治沒江

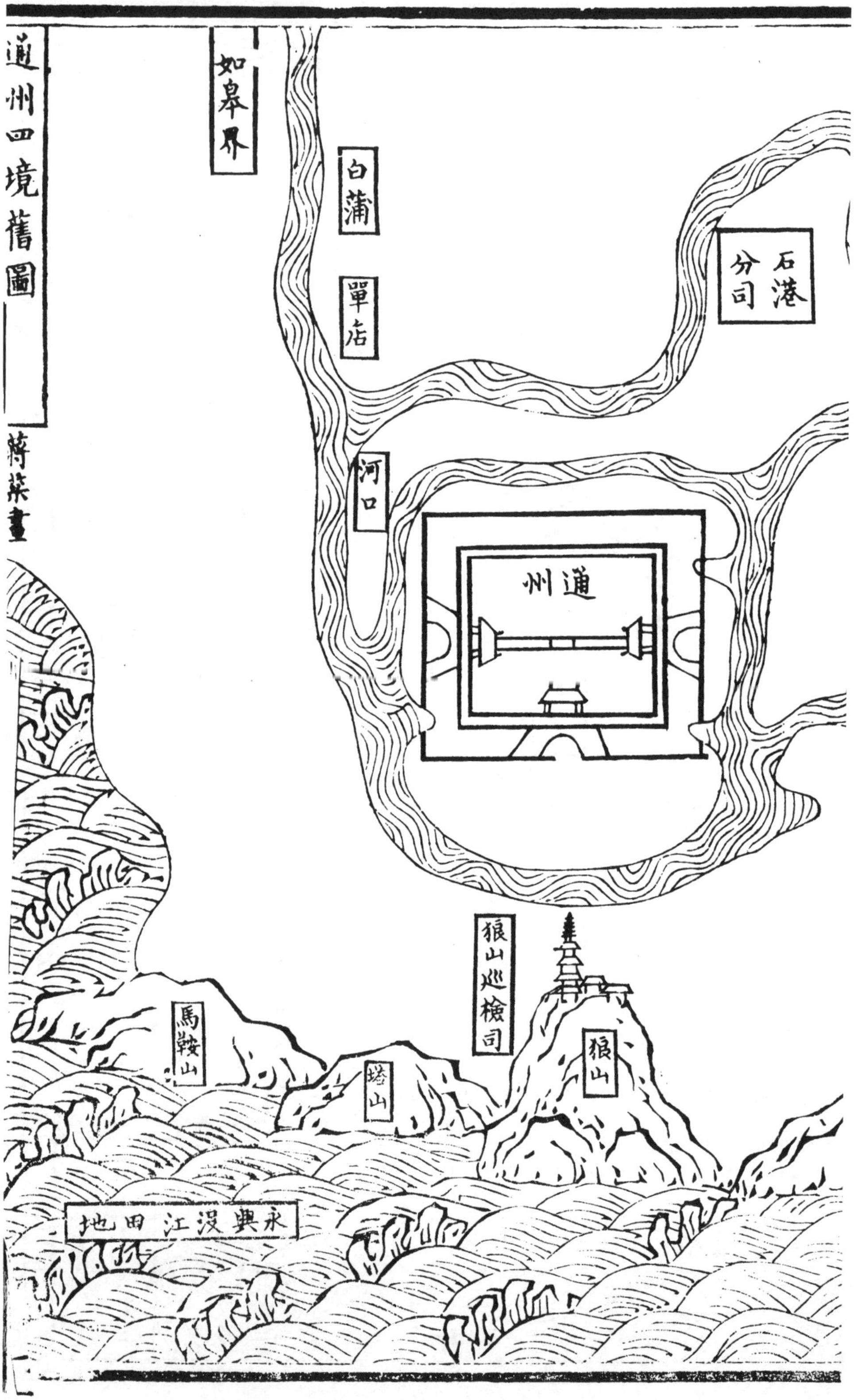

通州四境旧图 / 选自乾隆《直隶通州志》

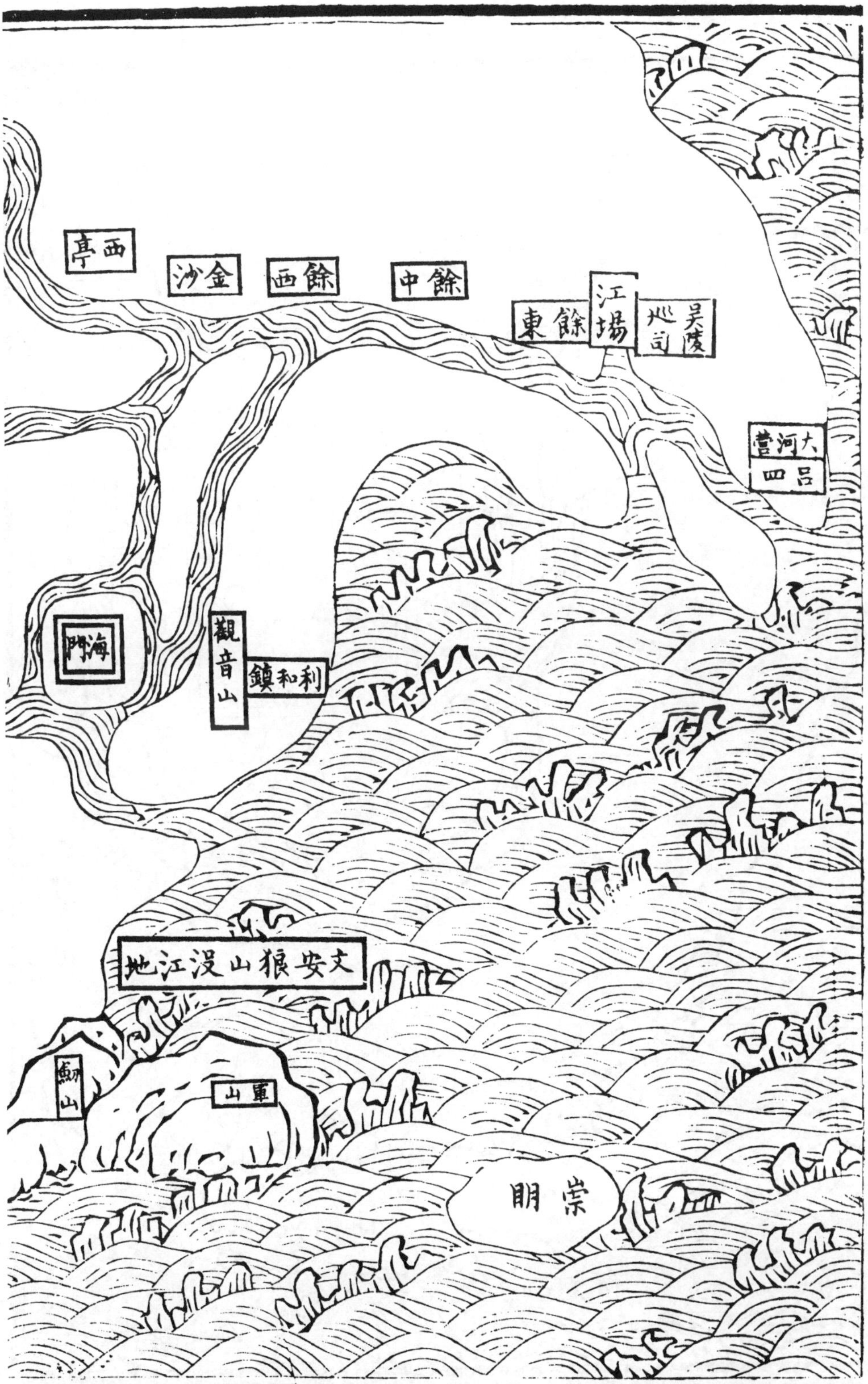
西亭
金沙
餘西
餘中
餘東
江場
吴陵巡司
大河營
吕四
海門
觀音山
利和鎮
文安狼山沒江地
軍山
劍山
崇明

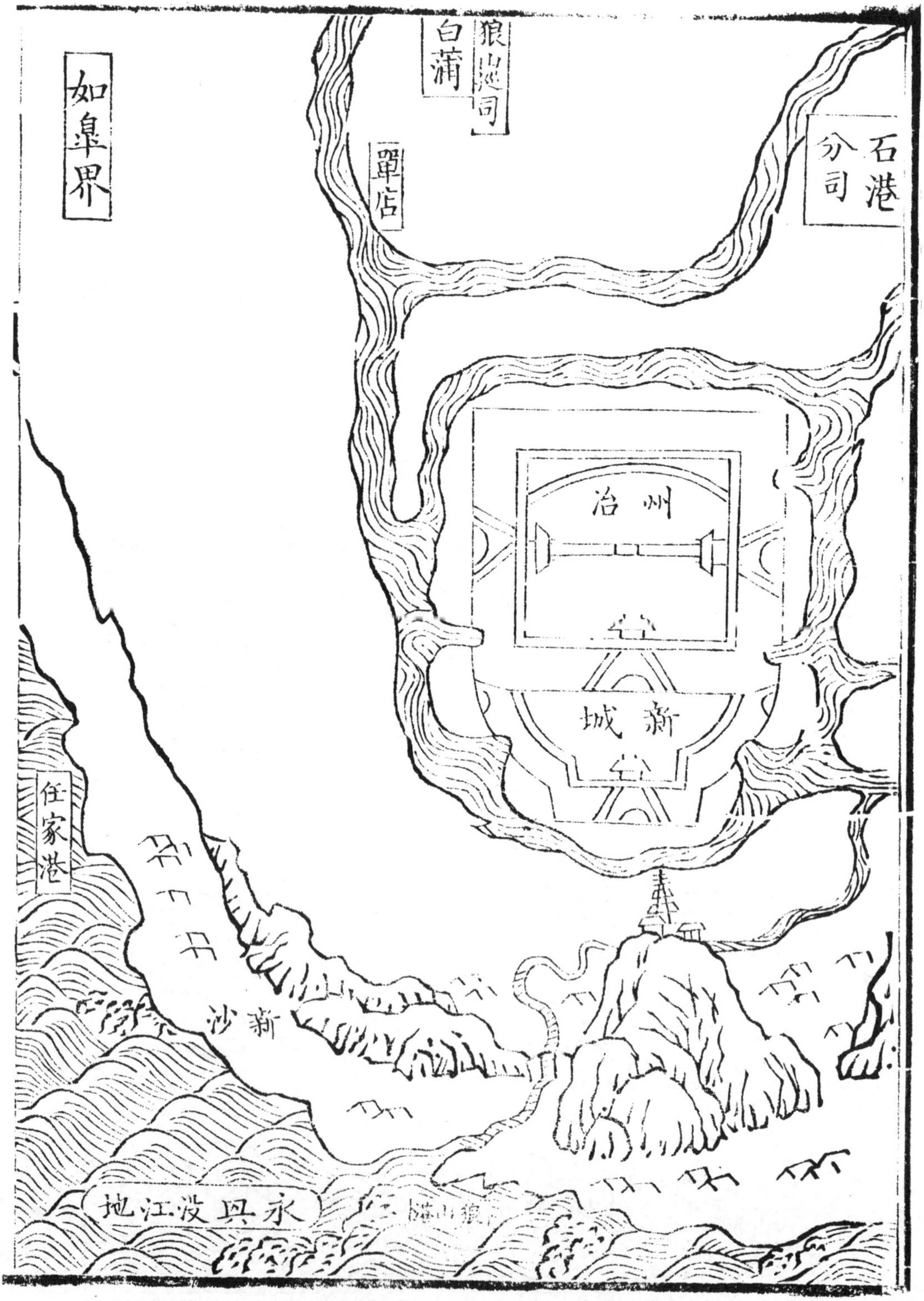

通州四境新图 / 选自乾隆《直隶通州志》

四境新圖
興仁鎮
西亭塲
金沙塲
餘西塲
餘中塲没江
餘東塲
江塲
吴陵巡司
吕四塲
海門垻
利和没江
观音山没江
東沙
新沙

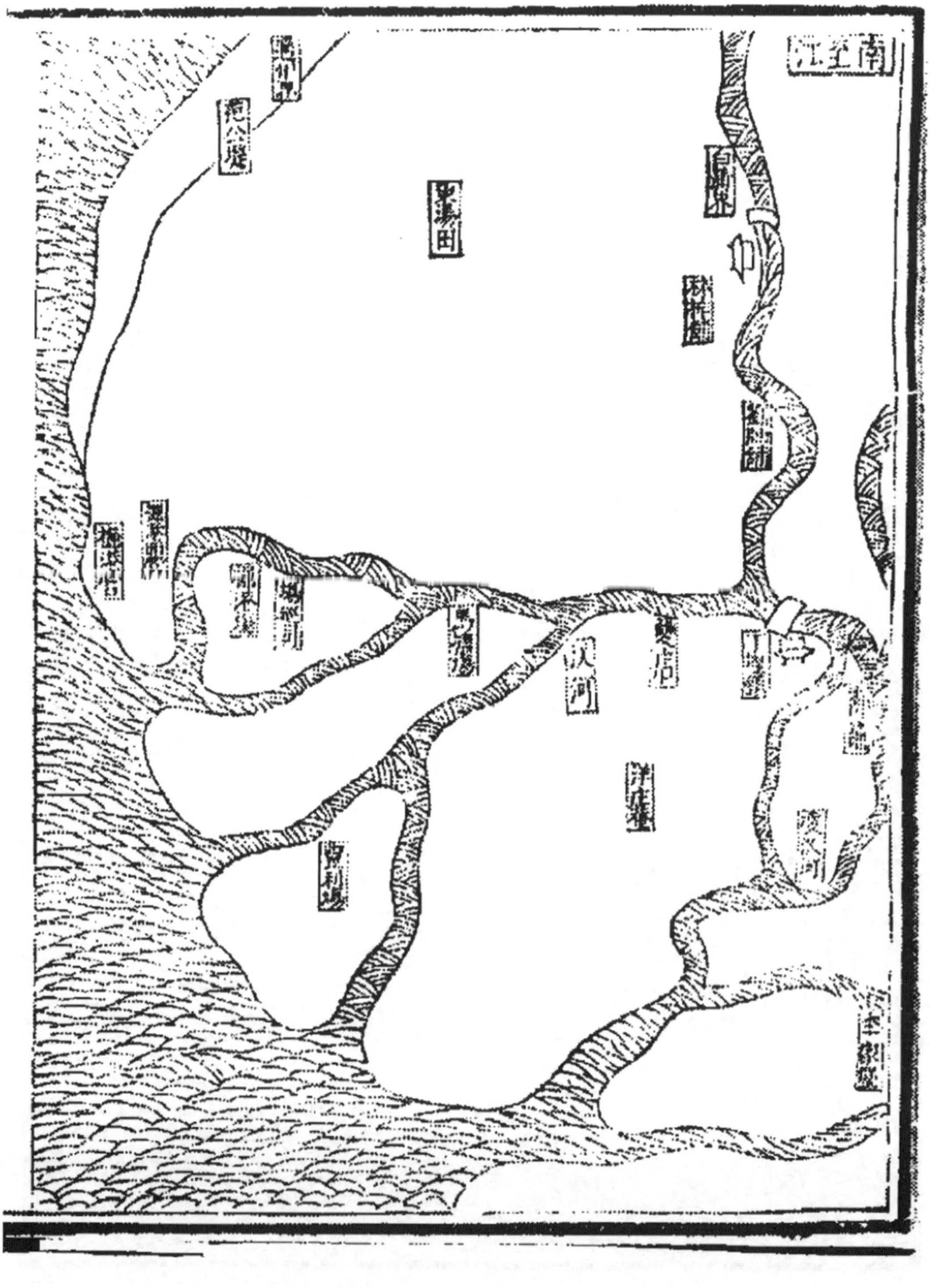

如皋县四境图 / 选自万历《扬州府志》

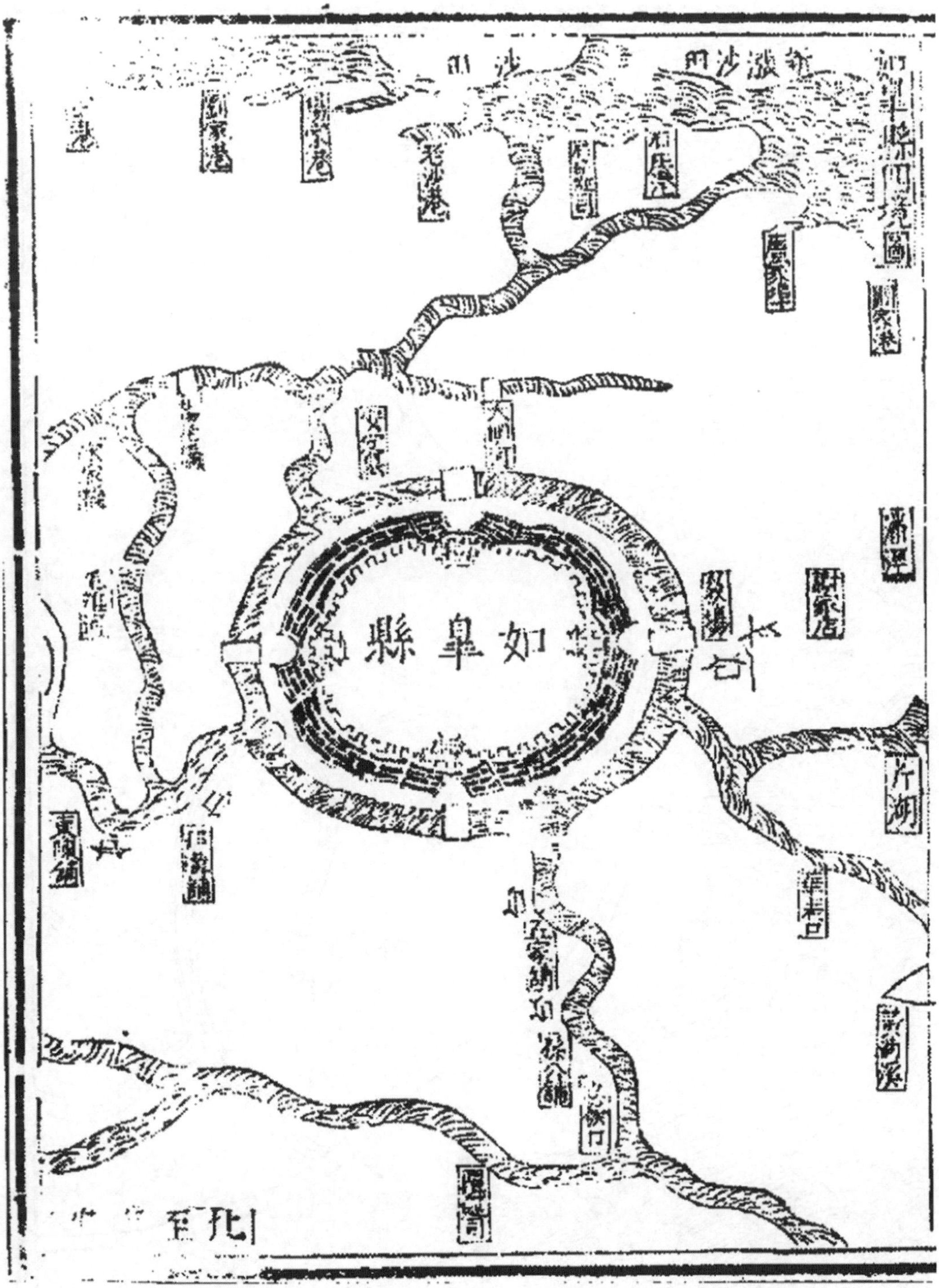
如皋縣

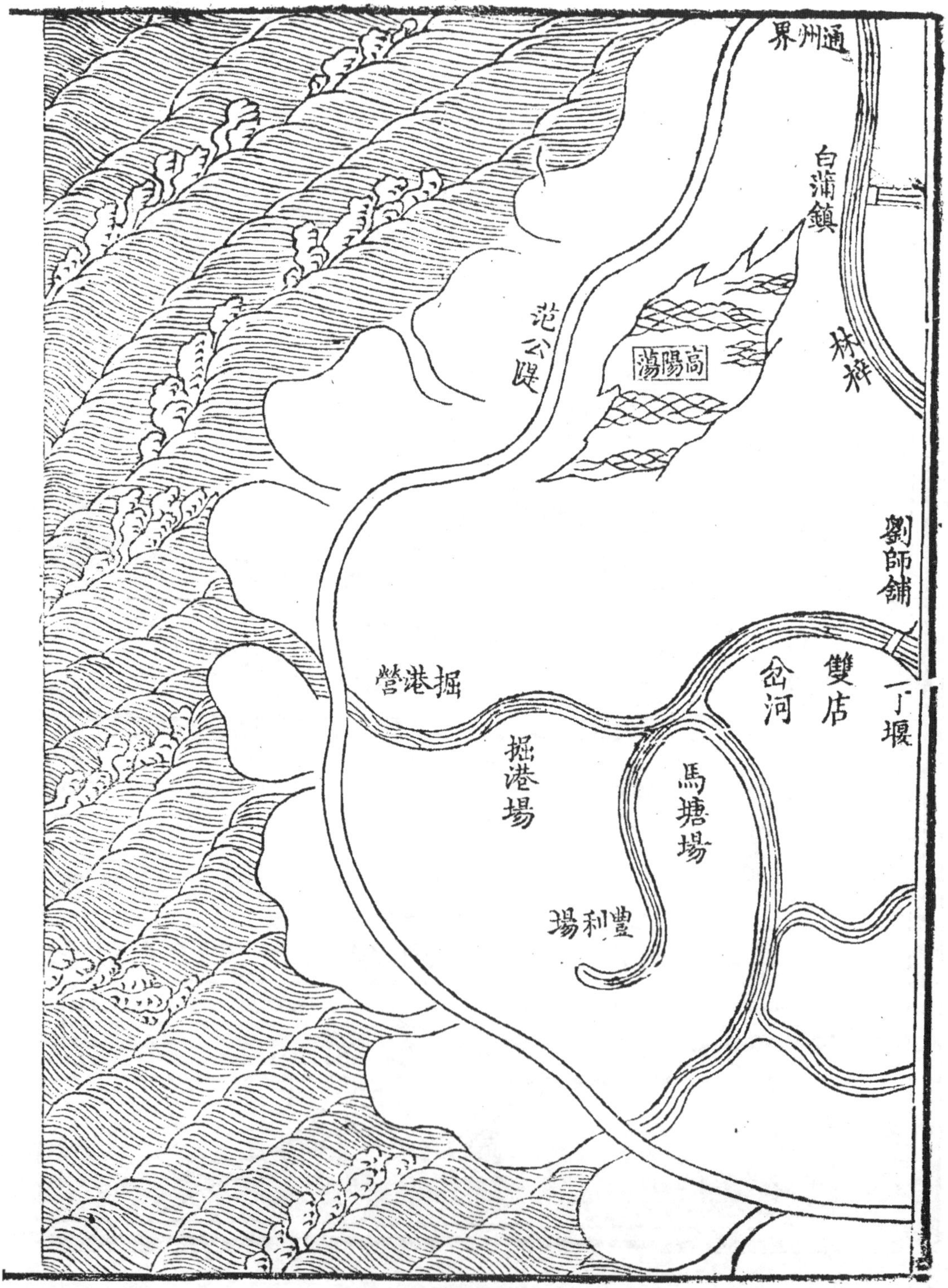

如皋县四境图 / 选自康熙《扬州府志》

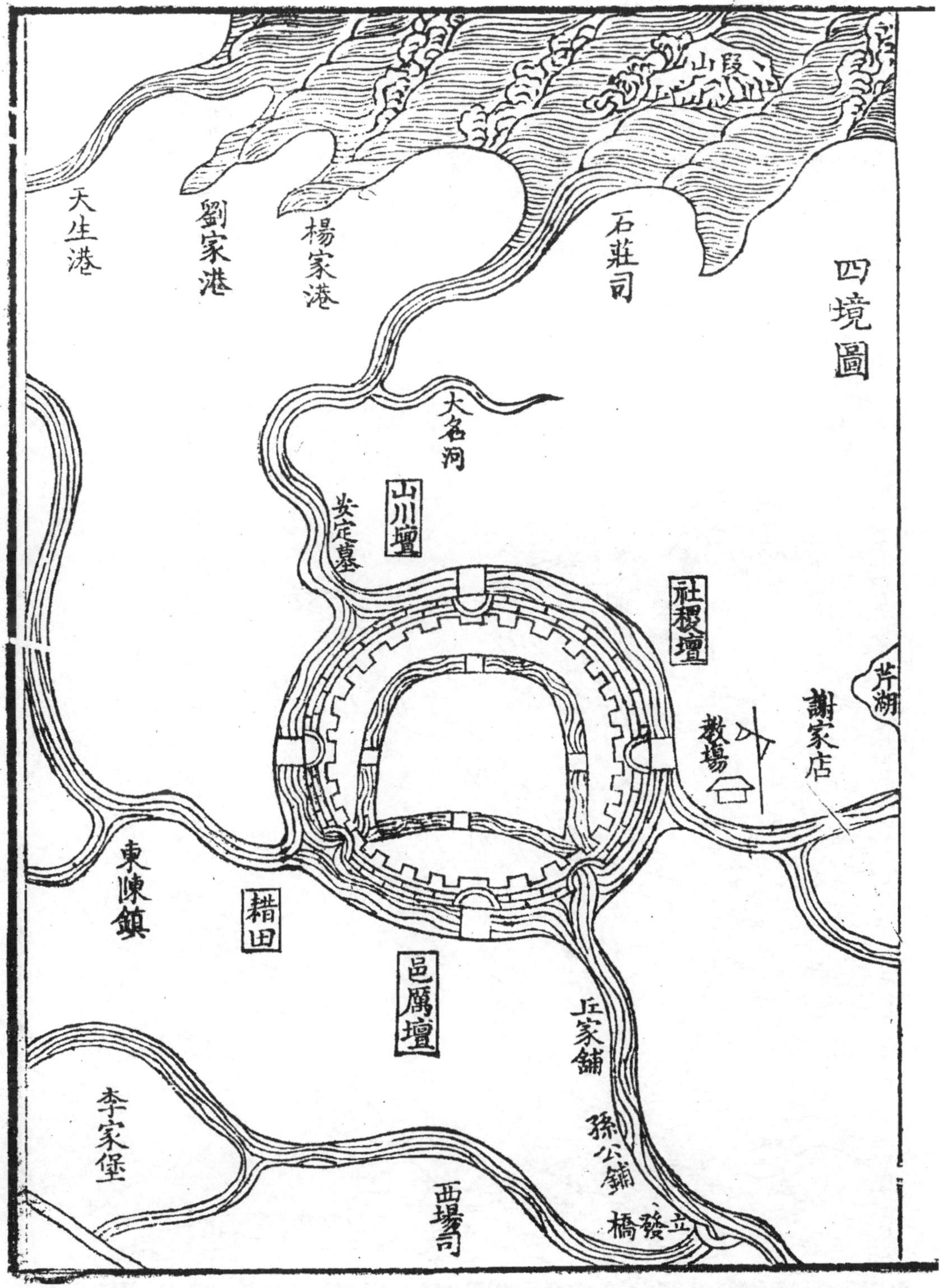
四境圖
段山
天生港
劉家港
楊家港
石莊司
大名洞
山川壇
安定墓
社稷壇
芹湖
謝家店
教場
東陳鎮
耤田
邑厲壇
丘家舖
李家堡
孫公舖
西場司
立發橋

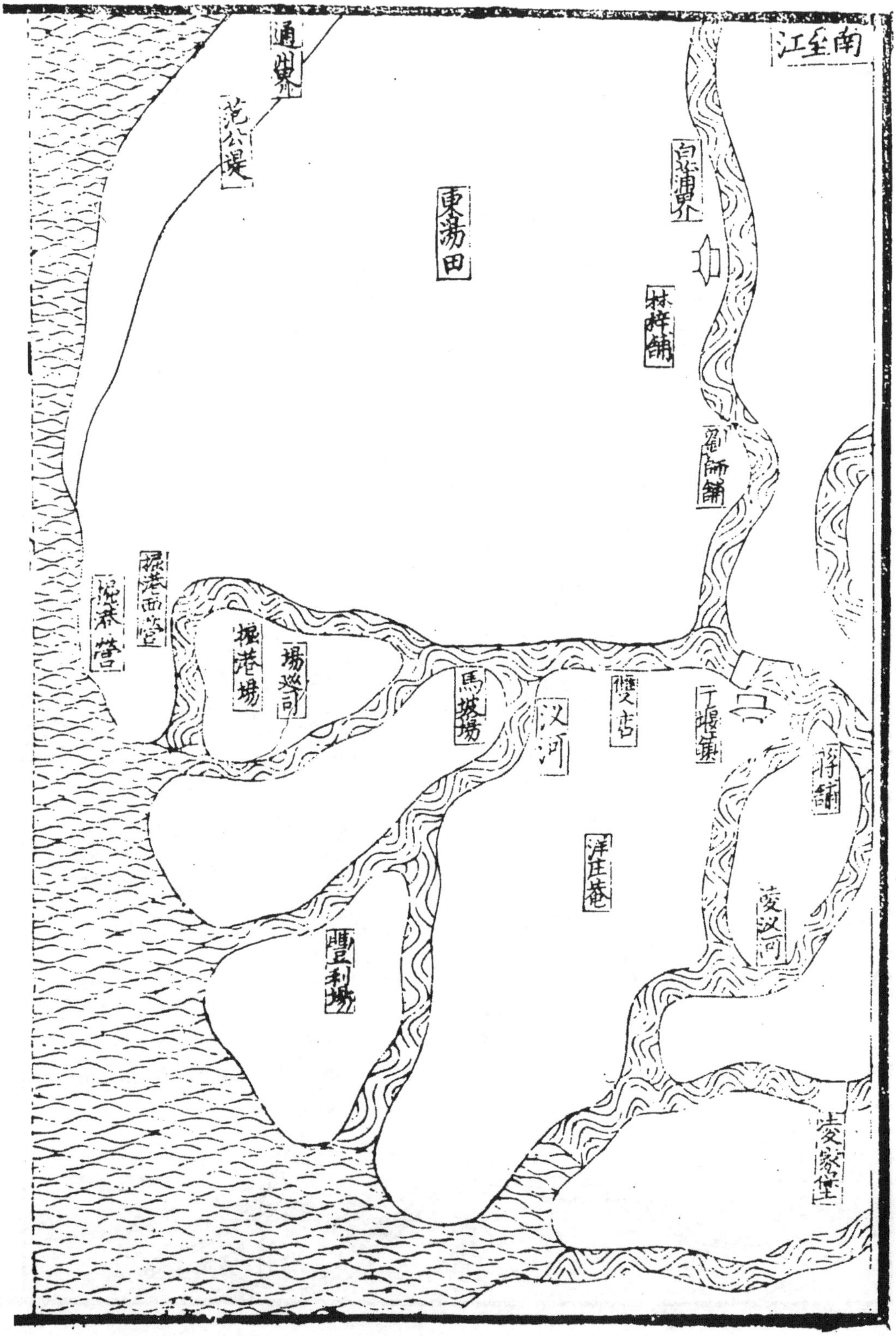

如皋县四境图／选自乾隆《如皋县志》

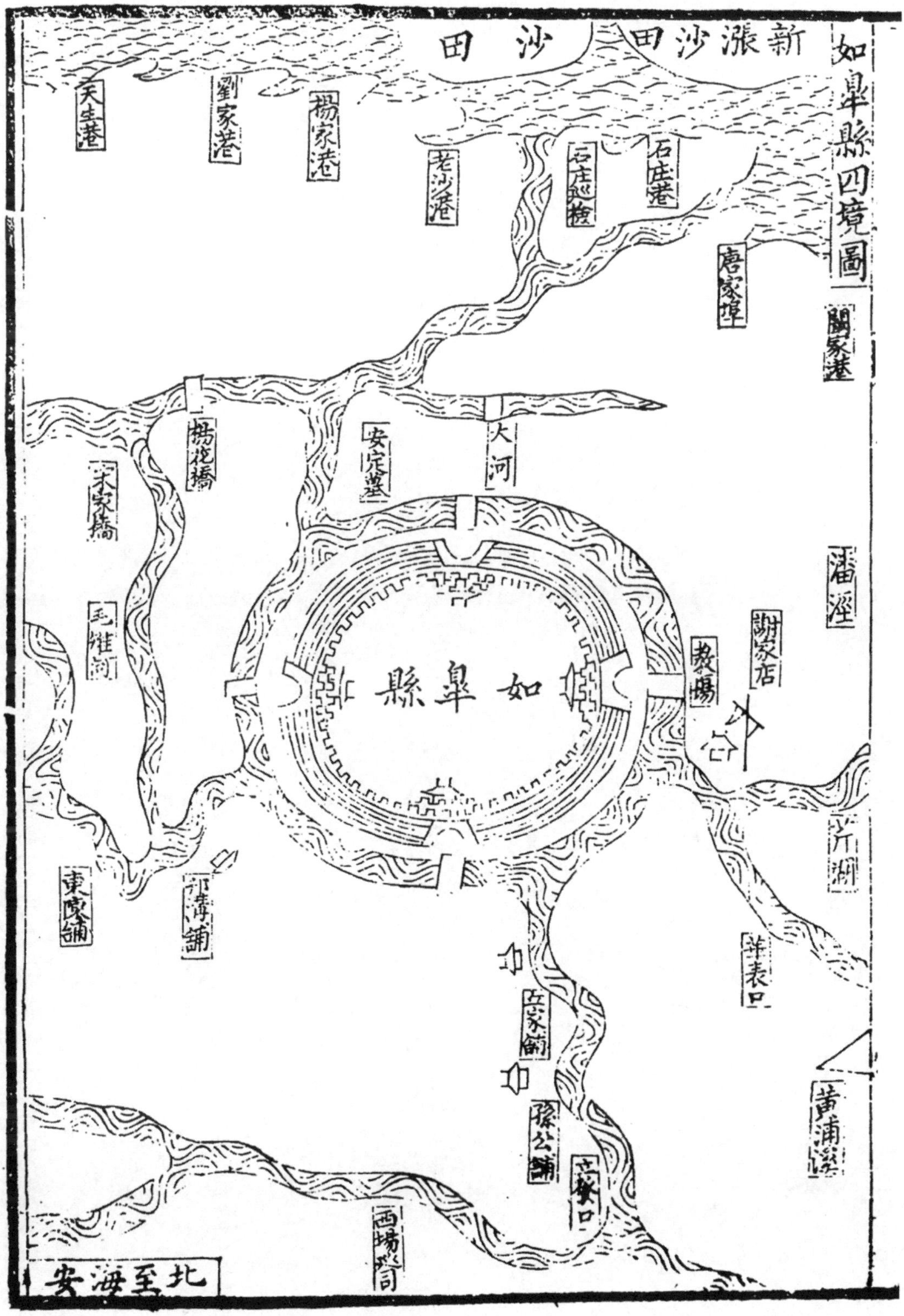
如皋縣四境圖
新漲沙田
沙田
天生港
劉家港
楊家港
老沙港
石庄巡檢
石庄港
唐家埠
大河
如皋縣
潘涇
謝家店
教場
孫公舖
黃浦涇
北至海安

上海

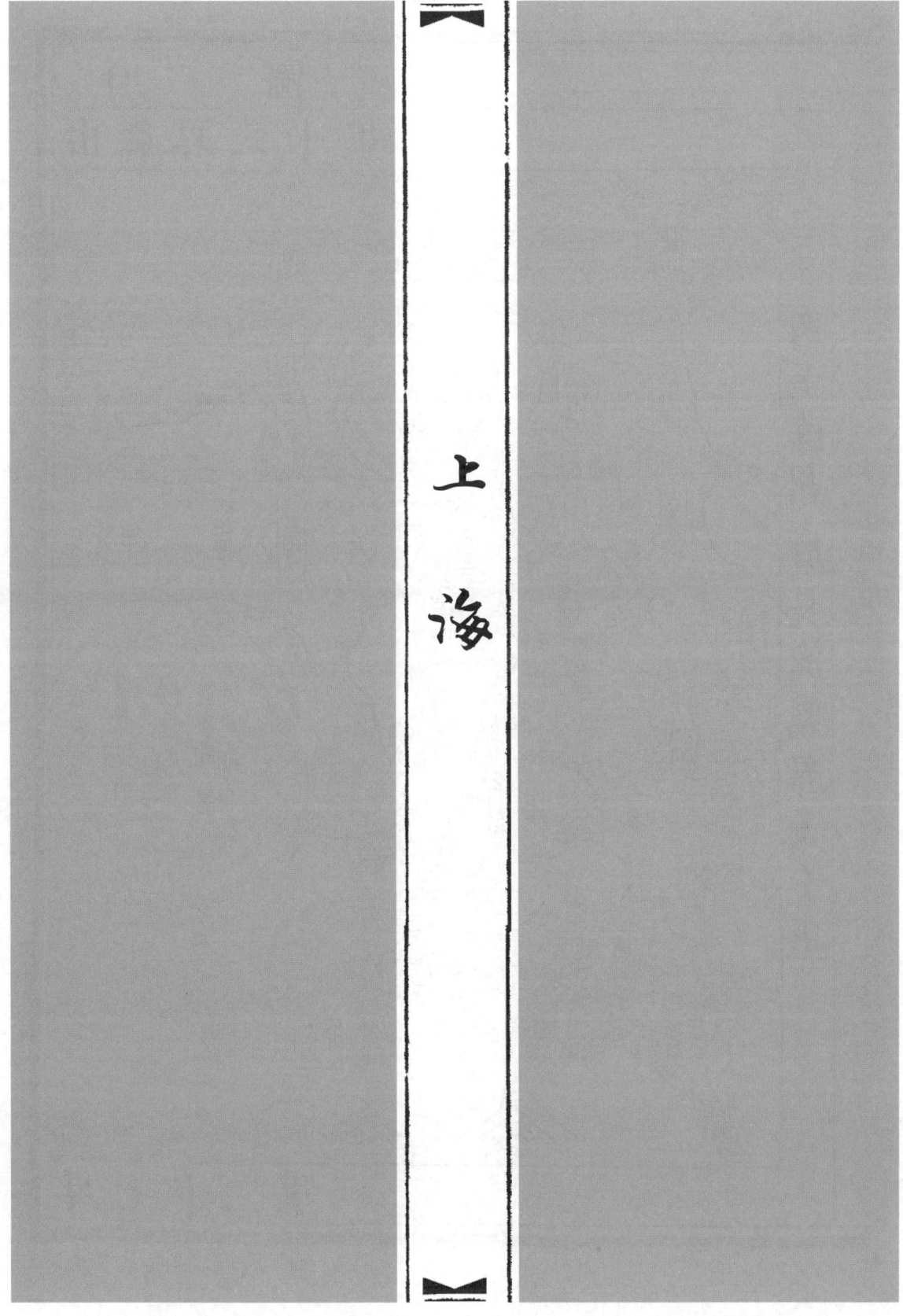

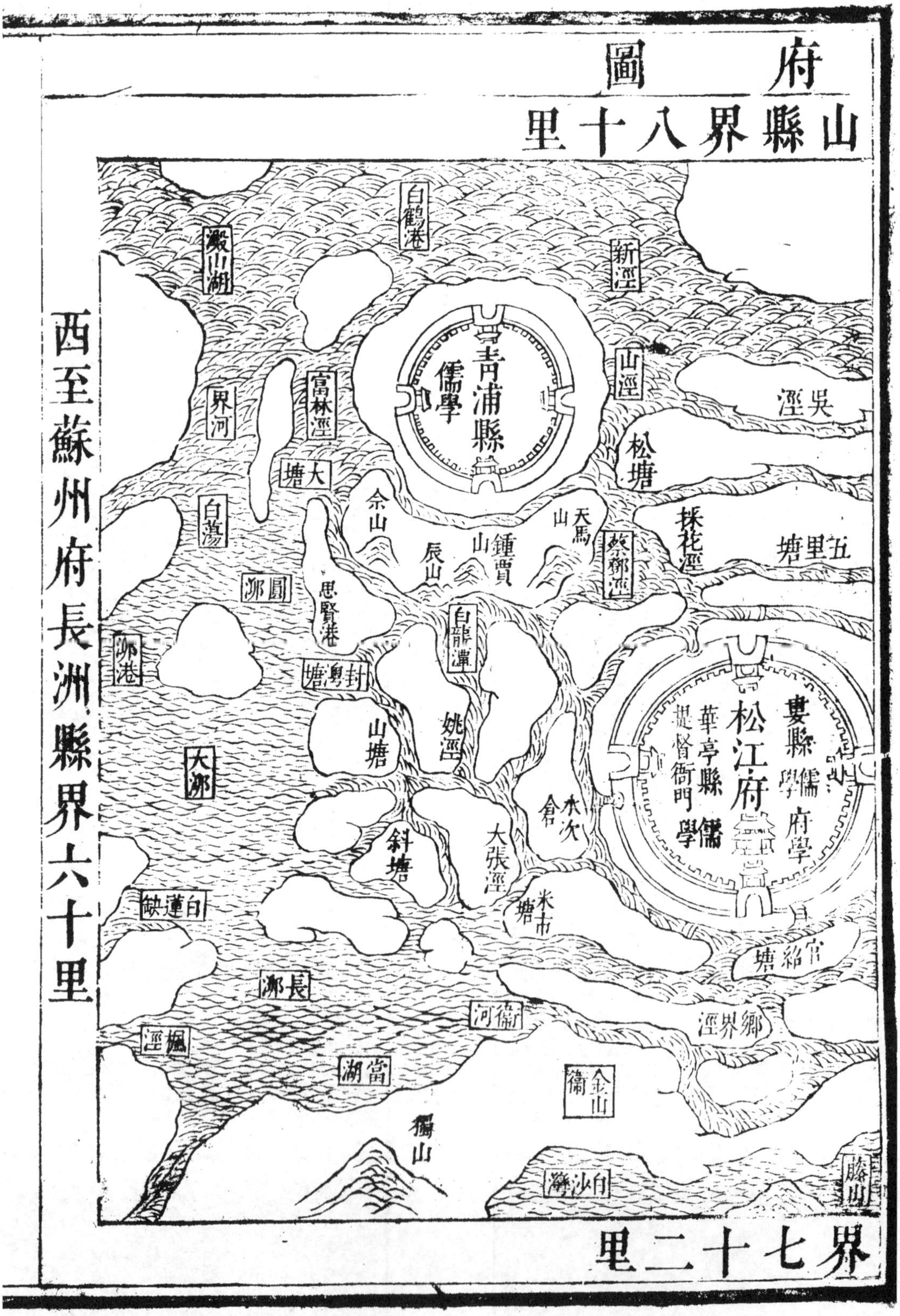

松江府图 / 选自康熙《江南通志》

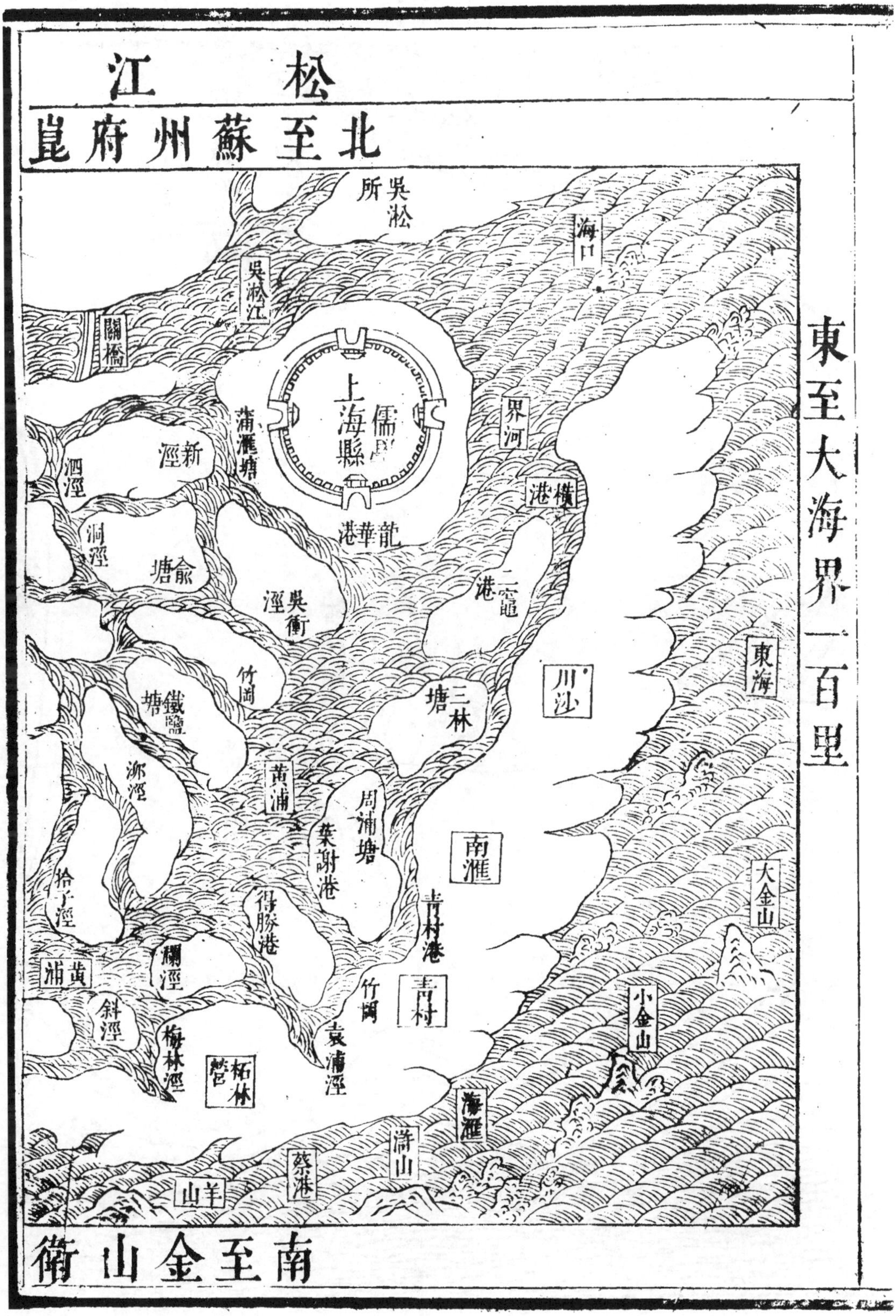
松江
北至蘇州府崑
東至大海界一百里
南至金山衛
吳淞所
海口
吳淞江
閘橋
上海縣
儒學
界河
蒲滙塘
新涇
泗涇
橫港
龍華港
洞涇
俞塘
吳衝涇
二竈港
竹岡
鐵爐塘
東海
川沙
三林塘
泖涇
黃浦
周浦塘
葉謝港
南滙
大金山
拾子涇
得勝港
青村港
欄涇
黃浦
竹岡
青村
小金山
斜涇
袁浦涇
柘林營
梅林涇
海滙
滸山
蔡港
羊山

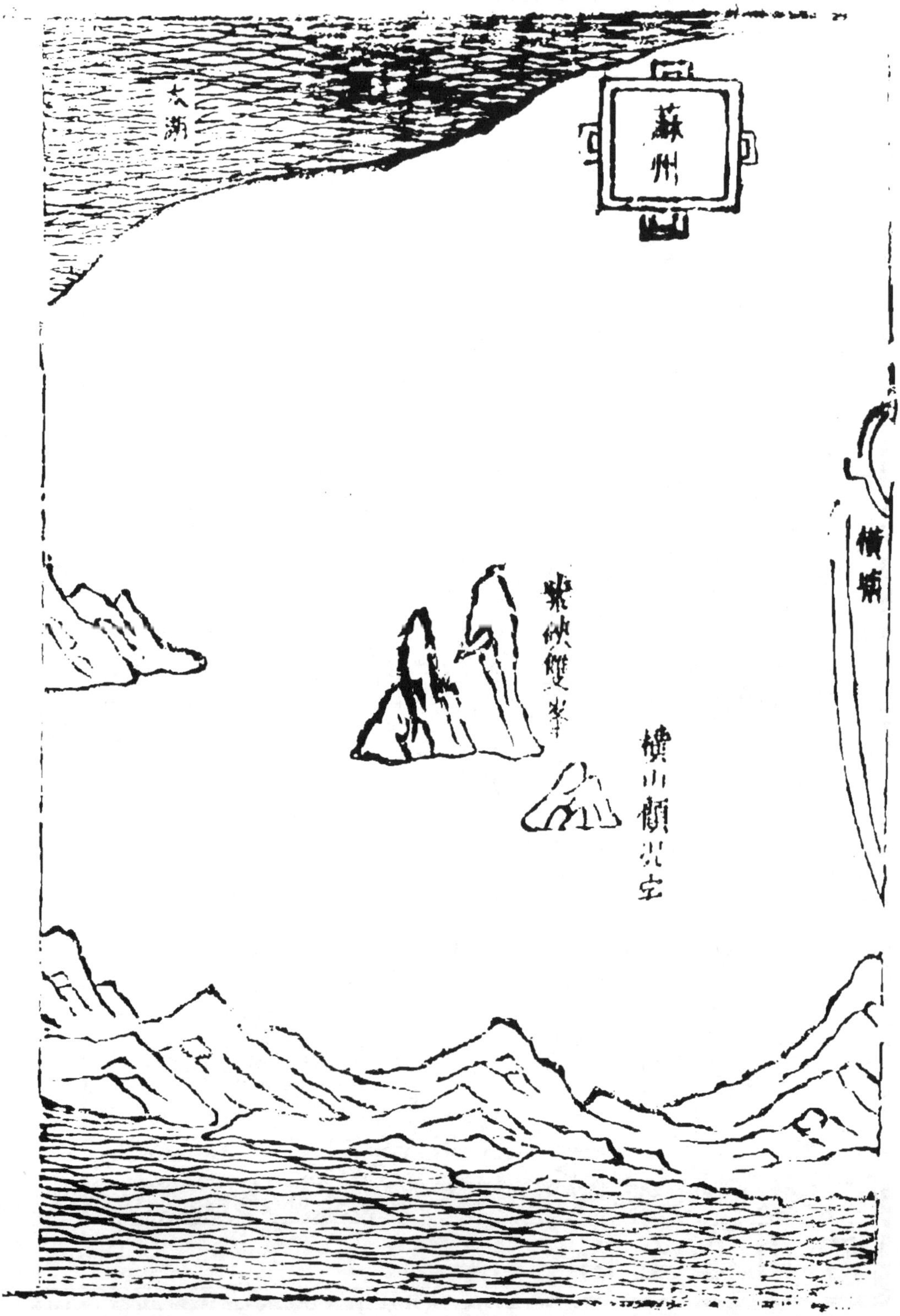

析华亭县境图 / 选自乾隆《海盐县图经》

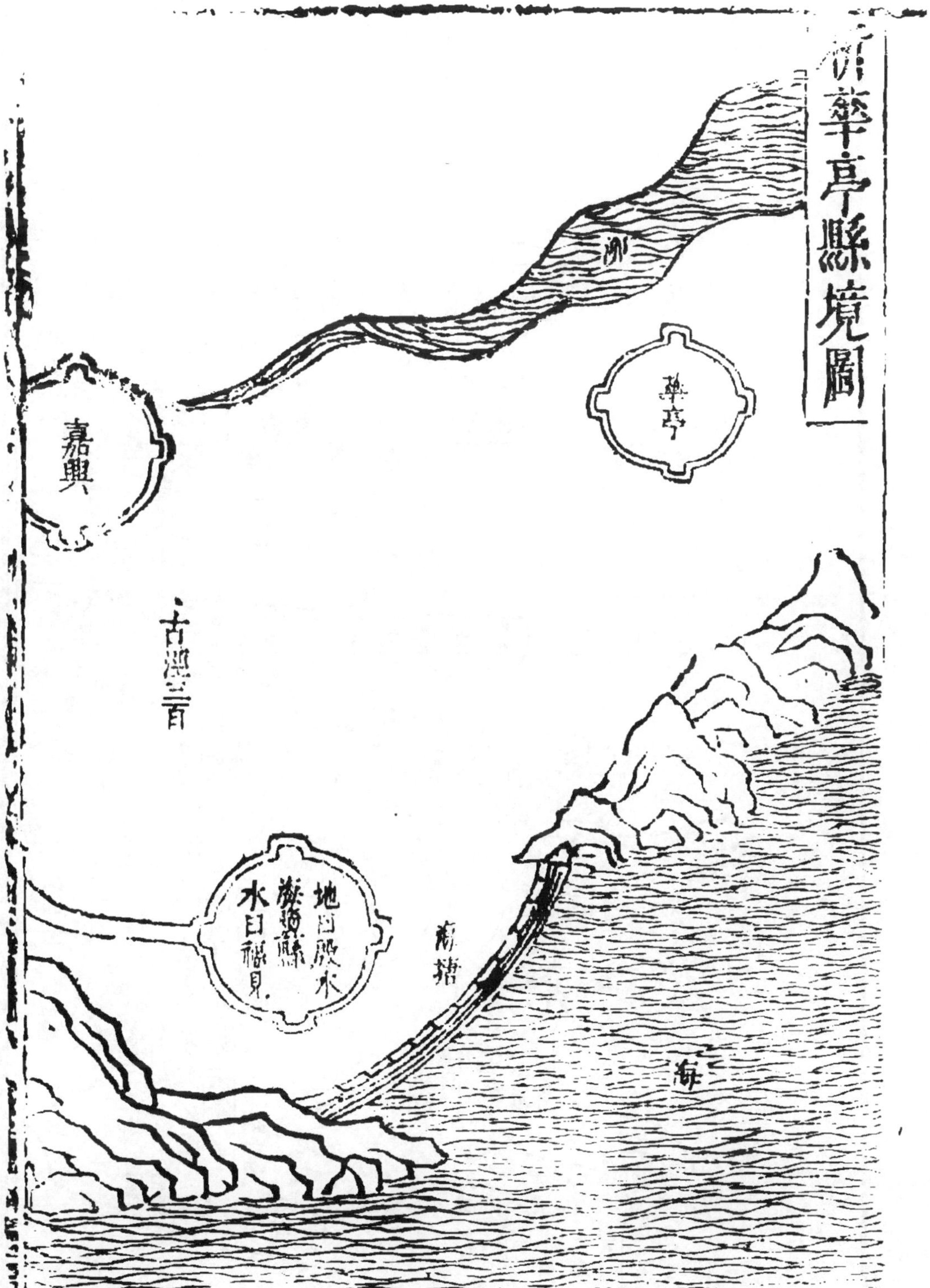
華亭縣境圖
泖
華亭
嘉興
海塘
海

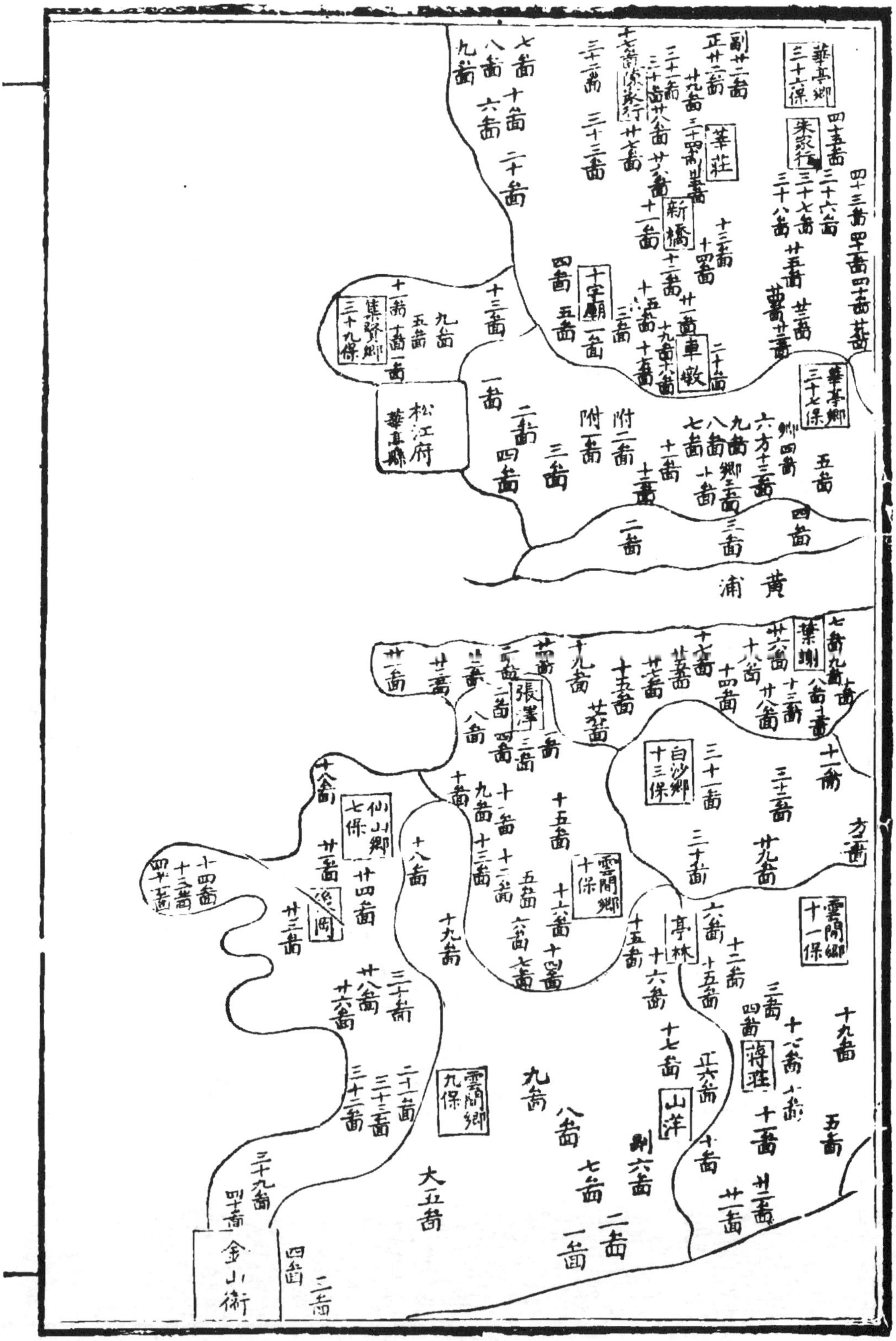

华亭全境图 / 选自乾隆《华亭县志》

華亭全境圖并說

華亭土宇其形橢而浦北尤狹大約廣不及袤十之一爪邪凹凸其錯入他境者酷似犬牙未可言喻爰繪圖以便觀覽

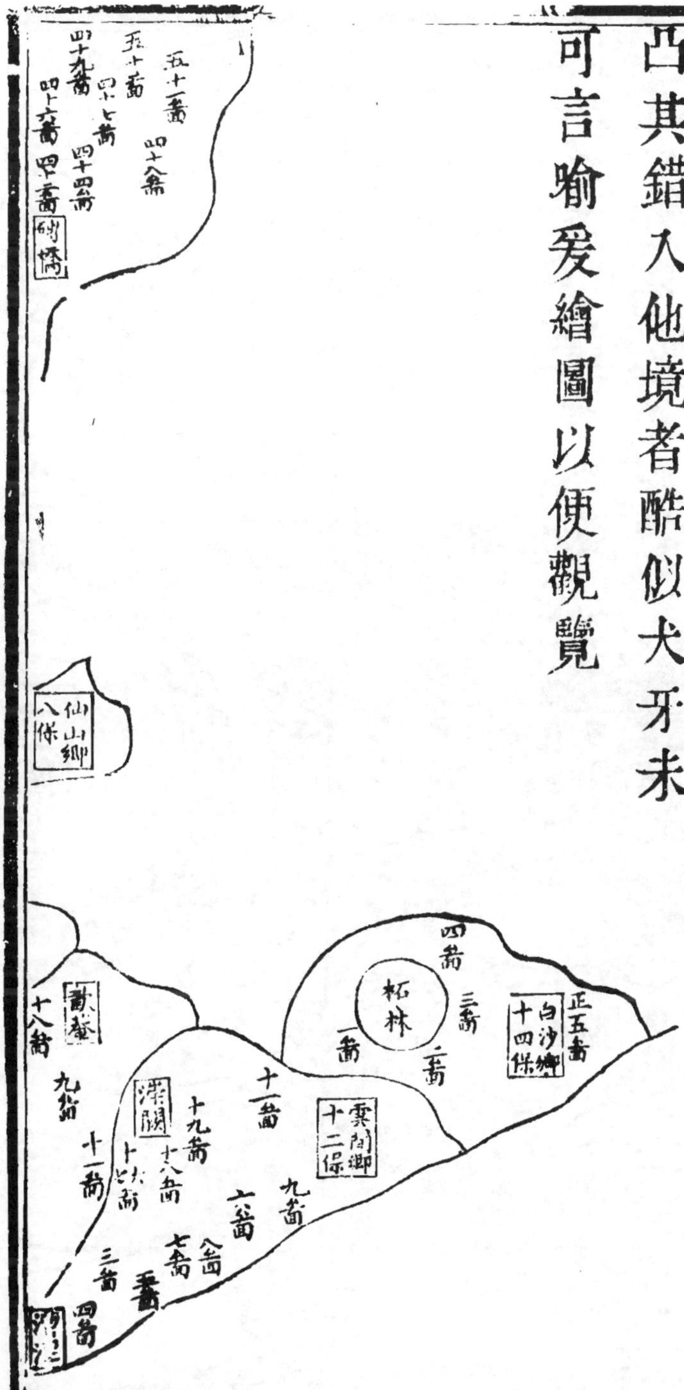

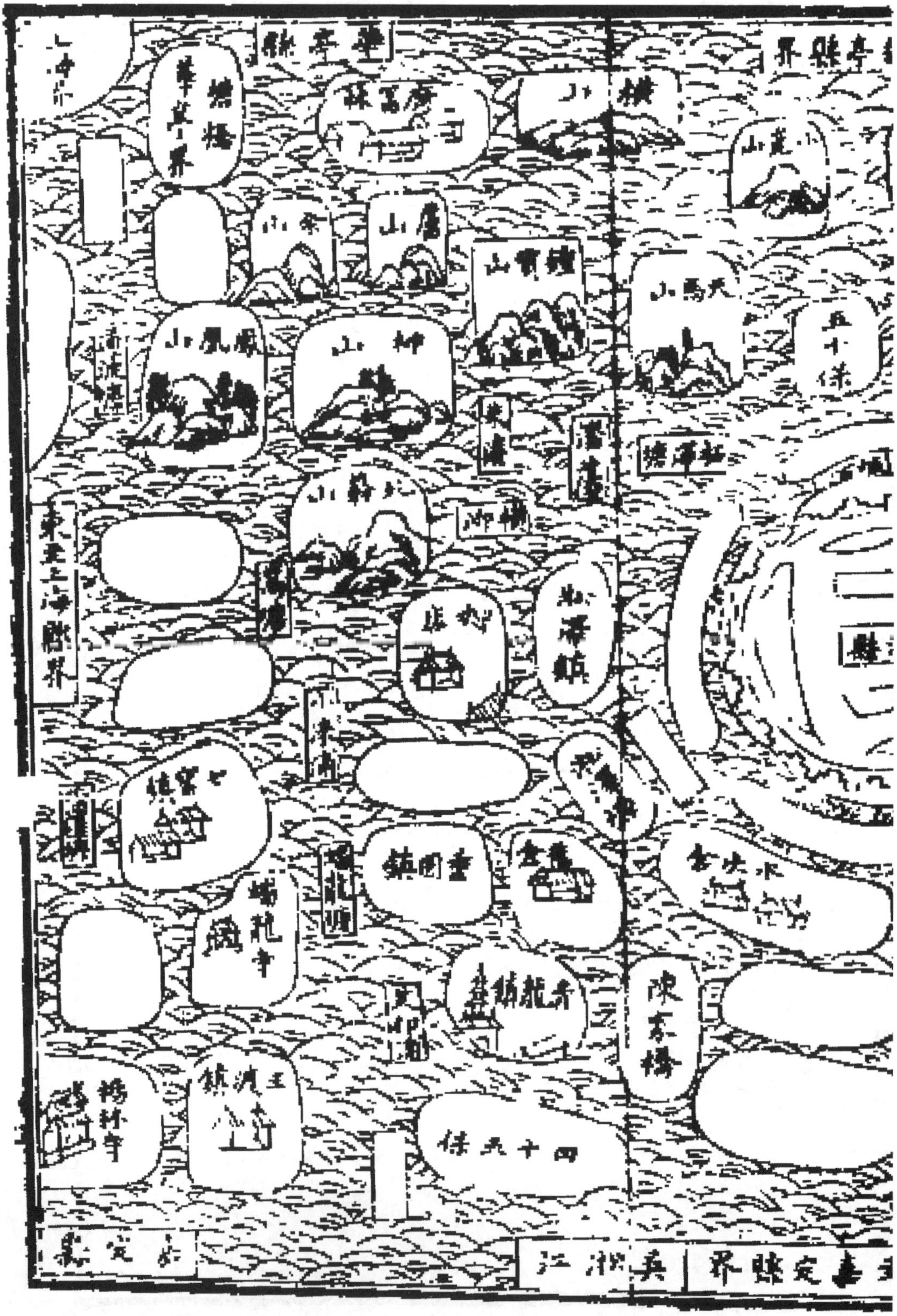

青浦县总图 / 选自崇祯《松江府志》

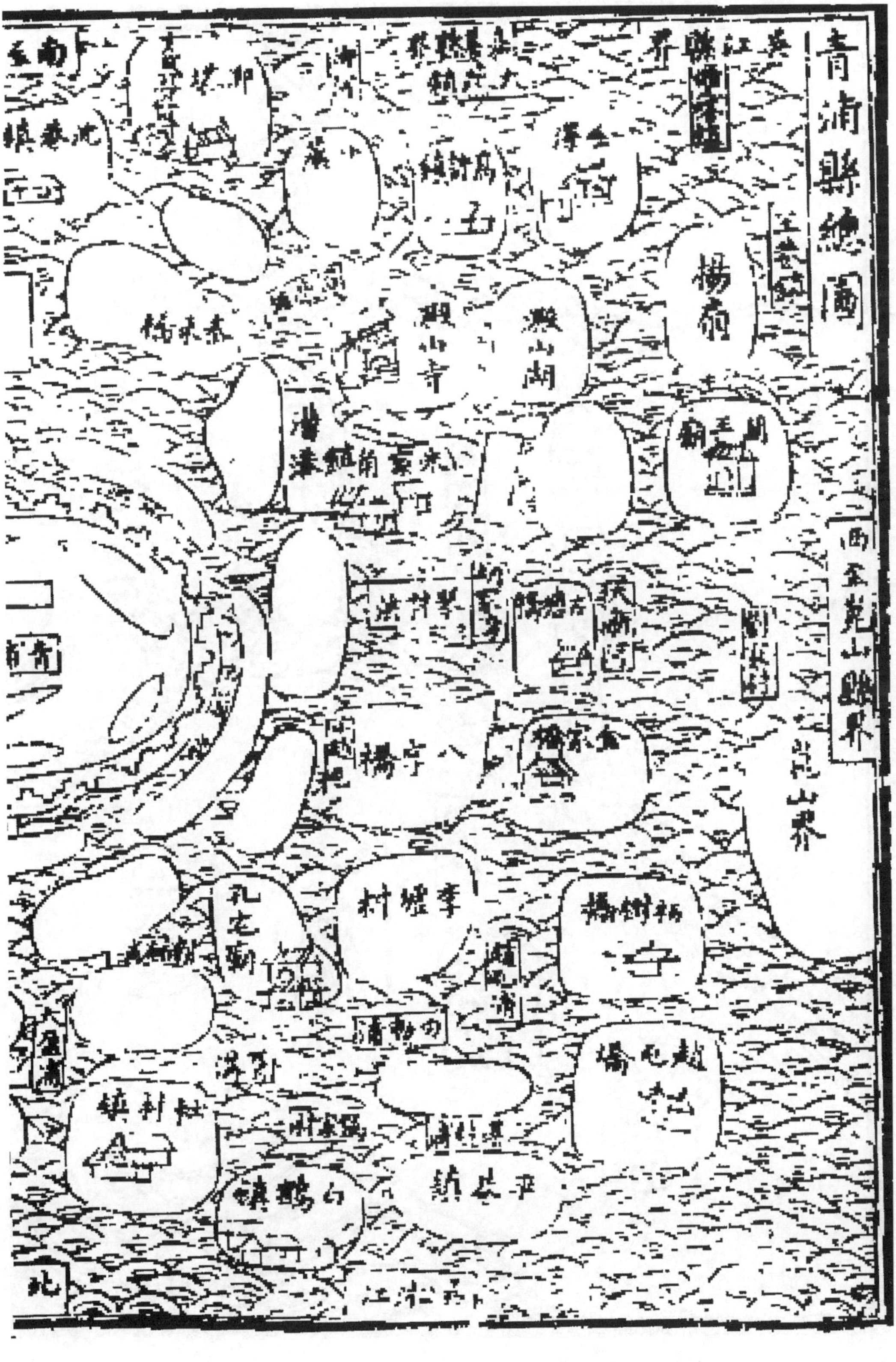
青浦縣總圖
吳江縣界
澱山湖
澱山寺
北

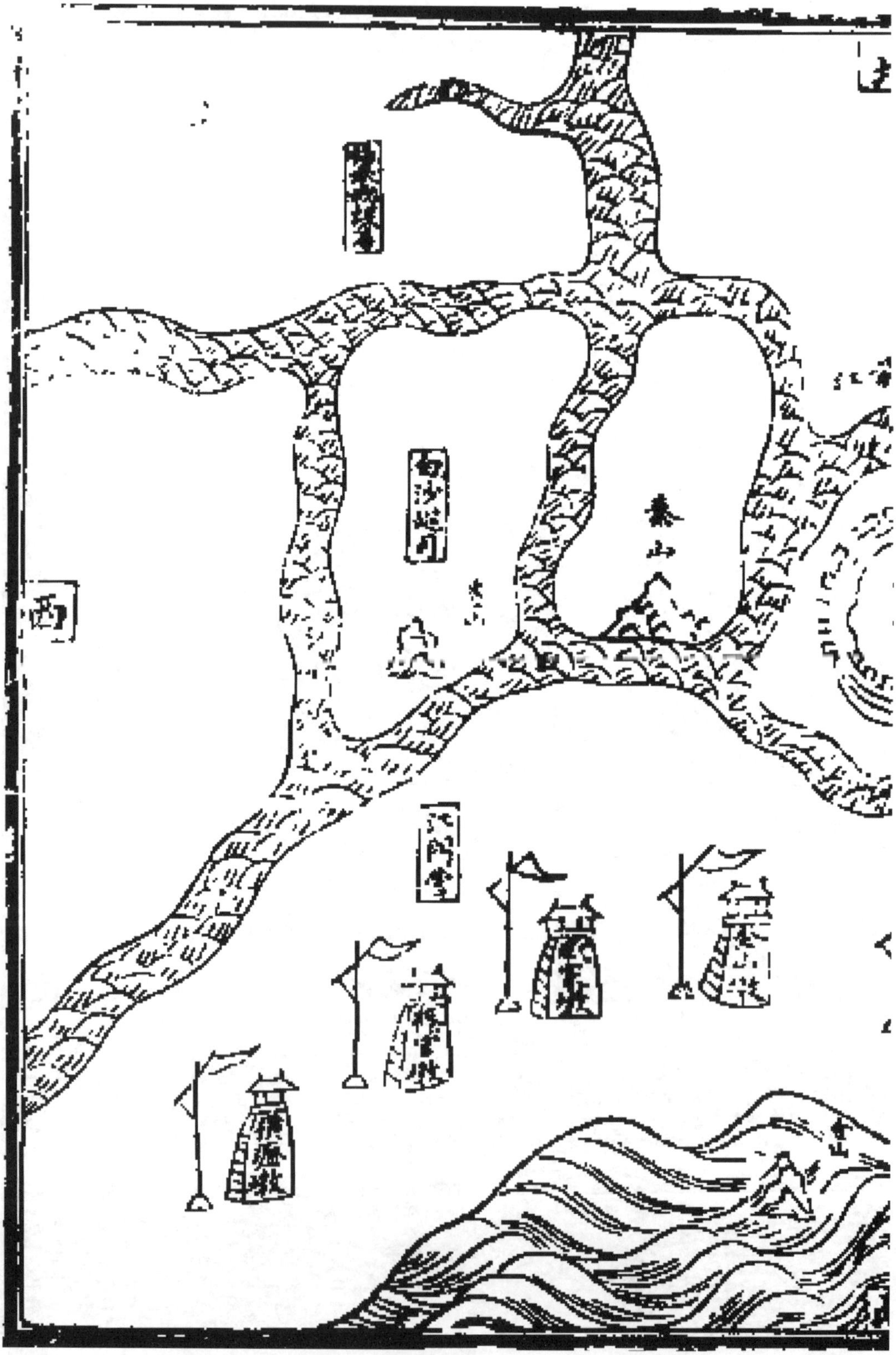

金山卫图 / 选自崇祯《松江府志》

金山衛圖
斜涇
松隱寺
張涇
金山衛
金山營
東

崇明疆域城图 / 选自正德《崇明县志》

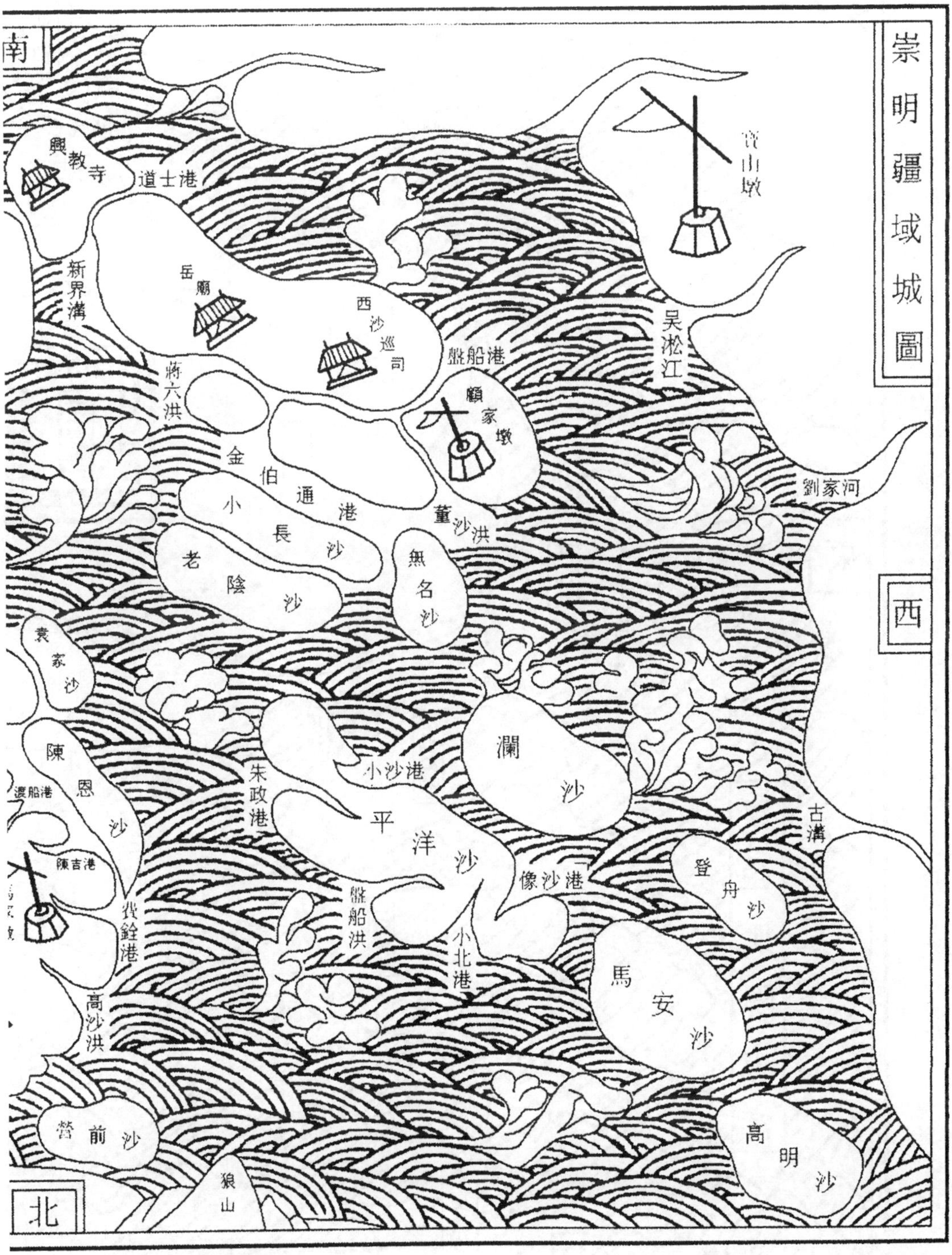
崇明疆域城圖
南
西
北
興教寺
道士港
寶山墩
新界溝
岳廟
西沙巡司
盤船港
吴淞江
蔣六洪
顧家墩
金伯通港
小長沙
老陰沙
董沙洪
劉家河
無名沙
袁家沙
陳恩沙
渡船港
陳吉港
朱政港
小沙港
平洋沙
瀾沙
古溝
登舟沙
像沙港
盤船洪
小北港
高沙洪
馬安沙
營前沙
高明沙
狼山

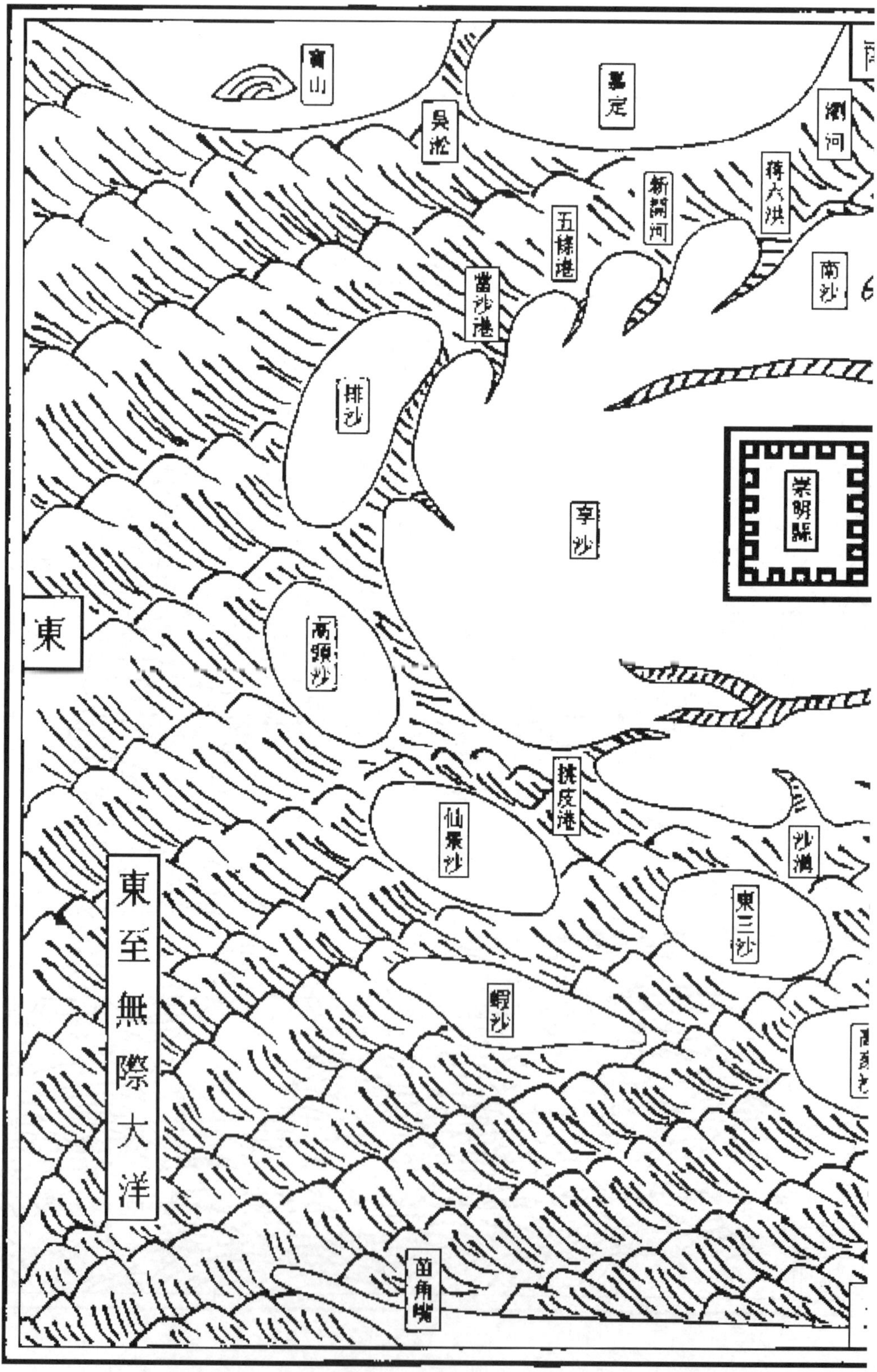

崇明县舆地图 / 选自正德《崇明县志》

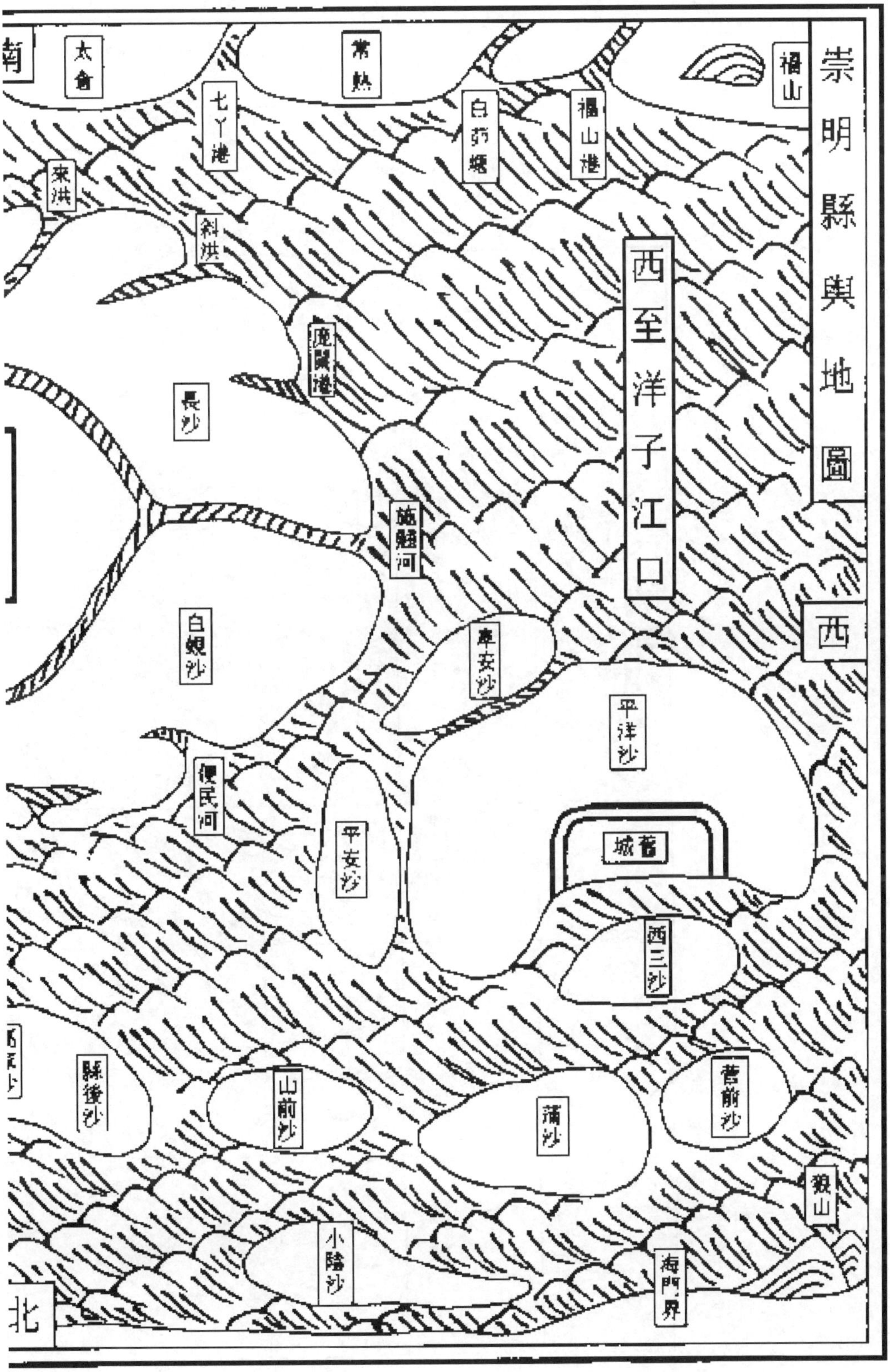
崇明縣輿地圖
西至洋子江口
南
太倉
常熟
福山
七丫港
白茆塘
福山港
來洪
斜洪
鹿鳴港
長沙
施翹河
白蜆沙
奉安沙
平洋沙
西
便民河
平安沙
舊城
西三沙
縣後沙
山前沙
蒲沙
營前沙
狼山
小陰沙
海門界
北

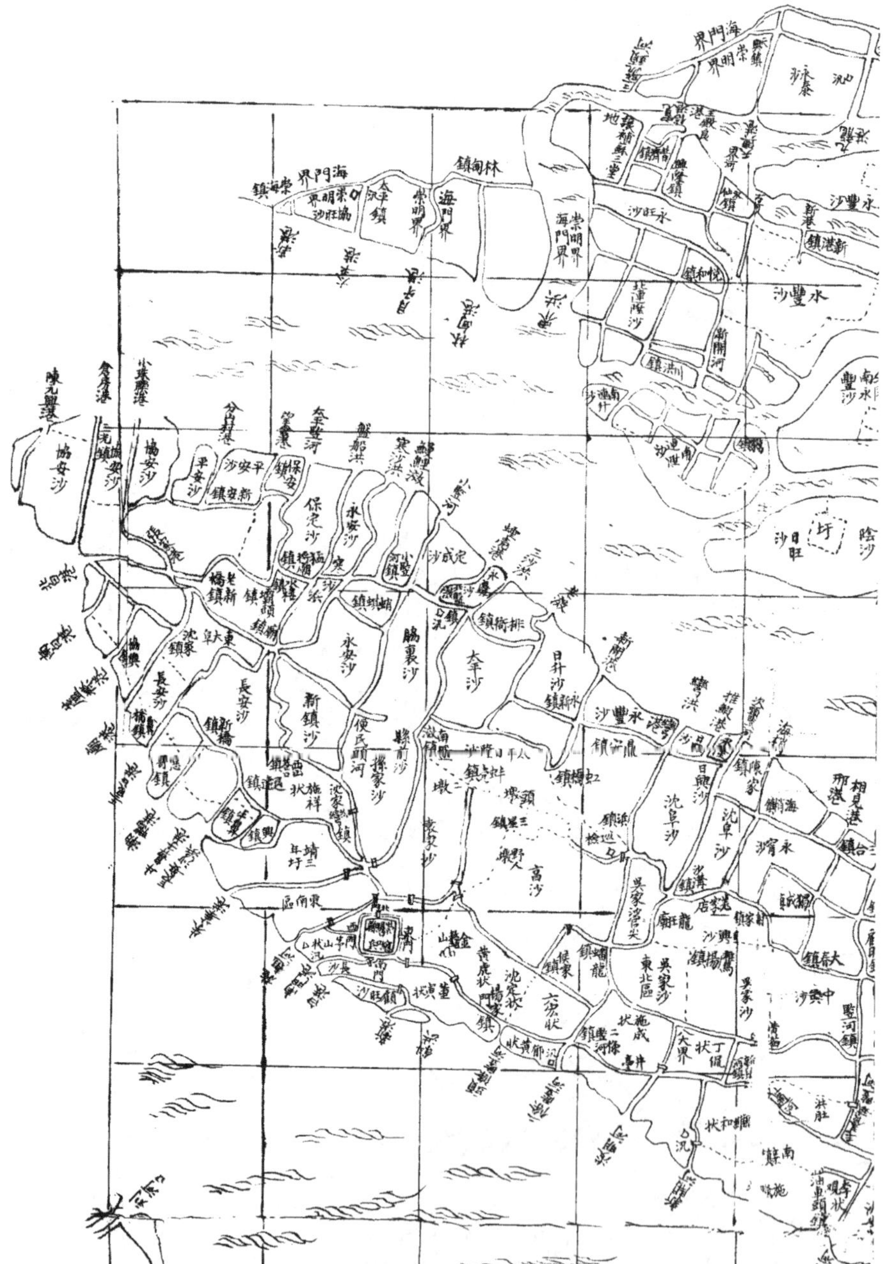

崇明县境图 / 选自光绪《太仓直隶州志》

崇明縣境圖

每方十里

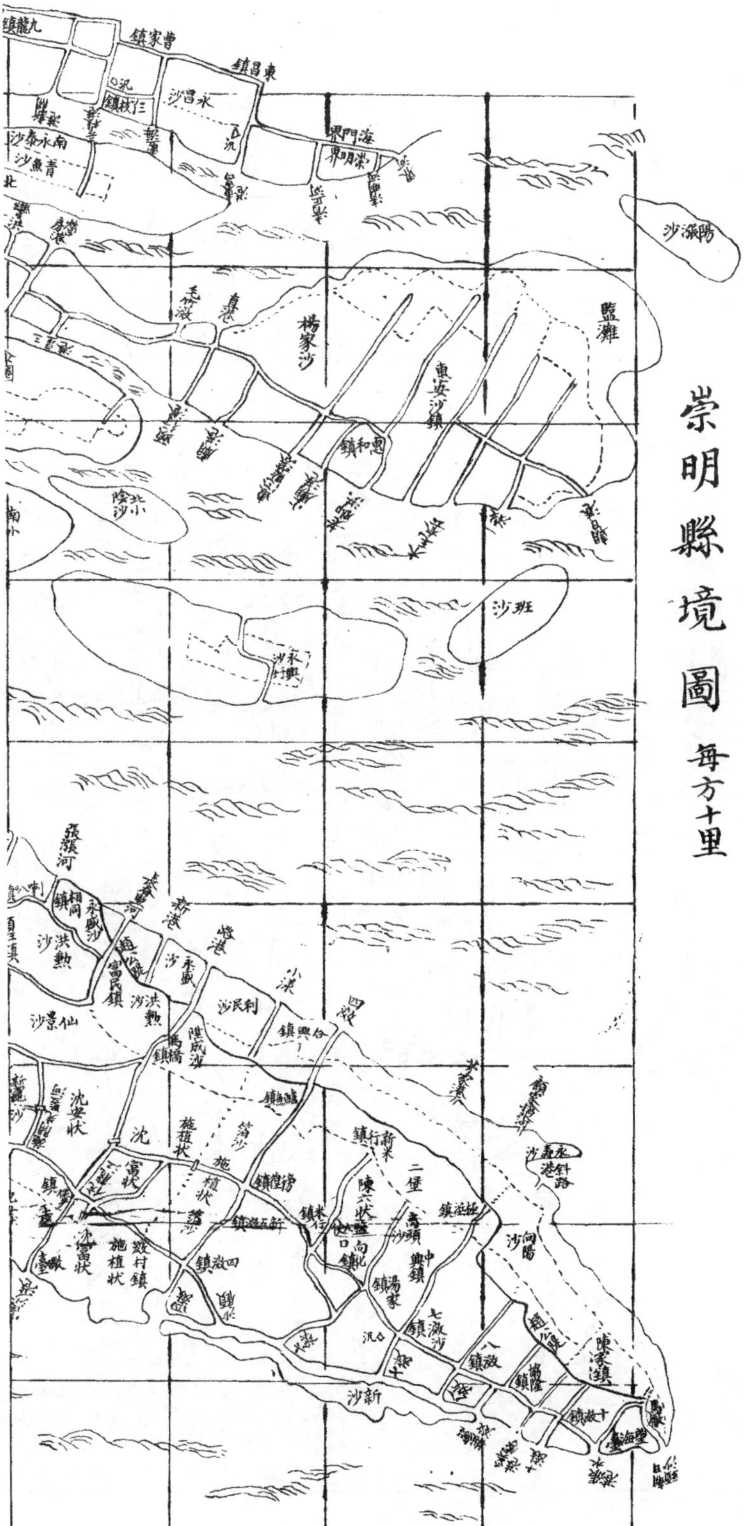

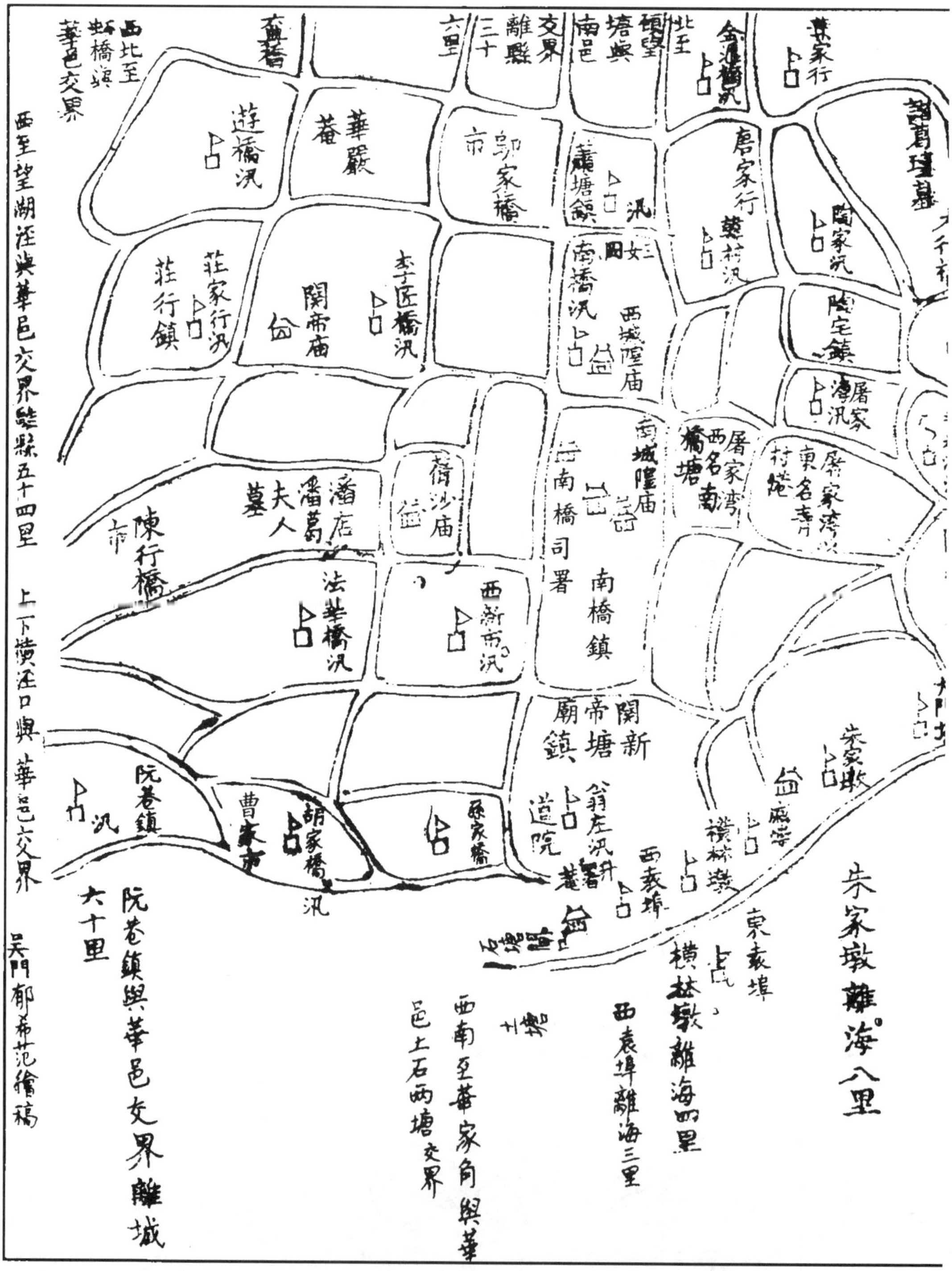

奉贤全境图 / 选自乾隆《奉贤县志》

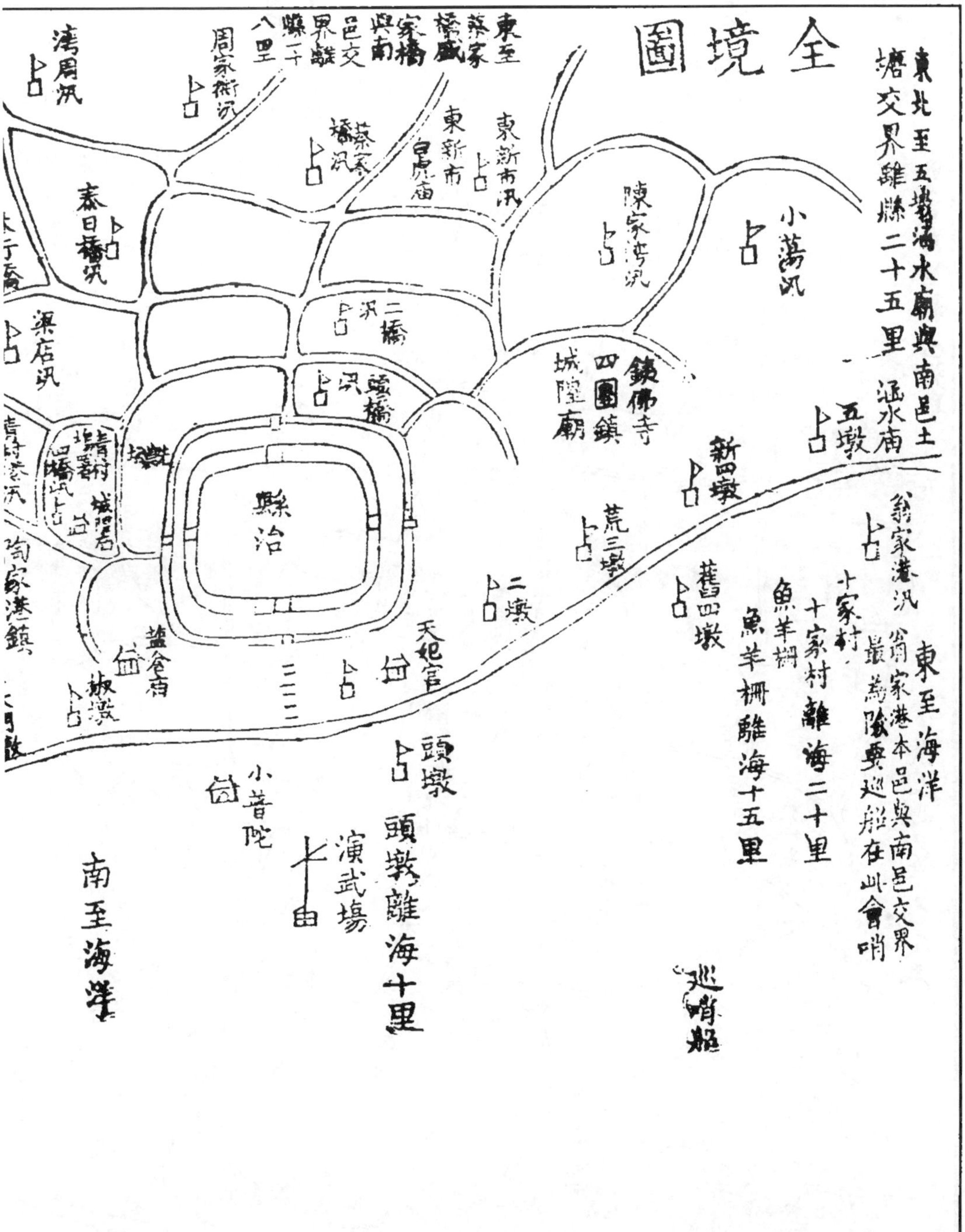
全境圖
東至蔡家橋與南邑交界離縣二十八里
湾周汛
周家衖汛
蔡家橋汛
東新市汛
陳家港汛
小蕩汛
泰日橋汛
渠店汛
二橋汛
頭橋汛
鎮佛寺
四團鎮
城隍廟
涵水廟
五墩
新四墩
荒三墩
二墩
舊四墩
翁家港汛
縣治
陶家港鎮
鹽倉廟
天妃宮
頭墩
小普陀
演武場
十家村
十家村離海二十里
魚羊棚
魚羊棚離海十五里
翁家港本邑與南邑交界最為險要巡船在此會哨
東至海洋
頭墩離海十里
南至海洋
巡哨船

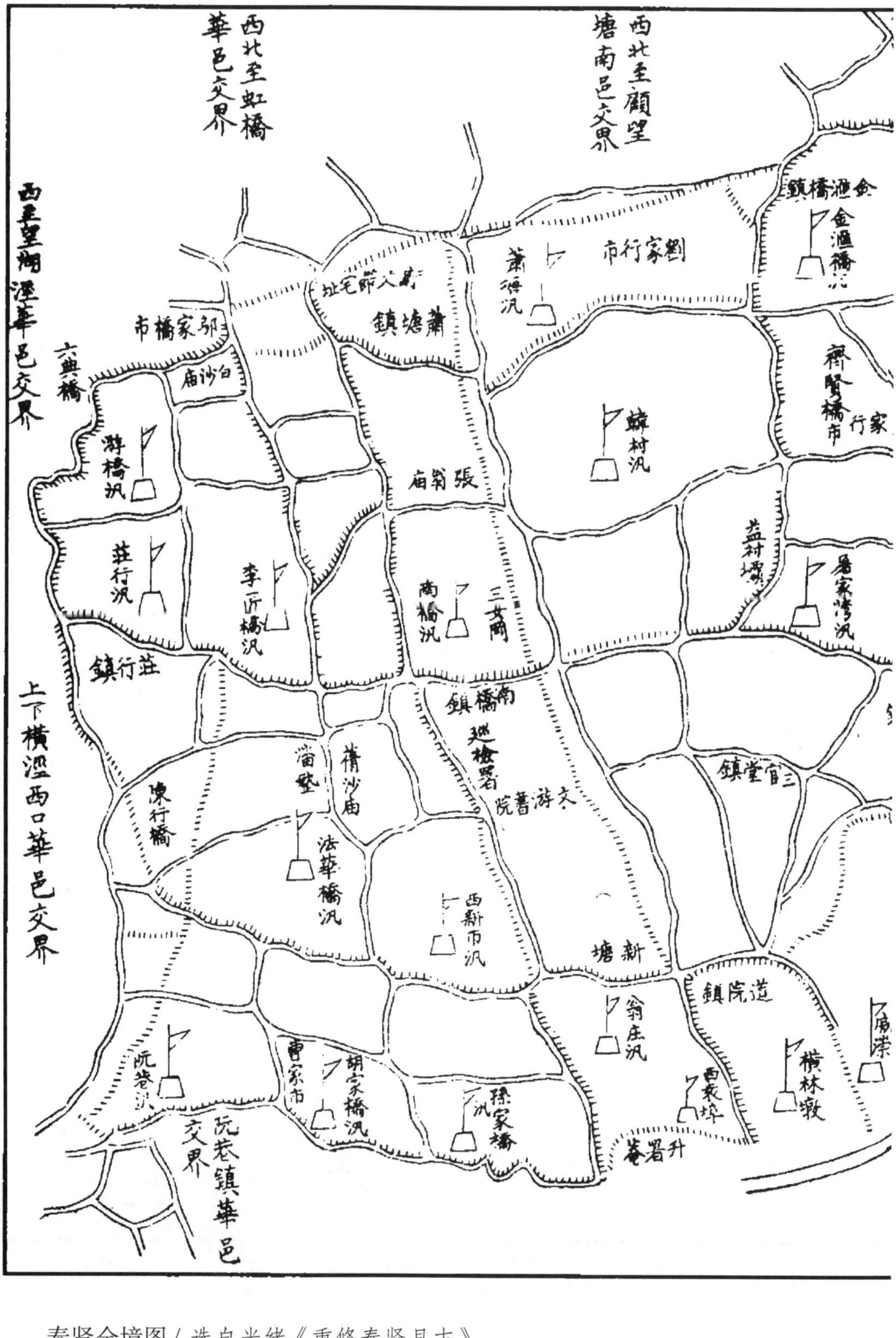

奉贤全境图 / 选自光绪《重修奉贤县志》

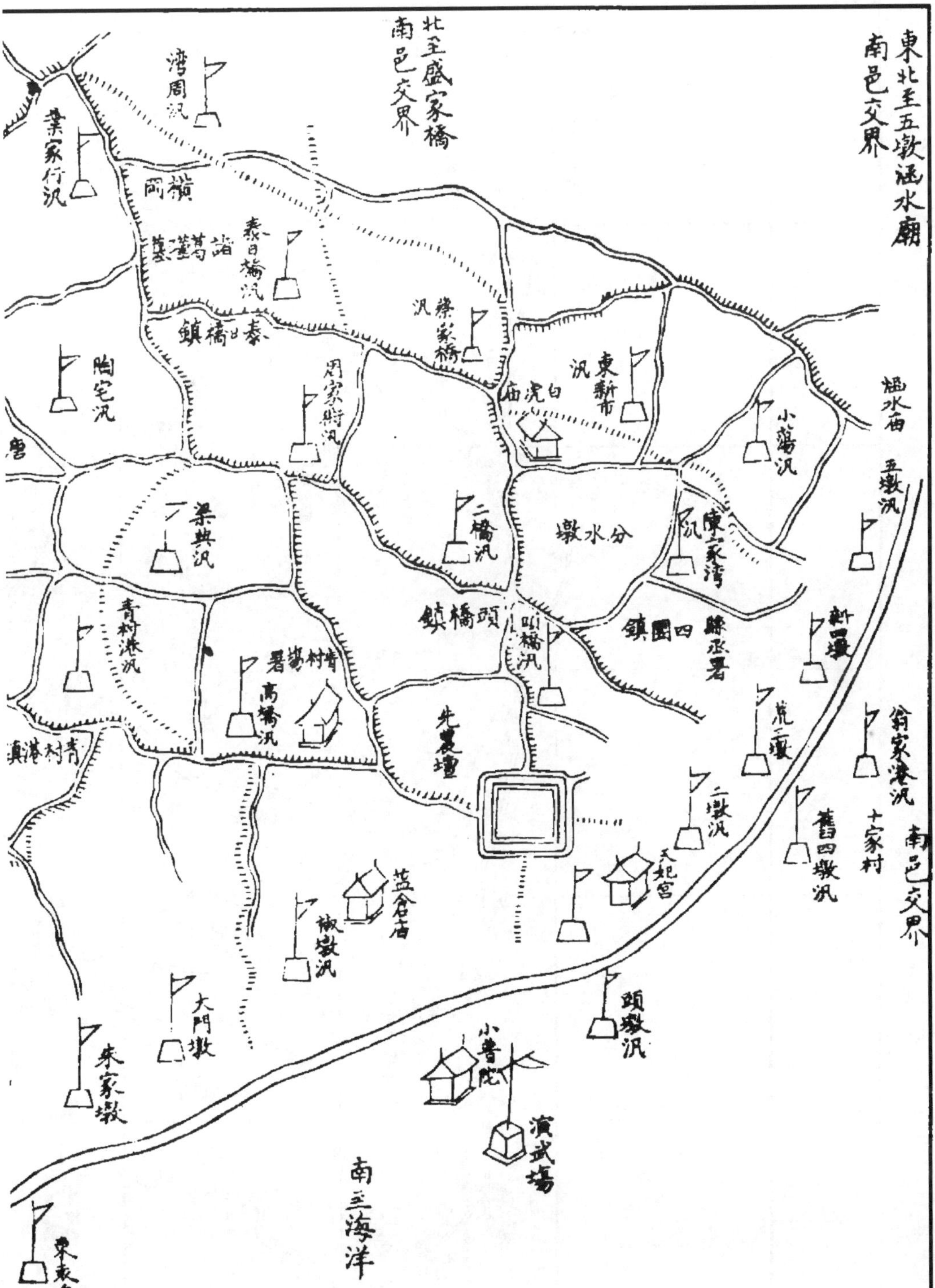
東北至五墩涵水廟
南邑交界
北至盛家橋
南邑交界
灣周汛
葉家行汛
横岡
泰日橋汛
泰日橋鎮
徐家橋汛
陶宅汛
東新市汛
白虎廟
小蕩汛
涵水廟
五墩汛
分水墩
二橋汛
陳家灣汛
梁典汛
頭橋鎮
四團鎮
青村港汛
高橋汛
新四墩
翁家港汛
荒二墩
先農壇
二墩汛
舊四墩汛
十家村
南邑交界
天妃宫
大門墩
頭墩汛
朱家墩
小普陀
演武場
南至海洋
青村港鎮

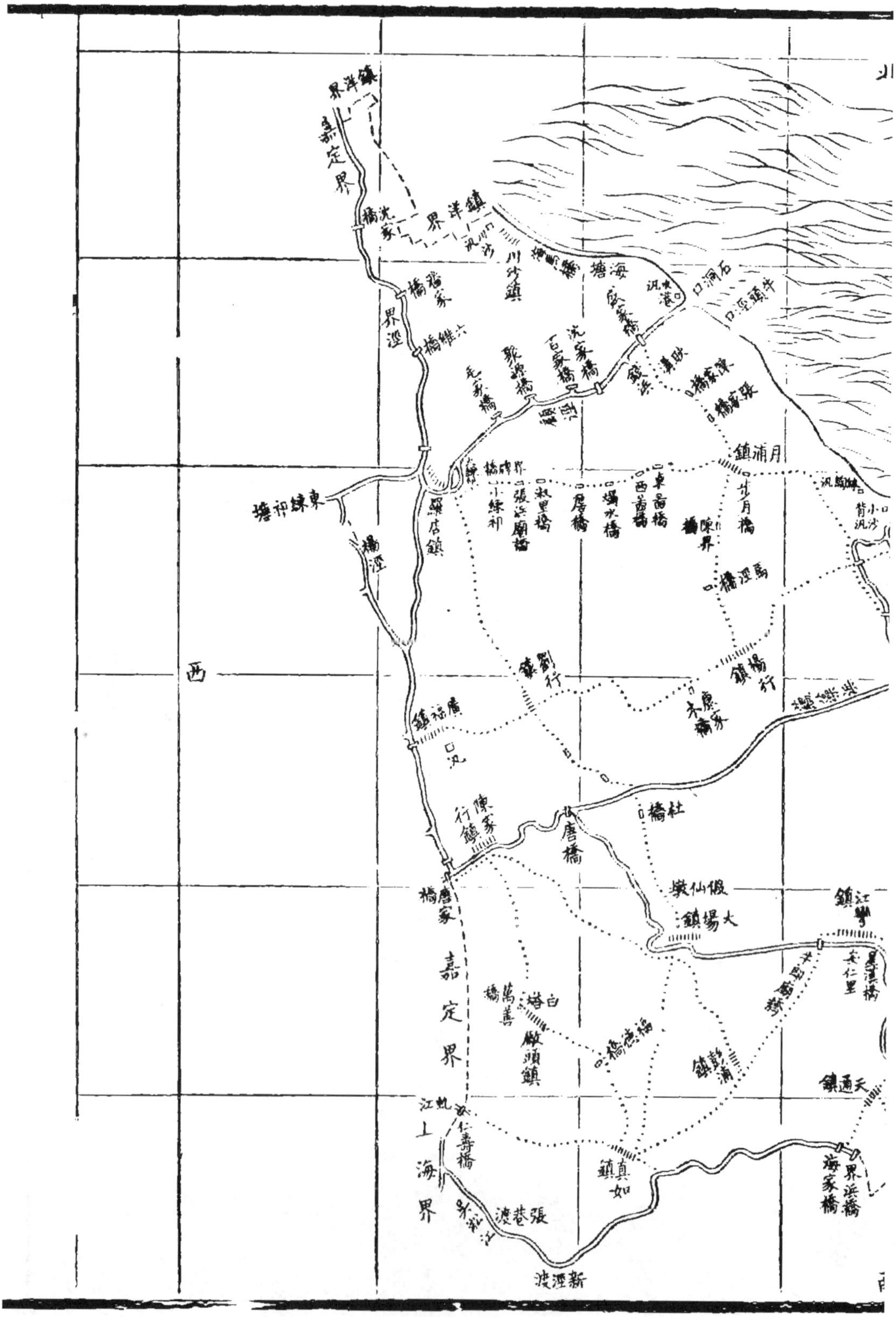

宝山县治全境图 / 选自光绪《宝山县志》

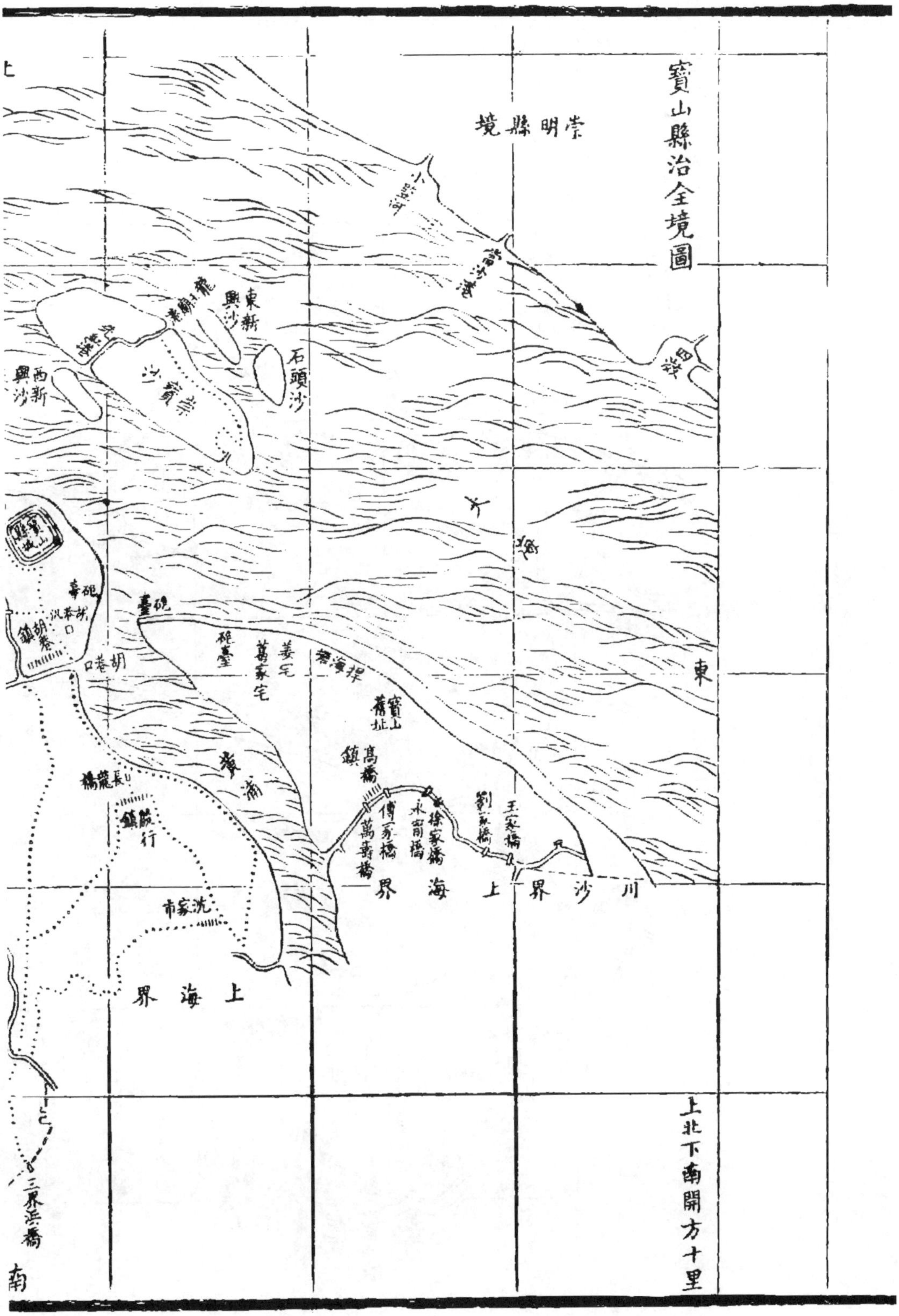
寶山縣治全境圖
崇明縣境
北
東
南
石頭沙
東新興沙
西新興沙
崇寶沙
砲臺
胡巷口
胡巷鎮
姜宅
葛家宅
寶山舊址
高橋鎮
傅家橋
萬壽橋
永甯橋
徐家橋
劉家橋
王家橋
川沙界
上海界
上海界
三界浜橋
上北下南開方十里

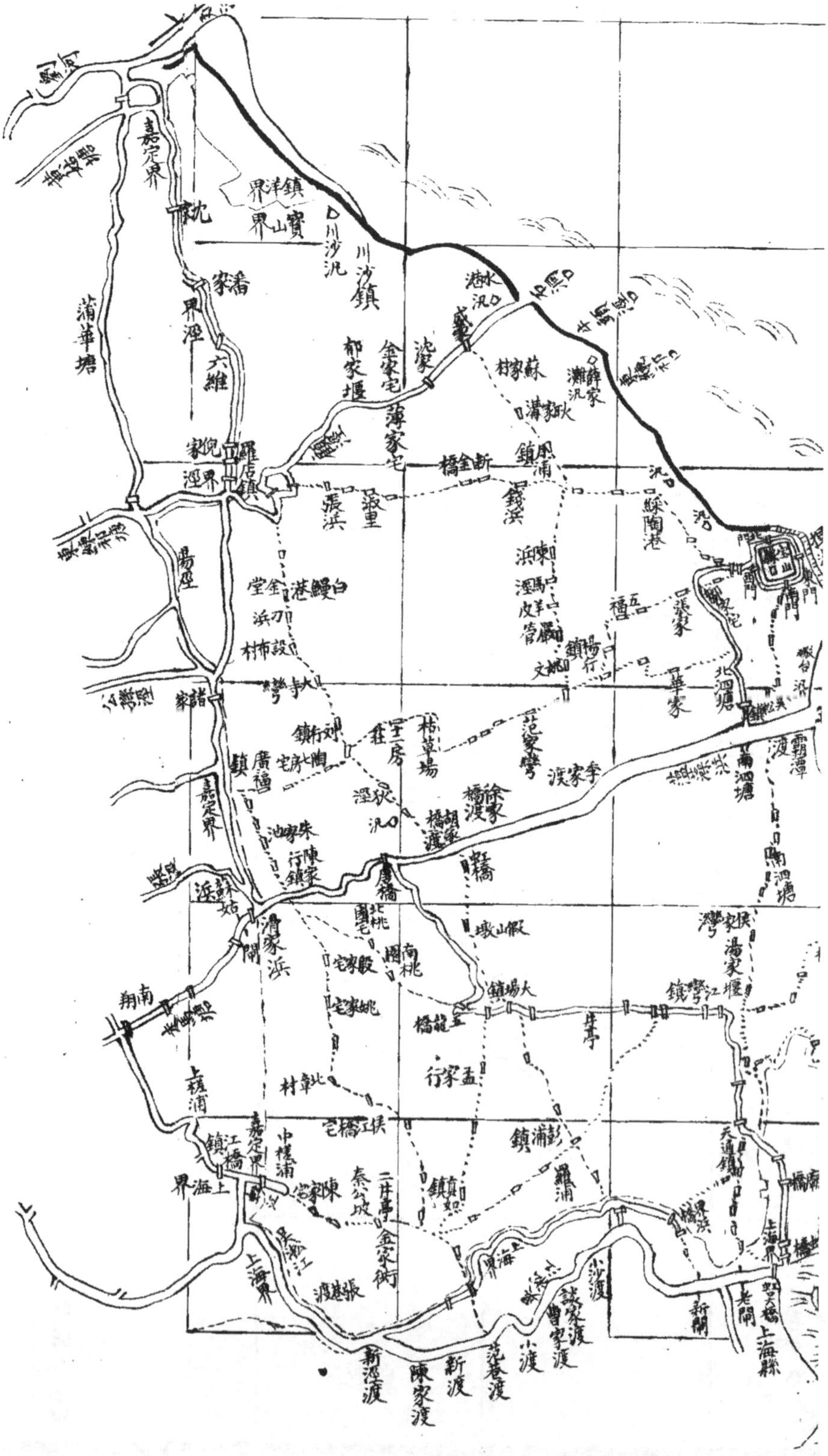

宝山县境图 / 选自光绪《太仓直隶州志》

寶山縣境圖

每方十里

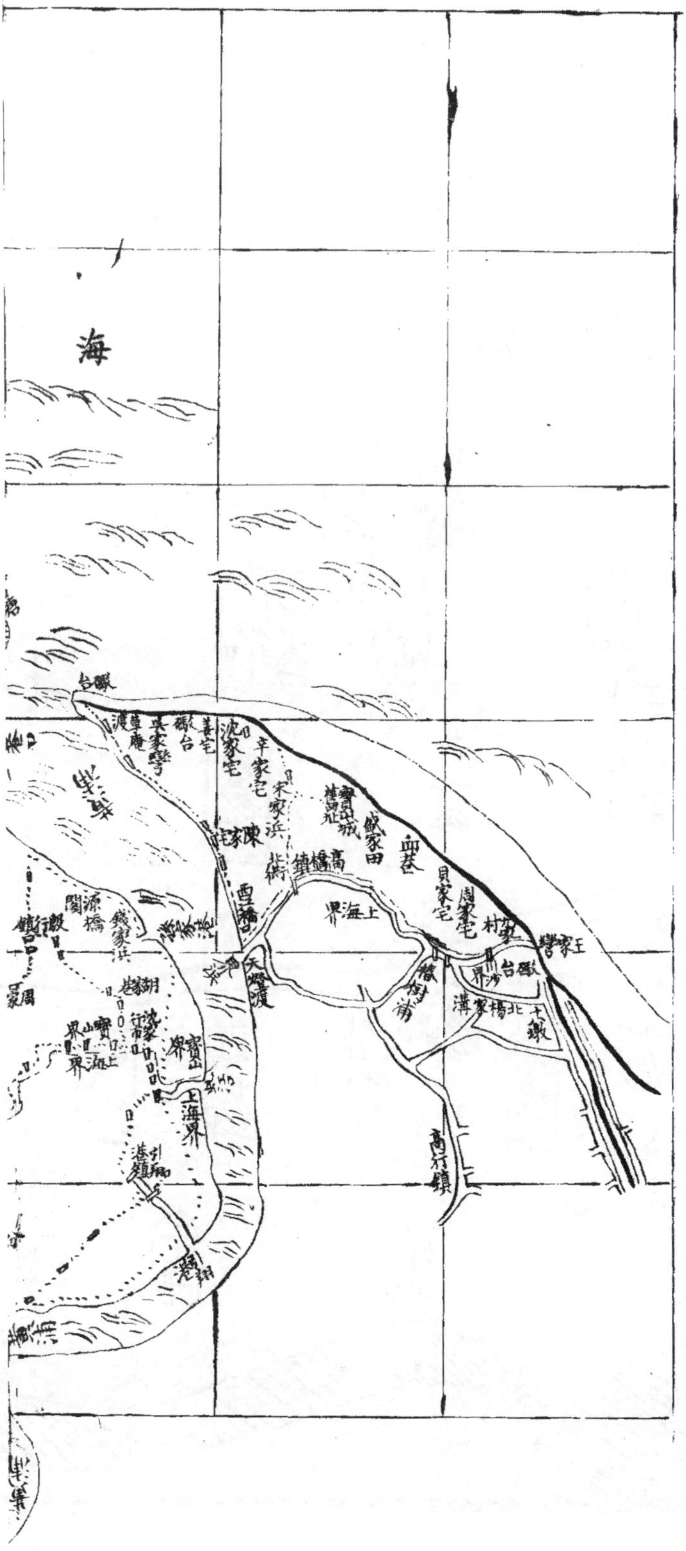

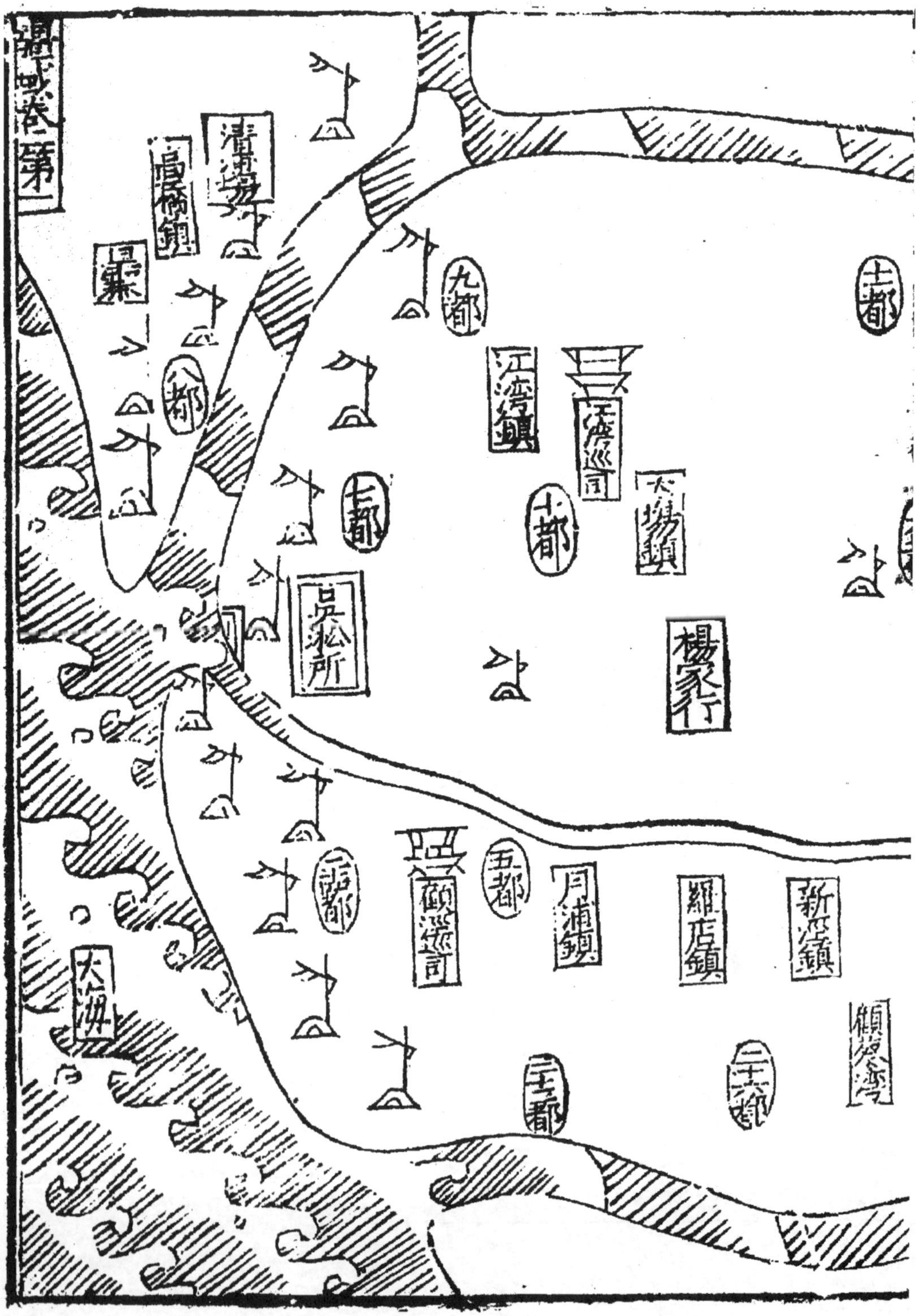

嘉定县境图 / 选自嘉靖《嘉定县志》

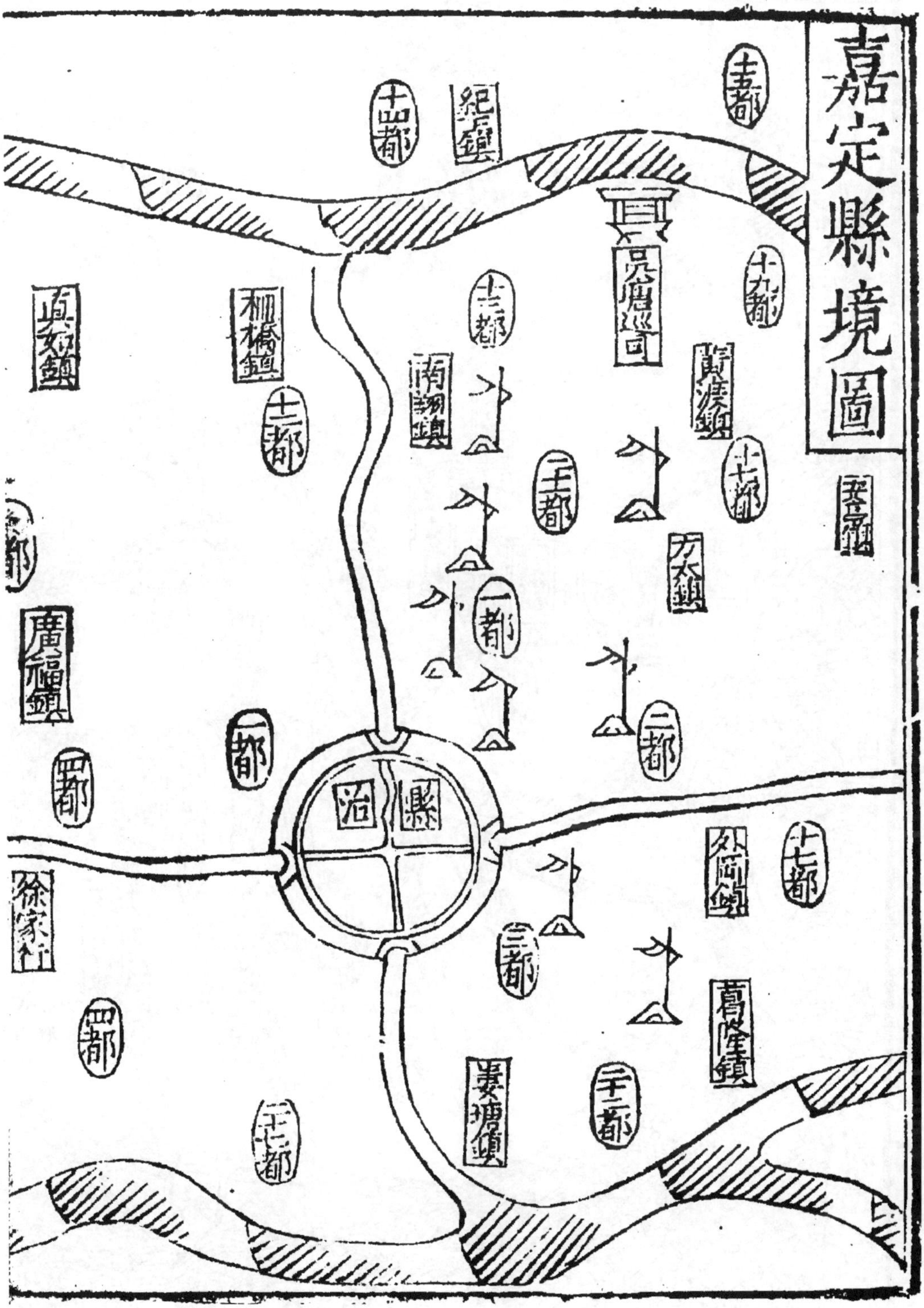
嘉定縣境圖
縣治
南翔鎮
黃渡鎮
方泰鎮
廣福鎮
徐家行
外岡鎮
葛隆鎮
婁塘鎮
一都
二都
三都
四都

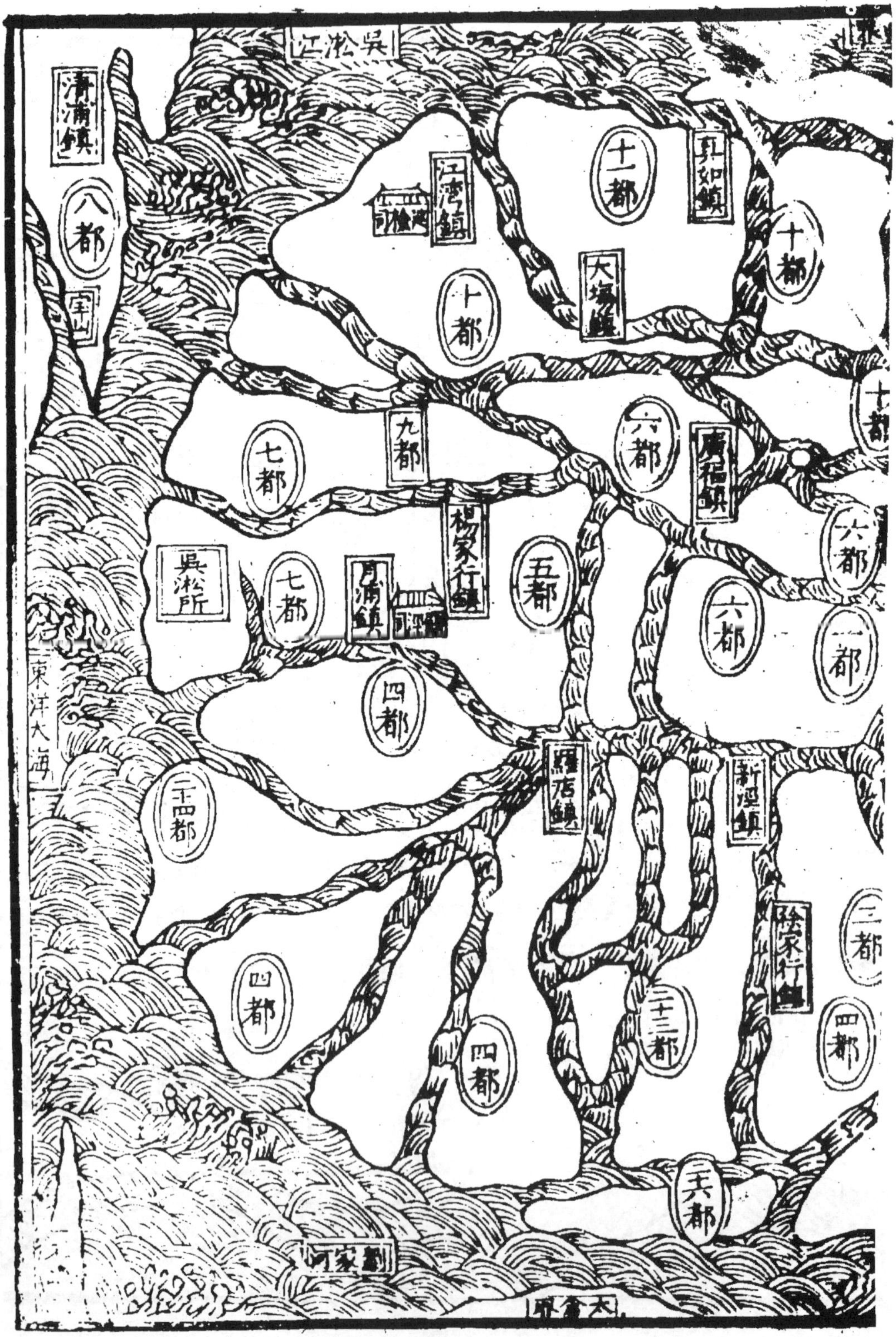

嘉定县镇都总图 / 选自万历《嘉定县志》

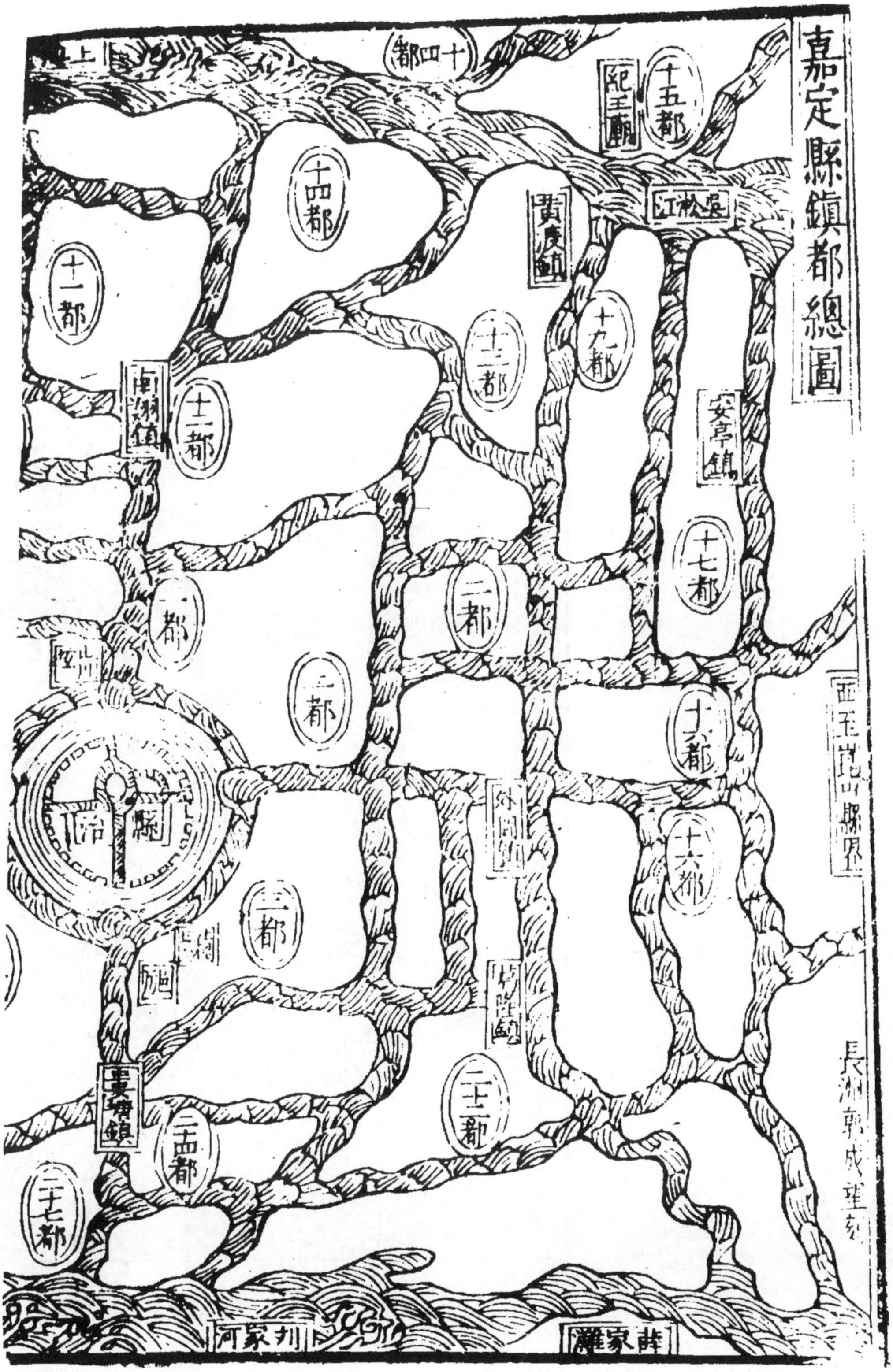
嘉定縣鎮都總圖
十五都
紀王廟
黃渡鎮
南翔鎮
安亭鎮
十七都
二都
西至崑山縣界
十六都
二十三都
二十七都
長洲郭成望刻

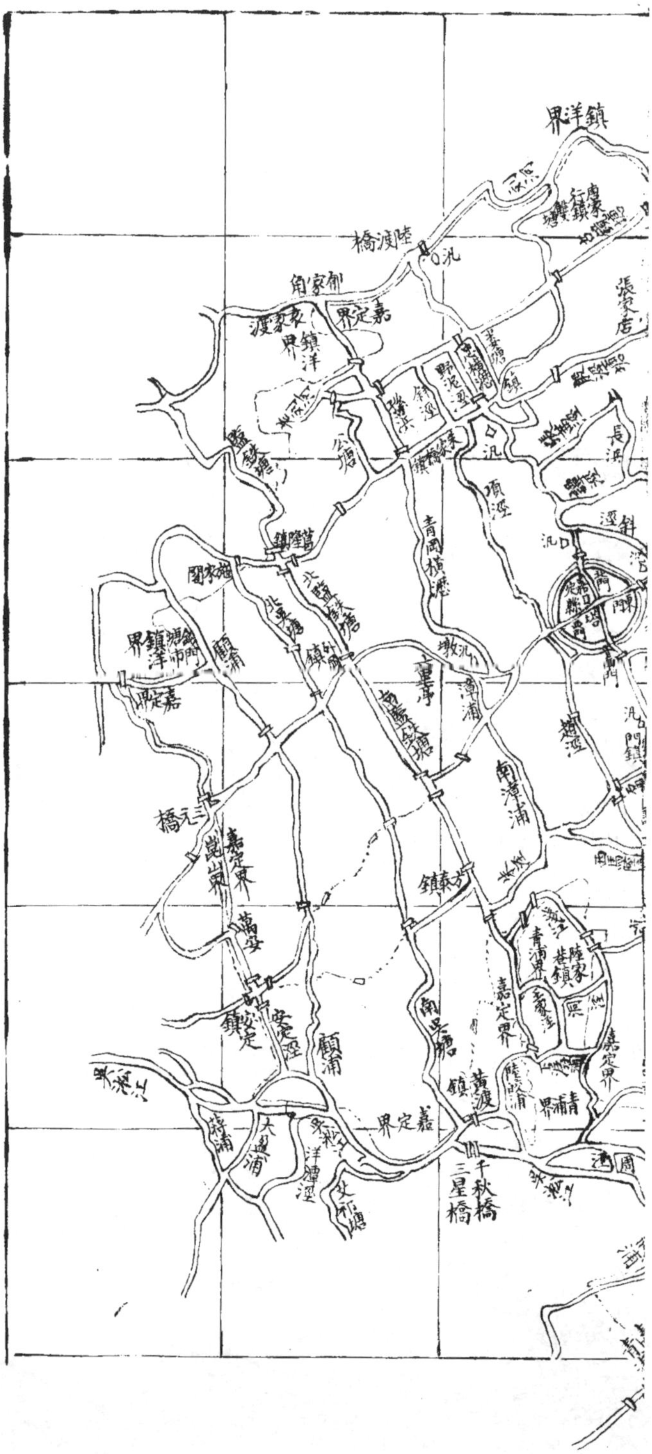

嘉定县境图 / 选自光绪《太仓直隶州志》

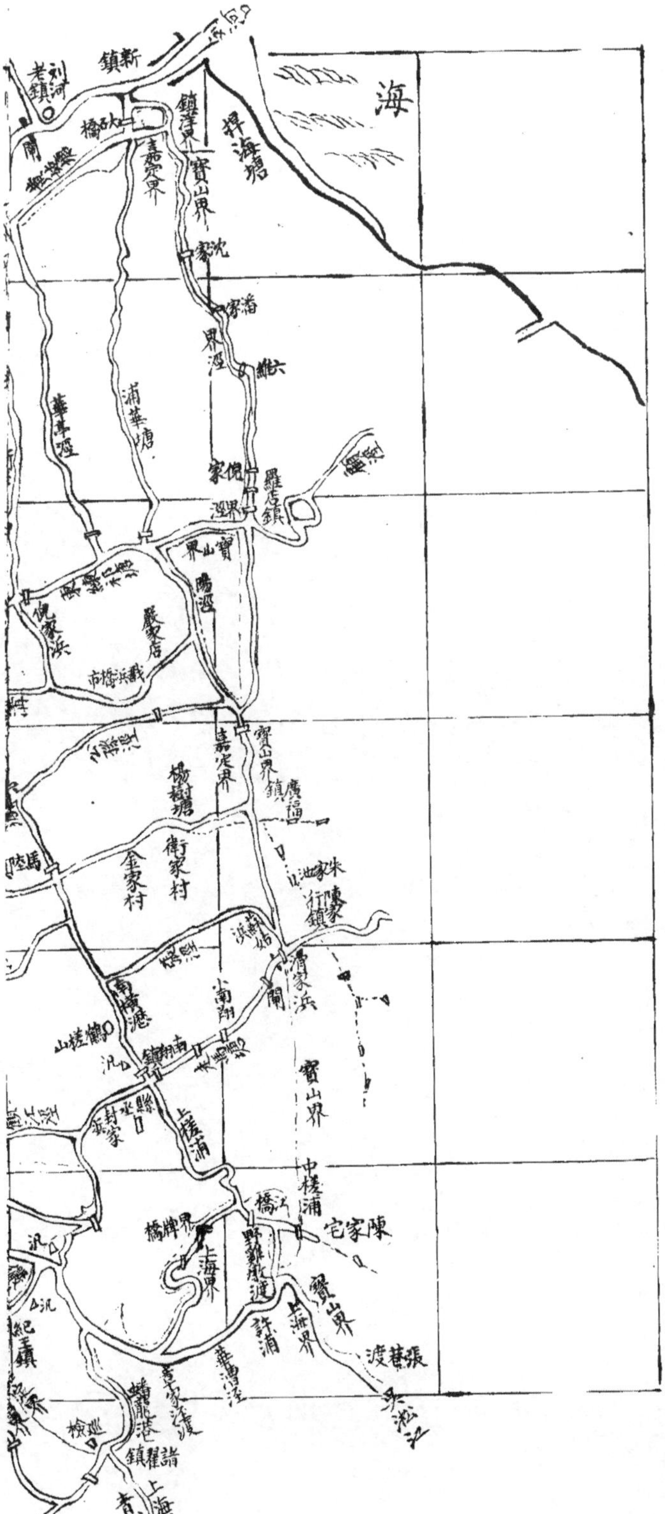
海
捍海塘
新鎮
老劉河鎮
鎮洋界
嘉定界
寶山界
沈家
潘家
界涇
浦華塘
倪家
羅店鎮
寶山界
楊涇
倪家浜
嚴家店
戴浜橋市
嘉定界
寶山界鎮
廣福
楊樹塘
衛家村
金家村
朱家池
陳行鎮
潘家浜
南楊港
小南翔
南翔鎮
上槎浦
寶山界
中槎浦
陳家宅
上海界
許浦
上海界
寶山界
張巷渡
吳淞江
諸翟鎮
上海界
青浦界
巡檢

杭州

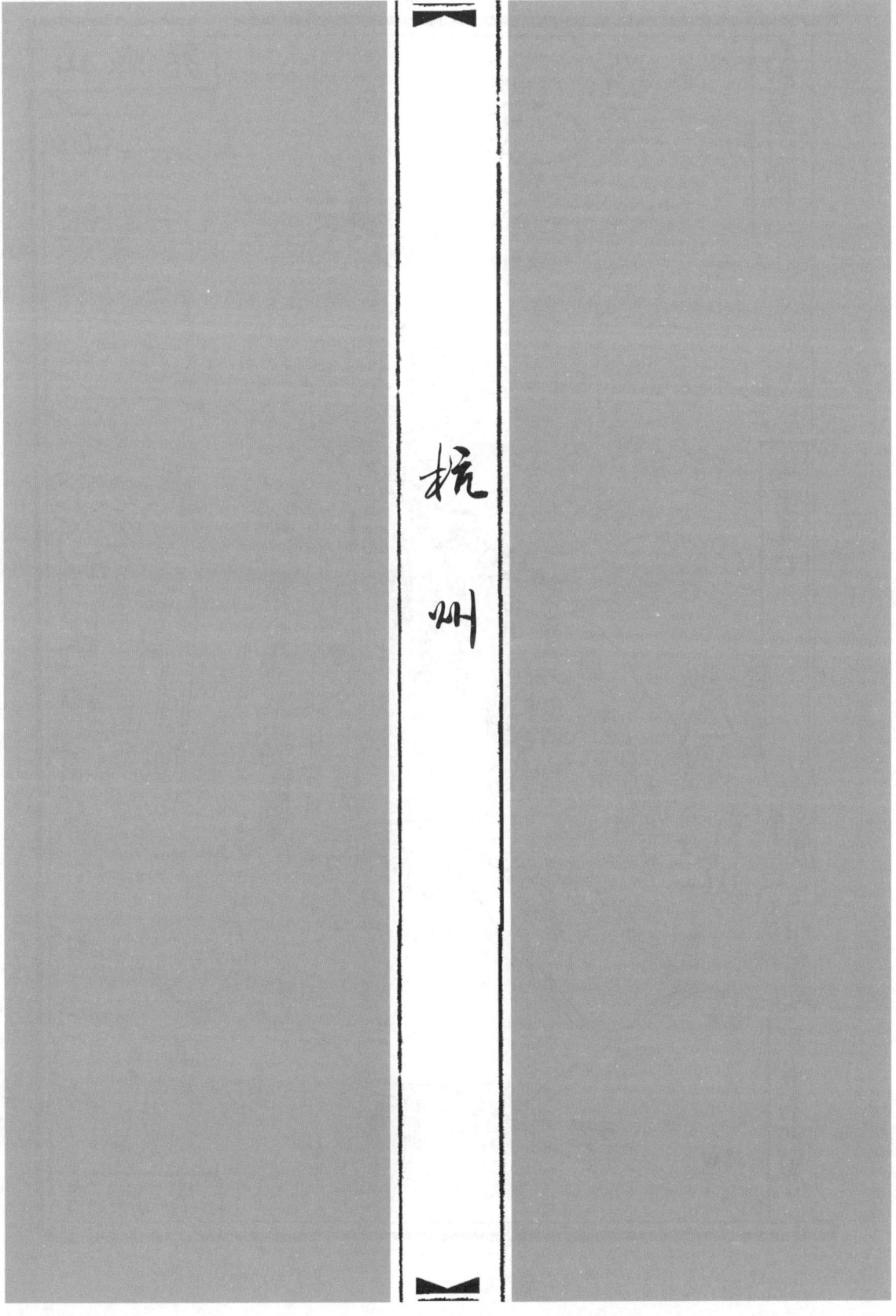

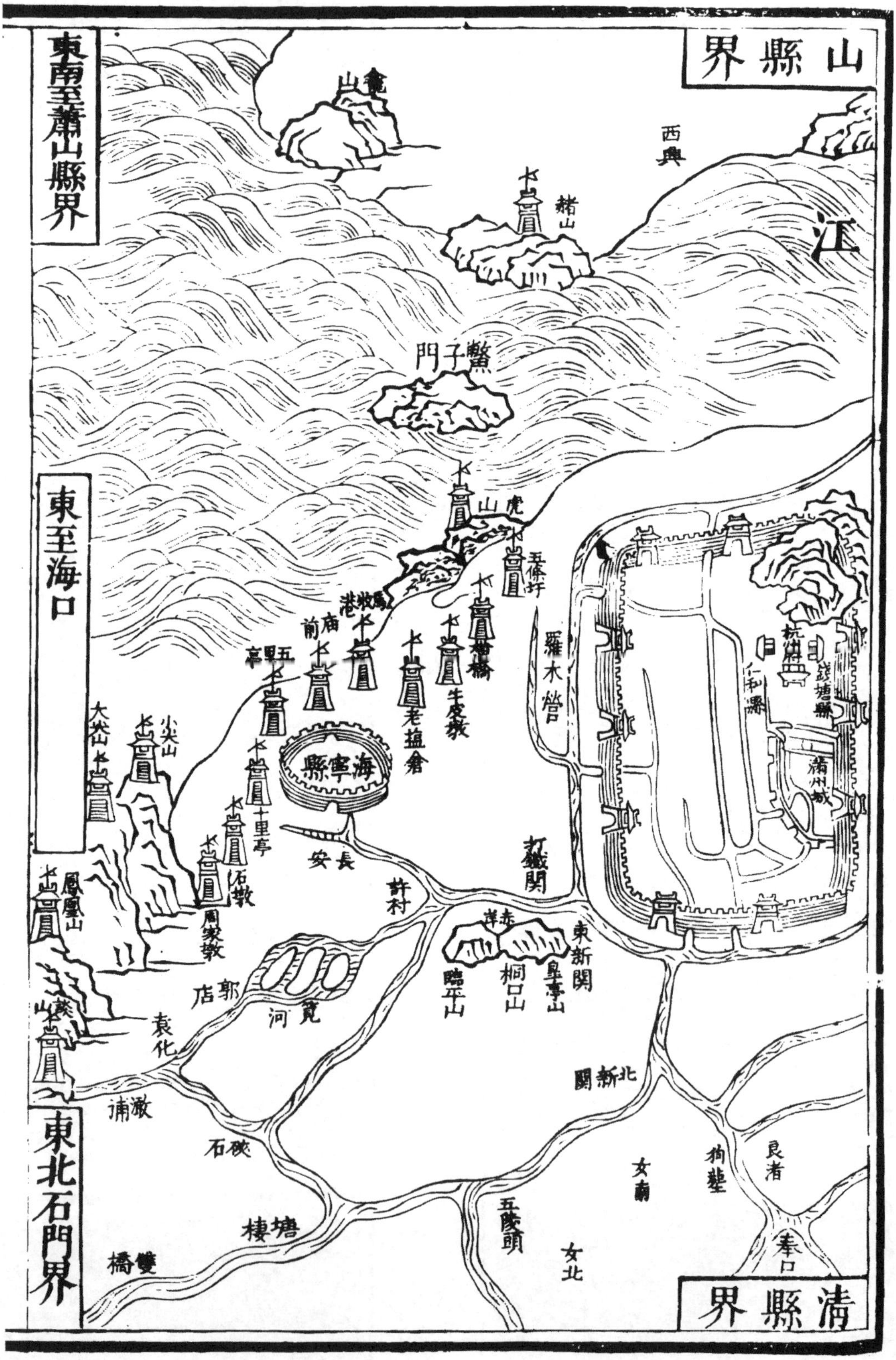

杭州府图 / 选自康熙《浙江通志》

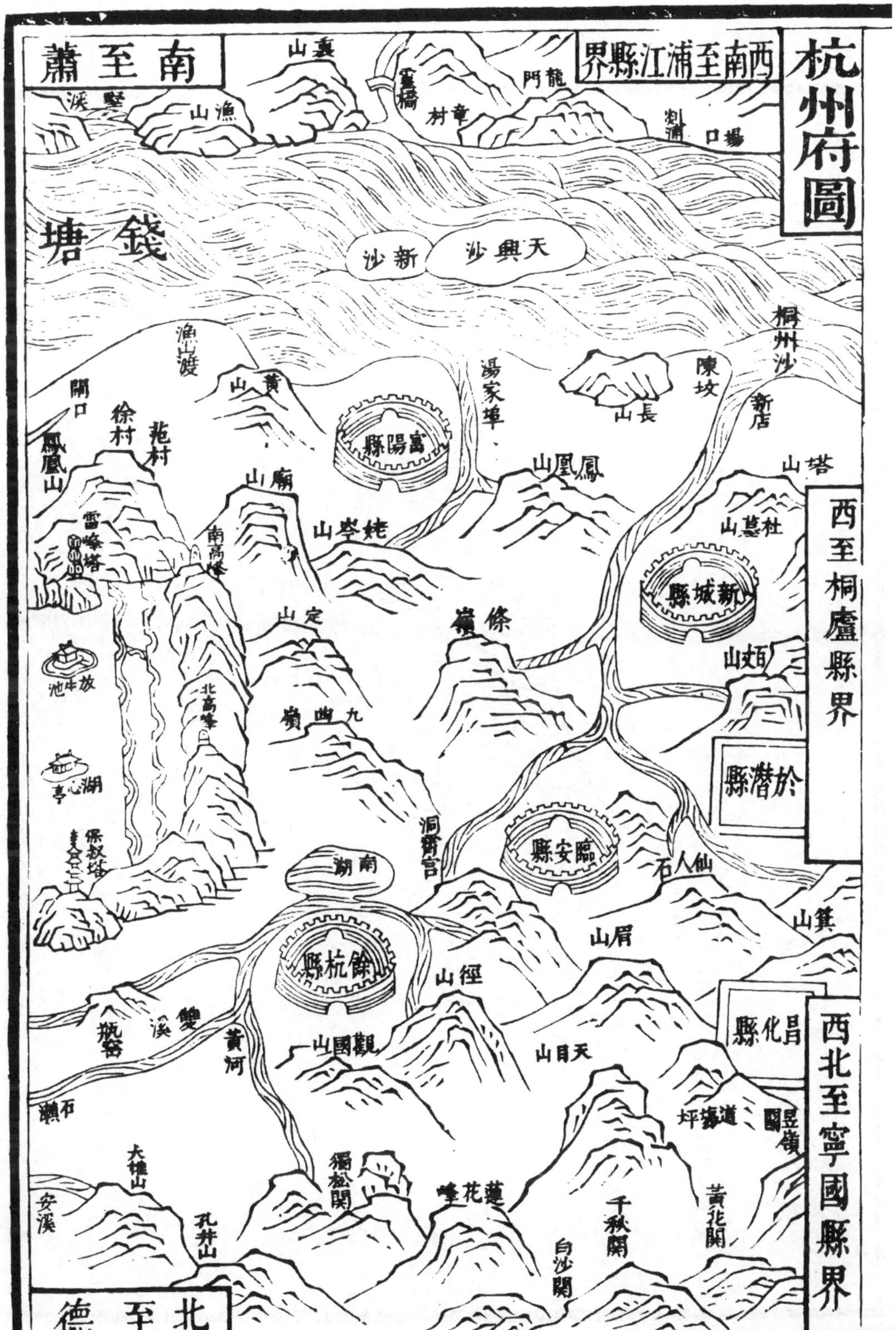
杭州府圖
南至蕭
西南至浦江縣界
漁山
豎溪
龍門
章村
楊口
錢塘
天興沙
新沙
桐州沙
漁山渡
閘口
徐村
范村
鳳凰山
黃山
富陽縣
湯家埠
長山
陳坟
新店
鳳凰山
塔山
杜墓山
廟山
姥岑山
雷峰塔
南高峰
新城縣
定山
條嶺
西至桐廬縣界
放牛池
北高峰
九曲嶺
於潛縣
湖心亭
保叔塔
洞霄宮
臨安縣
仙人石
南湖
餘杭縣
箕山
眉山
徑山
昌化縣
西北至寧國縣界
雙溪
瓶窑
黃河
觀國山
天目山
石瀨
道場坪
昱嶺關
大雄山
獨松關
蓮花峰
黃花關
千秋關
安溪
孔井山
白沙關
北至德

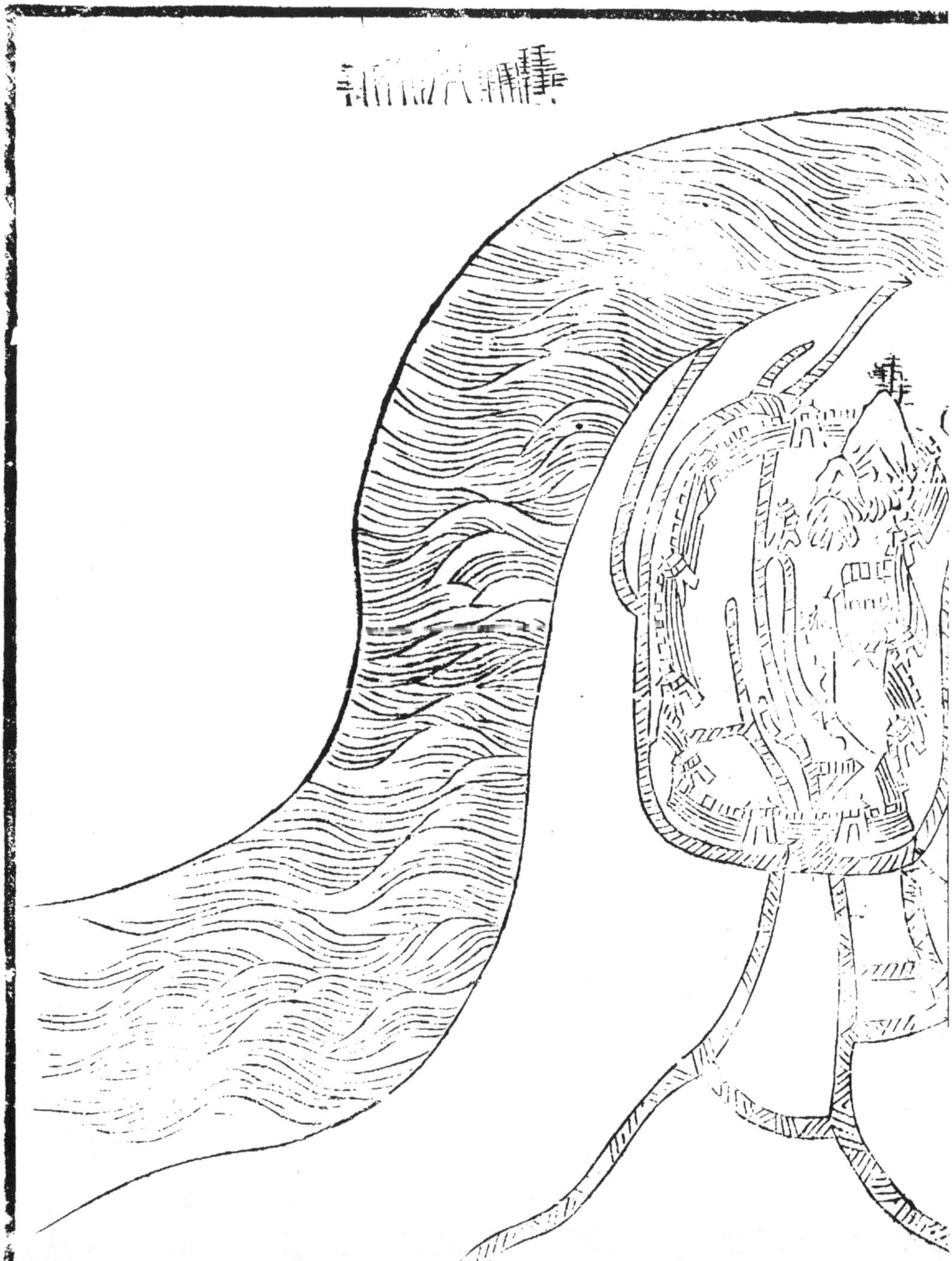

钱塘县疆界图 / 选自康熙《钱塘县志》

錢塘縣疆界圖

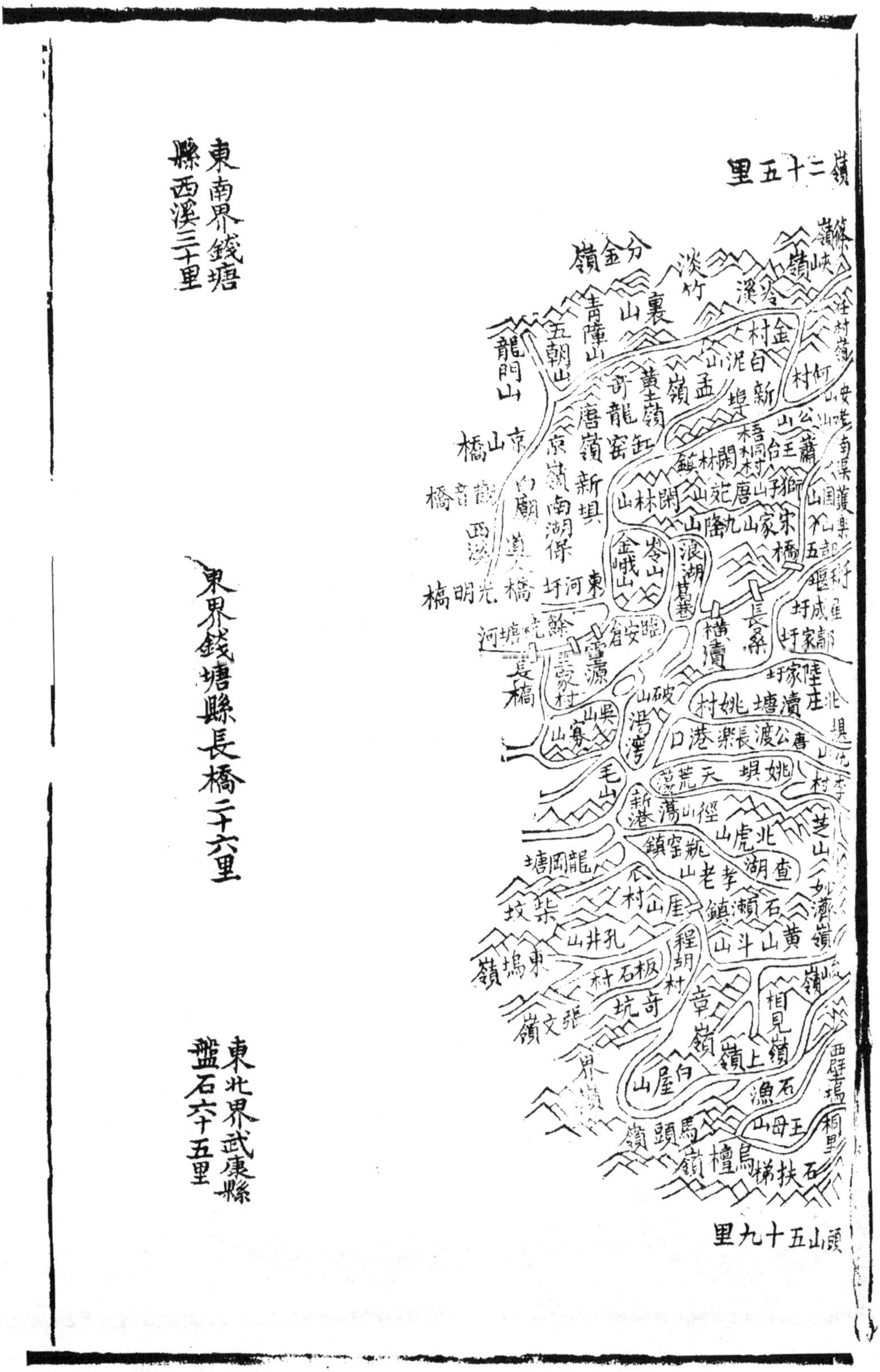

余杭县图 / 选自嘉庆《余杭县志》

杭州府志餘杭縣圖

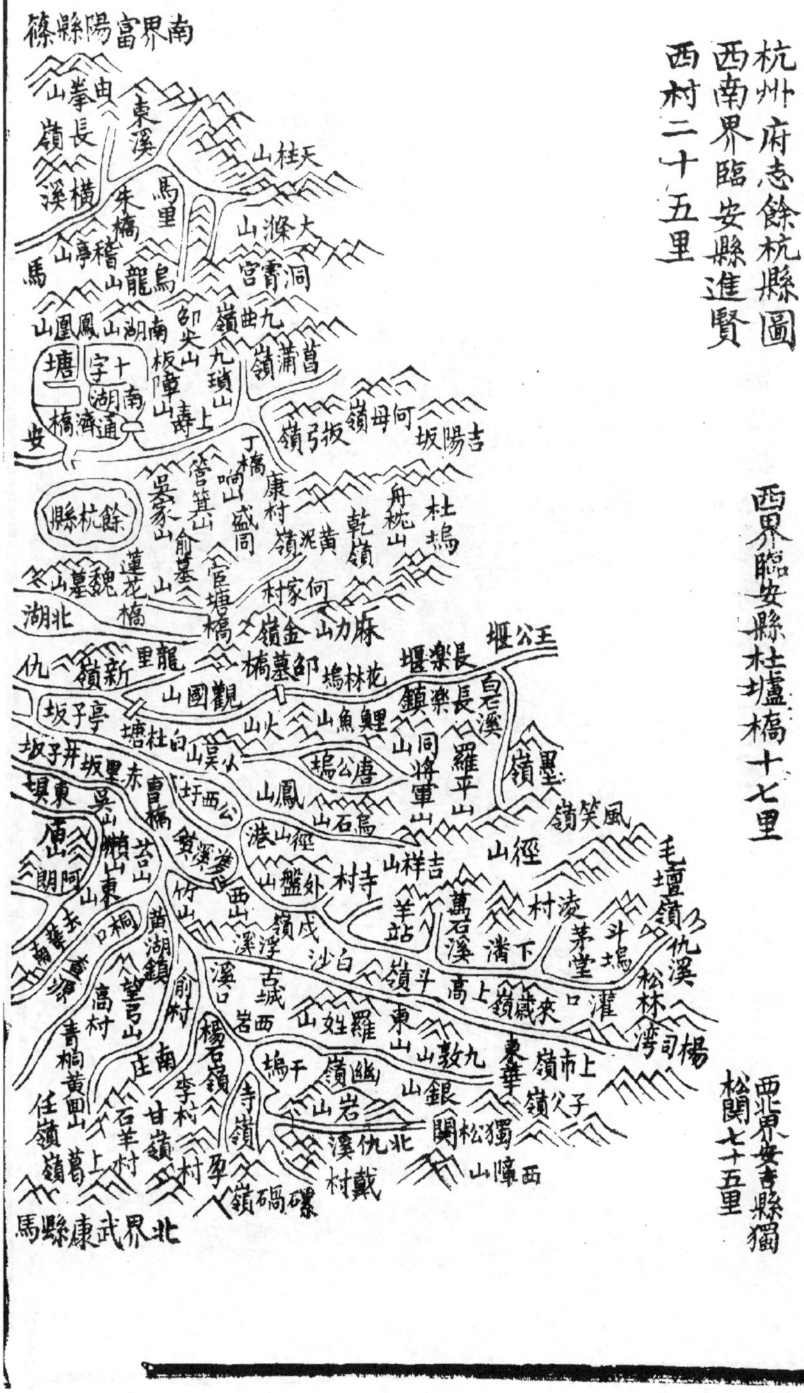
西南界臨安縣進賢西村二十五里
西界臨安縣杜壚橋十七里
西北界安吉縣獨松關七十五里
南界富陽縣篠
北界武康縣馬
餘杭縣

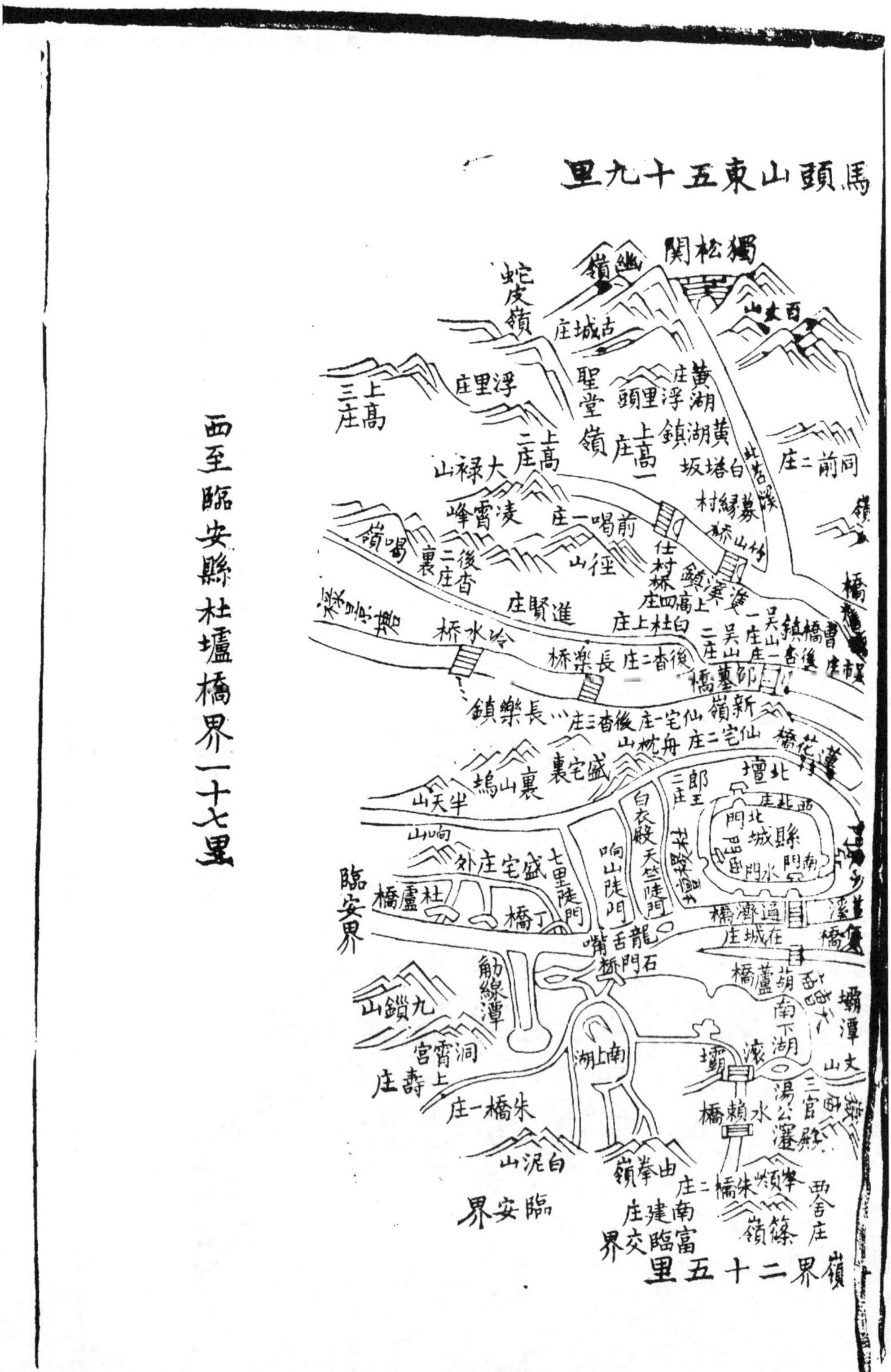

余杭县境新图 / 选自嘉庆《余杭县志》

餘杭縣境新圖

東至錢塘縣長橋界二十六里

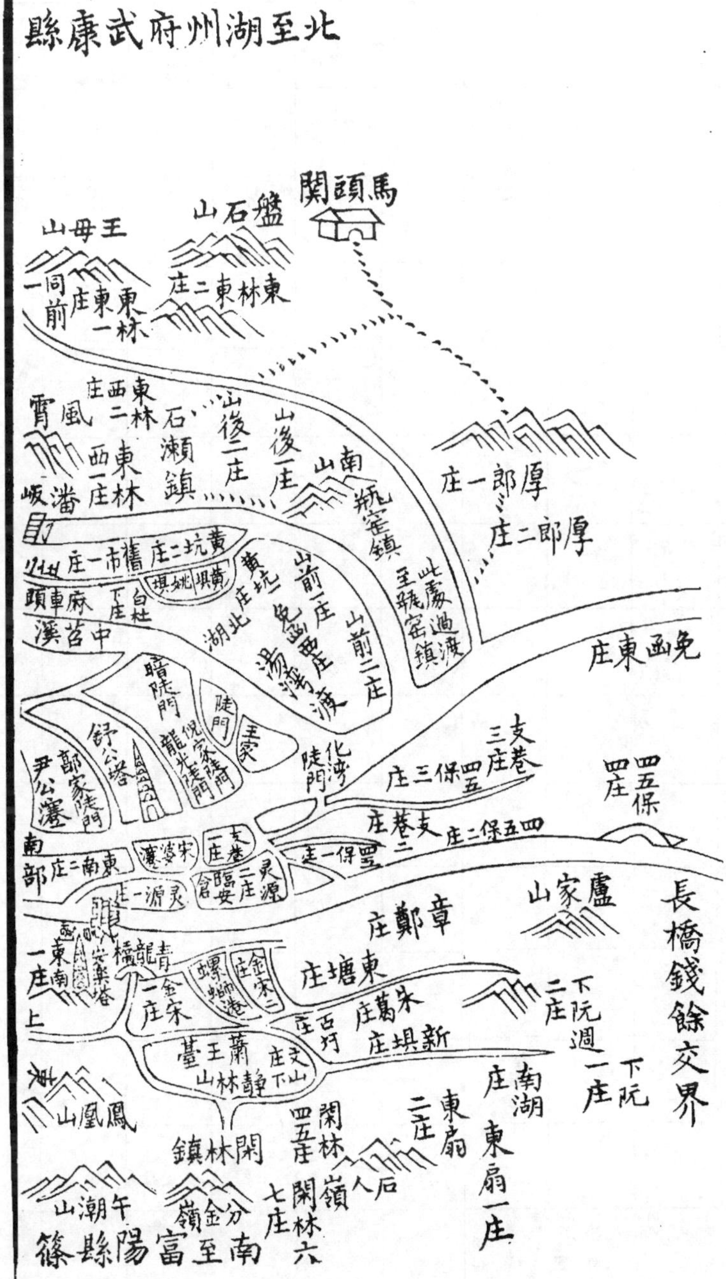

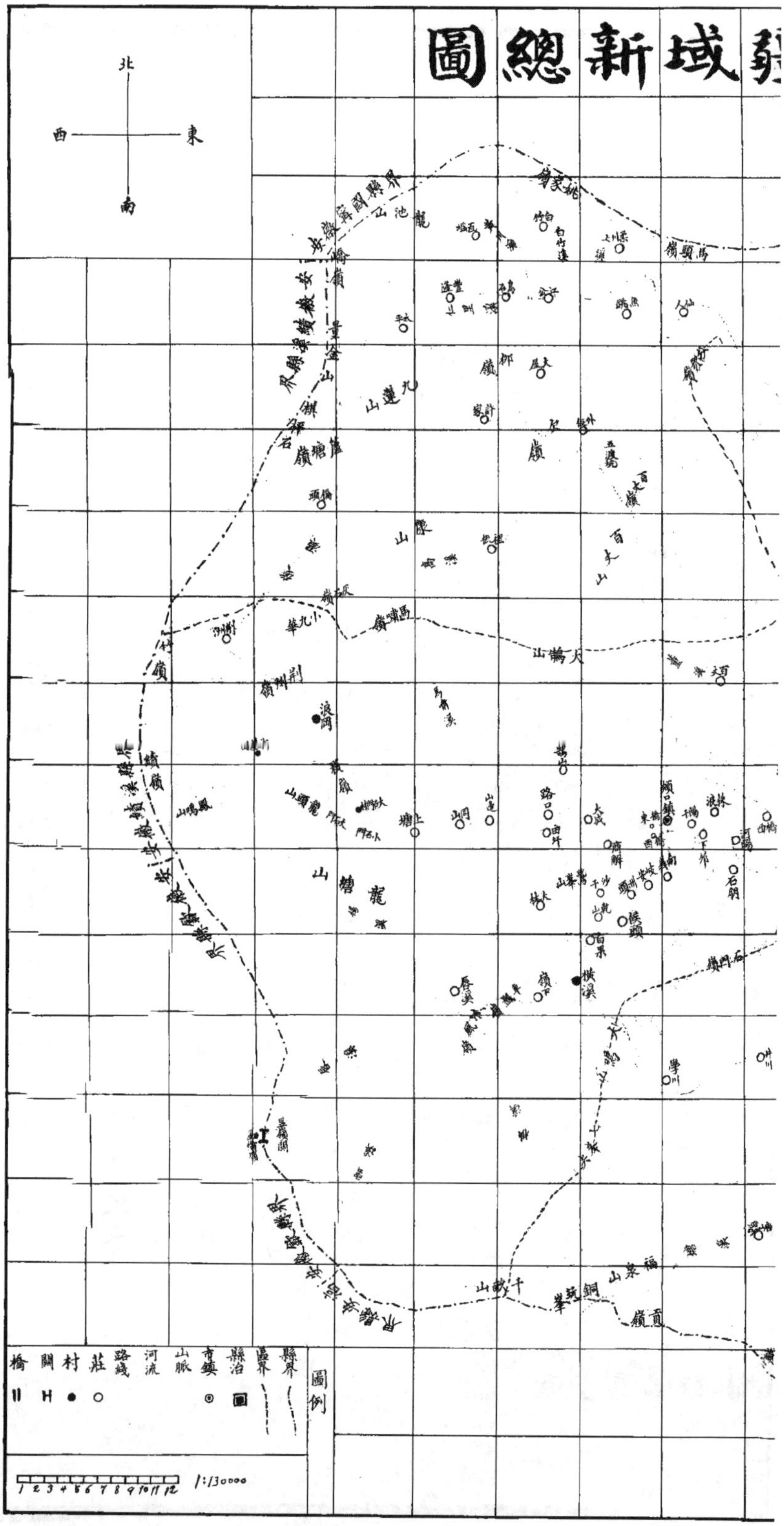

全县山川疆域新总图 / 选自民国《昌化县志》

全縣山川圖

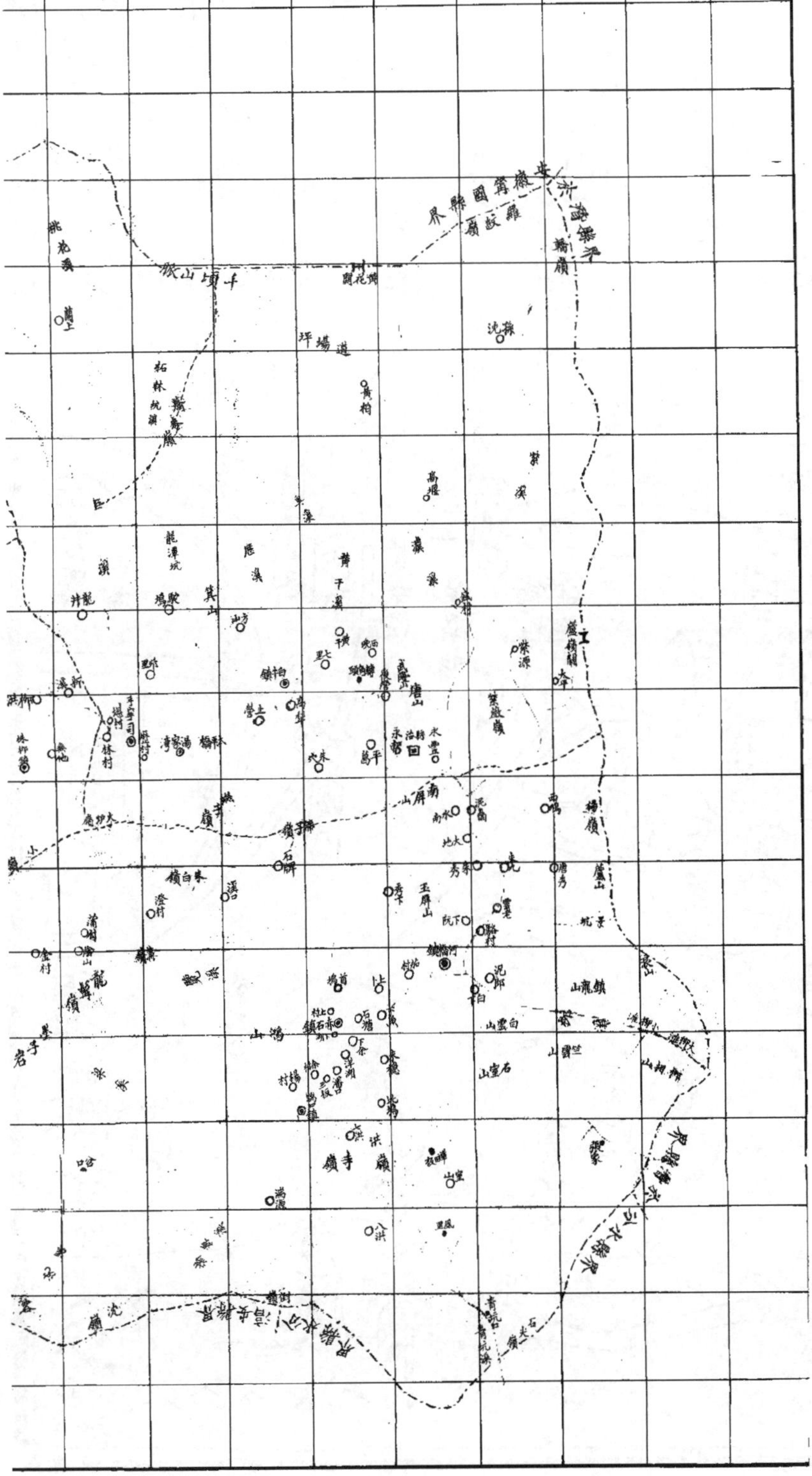

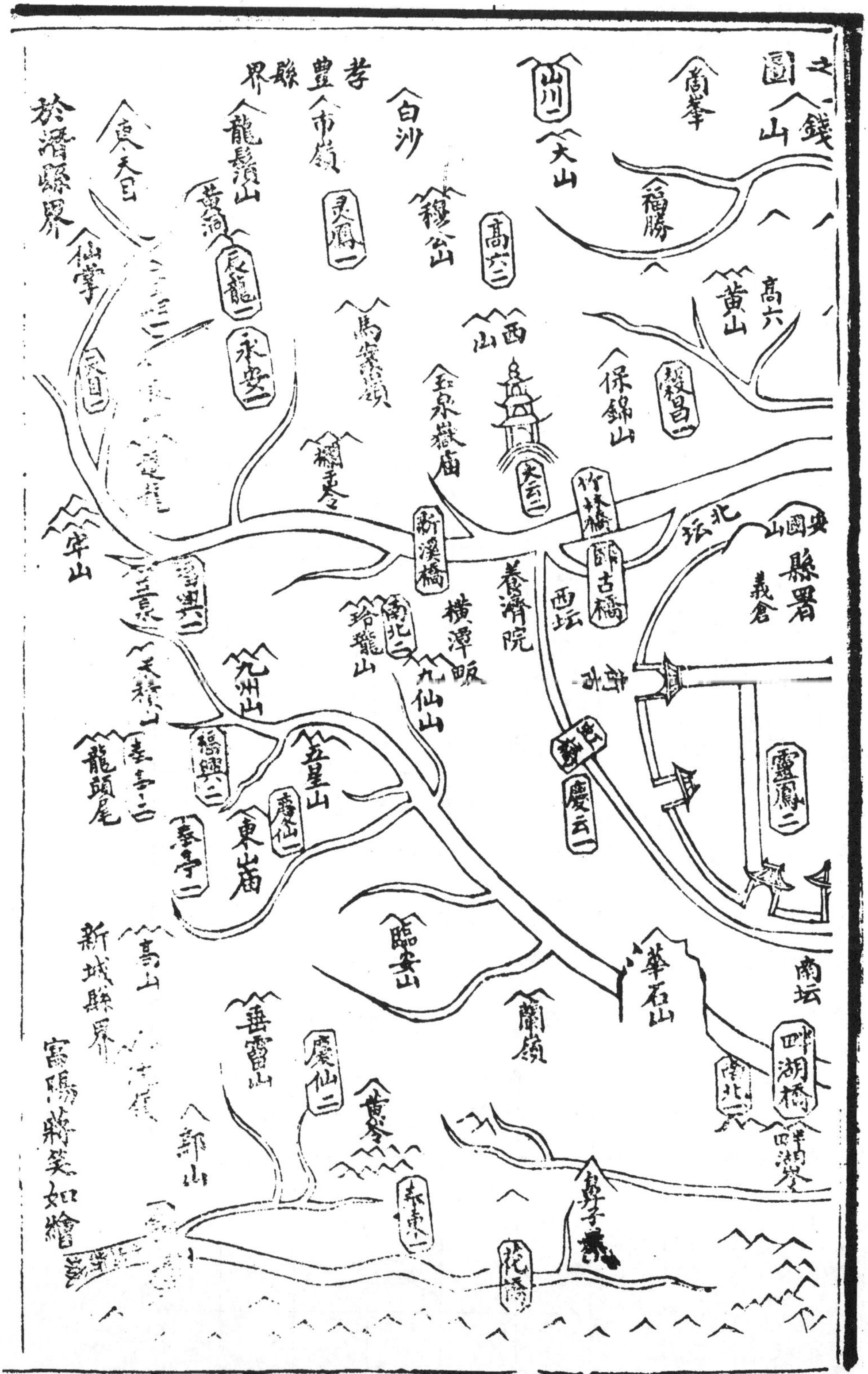

临安县界图 / 选自宣统《临安县志》

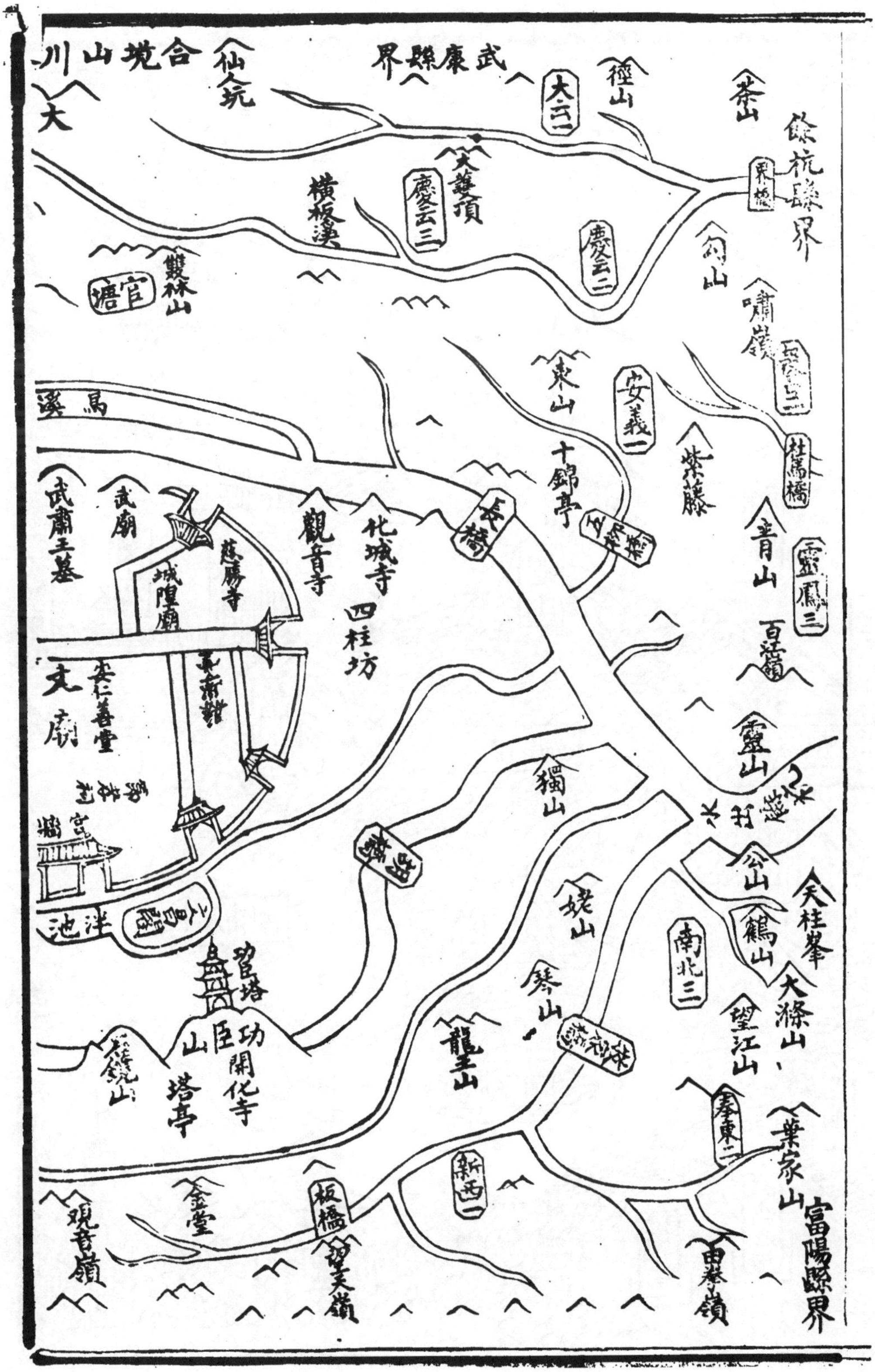
合境山川
仙人坑
武康縣界
大二
徑山
茶山
餘杭縣界
界橋
大護頂
慶云三
横板溪
慶云二
雙林山
官塘
安義一
十錦亭
紫藤
馬溪
武肅王墓
武廟
慈勝寺
城隍廟
觀音寺
化城寺
四柱坊
長橋
青山
靈鳳三
百丈嶺
文廟
安仁善堂
盤山
獨山
公山
天柱峯
鶴山
南北三
大滌山
望江山
功臣山
開化寺
塔亭
泮池
龍王山
奉東二
葉家山
富陽縣界
新西一
板橋
金堂
觀音嶺

萧山县境图／选自康熙《绍兴府志》

北
蕭山縣境圖
龕子門
洛思山
航塢山
龕山
東至山陰縣界
苧蘿山
螺山
擊鳥山
越王山
文筆山
郭墓山
白露塘
新河閘

萧山县境图 / 选自乾隆《绍兴府志》

南至諸
漁浦巡司
龍門山
臨浦
漁浦
周家湖
利市湖
箬山
官山
連山
西至錢塘縣界
蕭山
湘湖
龜山
西興驛
蕭山縣
北幹山
老虎山
長山
北至

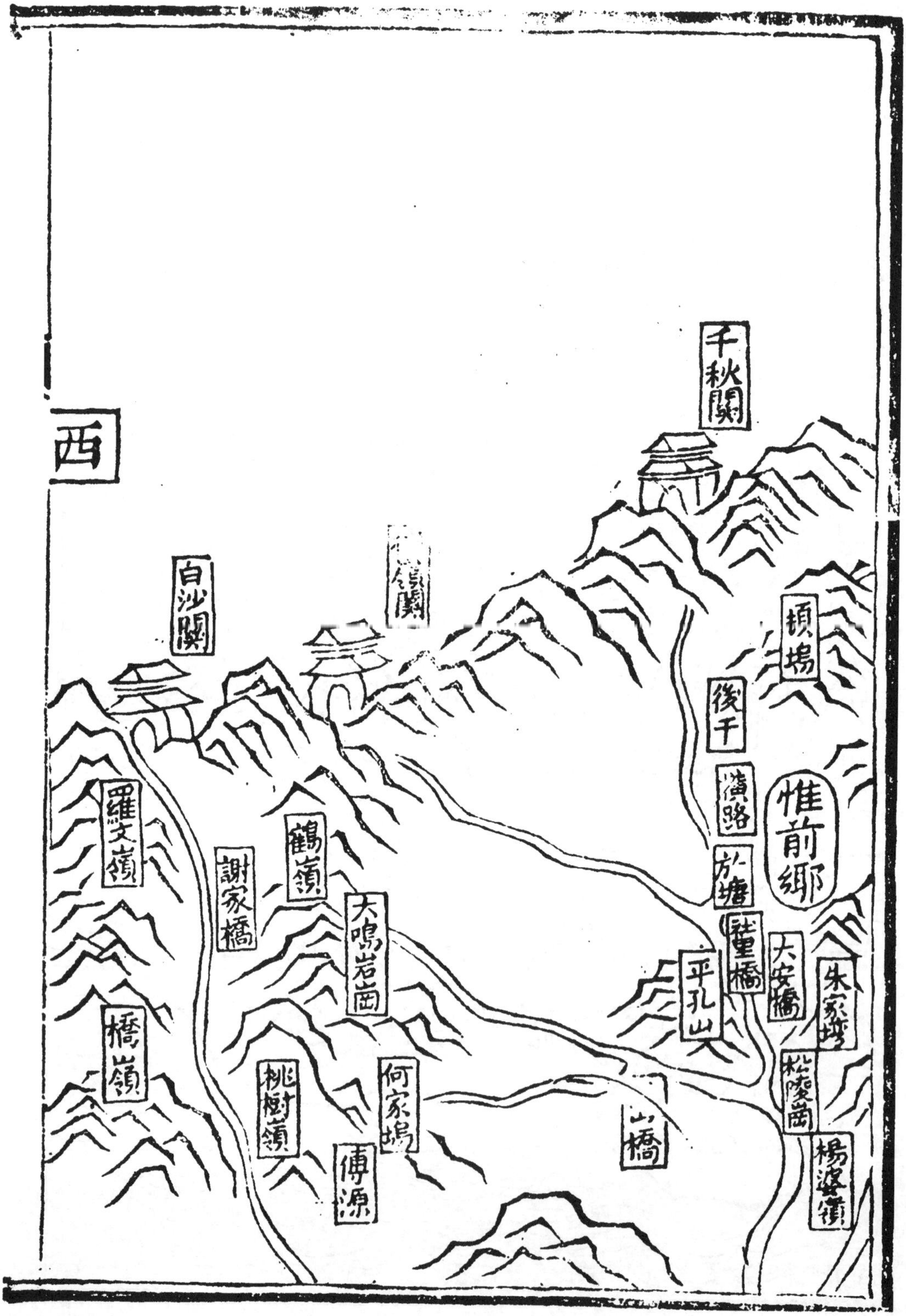

於潛輿图 / 选自康熙《於潜县志》

西天目山
高峯
東塢
西關
朱陀嶺
太子壇
蓮花峯
東關
金府
新嶺
嘉前鄉
九思塢
段上
溪西
塌石頭
大有村
泥塢源
門口
門嶺
羅塔嶺
福壽山嶺
雙溪
黃石場
中東西三塢
龍嶺
眉山
楊嶺脚
金嶺
傍陀嶺
長橋
禁山嶺
朱塢
唐山嶺
臨口橋
惟後鄉
羊市嶺
上王塢

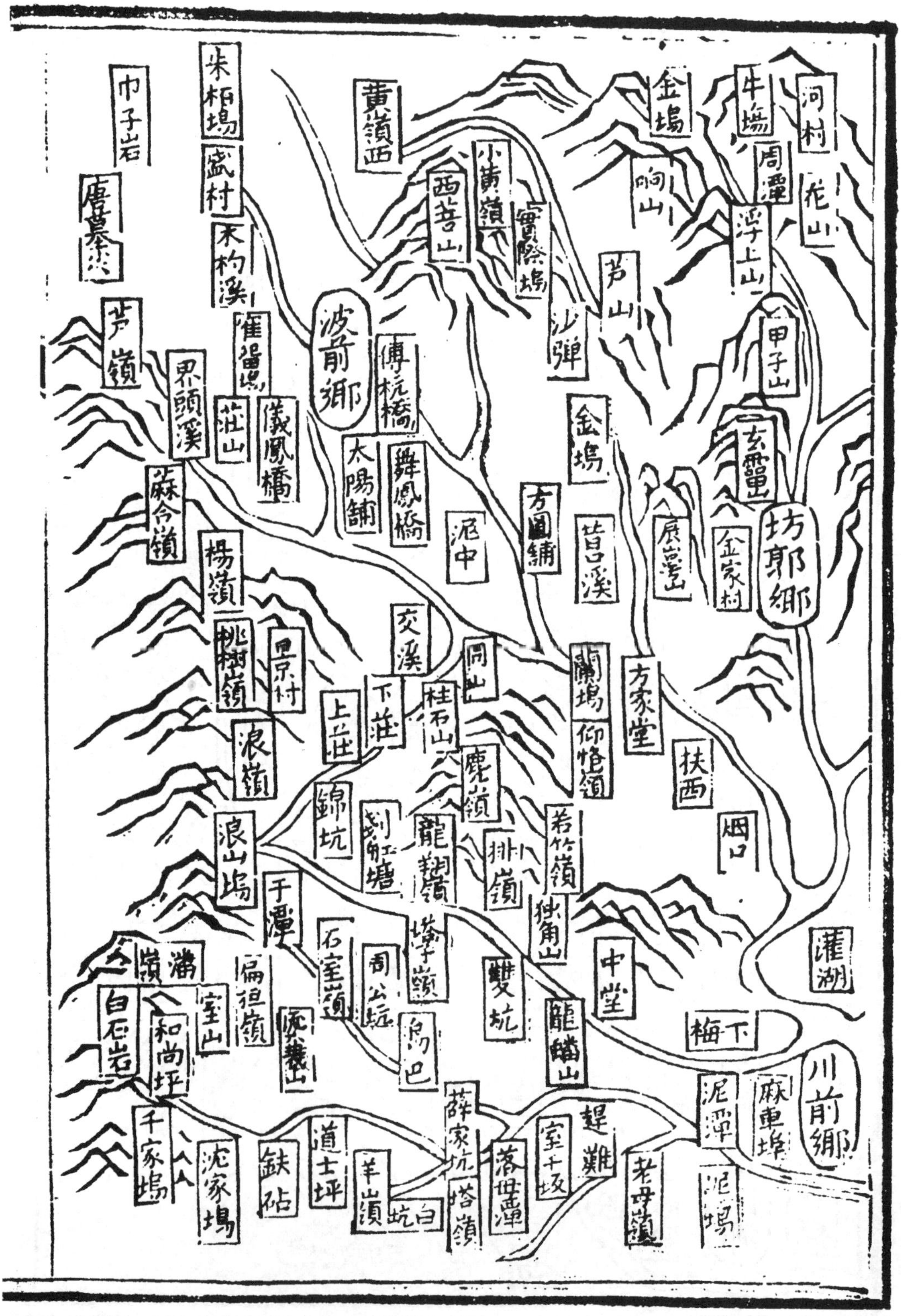

於潜舆图 / 选自康熙《於潜县志》

北
東
鳳凰橋
進橋
下玉塢
泥橋
大塢
花橋
白雀灘
關山嶺
金門嶺
分水嶺
叫口
波後鄉
波香塢
新嶺
唐公山
東塢
秋塢
太平橋
百花潭
鶴山
沈村
綠槐
張村
東社
下庄嶺
豐前鄉
細綿塢
鳳凰坂
刑塢
朱直塢
豐後鄉
石佛亩
五松嶺
縣治
學宮
鎮郭
九里橋
戴石鋪
朱方橋
任村
朱家橋
皇甫岩
越王坪
雲峯
落雲山
百丈山
梅樹橋
亭口橋
馬跡山
八畝田
横塢
陳坑
青嶺
竺山嶺
白羊坪
青墳山
浮玉嶺
新嶺
拔嶺
牧亭
冉山
山石嶺
山村
紫溪
青牧嶺
亦村

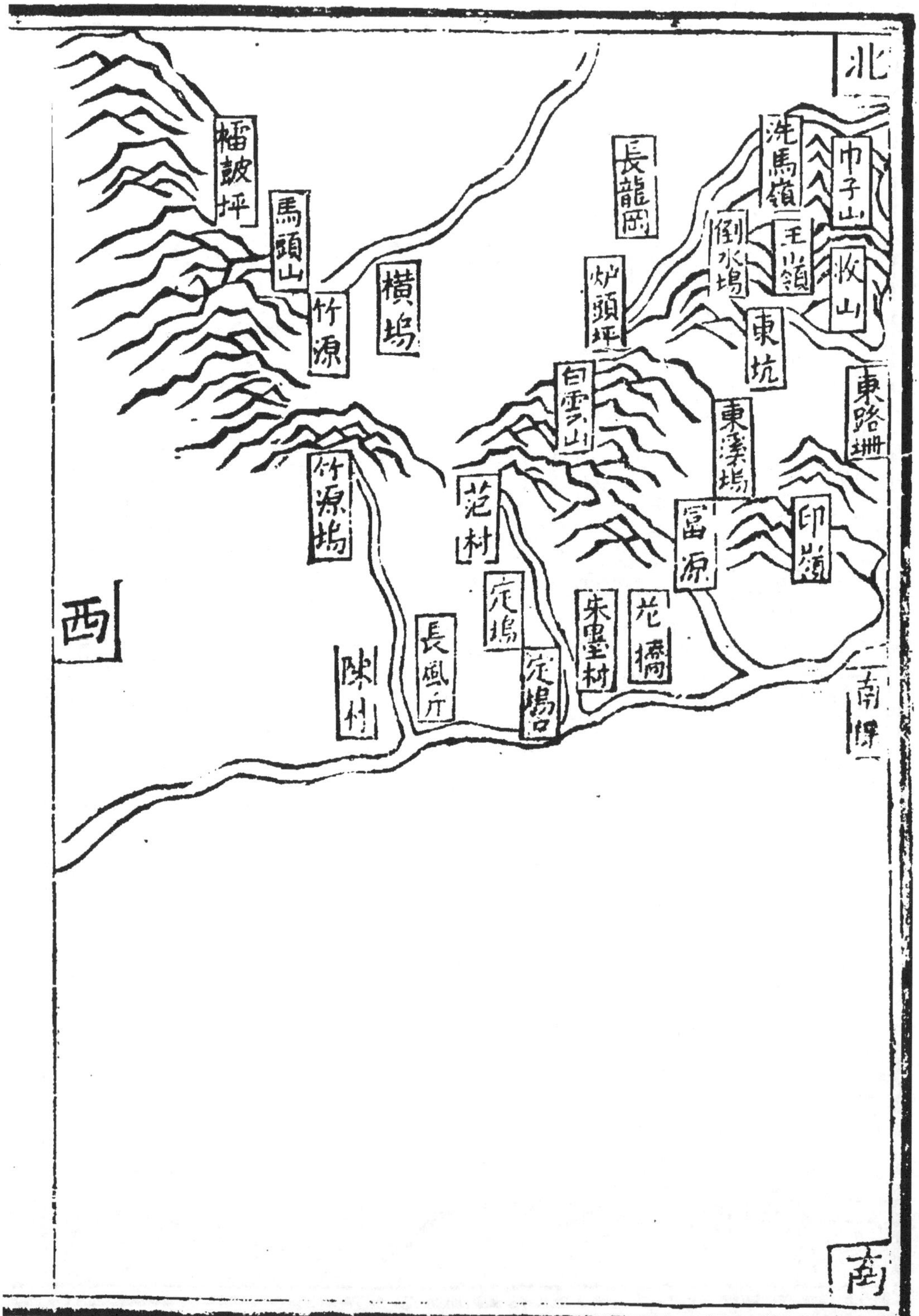

於潜舆图 / 选自康熙《於潜县志》

川石鄉
元宵嶺
牢山
馬嶺
赤嶺
伍村
山村
武勇山
板橋
徐嶺
馱木嶺
長前鄉
排石橋
白山
法道
華光橋
任龍嶺
印渚
東
姚嶺
二管
錢王
河頭溪
分水
白沙嶺

嘉兴

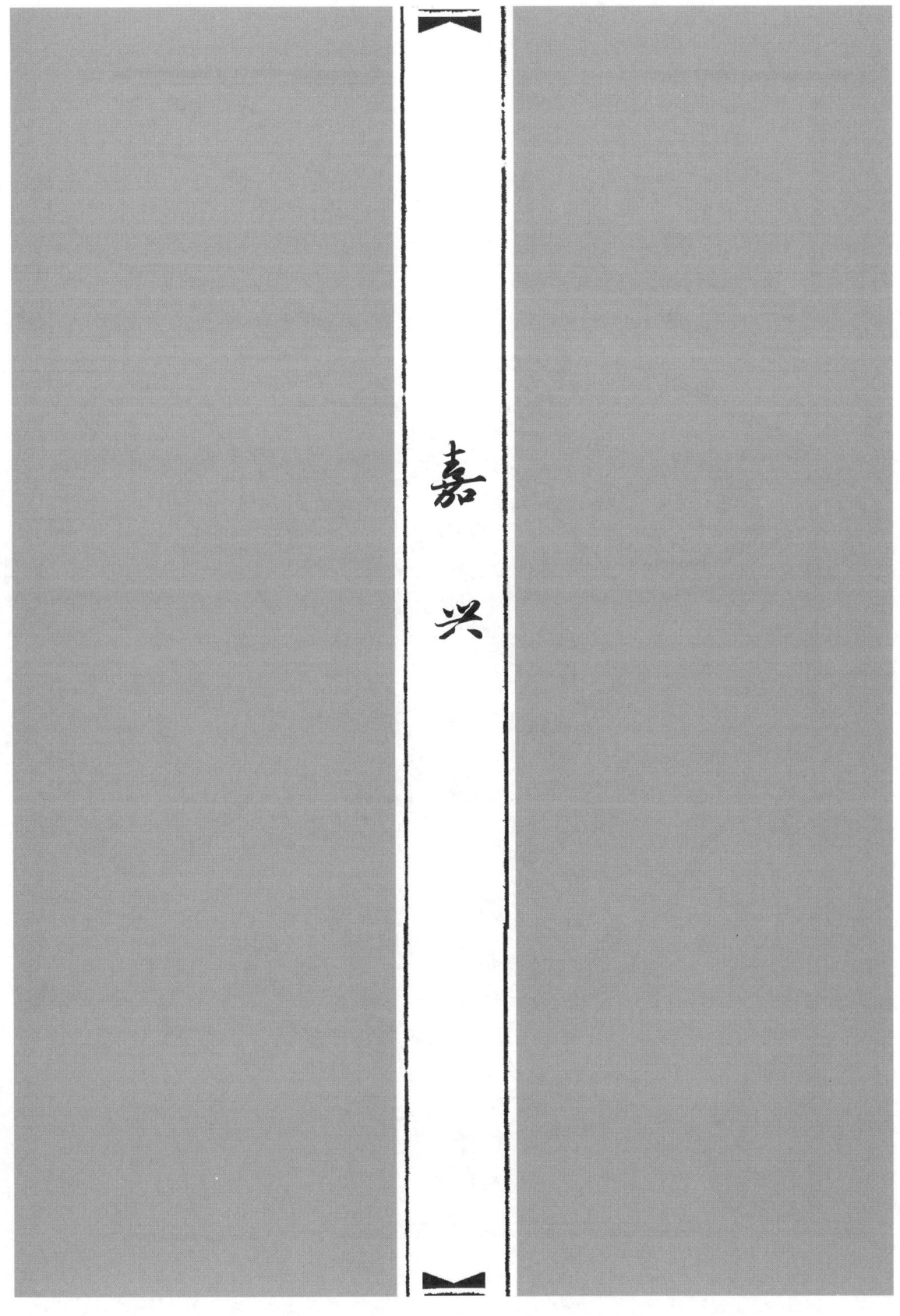

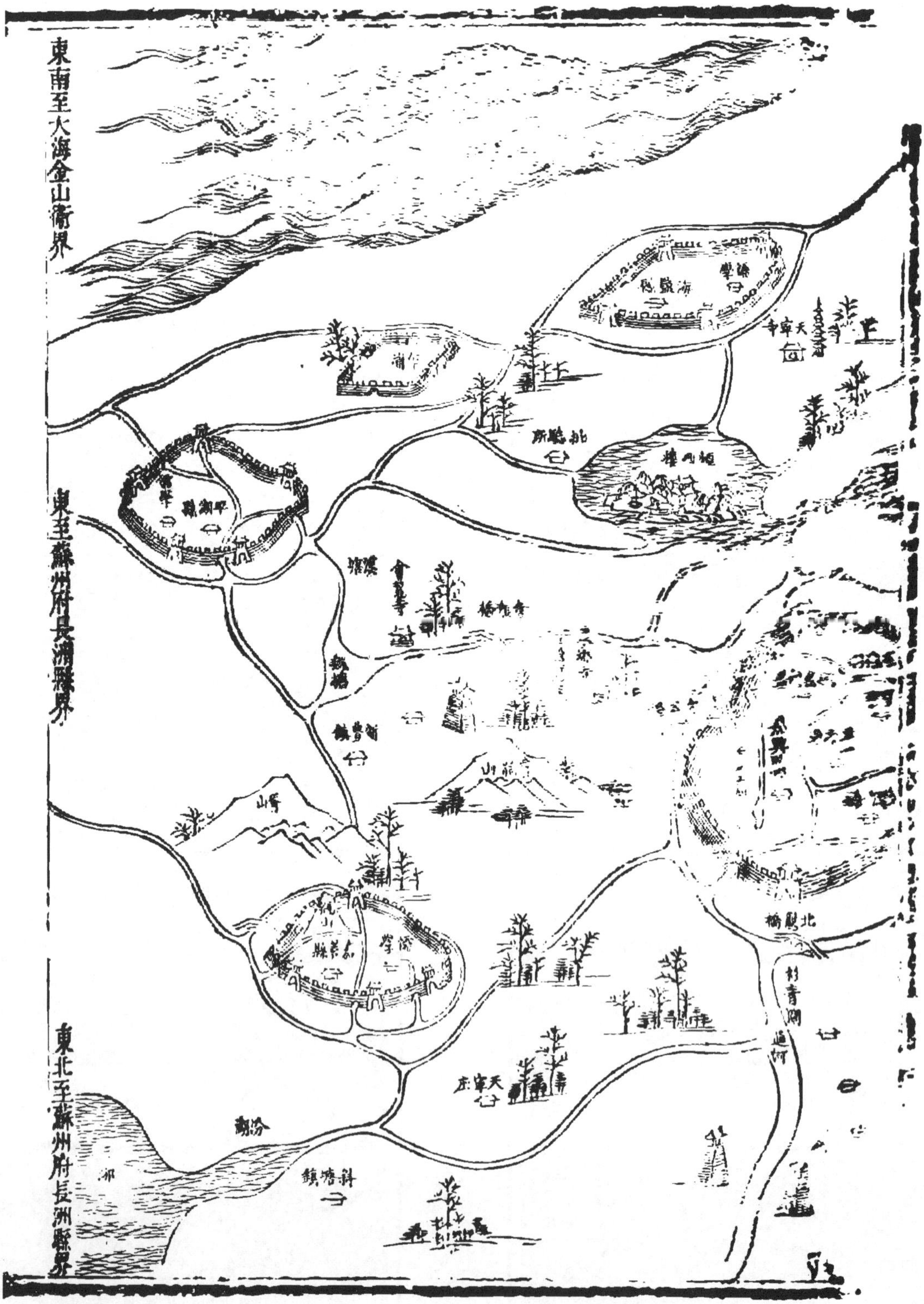

嘉兴府图 / 选自雍正《浙江通志》

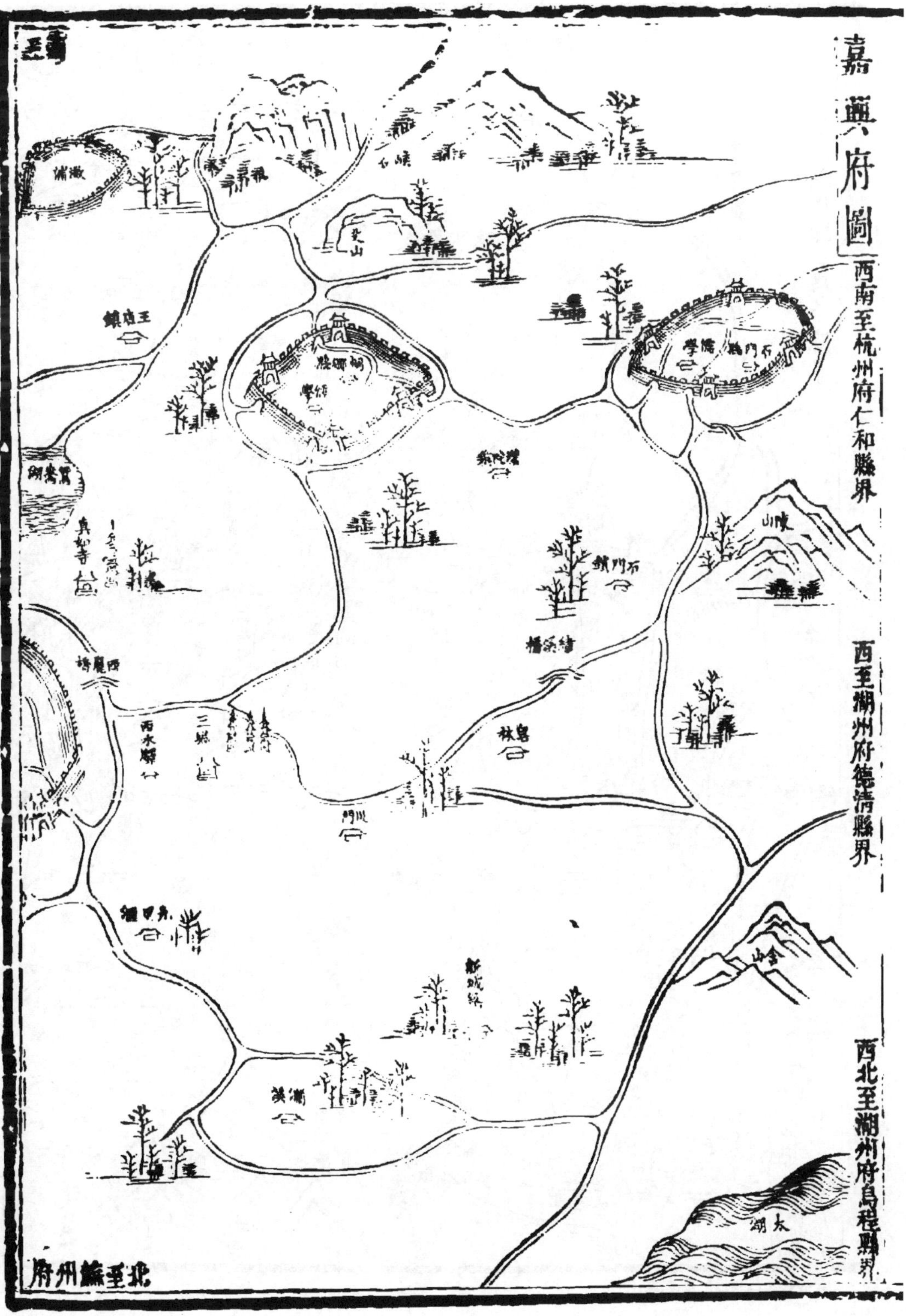
嘉興府圖
西南至杭州府仁和縣界
西至湖州府德清縣界
西北至湖州府烏程縣界
北至蘇州府
王店鎮
石門鎮
皁林
太湖

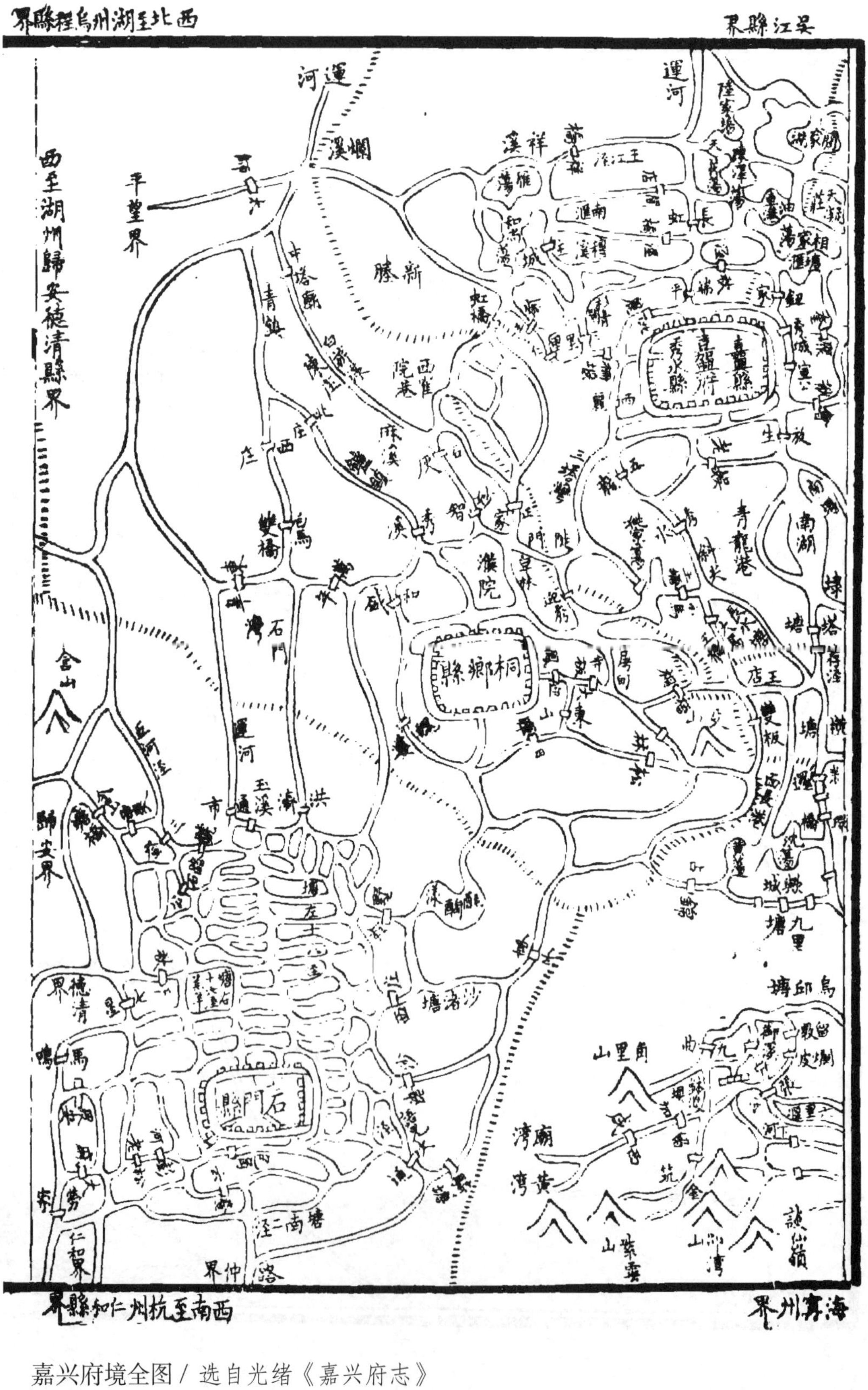

嘉兴府境全图 / 选自光绪《嘉兴府志》

北至江蘇　　東北至江蘇華亭縣界

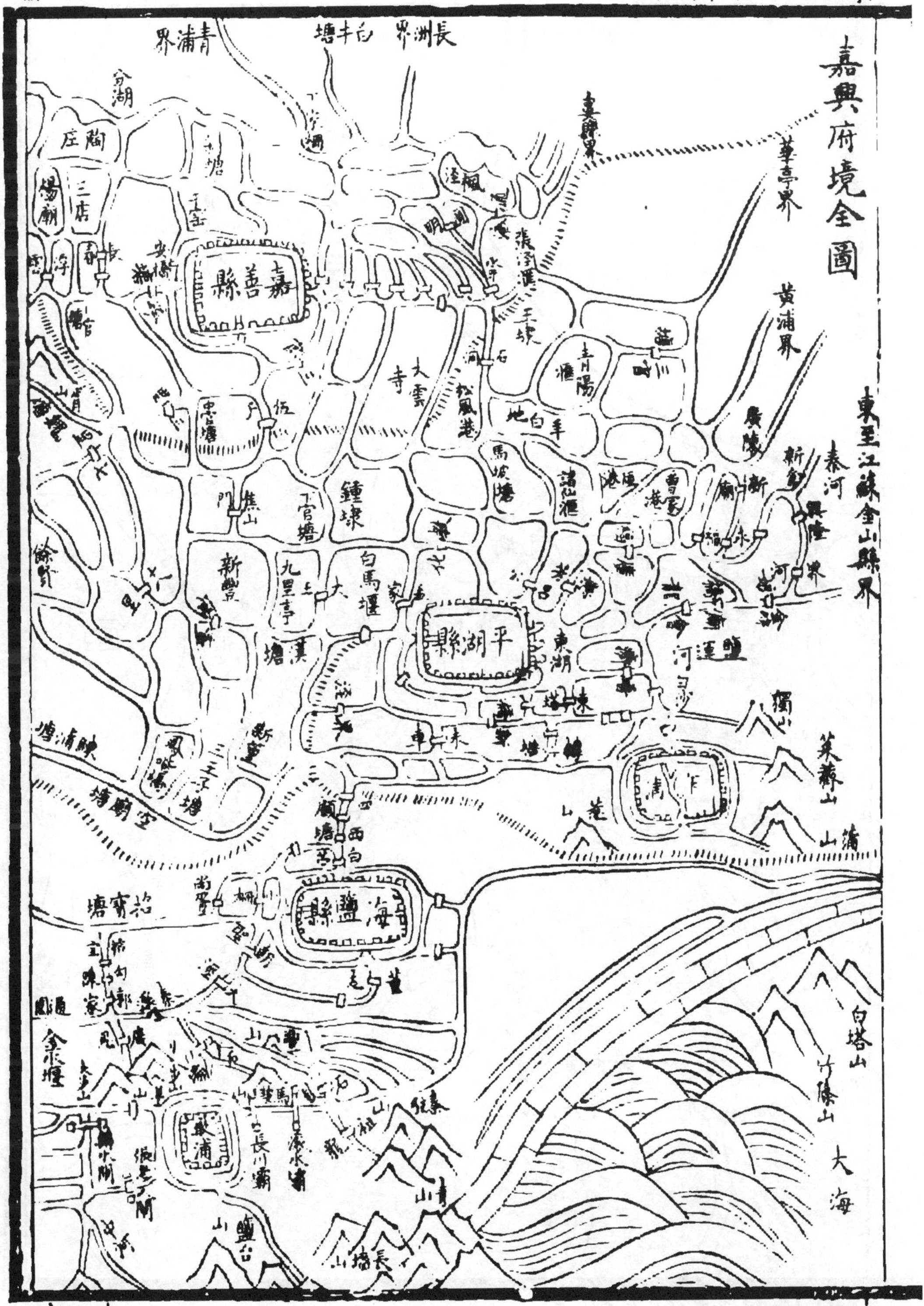

南至杭州　　東南至海

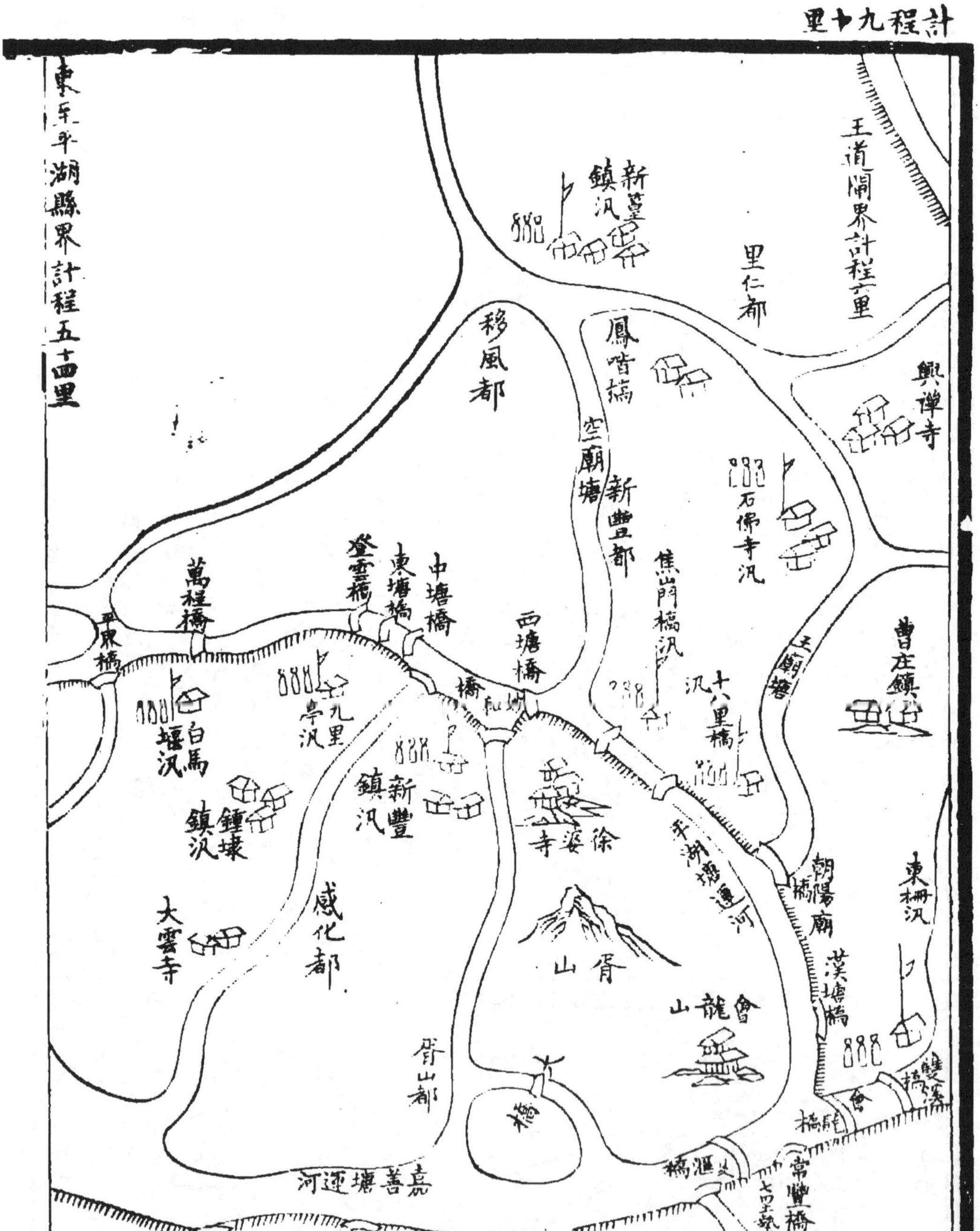

嘉兴县境图 / 选自光绪《嘉兴府志》

南至海鹽縣界　　西南至海寧桐鄉界計程五十四里

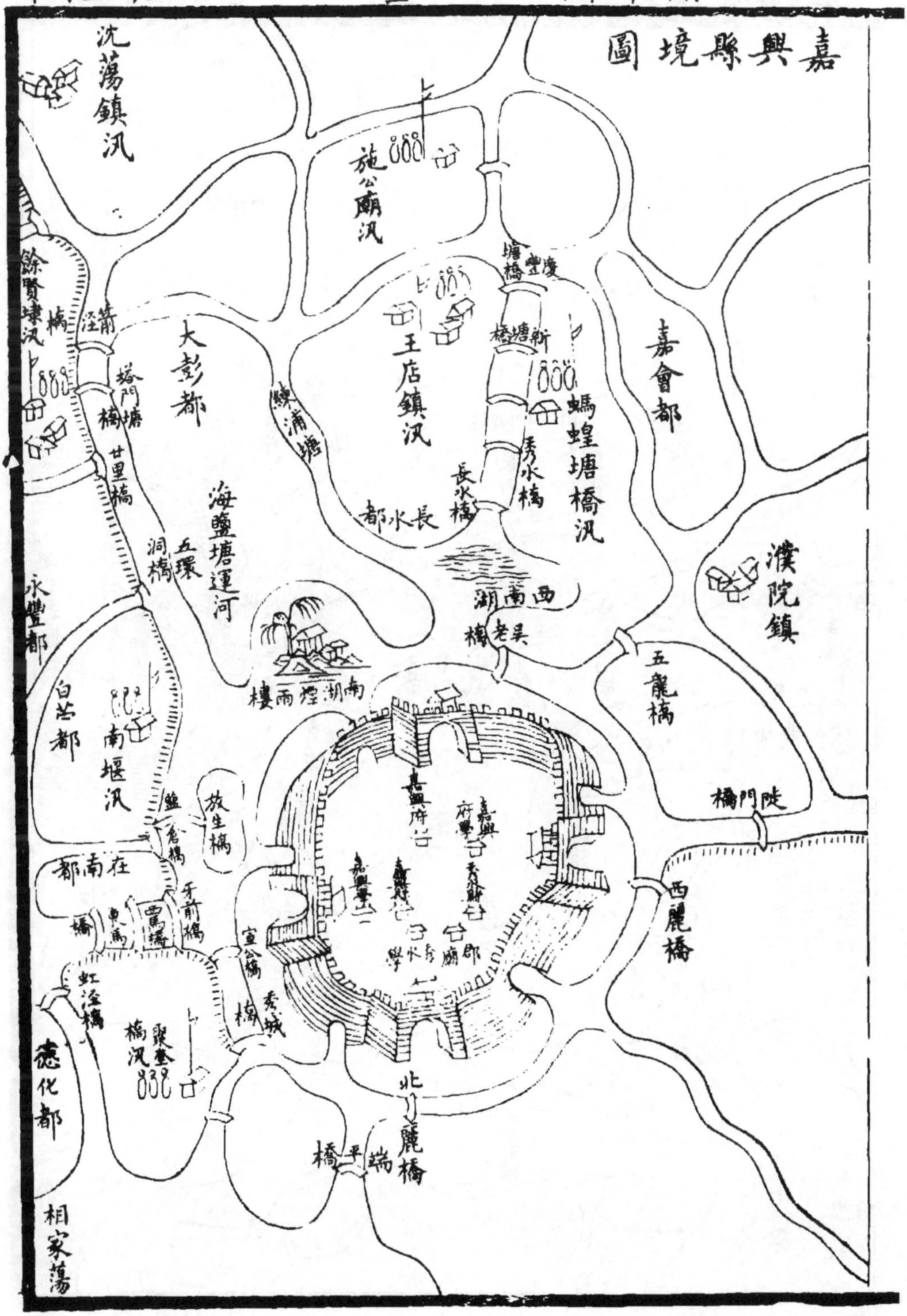

秀水县境图 / 选自光绪《嘉兴府志》

南至秀水橋與嘉　　　　西南至桐鄉縣界三十里

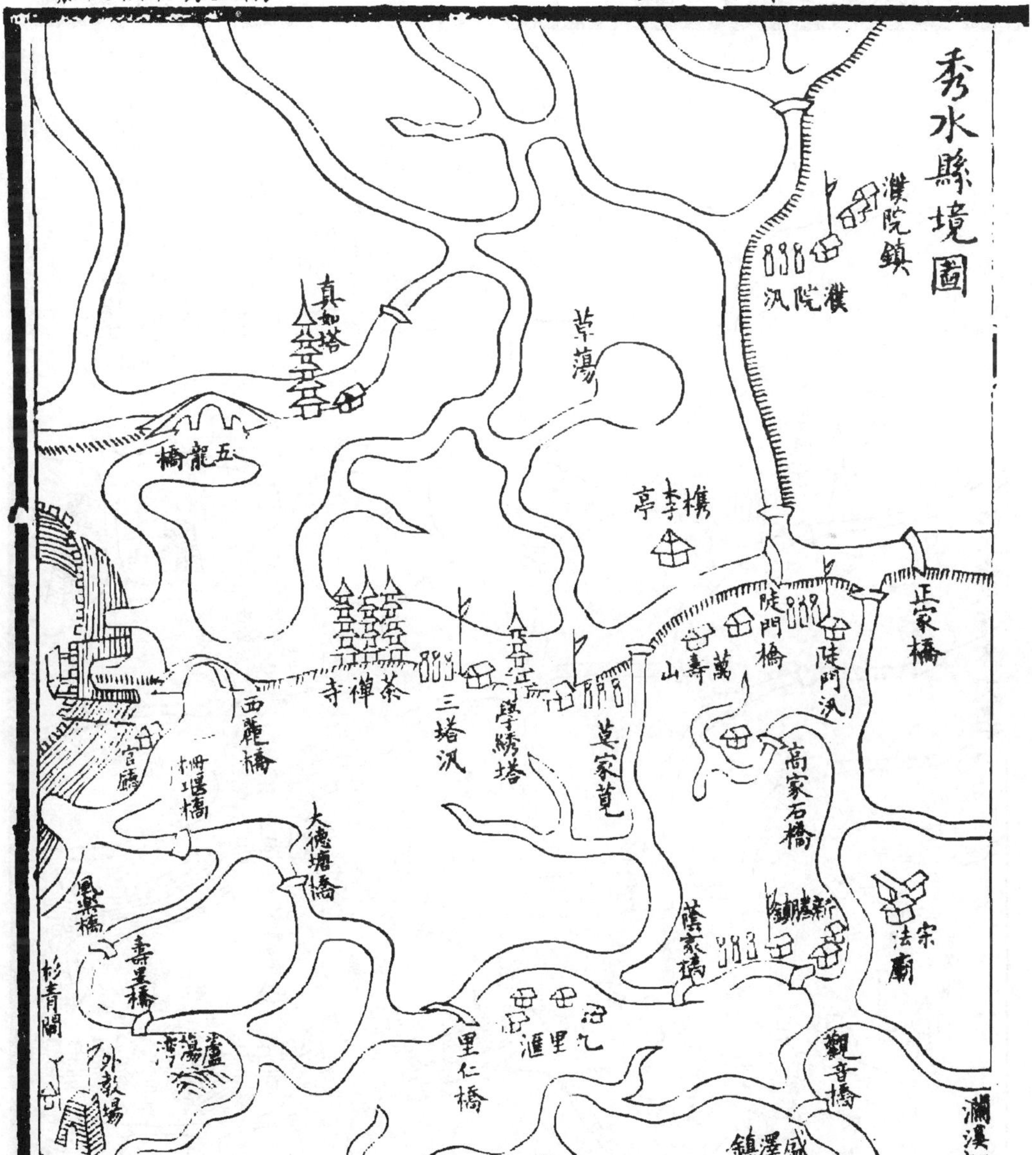

北至吉慶牌坊與江蘇　　　　西北至桐鄉縣烏鎮界四十里

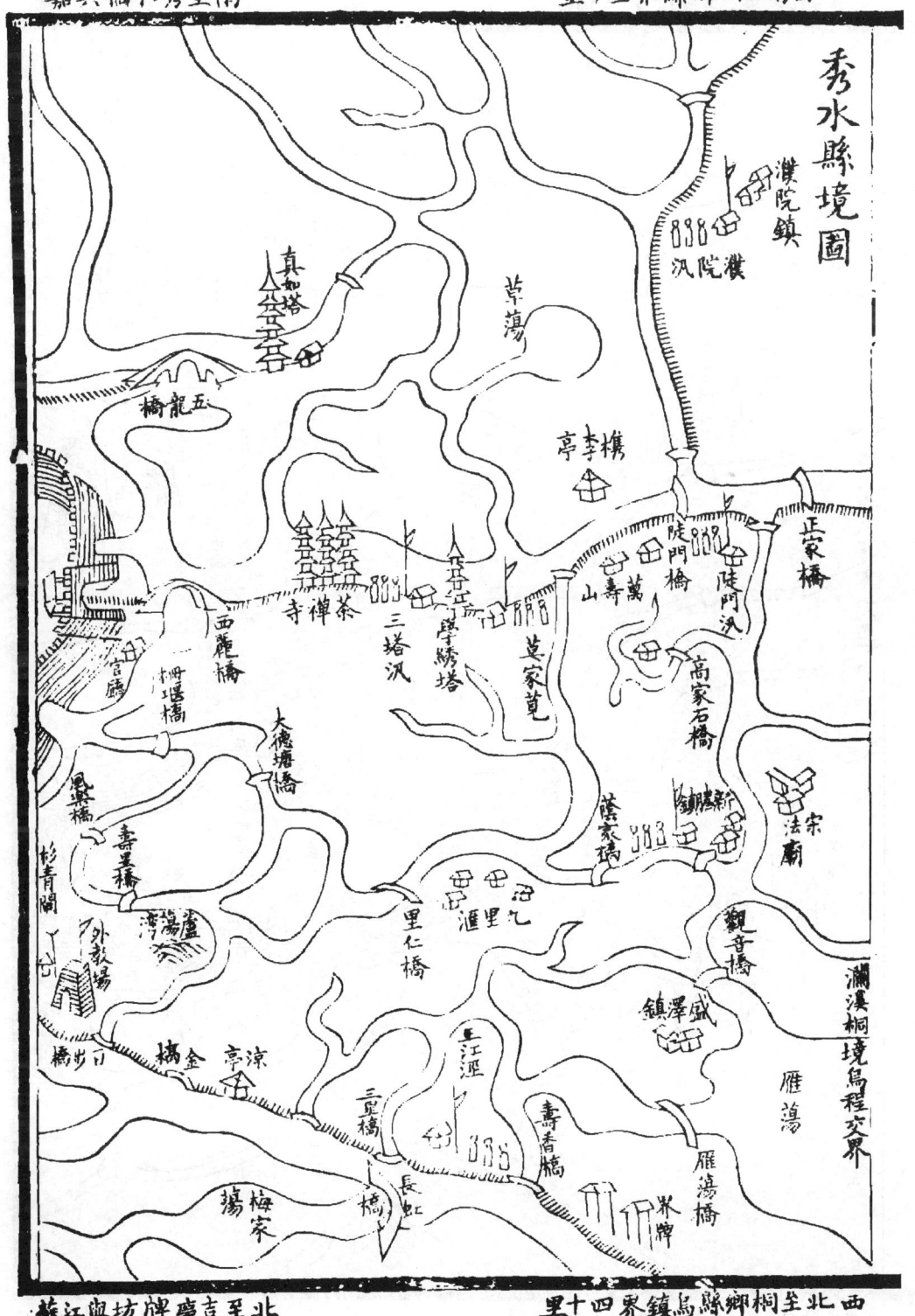

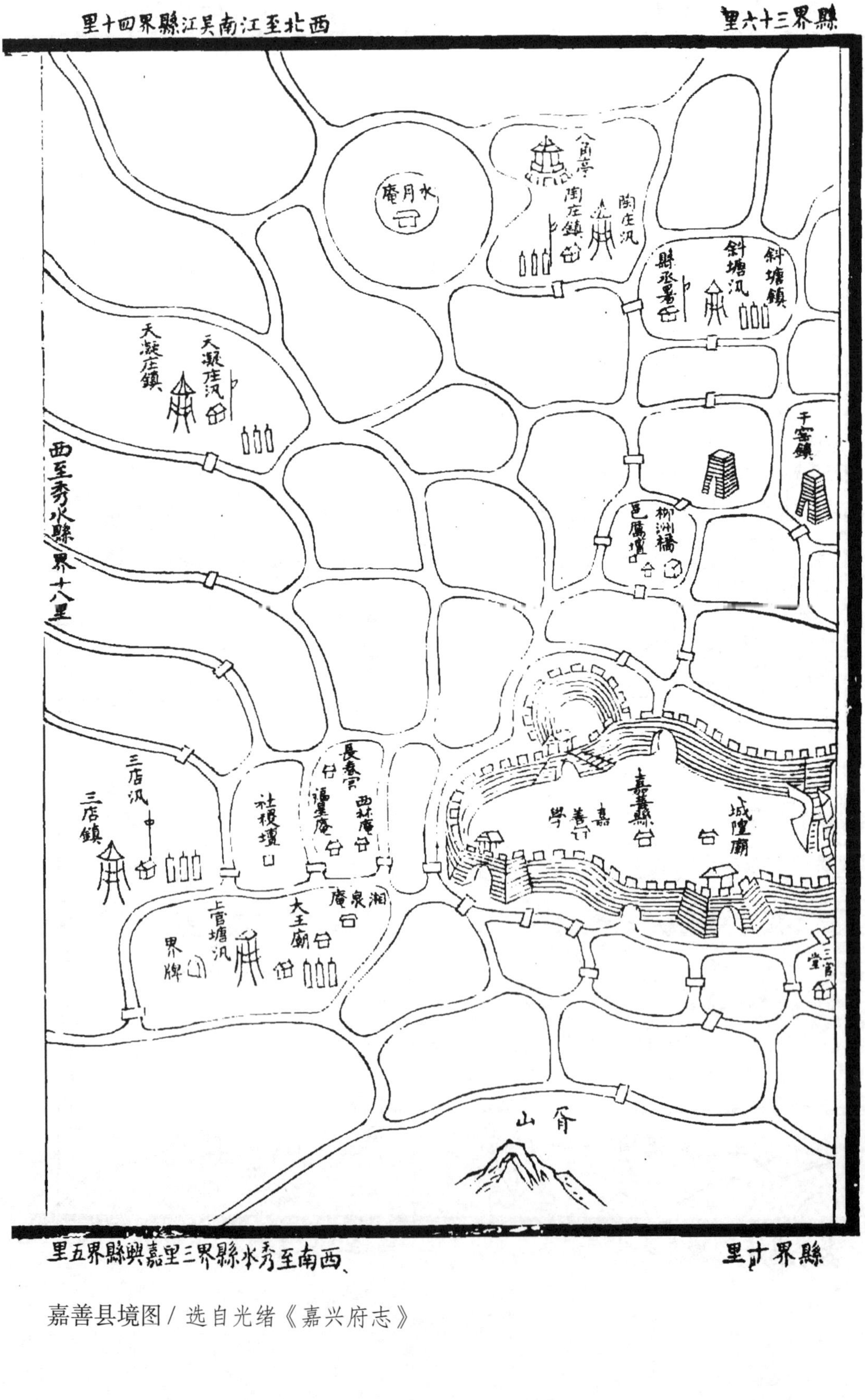

嘉善县境图 / 选自光绪《嘉兴府志》

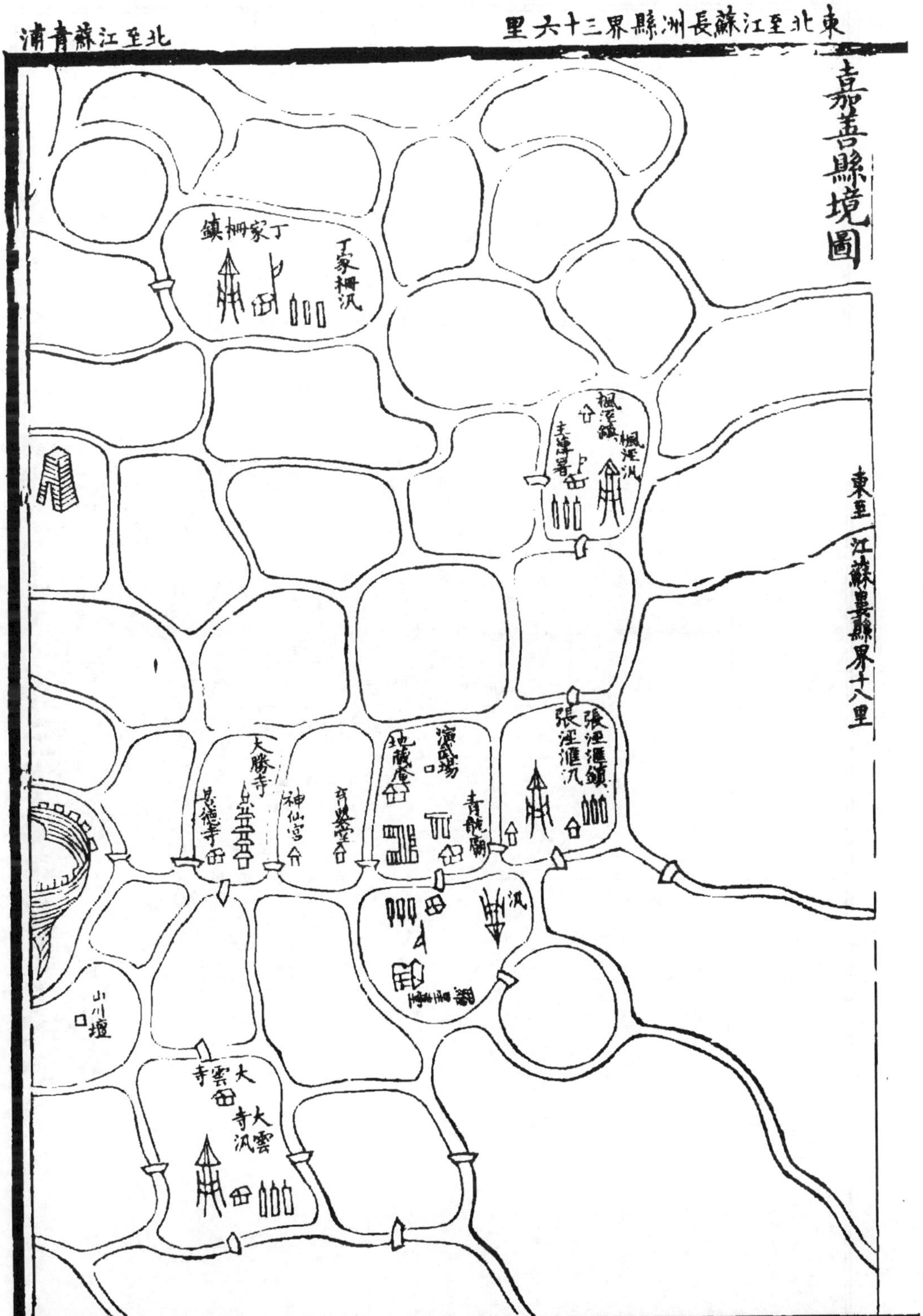
北至江蘇青浦
東北至江蘇長洲縣界三十六里
嘉善縣境圖
丁家柵鎮
丁家柵汛
楓涇鎮
楓涇汛
主簿署
東至江蘇吳縣界十八里
張涇滙鎮
張涇滙汛
大勝寺
景德寺
神仙宮
育嬰堂
地藏庵
演武場
青龍廟
汛
山川壇
大雲寺
大雲寺汛
南至平湖
東南至平湖縣界十里

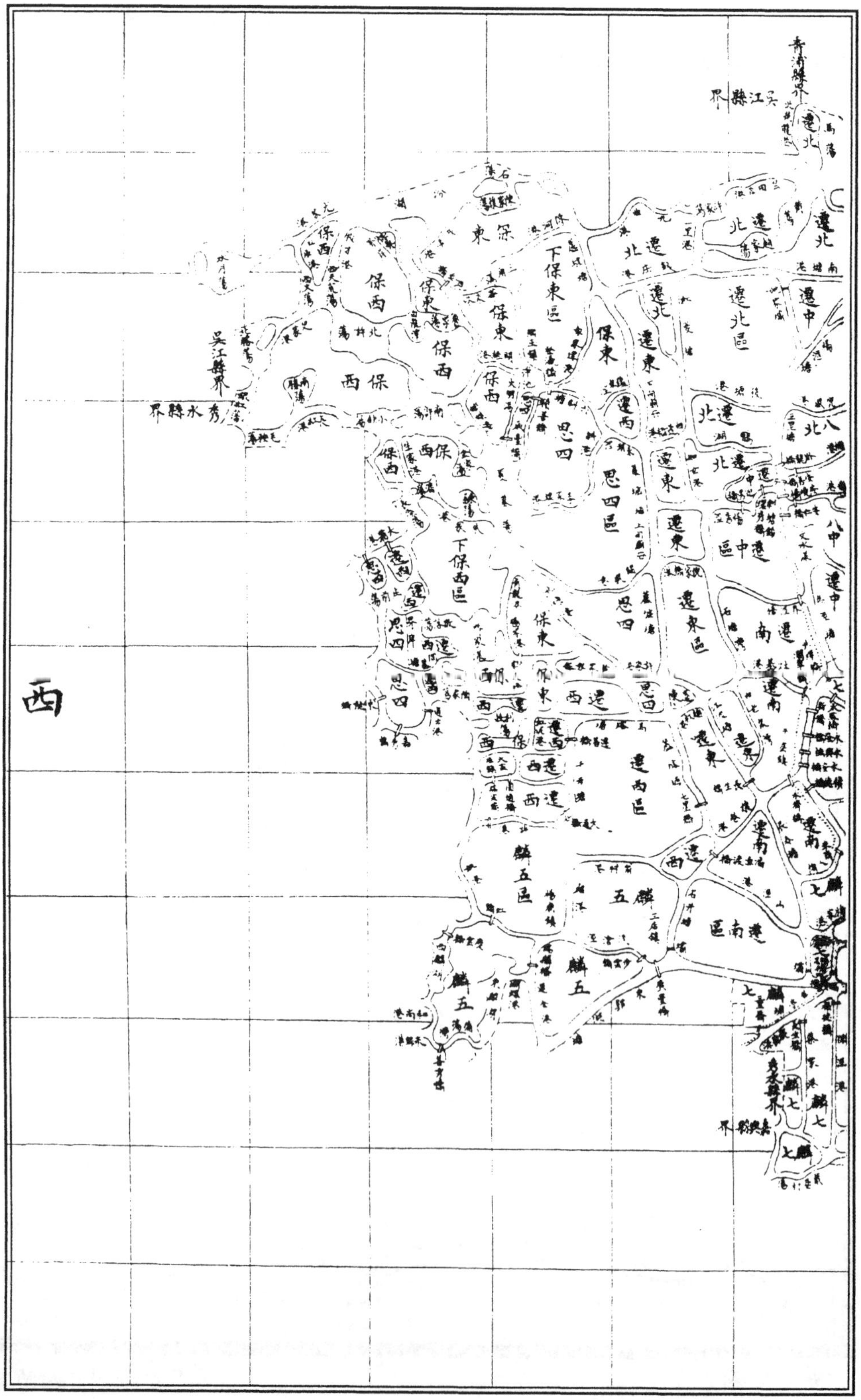

嘉善县境总图／选自光绪《嘉善县志》

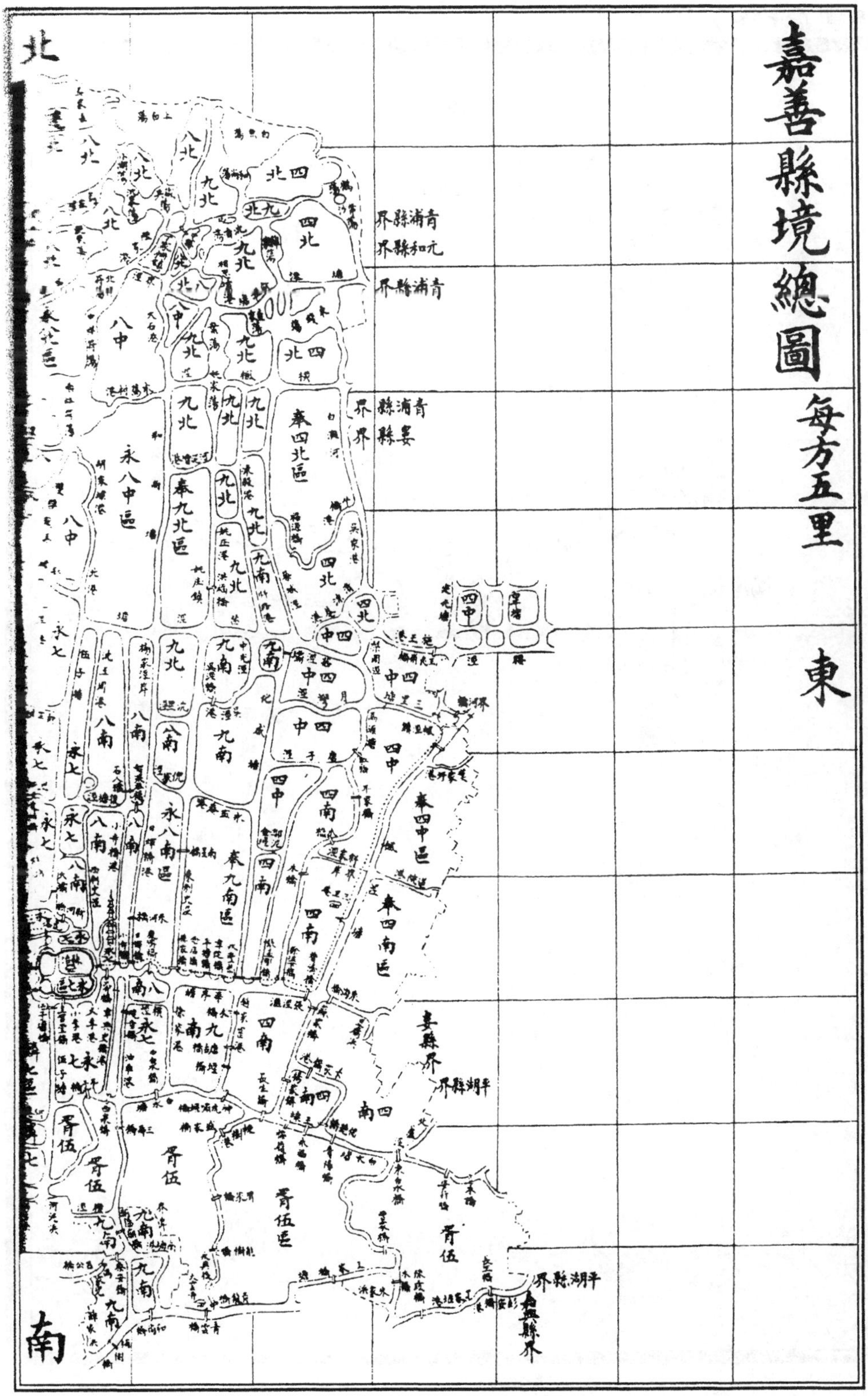
嘉善縣境總圖
每方五里
北
東
南
青浦縣界
元和縣界
青浦縣界
青浦縣界
婁縣界
婁縣界
平湖縣界
平湖縣界
嘉興縣界

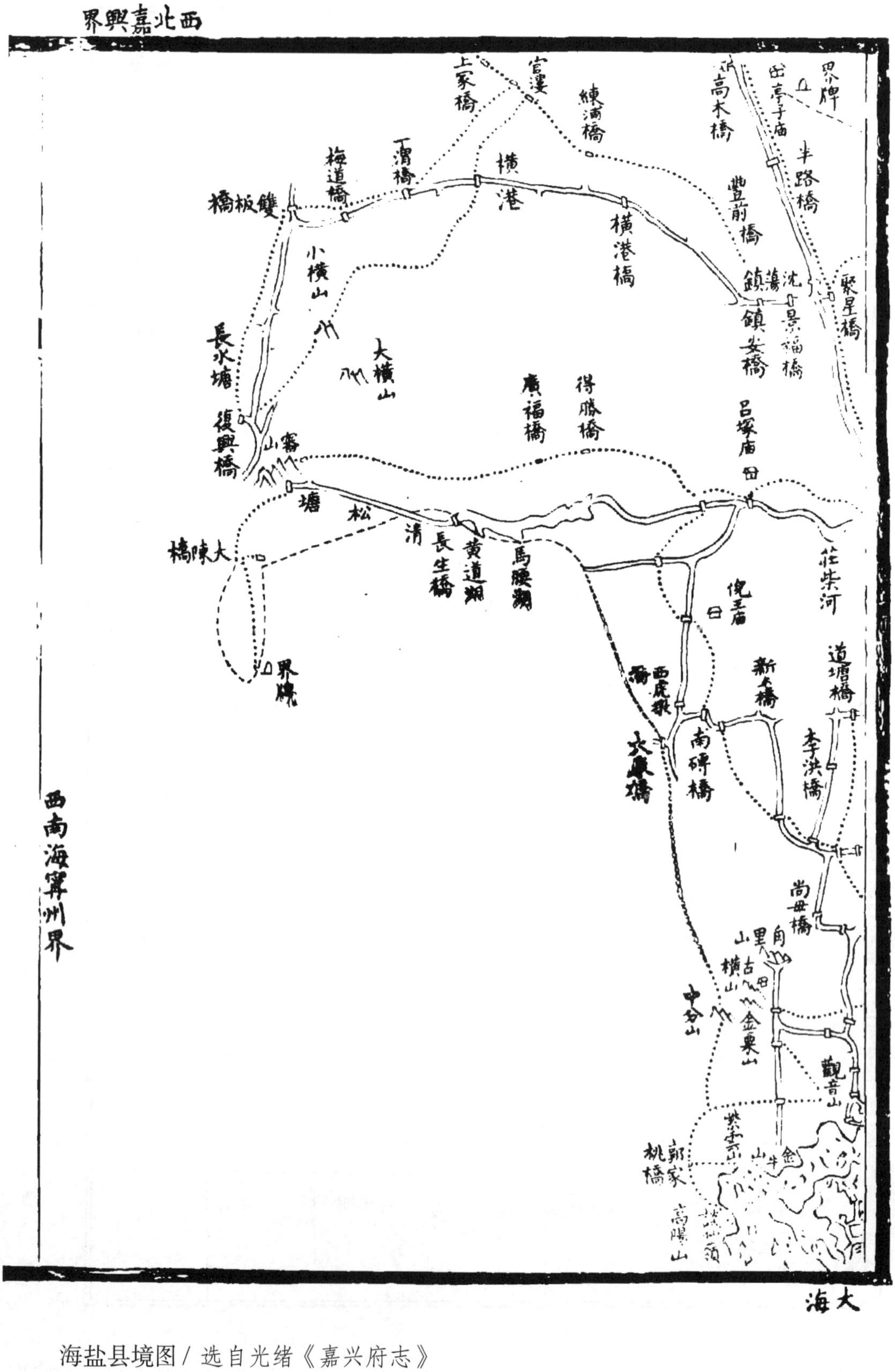

海盐县境图 / 选自光绪《嘉兴府志》

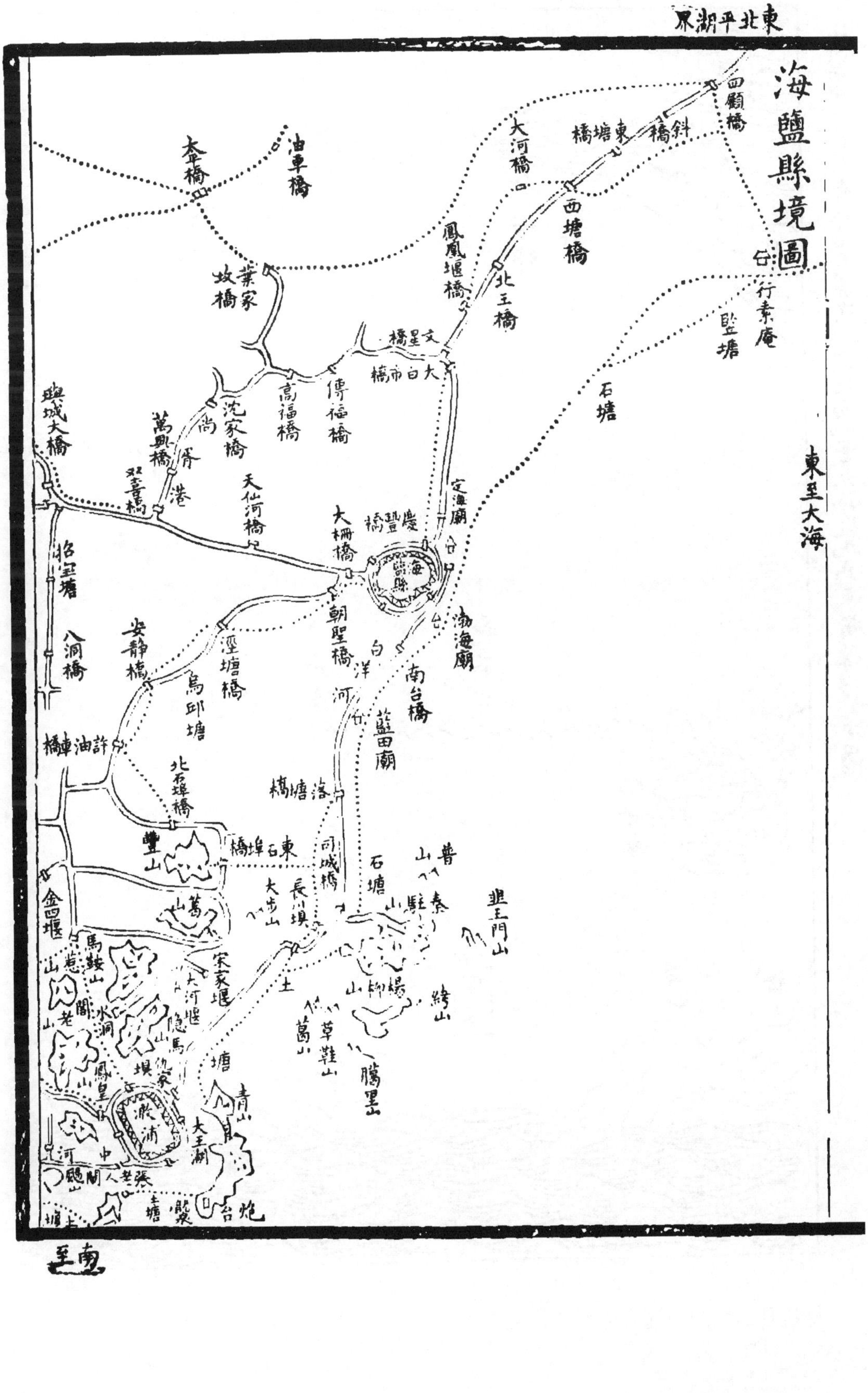
東北平湖界
海鹽縣境圖
東至大海
南至
西顧橋
斜橋
東塘橋
大河橋
西塘橋
太平橋
油車橋
鳳凰堰橋
北王橋
葉家坟橋
行素庵
監塘
石塘
文星橋
大白市橋
傳福橋
高福橋
沈家橋
萬興橋
尚胥港
雙喜橋
天仙河橋
大柵橋
慶豐橋
定海廟
海鹽縣
朝聖橋
白洋河
涇塘橋
安靜橋
八洞橋
烏邱塘
鎮海廟
南台橋
藍田廟
許油車橋
北石埠橋
落塘橋
東石埠橋
豐山
葛山
金四堰
大步山
長川壩
司城橋
石塘
普山
秦山
駐山
王門山
馬鞍山
宋家堰
楊柳山
大河堰
繡山
草鞋山
葛山
鳳凰山
騰里山
塘
青山
澉浦
大王廟
張老人閘
炮台

海昌與海鹽析縣為漢為吳迄無定論而地實大於鹽此為禾析縣以前往圖

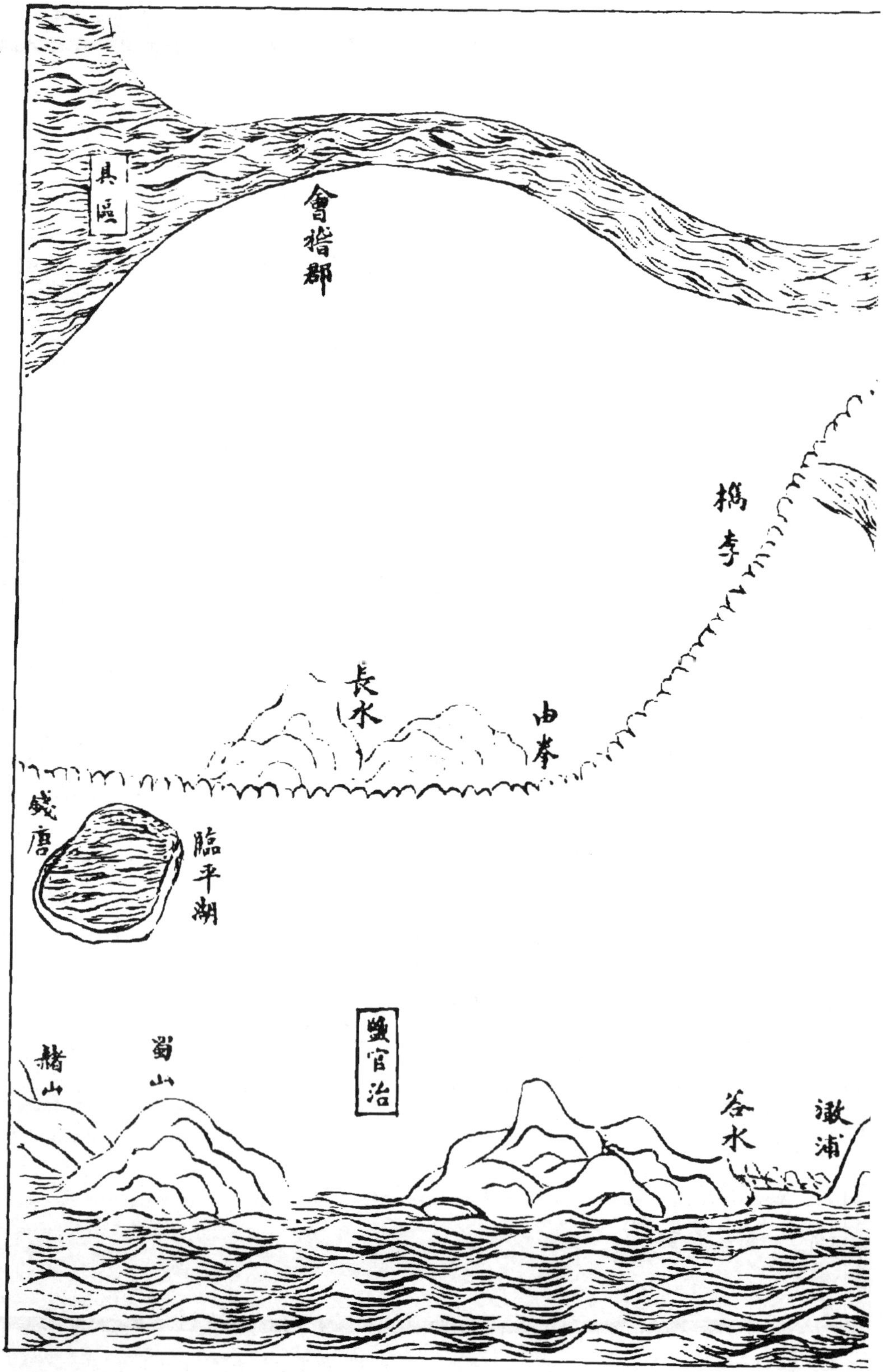

海盐县旧境图 / 选自光绪《海盐县志》

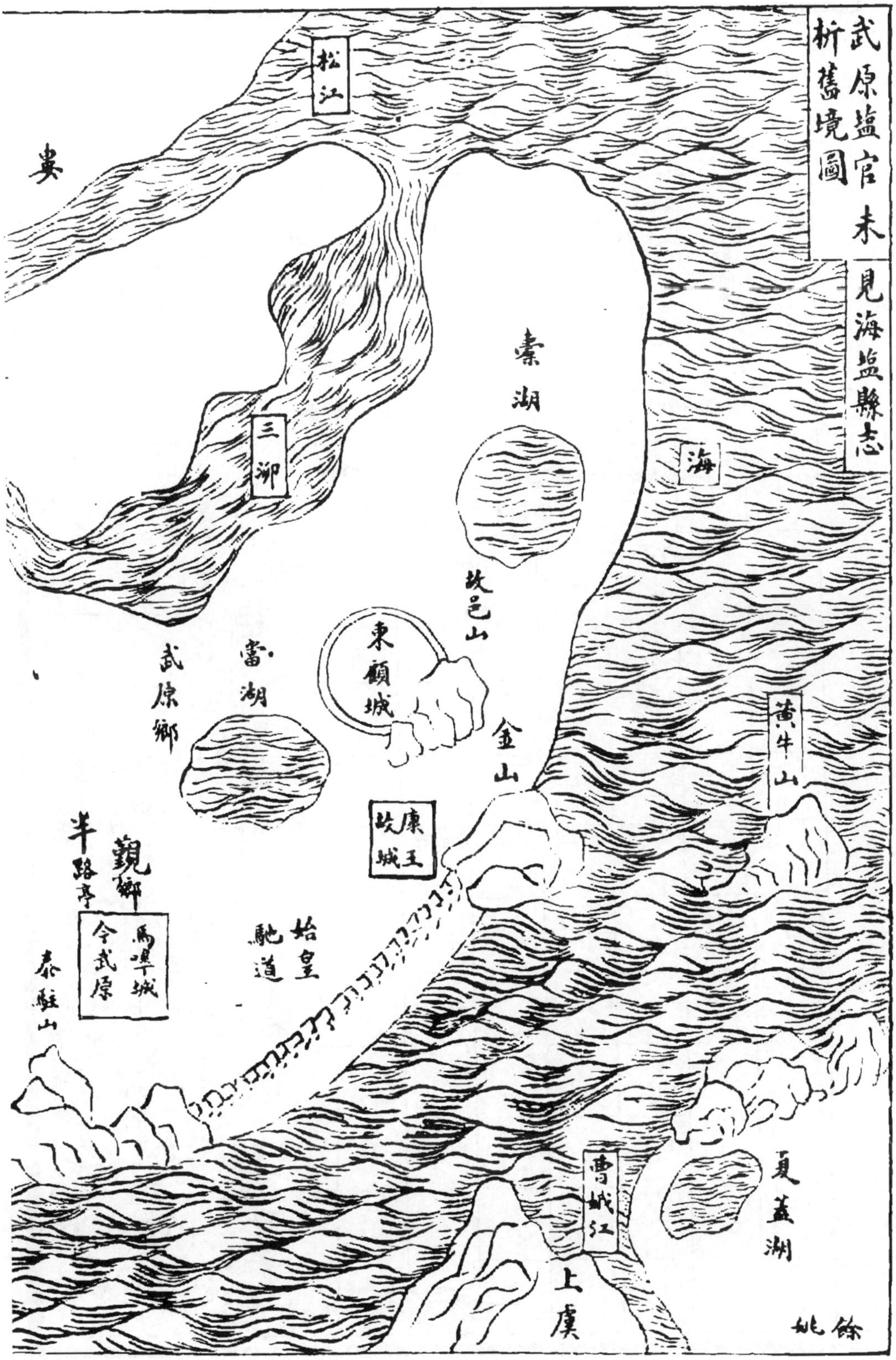

武原鹽官未析舊境圖
見海塩縣志
松江
婁
三泖
槖湖
海
故邑山
東顧城
當湖
武原鄉
金山
黄牛山
康王故城
半路亭
覲鄉
馬嘷城
今武原
始皇馳道
秦駐山
曹娥江
夏蓋湖
上虞
餘姚

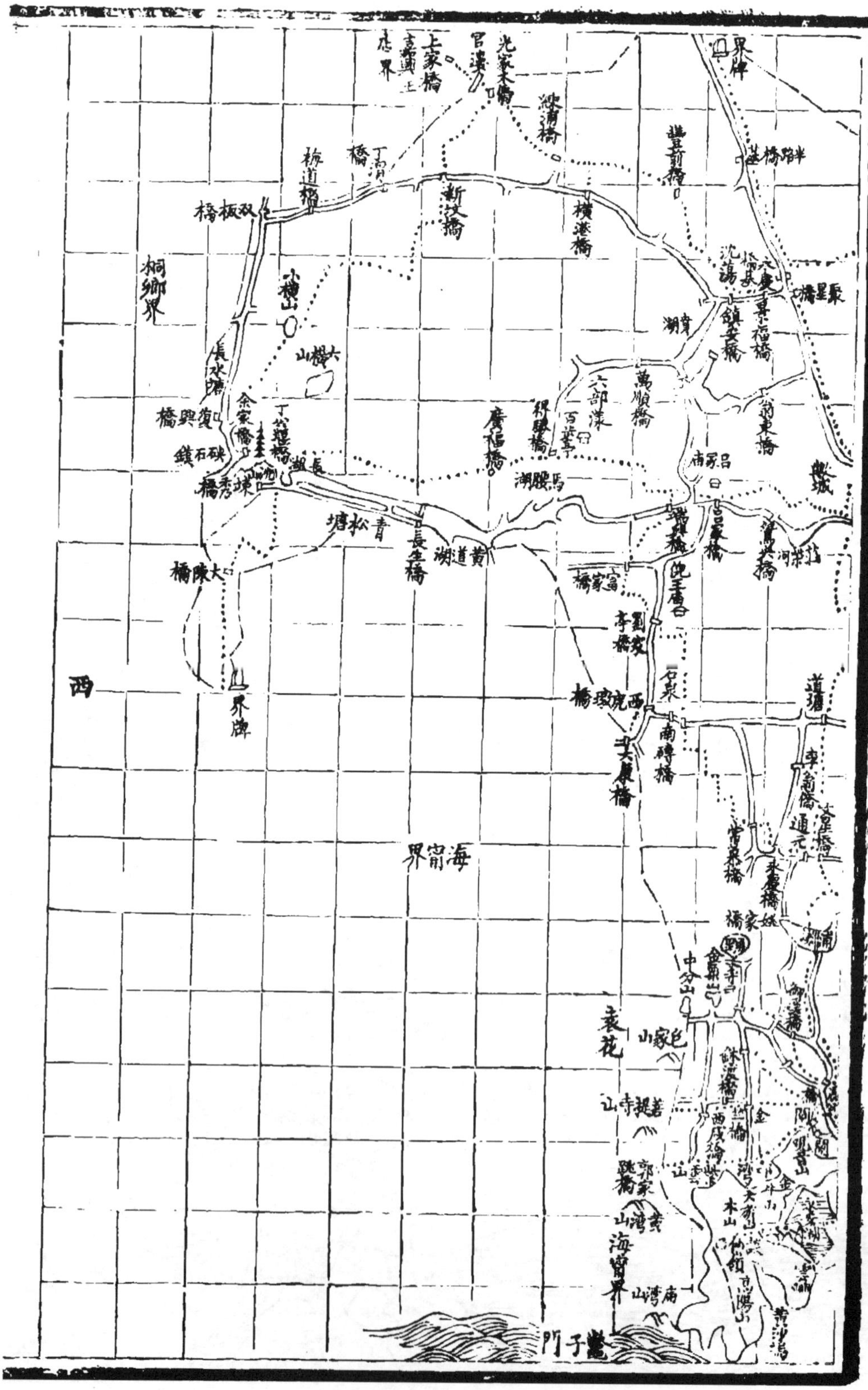

海盐县境总图 / 选自光绪《海盐县志》

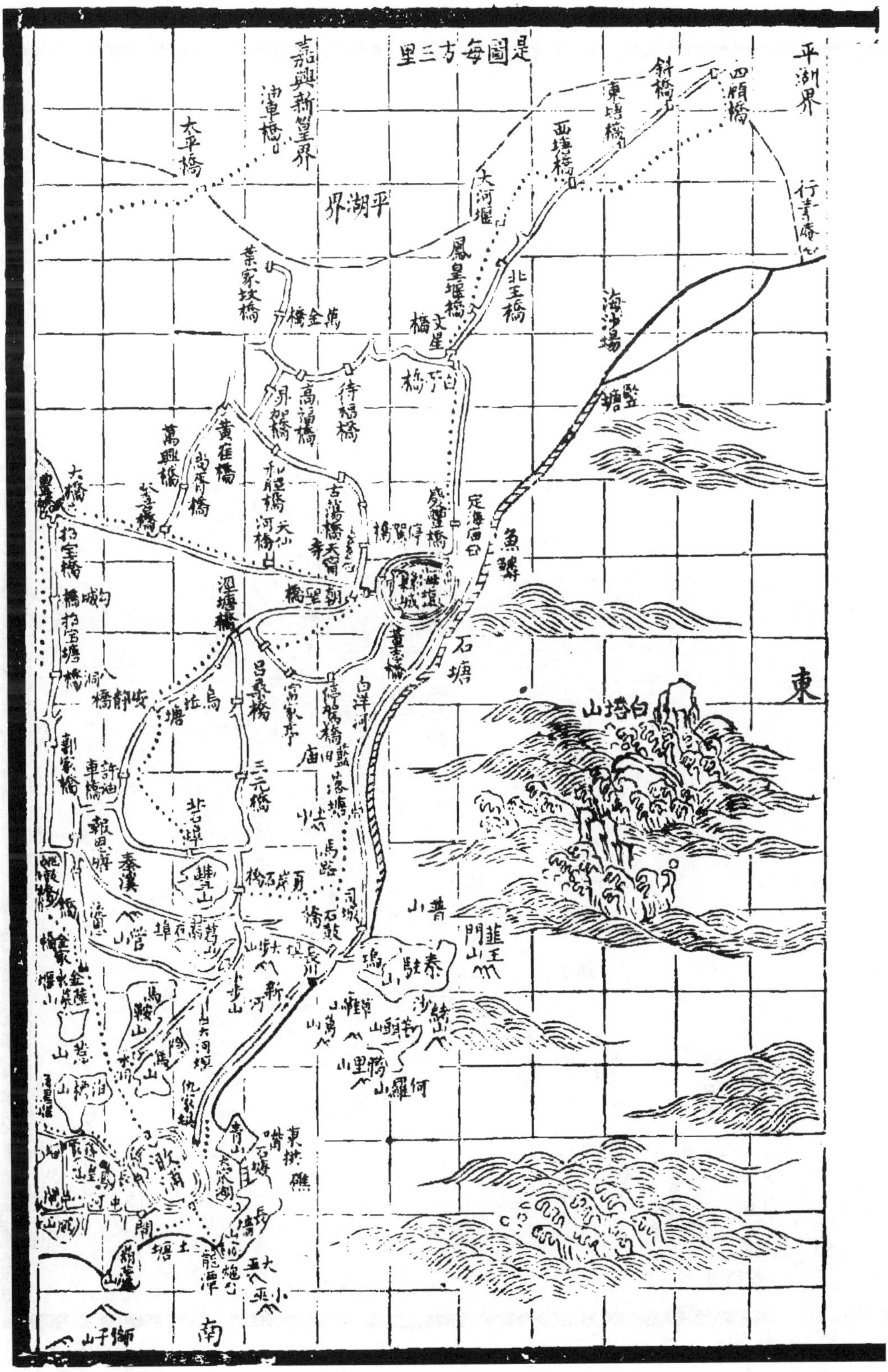
是圖每方三里
平湖界
嘉興新篁界
太平橋
西塘橋
東塘橋
斜橋
行春橋
大河堰
平湖界
鳳皇堰橋
北王橋
海沙場
葉家坟橋
萬金橋
文星橋
高福橋
待福橋
萬興橋
魚鱗
定海庙
石塘
東
白塔山
秦駐山
何羅山
澉浦
南

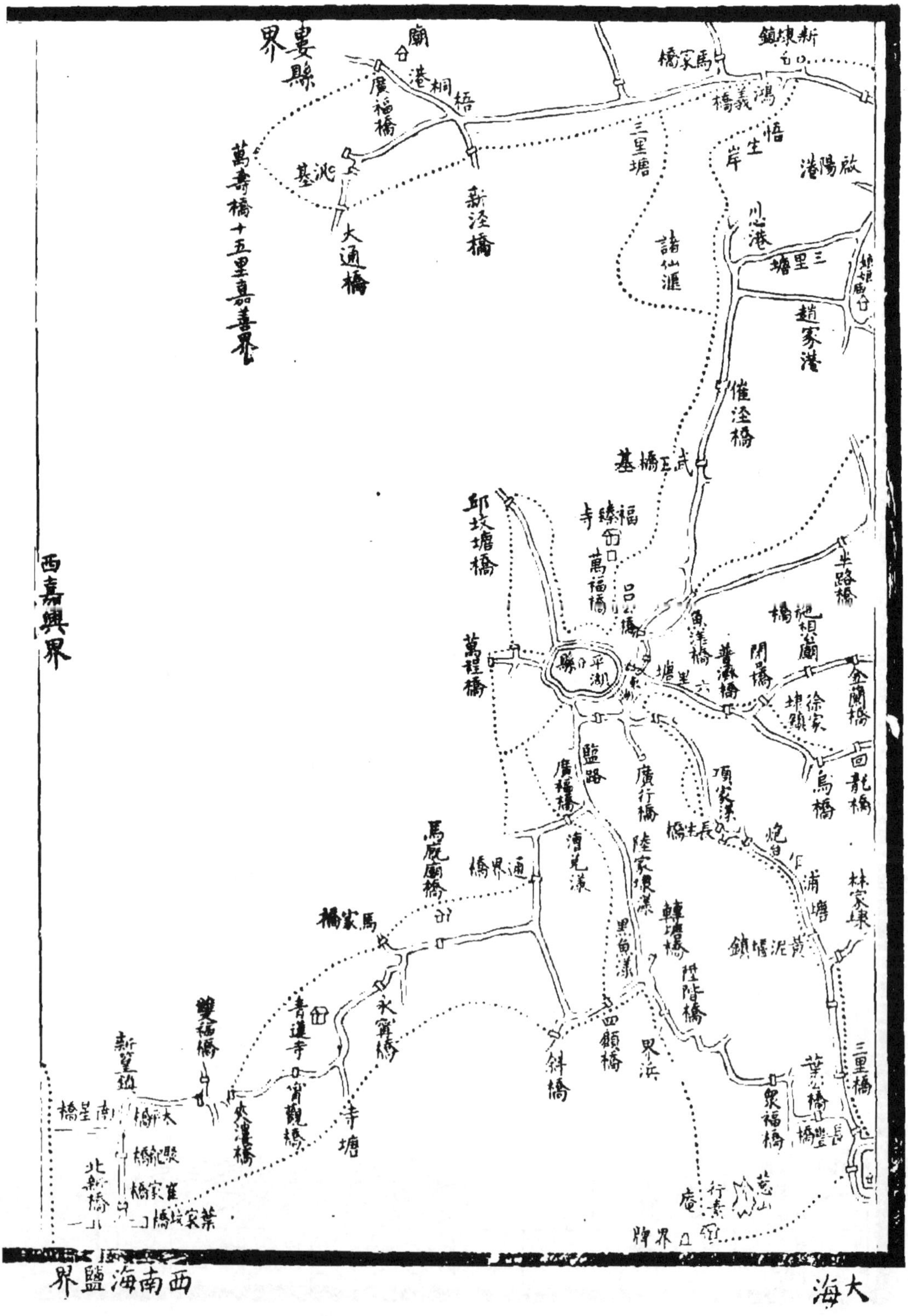

平湖县境图 / 选自光绪《嘉兴府志》

東北金山界

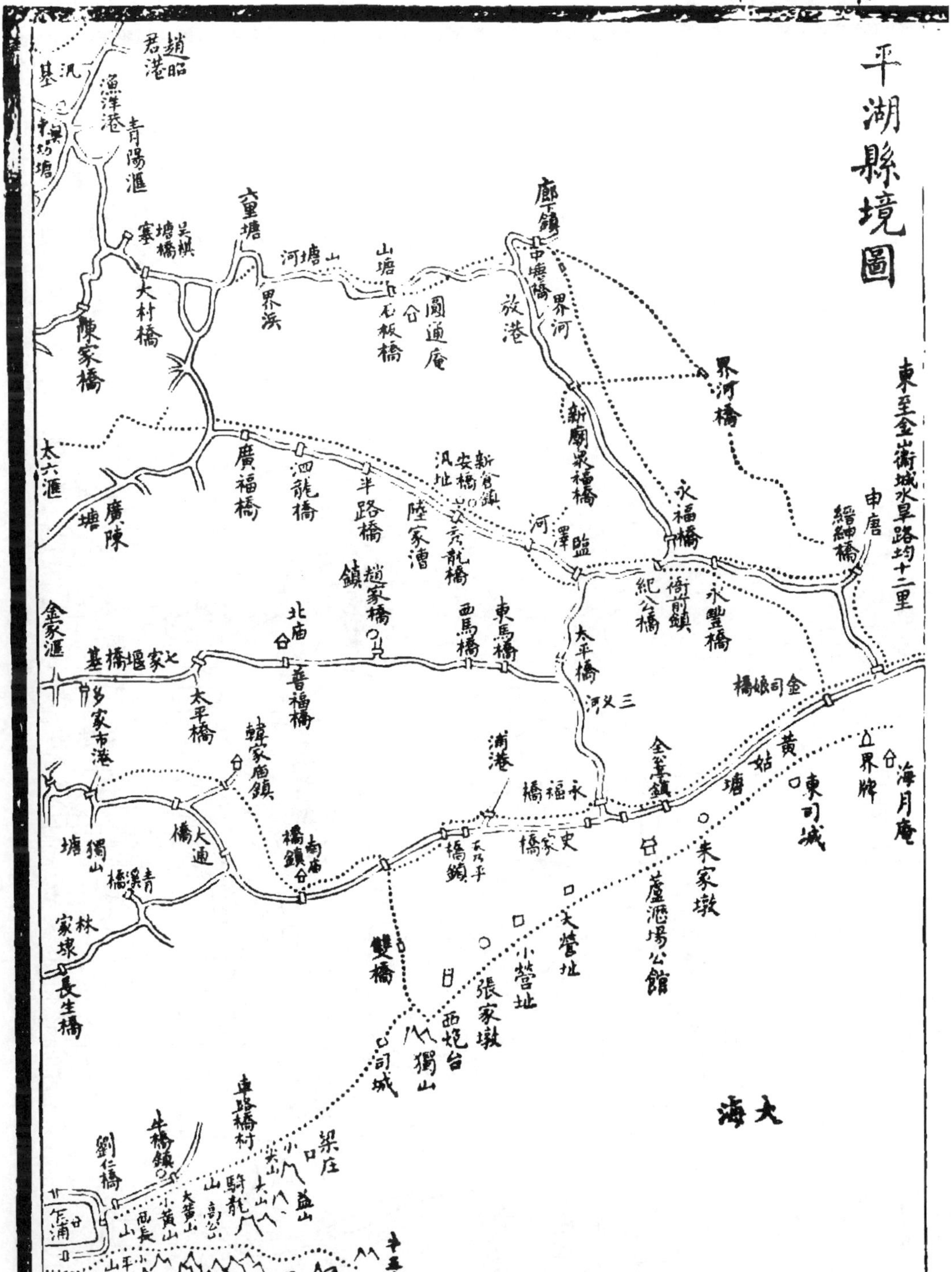
平湖縣境圖
東至金山衛城水旱路均十二里
大海
乍浦
廣陳塘
太平橋
永福橋
金司娘橋
東司城
黃姑塘
海月庵
界牌
雙橋
獨山
西炮台
張家墩
朱家墩
蘆瀝場公館
大營址
小營址
新埭
新廟永福橋
界河橋
圓通庵
陳家橋
大村橋
金家匯
韓家廟鎮
通大橋
長生橋
林家埭

南至

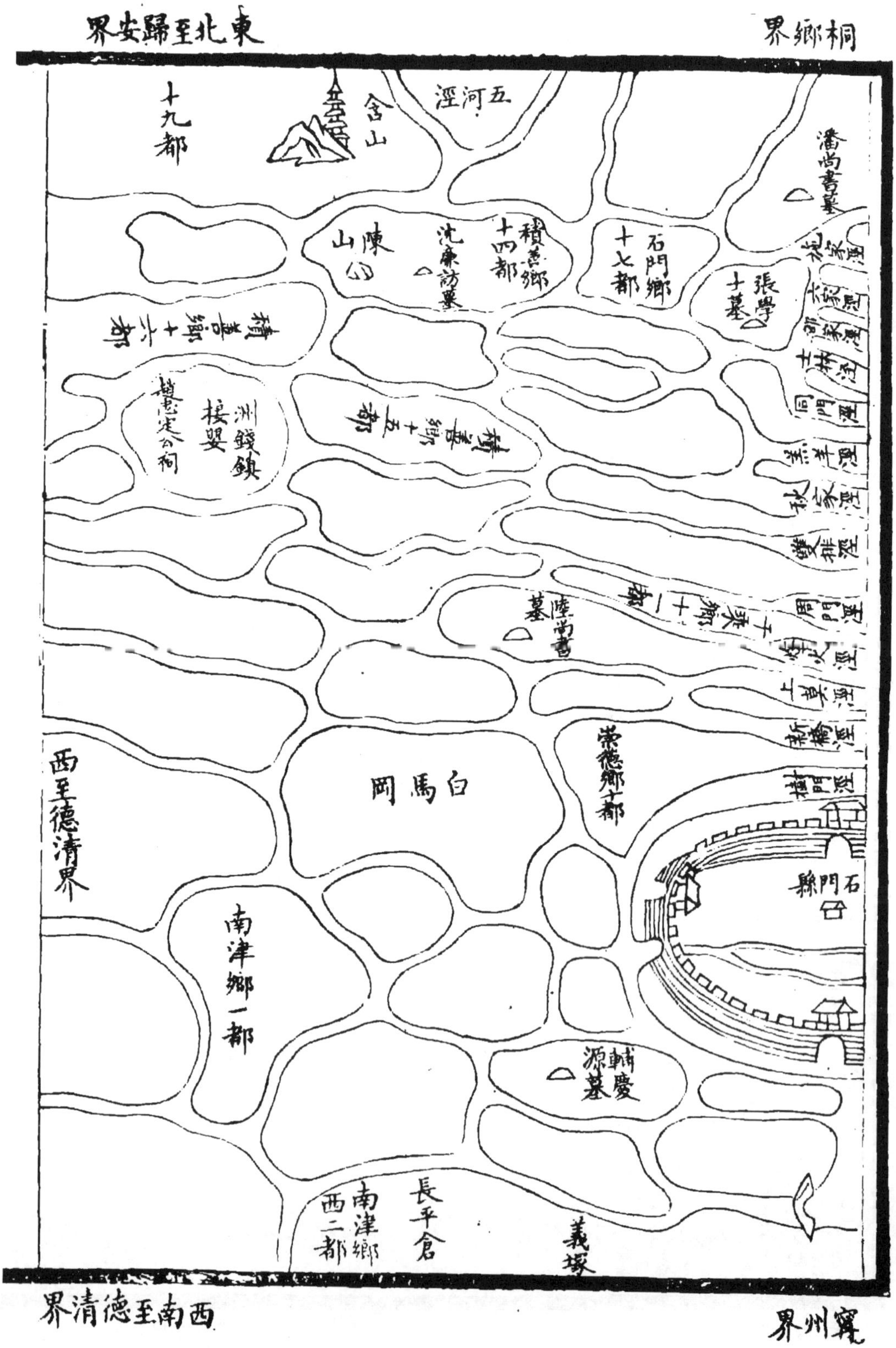

石门县境图 / 选自光绪《嘉兴府志》

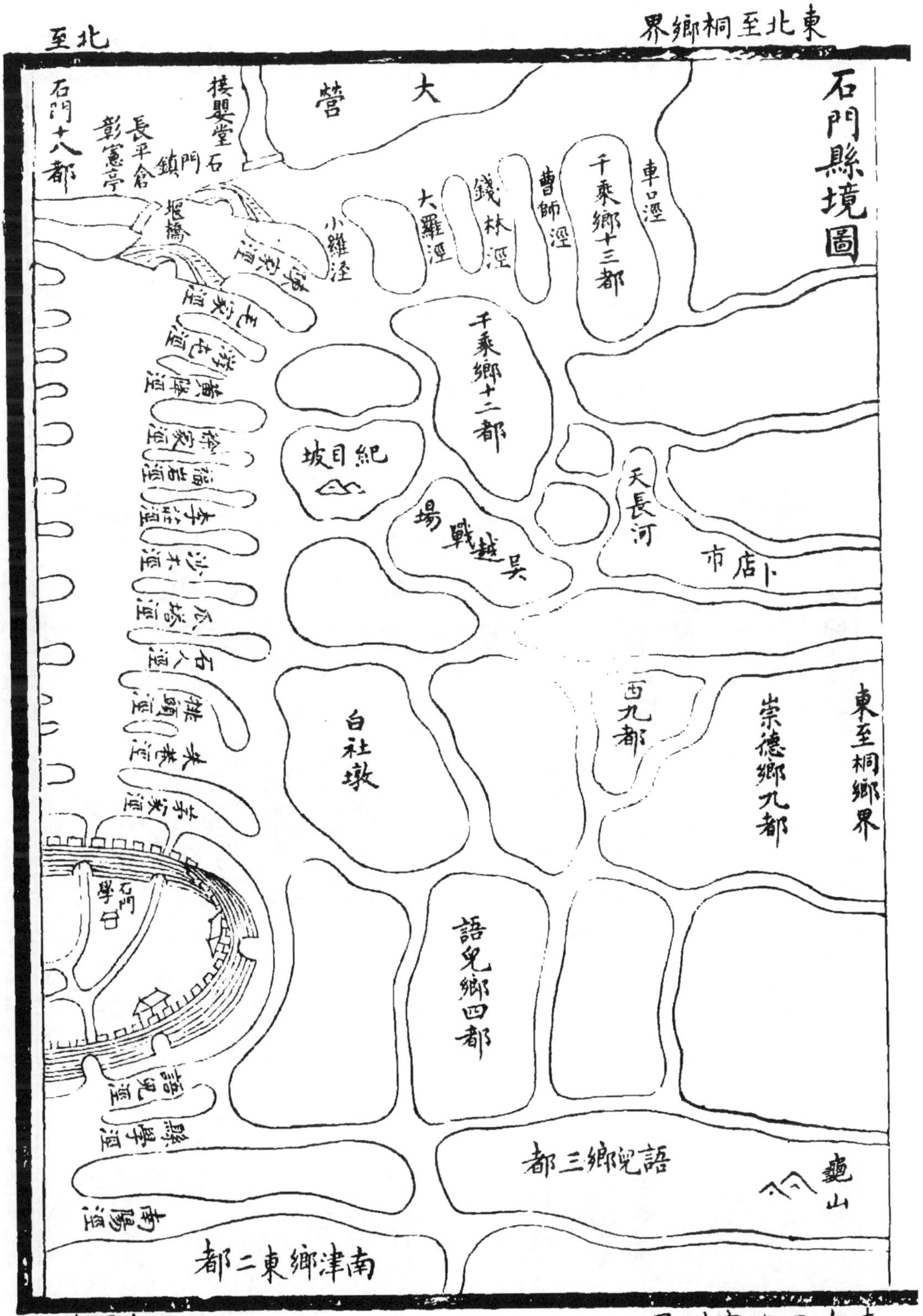
北至
東北至桐鄉界
石門縣境圖
大營
東口涇
千乘鄉十三都
曹師涇
錢林涇
大羅涇
小羅涇
接嬰堂
石門鎮
長平倉
彰憲亭
石門十八都
堰橋
千乘鄉十二都
紀目坡
吳越戰場
天長河
卜店市
西九都
崇德鄉九都
東至桐鄉界
白社墩
石門學
語兒鄉四都
語兒涇
縣學涇
語兒鄉三都
龜山
南陽涇
南津鄉東二都
南至海
東南至海寧州界

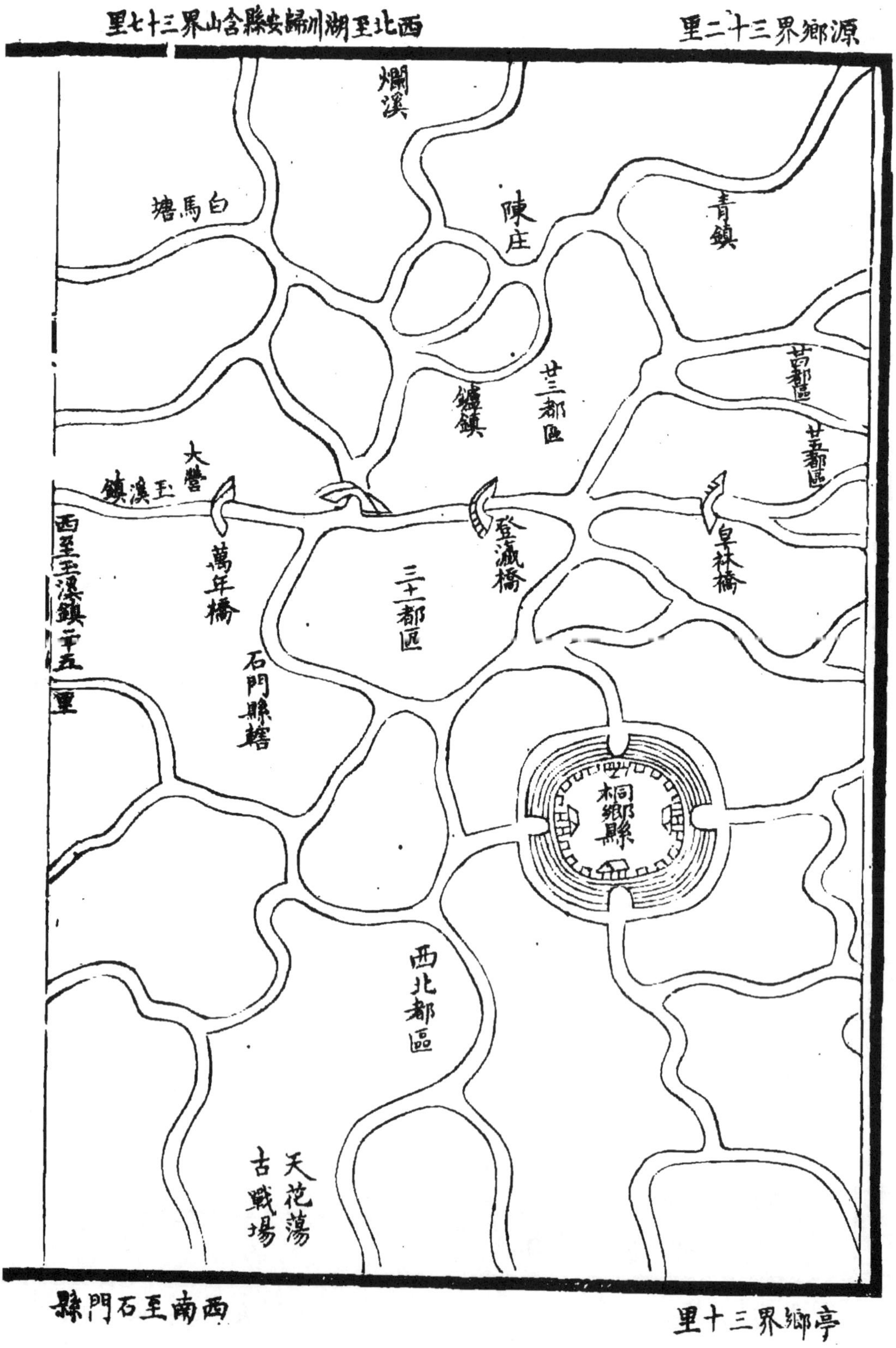

桐乡县境图 / 选自光绪《嘉兴府志》

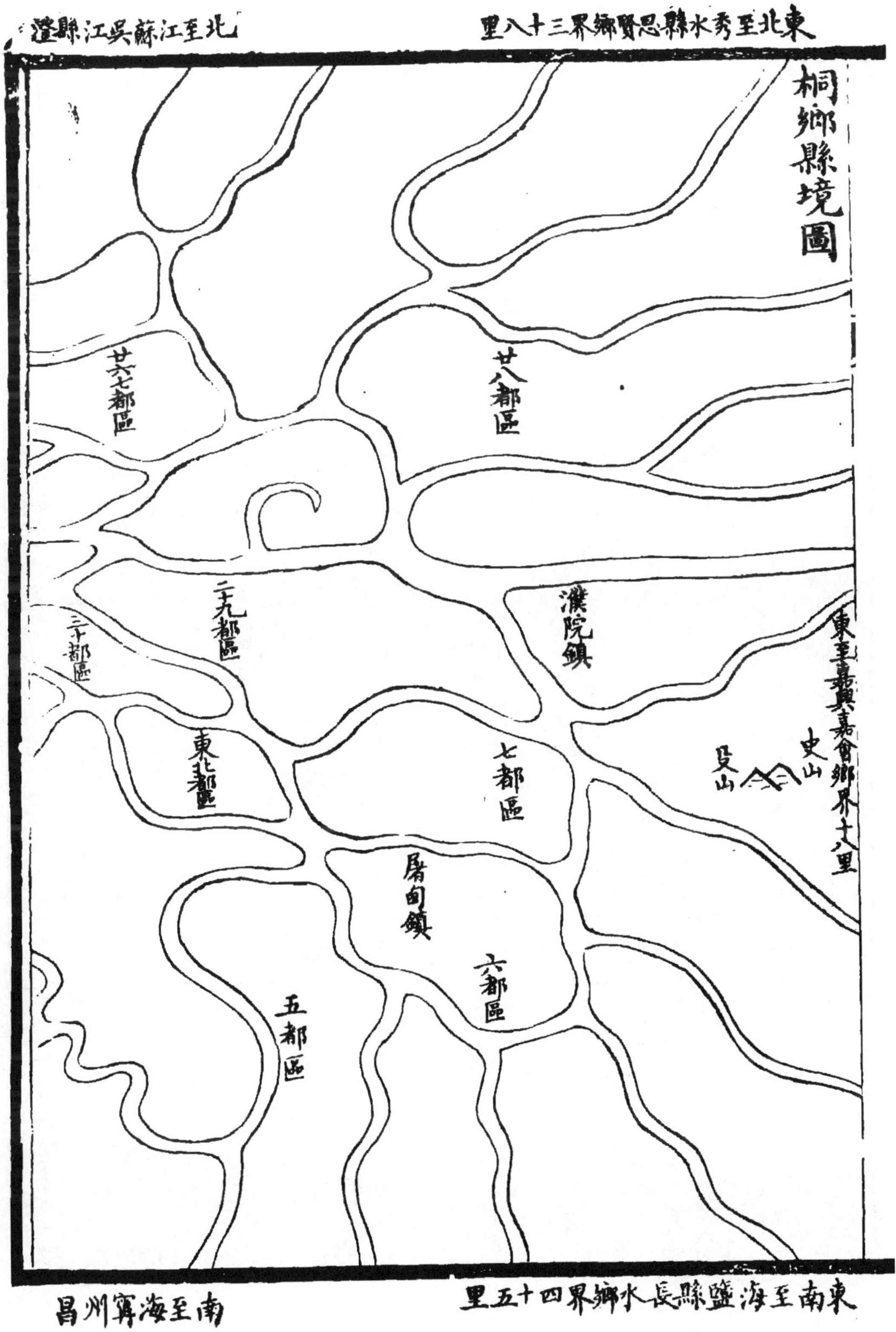
北至江蘇吳江縣澄
東北至秀水縣思賢鄉界三十八里
桐鄉縣境圖
廿六七都區
廿八都區
二十九都區
三十都區
濮院鎮
東至嘉興嘉會鄉界十八里
史山
殳山
東北都區
七都區
屠甸鎮
六都區
五都區
南至海寧州昌
東南至海鹽縣長水鄉界四十五里

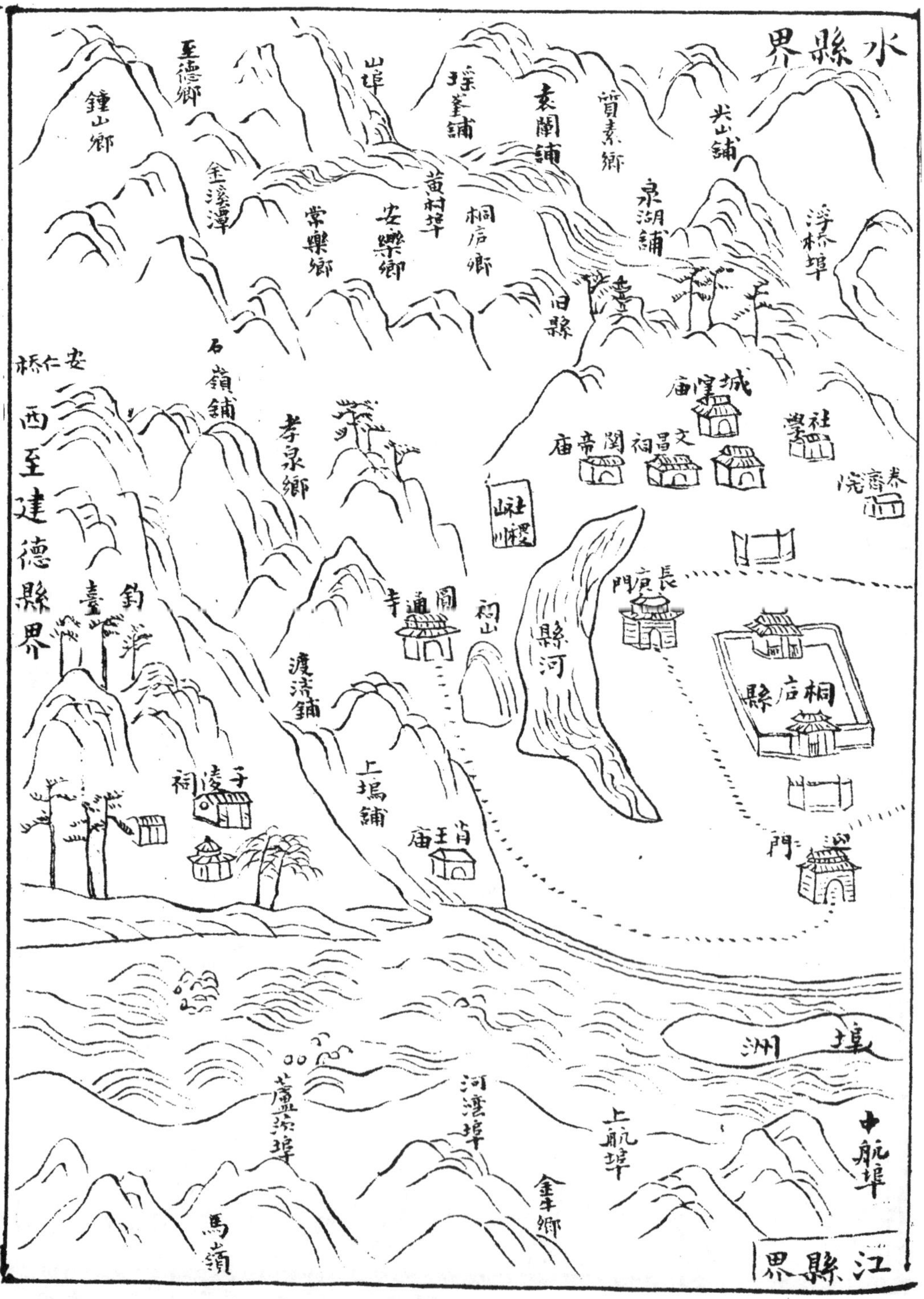

桐庐县境总图 / 选自乾隆《桐庐县志》

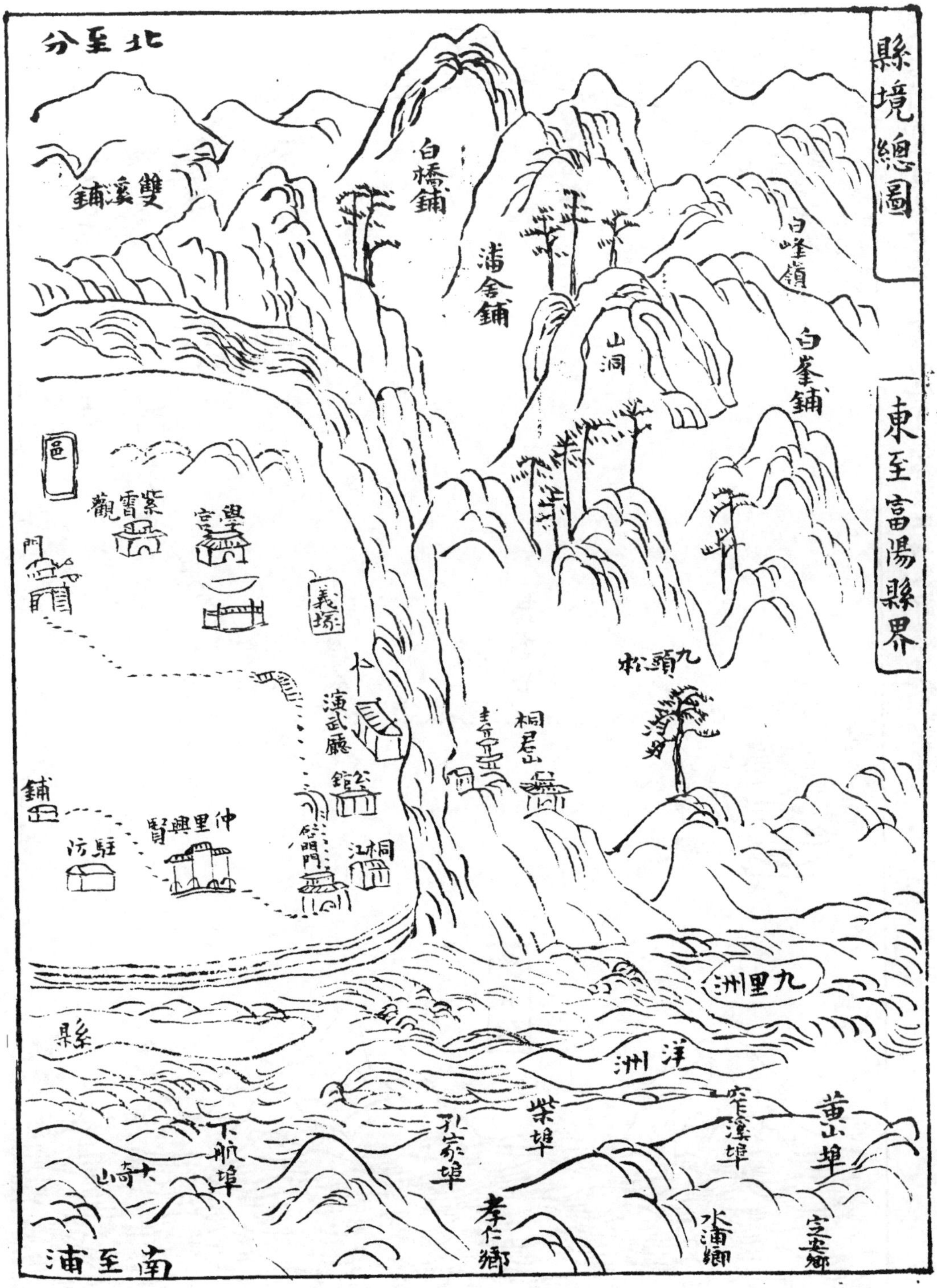
縣境總圖
北至分
雙溪鋪
白橋鋪
浦舍鋪
白峰嶺
山洞
白峯鋪
東至富陽縣界
邑
紫霄觀
學宮
門
義塚
演武廳
桐君山
九頭松
鋪
公館
中里興賢
駐防
桐江
九里洲
縣
洋洲
柴埠
窄溪埠
黄山埠
孔家埠
下航埠
大崎山
孝仁鄉
水浦鄉
南至浦

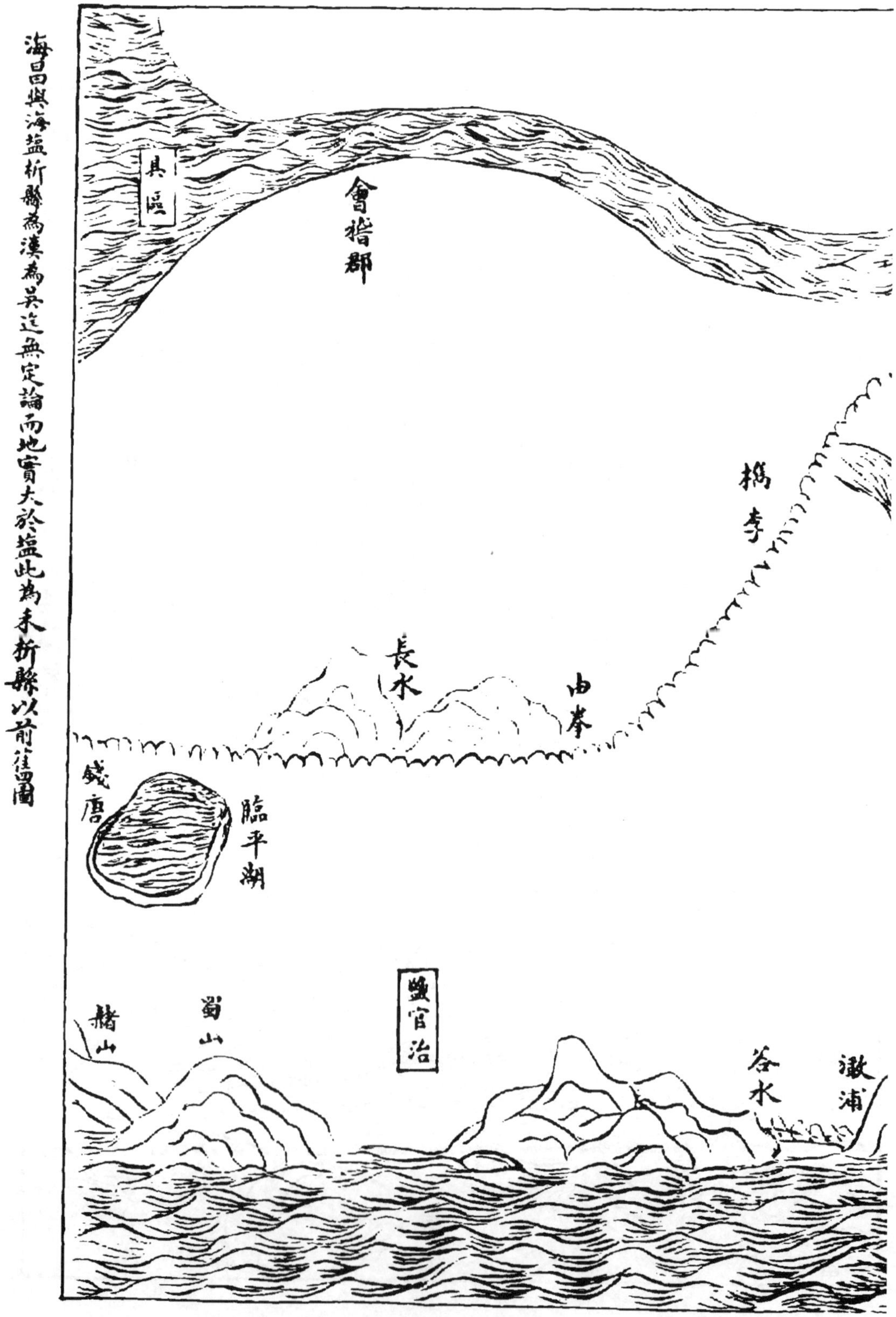

武原盐官未析旧境图 / 选自民国《海宁州志稿》

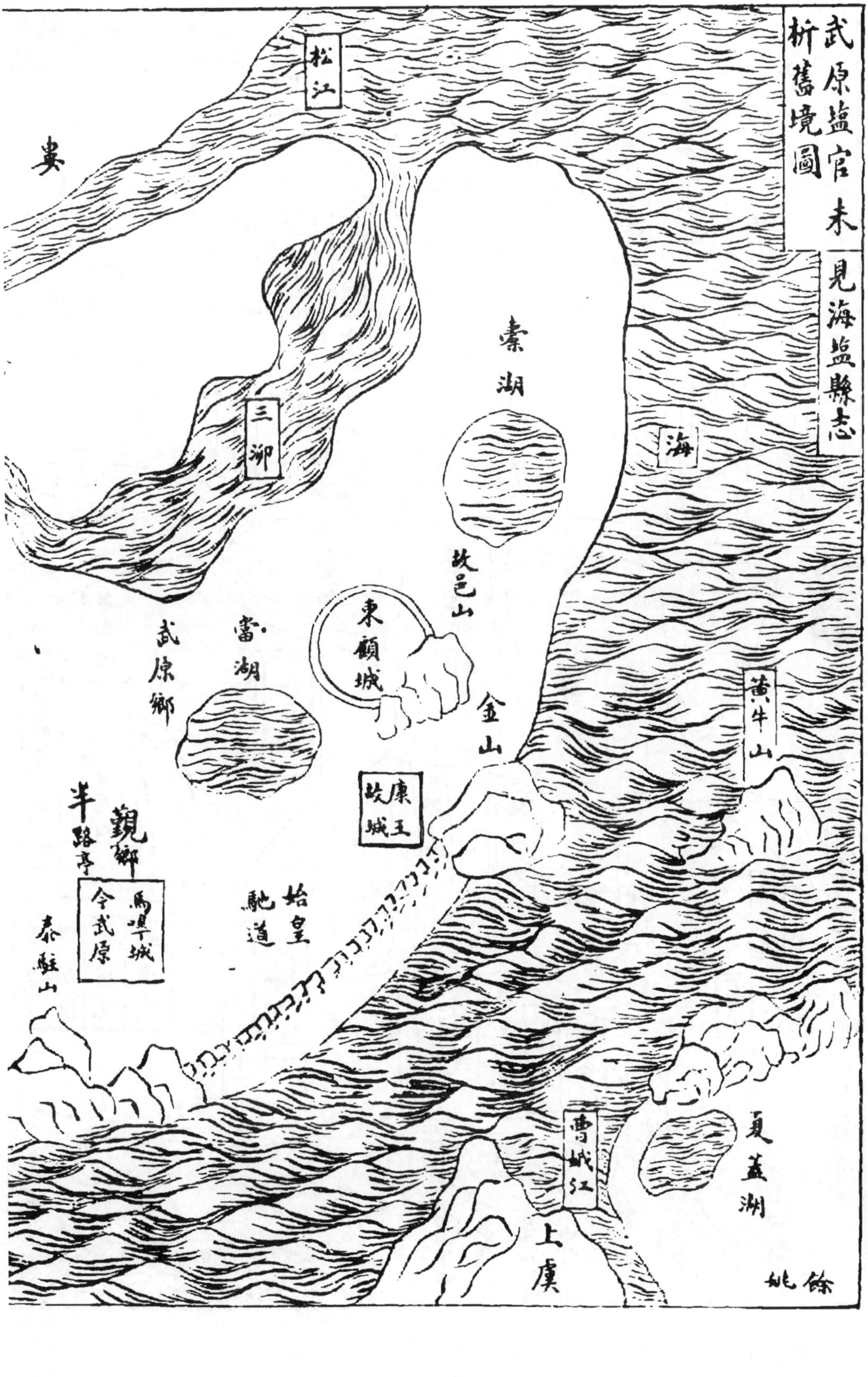
武原鹽官未析舊境圖
見海盐縣志
松江
婁
三泖
海
故邑山
東顧城
當湖
武原鄉
金山
黃牛山
康王故城
半路亭
觀鄉
馬嘷城
今武原
始皇馳道
秦駐山
曹娥江
夏蓋湖
上虞
餘姚

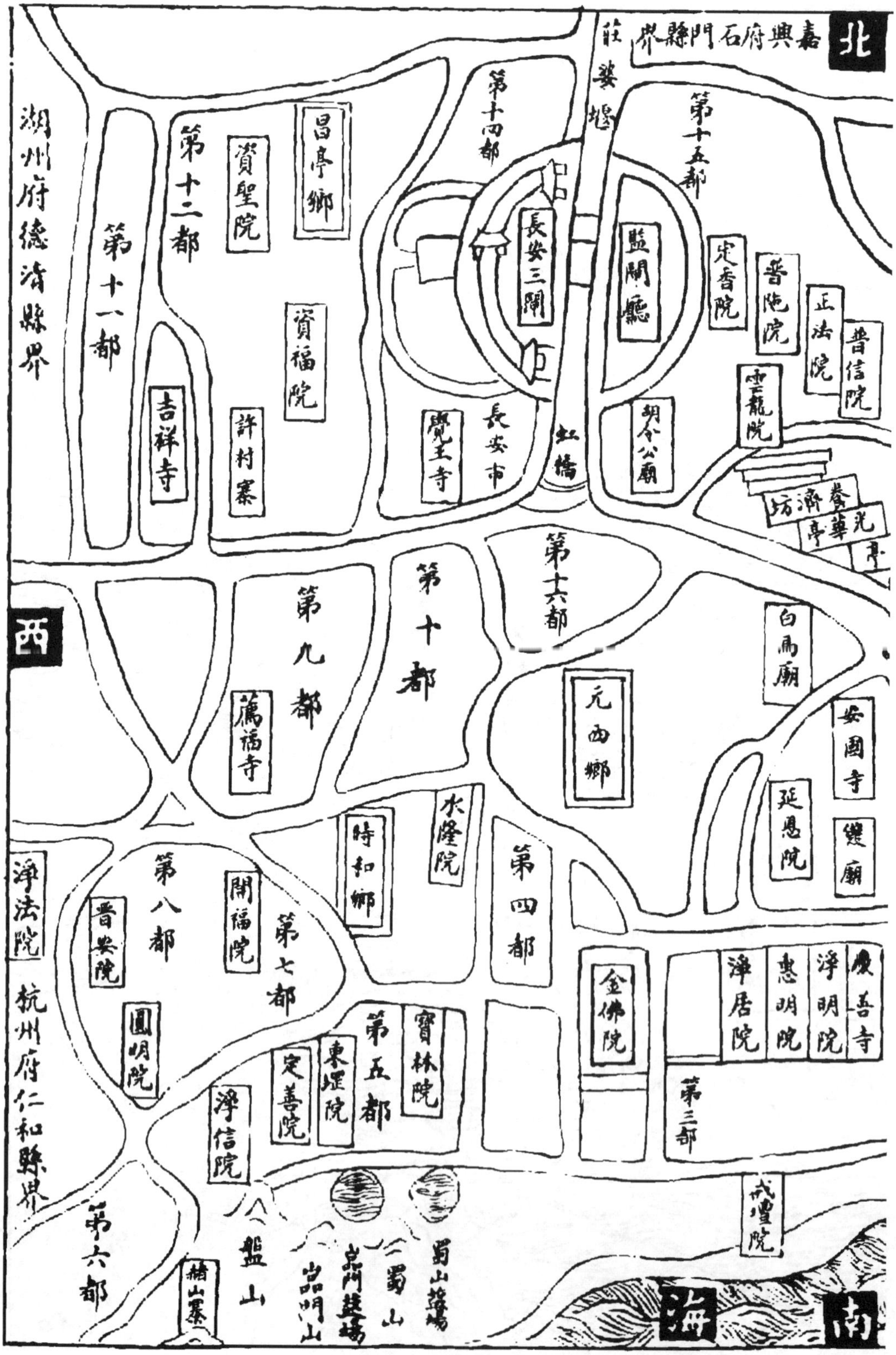

宋海宁州四境图 / 选自民国《海宁州志稿》

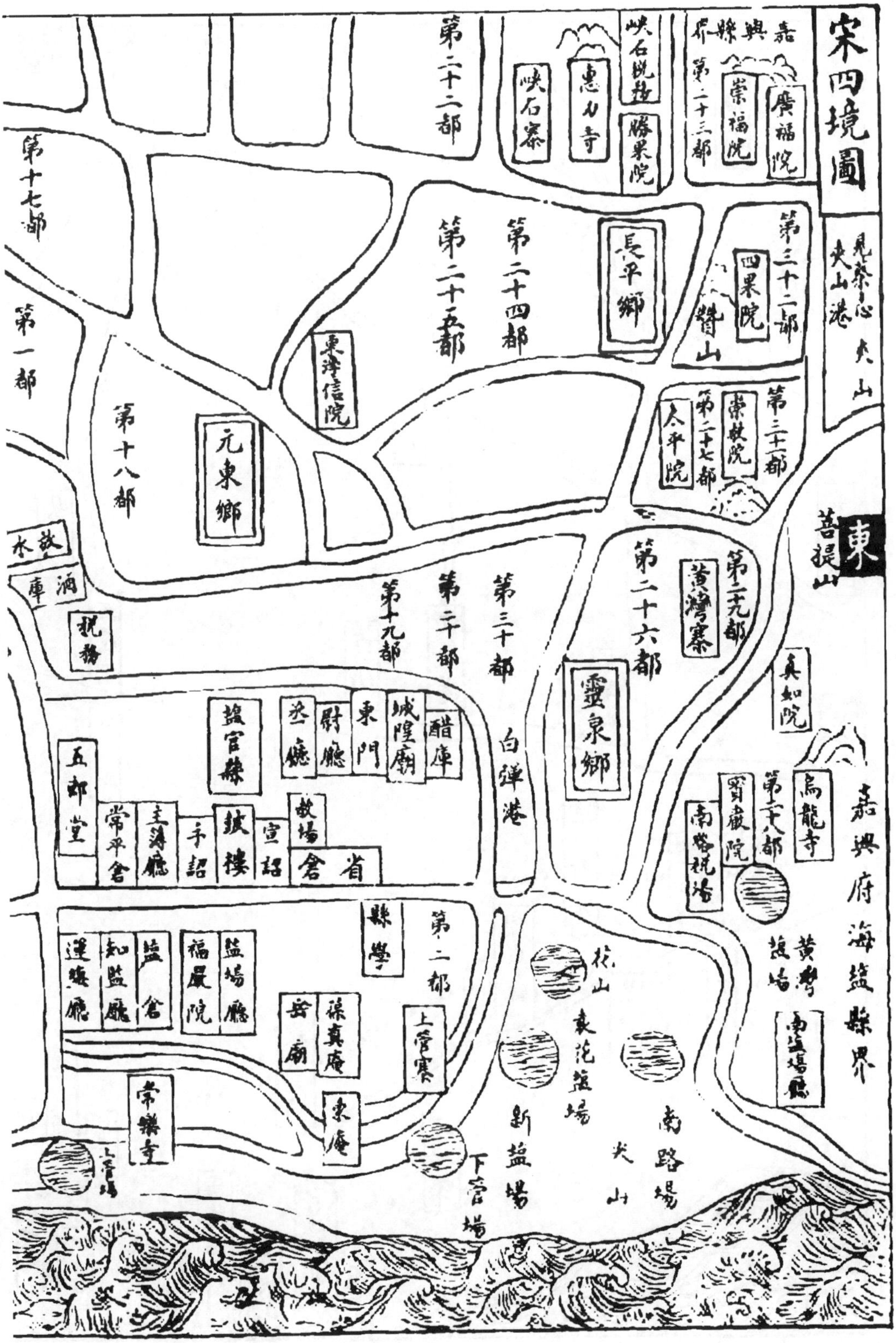
宋四境圖
東
嘉興府海鹽縣界
嘉興縣界
第二十二都
第十七都
第一都
第十八都
元東鄉
東淨信院
第二十五都
第二十四都
長平鄉
崇福院
廣福院
峽石寨
惠力寺
勝果院
第三十二都
四果院
第二十七都
崇教院
太平院
第三十一都
菩提山
第二十六都
黃灣寨
第二十九都
靈泉鄉
第十九都
第二十都
第三十都
白洋港
真如院
烏龍寺
寶藏院
南路税場
稅務
酒庫
鼓水
五都堂
常平倉
主簿廳
手詔
鼓樓
宣詔
教場
省倉
監官廳
丞廳
尉廳
東門
城隍廟
醋庫
縣學
第二都
運鹽廳
知監廳
鹽倉
福嚴院
鹽場廳
安廟
福真庵
上管寨
常樂寺
東庵
花山
袁花鹽場
新鹽場
南路場
下管場
黃灣鹽場
南鹽場廳

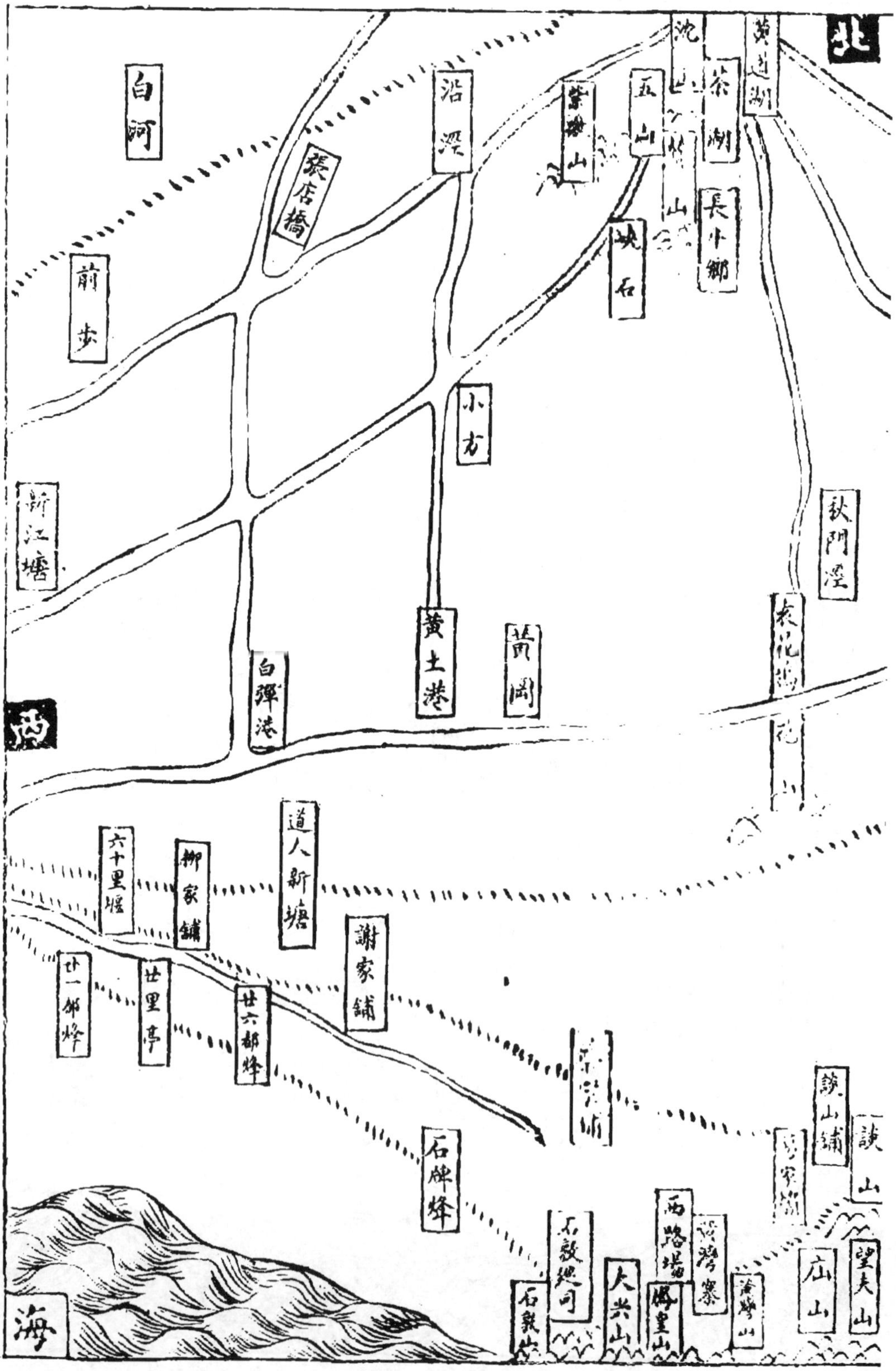

海宁州界图/ 选自民国《海宁州志稿》

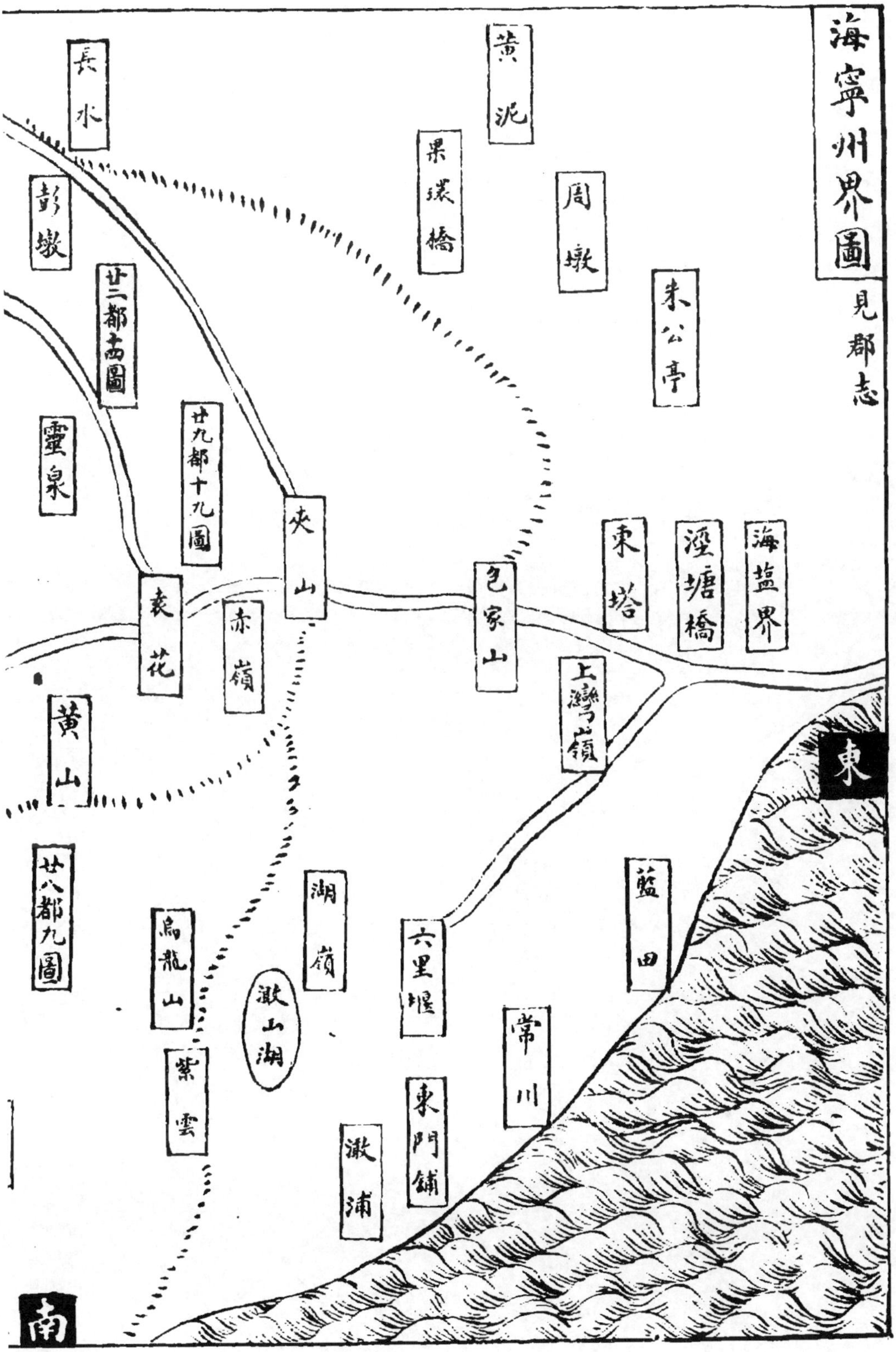

海寧州界圖
見郡志
黄泥
長水
果環橋
周墩
朱公亭
彭墩
廿九都十九圖
靈泉
夾山
包家山
東塔
涇塘橋
海鹽界
袁花
赤嶺
上灣山嶺
黄山
東
廿八都九圖
烏龍山
湖嶺
澉山湖
六里堰
藍田
常川
紫雲
東門舖
澉浦
南

湖州

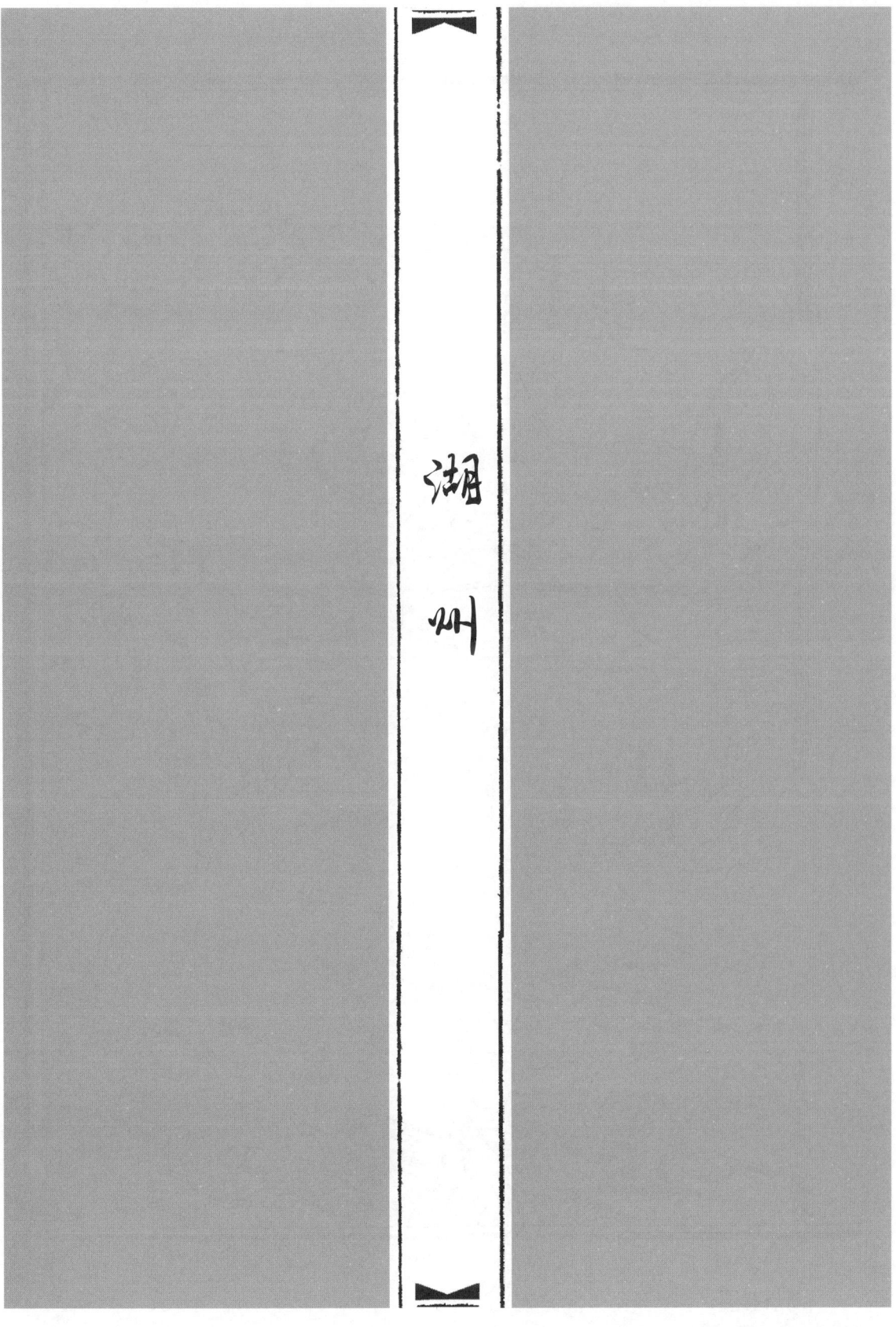

湖州府图 / 选自雍正《浙江通志》

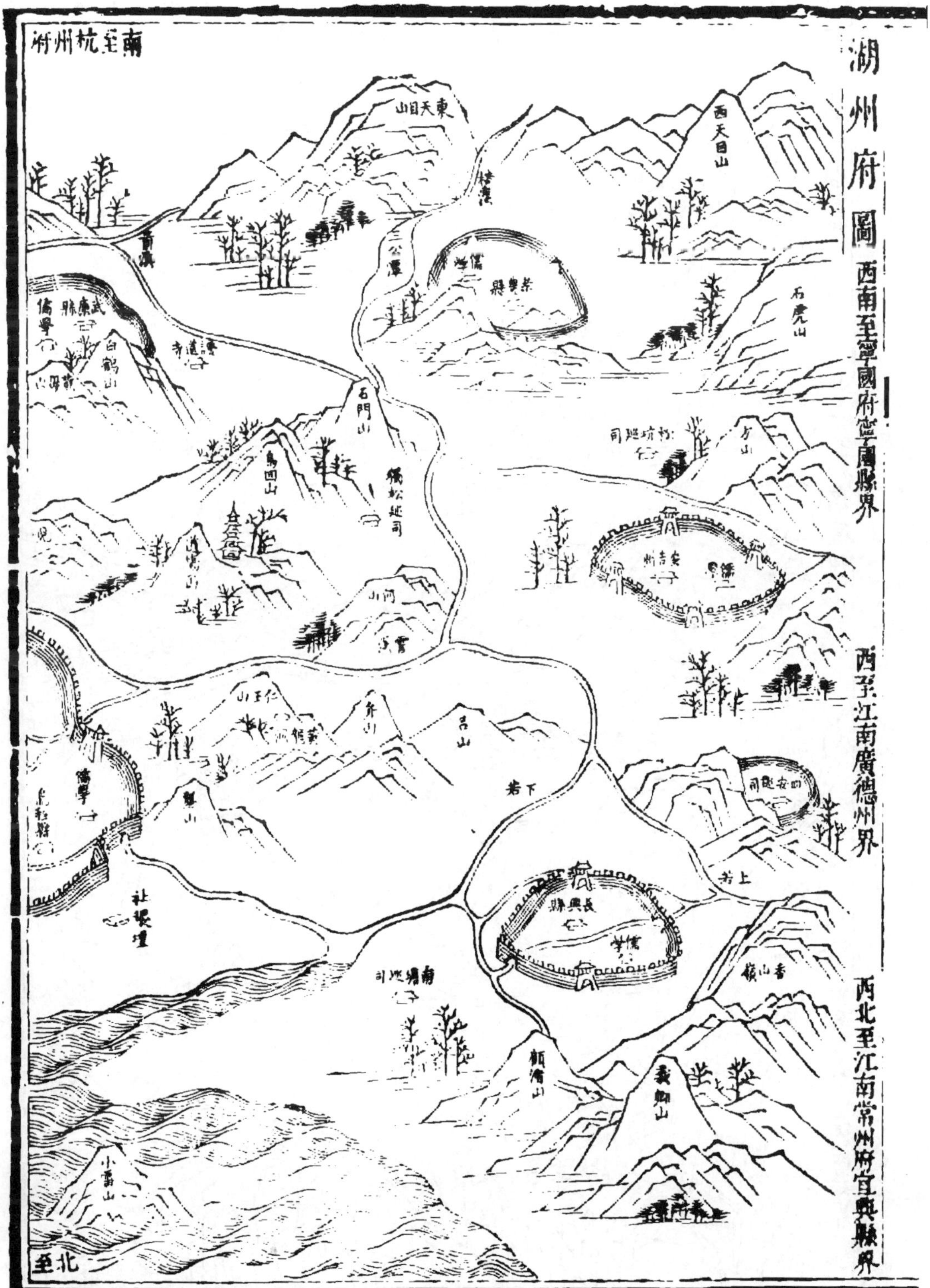
湖州府圖
西南至寧國府寧國縣界
西至江南廣德州界
西北至江南常州府宜興縣界
南至杭州府
北至
東天目山
西天目山
石虎山
孝豐縣
安吉州
長興縣
石門山
烏回山
弁山
呂山
下若
上若
社稷壇
小雷山
香山嶺

湖州府境全图 / 选自同治《湖州府志》

湖州府境全圖
北至
西洞庭
東洞庭
小雷山
東北到江蘇震澤縣界
湖州府
歸安
南潯鎮
璉市鎮
東至震澤縣界
碧浪湖
新市鎮
德清城
武康
東南到嘉興桐鄉縣界
南至杭州

乌程县境全图 / 选自同治《湖州府志》

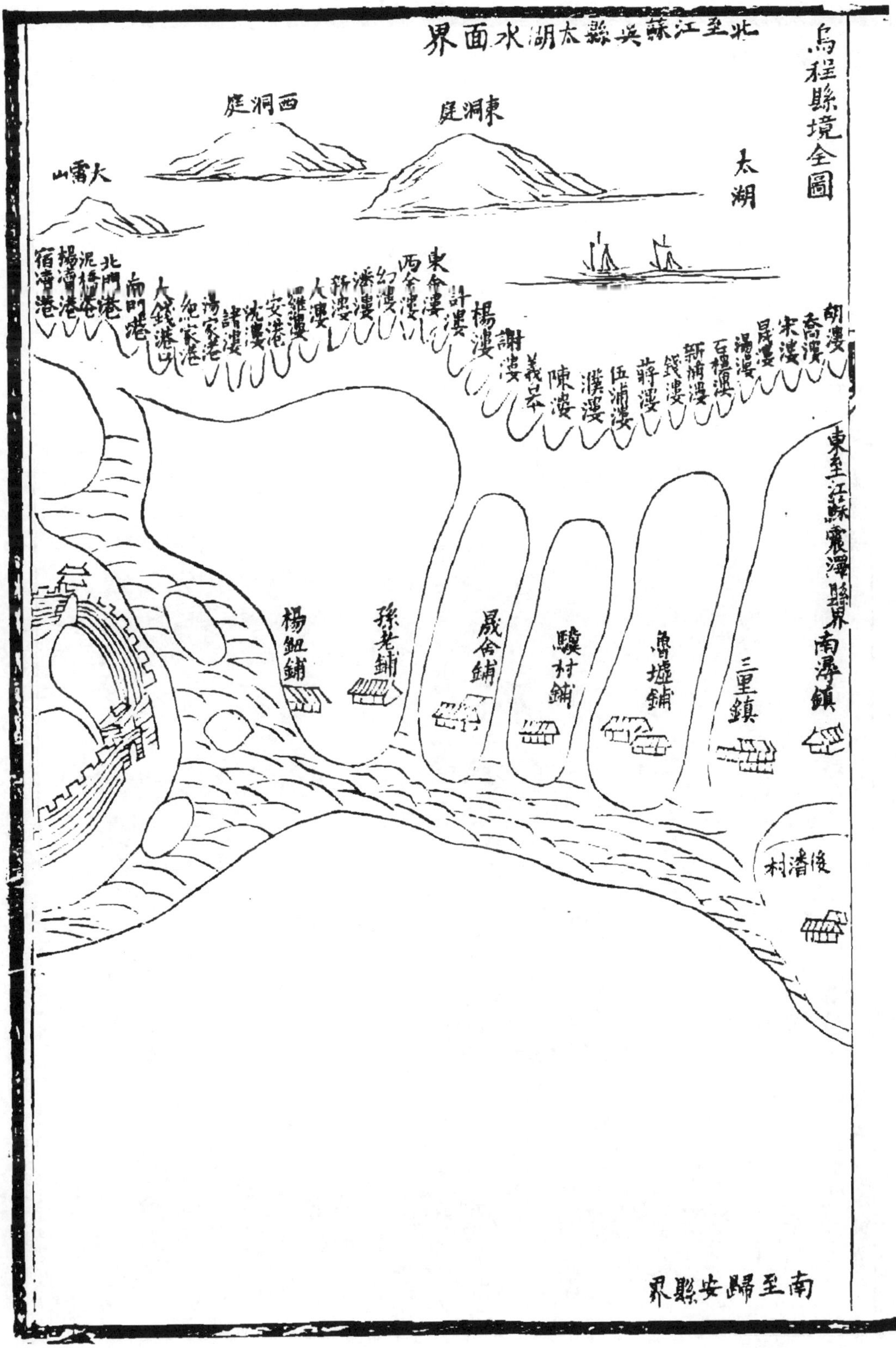

烏程縣境全圖
北至江蘇吳縣太湖水面界
東至江蘇震澤縣界
南至歸安縣界
太湖
東洞庭
西洞庭
大雷山
胡漊
宋漊
晟漊
湯漊
新浦漊
錢漊
薛漊
伍浦漊
濮漊
陳漊
義皋
謝漊
楊漊
許漊
東金漊
西金漊
幻漊
新漊
大漊
安港
沈漊
諸漊
湯家港
錢港口
南門港
北門港
泥橋港
楊灣港
孫老鋪
晟舍鋪
驥村鋪
魯墟鋪
三里鎮
南潯鎮

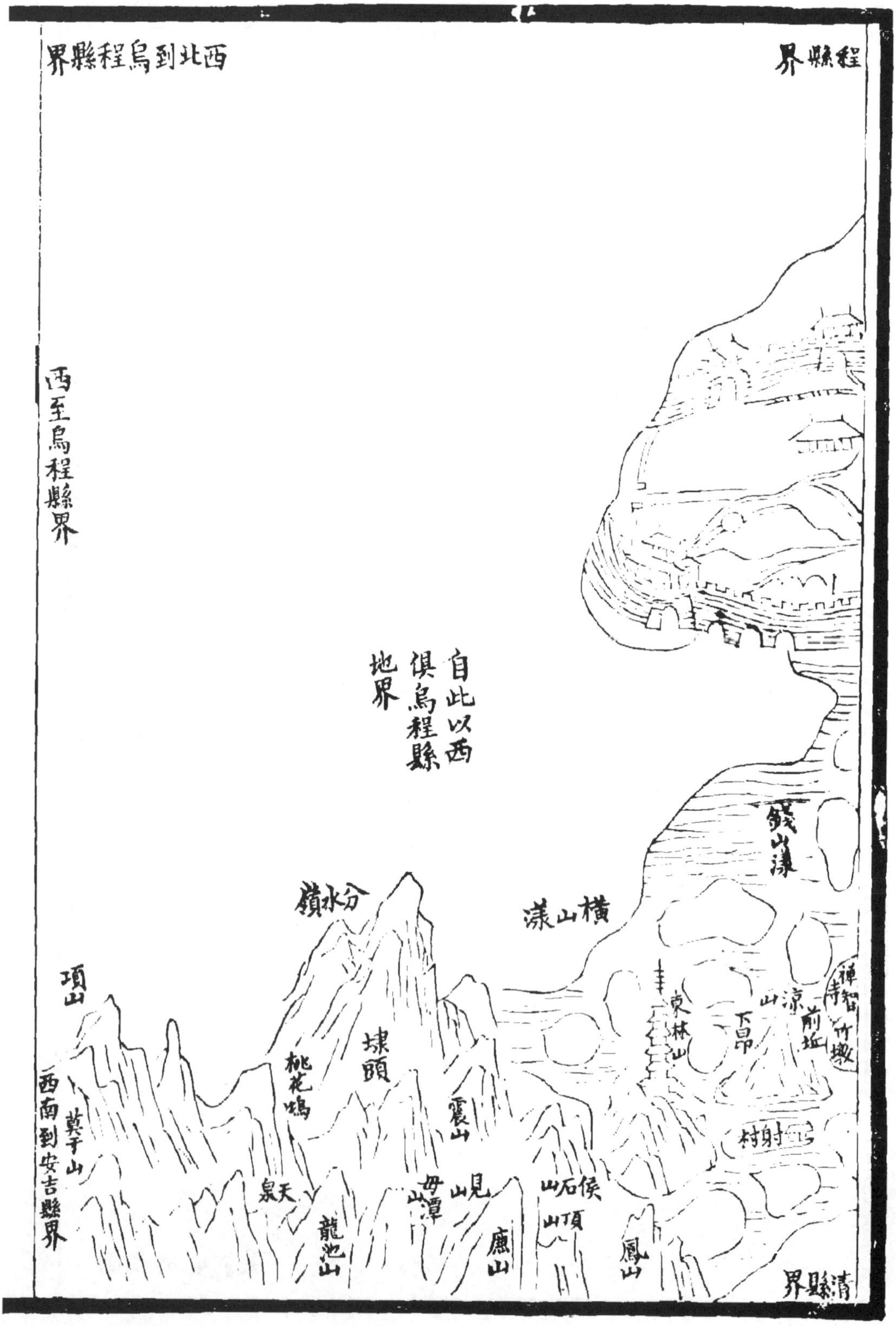

归安县境全图 / 选自同治《湖州府志》

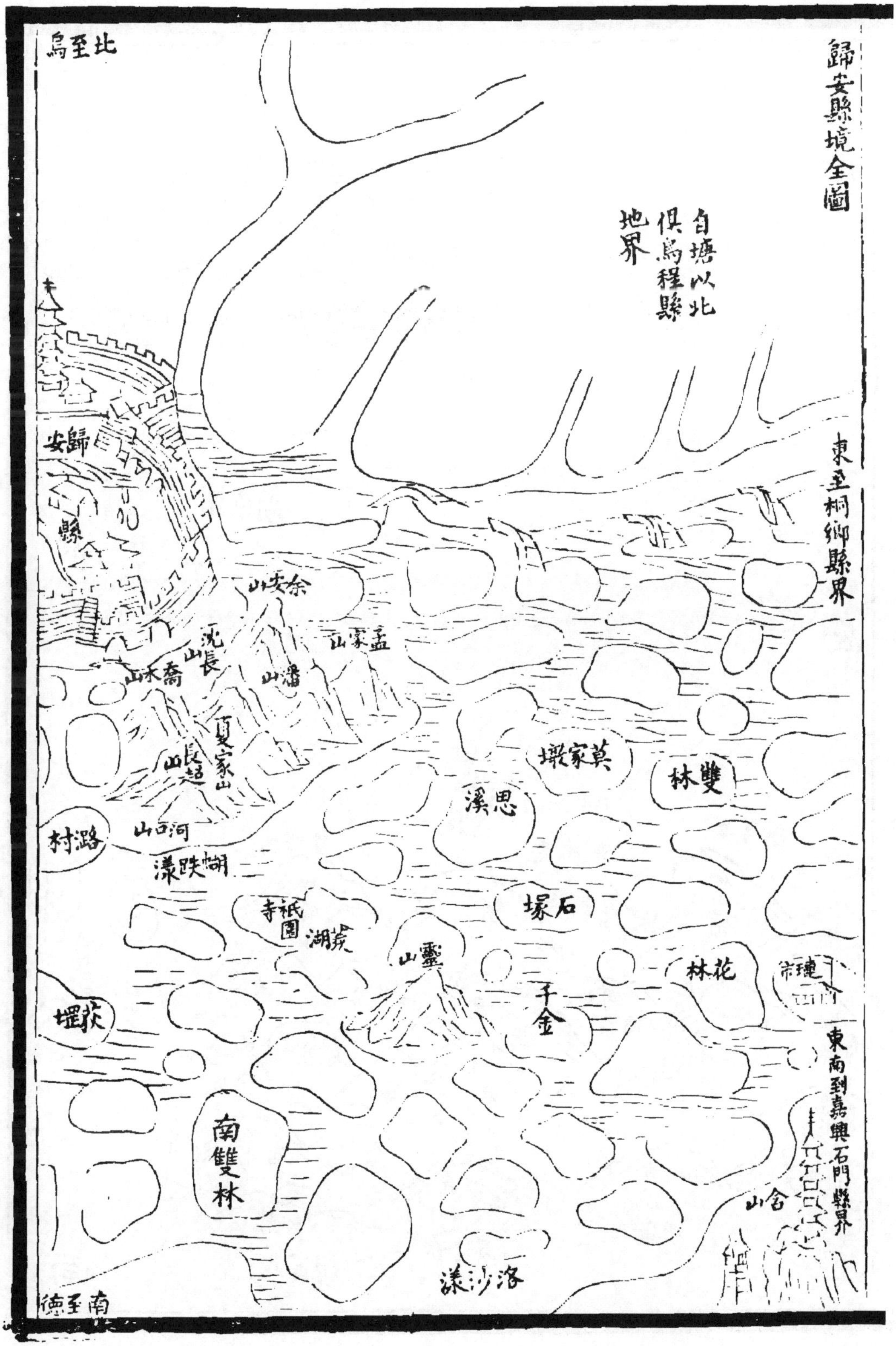

歸安縣境全圖
北至烏
自塘以北俱烏程縣地界
東至桐鄉縣界
歸安縣
余安山
孟家山
沈長山
喬木山
潘山
長超山
夏家山
莫家墩
雙林
思溪
路村
河口山
湖趺漾
祇園寺
菱湖
石塚
靈山
千金
花林
璉市
荻堰
東南到嘉興石門縣界
含山
南雙林
洛沙漾
南至德

归安县境图 / 选自光绪《归安县志》

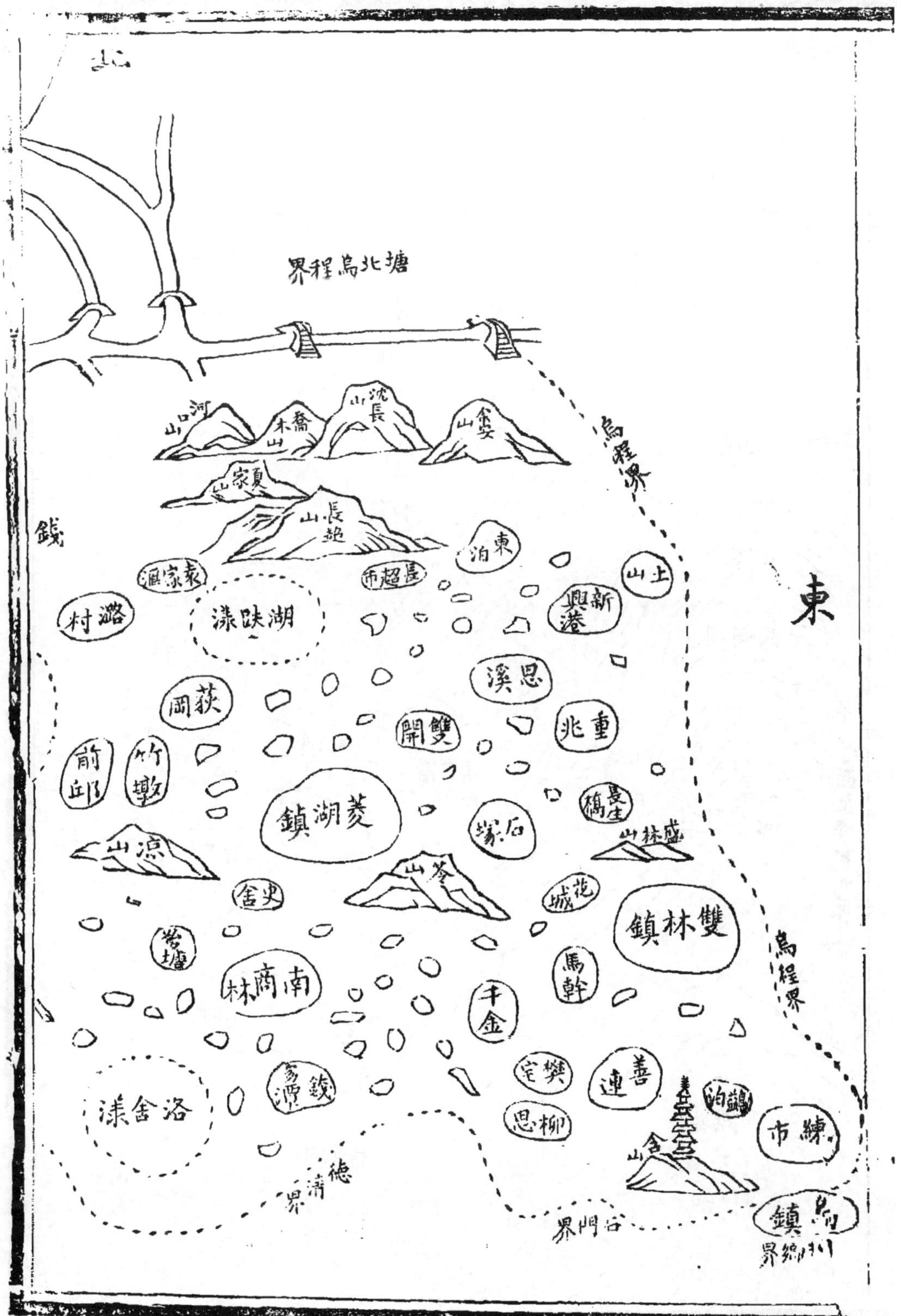
北
塘北烏程界
河口山
喬木山
長沈山
夏家山
錢
東泊
上山
新興港
袁家滙
潞村
湖趺漾
思溪
荻岡
雙閘
重兆
前邱
竹墩
菱湖鎮
石塚
盛林山
東
烏程界
凉山
史舍
花城
雙林鎮
南商林
千金
烏程界
善連
樊宅
練市
含山
洛舍漾
德清界
石門界
烏鎮

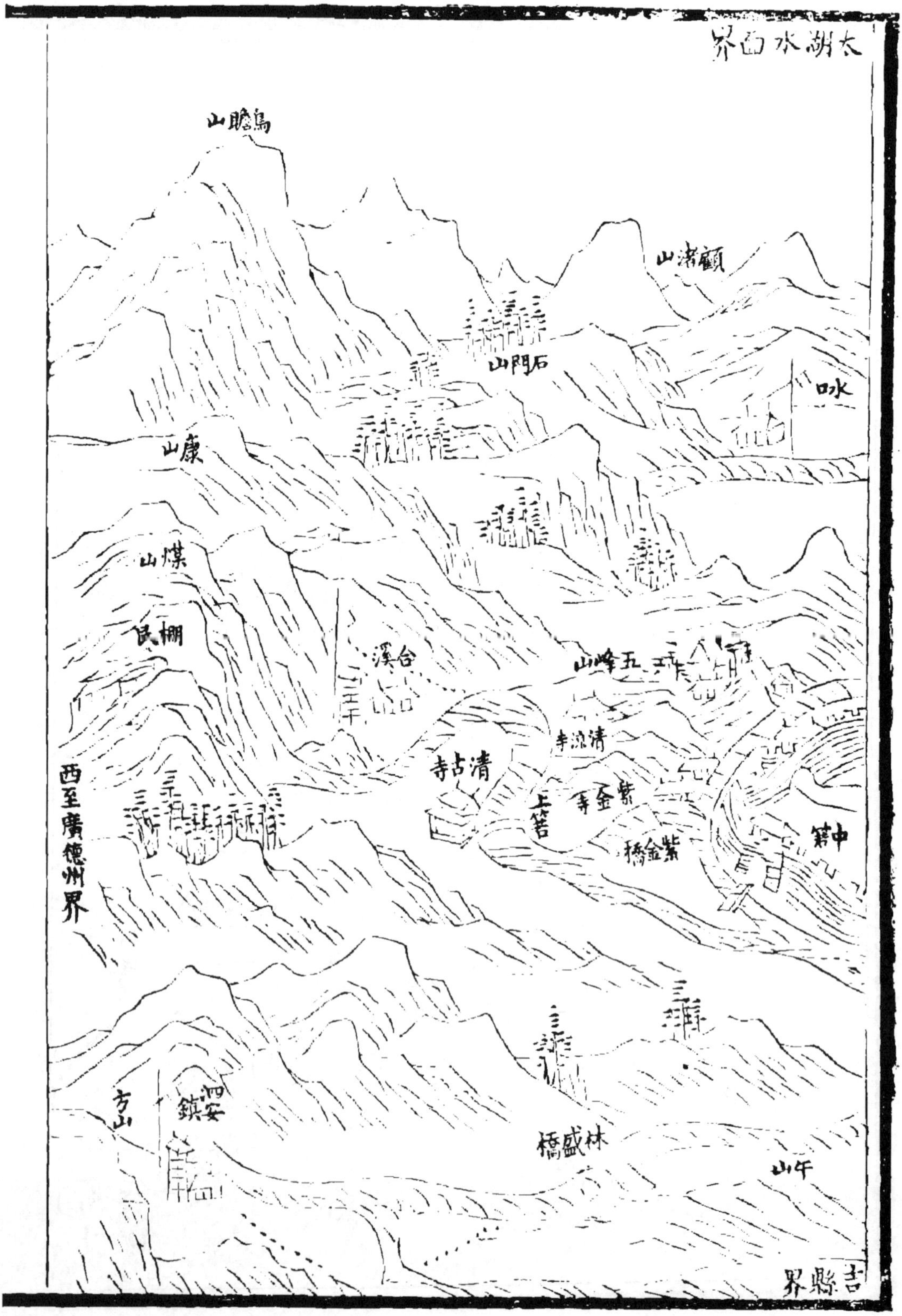

长兴县境全图 / 选自同治《湖州府志》

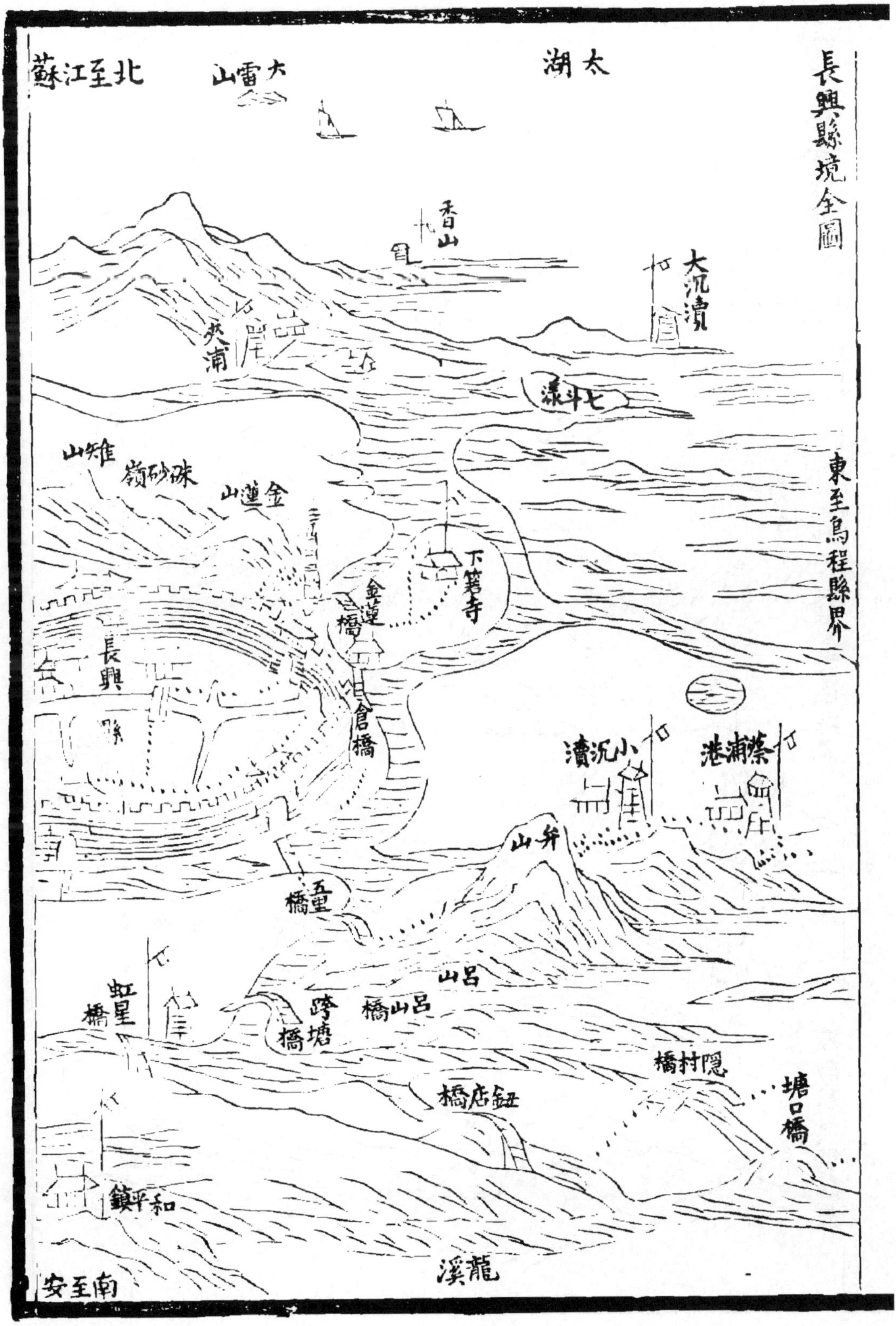
長興縣境全圖
北至江蘇
大雷山
太湖
香山
大沉瀆
夾浦
七斗漾
雉山
珠砂嶺
金蓮山
下箬寺
金蓮橋
長興縣
倉橋
東至烏程縣界
小沉瀆
蔡浦港
弁山
五里橋
呂山
呂山橋
虹星橋
跨塘橋
隱村橋
鈕店橋
塘口橋
和平鎮
龍溪
南至安

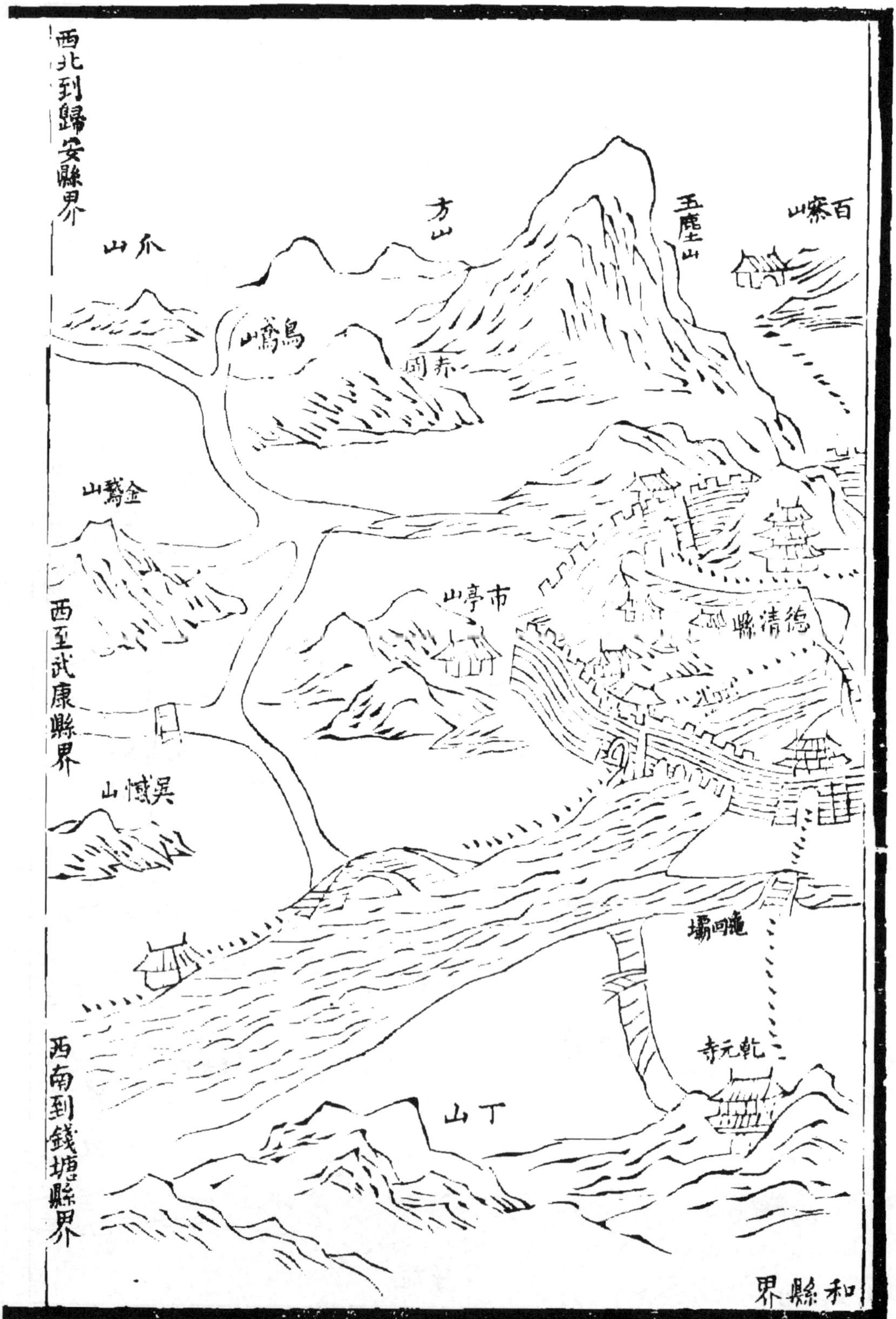

德清县境全图 / 选自同治《湖州府志》

德清縣境全圖

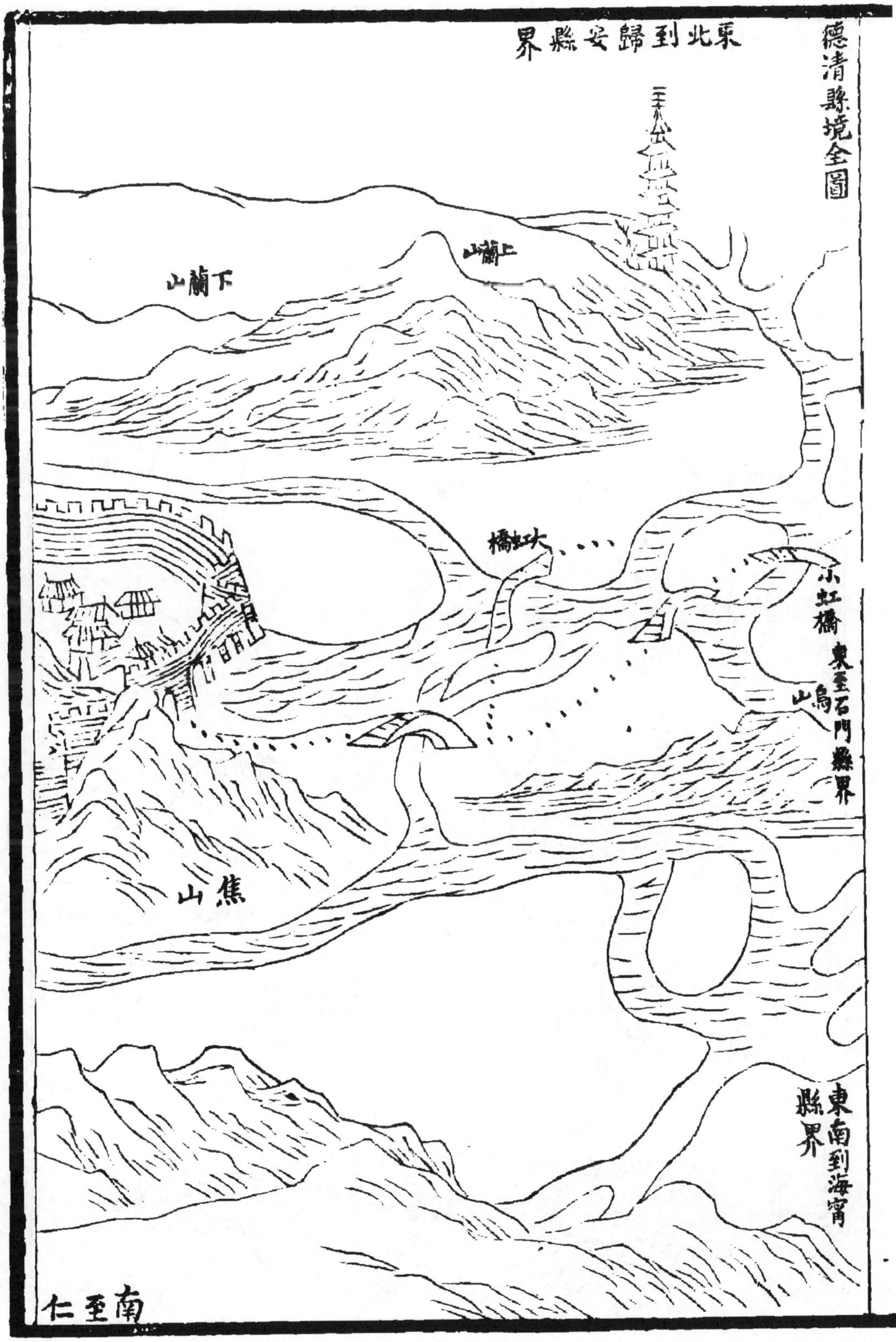

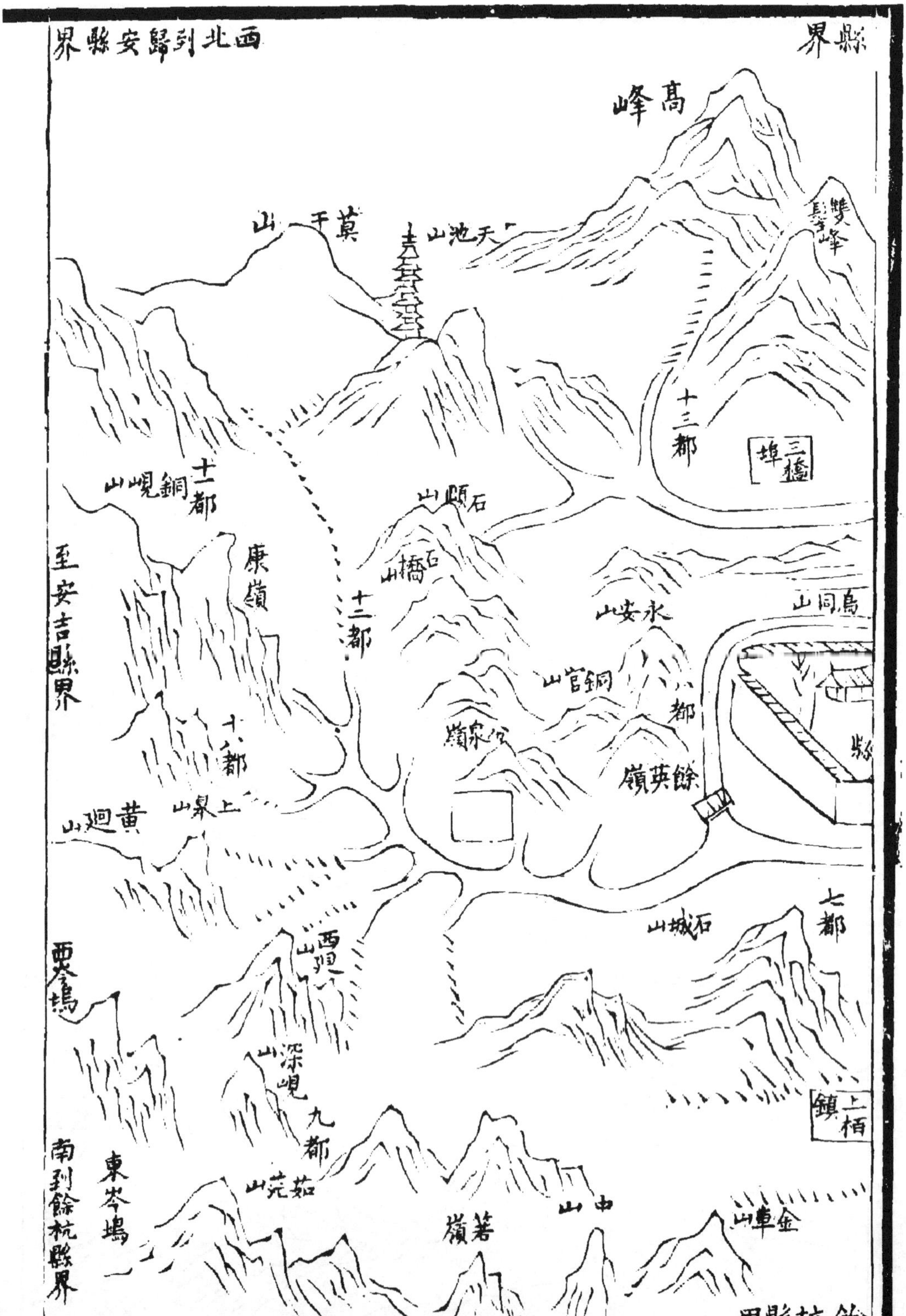

武康县境全图 / 选自同治《湖州府志》

武康縣境全圖
北至歸安
東北到歸安縣界
青山
鳳凰山
十八都
沙溪村
黃龍山
十七都下
十七都
十四都
馬鞍山
獅山溪
獅山
板橋
秋山
金鵞山
上跨塘橋
跨塘橋
新豐橋
開元山
十五都
四都
東至德清縣界
武康
封山
湖上山
一都
秋橋
下方
昔山
湖
雲岫山
三都上
四都下
三都下
禺山
楊村
東南到錢塘縣界
覆舟山
南至

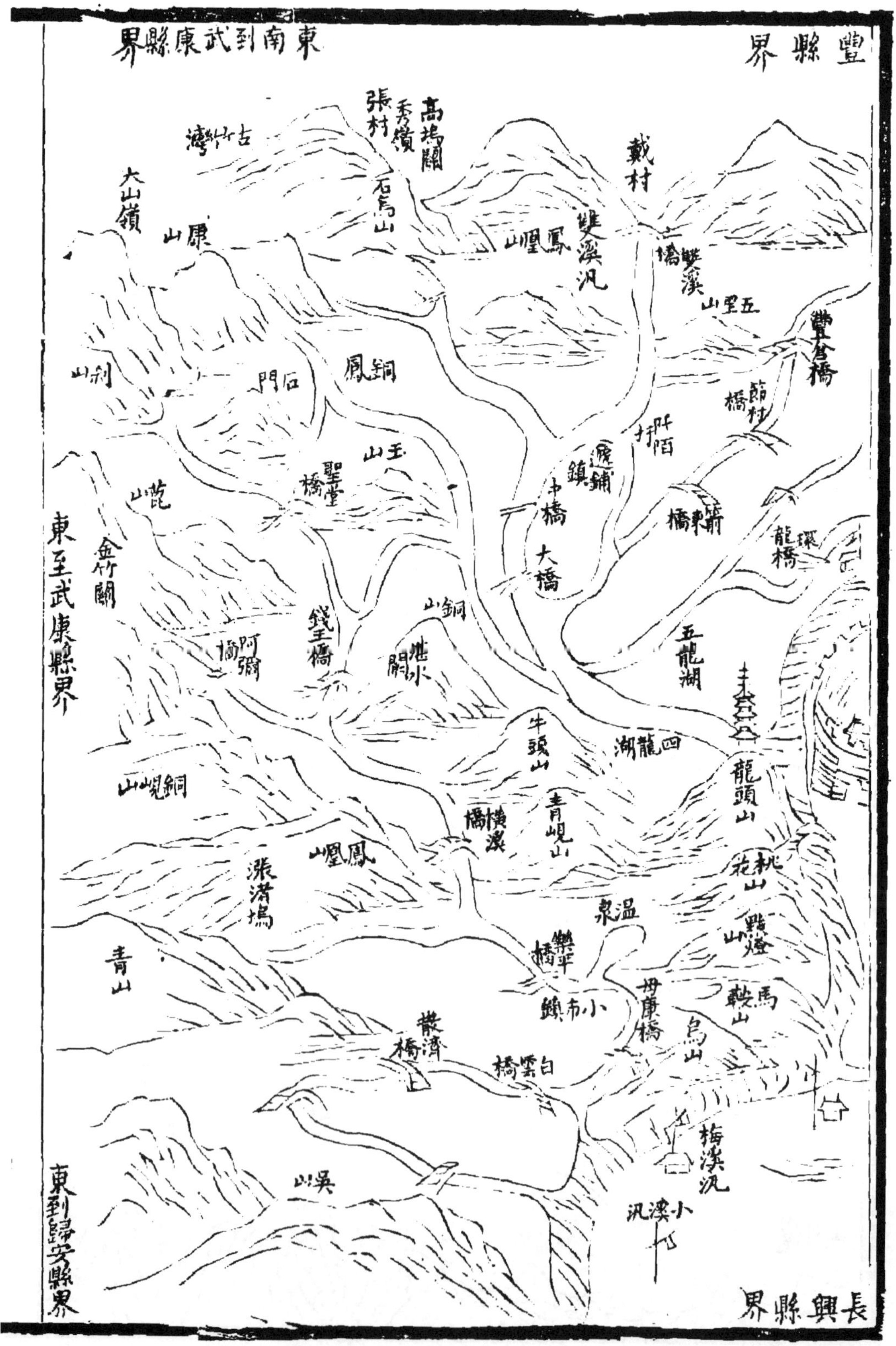

安吉县境全图 / 选自同治《湖州府志》

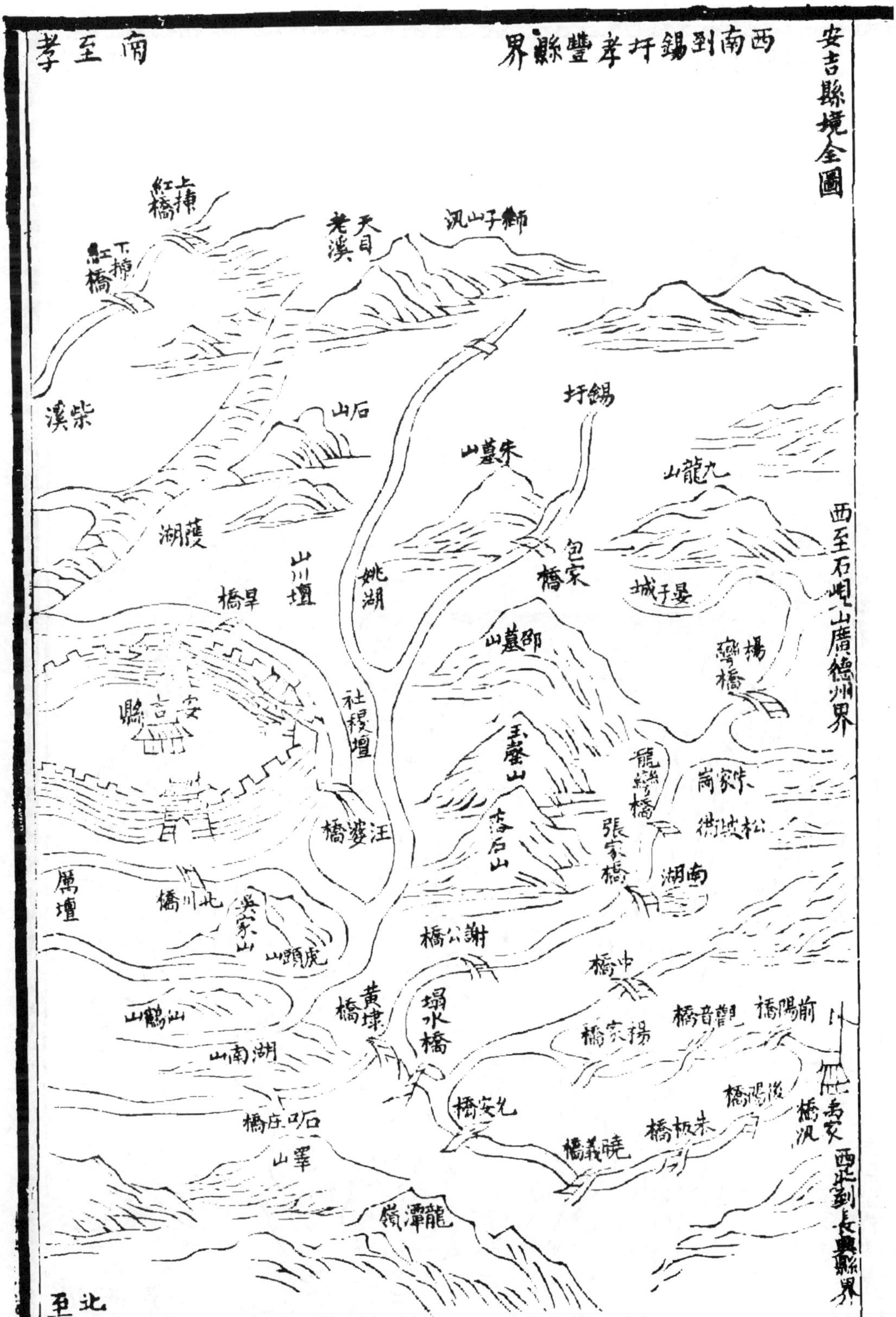
安吉縣境全圖
西南到錫扞孝豐縣界
南至孝
上棟紅橋
下棟紅橋
天目老溪
獅子山汎
紫溪
石山
錫扞
朱墓山
九龍山
護湖
山川壇
旱橋
姚湖
包家橋
晏子城
邵墓山
楊灣橋
西至石岨山廣德州界
安吉縣
社稷壇
玉磬山
朱家岡
汪婆橋
落石山
張家橋
南湖
厲壇
北川橋
吳家山
虎頭山
謝公橋
中橋
黃埭橋
塌水橋
南湖山
楊家橋
觀音橋
前陽橋
後陽橋
朱板橋
西北到長興縣界
龍潭嶺
北至

孝丰县境全图 / 选自同治《湖州府志》

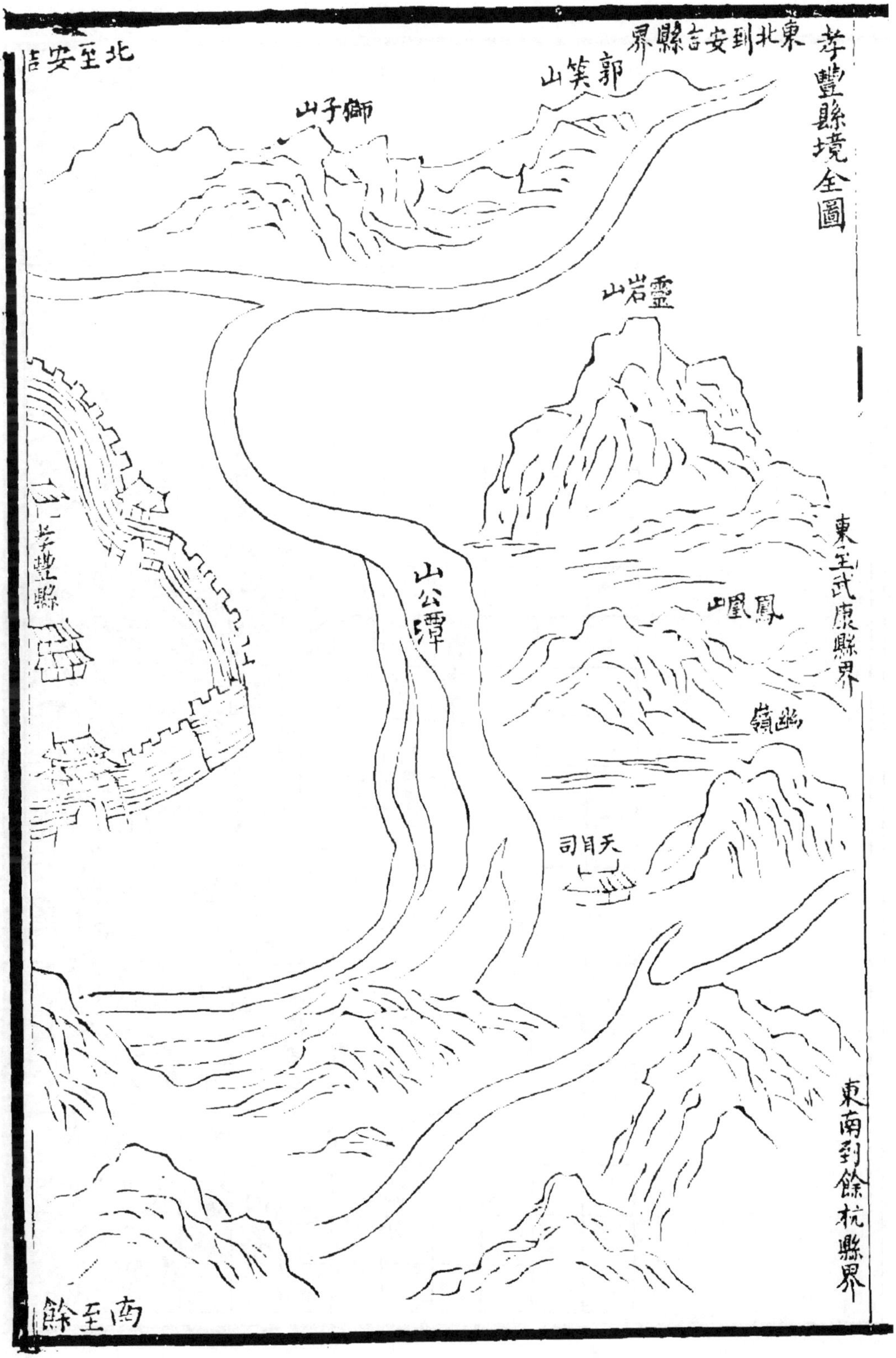
孝豐縣境全圖
東北到安吉縣界
北至安吉
郭笑山
獅子山
靈岩山
孝豐縣
潭公山
鳳凰山
東至武康縣界
幽嶺
天目司
東南到餘杭縣界
南至餘

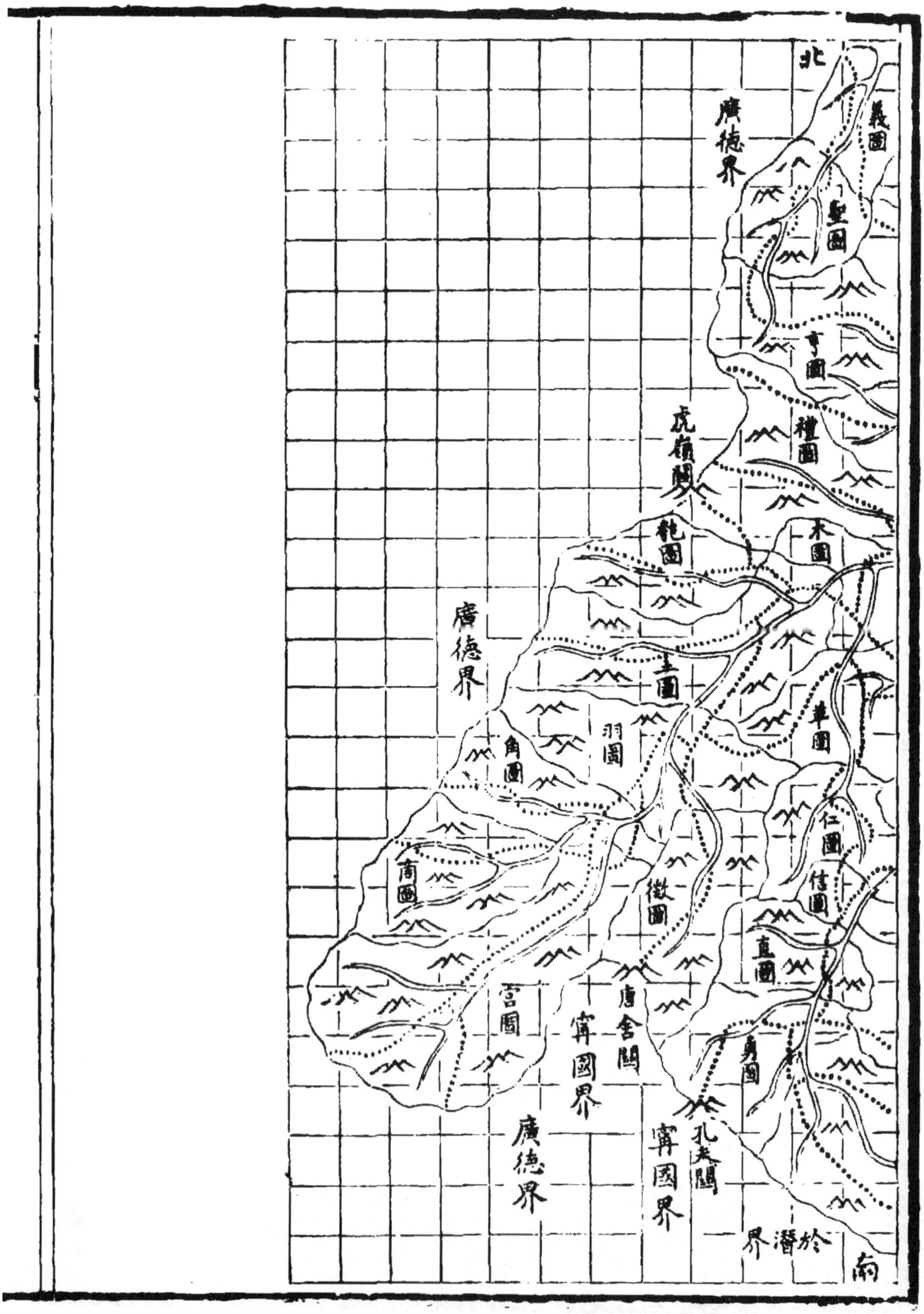

孝丰县境图 / 选自同治《孝丰县志》

縣境圖

每方五里凡綫為圖界點為道路

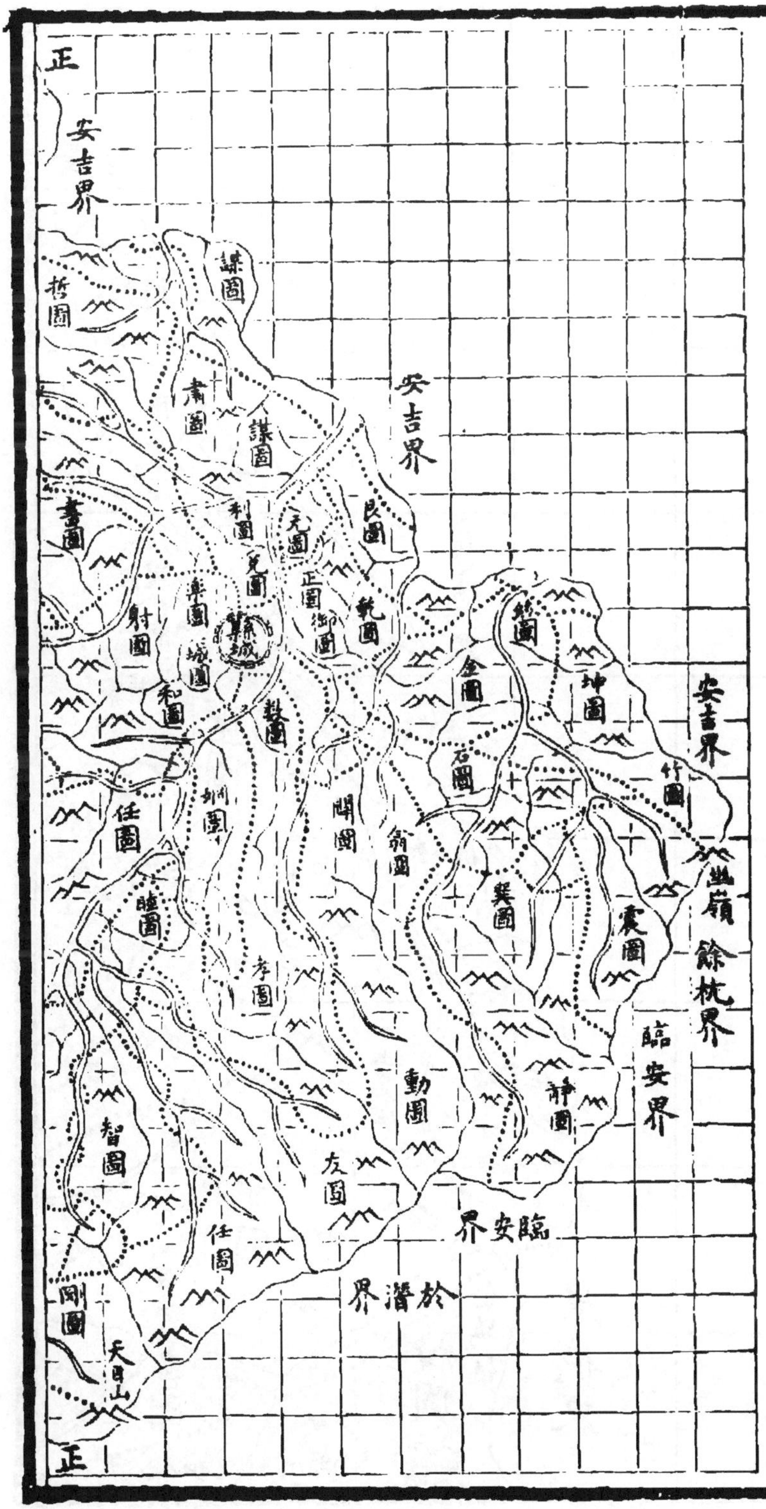

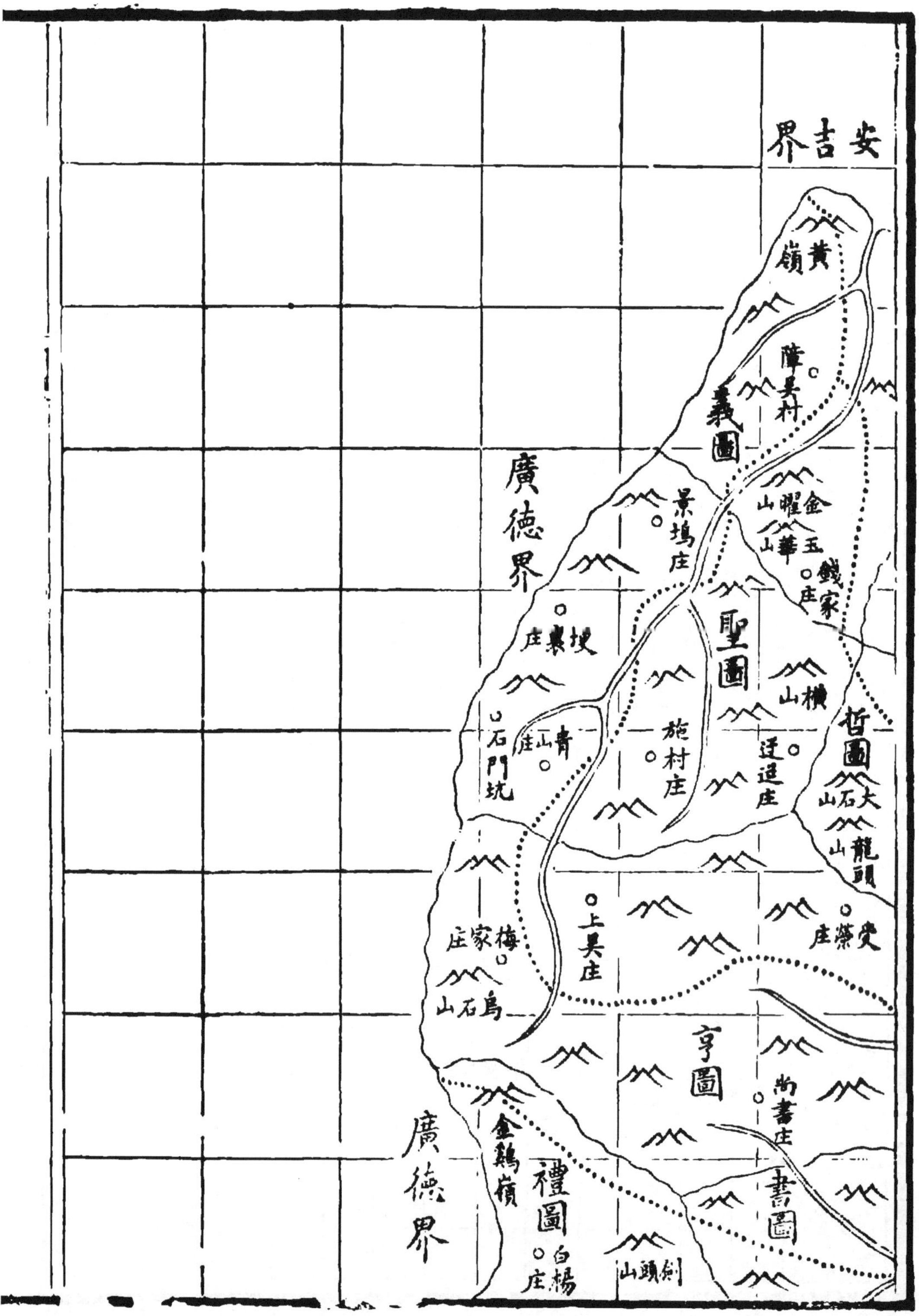

孝丰县境图 / 选自同治《孝丰县志》

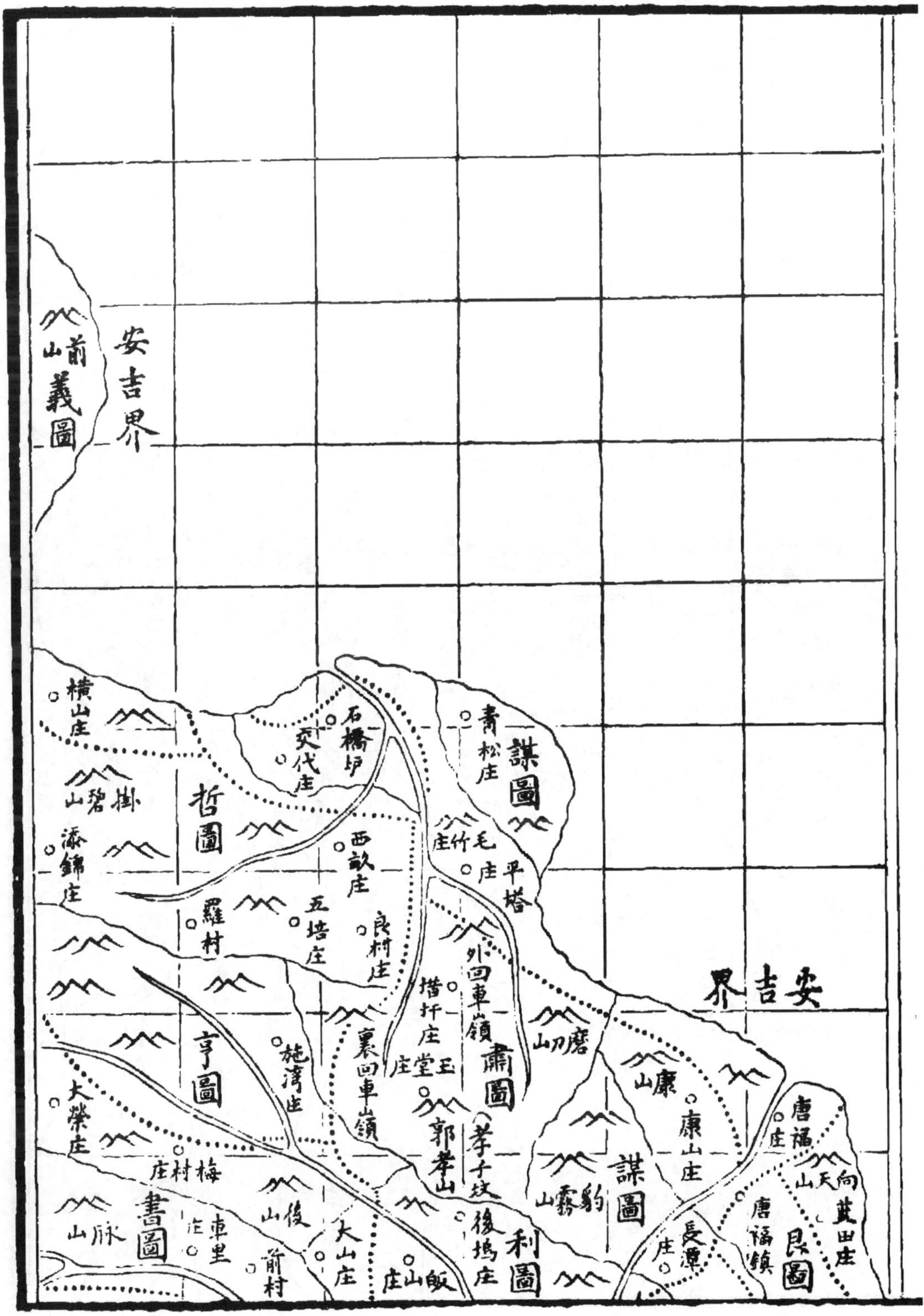

安吉界
前山
義圖
横山庄
碧山
添錦庄
哲圖
石橋埠
交代庄
青松庄
謀圖
毛竹庄
平塔
西畝庄
羅村
五培庄
良村庄
外回車嶺
措扞庄
肅圖
磨刀山
安吉界
裏回車山嶺
王堂庄
施濟庄
亨圖
大榮庄
康山
康山庄
唐福庄
郭孝山
茅子坟
豹霧山
謀圖
梅村庄
書圖
後山
脉山
東里庄
前村
大山庄
飯山庄
後塢庄
利圖
長潭庄
唐福鎮
艮圖
向天山
莫田庄

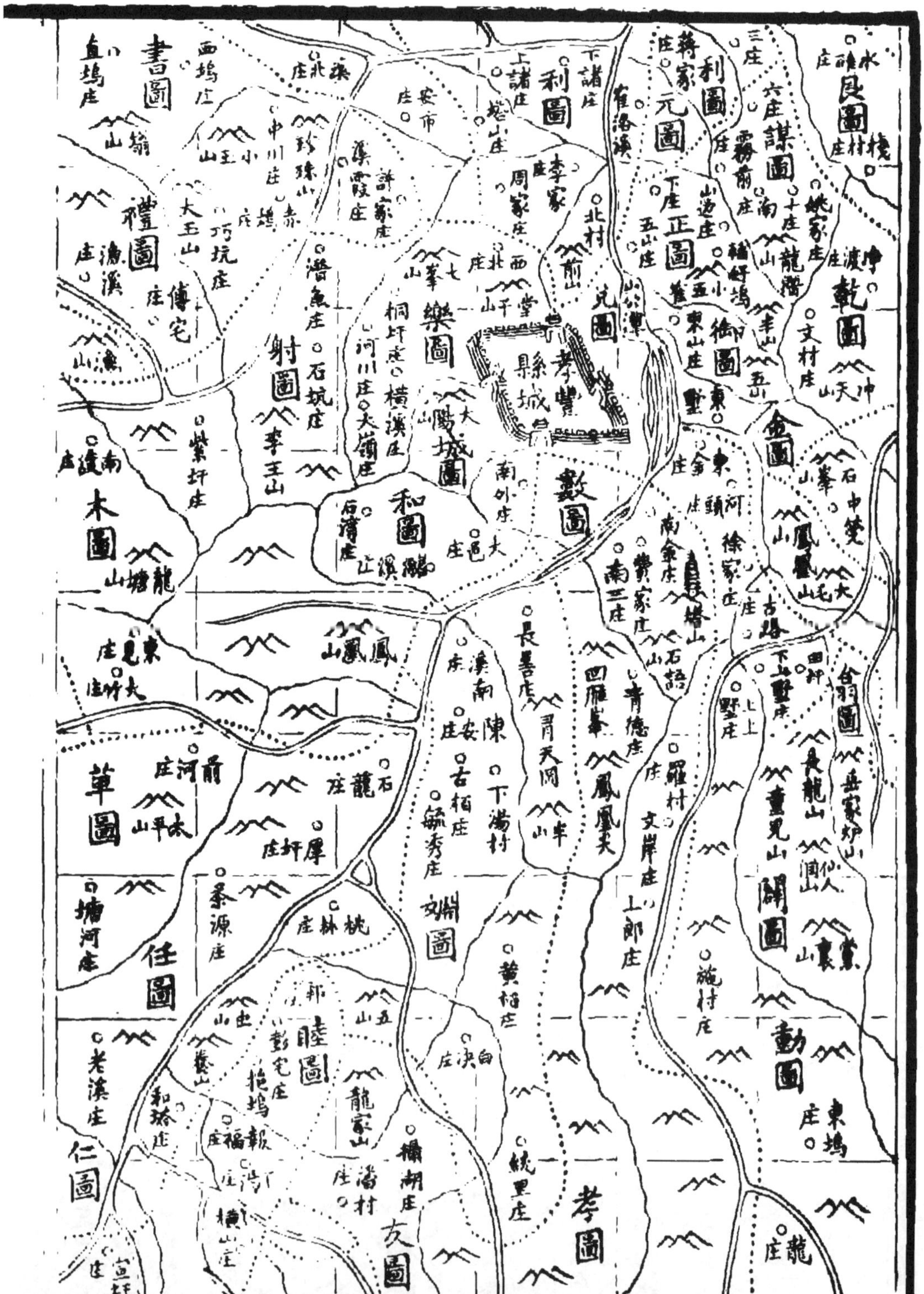

孝丰县境图 / 选自同治《孝丰县志》

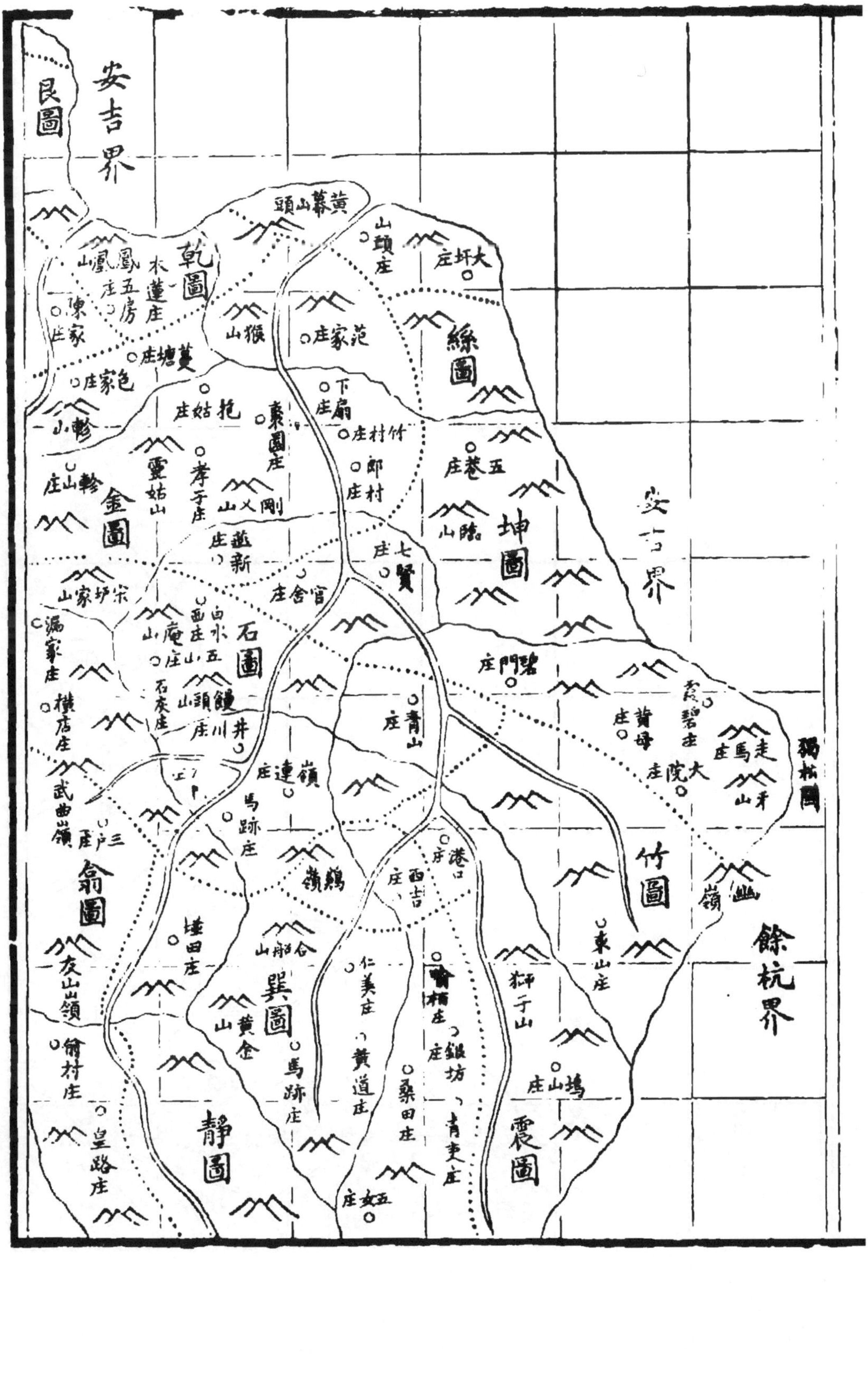
安吉界
艮圖
乾圖
絲圖
坤圖
金圖
石圖
俞圖
巽圖
靜圖
震圖
竹圖
安吉界
餘杭界
大圩庄
范家庄
猴山
竹村庄
郎村庄
五巷庄
陰山
七賢庄
官舍庄
青山庄
東山庄
獅子山
鳩山庄
五女庄
桑田庄
黄道庄
馬跡庄
仁美庄

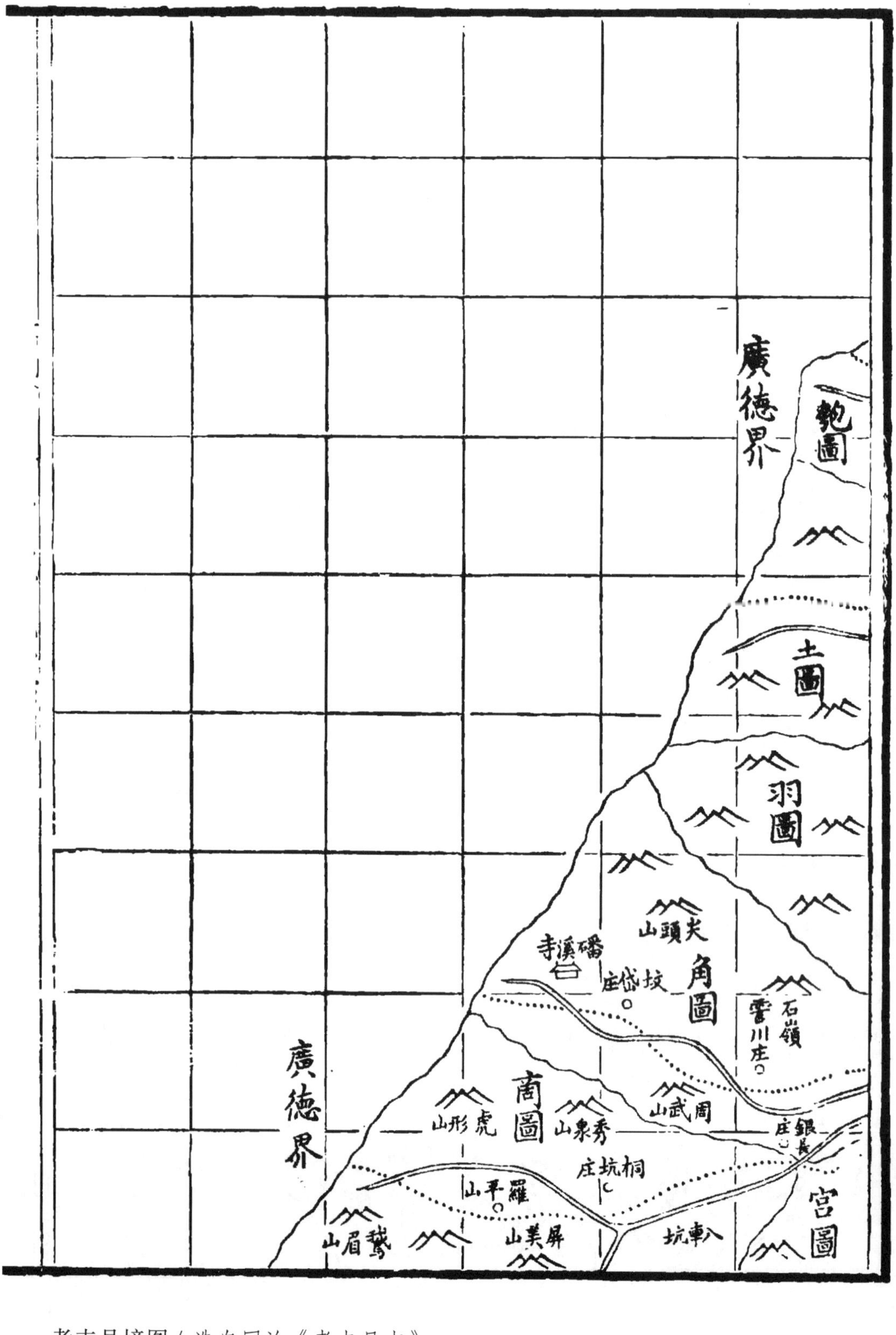

孝丰县境图 / 选自同治《孝丰县志》

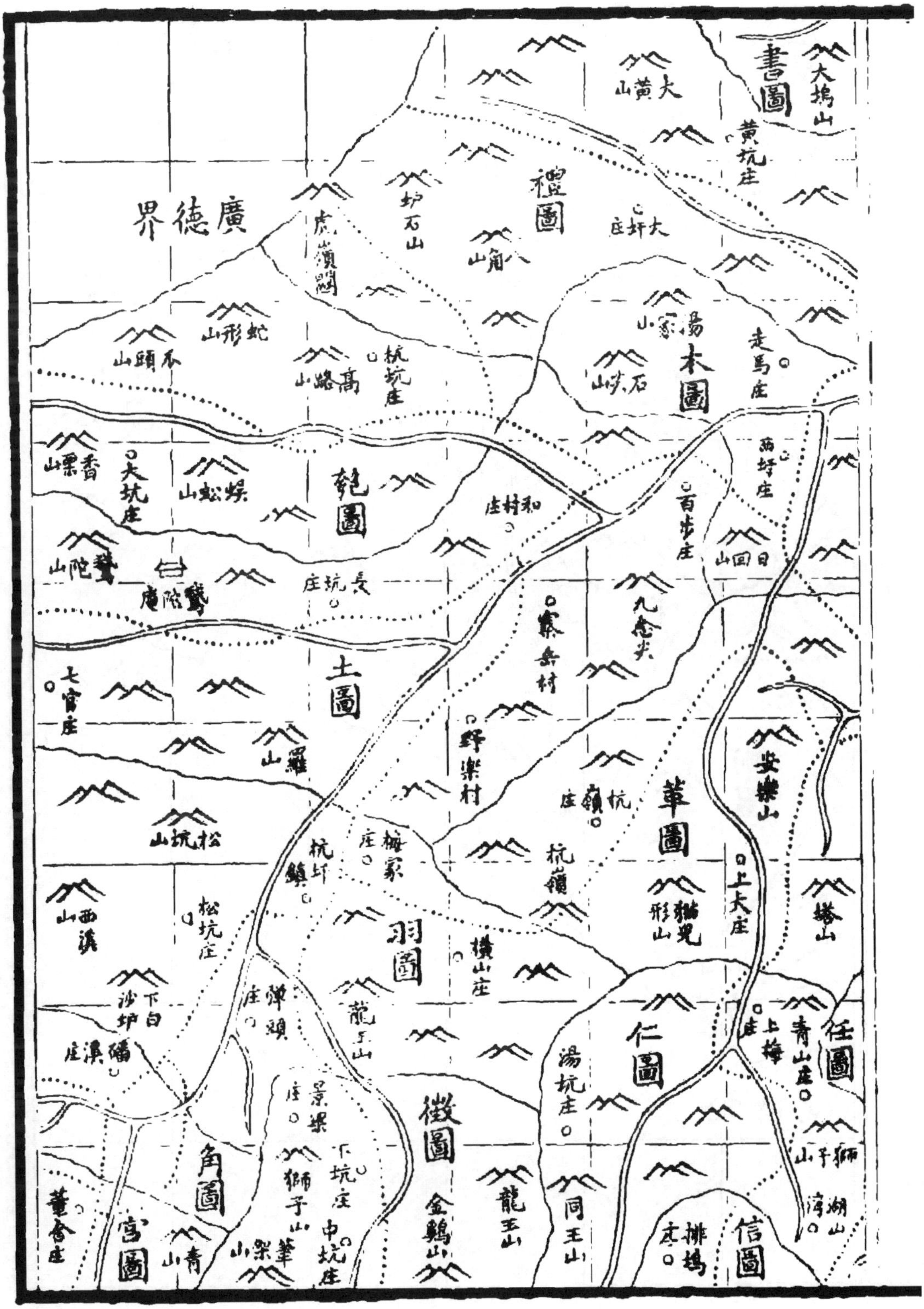
書圖
大鵝山
大黃山
黃坑庄
禮圖
大圩庄
廣德界
虎嶺關
蛇形山
高路山
杭坑庄
湯家山
木圖
走馬庄
香栗山
大坑庄
蜈蚣山
匏圖
和村庄
百步庄
長坑庄
七官庄
土圖
羅山
野樂村
安樂山
華圖
松坑山
杭垓鎮
梅家庄
杭嶺
上大庄
西溪山
松坑庄
羽圖
橫山庄
龍子山
湯坑庄
仁圖
青山庄
任圖
獅子山
徵圖
下坑庄
角圖
中坑庄
金鵝山
龍王山
同王山
宮圖
信圖

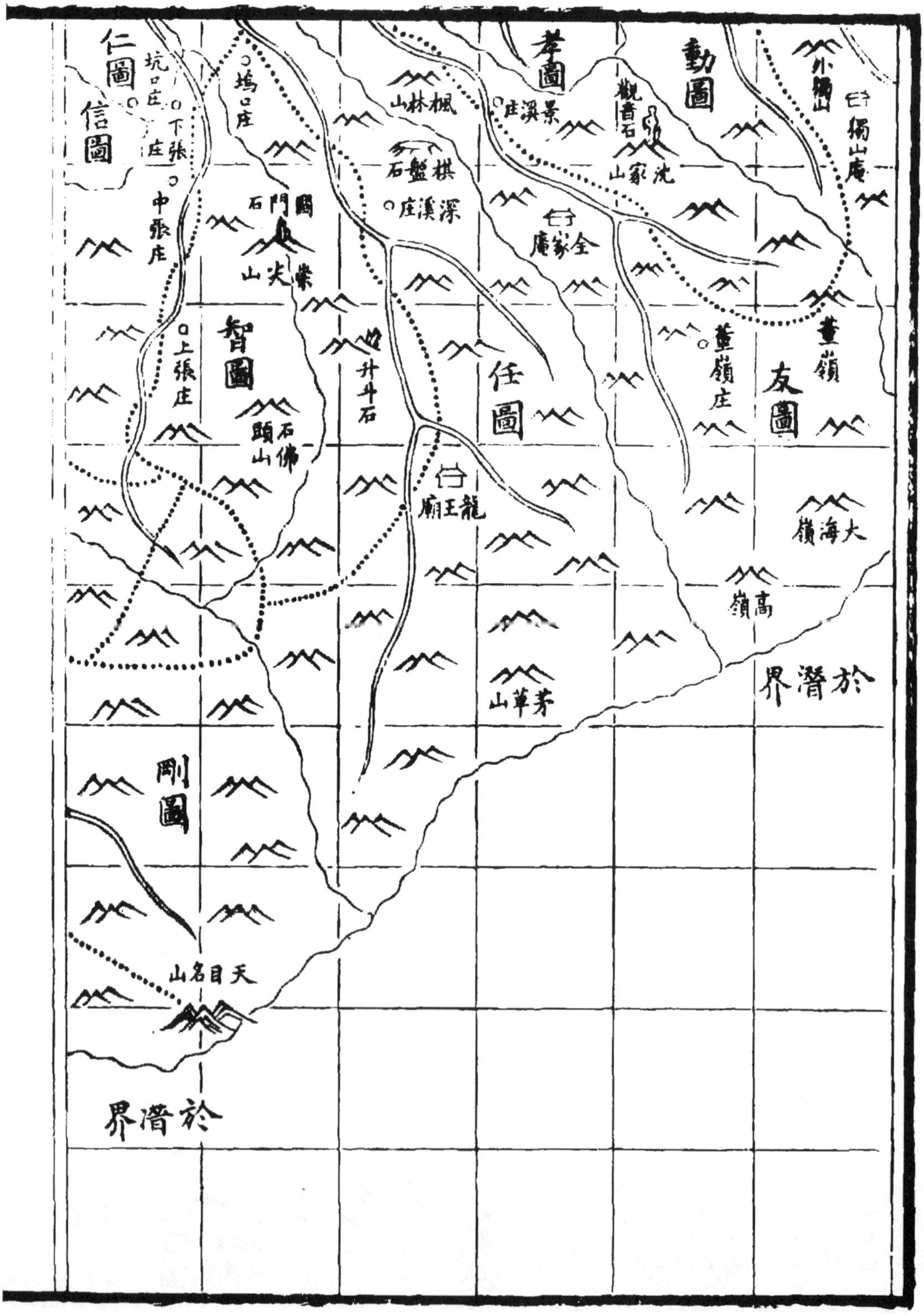

孝丰县境图 / 选自同治《孝丰县志》

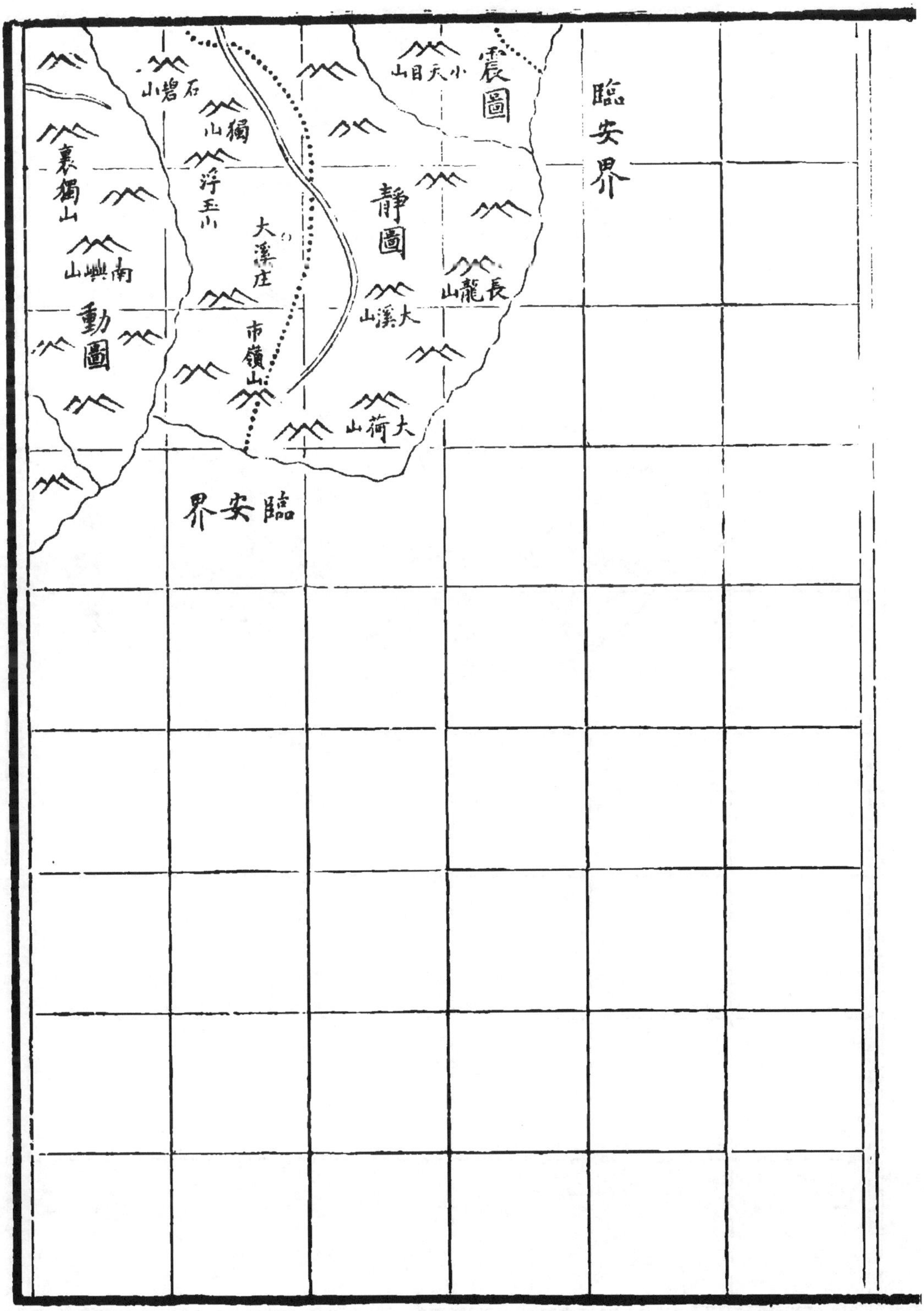
小天目山
震圖
臨安界
石碧山
獨山
浮玉山
裏獨山
南興山
動圖
大溪庄
静圖
長龍山
大溪山
市嶺山
大荷山
臨安界

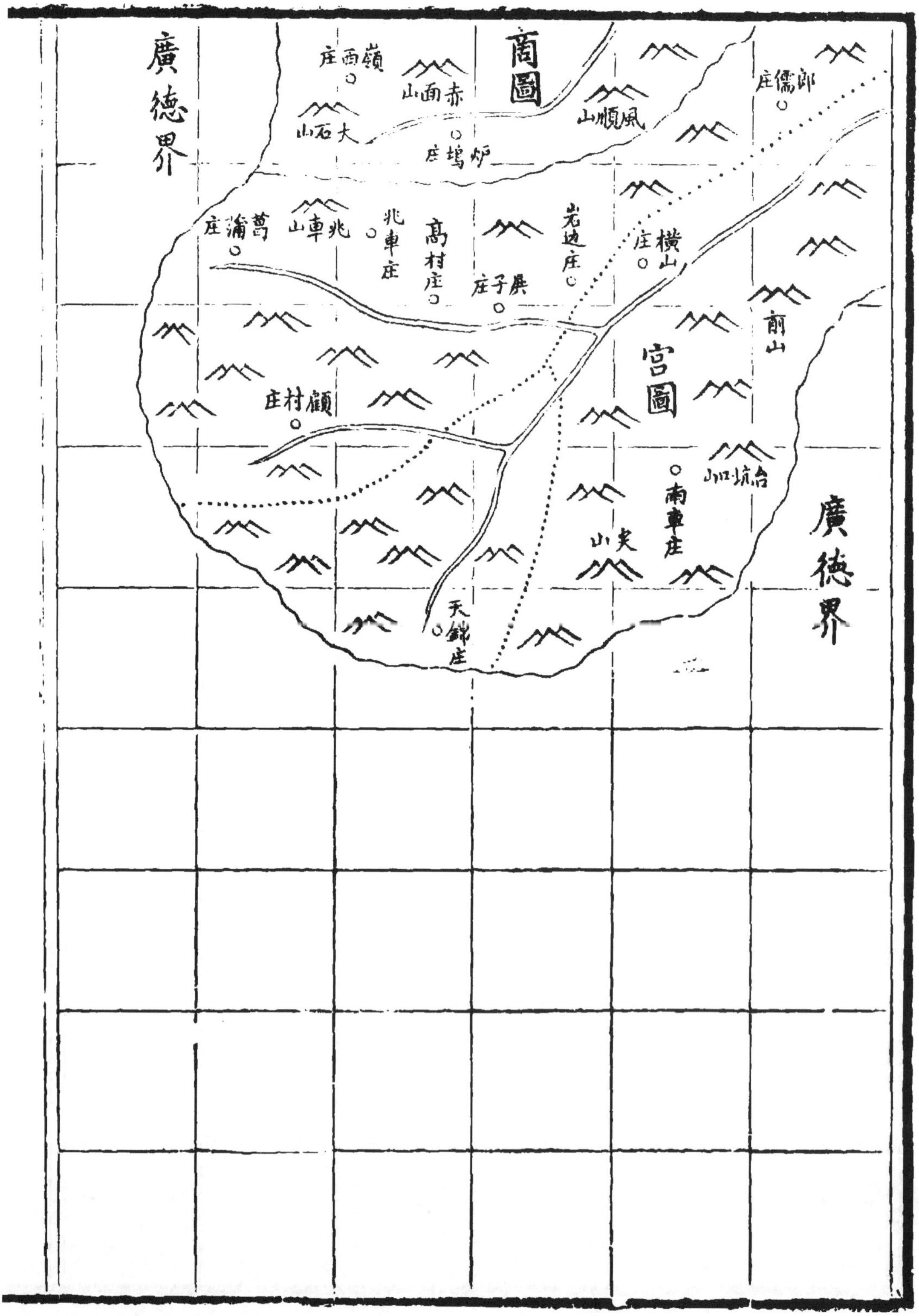

孝丰县境图 / 选自同治《孝丰县志》

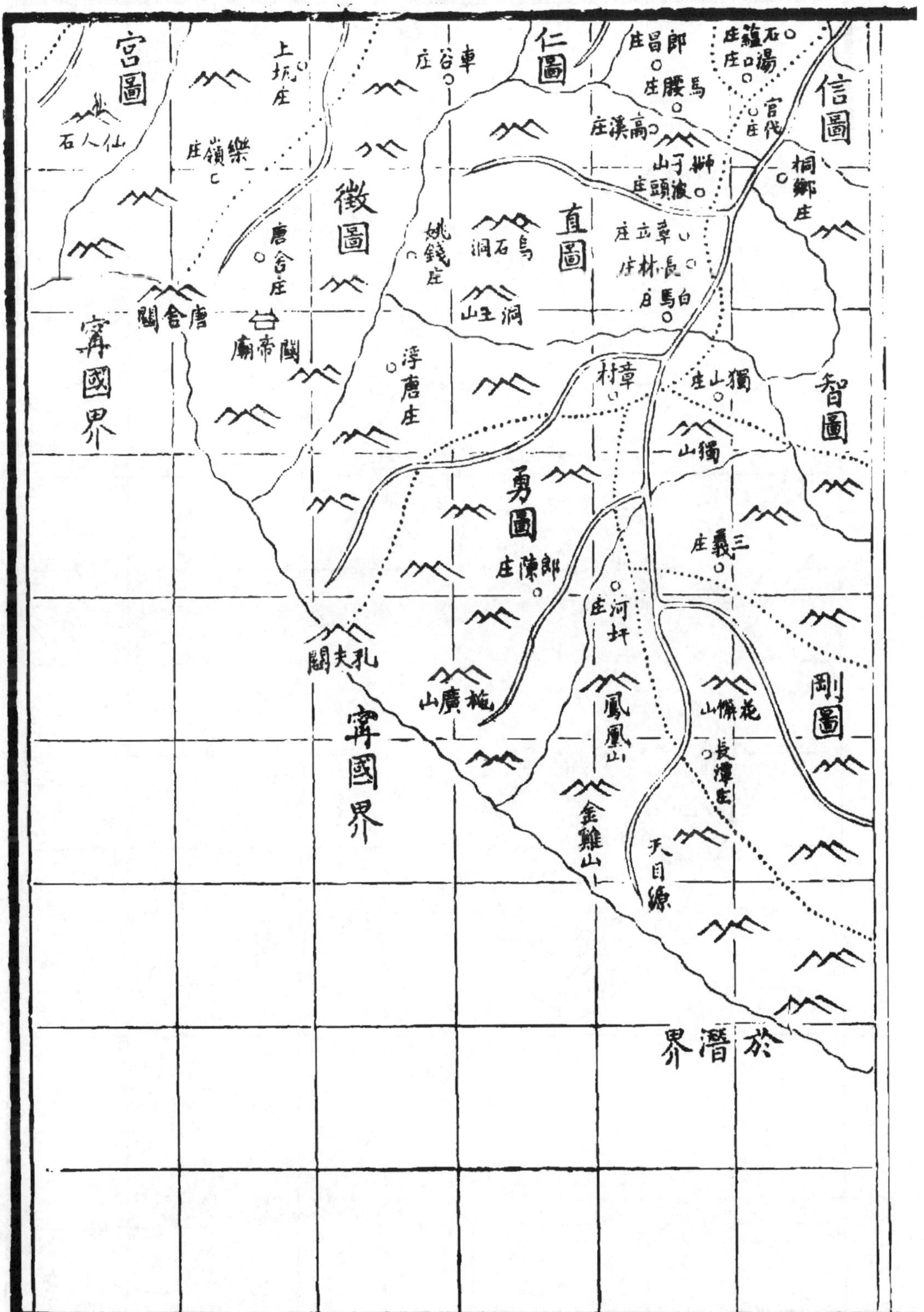
宮圖
仁圖
信圖
徽圖
直圖
勇圖
智圖
剛圖
仙人石
樂嶺庄
上坑庄
車谷庄
郎昌庄
馬腰庄
高溪庄
獅子山
波頭庄
桐鄉庄
唐舍庄
唐舍關
關帝廟
姚錢庄
烏石洞
洞王山
章立庄
長林庄
白馬
浮唐庄
章村
獨山庄
獨山
三義庄
郎陳庄
河圩庄
孔夫關
梅廣山
鳳凰山
金雞山
長潭庄
天目源
寧國界
寧國界
於潛界

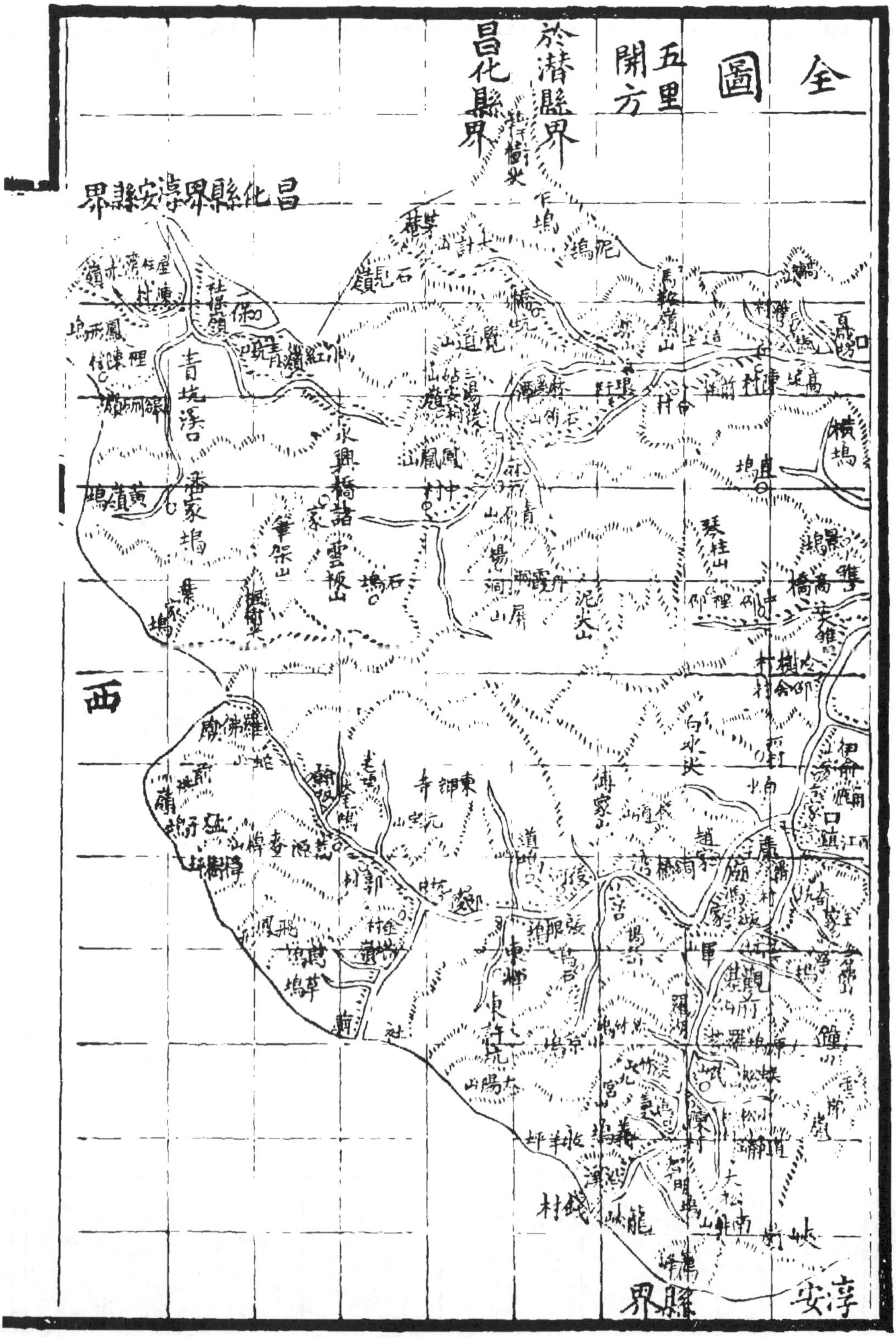

分水县境全图 / 选自光绪《分水县志》

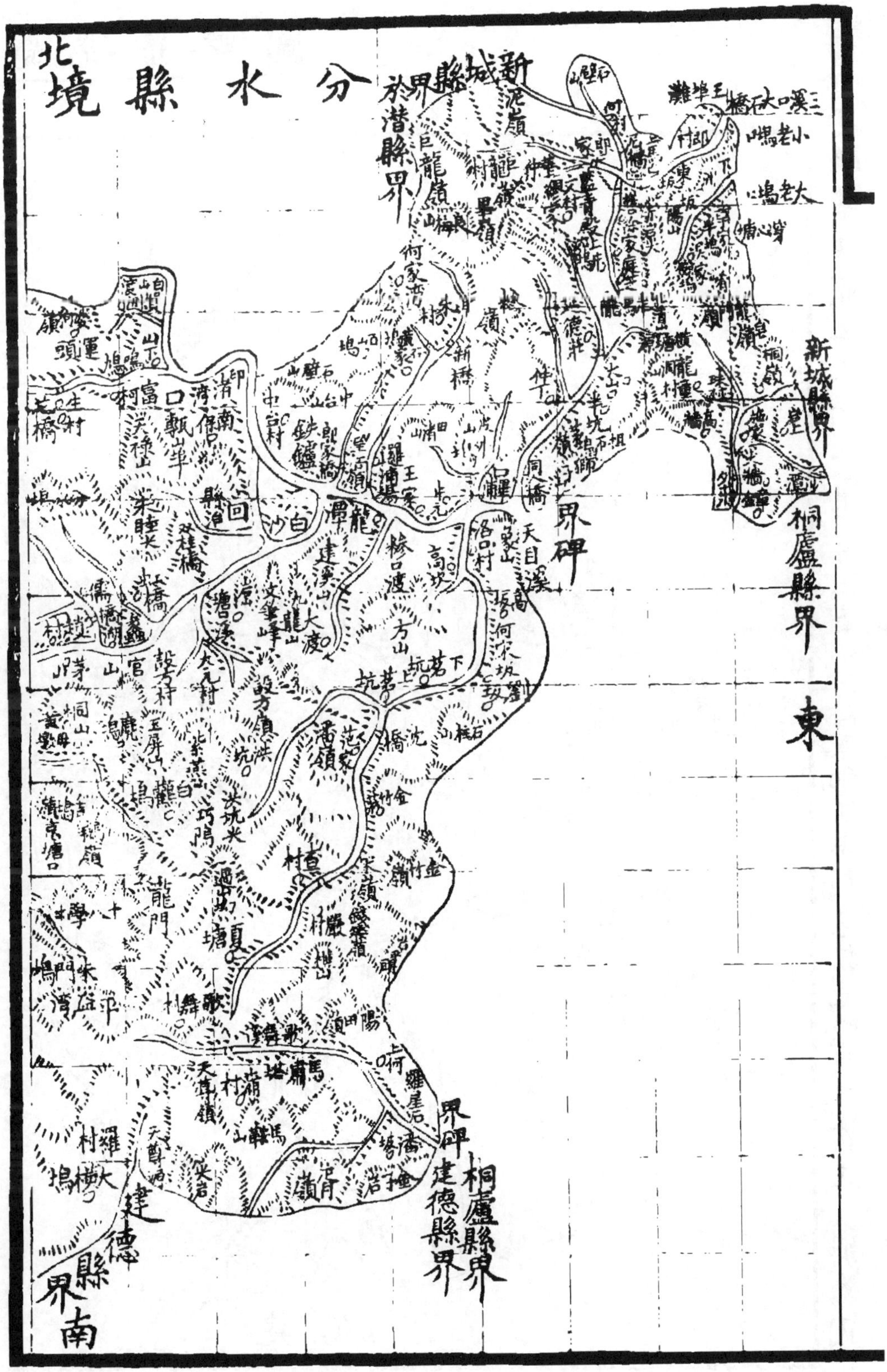
分水縣境
北
新城縣界
於潜縣界
新城縣界
桐廬縣界
東
界碑
桐廬縣界
建德縣界
建德縣界
南

縣境界略圖

中華民國三十一年一月廿二日

陸軍測量專門學校地形科畢業王獅繪圖

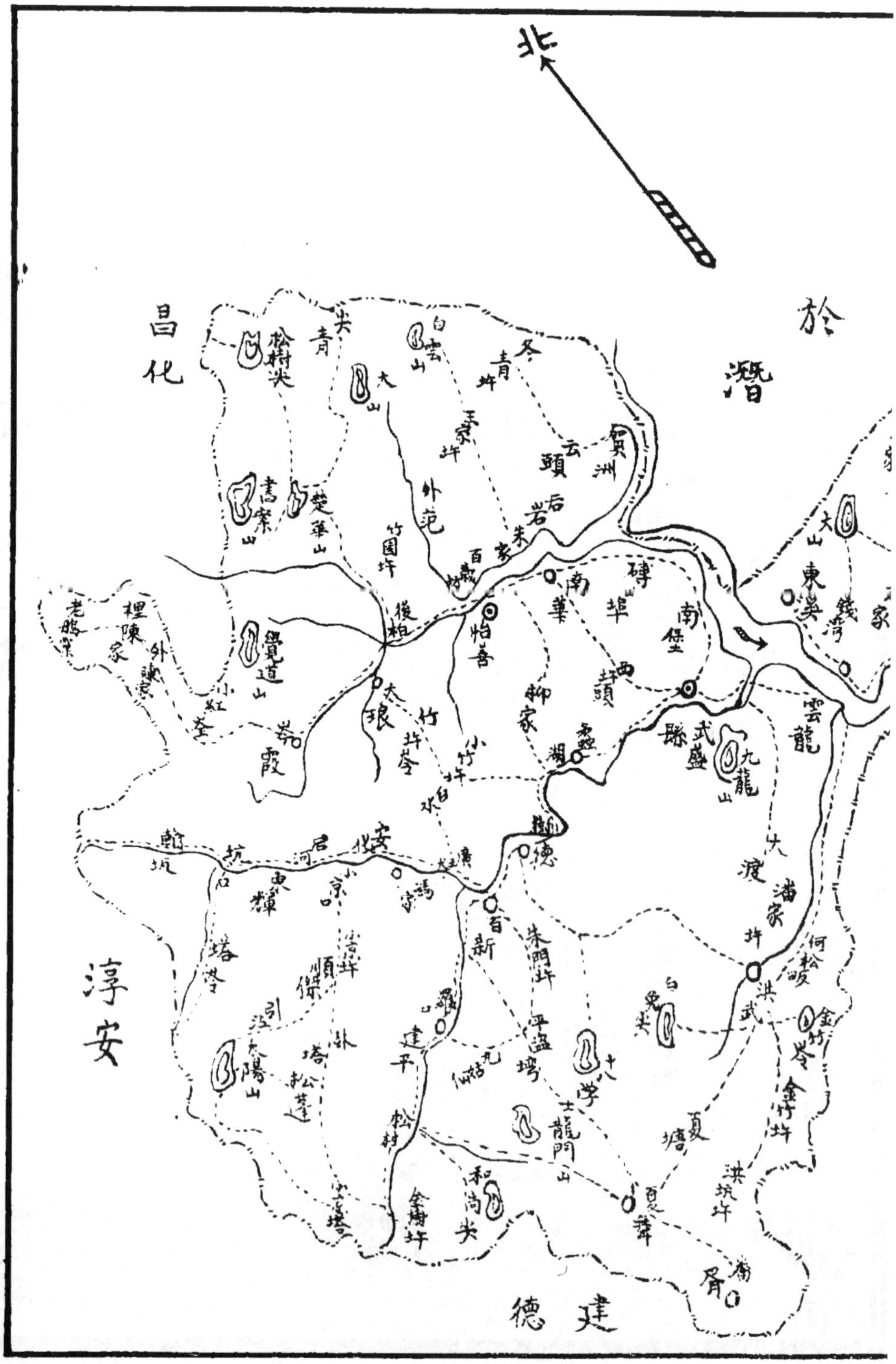

分水县境界略图 / 选自民国《续修分水县志》

分水

1梯尺
500000

圖例

小河
路
鄉
鎮
山脈
河
縣界

（說明）吾邑環山叠層此圖之平面曲綫略之
是圖每方格面積八十平方里
是圖繪其境界大意河流及現在鄉鎮所在餘從略

宁波

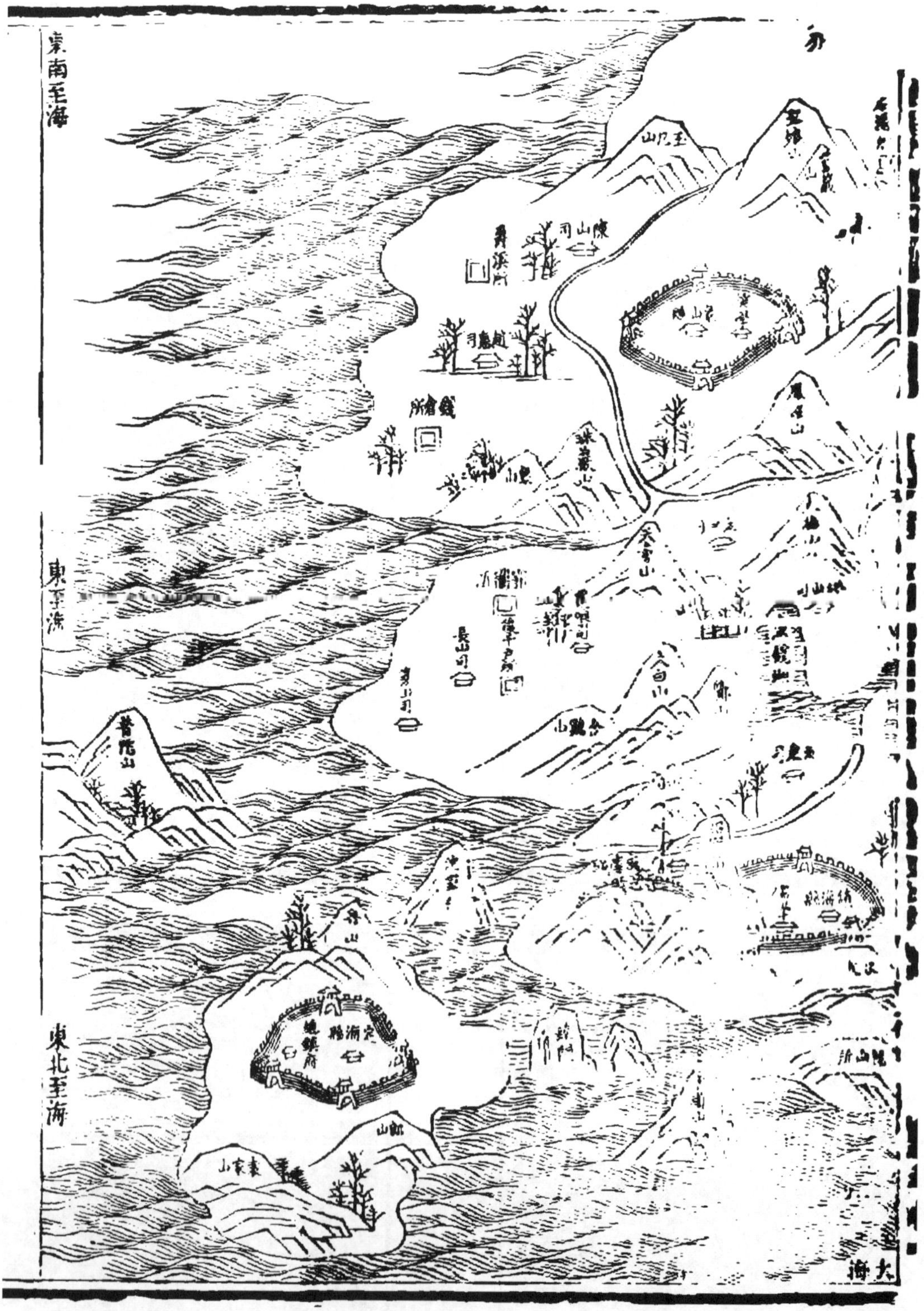

宁波府图 / 选自雍正《浙江通志》

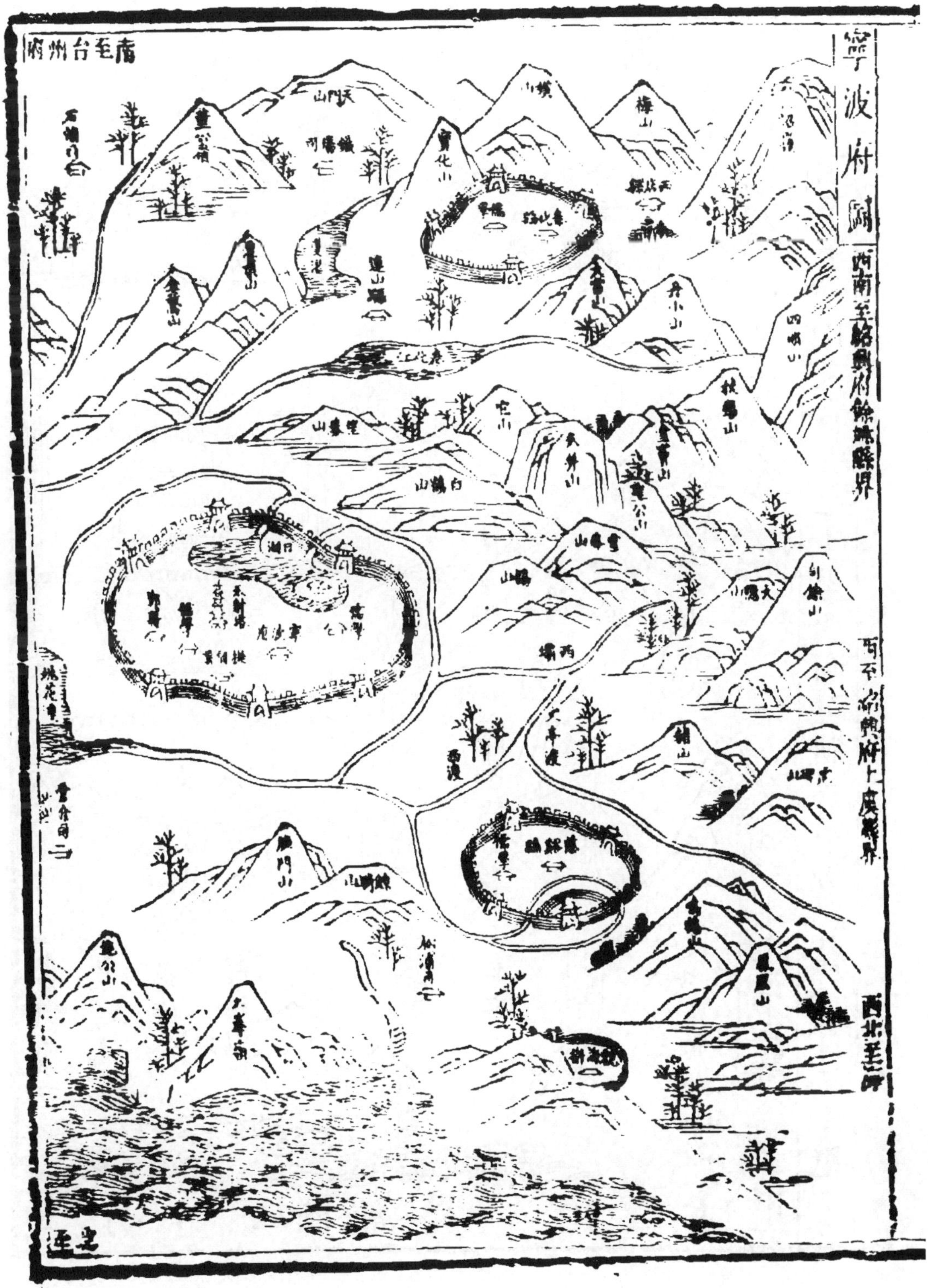
寧波府圖
西南至紹興府餘姚縣界
西至紹興府上虞縣界
西北至海
南至台州府

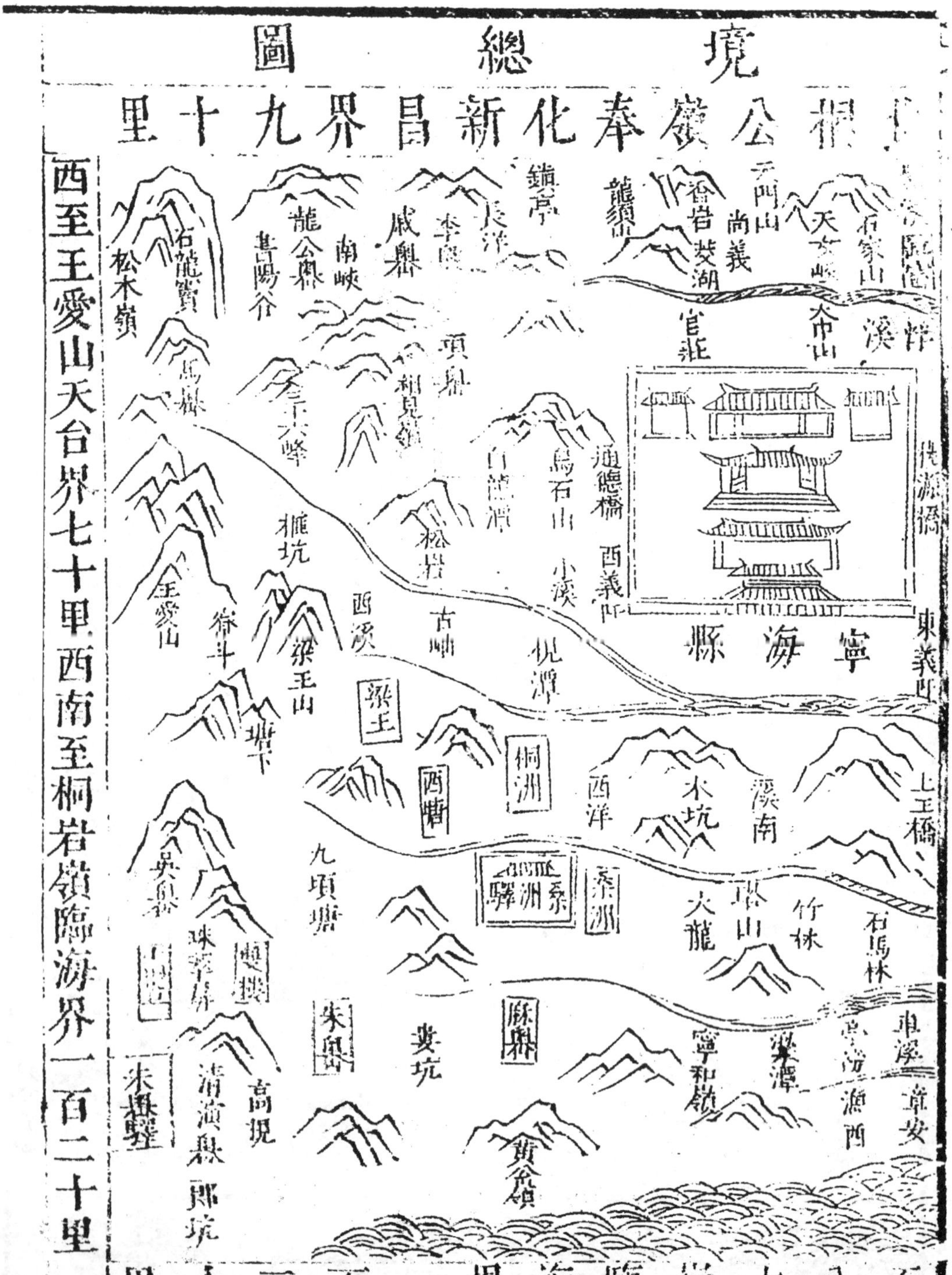

宁海县境总图 / 选自崇祯《宁海县志》

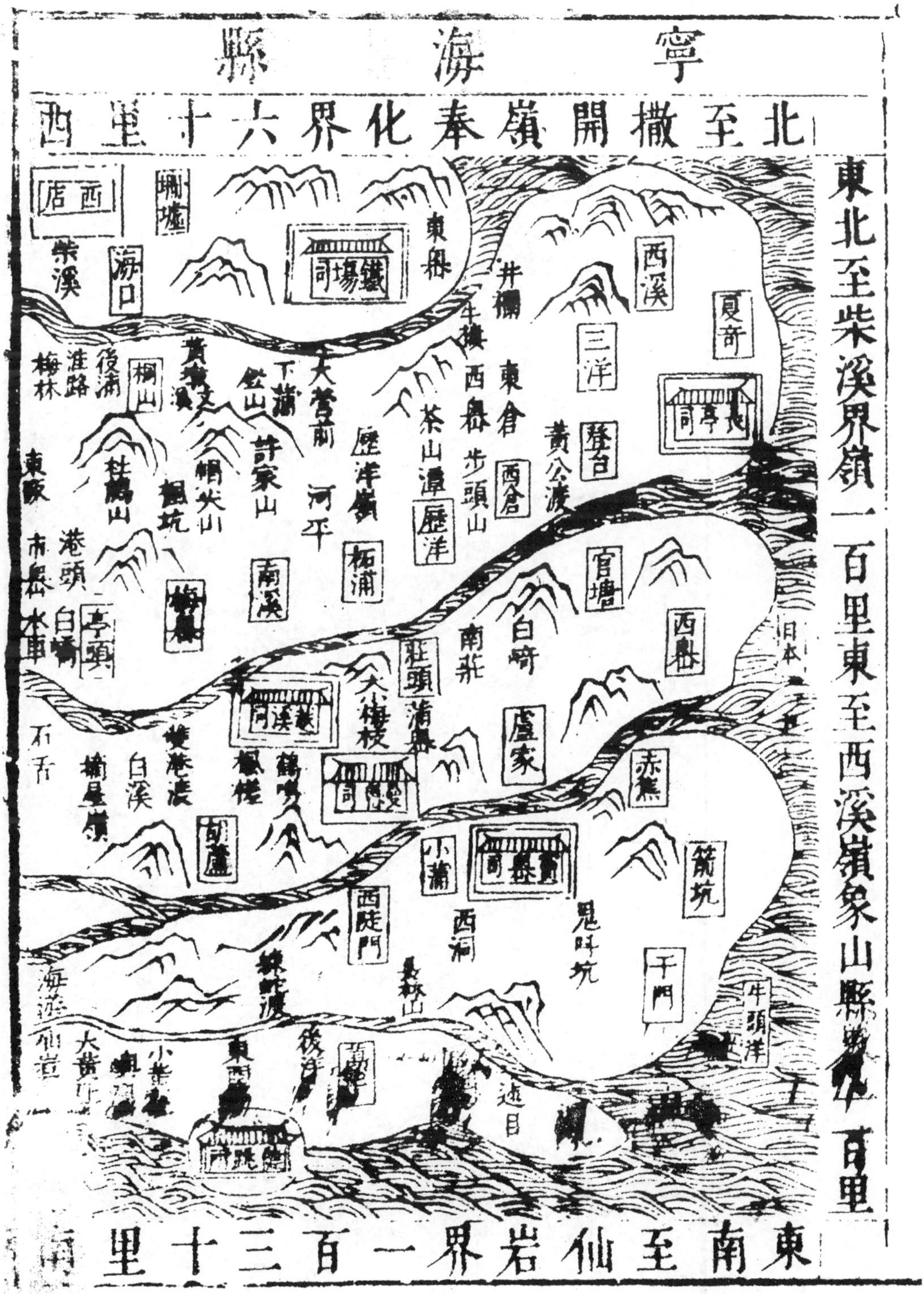
寧海縣
北至撒開嶺奉化界六十里西
東北至柴溪界嶺一百里東至西溪嶺象山縣界
百里
東南至仙岩界一百三十里南
西店
柴溪
海口
鐵場司
東鄉
井欄
西溪
三洋
長亭司
黃公渡
東倉
西鄉
西倉
步頭山
茶山
歷洋
歷洋嶺
許家山
河平
南溪
桐山
後浦
淮路
梅林
港頭
白嶠
亭頭
官塘
白嶠
南莊
西鄉
盧家
日本
赤
干門
牛頭洋
西洞
海游
仙岩
石
白溪
東鄉
越目

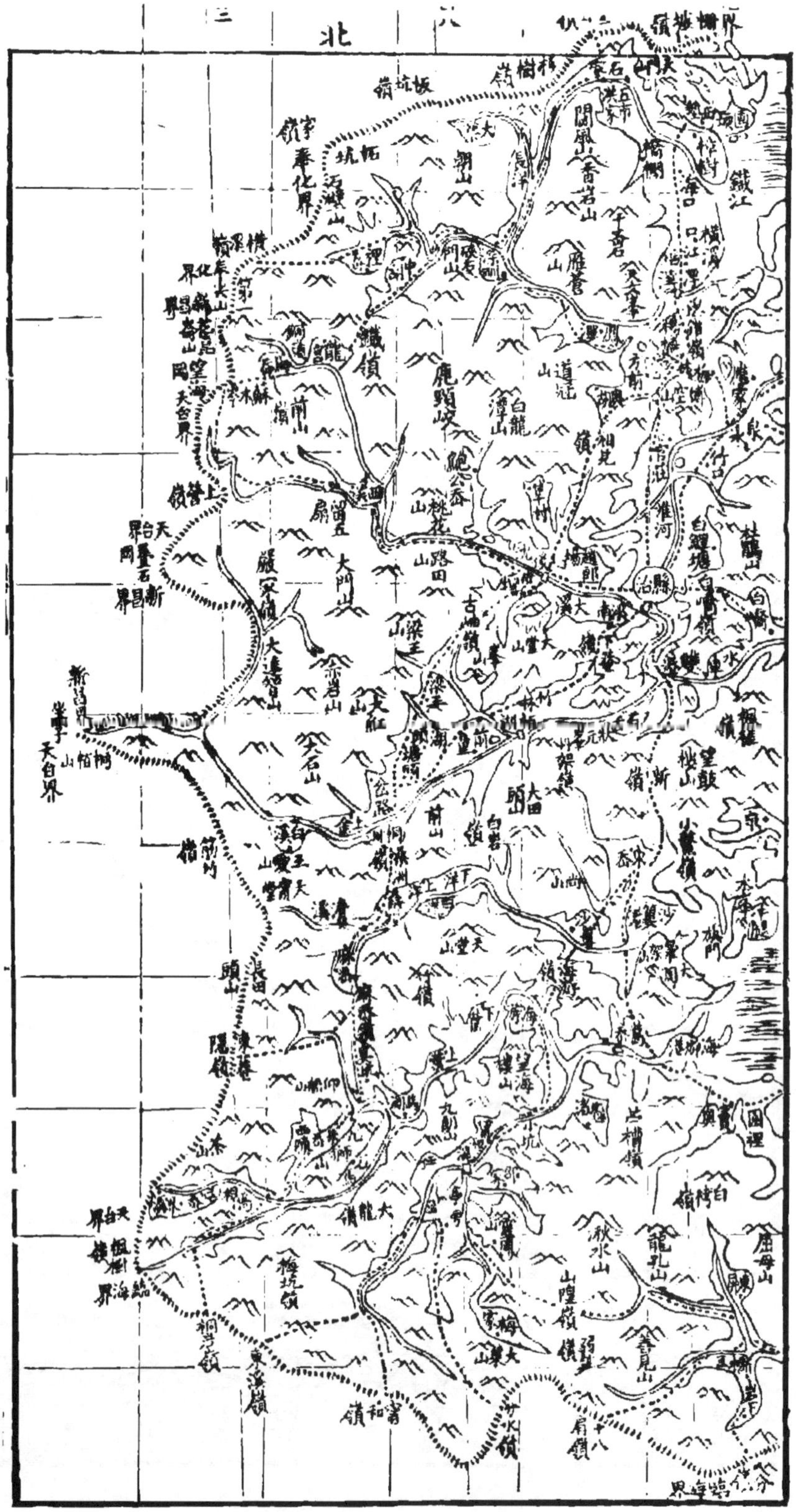

宁海县总图 / 选自光绪《宁海县志》

寧海縣總圖
每方十里
北
奉化界
象山界
臨海界
海

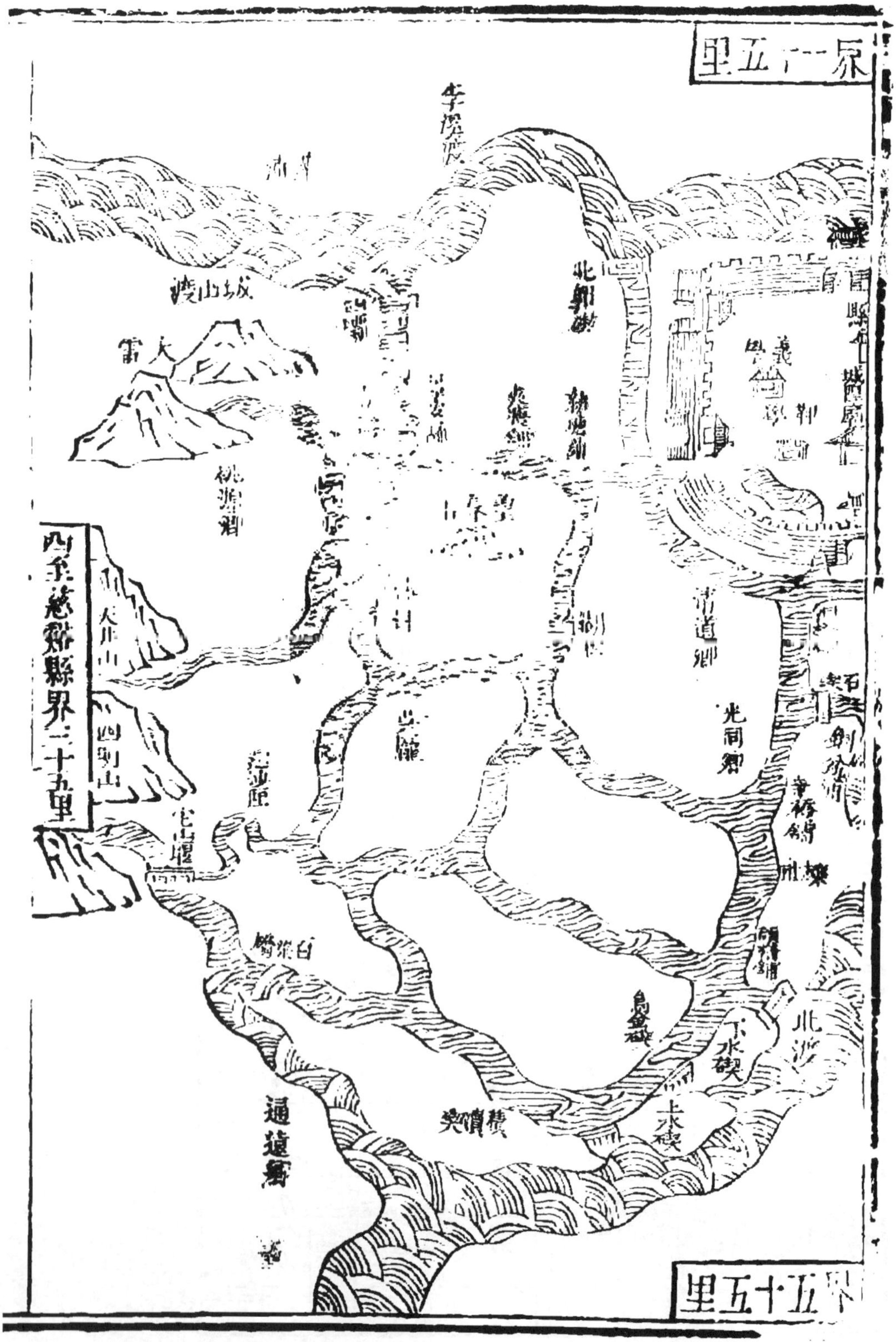

鄞县境图 / 选自雍正《宁波府志》

鄞縣境圖
東至鎮海縣界二十五里
北至鎮海縣
南至奉化縣
梅墟
天童
寶幢
橫溪
茅山
鄞塘鄉

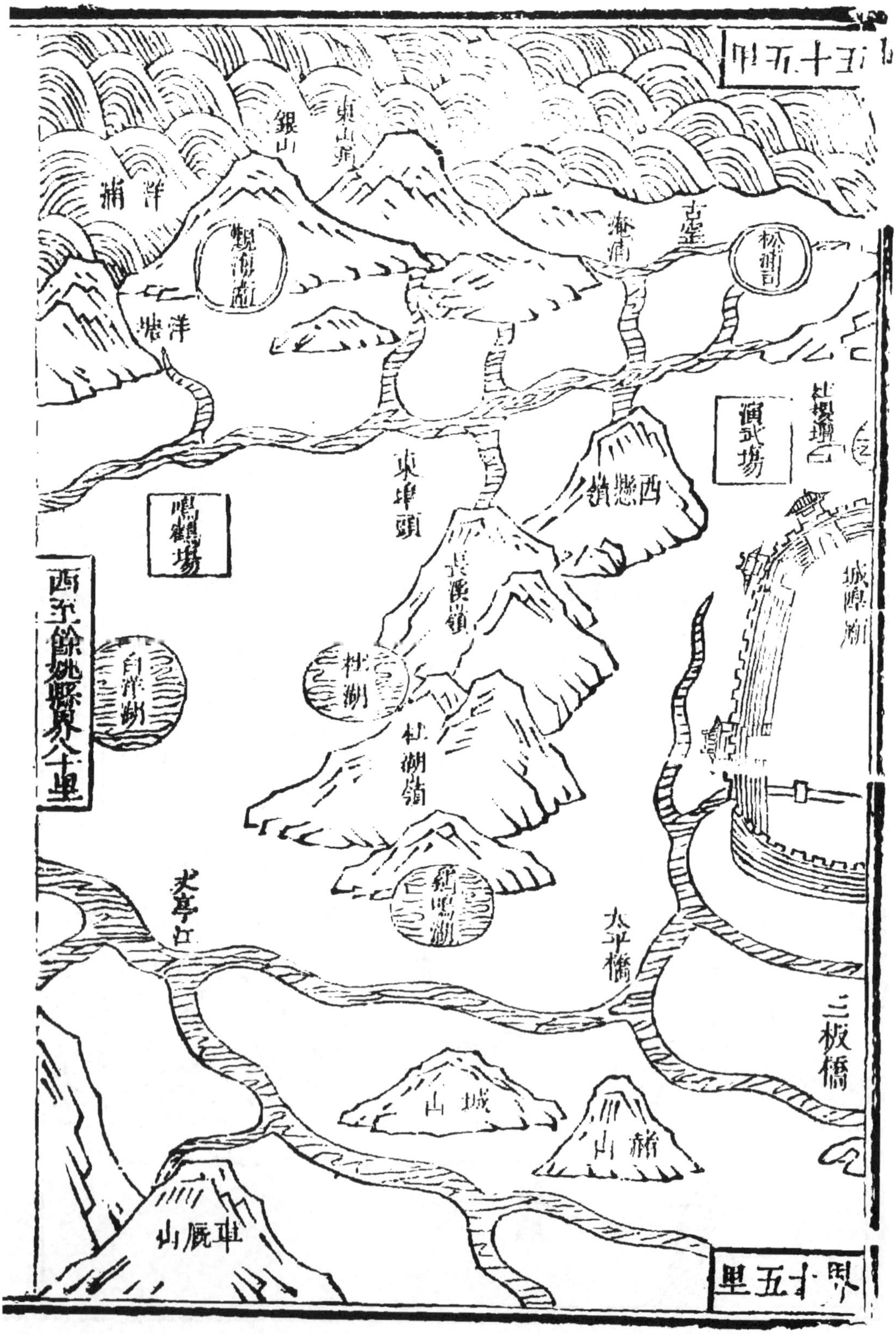

慈溪县境图 / 选自雍正《宁波府志》

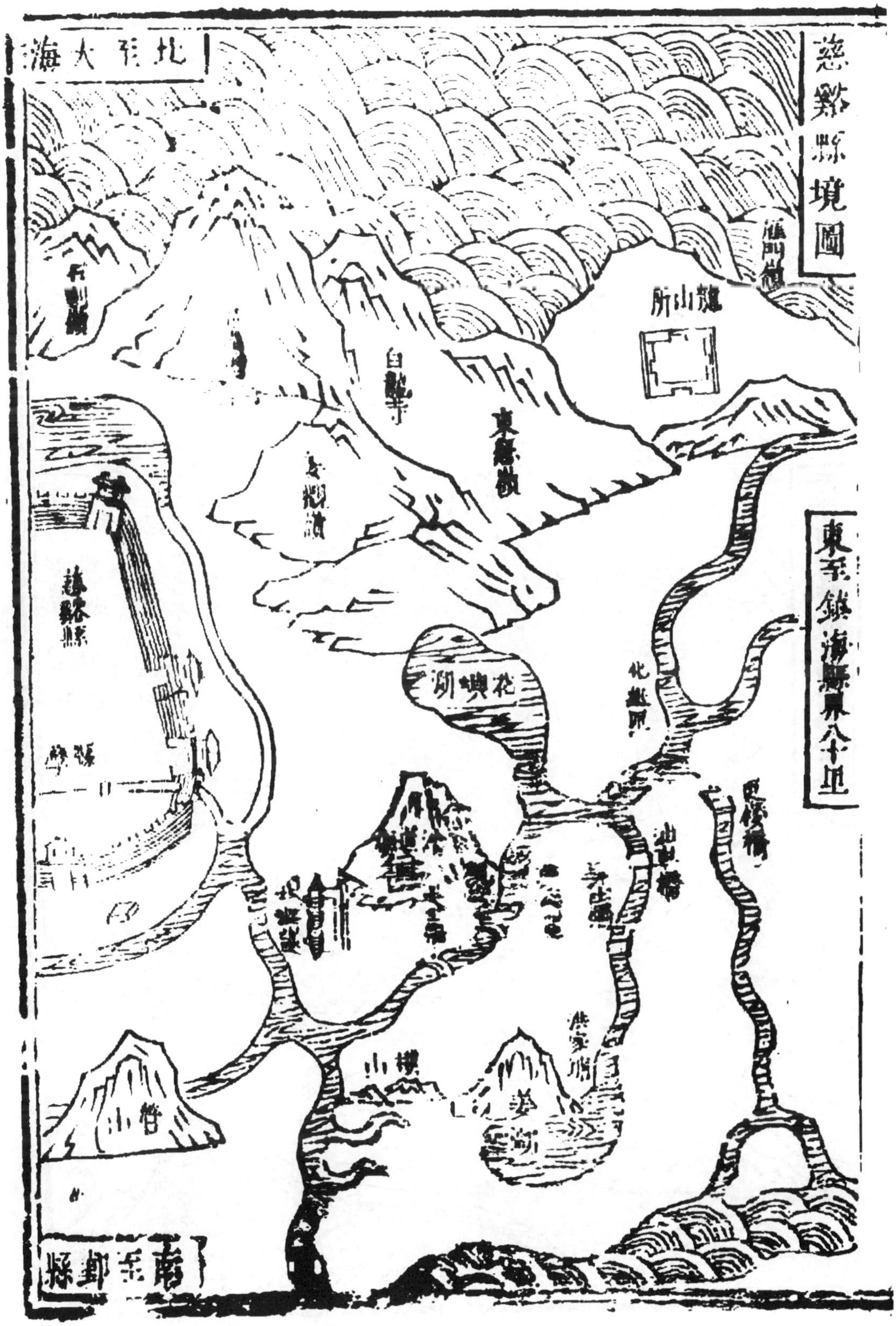
慈谿縣境圖
北至大海
東至鎮海縣界六十里
南至鄞縣
龍山所
白龍寺
花嶼湖
餘姚縣
横山

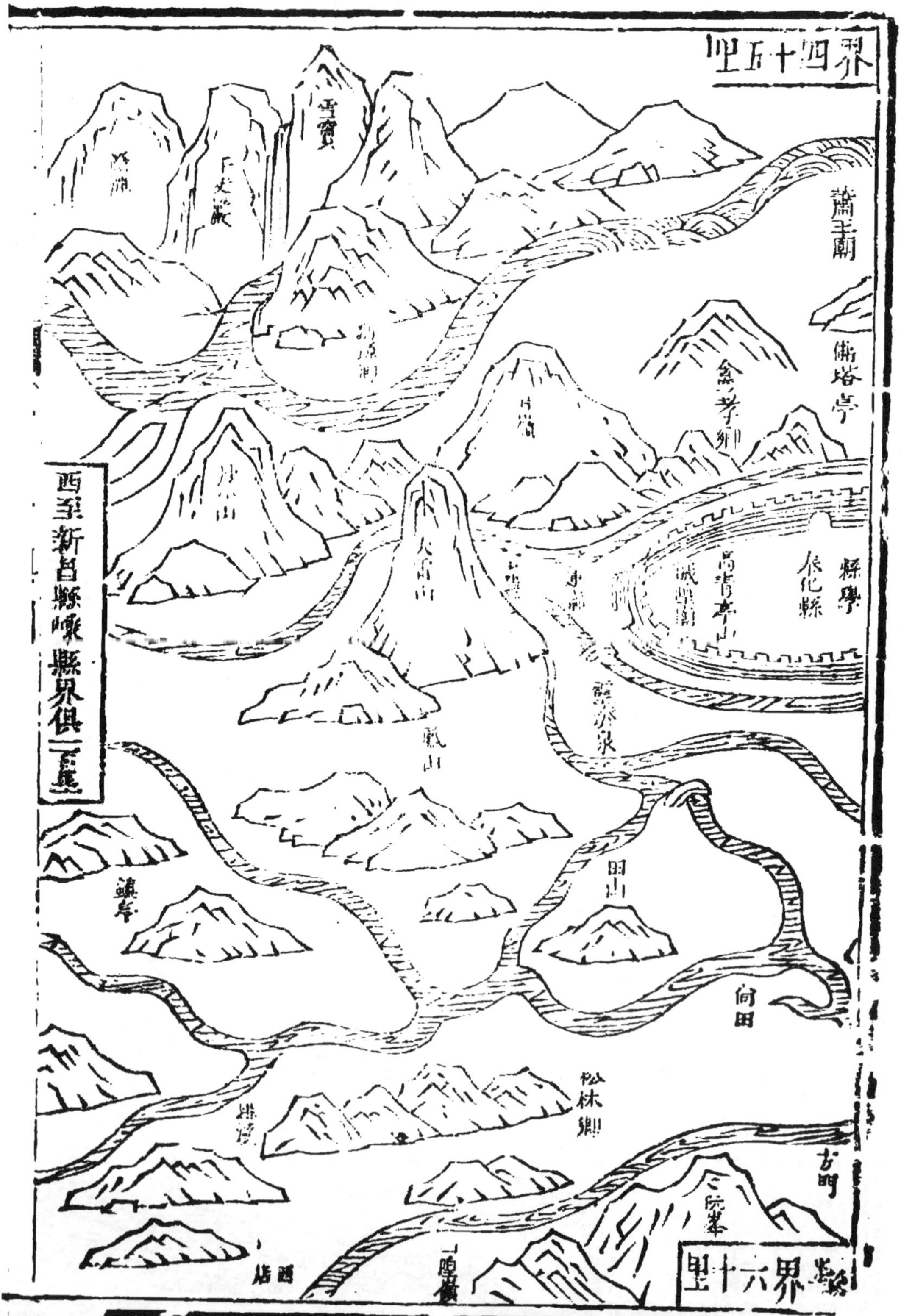

奉化县境图 / 选自雍正《宁波府志》

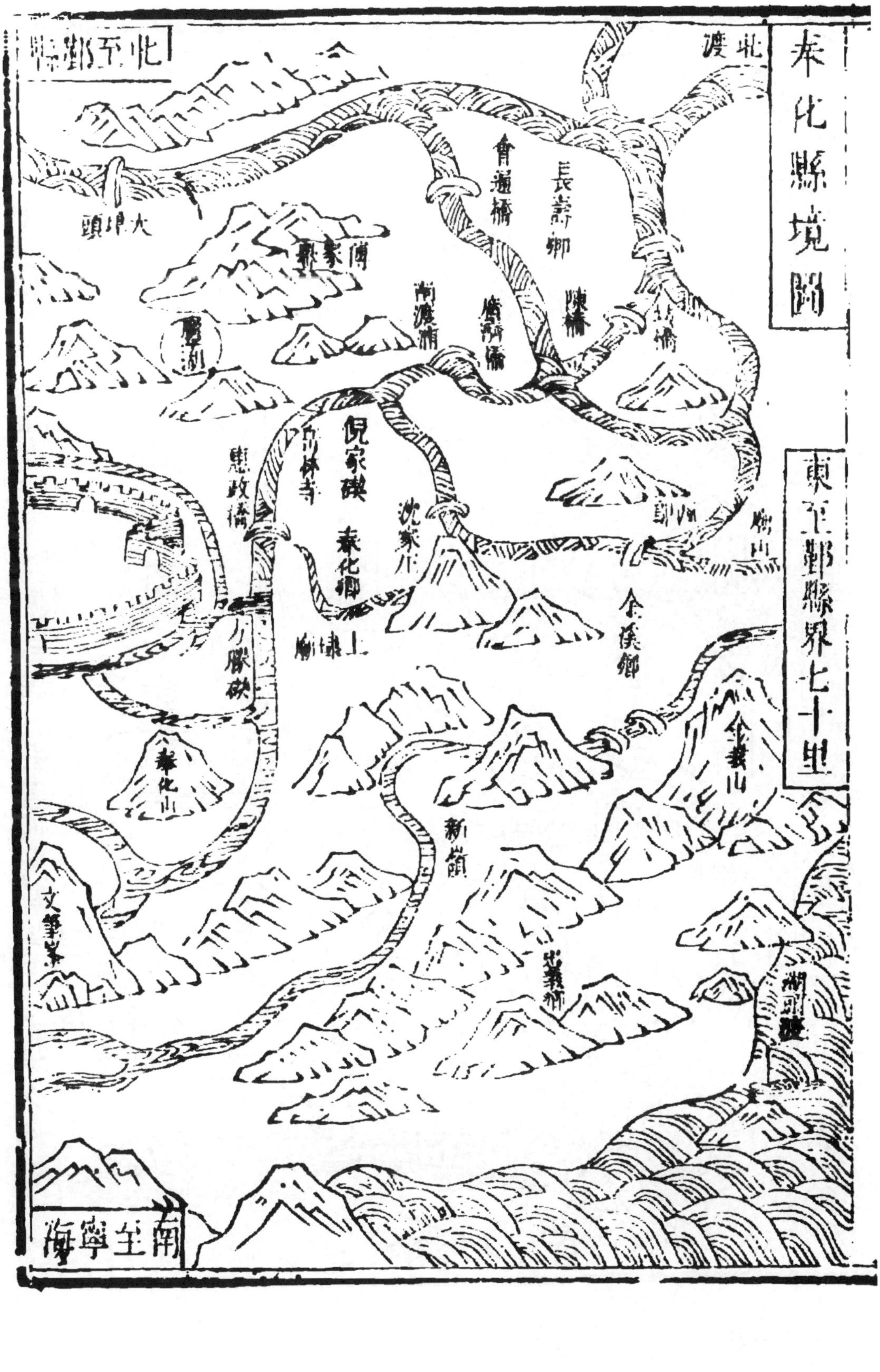
奉化縣境圖
北至鄞縣界
北渡
東至鄞縣界七十里
南至寧海
大埠頭
會通橋
長壽鄉
陳橋
南渡浦
廣濟橋
倪家碶
奉化鄉
惠政橋
金溪鄉
新嶺
奉化山
文筆峯
忠義鄉
湖頭渡

余姚县境图 / 选自康熙《绍兴府志》

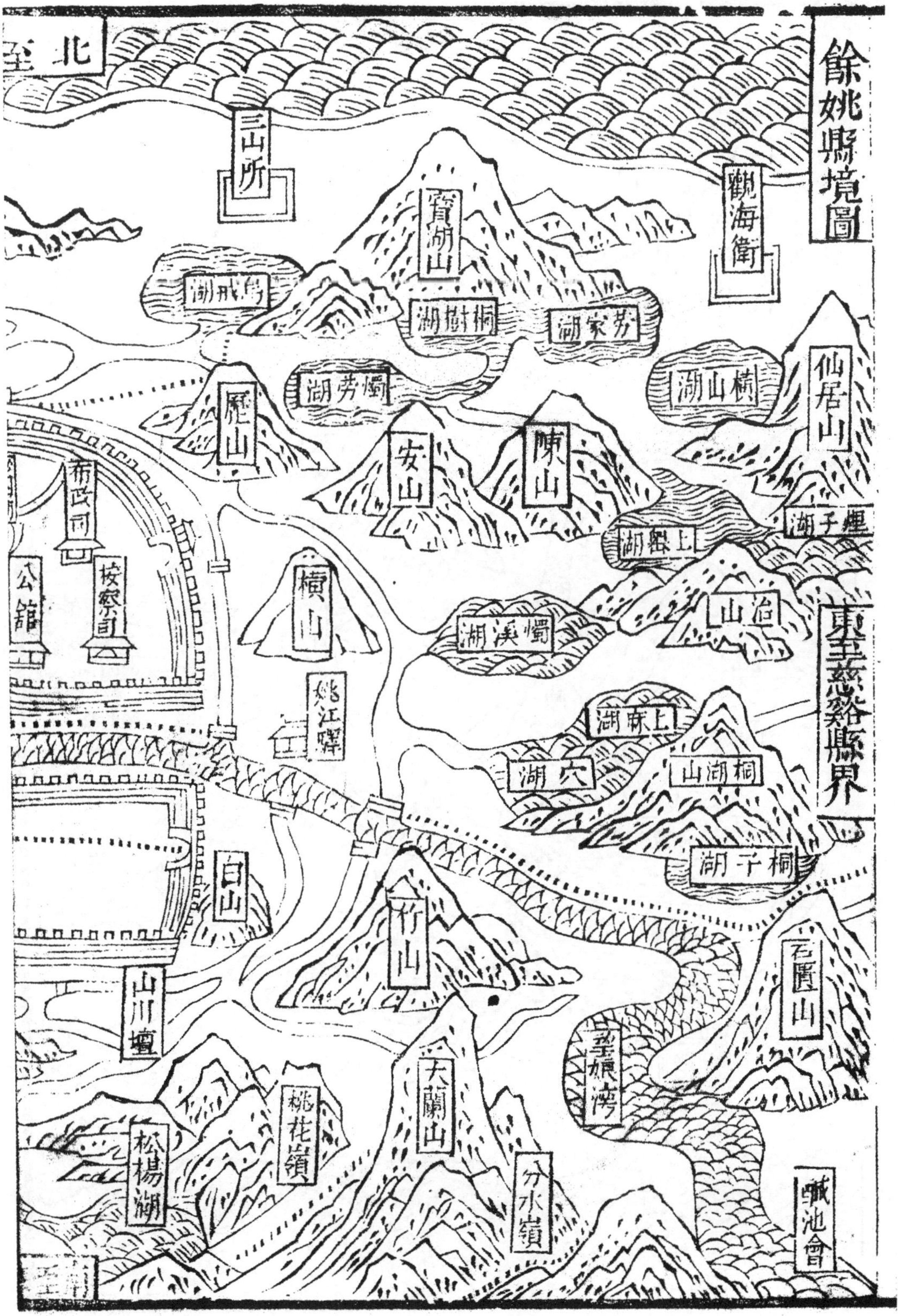
餘姚縣境圖
北至
三山所
觀海衛
烏戒湖
桐樹湖
芬家湖
燭芳湖
橫山湖
仙居山
歷山
安山
陳山
上湖
治山
東至慈谿縣界
布政司
按察司
公館
橫山
燭溪湖
姚江驛
上林湖
穴湖
桐子湖
白山
竹山
石匱山
山川壇
大蘭山
桃花嶺
松楊湖
分水嶺
南至

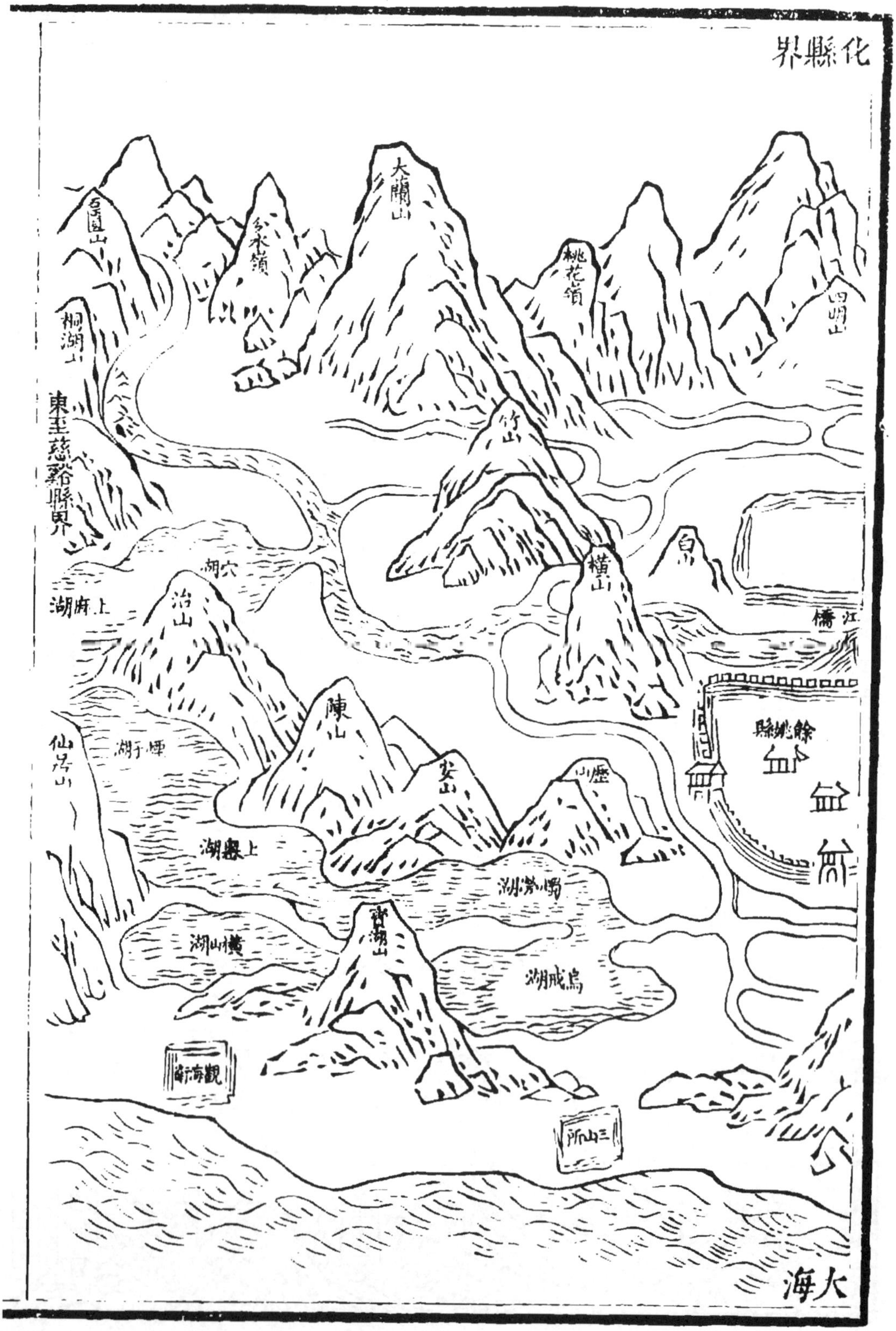

余姚县境图 / 选自乾隆《绍兴府志》

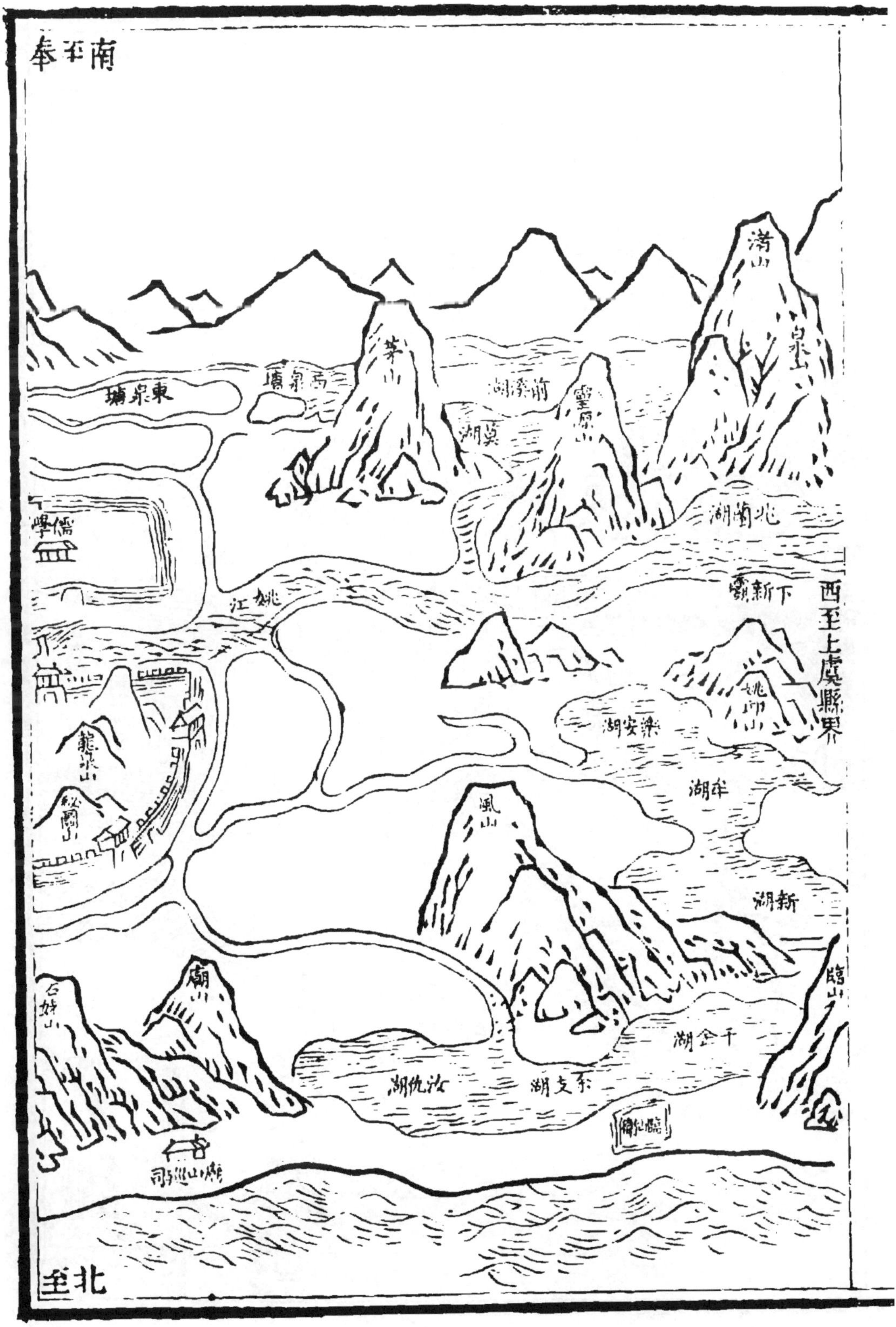
南至奉
東泉塘
茅山
前溪湖
儒學
姚江
下新壩
西至上虞縣界
龍泉山
風山
新湖
千金湖
汝仇湖
北至

镇海县境图 / 选自雍正《宁波府志》

鎮海縣境圖
南至鄞縣
蛟門
金塘山

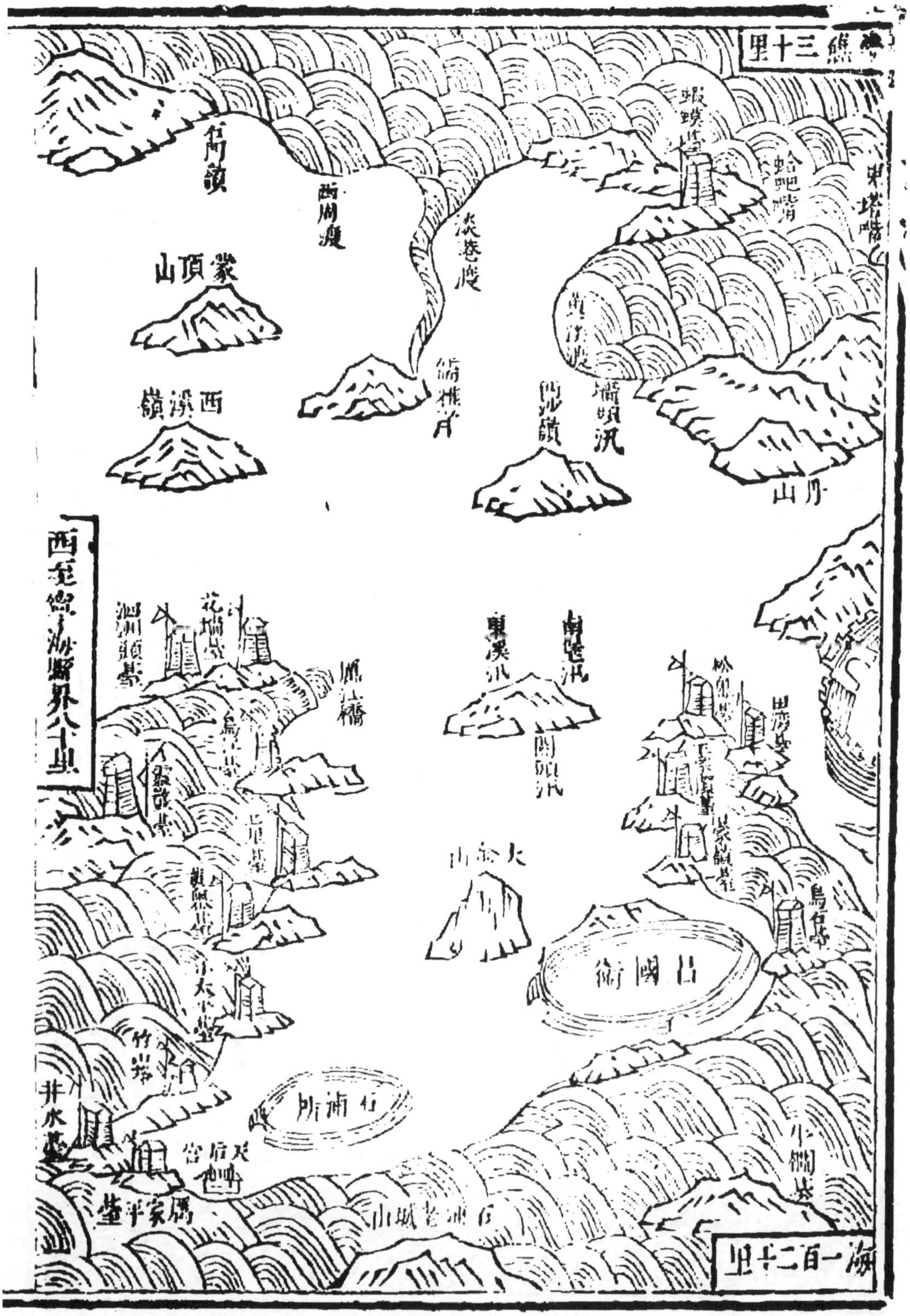

象山县境图 / 选自雍正《宁波府志》

象山縣境圖
北至海
東至大海四十里
錢倉所
爵溪所
象山縣
縣學
陳山渡

绍兴

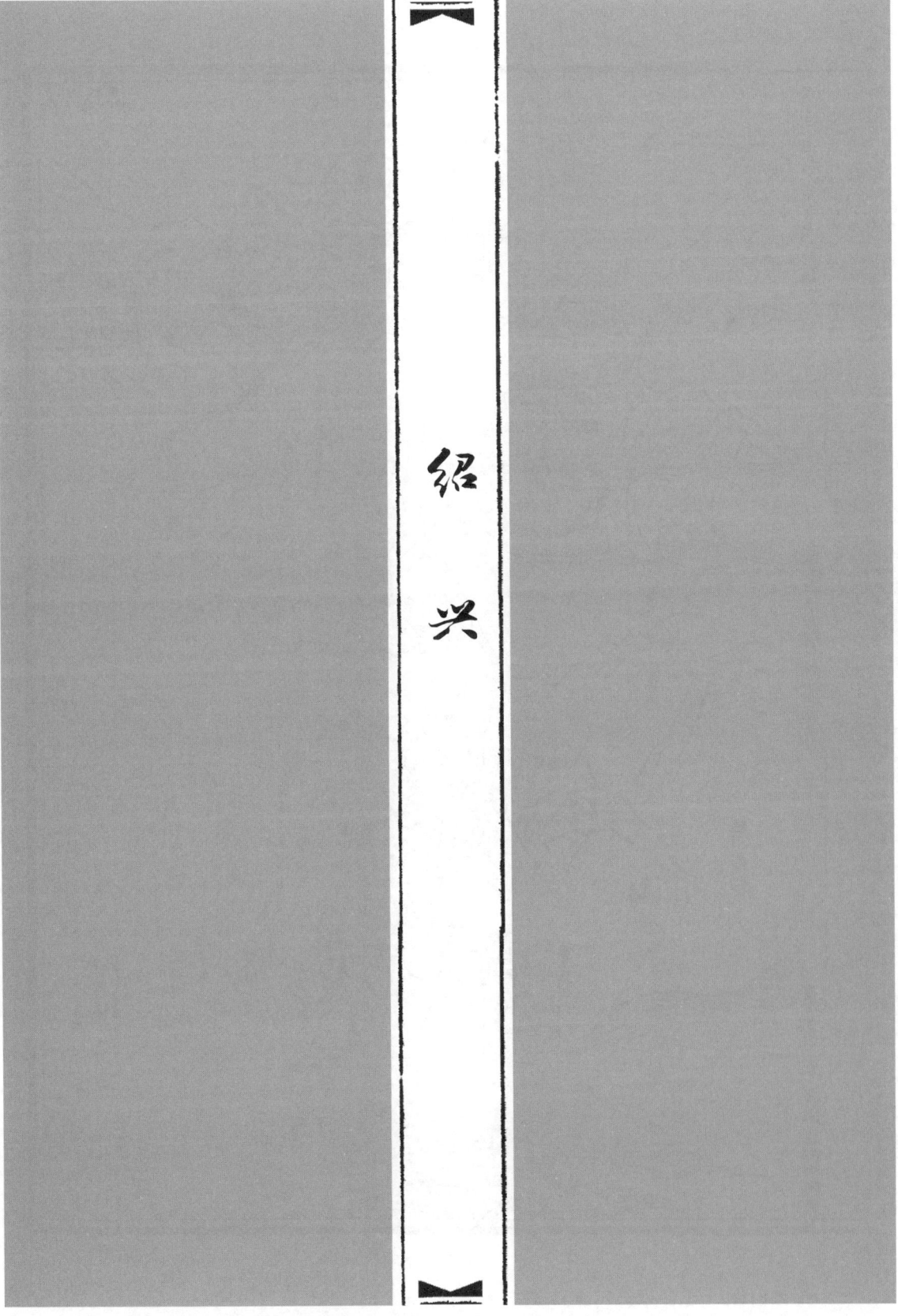

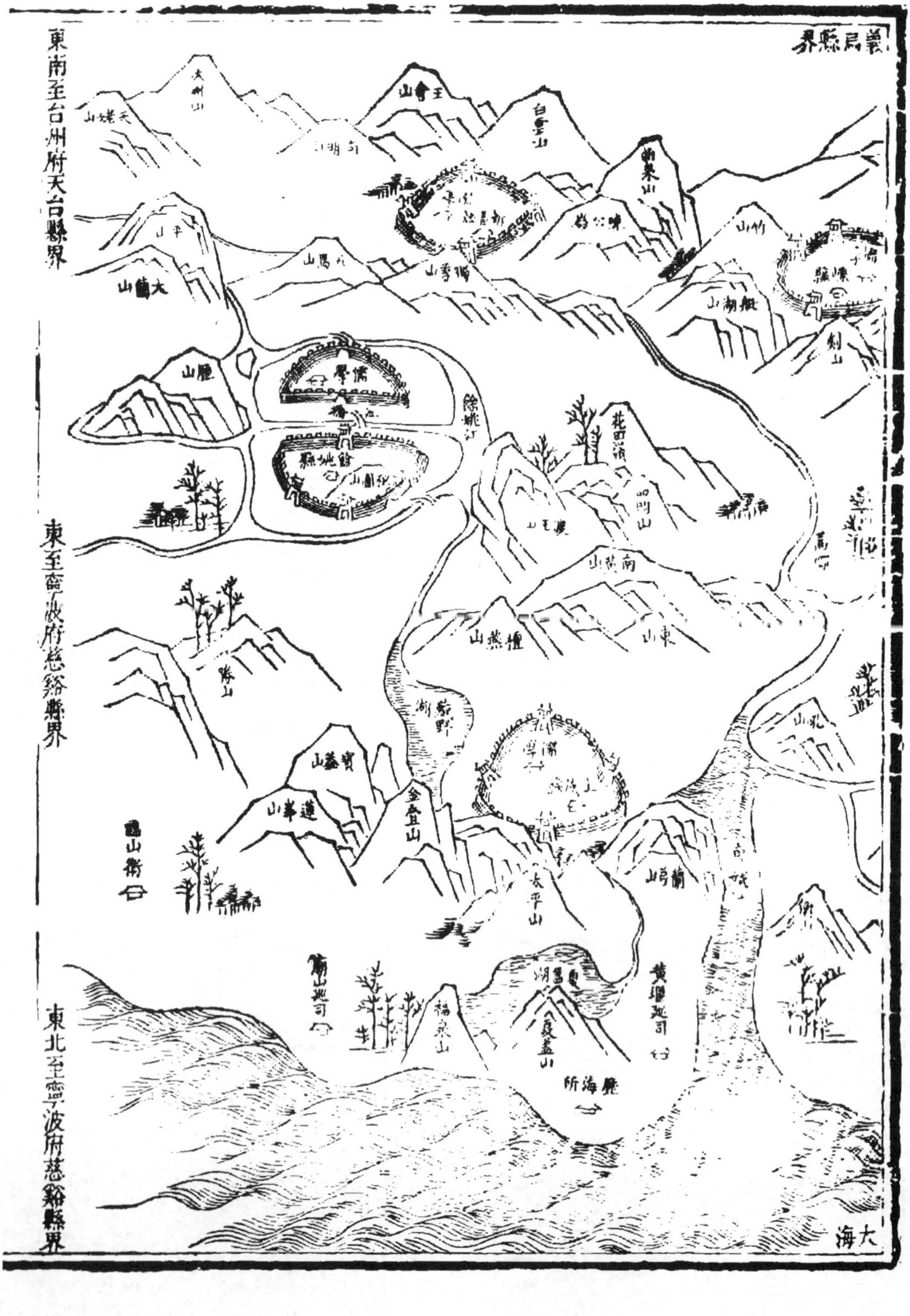

绍兴府图 / 选自雍正《浙江通志》

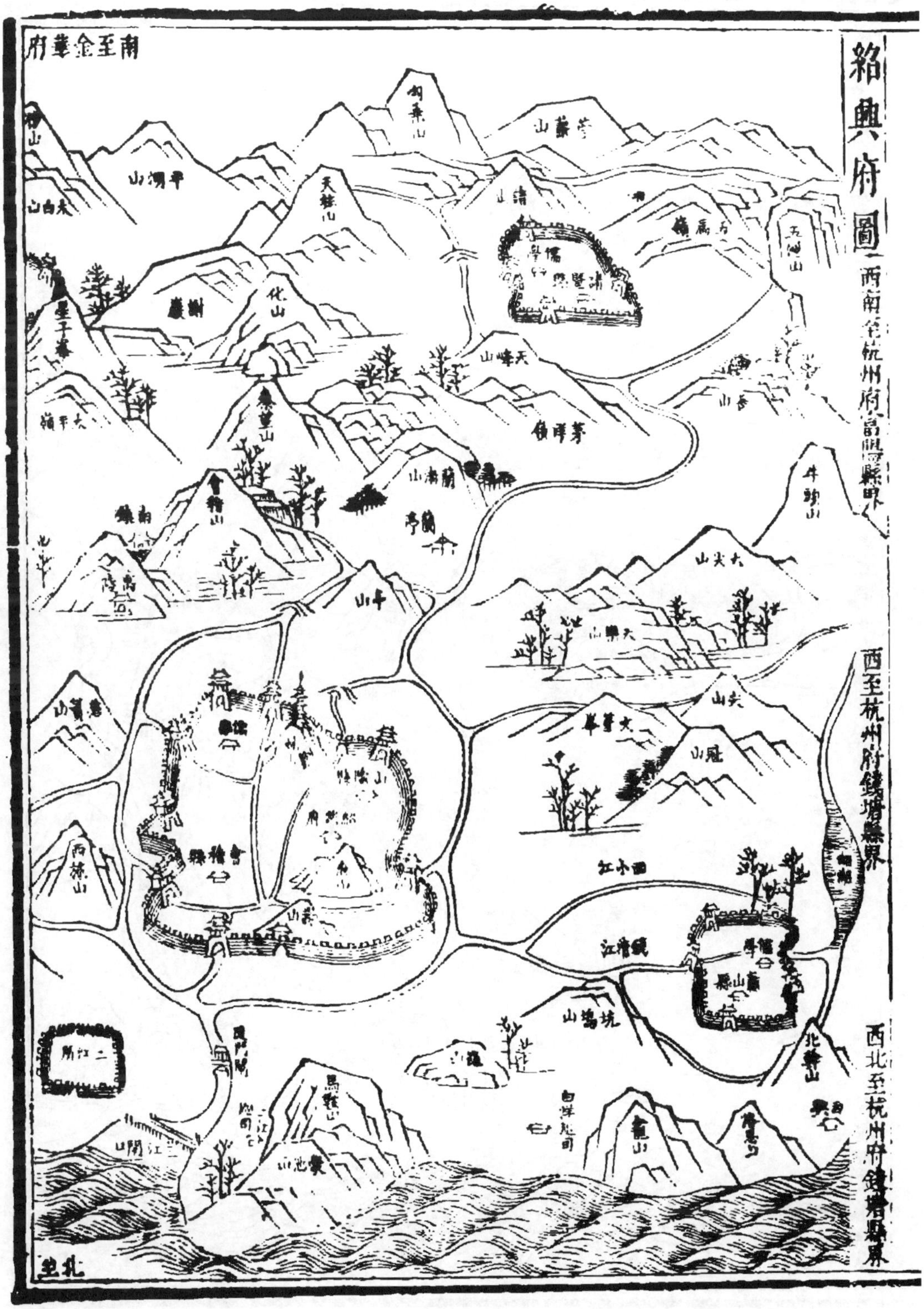
紹興府圖
西南至杭州府富陽縣界
西至杭州府錢塘縣界
西北至杭州府錢塘縣界
南至金華府
天柱山
會稽山
天峰山
蘭亭
會稽縣
山陰縣
蕭山縣
西小江
錢清江
大尖山
牛頭山
北幹山

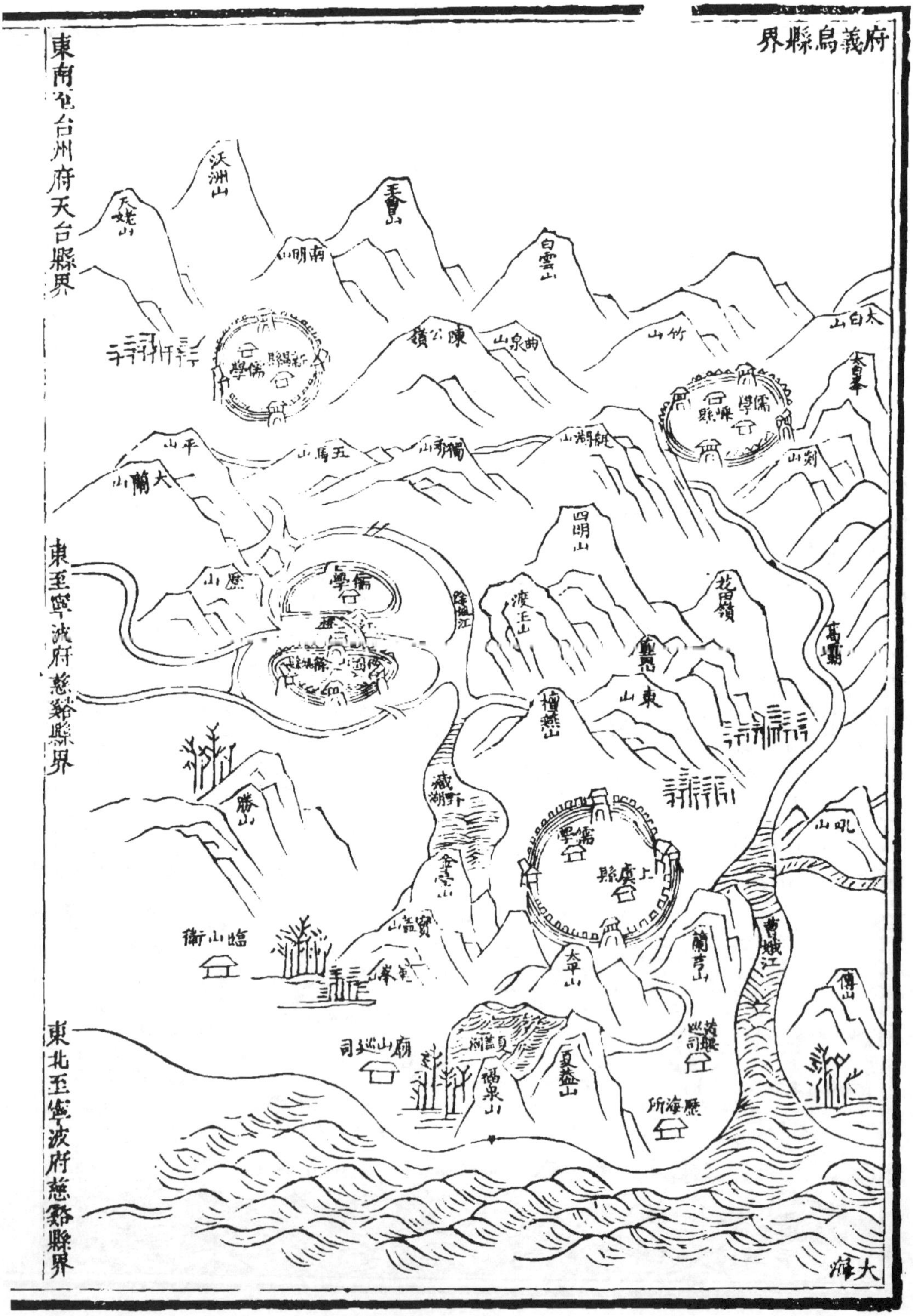

绍兴府境全图 / 选自乾隆《绍兴府志》

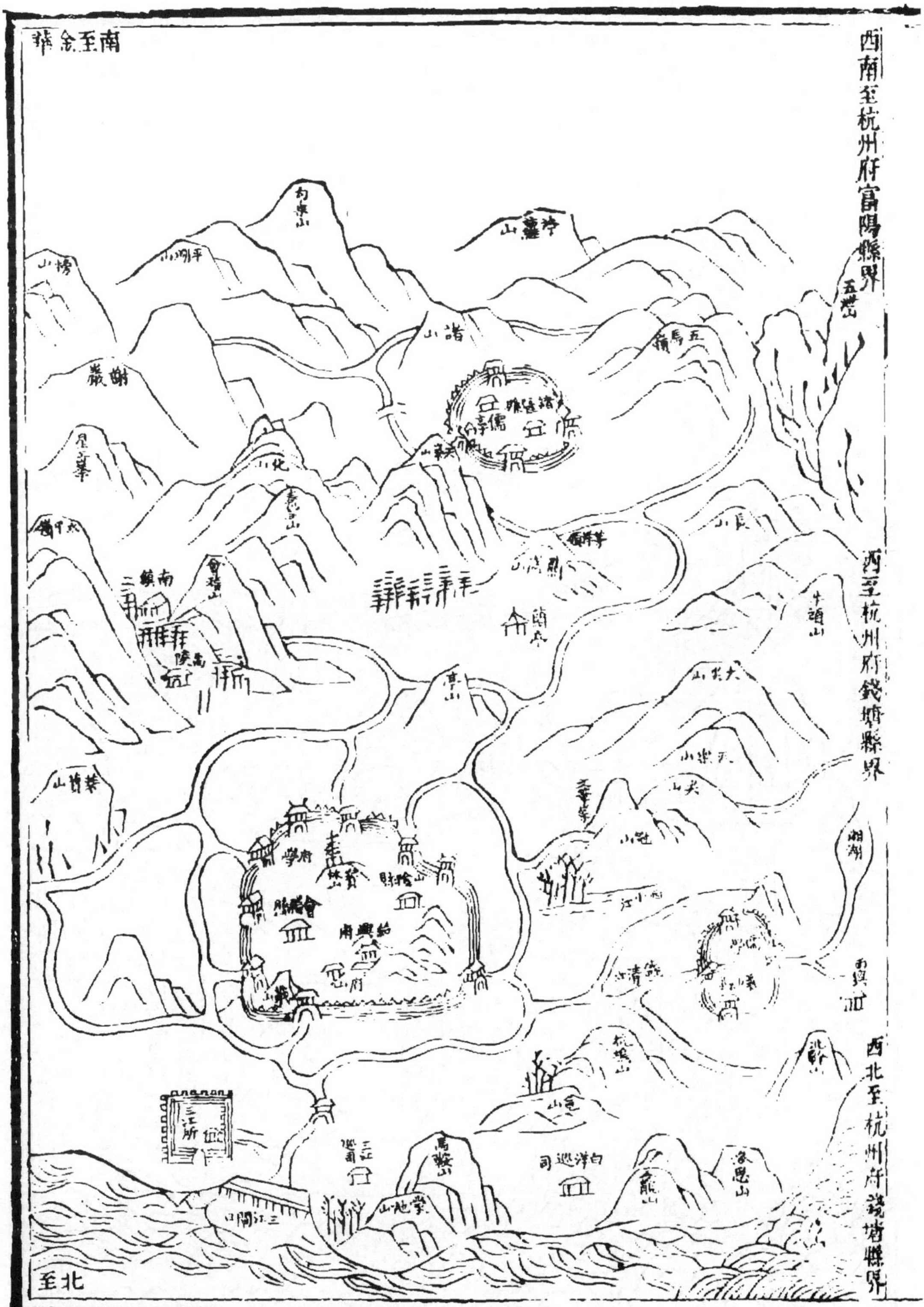
南至金華
西南至杭州府富陽縣界
西至杭州府錢塘縣界
西北至杭州府錢塘縣界
北至

山阴县境图 / 选自康熙《绍兴府志》

山陰縣境圖
北
三江巡司
大峰山
馬安山
塗山
玉山
梅山
獨婦山
蓬萊驛
山陰縣
沸石山
容山
容山湖
亭山
陳音山
玉架峰
法華山
蘭渚山
木客山
鵝鼻山
秦望山
南至諸暨

山阴县境图 / 选自乾隆《绍兴府志》

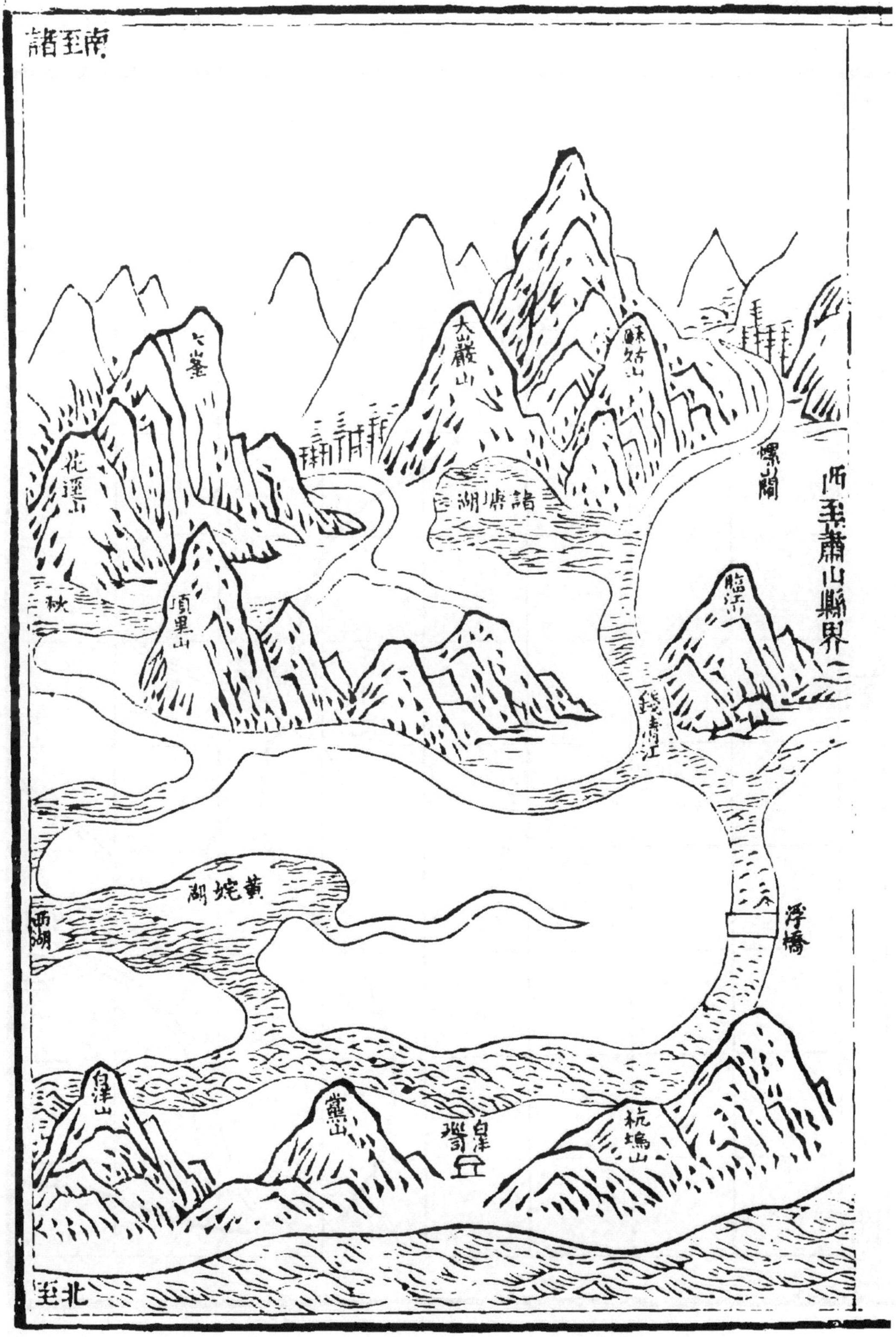
南至諸
北至
六峯
大巖山
蘇姑山
花蓮山
諸塘湖
錢清江
西至蕭山縣界
臨浦山
黄蛇湖
西湖
浮橋
白洋山
黨山
杭塢山
白洋巡司

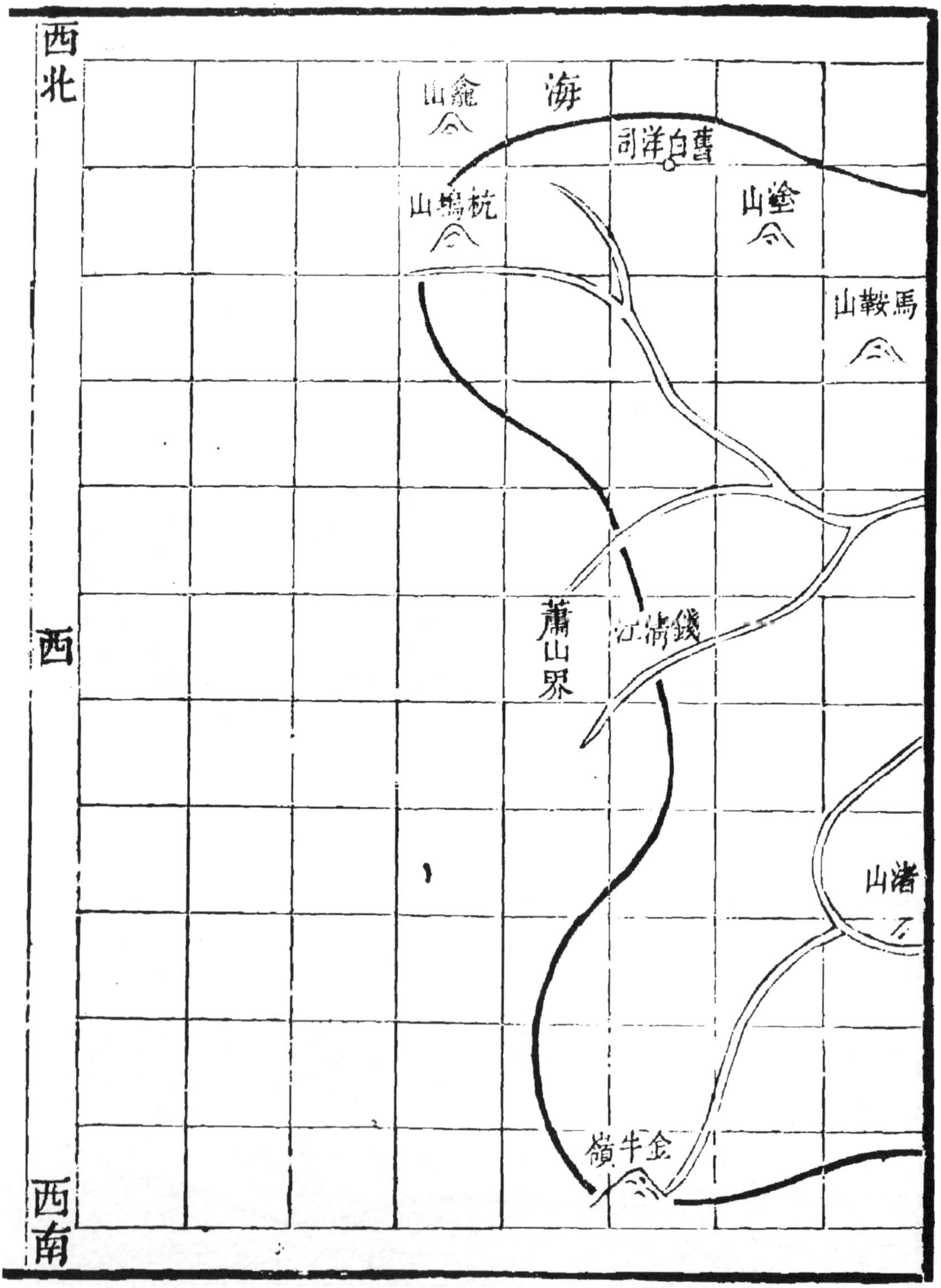

山阴县全境图 / 选自嘉庆《山阴县志》

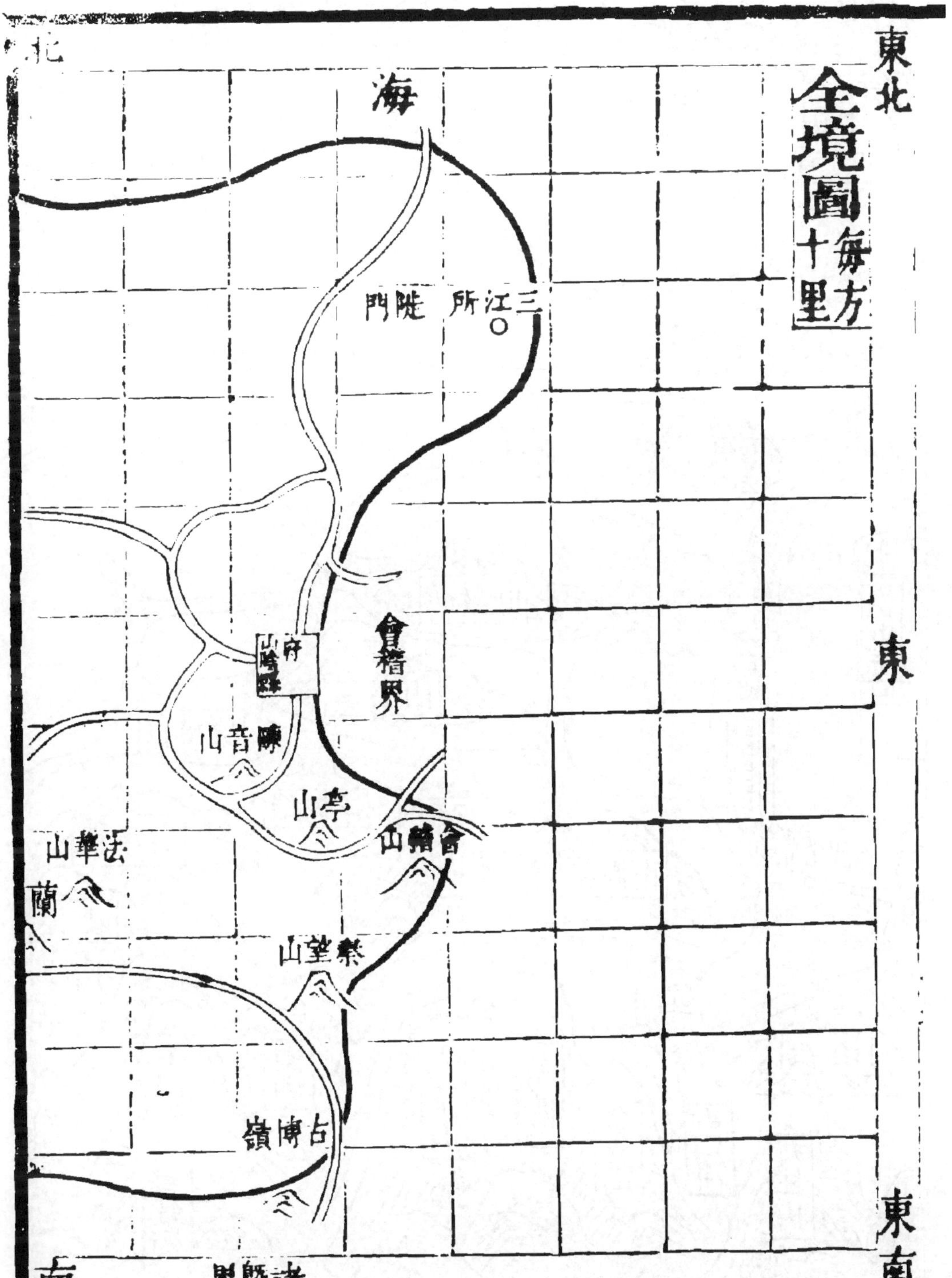
全境圖
每方十里
東北
北
海
三江所
陡門
府
山陰縣
會稽界
東
陳音山
亭山
會稽山
法華山
蘭
秦望山
古博嶺
東南
南
諸暨界

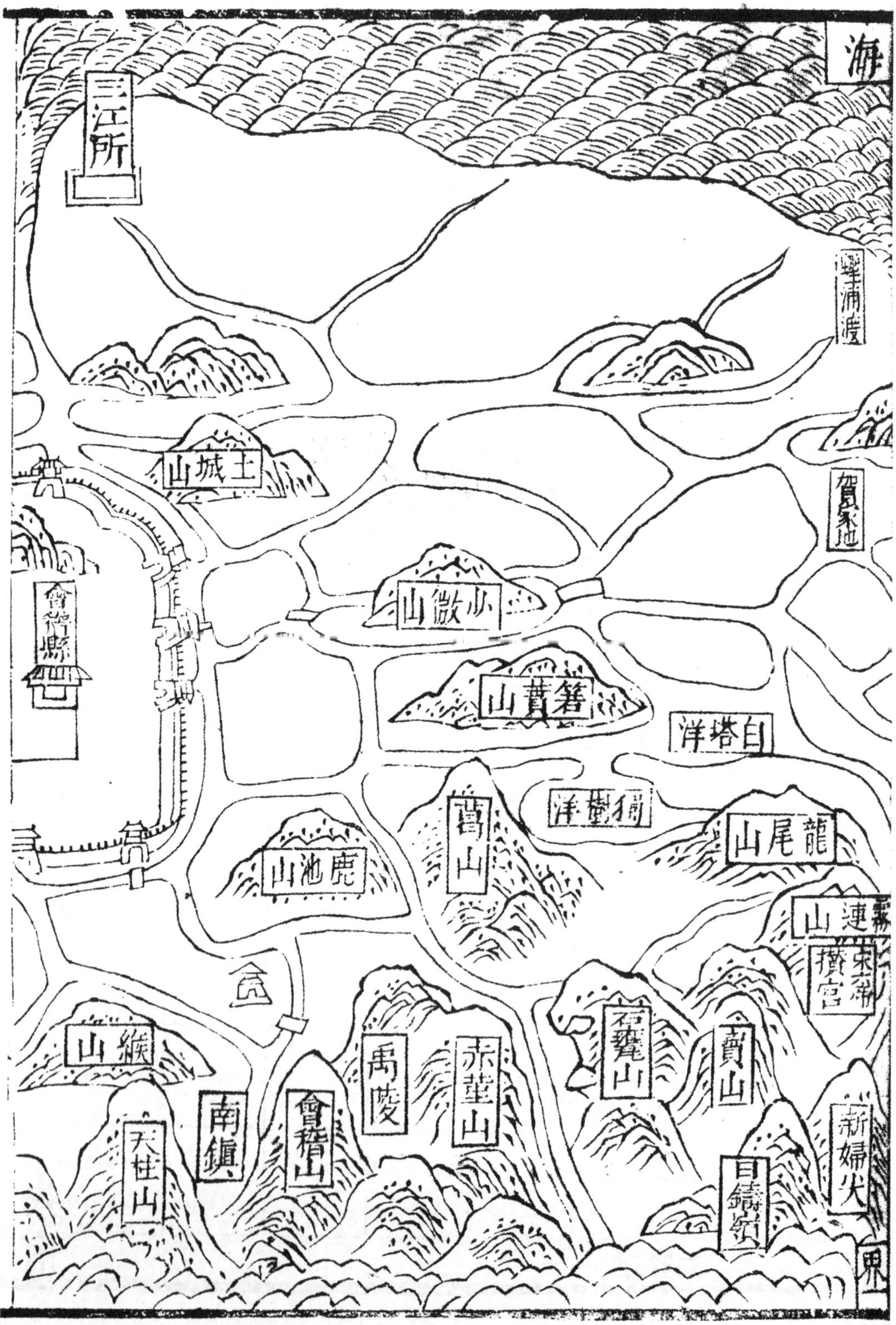

会稽县境图 / 选自康熙《绍兴府志》

會稽縣境圖
瀝海所
偁山
稷山
豊山
東關驛
曹娥江
鳳凰山
梁湖渡
東至上虞縣界
梅湖
銀山
鷄山
駐蹕嶺
東小江
南至嵊縣

会稽县境图 / 选自乾隆《绍兴府志》

南至
日鑄嶺
香爐峯
赤堇山
新婦尖
鹿池山
宋六陵
葛山
獨樹洋
白塔洋
禹陵
南鎮
天柱山
會稽縣
少微山
蕺山
三江所
三江閘口
北至

上虞县境图 / 选自康熙《绍兴府志》

上虞縣境圖
北至大
東至餘姚縣界
福泉山
闞阜山
鳳山
羅岩
羅壁山
小查湖
大查湖
上虞縣
按察分司
布政司
府館
儒學
藏野湖
通明壩
中壩
金罍山
上金山
白龍潭
百樓山
浮闗山
釣臺山

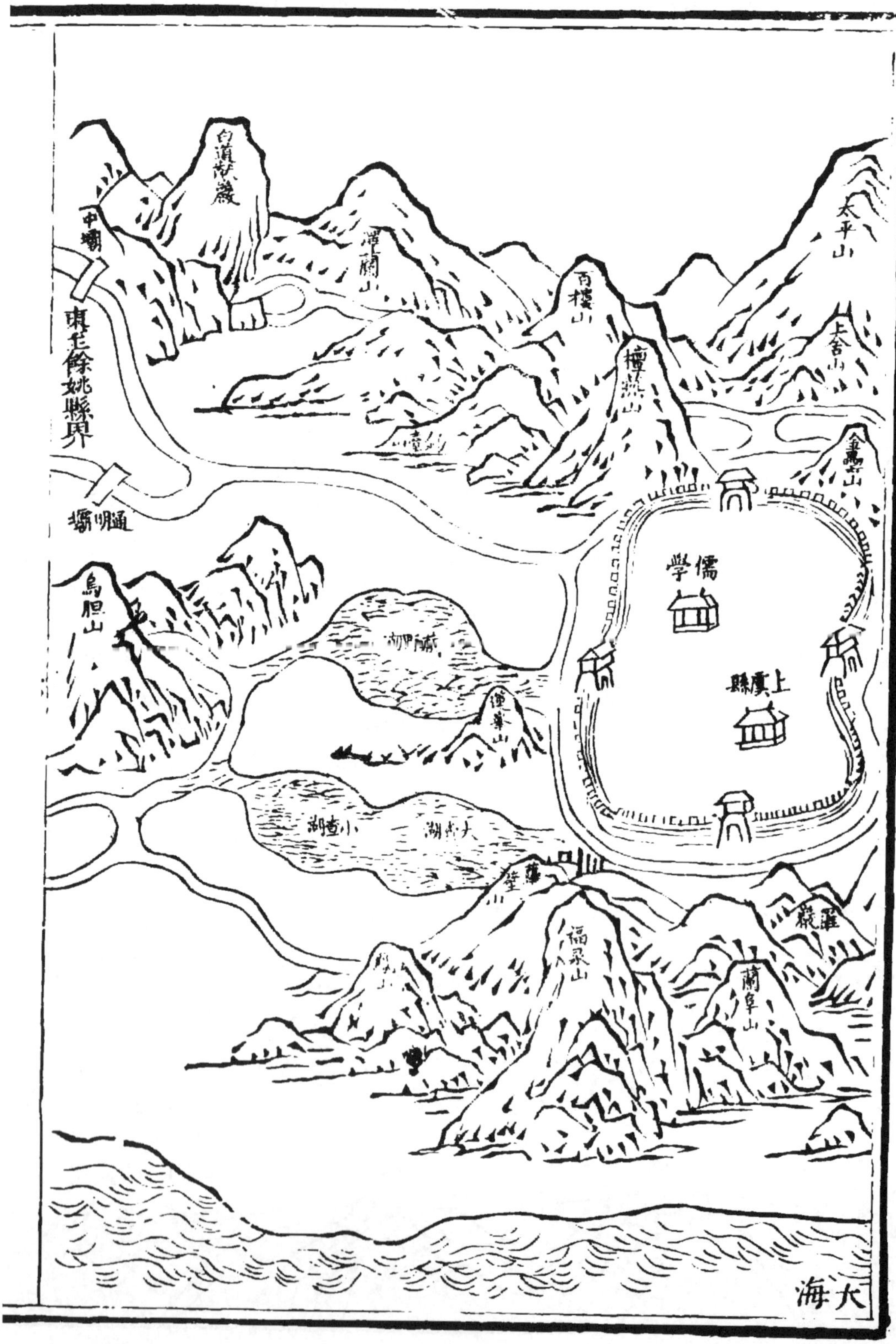

上虞县境图 / 选自乾隆《绍兴府志》

象田山
東山
蘭芎山
西至會稽縣界
百官衛
曹娥江
梁湖巡司
上妃湖
白馬湖
夏蓋山
夏蓋湖
黄家堰巡司
瀝海所
廟山巡司
北至

诸暨县境图 / 选自康熙《绍兴府志》

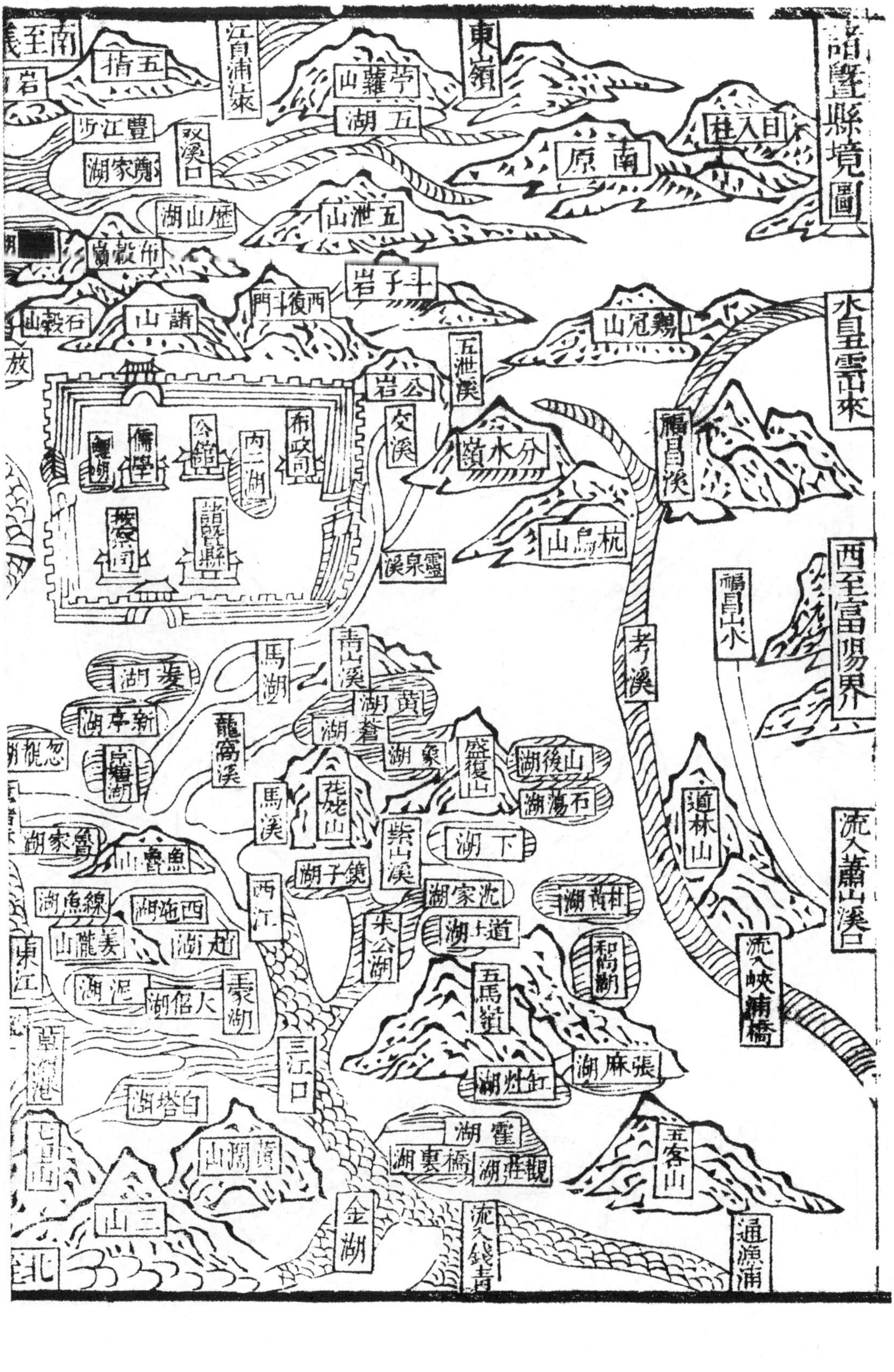

諸暨縣境圖
東嶺
五指
苧蘿山
五湖
南原
五泄山
斗子岩
鷄冠山
公岩
五泄溪
交溪
分水嶺
杭烏山
靈泉溪
西至富陽界
考溪
道林山
流入蕭山溪口
流入峽浦橋
通濟浦
流入錢清
金湖
三江口
五馬嶺
張麻湖
白塔湖
黃閣山
三山
霍湖
觀莊湖
橋裏湖
下湖
鏡子湖
紫山溪
西江
馬溪
馬湖
龍窩溪
青山溪
黃湖
蒼湖
象湖
山後湖
石湯湖
新亭湖
魯家湖
線魚湖
西施湖
大侶湖
泥湖
豪湖
朱公湖
道士湖
和尚湖
諸山
石穀山
鄭家湖
双溪口

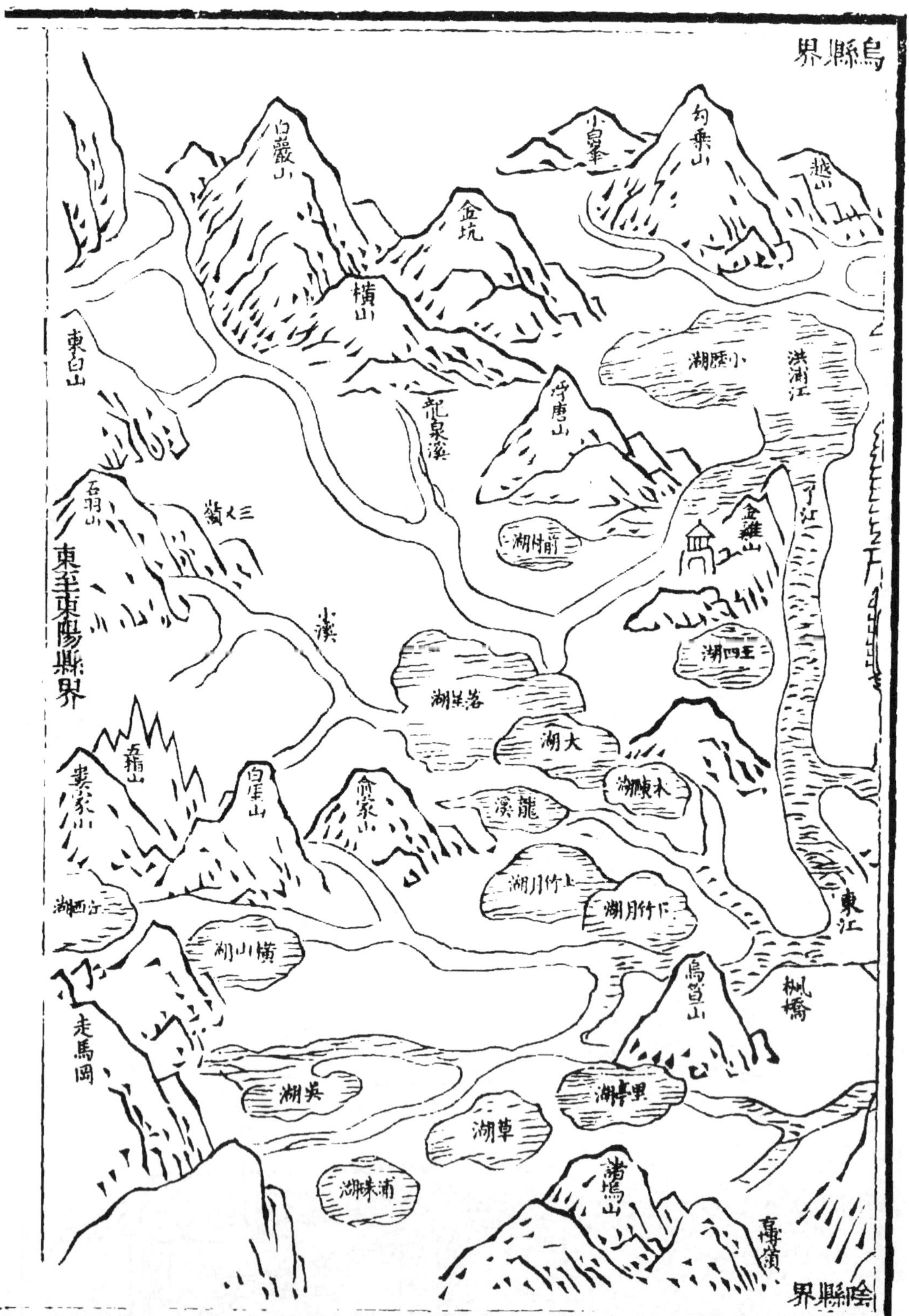

诸暨县境图 / 选自乾隆《绍兴府志》

南至義
巖山
五泄山
苧蘿山
五湖
布穀嶺
斗子巖
諸山
南原
雞冠山
公巖
福昌溪
儒學
内湖
諸暨縣
分水嶺
杭烏山
西至富陽縣界
考溪
道林山
新亭湖
馬溪
西江
下湖
五馬嶺
三江口
北至山

新昌县境图 / 选自康熙《绍兴府志》

新昌縣境圖
北至上虞縣
黄澤溪
獅岩山
梓山
黄柏
石橋溪
雪溪山
月山
沃洲山
東至天台縣界
九岩山
九峯山
天姥山
關嶺
水自天台來

新昌县境图 / 选自乾隆《绍兴府志》

新昌縣
儒學
鼓山
西至嵊縣界
三溪
劉門山

嵊县境图 / 选自康熙《绍兴府志》

嵊縣境圖
北至
四明山
覆卮山
嵊山
花山
何家塘
動石山
石鼓山
東至新昌縣界
東林嶺
逍遥山
艇湖山
竹山
公館
按察司
龜山
太湖山
九雷嶺
金庭山
白雲山
南至

嵊县境图 / 选自乾隆《绍兴府志》

南至新
西至諸曁縣界
北至會
九州山
鹿苑山
太白山
大昆山
福泉山
石門山
孫家嶺

安庆

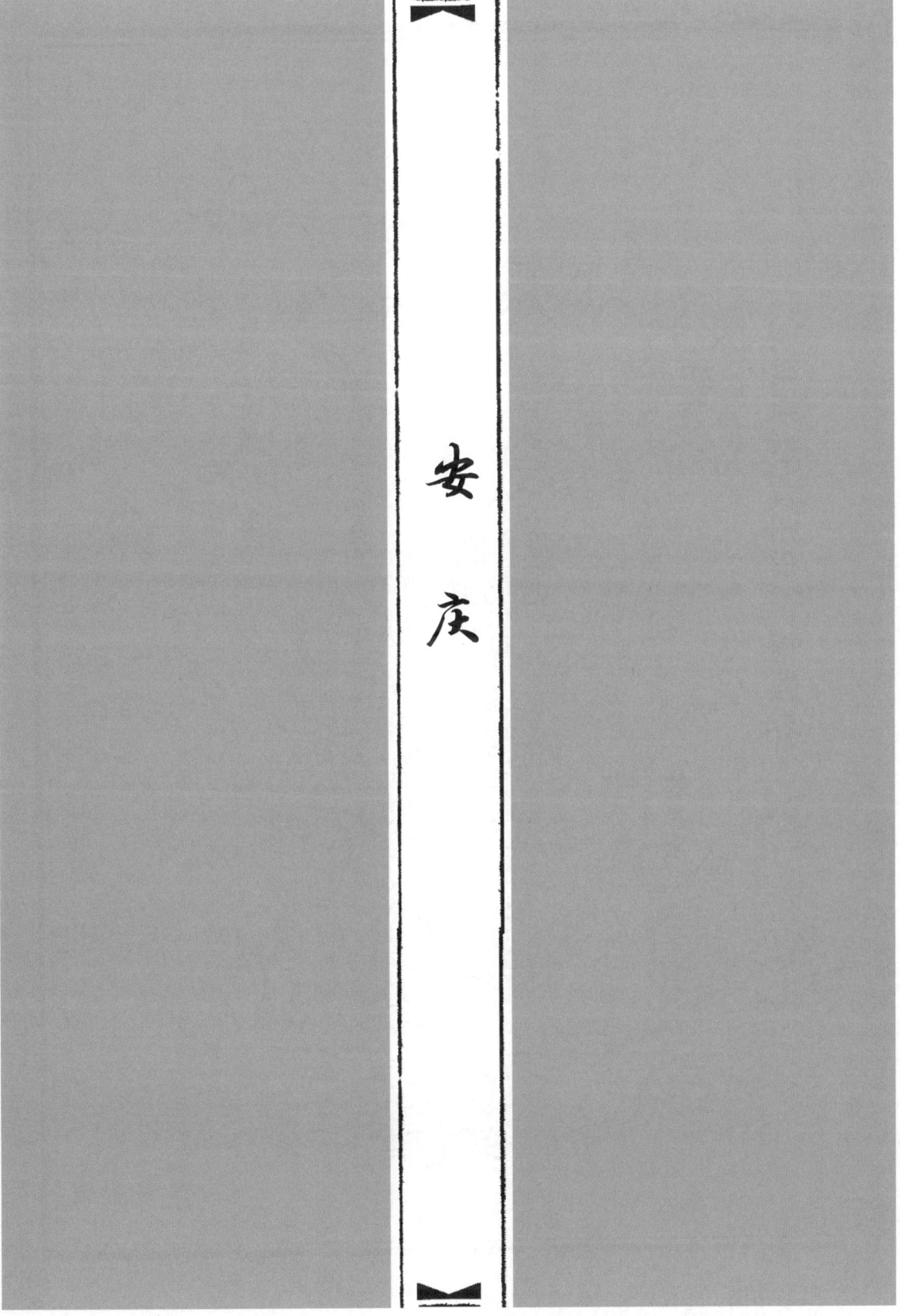

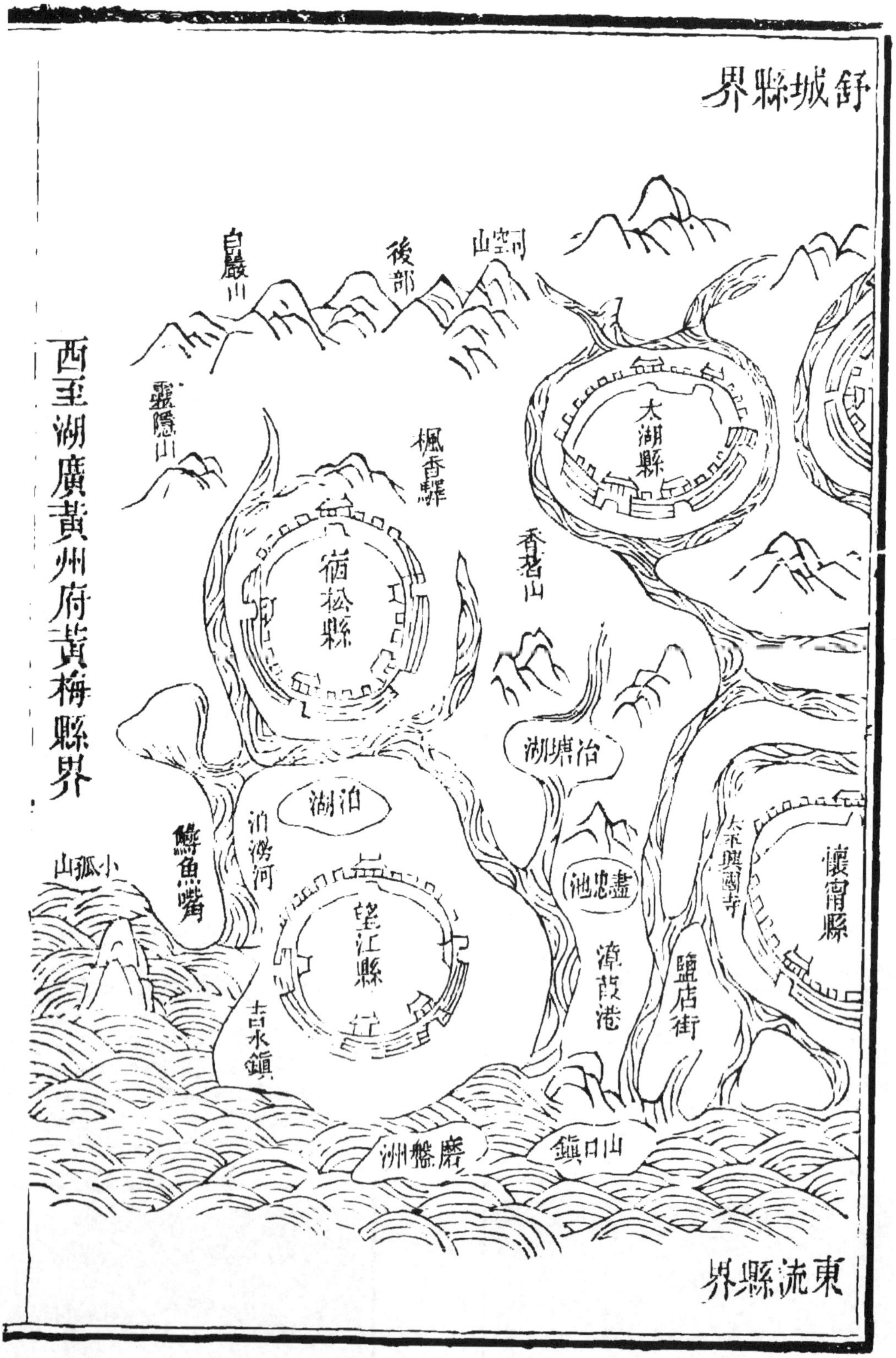

安庆府图 / 选自光绪《重修徽州通志》

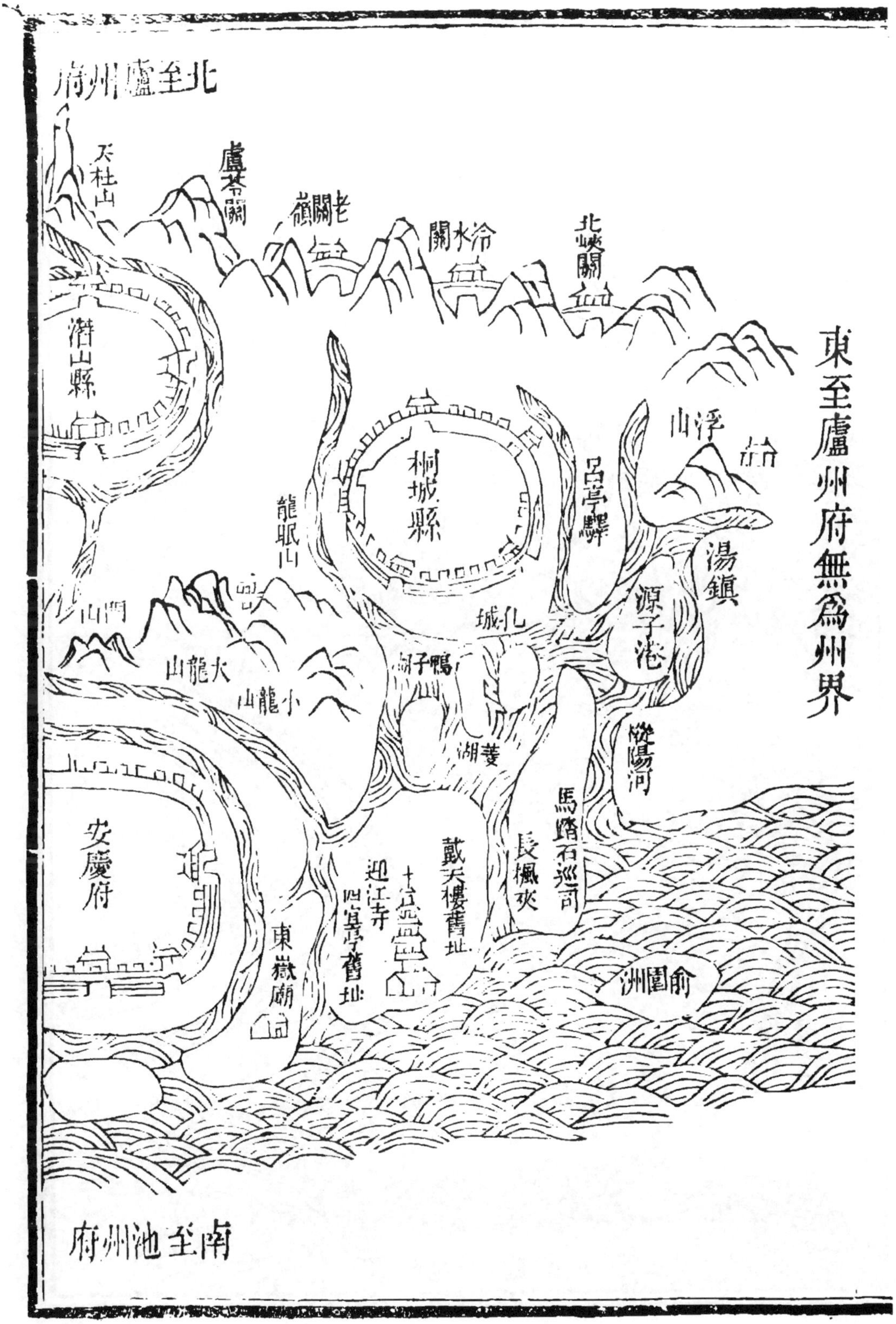
北至廬州府
天柱山
老關嶺
冷水關
北峽關
潛山縣
東至廬州府無爲州界
浮山
桐城縣
呂亭驛
龍眠山
湯鎮
源子港
孔城
鴨子湖
大龍山
小龍山
樅陽河
馬踏石巡司
長楓夾
戴天樓舊址
迎江寺
四宜亭舊址
安慶府
東嶽廟
俞園洲
南至池州府

怀宁县图 / 选自康熙《安庆府志》

懷寧縣圖

桐城县图 / 选自康熙《安庆府志》

月山
九女墩

灊山县图 / 选自康熙《安庆府志》

灊山縣圖
東南至懷寧一百二十里

太湖县图 / 选自康熙《安庆府志》

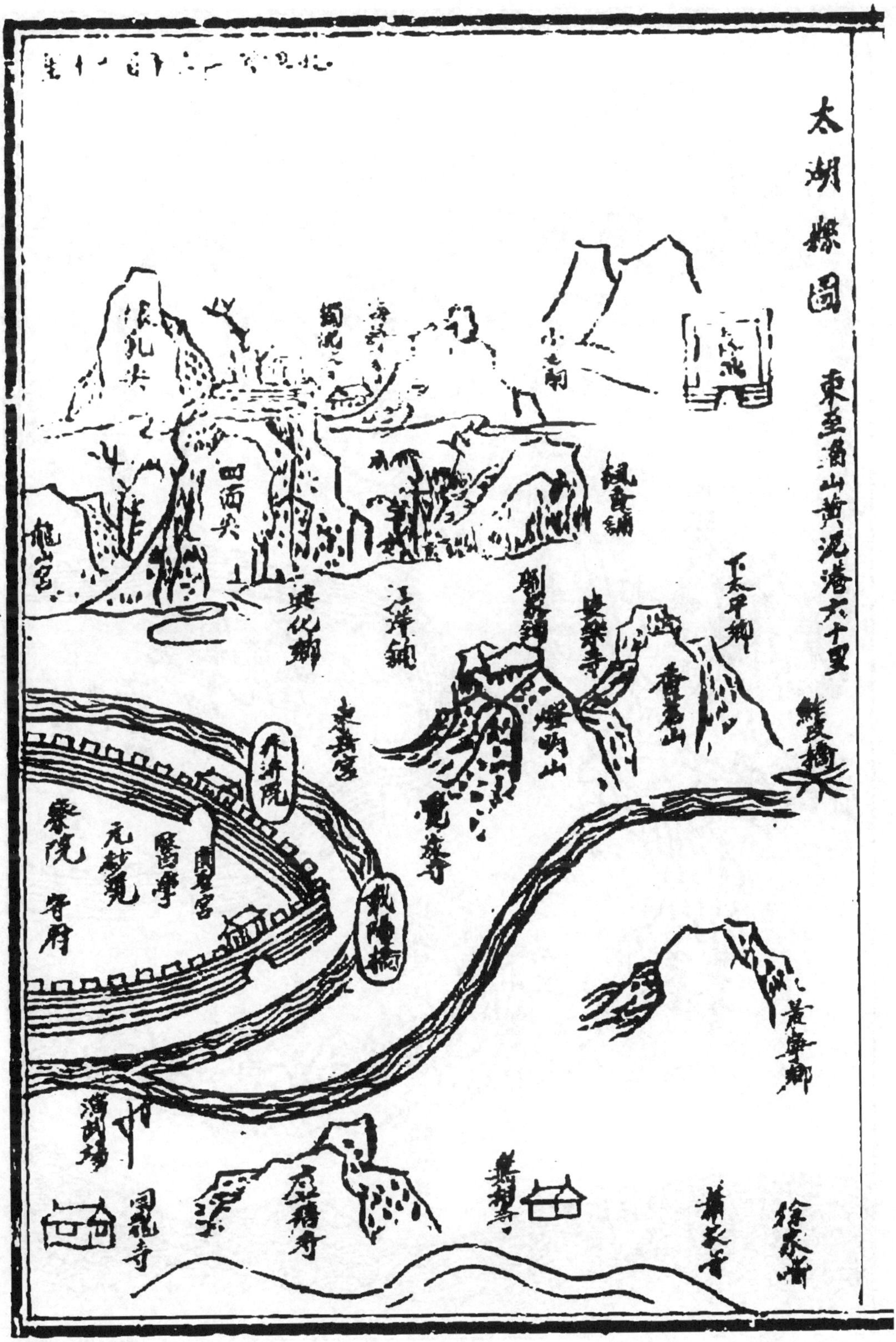
太湖縣圖
東至潛山黃泥港六十里
小南
四面尖
香茗山
下太平鄉
醫學
元妙觀
守府

宿松县图 / 选自康熙《安庆府志》

宿松縣圖
北至太湖縣界長河五十里
東至望江界一百二十里
横山
月山
冷池鎮

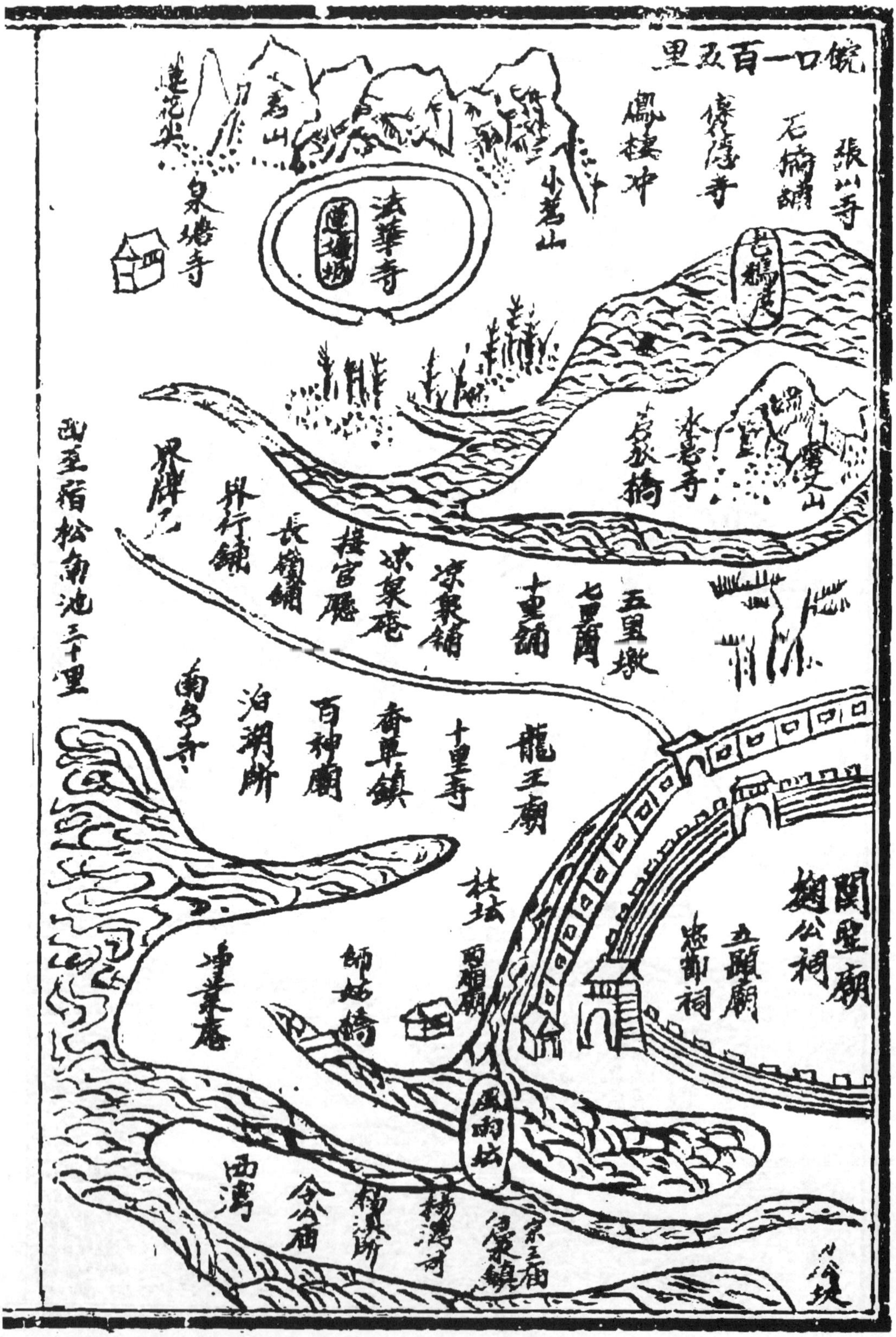

望江县图 / 选自康熙《安庆府志》

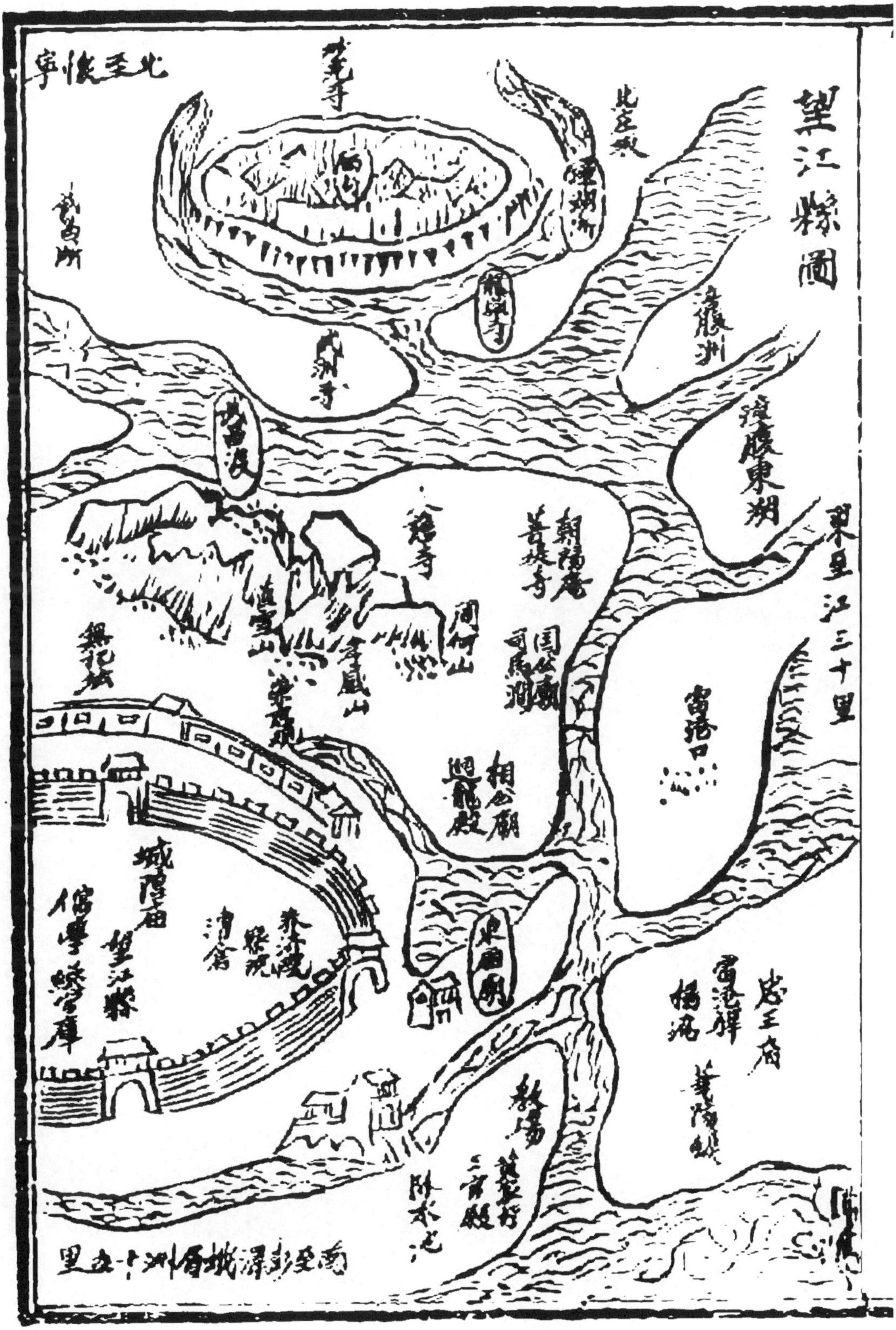
望江縣圖
北至懷寧

黄山

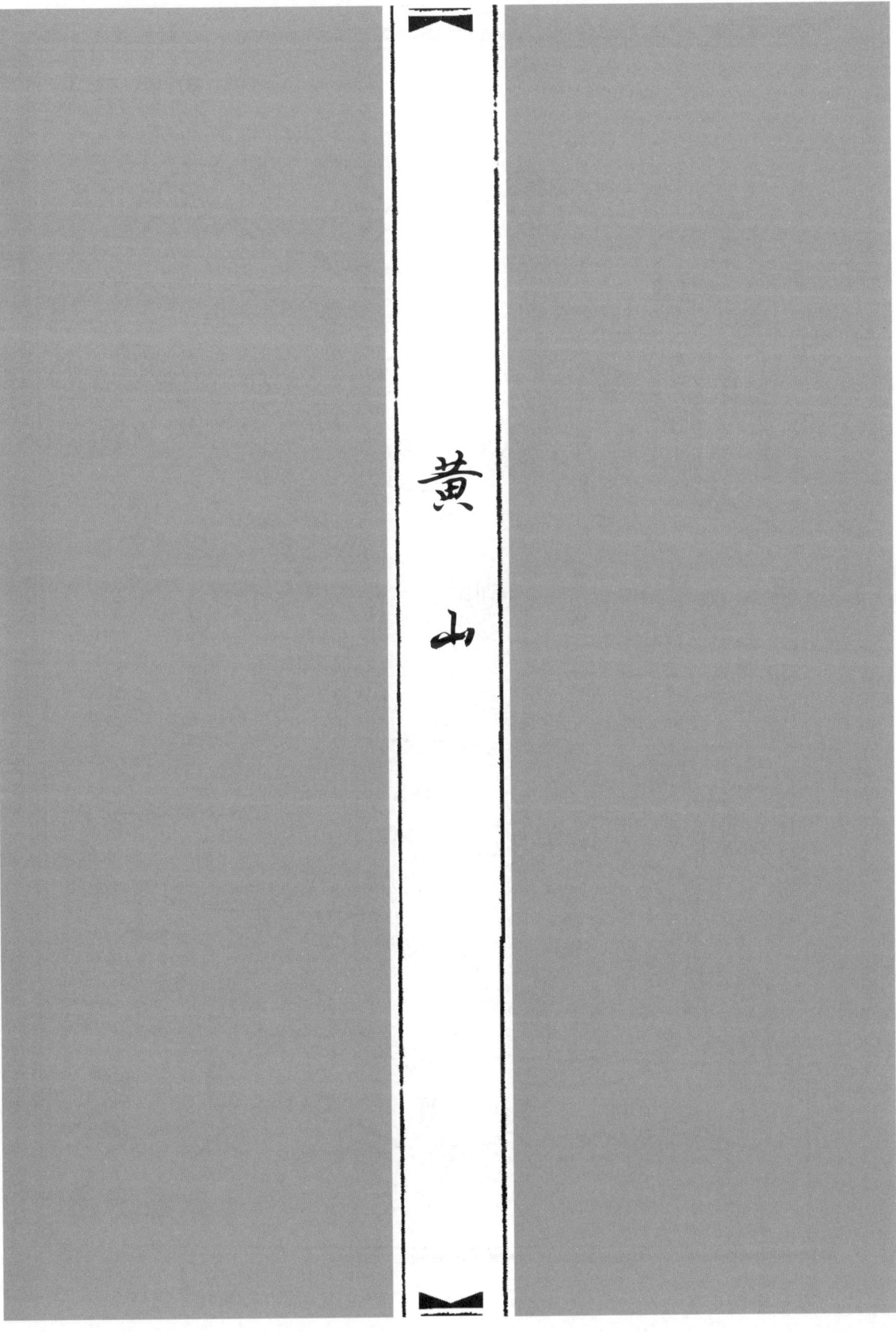

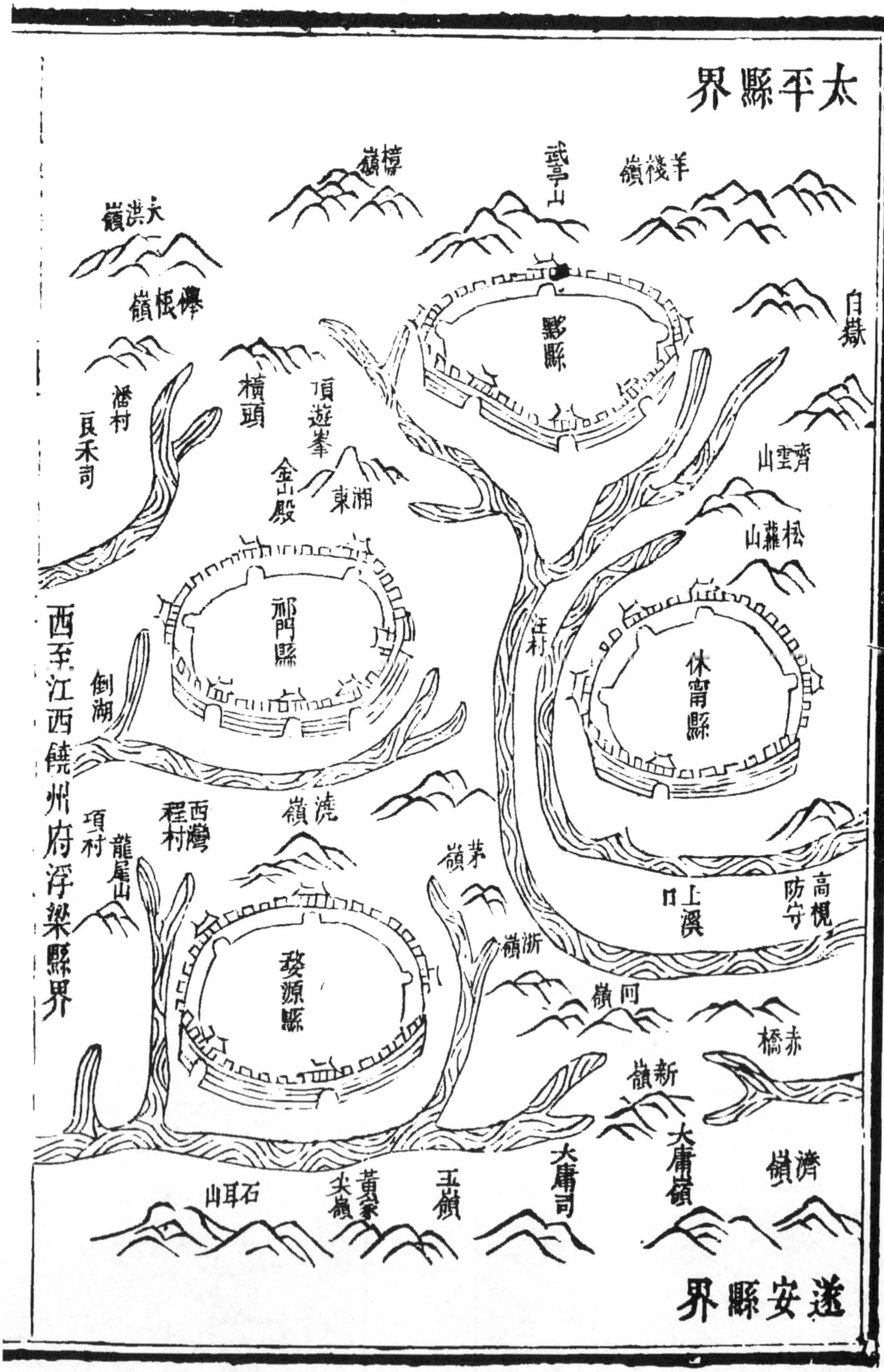

徽州府图 / 选自光绪《重修徽州通志》

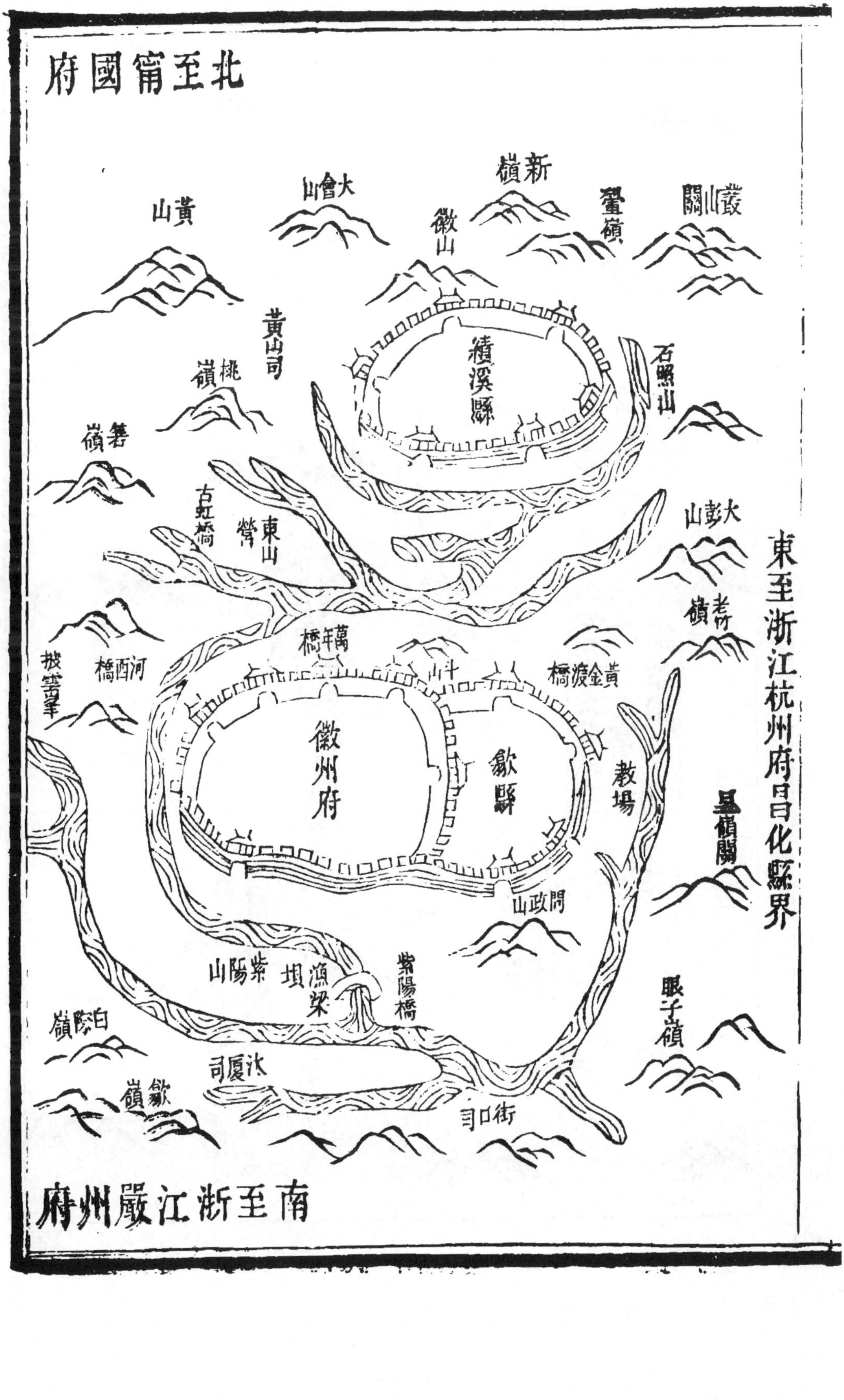
北至甯國府
黃山
大會山
新嶺
徽山
翬嶺
叢山關
黃山司
桃嶺
績溪縣
石照山
箬嶺
古虹橋
東山營
大彰山
東至浙江杭州府昌化縣界
萬年橋
河西橋
披雲峯
斗山
黃金渡橋
徽州府
歙縣
教場
昱嶺關
問政山
紫陽山
漁梁壩
紫陽橋
白際嶺
街口司
歙嶺
南至浙江嚴州府

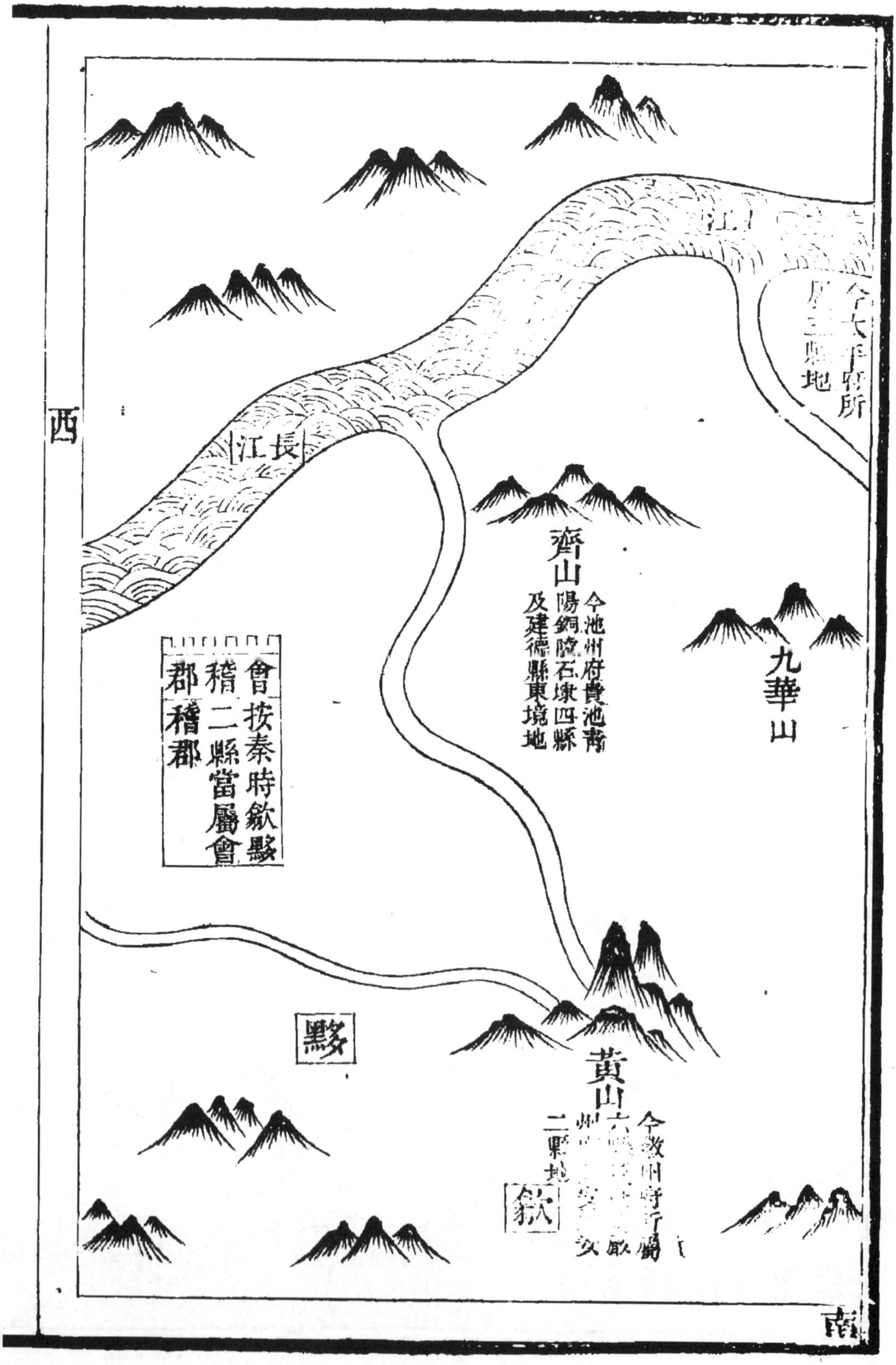

秦楚汉之际郡县图 / 选自道光《徽州府志》

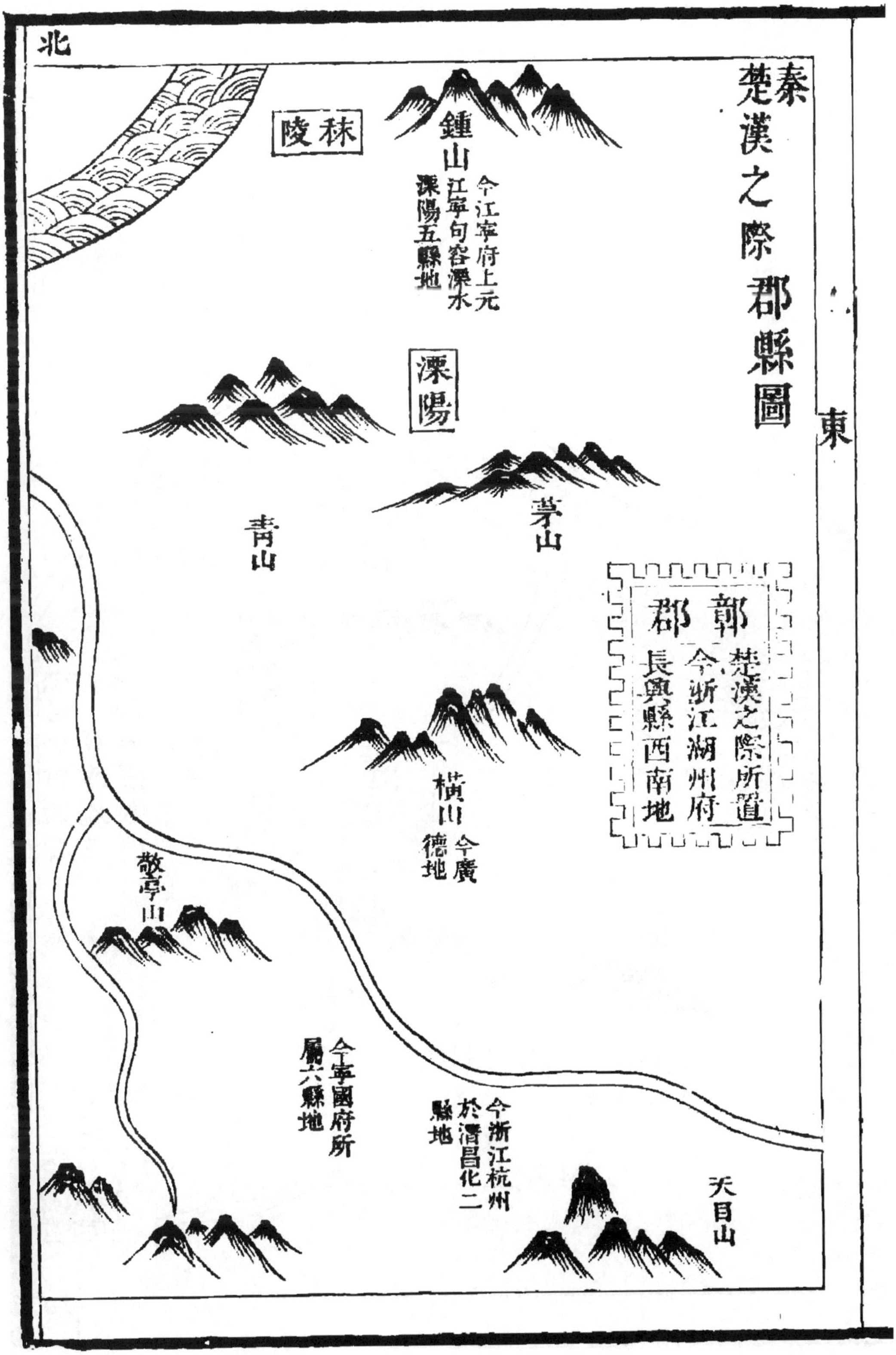
秦楚漢之際郡縣圖
北
東
秣陵
鍾山
今江寧府上元江寧句容溧水溧陽五縣地
溧陽
茅山
青山
鄣郡
楚漢之際所置今浙江湖州府長興縣西南地
橫山
今廣德地
敬亭山
今寧國府所屬六縣地
今浙江杭州於潛昌化二縣地
天目山

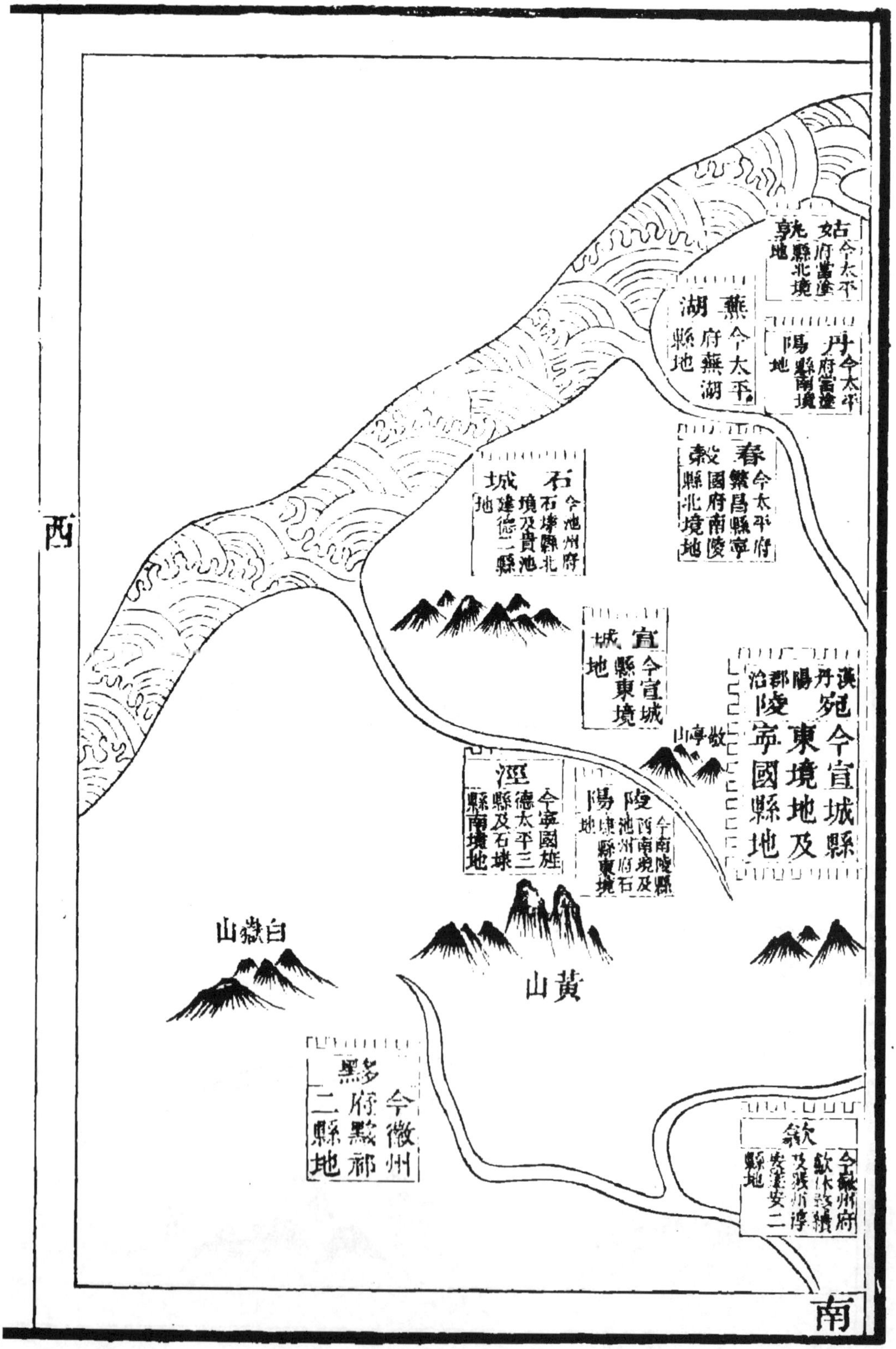

汉丹阳郡县图 / 选自道光《徽州府志》

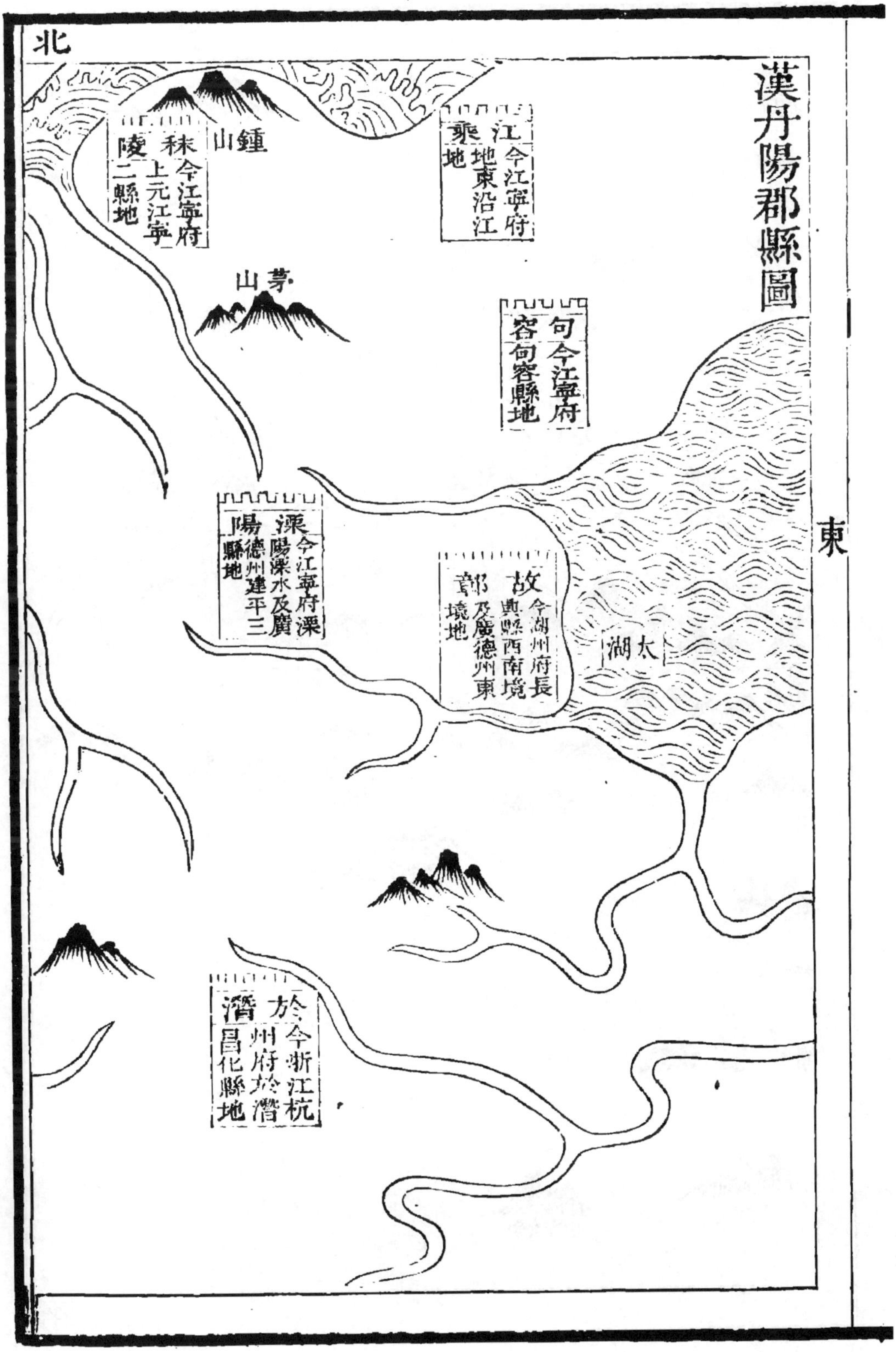
漢丹陽郡縣圖
北
東
鍾山
秣陵 今江寧府上元江寧二縣地
江乘 今江寧府地東沿江地
茅山
句容 今江寧府句容縣地
溧陽 今江寧府溧陽溧水及廣德州建平三縣地
故鄣 今湖州府長興縣西南境及廣德州東境地
太湖
於潛 今浙江杭州府於潛昌化縣地

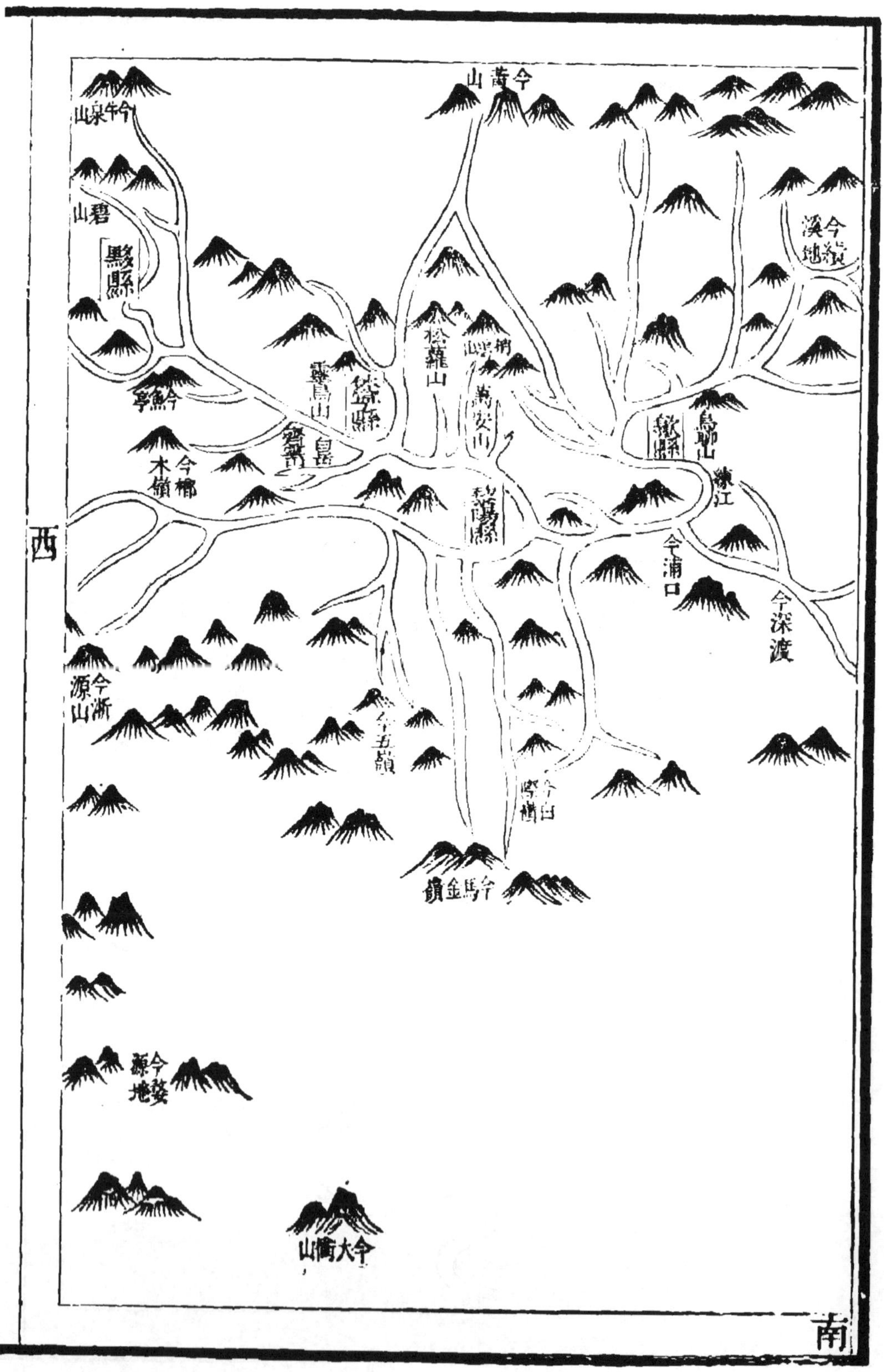

晋宋齐梁陈隋新安郡图 / 选自道光《徽州府志》

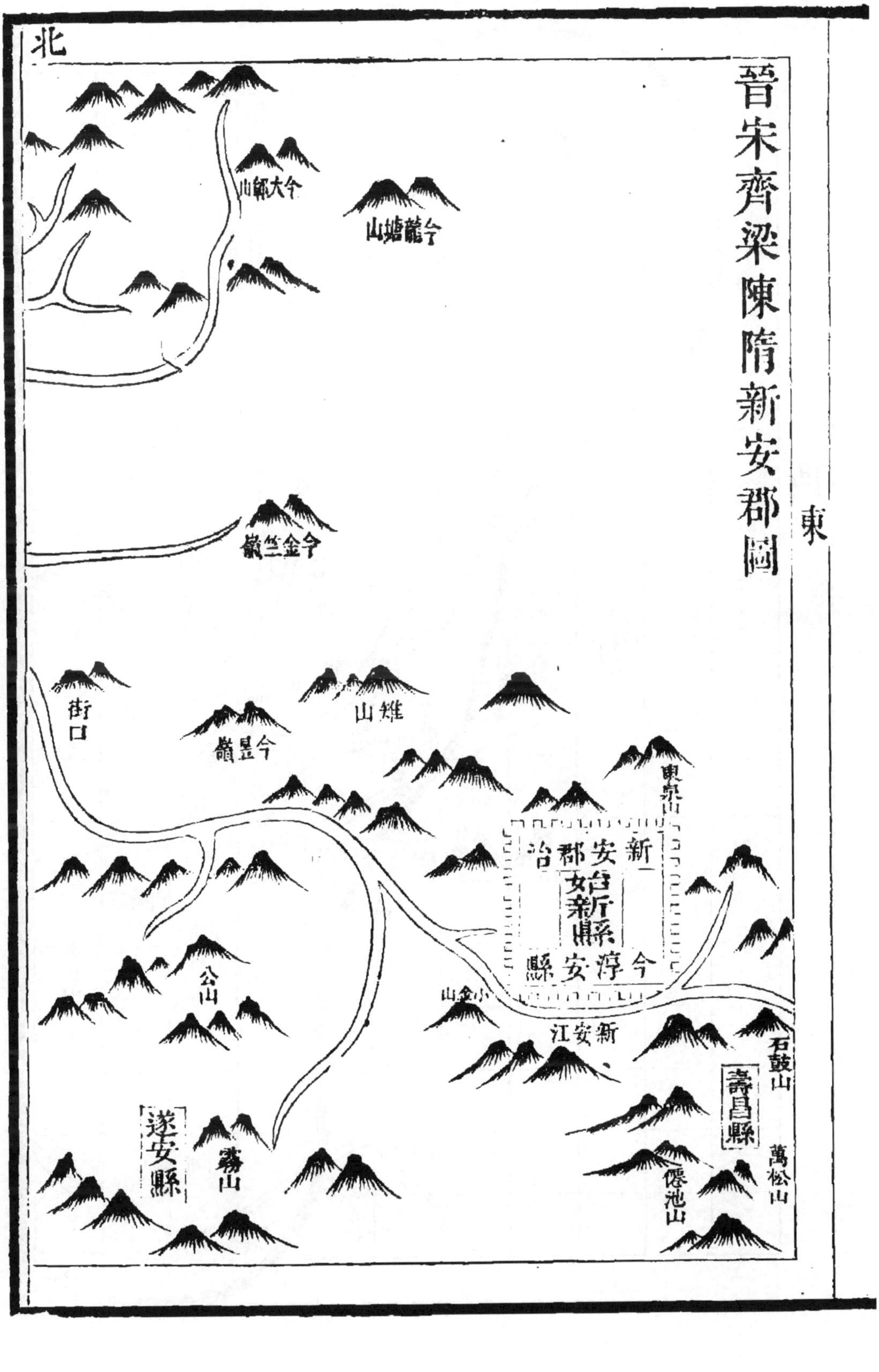
北
東
今大鄣山
今龍塘山
今金竺嶺
街口
雉山
今昱嶺
新安郡治
始新縣
今淳安縣
小金山
新安江
公山
遂安縣
霧山
石鼓山
壽昌縣
萬松山
僊池山

晉宋齊梁陳隋新安郡圖

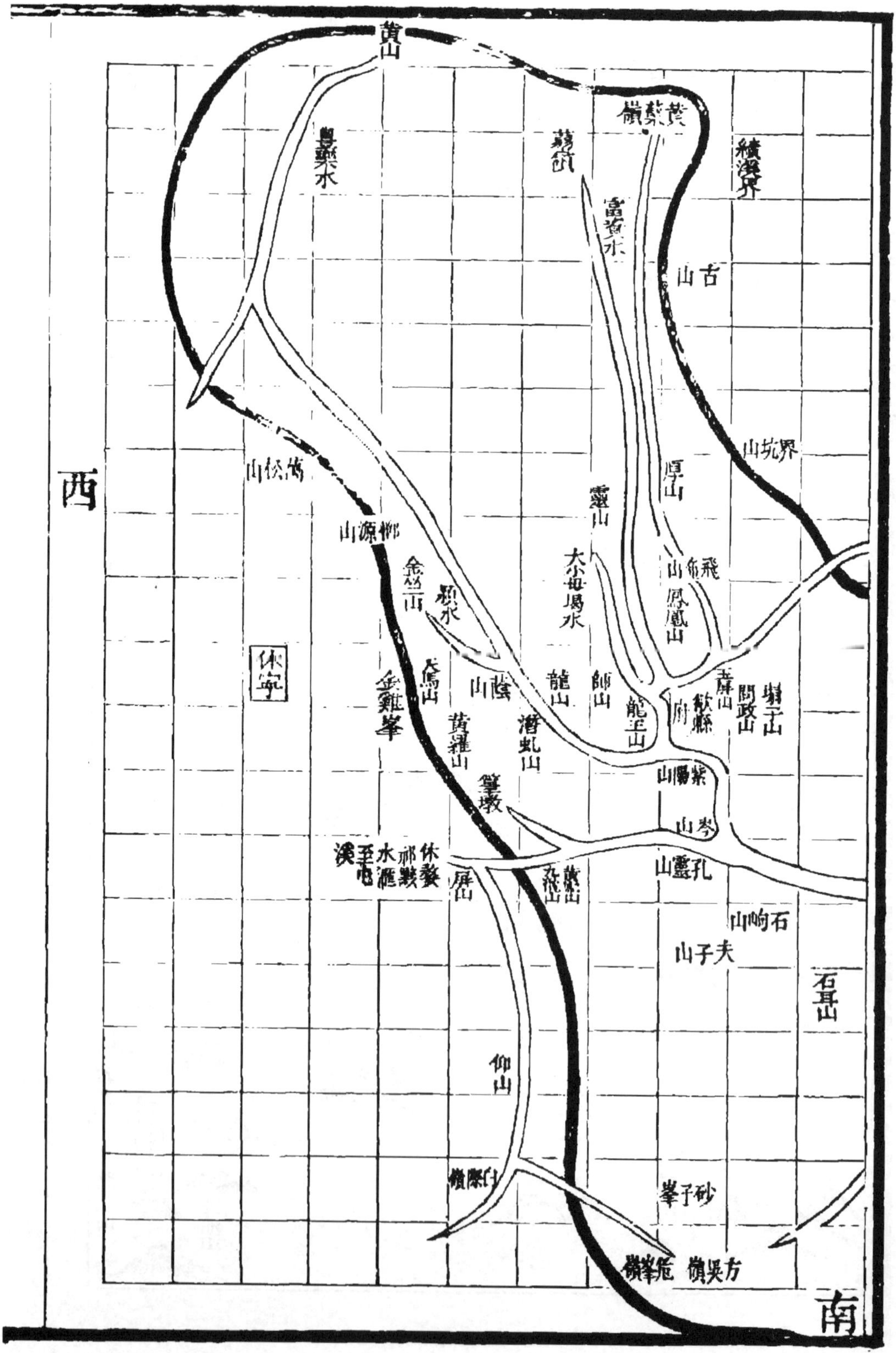

歙县图 / 选自道光《徽州府志》

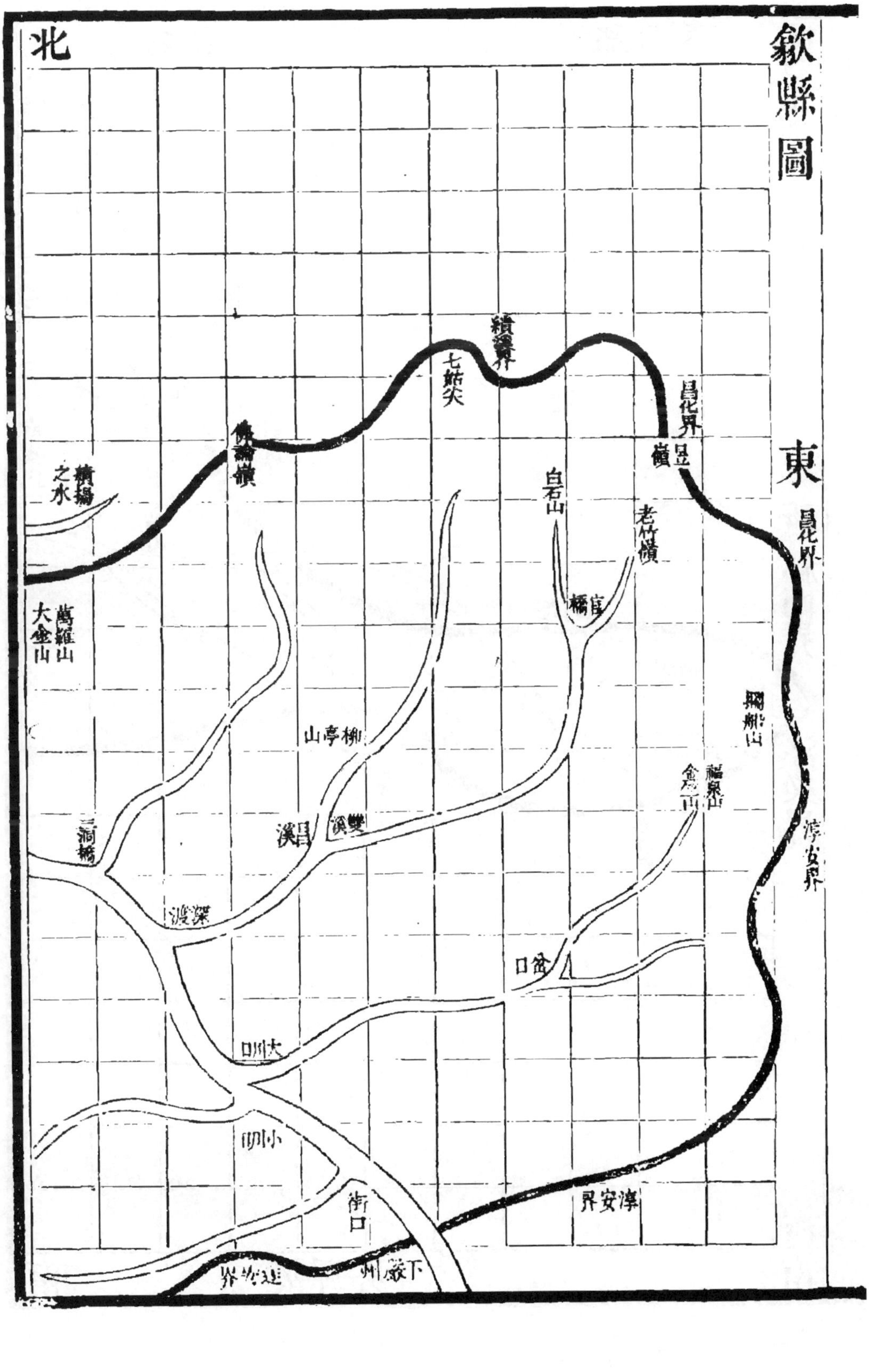
歙縣圖
北
東
績溪界
七姑尖
昌化界
昱嶺
昌化界
白石山
老竹嶺
官橋
箬嶺
大金山
萬羅山
柳亭山
雙溪
昌溪
三洞橋
深渡
岔口
大川口
小川口
街口
下嚴州
遂安界
淳安界
淳安界

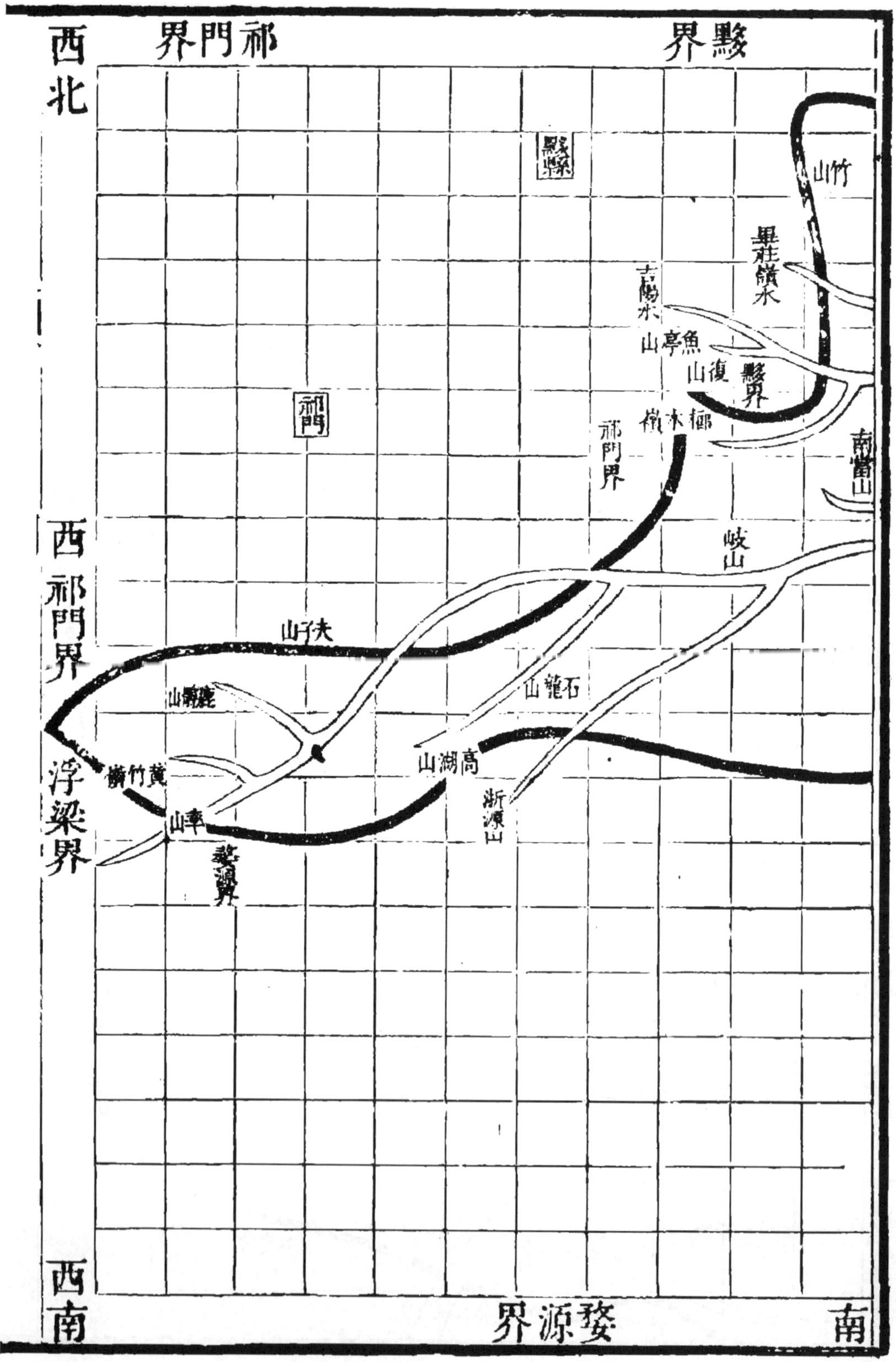

休宁县图 / 选自道光《徽州府志》

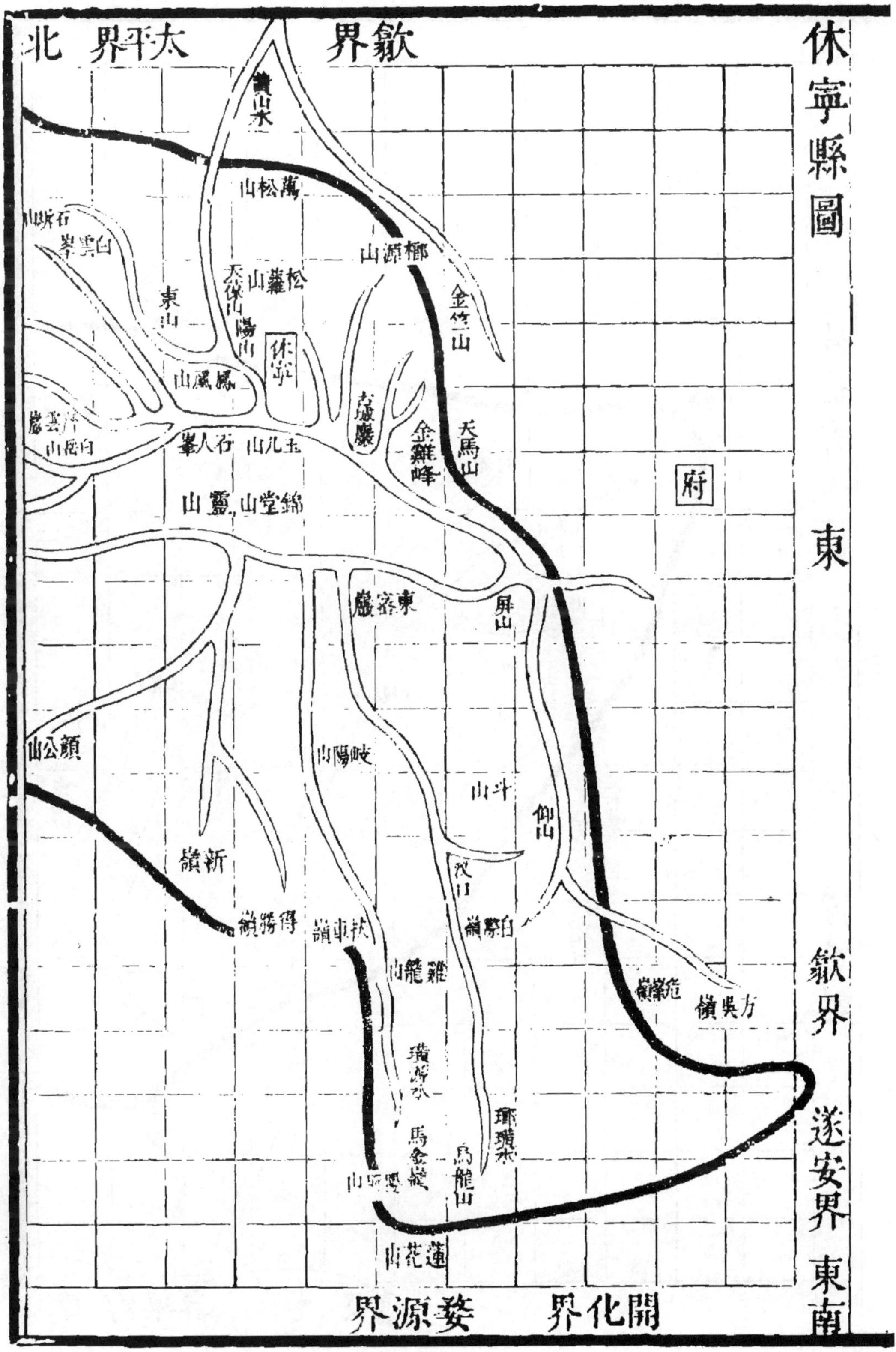
休寧縣圖
北
太平界
歙界
東
歙界
遂安界
東南
開化界
婺源界
黃山水
萬松山
白雲峯
松蘿山
天保山
陽山
東山
金竹山
休寧
鳳凰山
古城巖
齊雲巖
白岳山
石人峯
玉几山
金雞峯
天馬山
府
錦堂山
靈山
東密巖
屏山
顏公山
岐陽山
斗山
仰山
新嶺
得勝嶺
扶車嶺
汊口
白際嶺
雞籠山
危峯嶺
方輿嶺
馬金嶺
烏龍山
蓮花山

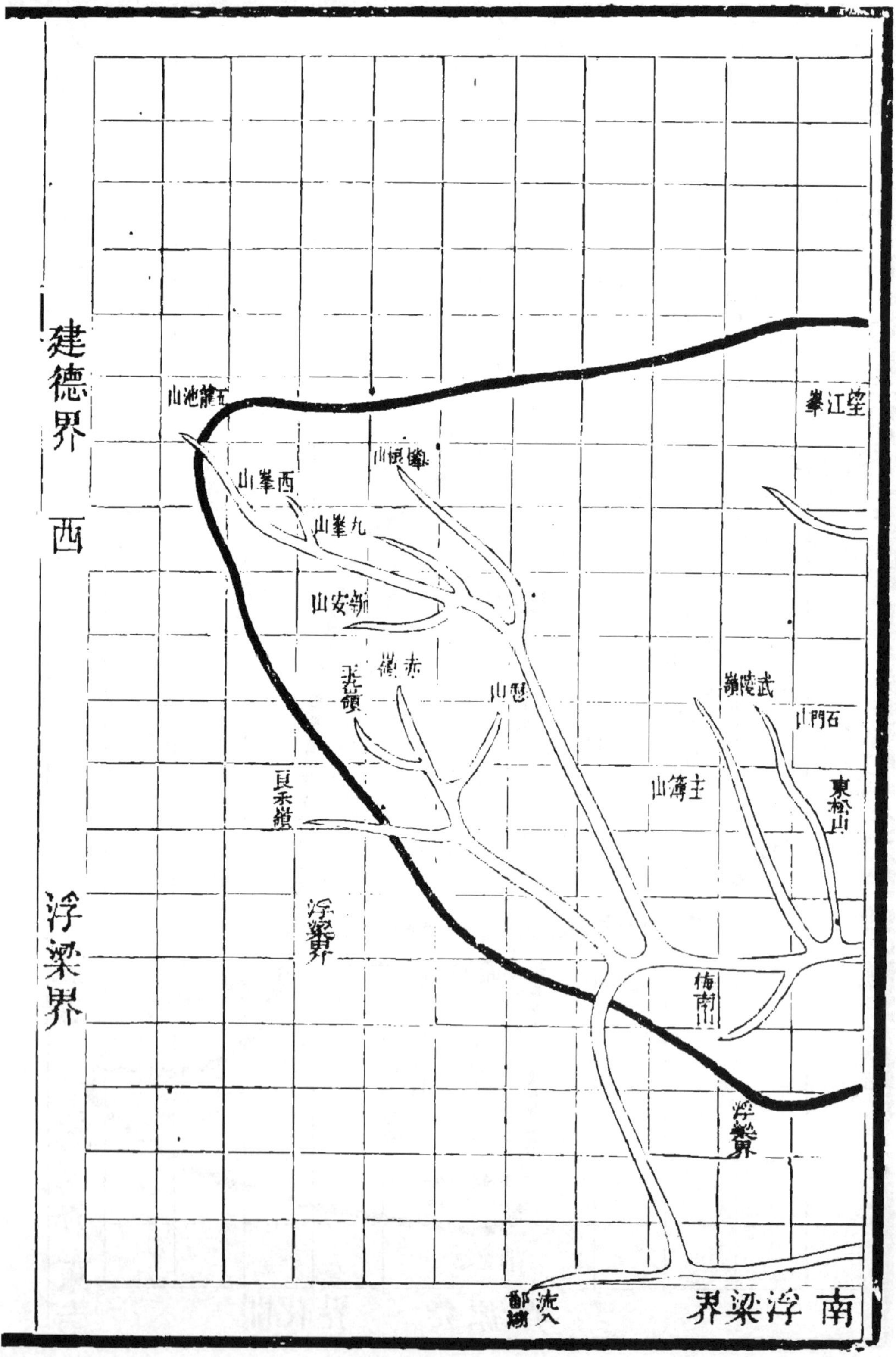

祁门县图 / 选自道光《徽州府志》

祁門縣圖

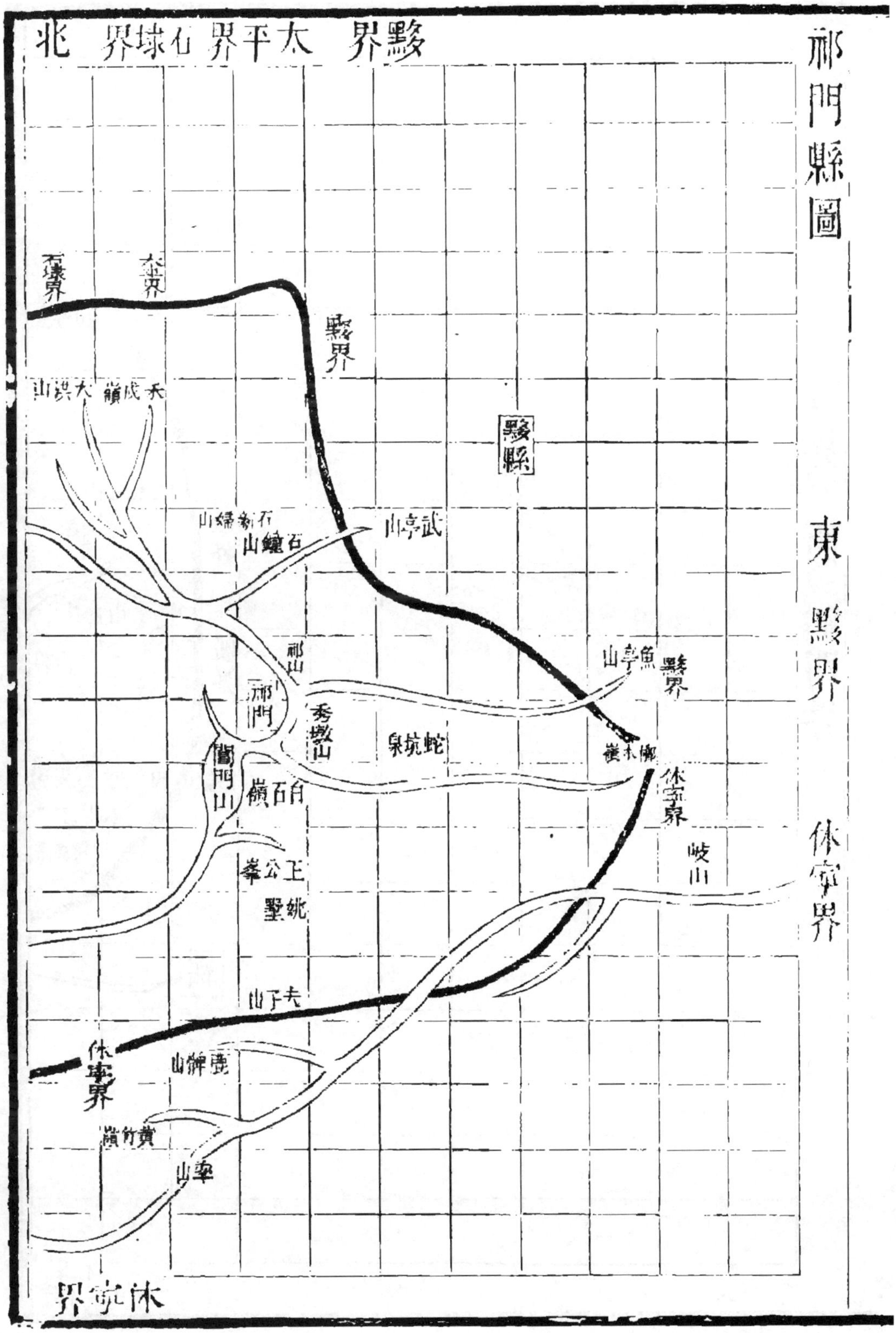
北
石埭界
太平界
黟界
東
黟界
休寧界
休寧界
石埭界
太平界
黟界
黟縣
大洪山
天成嶺
石新婦山
石鐘山
武亭山
祁山
祁門
秀墩山
蛇坑泉
魚亭山
黟界
閶門山
白石嶺
休寧界
岐山
王公峯
姚墅
休寧界
黃竹嶺
率山

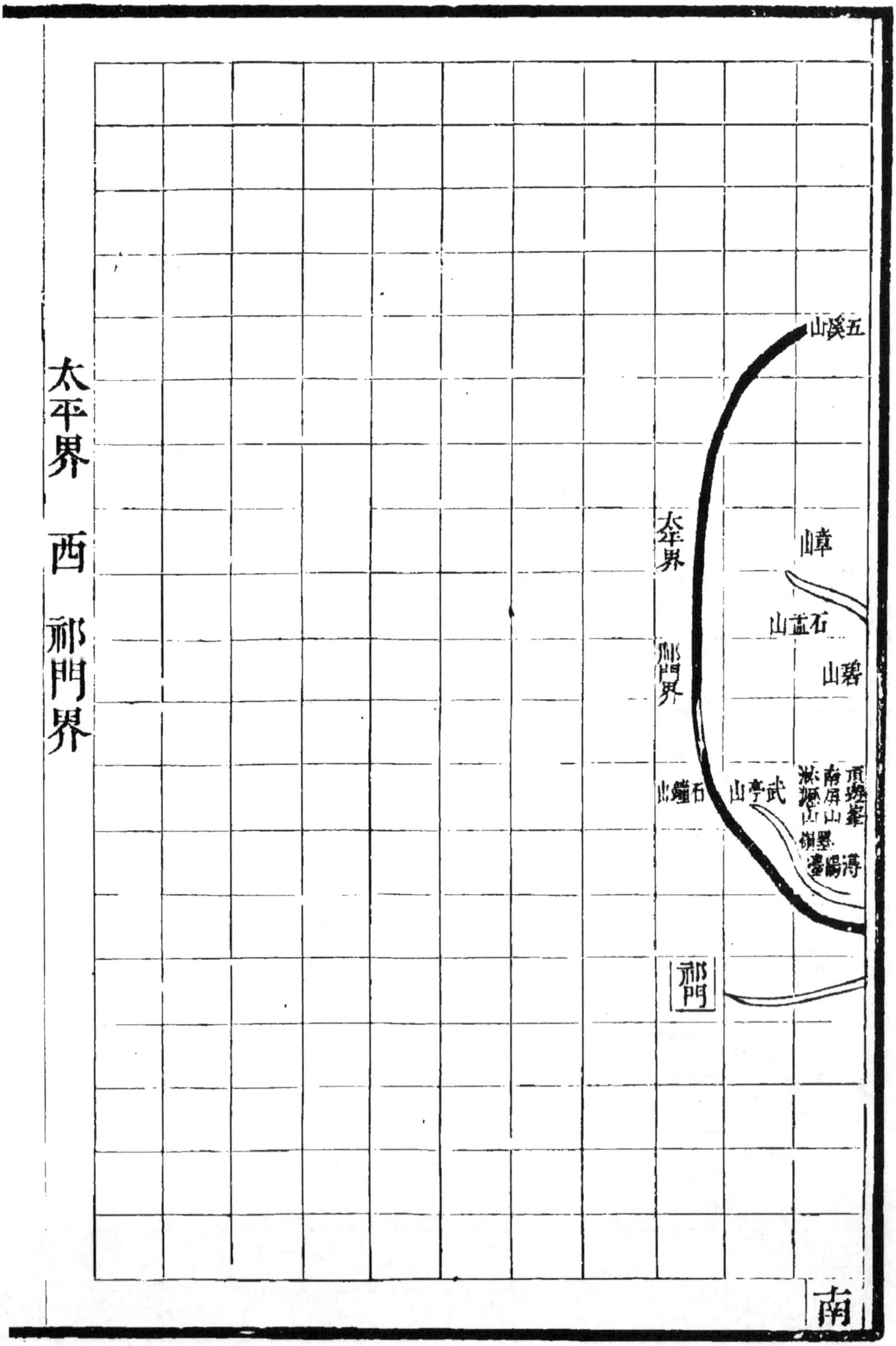

黟县图 / 选自道光《徽州府志》

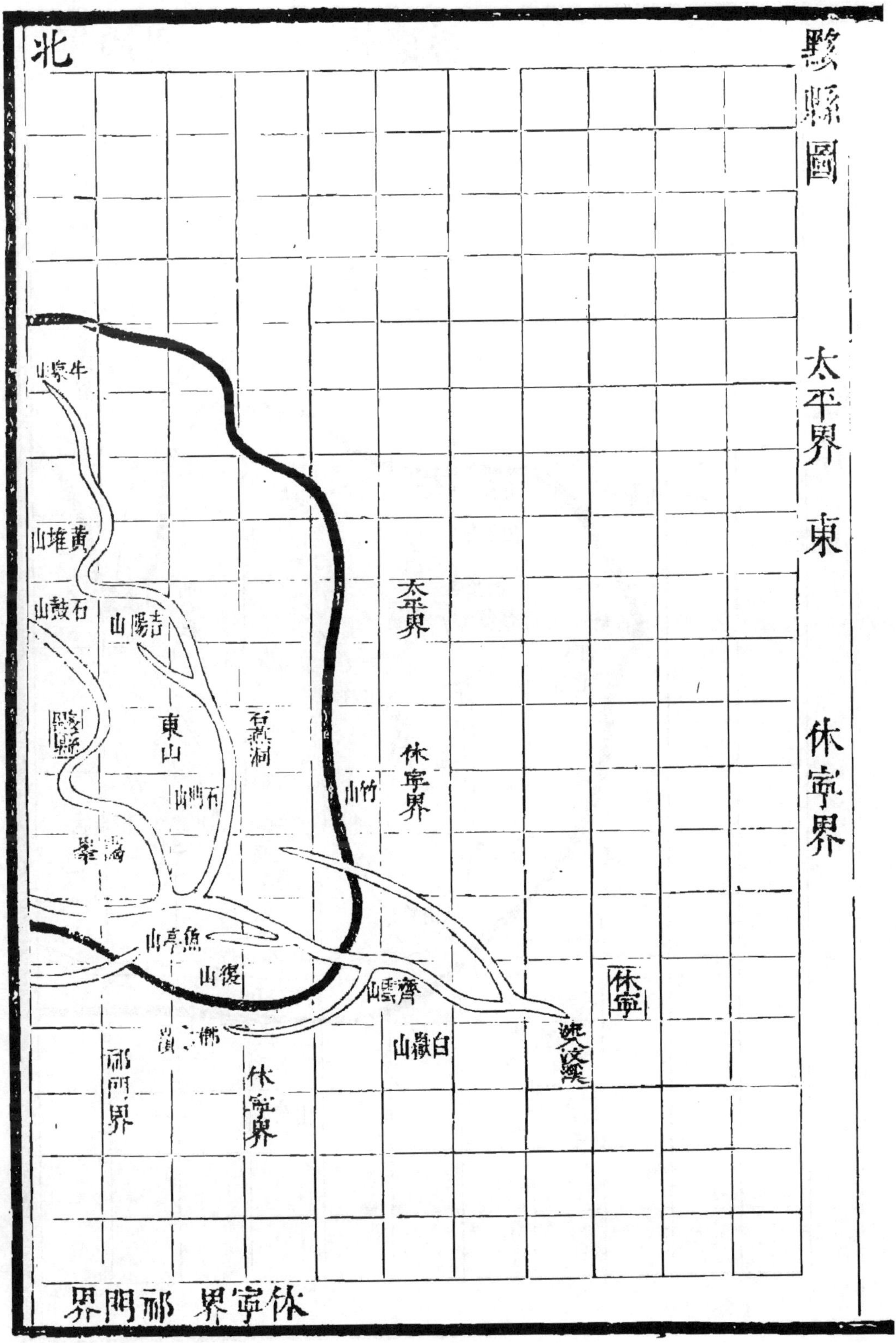
北
黟縣圖
太平界
東
休寧界
休寧界 祁門界
太平界
休寧界
休寧界
祁門界
牛泉山
黃堆山
石鼓山
吉陽山
東山
石燕洞
竹山
魚亭山
復山
齊雲巖
白嶽山
休寧

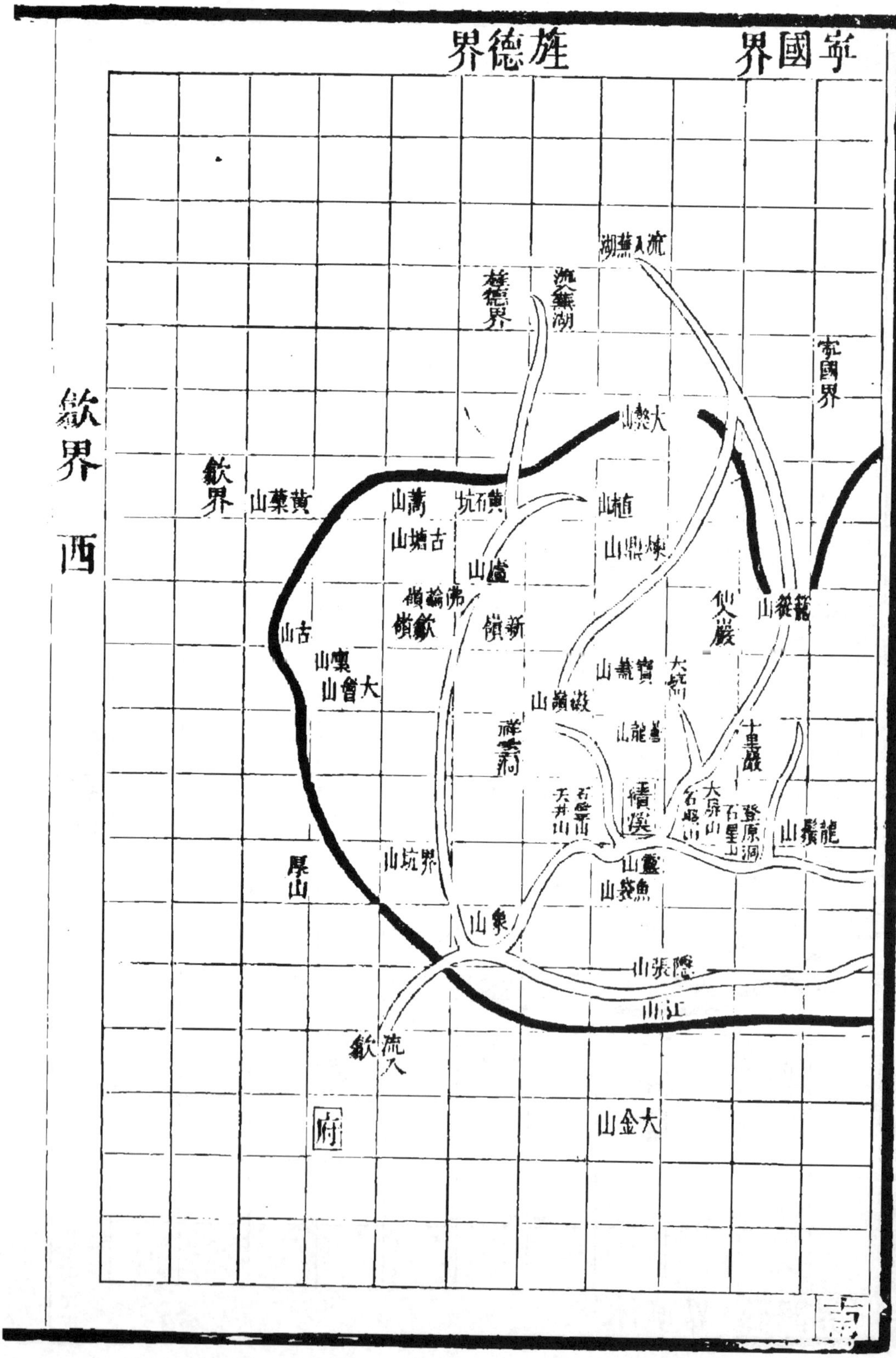

绩溪县图 / 选自道光《徽州府志》

績溪縣圖

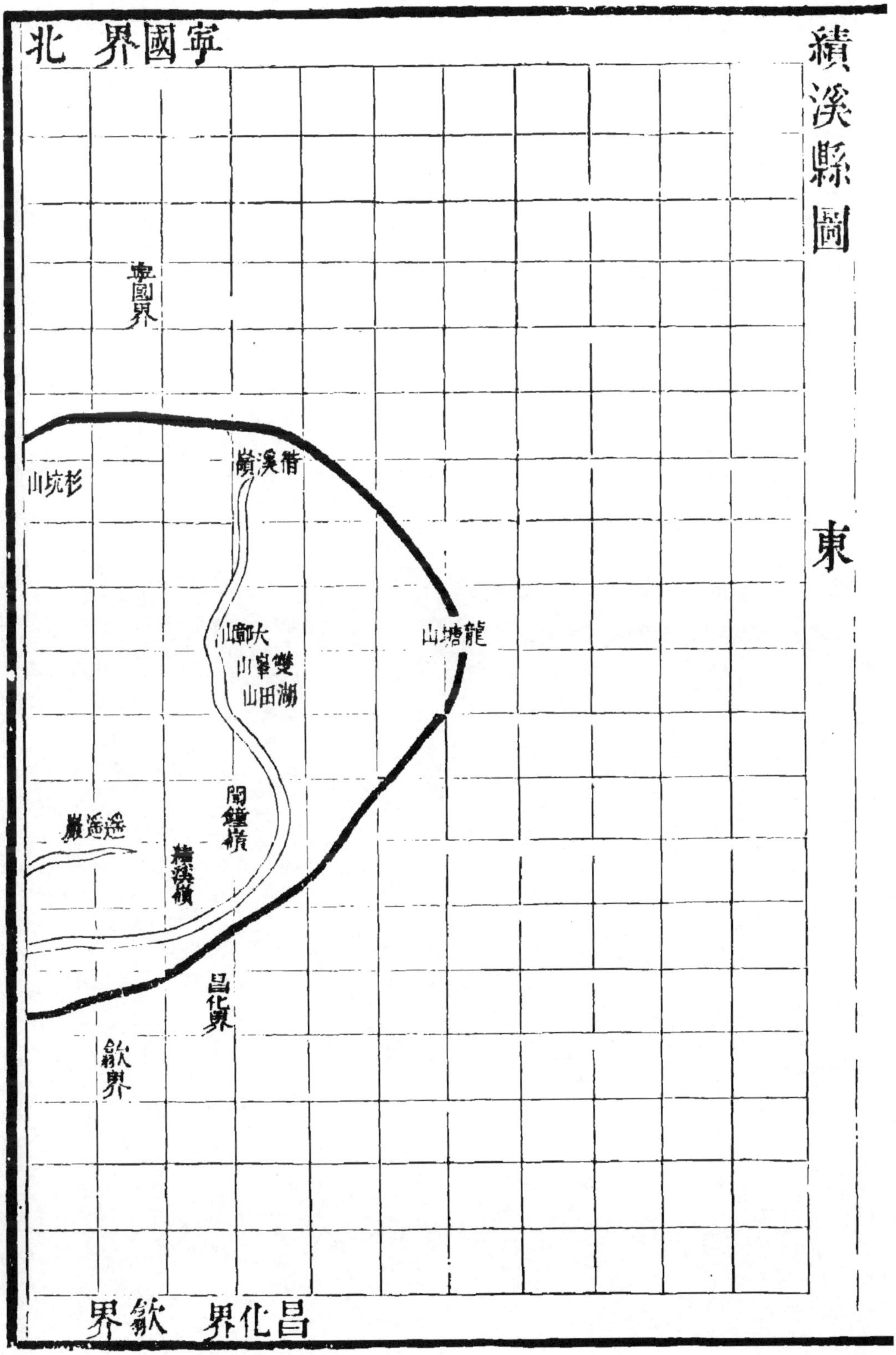